대한민국의 디지털 헬스케어가 규제의 덫에서 한 걸음도 벗어나지 못하는 와중에도, 전세계는 디지털 의료 혁신이라는 거대한 파도에 배를 띄우고, 하루가 다르게 환자 중심의 신개념 의료 서비스를 선보이고 있다. 이 물결에 올라타 멋지게 항해할 것인가, 아무 대책 없이 쓰나미에 휩쓸려버릴 것인가. 최윤섭 박사는 늘 부지런히 세계의 디지털 헬스케어 트렌드를 업데이트하면서, 우리에게 최신의 시각을 제공해 준다. 신간『디지털 헬스케어: 의료의 미래』는 대한민국 의료의 미래를 준비해야 할 사람들에 대한 강력한 각성제이다.
-장동경 교수, 삼성서울병원 정보전략실장·삼성융합의과학원 디지털헬스학과장·소화기내과 전문의

'인사이트풀 앤 팩트풀(Insightful & Factful).' 최윤섭 박사의 글을 읽으면 항상 떠오르는 두 단어이다. 그의 글은 항상 디지털 헬스케어와 미래 의료에 대한 통찰(insight)이 번뜩인다. 이러한 통찰이 단순한 감(hunch)이 아니라 촘촘한 사실(fact)에 기반하기 때문에 더 놀랍다. 이 책은 디지털 헬스케어가 이끄는 의료의 미래에 대한 현실, 변화, 기대, 우려뿐만 아니라 앞으로 나아가야 할 길도 함께 제시해준다. 이 책의 마지막 장을 넘기는 순간 당신은 디지털 헬스케어의 미래에 대한 생각과 영감으로 가득 차게(full) 될 것이다.
-김현철 단장, 한국보건산업진흥원 R&D 기획단장·산업기술혁신단장·고려대학교 겸임교수

당신은 답이 없는 한국의 헬스케어를 혁신하고 싶은 스타트업인가? 헬스케어에 투자하고 싶은 투자자인가? 그렇다면 이 책부터 읽어라!
-문여정 이사, IMM인베스트먼트 투자본부 이사·산부인과 전문의

『헬스케어 이노베이션』으로 한국에 디지털 헬스케어를 최초로 알리고『의료 인공지능』으로 인공지능(AI)이 가져올 변화를 상상하게 했던 최윤섭 박사의 신작. 디지털 헬스케어에 대한 전도사로서, 국내 스타트업 기업들에 대한 멘토 및 투자가로서, 방대한 국내외 트렌드뿐만 아니라 현장의 생생한 이야기, 그리고 앞으로 우리나라의 규제와 정책에 대한 제언까지 담아냈다. 헬스케어의 미래를 엿보고 싶다면 반드시 읽어야 할 역작이다.
-신동욱 교수, 성균관의대 삼성서울병원 가정의학과 부교수·가정의학과 전문의

우리 삶에 가장 직접적인 영향을 미칠 차세대 혁신 분야는 무엇일까? 나는 주저 없이 디지털 헬스케어를 꼽는다. 디지털 제품이나 서비스는 우리의 일상에 이미 깊숙이 침투해 있고, 헬스케어는 역사의 흐름 속에서 시대를 관통해온 삶의 주제였다. 이 둘의 융합은 생각보다 어렵고, 그래서 최윤섭 박사의 저서는 항상 우리 일상을 다루고 시대를 관통해왔다. 이 책은 여러분들에게 디지털 헬스케어 분야의 혁신과 발전에 대한 깊은 인사이트를 제공할 것이다.
-장진규 교수, 연세대학교 인지과학연구소

전작 『헬스케어 이노베이션』은 강렬한 미래로 이끌었다면, 이 책은 독자들에게 우리가 만날 미래를 경험할 수 있게 한다. 특히, 헬스케어 분야 연구자와 개발자에게는 가장 확실한 지침서로 자리매김할 것이다.
-김현정 교수, 차의과대학 분당차병원 피부과 부교수·피부과 전문의

변화하고 있는 디지털 헬스케어 시장에 대한 정확한 예측과 방향을 제시하고 있는 책이다. 특히, 의료 데이터의 수집·통합·분석을 통해 새로운 의료 관련 시장 등을 형성할 수 있다는 점과 단계별 플레이어들이 누구이며 무엇을 하고 있는지에 대한 자세한 설명이 인상 깊었다. 또한, 대기업, 제약사, 보험사, 규제기관 등 많은 이해관계자에게 당장 무엇을 해야 하는지에 대한 제언은 업무에 큰 도움이 될 것이다.
-김용우 위원, 김앤장법률사무소

디지털 헬스케어에 대한 막연한 환상 또는 근거 없는 두려움, 기본권으로서의 의료 또는 첨단 산업으로서의 의료, 통합적 건강관리 또는 극도로 전문화된 치료, 어느 한 쪽에 치우치지 않고 미래 의료를 포괄적으로 조망한 책이다. 디지털 헬스케어에 대한 이해의 다양성과 깊이를 모두 갖춘 저자였기에 가능한 작업이었을 것이다.
-김현창 교수, 연세대학교 의과대학 예방의학교실 교수

드디어 만나는 최윤섭 박사의 신간이다. 이 책은 디지털 헬스케어의 A부터 Z까지를 다루는 세계 최초의 책으로, 디지털 헬스케어 분야에 관심이 있는 입문자부터, 실제 연구를 진행하는 전문가에 이르기까지 도움이 되는 내용

으로 구성되어 있다. 필독서이다.
-신수용 교수, 성균관대학교 삼성융합의과학원 디지털헬스학과

최윤섭 박사는 이미 2014년 『헬스케어 이노베이션』을 통해 한국에 디지털 헬스케어의 시작을 알린 선구자이다. 그는 그동안 단순히 저술뿐만 아니라, 헬스케어 분야의 최전선에서 연구, 투자, 자문 등으로 활발히 활동해왔다. 현장의 경험을 바탕으로 한 통찰력 넘치는 저서를 통해 우리나라에 디지털 헬스케어가 정착될 수 있기를 바란다.
-김준환 교수, 서울아산병원 내과 진료전담교수·내과 전문의

이 책은 저자의 전작 『헬스케어 이노베이션』, 『의료 인공지능』에 이은 미래 의료에 대한 세 번째이자 완결판이라 할 수 있는 역작이다. 700여 페이지에 달하는 방대한 분량이지만 저자의 깊은 내공 덕분에 놀랍도록 쉽고 재미있게 읽힌다. 가까운 미래에 기술이 인간의 건강과 행복에 어떠한 혁신을 선사하게 될지 궁금하다면 가장 먼저 이 책을 읽어봐야 할 것이다. 강력 추천!
-이상열 교수, 경희대학교 의과대학 내분비내과 교수·내분비내과 전문의

"의료의 미래를 예측하다." 의대에서 미래 의료 혁신을 구현하고, 미래 인재들을 가르치는 교수의 입장에서 보았을 때, 이 책은 미래 의료의 현안들이 어디까지 와 있는지 잘 보여주고 있다. 인터넷과 스마트폰이 우리 삶을 근본적으로 바꾼 것처럼, 디지털 헬스케어는 의료를 근본적으로 바꿀 것이다. 변화의 흐름을 깨닫기 위해, 인생의 갈림길에 있는 젊은 의사와 의대생, 의대 지망 학생들, 학부모와 선생님들께도 강력히 추천한다.
-최형진 교수, 서울대학교 의과대학 해부학교실 부교수·내과 전문의

저자인 최윤섭 박사는 이론과 실제, 연구 동향과 더불어 글로벌 스타트업의 동향까지도 파악하고 있는 디지털 헬스케어 분야의 국내 최고 전문가이다. 『헬스케어 이노베이션』 『의료 인공지능』에 이어 세 번째 저서인 『디지털 헬스케어: 의료의 미래』는 글로벌 벤처 캐피털의 투자 분야로 급속히 떠오르고 있는 디지털 헬스케어 산업을 이해하기 위해서 반드시 읽어봐야 할 책이다.
-구중회 전무이사, LB인베스트먼트

세상이 빠르게 변하고 있다. 디지털 기기의 발전이 헬스케어 전반에 걸쳐 큰 변화를 몰고 오는 것은 이제 미래가 아니라 현재의 일이 되어가고 있다. 미래 의료에서 큰 역할을 하게 될 것이 분명한 디지털 헬스케어 분야에 대해 혜안을 가지고 싶다면 이 책을 권한다. 독자의 눈에 새로운 세상이 보일 것이다.
-예병일 교수, 연세대학교 원주의과대학 의학교육학과 교수

인공지능 기술로 무장한 거대 플랫폼 기업들은 전세계 콘텐츠와 개인정보, 그리고 돈을 진공청소기처럼 빨아들이며 이제 사람의 몸을 타깃으로 향하고 있다. 소셜 데이터를 주무르듯 생체 데이터를 완벽하게 장악해 통점을 해결해주는 마법 앞에 우리 의료 산업은 풍전등화의 위기다. 최윤섭 박사의 신작은 이런 숙명적 흐름을 정확히 분석하고 한국의 헬스케어 스타트업과 대기업, 그리고 의료기관 및 규제 당국이 지금 해야 할 과제를 선명하게 제시하고 있다. 골든타임이 얼마 남지 않았다.
-구태언 변호사, 코리아스타트업포럼 이사

디지털 헬스케어는 이미 여러 방면에서 가시적인 성과를 보이기 시작했다. 앞으로 변화의 바람은 더욱 거셀 것이고 맹목적인 반대나 무분별한 수용은, 사람 중심의 의료에 오히려 장애물이요 독이 될 것이다. 단어가 익숙해졌다고 그것을 잘 안다고 착각하는 우를 범하기 쉬운 요즘, 저자가 항상 배움의 자세로 확실한 근거와 탁월한 식견을 바탕으로 써 내려간 이 책은 감히 디지털 헬스케어의 교과서라고 말할 수 있다. 디지털 헬스케어가 궁금하다면, 바로 여기 이 책에서 시작해보길 권한다.
-조철현 교수, 고대안암병원 정신건강의학과 임상조교수·정신건강의학과 전문의

미래 의학의 핵심이라고 할 수 있는 디지털 헬스케어의 중요성 및 그 무한한 가능성을 제시한 책이다. 이 책을 통하여 앞으로 펼쳐질 4차 산업혁명이 의료에 적용된 미래의 헬스케어의 모습을 볼 수 있을 것이다.
-이학종 교수, 분당서울대학교병원 연구기획지원부장·영상의학과 교수·영상의학과전문의

20세기의 눈부셨던 과학의 발전은 근거 중심 의학을 탄생시켰다. 이로 인해 의료는 한 단계 크게 도약을 할 수 있었다. 이번에는 모바일, 인공지능,

블록체인 기술 등이 데이터를 모으고 활용할 수 있는 새로운 패러다임을 여러 분야에 제시하고 있다. 의료 역시 이 기술들에 의해 한 단계 크게 도약할 것이다. 이미 변화하고 있는, 또 변화할 의료의 미래가 궁금하지 않은가?
-이은솔 대표, 메디블록 공동대표·영상의학과 전문의

20년 전만 해도 스마트폰이 존재하지 않았지만 지금은 스마트폰 없는 삶을 생각하기 어렵게 되었다. 지금은 여러 규제와 기술적 문제로 어려움을 겪는 디지털 헬스케어도 그러할 것이다. 어느 순간 디지털 헬스케어는 자연스럽게 우리 곁으로 다가오게 될 것이다. 그러한 미래에 대해서 자세하고 실질적으로 알려주는 최윤섭 박사의 신간이다.
-김우성 원장, GF 소아청소년과 원장·소아청소년과 전문의

정보통신기술과 하드웨어의 비약적 발전으로 우리는 점차 더 연결된 세상에 살고 있으며, 우리의 건강에 관련된 데이터가 더 자주, 더 정교하게 디지털화되고 있다. 인공지능을 중심으로 한 새로운 분석 기술과 맞물려, 헬스케어는 보다 정밀하고 예측력을 가진 솔루션으로 진화하여 우리 삶에 깊숙이 다가오고 있다. 이 책은 쓰나미에 비유되는 이러한 큰 변화를 데이터의 관점에서 바라보고, 국내외의 다양한 사례를 통해 헬스케어의 디지털 혁신을 위한 과제와 미래 방향성을 제시하는 유용한 안내서이자 지침서이다.
-정규환 이사, 뷰노 공동창업자·CTO

성실한 인사이트의 결실. 이 책은 한국의 디지털 헬스케어 분야 스타트업들을 가까이에서 지켜보면서 얻은 통찰을 기반으로 미래의 새로운 기회에 대한 저자의 희망과 제언을 함께 이야기하고 있다. 디지털 헬스케어 분야의 이해관계자들은 저자의 제언에 귀기울여 보길 권한다.
-허정윤 교수, 국민대학교 스마트경험디자인학과 교수

미래의 의사를 양성하는 의과대학의 교육과정이 의료 환경의 변화를 반영하여야 한다는 명제는 사뭇 자명해 보인다. 한국의학교육평가원 역시 2019년부터 전면 개편하여 도입한 의학교육 평가인증 기준에 '미래의 의료 환경 변화에 맞추어' 의학 교육의 내용을 수정 보완할 것을 명시적으로 요구하고 있다. 문제는 교수와 학생 모두 미래의 의료가 어떤 모습일지 예

측하기가 쉽지 않다는 점이다. 다만 각종 디지털 테크놀러지의 발전이 변화의 한 축을 담당할 것이라는 사실에는 이견이 없을 것이다. 이러한 점에서 의료의 미래를 디지털 헬스케어의 관점에서 폭넓게 정리한 이 책은 현재 우리나라에서 의사 양성 교육에 관여하는 모든 사람에게 현재의 교육이 나아가야 할 방향을 잡는 데 필요한 좋은 지도가 되어줄 것이다.
–김도환 교수, 한양대학교 의과대학 의학교육학교실 조교수

이 책은 디지털 헬스케어에 대한 배경 지식이 없는 사람에게는 친절한 입문서이며, 관련 분야 종사자에게는 디지털 헬스케어 전반에 대한 시야를 제공하는 전문서이다. 지금, 이 순간에도 디지털 헬스케어 분야는 빠르게 변하지만, 탄탄한 맥락에서 풍부한 예시로 설명해주는 이 책은 시간이 지나도 고전처럼 독자들에게 통찰을 줄 것이다.
–박상준 교수, 분당서울대학교병원 안과 조교수·안과 전문의

스마트폰과 컴퓨터가 발전하고 데이터가 실시간으로 수집되는 환경에 살고 있다. 병원의 의료 데이터나 개인의 생활 데이터, 개인의 유전정보가 합쳐진다면 당뇨병 같은 만성질환이나 합병증의 예측도 더 정교해질 것이다. 마찬가지로 기존의 약물과 함께 디지털 치료제의 상승효과도 크게 기대된다. 디지털 헬스케어가 의료의 미래를 어떻게 바꿔놓을지, 의사들이 앞으로 무엇에 관심을 가져야 할지 상상할 수 있는 좋은 참고서가 될 것이다.
–김대중 교수, 아주대학교병원 내분비대사내과 교수·내분비내과 전문의

오랫동안 기다려오던 책이 드디어 나왔다. 너무나 빠른 속도로 발전하는 디지털 헬스케어 분야이기에 집필에 많은 시간이 걸린 책이다. 생명과학, 의학, IT 분야의 전문성을 갖추고 디지털 헬스케어 스타트업 액셀러레이터로도 활약 중인 저자는 특유의 날카로운 시선으로 과거와 현재를 돌아보고, 앞으로 나아가야 할 방향을 체계적으로 제시해주고 있다. 디지털 헬스케어에 관심이 있다면 반드시 읽어야 할 필독서이다.
–김태호 과장, 서울의료원 내분비내과 과장·시민공감서비스디자인센터 센터장·내분비내과 전문의

인공지능, 빅데이터, 가상현실, 센서, 3D 프린팅, 로봇 등 다양한 혁신 기술

들이 생활에 접목되고 있으며 보건의료 또한 예외가 아니다. 하지만 인간의 생명을 다루는 의료는 본질적으로 복잡하며 보수적이라는 점에서 이러한 혁신 기술들이 언제 어떻게 의료 현장에 도입될 것이며, 이를 위한 장애 요인이 무엇인지 이해하기 쉽지 않다. 이 책에서 최윤섭 박사는 융합연구자이자 사업가, 그리고 저술가로서의 자신의 장점을 십분 발휘하여 디지털 헬스케어의 개념과 미래 그리고 이를 구현하기 위한 숙제를 설명하고 있다. 독자들은 이 책에서 저자의 광범위한 공부와 경험, 의견을 얻을 수 있을 것이다.
-서준범 교수, 서울아산병원 영상의학과 교수·대한의료인공지능학회장·영상의학과 전문의

다른 분야보다 더디긴 하지만 디지털 헬스케어 분야에서도 변화가 일어나고 있다. 그런 변화를 따라가는 데 이 책이 동반자가 되어줄 것이다. 일독을 권한다.
-김치원 원장, 서울와이즈요양병원 원장·신장내과 전문의

최윤섭 박사는 급변하는 글로벌 디지털 헬스케어 산업에 대한 깊은 통찰력을 바탕으로 또 한 번 디지털 헬스케어 분야의 필수 서적을 출판하는 쾌거를 이뤄냈다. 이 책은 현시점의 디지털 헬스케어 분야 백과사전이자, 먼 미래 글로벌 디지털 헬스케어 산업이 걸어온 길을 고스란히 보여주는 역사서적으로 남을 것으로 기대한다.
-김정은(Jekkie Kim), 레이텀 앤 왓킨스LLP 실리콘밸리 사무소 변호사·의사

저자의 베스트셀러 전작 『헬스케어 이노베이션』을 넘어설 필수 서적! 의과대학에서 가르치지 않는 새로운 의료 패러다임을 체계적으로 알려주는 디지털 헬스케어의 지침서로, 모든 의대생들과 의사들이 한 번쯤은 읽어봐야 할 책이라 생각한다.
-신동인 교수, 스탠퍼드 의과대학 신경과 조교수·신경과 전문의

디지털 헬스케어
DIGITAL HEALTH CARE 의료의 미래

DIGITAL HEALTH CARE

디지털 헬스케어
의료의 미래

최윤섭 지음

들어가는 말

'헬스케어 혁신은 이미 시작되었다.'라는 문장으로 시작했던 필자의 첫 번째 저서 『헬스케어 이노베이션』을 통해 디지털 헬스케어라는 분야를 국내에 소개한 지 벌써 5년이 넘는 세월이 흘렀다. 당시 한국에서 이 분야는 '디지털 헬스케어'라는 용어 자체가 거의 사용되지 않았을 정도로 생소했을 뿐만 아니라, 전 세계적으로도 여전히 태동기에 머물러 있을 때였다.

하지만 지난 몇 년 동안 국내외 디지털 헬스케어 분야에는 상전벽해와 같은 변화가 있었다. 미국을 중심으로 글로벌 시장에서의 디지털 헬스케어는 폭발적으로 성장하는 산업이 되어 매년 투자 성과 등의 기록을 갈아치우고 있으며, 구글, 애플, 아마존, IBM 등의 IT 공룡들과 다국적 제약사들은 더욱 과감한 행보를 보이고 있다. 그뿐만 아니라, 미국, 유럽, 중국에서는 디지털 헬스케어 분야의 유니콘 스타트업이 끊임없이 탄생하며 혁신을 이끌고 있으며, 굵직한 M&A와 IPO 소식도 계속 들려온다. 이제 디지털 헬스케어는 더 이상 미래에 촉망받을 새로운 분야가 아니라, 일상생활과 의료 현장에서 실질적인 변화를 만들어가고 있다.

한국에서도 적지 않은 변화가 있었다. 국내 디지털 헬스케어에는 지금도 여러 큰 숙제가 남아 있지만, 그래도 5년 전과 비교하면 의미 있는 변화가 있었음을 부인할 수 없다. 알파고 사태 이후, 유망한 의료 인공지능 스타트업들이 주목받으며 기술 개발, 식약처 의료 기기 인허가, 더 나아가서는 주식 시장 상장과 같은 성과로도 이어졌다. 인공지능 이외의 다른 디지털 헬스케어 분야에서도 많은 도전적인 스타트업이 등장하였고, 최근에는 보험사, 제약사 등 기존 산업계에서도 관련 서비스를 출시하거나 투자를 가속화하고 있다. 이제 한국에서 디지털 헬스케어는 학계, 의료계, 산업계에서 주목을 받을 뿐만 아니라, 정부 정책에서도 빠지지 않고 등장하는 이름이 되었다. 이 분야를 국내에 소개한 필자로서는 정말 감회가 새롭지 않을 수 없다.

돌이켜보면, 『헬스케어 이노베이션』을 출간한 이후 필자 개인적으로도 많은 변화가 있었다. 갑자기 팔자에도 없는 디지털 헬스케어 전문가가 되어서 언론에 소개되거나 여러 군데 불려 다니며 주목을 받기도 했고, 강연이나 자문을 통해서 대기업, 제약사, 보험사, 벤처캐피털, 스타트업 등 산업계나 식약처, 심평원 등 관련 부처에 어줍잖게 도움을 드리기도 했다.

출간 당시 필자는 일개 대기업 팀장이었으나, 이후로 과감히 독립하여 이 디지털 헬스케어에 인생을 걸고 본격적으로 뛰어들었다. 연구소를 설립하여 이 분야를 더 심도 있게 연구하기 시작했으며, 강연, 자문, 기고, 출간, 방송, 유튜브 등을 통해서 이 분야를 더 알리고 변화를 만들기 위해 노력했다. 그리고 다른 의료 전문가들과 함께 관련 디지털 헬스케어 스타트업에 투자하고 육성하는 회사를 시작하기도 했다. 이 엑셀러레이터는 국내에서 디지털 헬스케어 분야의 스타트업에 가장 활발하게 투자하는 회사로 성장했다.

그런데 사실 『헬스케어 이노베이션』은 원래 출간을 위해서 집필한 글이 아니었다. 필자의 개인적인 흥미로 블로그에 정리해오던 글을 우연한 기회에 출판사의 권유로 책으로 정리했던 것인데, 정말 기대치도 않게 큰 반응을 얻었다. 지금 돌이켜보면 매우 부족한 글인데도 불구하고, 새로운 분야가 태동하는 변곡점의 시기에 운 좋게 출간 타이밍이 맞아떨어졌기 때문인 것 같다. 그렇게 출간된 책이 예기치 않게 국내 기업들의 전략 수립이나 창업을 위해서, 더 나아가 국가 관련 부처에서도 정책 수립을 위해서도 읽혔다는 이야기를 듣고 적잖이 놀랍고 당황스럽기까지 했다.

고백하건대 그렇게 충분한 준비 없이 출간된 책이 과도한 영향력을 가진다는 것에 대해서 필자는 큰 부담감과 부채 의식 같은 것들을 가지고 있었다. 그래서 디지털 헬스케어라는 방대하고도 복잡한 분야를 상세하게 소개하면서도, 체계적으로 접근하는 글을 새롭게 쓰고 싶었다. 다시 말해, 이번에는 디지털 헬스케어를 좀 더 제대로 소개하고 싶었다. 특히, 이 분야의 발전상을 단순히 전달하는 데 그치지 않고, 이번에는 필자 고유의 시각이 담긴 분석과 목소리, 더 나아가서 이 분야가 앞으로 나아가야 할 방향에 대한 제언까지도 담고 싶었다.

필자는 이 책을 2015년 말부터 구상하고 집필하기 시작했다. 결국 그 구상을 글을 모두 옮기는 데 꼬박 4년이 넘는 세월이 걸렸다. 어떤 것들은 필자 머릿속에 있는 생각을 그대로 꺼내놓은 것도 있고, 또 글을 쓰기 위해 완전히 새롭게 공부해야 했던 부분도 있다. 그러한 기간 동안, 국내외의 학계, 의료계, 산업계에 있는 여러 전문가들과 의견을 나누었고, 많은 논문을 읽었으며, 값비싼 비용을 치르고 해외 학회에 참석하여 최신 지견을 배워오기도 했다. 강의 후 청중들과의 질의응답에서 얻은 아이디어도 있다. 그리고 틈

이 나는 대로 계속해서 쓰고, 또 썼다. (그 과정에서 이번 책의 '한 챕터'로 구상했던 글이 『의료 인공지능』이라는 별도의 책으로 집필되어 2018년에 먼저 출간되기도 했다.)

그 결과 탄생한 것이 이번 『디지털 헬스케어: 의료의 미래』이다. 이 분야 자체를 정립하고 싶다는 집필 의도에 맞춰, 책의 제목 자체를 '디지털 헬스케어'로 거창하게 잡는 과욕도 부렸다. 조금이라도 더 많은 것들을 전하고 싶다는 생각에 집필을 거듭하다 보니, 참고 문헌을 포함하여 무려 700페이지가 넘는 두꺼운 책이 되었다. 독자들이 책을 집어 들기에 부담스러운 분량일 수 있다. 하지만 너무 걱정할 것은 없다.

이 책을 통해서 필자가 무엇보다 독자에게 전하고 싶은 것은 이 디지털 헬스케어라는 방대한 분야를 어떻게 접근할 것인지에 대한 "틀", 혹은 프레임워크이다. 독자들께서 이 책에서 나무도 보시면 좋겠지만, 그보다 숲을 보시면 더욱 좋을 것이다. 이 분야는 너무도 빠르게 발전하기 때문에, 결국 이 책에 소개된 세부적인 사례나 수치는 책을 집어 드는 순간 이미 과거의 것이 된다. 하지만 이 분야를 바라보는 큰 틀 자체는 시간이 흘러도 그리 쉽게 변하지 않을 것이다.

예를 들어, 책의 전반부는 필자가 이름 붙인 소위 '디지털 헬스케어의 3단계'라는 구조에 맞춰서 데이터의 측정, 통합, 분석으로 챕터가 배치되어 있다. 인공지능, 웨어러블, 원격의료, 디지털 표현형 등 디지털 헬스케어의 여러 가지 주요 주제를 이 프레임워크에 맞게 접근할 수 있을 것이다. 또한 디지털 헬스케어, 디지털 치료제, 원격의료 등을 설명하기 위해서 유난히 벤다이어그램을 많이 사용한 것도 복잡하거나 이론의 여지가 있는 개념을 명확하게 정리하고 전달하기 위해서였다. 더 나아가 '헬스케어 웨어러블 딜레마'와 같은 개념을 새로 만들어서 구조도와 함께 설명하기도 했다. 이 책에서 소개하는 프레임워크와 이에 맞춰 등장하는 사례들을 보면서 독자들이 이 분야를 바라보는 나름의 시각을 발전시킬 수 있다면 이상적일 것이다.

이 책은 가능하면 순서대로 읽으면 좋겠지만, 원하는 챕터를 발췌해서 읽어도 상관없다. 다른 많은 분야가 그러하듯이, 디지털 헬스케어도 많은 부분이 서로 연결된다. 필자는 챕터별로 내용이 최대한 유기적으로 연계될 수 있도록 노력을 기울여서 집필했다. 특히, 다른 챕터에서 소개된 개념이거나, 더 자세히 설명되는 내용이라면 주석으로 이에 관해서 언급하여, 독자들의 이해를 돕고자 했다.

또한 필자의 전작들과 마찬가지로 이번에도 참고문헌을 최대한 상세히 정리하고자 각별한 노력을 기울였다. 필자의 개인적인 의견이 아닌 다음에는, 가능한 모든 문장에 필자가 공부하고 집필에 참고했던 원문의 출처를 참고문헌으로 달아놓았다.

이렇게 참고문헌을 충실히 기록한 것에는 두 가지 목적이 있다. 한 가지는 이 책을 '근거 중심'으로 집필하기 위함이다. 현대 의학의 핵심 기조는 근거 중심 의학 evidence-based medicine 이다. 의료에서 가능한 모든 의학적 결정이 근거에 기반하여 이루어지고, 의학 논문에도 참조문헌이 상세하게 달린다. 그렇듯 이 책의 문장 하나도 최대한 근거에 기반하여 집필하려고 노력했다.

또 다른 목적은 독자에게 추가적인 학습의 기회를 제공하고자 함이다. 무려 700페이지에 달하는 책임에도 불구하고, 여전히 이 책에서 다루지 못한 내용이 많다. 독자들은 각 세부적인 부분을 읽고도 부족한 경우, 참고문헌을 통해서 추가적인 학습을 할 수 있을 것이다. 독자들께서 이 책이 다루는 범위에서 그치지 않고, 디지털 헬스케어에 대한 고유의 시각을 정립하고 더 발전시키기 위해서 이런 참고문헌이 도움이 되었으면 한다.

앞서 한국에서 지난 몇 년 동안 디지털 헬스케어 분야에 많은 변화가 있었다고 언급하였으나, 아직 갈 길은 여전히 멀고도 멀다. 이 분야는 산업계, 의료계, 관련 정부 부처, 시민단체 등 유난히 많은 이해관계자의 극도로 복잡한 이해관계 속에서 몇 년째 공회전만 반복하고 있다. 원격의료와 같이 한국 특유의 의료 시스템과 규제에 묶여 한 발자국도 움직이지 못하는 분야가 있는가 하면, DTC 개인유전정보 분석과 같이 한국만의 독자적 규제를 만들어 글로벌 괴리가 계속 커지는 분야도 있다. 관계 부처에서는 스타트업을 육성하겠다고 하지만, 정작 글로벌 유니콘 헬스케어 스타트업은 여전히 한국에서 대부분 불법이다. 규제는 더 많은 개선이 필요하며, 더 나아가 국민건강보험의 지불구조 개선과 같은 더욱 복잡한 이슈들이 도처에 있다. 그래서 혹자는 '한국의 디지털 헬스케어에는 희망이 없다'고 자조하기도 한다.

이러한 문제는 결코 한 번에, 단기간에 해결되지 않는다. 필자는 이 문제를 해결하기 위한 출발점은 무엇보다 디지털 헬스케어에서 어떠한 변화가 실제로 일어나고 있는지를 목도하고, 이와 관련된 개념부터 정립하면서, 어느 방향으로 우리가 나아가야 하는지에 대한 공감대를 형성하는 것에 있다고 생각한다. 사실 그동안 필자가 의견을 나눠본 많은 이해관계자, 심지어는 유관 분야의 전문가들조차도 아직 디지털 헬스케어 분야의 발전에 대해서는 충분히 이해하고 있지 못한 경우가 적지 않았다.

디지털 헬스케어의 발전상에 대한 이해는 문제를 해결하기 위해, 이해관계자들의 합의를 위해 필요한 최소한의 요건이다. 무엇이 어떻게 일어나고 있는지 정확히 알아야만 우리도 어떻게 변화할지, 혹은 변화할지 말지에 대한 논의를 시작할 수 있기 때문이다. 만약 이 책이 한국의 디지털 헬스케어의 딜레마들을 해결하기 위한 작은 시발점이라도 될 수 있다면, 이 분야를 국내에 소개한 사람의 한 명으로서 정말 평생의 숙원이 이뤄지는 것일 테다.

고백하건대 필자에게 지난 4년은 이 책을 끝까지 완성해야 한다는 자신과의 약속, 혹은 스스로 만든 굴레에 갇혀서 끊임없이 고뇌하던 시간의 연속이었다. 조금이라도 여유 시간이 생기면 이 책을 위해 글을 써야 한다는, 데드라인도 없는 압박감에 계속 시달려왔다. 원고를 탈고하고 나서도 편집에 꼬박 반년이 넘게 걸렸다. 드디어 이 책을 세상에 내어놓으니 감회가 새롭기도 하고, 지난 몇 년 동안 스스로 지웠던 부담을 이제 내려놓을 수 있게 되어서 후련하기도 하다. 하지만 또 한 편으로는 이 책을 독자들께서 어떻게 읽어주실지 기대와 함께 걱정도 감출 길이 없다.

부디 이 책이 국내 디지털 헬스케어의 발전, 더 나아가서는 의료의 미래를 만들어가기 위해 작은 씨앗이 되면 좋겠다. 독자분들께서도 아무쪼록 애정을 가지고 이 분야의 발전을 지켜봐주시고, 또 그 과정에 함께해주시기를 바란다. 그럼 시작해보겠다.

▎ 집필에 도움을 주신 분들

많은 분들께서 도움을 주신 덕분에 이 책을 집필할 수 있었습니다. 디지털 헬스케어를 연구하면서, 의료계, 학계 및 산업계의 많은 전문가들과 의견을 나눌 수 있었음에 감사드립니다. 또한 이 부족한 책의 초고와 원고를 읽고 많은 분들이 의견과 조언, 고언을 주셨습니다. 이 지면을 빌어서 다시 한 번 감사의 말씀을 드립니다. 혹시 제가 잊고 아래에 감사를 표하지 못한 분이 계시더라도 너그러이 이해해주시면 좋겠습니다.

서울대학교병원 해부학교실 최형진 교수님, 가정의학과 조비룡 교수님, 박진호 교수님, 권혁태 교수님 및 많은 선생님들, 신경정신과 이태영 교수님, 병리과 배종모 교수님, 유승연 선생님, 분당서울대병원 가정의학과 김주영 선생님, 영상의학과 이학종 교수님, 안과 박상준 교수님, 내과 문재훈 교수님, 서울아산병원 영상의학과 서준범 교수님, 김남국 교수님, 박성호 교수님, 종양내과 김선영 교수님, 내과 김준환 교수님, 삼성서울병원 소화기내과 장동경 교수님, 가정의학과 신동욱 교수님, 병리과 송상용 교수님, 응급의학과 차원철 교수님, 외과 류진수 선생님, 연세의료원 영상의학과 최병욱 교수님, 유방외과 박형석 교수님, 마취통증의학과 서이준 선생님, 강남세브란스 영상의학과 김성준 교수님, 국립암센터 황보율 교수님, 아주대병원 내분비내과 김대중 교수님, 성형외과 명유진 선생님, 경희대학교병원 내분비내과 이상열 교수님, 강동경희대병원 류머티스내과 이상훈 선생님, 소화기내과 유정선 선생님, 민준기 선생님, 고려대학교병원 종양내과 이수현 교수님, 정신건강의학과 이헌정 교수님, 조철현 교수님, 길병원 신경외과 이언 교수님, 김영보 교수님, 종양내과 박인근 교수님, 충북대병원 심장내과 배장환 교수님, 병리과 이호창 교수님, 서울의료원 내분비내과 김태호 과장님, 재활의학과 김종규 선생님, 동국대 일산병원 심장혈관내과 김유리 교수님, 분당차병원 김현정 교수님, 메디플렉스 세종병원 김순용 선생님, 노태호바오로내과의원 노태호 원장님, 한솔병원 소화기내과 손경민 선생님, 방배GF소아과 김우성 원장님, 어비뇨기과 두진경 원장님, 대구드림병원 조병현 선생님, 마리아병원 김형주 선생님, 컬럼비아대학병원 박중흠 선생님, 한림병원 핵의학과 윤민기 과장님, 부천성모병원 전상훈 선생님, 클리블랜드 클리닉 황태현 교수님.

 뷰노 이예하 대표님, 정규환 이사님, 김현준 이사님, 김상기 박사님과 모든 멤버들, 루닛 백승욱 의장님, 서범석 대표님, 장민홍 이사님, 옥찬영 이사님, 쓰리빌리언 금창원 대표님, IBM 규리Kyu Rhee 박사님, 김주희 실장님, 김정연 부장님, 프로미스 다이애그노틱스Promis Diagnostics 강현석 박사님, 에임메드·모바일닥터 신재원 대표님, 에임메드 김수진 실장님, 힐세리온 류정원 대표님, 네오팩트 반호영 대표님, 휴레이포지티브 최두아 대표님, 눔 정세주 대표님, 눔코리아 김영인 대표님, DS스쿨 정수덕 대표님, 정성영 이사님, 굿닥 신현묵 이사님, 네이버 김상헌 (전) 대표님, 엠트리케어 박종일 대표님, 테라젠이텍스 김태형 이사님, 웰트 강성지 대표님, 에비드넷 감혜진 대표님, 메디블록 이은솔, 고우균 대표님, 나노셀렉트 조성

환 이사님, SCOR 라이프 김동진 이사님, 파인더스 박병은 이사님, IMM인베스트먼트 문여정 이사님, LB인베스트먼트 구중회 전무님, 세마트랜스링크캐피털 허진호, 박희덕, 김범수 대표님, 스마일게이트 인베스트먼트 구영권 부사장님, 매쉬업엔젤스 이택경 대표님, 이정호, 최윤경 심사역님, 네이버 D2 스타트업 팩토리 양상환 리더님, 김양하 님 및 모든 멤버분들, 블루포인트 파트너스 이용관 대표님, 이승우 이사님, 토모큐브 민현석 박사님, 매일경제신문 신찬옥 기자님, 메디게이트 임솔 기자님, 청년의사 박재영 선생님과 많은 기자분들, 아웃스탠딩 김지윤 기자님, 테크프론티어 한상기 박사님, 디지털헬스케어파트너스 정지훈 교수님, 김치원 원장님 및 모든 파트너와 자문가분들, 포트폴리오 대표님들, 김앤장법률사무소 최경선 변호사님, 이환범 변호사님, 김용우 실장님, 노양래 실장님, 테크앤로 구태언 변호사님, 법무법인 광장 유지현 변호사님, 식약처 의료기기심사부 오현주 부장님, 첨단의료기기과 이정림 과장님, 강영규 연구관님, 손승호 주무관님.

서울대학교 의과대학 의학교육학교실 윤현배 교수님, 성균관대학교 의료기기산업학과 유규하 교수님, 디지털헬스학과 신수용 교수님, 융합의과학원 조주희 교수님, 삼성유전체연구소 박웅양 소장님, UNIST 정두영 교수님, 아주대학교 의료정보학교실 박래웅 교수님, 가천대학교 컴퓨터공학과 이강윤 교수님, 한양대학교 의과대학 김도환 교수님, 동아대학교 의과대학 응급의학과 권인호 교수님, 연세대학교 영상의학과 김휘영 교수님, 인지과학연구소 장진규 교수님, 의과대학 예방의학 교실 김현창 교수님, 보건대학원 윤상철 교수님, 의학교육학교실 예병일 교수님, 이태선 선생님, 고려대학교 산업공학과 강필성 교수님, 서울과학기술대학교 김효은 교수님, 서울대학교 법학과 고학수 교수님, 경희대학교 이경전 교수님, 텍사스대학교 김예진 교수님, ETRI 전종홍 박사님, 경희대학교 의과대학 박준형 선생님, 페어 테라퓨틱스 김주영 선생님, 스크립스 중개과학연구소Scripps Research Translational Institute 스티브 스타인허블 박사Dr. Steve Steinhubl, 스탠퍼드대학병원 신동인 교수님, 레이텀 앤 왓킨스 LLPLatham & Watkins LLP 김정은 변호사님과 보리, 듀이, 미카.

부모님, 그리고 사랑하는 아내 재이.

차례

들어가는 말 • 5
집필에 도움을 주신 분들 • 12

1부 디지털 헬스케어가 온다 • 27

|1장| 변혁의 쓰나미 앞에서 • 29
- 디지털 기술의 기하급수적 발전 • 30
- 의료를 덮치는 변화의 쓰나미 • 35
- 변화할 것인가, 도태될 것인가 • 36
- 디지털 헬스케어의 범주 • 38
- 디지털 헬스케어의 지향점 • 43

|2장| 누가 디지털 헬스케어를 이끄는가 • 45
- 디지털 헬스케어의 원년 • 45
- 허물어지는 산업 간 경계 • 48
- 혁신의 주인공, 스타트업 • 49
- 한국 디지털 헬스케어의 현실 • 51

|3장| 데이터, 데이터, 데이터! • 54
- 인간 = 데이터 • 55
- 근거 중심 의료에서, 데이터 주도 의료로 • 57
- 집단으로서의 환자 vs. 개인으로서의 환자 • 61
- 데이터 주도 의료란: 스탠퍼드 병원의 사례 • 63

|4장| 4P 의료의 구현 • 67
- 맞춤의료 • 67
- 예방의료와 예측의료 • 69
- 정밀의료 • 75

2부 디지털 헬스케어는 어떻게 구현되는가 • 79

|5장| 디지털 헬스케어의 3단계 • 81

1단계: 데이터의 측정 • 84

|6장| 스마트폰: 의료 혁신의 핵심 기기 • 85

- 의료의 미래는 당신의 스마트폰 속에 • 85
- 슈퍼 컴퓨터 vs. 스마트폰 • 88
- 스마트폰의 센서들 • 89
- 카메라, 의사의 눈 • 92
- 청진기 대신, 마이크 • 95
- 가속도계와 자이로미터 • 96
- 스마트폰 의학연구 플랫폼, 애플 리서치키트 • 98
- 신약개발을 위한 앱 • 101
- 스마트폰 + 가젯 • 102

|7장| 웨어러블 디바이스: 입는 기기로 연결되는 인간 • 106

- 웨어러블 홍수의 시대 • 107
- 왜 헬스케어 웨어러블인가? • 110
- 웨어러블로 측정할 수 있는 것 • 112
  활동량 • 112 | 심박수 • 113 | 심전도 • 114 | 심박변이도 • 117 | 체온 • 117 | 수면 • 118 | 산소포화도 • 119 | 혈당 • 120 | 혈압 • 122 | 혈류 • 123 | 호흡수 • 124 | 피부 전기 반응 • 124 | 안압 • 126 | 자세 • 127 | 복약 • 127 | 생리 • 128 | 공기의 질 • 129

|8장| 개인유전정보 분석의 모든 것 • 131

- 개인유전정보 분석 • 131
- 디지털 기술과 유전정보 • 133
- 개인유전정보 분석의 시대 • 136
- 유전정보 분석의 종류 • 138

- 개인유전정보 분석의 개척자, 23andMe • 142
- 23andMe의 분석 항목 • 145
- 패쓰웨이 지노믹스의 분석 항목 • 150
- 개인유전정보 분석의 한계 • 153
- 유전정보의 폭발적 증가 • 156
- 23andMe의 연대기로 보는 DTC의 역사 • 160
  - (1) 창업 이후 돌풍을 일으키다 (2006~2013) • 161
  - (2) FDA의 규제 철퇴를 맞다 (2013) • 164
  - (3) 재기를 노리다: 보인자 DTC 검사 허가 (2014~2015) • 165
  - (4) 질병 위험도 예측 DTC 서비스 재개 (2017. 4) • 167
  - (5) 유방암 유전자 DTC 서비스 최초 승인 (2018. 3) • 168
  - (6) 질병 위험도 유전자 검사에 Pre-Cert 규제 적용 (2018. 6~) • 169
- DTC 유전정보 검사는 정말 위험할까 • 171
- 국내 DTC 현황: 전면 금지와 예외적 허용 • 174
- 규제 샌드박스, 언발에 오줌 누기 • 177
- 커져만 가는 글로벌과 국내의 괴리 • 178
- 내 유전정보는 누구의 소유인가 • 180
- 태어나기 전부터 사망 이후까지 • 182

|9장| 디지털 표현형, 스마트폰은 당신이 우울한지 알고 있다 • 185

- 디지털 표현형 • 187
- 스마트폰은 당신이 우울한지 알고 있다 • 189
- 마인드스트롱 헬스 • 192
- SNS의 디지털 표현형 • 197
- 트위터를 통한 정신질환 파악 • 199
- 인스타그램도 당신이 우울한지 알고 있다 • 202
- 디지털 표현형, 의료 데이터의 확장 • 205

|10장| 환자 유래의 의료 데이터 • 208

- 환자 유래의 의료 데이터: 마지막 퍼즐 조각 • 209
- 나의 의료 데이터는 누구의 소유인가 • 212
- 환자 유래 데이터에 의한, 환자의 권한 강화 • 216
- 참여의료의 구현 • 217

2단계: 데이터의 통합 • 219

|11장| 헬스케어 데이터의 통합 • 220
- 한 사람의 건강 상태를 이해하려면 • 222
- 헬스케어 데이터 통합의 어려움 • 224
- 모든 헬스케어 데이터를 통합하는 플랫폼 • 226
- 천릿길도 한 걸음부터 • 229

|12장| 헬스케어 데이터 플랫폼: 애플과 발리딕 • 231
- 헬스케어 회사, 애플 • 231
- 헬스키트, 애플 헬스케어의 시작 • 233
- 헬스키트: 환자 유래의 의료 데이터 통합 • 236
- 애플 헬스 레코드: 진료기록의 통합 • 237
- 애플 헬스케어 생태계의 양대 플랫폼 • 242
- 헬스케어 데이터 전문 플랫폼, 발리딕 • 243
- 애플 헬스키트와 차이점 • 246
- 바이탈스냅 • 248
- 데이터 플랫폼의 현재 • 249

|13장| 모든 사람의, 모든 데이터를 모은다면 • 252
- 톱-다운 연구 vs. 바텀-업 연구 • 252
- 구글 베이스라인 프로젝트 • 254
- All-of-Us 프로젝트 • 256
- 10만 명 웰니스 프로젝트 • 260

3단계: 데이터의 분석 • 265

|14장| 빅데이터 의료를 위해 • 266
- 데이터 폭발의 시대 • 267
- 머니볼과 빅데이터 의료 • 269
- 대형마트에서 엿보는 미래 의료 • 271
- 타깃은 어떻게 고객의 임신을 예측했나 • 273
- 빅데이터로 천식을 예측하기 • 276
- 두 가지 분석법: 사람, 그리고 인공지능 • 282

|15장| 원격의료: 원격 환자 모니터링 • 284

- 원격의료와 원격진료를 구분하라 • 285
- 원격 환자 모니터링 • 287
- 당뇨병 환자의 원격 모니터링 • 289
- 원격 환자 모니터링의 숙제 • 293
- 인공지능의 필요성 • 295

|16장| 원격의료: 원격진료 • 297

- 한국의 원격진료 • 298
- 성장하는 미국의 원격진료 시장 • 299
- 미국 의료 시스템의 특수성 • 301
- 원격의료, 붕괴한 의료 시스템의 대안? • 304
- 텔라닥: 미국 최초, 최대의 원격의료 회사 • 305
- 텔라닥의 고객과 수익 모델 • 306
- 텔라닥의 효용: 홈디포의 사례 • 308
- 텔라닥의 효용: 렌트어센터의 사례 • 309
- 원격진료의 여러 모델 (1): 스마트폰 데이터 판독 • 310
- 원격진료의 여러 모델 (2): 원격 2차 소견 • 312
- 원격 2차 소견의 가치 • 313
- 원격진료의 여러 모델 (3): 온디맨드 원격처방 • 316
- 원격진료 회사들은 얼마나 제대로 진료할까 • 318
- 피부과 원격진료의 한계와 부정확성 연구 • 321
- 원격의료 전문의를 양성한다면 • 325
- 한국의 원격의료, 어떻게 해결해야 하나 • 327
- 한국의 원격의료, 더 근본적인 문제 • 333

|17장| 인공지능 • 336

- 디지털 헬스케어의 화룡점정 • 337
- 인공지능의 발전 • 339
- 딥러닝의 발전 • 341
- 스마트폰으로 부정맥 진단 • 344
- 심장내과 전문의를 능가하는 인공지능 • 348
- 중환자실의 데이터 분석 및 예측 • 350

- 인공지능을 이용한 혈당관리 • 353
- IBM 왓슨을 이용한 혈당관리 앱 • 354
- 슈거아이큐의 활용 사례 • 356
- 개인맞춤 혈당관리의 미래 • 357
- 유전정보 기반의 다이어트 • 360
- 유전정보 + 애플 헬스키트 + 왓슨 = OME • 362

3부 디지털 헬스케어의 새로운 물결과 숙제 • 367

|18장| 디지털 치료제, 또 하나의 신약 • 369

- 디지털 치료제가 온다 • 370
  - 디지털 치료제의 유형 • 374
  - 디지털 치료제와 SaMD • 376

- 최초의 디지털 치료제, 페어 테라퓨틱스 • 380
- 아킬리 인터렉티브, ADHD 치료용 게임 • 385
- 앱으로 당뇨병을 예방한다 • 390
  - 오마다 헬스, 가장 큰 당뇨 예방 프로그램 • 391
  - 눔, 체중 감량 및 당뇨 예방 스타트업 • 394

- VR을 이용한 공포증 치료 • 396
- VR 기반의 PTSD 치료 • 398
  - 버추얼 베트남 • 399
  - XBOX 게임, 그리고 버추얼 이라크 • 401
  - '오즈의 마법사' • 404
  - 버추얼 이라크의 치료 성과 • 405

- 통제 대신, VR • 406
  - 화상 환자의 VR 진통제 • 407
  - 'VR 약국', 어플라이드VR • 409

- 더 많은 디지털 치료제들 • 412

알츠하이머 치료 앱, 드테라 사이언스 • 412
우울증 치료 챗봇, 워봇 • 313
수면제 앱, 빅 헬스 • 414

- 누구도 가보지 않은 길 • 416
  난관 1. 어떻게 규제할 것인가 • 417
  난관 2. 보험 적용을 받을 수 있을까 • 419
  난관 3. 의사가 과연 처방할 것인가 • 420
  난관 4. 환자는 디지털 치료제를 쓸까? • 422

- 제약사와 디지털 치료제의 관계 • 424
- 디지털 치료제라는 미래 • 425

|19장| 헬스케어 웨어러블 딜레마
: 돌파구는 어디에 • 429

- 웨어러블의 시대는 끝났는가 • 430
  죽음의 계곡 • 432
  웨어러블의 돌파구는 어디에 • 434
  당신은 돌아갈 것인가? • 435

- 헬스케어 웨어러블 딜레마 • 436
- 웨어러블이 정말 정확해야 하는가? • 440
  가장 정확한 웨어러블 • 441
  웨어러블은 과연 정확해야 하는가 • 445

- 지속 사용성: 웨어러블 최대의 난제 • 448
  웨어러블, 얼마나 오래 사용하나 • 449
  핏빗의 활성 사용자 • 451
  난제를 푸는 두 가지 방법 • 454
  기존의 습관에 묻어가기 • 456
  애플워치의 높은 지속 사용성 • 458
  애플워치는 스마트 워치인가? • 461
  기존 행동 활용의 한계 • 465
  구글 글래스의 실패 원인: 쪽팔림 • 467
  당뇨병 패러독스 • 471
  무엇이 지속 사용성을 결정하는가 • 473

- 웨어러블, 어떻게 효용을 제공할 것인가 • 477

측정만으로는 안 된다 · 478
  필자의 수면 모니터링 (1) 오라 링 · 479
  필자의 수면 모니터링 (2) 슬립 사이클 · 480
  웨어러블, 효용의 세 가지 조건 · 483
  웨어러블의 효용: 여섯 가지 유형 · 485

- 웨어러블의 의료적 효용 · 486
  발작을 측정하는 웨어러블 · 487
  핏빗은 어떤 효용이 있는가 · 490
  활동량 측정계를 이용한 임상연구 · 492
  심박수 기반의 부정맥 측정 · 496
  애플워치의 심전도 및 부정맥 측정 · 499
  의학적 효용, 그 이상의 가치? · 503

- 웨어러블의 재정적 효용: 열심히 운동하면 돈을 준다 · 504
  데이터 기반의 보험 · 504
  보험사의 금전적 인센티브 · 506
  정확성은 중요하다 · 509

- 웨어러블의 오락적 효용: 포켓몬GO, 그리고 펠로톤 · 510
  전 세계를 강타한 포켓몬GO · 511
  '의도치 않은' 최고의 헬스케어 앱 · 514
  너무 재미있어서 쓰지 않을 수 없었으나 · 516
  헬스케어의 넷플릭스, 펠로톤 · 517
  컬트 문화를 통한 사용자 경험 · 520

- 웨어러블의 돌파구, 어디에 있는가 · 523
  웨어러블의 세 가지 축 · 523
  맥락을 고려해야 한다 · 525
  효용의 간접 수혜자 · 528
  헬스케어 효용의 역설 · 530
  돌파구는 웨어러블이 아닐 수도 · 531
  웨어러블은 미래가 될 수 있을까 · 534

4부 미래로 가는 길 · 537

|20장| 대기업, 어디에서 시작해야 하나 · 539
- 미래는 예측 가능한가 · 540
- 한국 대기업이 간만 보는 이유 · 541
- 구글이 닥치는 대로 잡다하게 하는 이유 · 542
- 대기업의 선택지 · 544

|21장| 제약사, 디지털이 날개를 달아줘요 · 546
- 23andMe의 유전정보 데이터베이스 · 548
- 개인유전정보 기반의 신약개발 · 549
- 유전정보를 이용한 파킨슨병 신약개발 · 550
- 인공지능 기반의 신약개발 · 551
- 아톰와이즈, 딥러닝 기반의 신약개발 · 553
- IBM 왓슨을 통한 임상시험 환자 모집 · 557
- 신약 임상시험을 위한 IBM 왓슨 · 561
- 병원 밖 임상 참여자의 데이터 측정 · 562
- SNS를 통한 신약 부작용 발견 · 564
- 페이션츠라이크미를 통한 항우울제 부작용 발견 · 566
- 디지털 치료제, '약'이라는 개념의 확장 · 568

|22장| 보험사, 근본적인 변화 · 570
- 활동량 기반의 건강관리 서비스 · 571
- 데이터 기반의 새로운 보험사 · 573
- 사후적, 수동적 보험 vs. 선제적, 능동적 보험 · 575
- 디지털 치료제의 활용 · 577
- 디지털 표현형, 더 과감한 기술 · 579
- 해결해야 할 숙제들 · 581
    1. 임상적으로 증명된 기술만 이용해야 한다 · 581
    2. 데이터의 소유권, 보안 및 프라이버시 문제 · 582
    3. 의료 행위 해당 여부에 대한 해석 · 583
- 윈윈 모델을 위해 · 586

23장 자동차, 헬스케어를 더한다면 • 587
- 헬스케어 플랫폼으로서의 자동차 • 588
- 커넥티드 자동차, 헬스케어 적용 방안 • 590
- 자동차에 탑승하기 이전의 데이터 • 591
- 자동차만의 강점을 활용하라 • 592
- 자동차와 헬스케어의 미래 • 594

24장 스타트업, 변화의 동력이 되려면 • 596
- 헬스케어 시장은 정말 큰가 • 598
- 꼭 필요한 것을 만들어야 한다 • 600
- 한국 의료 시스템의 특수성을 이해하라 • 603
- 한국만의 규제를 이해해야 한다 • 605
- 해커톤 아이템을 사전 심사하는 이유 • 608
- 의학적으로 타당한 문제와 해결책 • 609
- 근거, 근거, 근거! • 611
- 테라노스 사태의 본질 • 612
- 큰 아이디어가 필요하다 • 615
- 더 많은 스타트업이 필요하다 • 618
- 이를 위한 정부의 역할 • 620

25장 혁신을 어떻게 규제할 것인가 • 622
- 규제기관의 딜레마 • 623
- 포지티브 규제 vs. 네거티브 규제 • 625
- 기술 혁신을 위한, FDA의 규제 혁신 • 628
- Pre-Cert, 악마는 디테일에 • 629
- FDA의 규제 혁신에서 배울 것들 • 631
- 한국, 어디부터 시작할 것인가 • 633
- 식약처의 디지털 헬스케어 담당 인력은 몇 명? • 635
- 누구의 결정이 필요한가 • 637

나가는 말: 한국 디지털 헬스케어의 미래를 위한 10가지 제언 • 639
참고문헌 • 652

1부

디지털 헬스케어가 온다

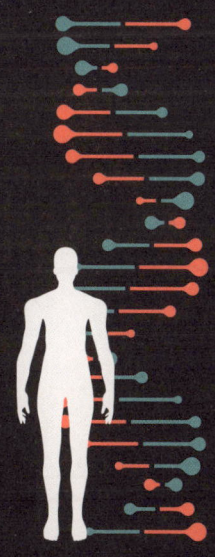

1장
변혁의 쓰나미 앞에서

 의료는 현재 변혁의 시기를 지나고 있다. 과거를 돌이켜보더라도 의료와 헬스케어만큼 빠르게 발전하며 새로운 기술이 적극적으로 도입되었던 분야도 드물었다. 사람들은 누구나 질병에서 자유롭게, 더 오래 살고 싶어하며, 높은 삶의 질을 유지하고 싶은 근본적인 욕구가 있기 때문이다. 그만큼 많은 투자와 연구가 투입되어왔으며, 이에 따라 의료는 지속적으로 변화하며 발전해왔다.

 하지만 지금 의료가 맞닥뜨린 변혁은 과거와는 전혀 다른 양상을 띠고 있다. 변혁의 규모와 속도뿐만 아니라 그러한 변화를 일으키고 있는 근본적인 원인도 다르다. 또한 그러한 변화가 의료와 우리의 삶에 미칠 파급 효과도 더 깊고 넓다. 과거의 의료 혁신은 의학 내부나, 약학, 생화학, 생명공학 등 전통적인 의학의 인접 분야에서 일어났다. 하지만 지금 의료가 맞이하고 있는 파괴적인 변혁은 의학과는 완전히 별개로 간주되던 외부에서 시작되었다.

 그 변혁의 진원지는 바로 디지털 기술의 발전이다.

디지털 기술의 기하급수적 발전

디지털 기술은 기하급수적으로 발전한다. 무엇인가 빠르게 증가하거나 발전할 때, 우리는 그 속도를 강조하기 위해서 흔히 '기하급수적exponential'이라는 표현을 관용어처럼 사용한다. 『국어사전』에 나오는 설명 중의 하나도 '증가하는 수나 양이 아주 많음을 이르는 말'이다. 하지만 엄밀히 설명하자면, 우리가 중고등학교 수학 시간에 배운 등비수열에 따라 증가하는 것이 바로 기하급수적인 증가이다. 즉, 이전 상태에 비해 매번 일정한 비율로 증가한다는 것이다.

하지만 우리가 기하급수적인 증가의 위력을 실감하기란 쉽지 않다. 인간의 사고는 선형적linear인 변화에 더 익숙하기 때문에 기하급수적 변화를 대개 잘 이해하지 못한다. 혹은 머리로는 이해해도, 그 결과를 본능적으로 받아들이기 어려워한다. 이 때문에 사람들은 대부분 미래에 닥칠 변화에 대해서 과소평가하는 경향이 있다.

기하급수적 증가의 위력을 잘 보여주는 것이 바로 누구나 한 번쯤 들어보았을 「체스판의 우화」이다.[1] 여러 버전이 있지만, 대략 이러한 이야기다. 옛날 옛적에 한 왕국의 신하가 큰 공을 세웠다(어떤 버전에서는 신하 대신, 체스 게임의 발명가라고 나오기도 한다). 이에 기뻐한 왕이 신하에게 상을 내리겠다며, 원하는 것을 이야기해보라고 한다. 이에 신하는 "체스판 첫 칸에 쌀알 한 톨로 시작해서, 그다음 칸으로 넘어갈 때마다 두 배씩만 늘려달라."고 했다. 한 톨, 두 톨, 네 톨, 여덟 톨……과 같이 쌀알이 적게 들어가는 것으로 대수롭지 않게 생각한 왕은 이를 흔쾌히 허락했다.

한 톨에서 다음 칸으로 계속 넘어갈수록 쌀알이 조금씩 증가했

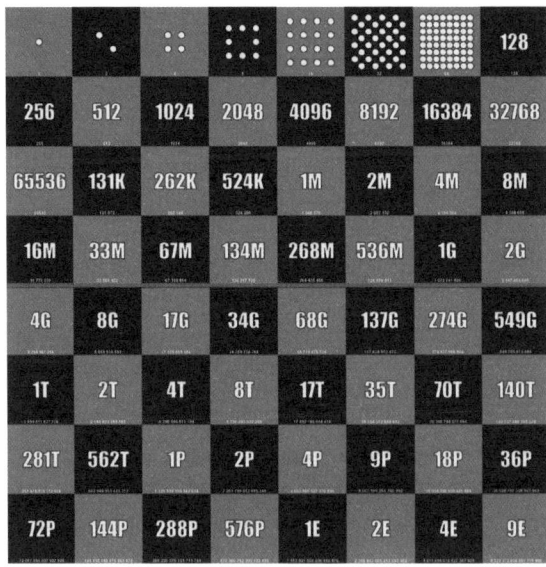
「체스판의 우화」

지만, 중반부까지는 크게 문제가 없었다. 체스판의 절반이 끝날 때까지 놓인 쌀알을 모두 합하면, 약 43억 톨 정도가 된다. 이는 10만 킬로그램 정도로, 아주 큰 논이 있으면 충분히 달성할 수 있는 양이다. 이는 최근 인도의 연간 쌀 수확량의 100만 분의 1도 되지 않는다.[2]

하지만 체스판의 후반부로 가면 갈수록 문제는 심각해진다. 만약 체스판 전체에 놓이는 쌀알을 모두 합하면 자그마치 총 18,446,744,073,709,551,615개라는 어마어마한 양이 되는 것이다. 이는 최근 전 세계 연간 쌀 생산량의 약 1,000배 정도가 되는 양이다. 이를 모두 땅에 깔아놓는다고 생각하면 바다를 포함한 지구 표면의 약 두 배에 해당하는 면적이 필요하다. 우화에서는 체스판의 절반을 넘어서자 조금씩 이상한 낌새를 눈치채기 시작하던 왕은 자기가 속았다는 것을 깨닫고 결국에는 격노하여 그 신하의 목을 자

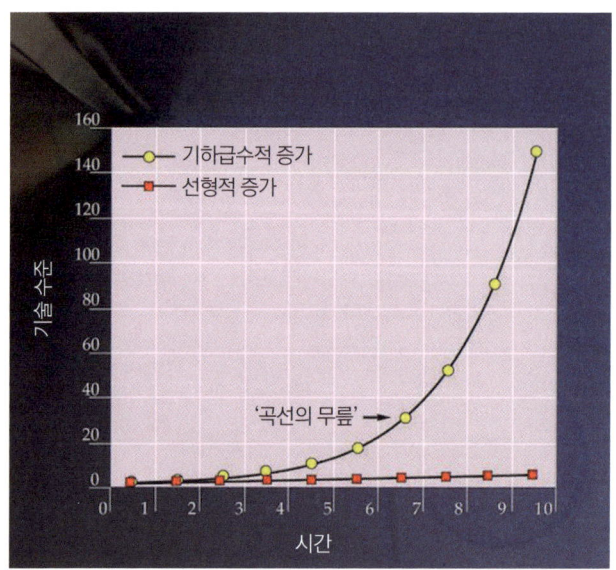

선형적 증가와 기하급수적 증가의 차이

르고 만다.

이것이 매번 일정한 배율로 증가하는 기하급수적인 증가exponential growth의 위력이다. 선형적 증가linear growth와 비교했을 때 기하급수적 증가는 초반에는 그 차이가 미미하다. 체스판의 초반부에 증가량이 미미했던 것처럼 말이다. 그러다가 '곡선의 무릎knee of curve'이라는 특정 순간을 지나면서 그 차이가 급격히 벌어지기 시작해서, 시간이 지날수록 그 차이는 더욱 크게 벌어지게 된다.

문제는 디지털 기술이 「체스판의 우화」에서 쌀알이 증가했던 것과 같이 기하급수적으로 발전하고 있다는 것이다. 이를 보여주는 대표적인 것이 유명한 '무어의 법칙Moore's law'이다. 이 법칙은 인텔의 공동 설립자인 고든 무어가 1965년에 내어놓은 것으로, 반도체 집적회로의 성능이 24개월마다 2배씩 증가한다는 것이다. 최근 들어서 이 법칙이 약간씩 빗나가고 있는 것이 아닌지에 대한 의견들이 있지만, 적어도 1970년대부터 2010년대 초반까지 집적회로 성능의 발전을 상당히 정확하게 예측해오고 있다.[3]

더 나아가 이러한 기하급수적인 발전은 단순히 집적회로의 성능뿐만 아니라 다양한 디지털 기술에 폭넓게 적용되고 있다. 배가(혹은 반감) 시간은 다르지만 기술의 수준이나 가격 대 성능비가 대부분 1~3년 주기로 개선된다. 구글의 기술 이사이자, 저명한 미래학자 레이 커즈와일Ray Kurzweil의 명저, 『특이점이 온다The Singularity is Near』에는 여러 디지털 기술의 배가 (또는 반감) 시간이 아래와 같이 정리되어 있다.

- D램 '하프 피치' 최소 칩 크기: 5.4년
- D램(달러당 비트): 1.5년
- 평균 트랜지스터 가격: 1.6년
- 트랜지스터 처리 주기당 마이크로프로세서 비용: 1.1년
- 총 판매된 비트: 1.1년
- 처리 장치 성능MIPS: 1.8년
- 인텔 마이크로프로세서의 트랜지스터 개수: 2년
- 마이크로프로세서의 클록 속도: 3년

미래학자들은 이제 우리가 디지털 기술의 측면에서 '체스판의 후반부'에 접어들었다고 이야기한다.[4] 지금까지도 기술이 빠르게 발전해왔지만, 앞으로 그 발전 속도는 우리가 일반적으로 상상할 수 있는 정도를 훨씬 초월할지도 모른다.

이렇게 기하급수적으로 기술이 고도의 발전을 거듭하다 보면 인공지능 등 인간 스스로가 만들어낸 기술을 이해하거나 따라잡지

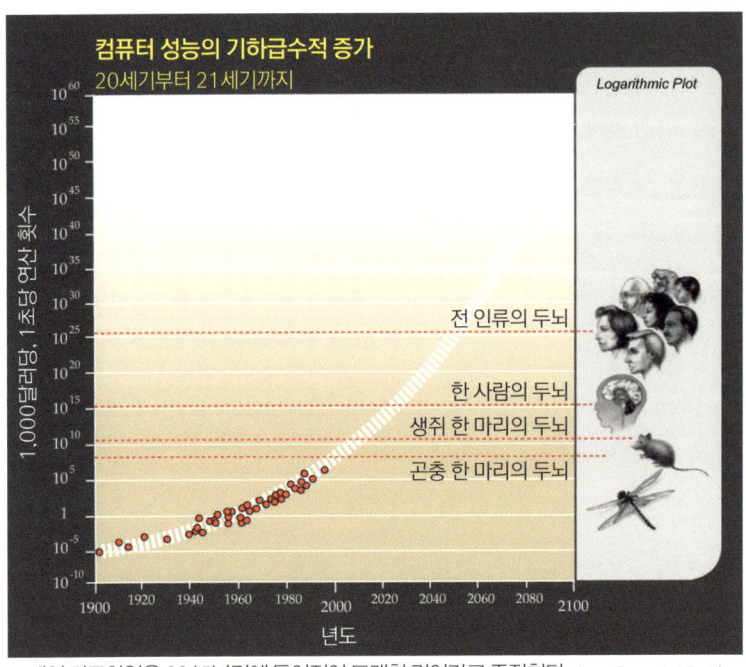

레이 커즈와일은 2045년경에 특이점이 도래할 것이라고 주장한다. (출처: 『특이점이 온다』)

못하는 시점이 온다고도 예측한다. 이를 '특이점singularity'이라고 하며, 앞서 언급한 미래학자이자 레이 커즈와일이 특이점이 머지않아 다가올 것이라고 주장하는 대표적인 사람이다. 사실 특이점이라는 것이 존재할지, 도달 시기가 언제일지에 대해서는 의견이 분분하다. 하지만 가장 과감한 주장을 펼치는 레이 커즈와일에 따르면 2045년 전후에 특이점에 도달할 것으로 예측한다. 컴퓨터 연산 능력이 기하급수적인 성장을 계속한다면 2030년 전후로는 한 사람의 지능을 컴퓨터가 넘어서게 되고, 2045년 정도에는 인류 전체의 지능을 컴퓨터가 능가하게 된다는 것이다.

의료를 덮치는 변화의 쓰나미

이렇게 기하급수적인 디지털 기술의 발전은 급기야 의료를 근본적으로 변화시키고 있다. 전자의무기록EMR, Electronic Medical Record, 유전체 분석 등의 비교적 의료 시스템 내의 변화뿐만 아니라, 인공지능, 사물인터넷, 웨어러블 디바이스, 스마트폰, 클라우드 컴퓨팅, 3D 프린터, 가상현실, 증강현실, 블록체인 등 기존 의료 시스템 밖의 디지털 기술이 의료 분야에 빠르고 광범위하게 접목되고 있다. 이로 인해 때로는 공상과학 영화에서나 나오던 의료 기술이 이제 현실에서 구현되고 있다.

디지털 기술과 의료의 경계는 점점 더 허물어지고 있으며, 갈수록 이 두 분야를 명확하게 구분 짓기는 더욱 어려워질 것이다. 첨단 디지털 기술의 대표적이고 최우선적인 활용 분야 중의 하나가 이미 의료이며, 디지털 기술을 빼놓고는 미래의 의료를 설명하기도 불가능할 것이다.

이러한 변화는 의학의 긴 역사를 통틀어서도 가장 근본적이고 파괴적일 수 있다. 현재 우리가 가지고 있는 의료의 개념 자체가 뒤바뀔 정도로 말이다. "의료의 개념 자체가 바뀐다"는 말이 지나치다고 생각될지도 모르겠지만, 약간만 시야를 넓혀보면 다른 분야에서는 이런 변화가 이미 폭넓게 일어나고 있다.

자율주행차의 보급으로 운전기사가 기계로 대체되며, 이에 따라 자동차 산업 및 운송 산업과 관련 규제와 법까지 바뀔 수 있다. 3D 프린터의 보급은 전통적인 공장과 생산 직종에 이미 변화를 주고 있다. 핀테크의 등장으로 금융업계에 지각 변동이 일어난다. 드론의 보급으로 물류배송체계와 보안 산업이 바뀐다. 우버는 전통적인 운송업을 무너뜨렸고, 에어비앤비는 전통적인 숙박업을 와해시키고 있다. 아마존은 온라인을 넘어 오프라인 소매 생태계를 무너뜨렸다. 코세라Coursera 등 무크MOOC, Massive Open Online Course의 활성화로 전통적인 대학의 역할이 축소된다. 팟캐스트와 유튜브 등을 통한 개인 미디어의 범람으로 기존 방송사와 방송인의 역할도 변화한다.

난데없이 등장한 디지털 기술이 순식간에 전통적인 산업을 와해시키고 기존의 직업을 없애버리고, 또 새로운 직업을 만들어낸다. 기계가 인간을 대신한다. 소비자가 생산자가 되며, 승객이 기사가 되고, 숙박객이 숙박업자가 되며, 시청자가 방송인이 된다. 공장 없는 제조기업이 생기고, 교실 없는 대학이 생기며, 운전자가 없는 운송업체가 생긴다. 아래가 위가 되고, 위가 아래가 된다.

변화할 것인가, 도태될 것인가

분야를 막론하는 이러한 변화 속에서 결코 의료만 예외로 남아 있을 수는 없다. 환자와 의사의 역할은 지금과 같을 것인가. 병원과 보험의 역할은 어떻게 바뀔 것인가. 진료실과 응급실, 중환자실, 수술실은 지금과 같은 구조와 시스템으로 남아 있을까. 현재 누구나 굳건히 믿고 있는 진료, 진단, 처방 및 신약개발, 보험, 규제 등의 개념은 10년, 20년 뒤에도 여전히 유효할까. 앞으로 설명하겠지만, 사실 의료는 이러한 변화의 예외는커녕 오히려 정면으로 직격탄을 맞고 있는 대표적인 분야이다.

한 가지 분명한 것은 우리가 미래에 맞이하게 될 의료의 모습은 지금과는 크게 다를 것이라는 점이다. 기술의 진화 속도를 고려해 본다면 현재의 시점에서 아무리 과감하게 미래의 의료를 예측한다고 하더라도, 시간이 흐른 뒤에는 그러한 예측조차도 너무 보수적이었음을 깨닫게 될지도 모르겠다.

나는 현재 우리가 의료의 역사를 통틀어 가장 흥분되는 변곡점을 지나고 있다고 생각한다. 그렇지만 모든 사람에게 이러한 변화가 달갑게 느껴질 수는 없을 것이다. 어떤 사람은 이러한 변화를 환영하고 그 과정에서 파생되는 기회를 잡기 위해 노력할 것이다. 하지만 또 어떤 사람은 이러한 변화를 부인하거나 끝까지 저항하려고 할 것이다.

반드시 명심해야 할 것은 이러한 변화는 이미 일어나고 있다는 것이다. 이 쓰나미와 같은 거대한 변화는 결코 거스르거나 피할 수 없는 도도한 흐름이다. 이러한 대전제를 받아들이고 변화하지 않는다면 결국 남은 선택지는 도태되는 것밖에 없다. 산업화 시대의 공장에 기계가 도입되는 것을 막기 위해서 일부 블루 칼라 노동자들이 벌였던 기계 파괴 운동(러다이트 운동)의 결과가 어떠했는지는 굳이 설명할 필요가 없을 것이다. 당신이 이 변화를 좋아하든 싫어하든 이제는 변화를 적극적으로 받아들이고 대비를 시작해야 할 때이다.

이렇게 변화를 받아들이고 적극적으로 혁신에 참여하는 것은 개인의 수준이 아니라, 국가 차원에서도 큰 화두로 떠오르고 있다. 이러한 의료 분야의 변화는 국가적인 위기이자, 기회라고 할 수 있다. 디지털 기술에 따른 헬스케어 분야의 변화를 잘 이용한다면, 국민의 건강을 증진시키고, 보험체계를 개선시키며, 관련 산업도 발전시키는 결과를 낳을 수 있다.

최근 한국에서 국가적인 관심을 받고 있는 소위 '4차 산업혁명'에서도 헬스케어는 빠지지 않고 등장한다. 헬스케어 혁신을 국가적 기회로 만들기 위해서는 단순히 기술 발전뿐만이 아니라, 혁신을 제대로 받아들일 수 있는 규제, 사회적 합의, 인프라 등이 준비되어야 한다. 안타깝지만 우리 사회는 이러한 측면의 준비가 크게 미비하며, '4차 산업혁명'은 공허한 구호에 그친 채 한 발자국도 나아가지 못하고 있다. 그 사이에 글로벌과의 괴리는 매일 더욱 커지고 있다. 변화하지 않으면 도태된다. 이는 국가에도 해당되는 말이다.

디지털 헬스케어의 범주

디지털 기술 혁신이 의료 기술과 융합되어 변화되고 새롭게 태동되는 의료와 헬스케어 분야를 이 책에서는 디지털 헬스케어digital healthcare라고 통칭하고자 한다. 이는 다양한 디지털 기술이 의료와 헬스케어 분야에 영향을 미치는 무척이나 넓은 범주를 총칭하기 때문에 다소 모호한 개념처럼 들릴 수도 있다.

사실 이 분야를 지칭하기 위해서 디지털 의료digital medicine, 모바일 헬스케어mobile healthcare, e-헬스케어e-healthcare 등등의 용어가 혼재되어 사용된다. 하지만 세계적으로 가장 일반적으로 사용되는 용어는 디지털 헬스케어라고 할 수 있다. 여전히 이 용어가 생소한 독자도 있을 것이다. 이 디지털 헬스케어라는 용어는 한국에서 2012~2013년 무렵부터 조금씩 사용되기 시작했으며, 2014년 필자의 전작 『헬스케어 이노베이션』에서 본격적으로 사용한 바 있다. 그로부터 몇 년이 지난 이제는 국내에서도 꽤나 널리 사용되고 있다.

참고로 한국에서는 스마트 헬스케어나 유헬스케어라는 용어도 흔히 사용하지만, 이 용어들을 필자는 되도록이면 사용하지 않는 것을 권하고 싶다. 이는 한국의 특정 조직이나 기관이 창조해낸 용어로, 해외에서는 거의 통용되지 않는 국내용 용어이다. 영어로 구글링만 해봐도 금방 알 수 있다. 또한 어떤 경우 문자 그대로의 뜻과는 다르게 상당히 정치적인 목적으로 왜곡되어 사용되기도 한다 (일례로, 유헬스케어는 국내에서 금기시된 원격의료의 동의어로 사용되는 경우가 많다).

분야별 개념을 설명하기 위해서 필자는 그림 「디지털 헬스케어 관련 분야 구성도」 같은 벤다이어그램을 즐겨 사용한다. 사실 이 분야들 사이의 관계나 구분에 대해서 공식적인 설명이 있는 것은 아니지만, 이런 정도라면 합리적으로 설명할 수 있지 않을까 한다. 대부분의 개념들은 이 책에서 자세히 설명될 것이므로, 여기에서는 간략히 개념과 관계 정도만 설명하고 넘어가도록 하겠다.

- 일단 넓은 의미의 건강관리에 해당하는 '헬스케어'가 가장 상위 개념이다. 질병의 진단, 치료, 관리뿐만 아니라, 운동이나, 식습관, 체중 감량과 같은 일상적인 건강관리를 모두 포함한다.
- '의료'는 '헬스케어'의 부분 집합으로 질병의 진단, 치료, 관리, 예방, 처방, 수술과 같은 전문 의료인들만 할 수 있는 분야이다. 또한 의료 분야에 해당되는 제품 즉, 의료 기기를 판매하기 위해서는 FDA나 식약처와 같은 규제기관의 인허가를 받아야 한다.
- '디지털 헬스케어'는 '헬스케어'의 또 다른 부분 집합이다. 헬

스케어 중에서 디지털 기술, 예를 들어, 사물인터넷, 인공지능, 3D프린터, VR·AR, 블록체인 등을 활용하는 것이 디지털 헬스케어라고 분류할 수 있다. 이 책에서 다루는 영역이 바로 이 디지털 헬스케어 전반이다.

- '의료'와 '디지털 헬스케어'는 일부는 겹치며, 또 일부는 겹치지 않는다. 참고로 '디지털 헬스케어'의 발달에 따라서 기존에는 존재하지 않던 새로운 서비스나 제품이 계속 등장하면서 '의료'에 속하는지의 여부가 애매한 사례들이 끊임없이 등장하고 있으며, 앞으로도 이런 고민을 하게 될 것이다. 예를 들어, IBM 왓슨 포 온콜로지는 의료 기기 해당 여부는 많은 국가의 규제기관들이 고심했던 문제다(결과적으로 한국과 미국에서는 의료 기기가 아닌 것으로 분류되었다).

- '모바일 헬스케어'는 '디지털 헬스케어'의 부분 집합이라고 할 수 있다. 즉, 디지털 기술 중에 특히 모바일 기술을 헬스케어에 활용하는 분야이다. 예를 들어, 스마트폰, 사물인터넷, SNS 등이 여기에 속한다. 다만, 모바일 기술이 아닌 디지털 기술(예를 들어, 인공지능)을 사용하는 경우, 엄밀히 말해서 모바일 헬스케어로 분류하기는 어렵다.

- '의료'와 '모바일 헬스케어'도 교집합이 있다. 이 교집합에 해당하는 것이 대표적으로 '원격의료'이다.

- '원격의료'는 '의료' '디지털 헬스케어' '모바일 헬스케어'의 하위 개념이다. 또한 '원격의료'의 하위 개념으로 '원격진료'가 있다. '원격의료'에는 해당하나 '원격진료'에는 해당하지는 않는 것으로 '원격 환자 모니터링'이라는 개념이 있다. 참고로 국내 의료계에서 원격의료와 원격진료는 금기시되는 키워드이

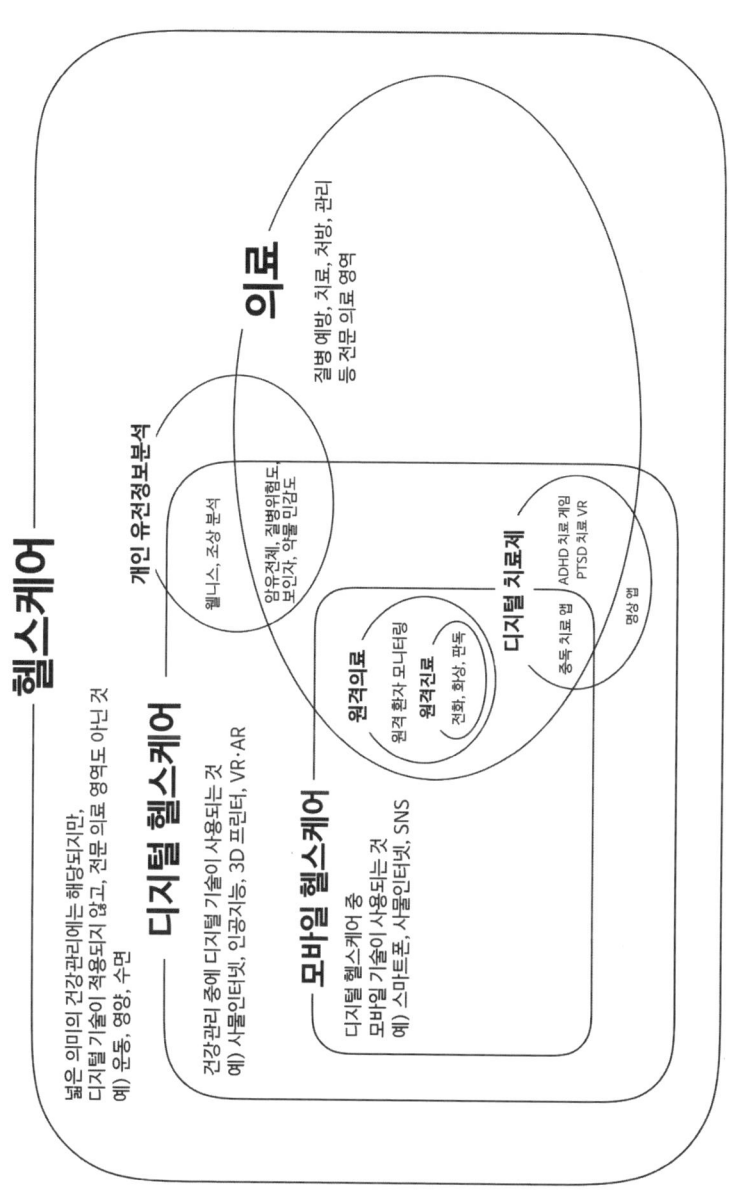

디지털 헬스케어 관련 분야 구성도

면서도, 여러 용어가 혼재되어 문제를 더 복잡하게 만들고 있다. 이 개념의 구분은 매우 중요하며, 자세한 내용은 15, 16장에서 다룬다.

- '유전정보 분석'은 '헬스케어'에 속하면서도, 대부분 '디지털 헬스케어'와 겹치며, 또 어떤 부분은 '의료'와도 겹친다. 즉, 유전정보 분석을 위해서 많은 경우 디지털 기술을 활용하지만, 그렇지 않은 경우도 있다. 또한 암 환자의 치료제를 찾기 위한 유전정보 분석과 같이 의학적인 목적으로 시행되기도 하지만, 조상 계통 분석처럼 그렇지 않은 경우도 있다. 유전정보 분석의 대표적인 사례는 실리콘밸리의 23andMe로, 이 사례는 8장에서 다룬다.

- '디지털 치료제$_{digital\ therapeutics}$'의 경우 '디지털 헬스케어'의 부분 집합이면서, 일부는 '의료'의 영역과 '모바일 헬스케어'의 영역에 속한다. 디지털 치료제는 앱, 게임, VR, 챗봇 등의 소프트웨어를 질병의 치료 및 관리에 활용하는 분야이다. 이 분야는 워낙 새로운 분야라 명확하게 구분하기는 좀 애매한 부분이 있지만, 대부분 디지털 헬스케어와 의료의 부분 집합에 속한다고 볼 수 있다. 조금 더 자세히 설명하자면, 소위 '소프트웨어 의료 기기$_{SaMD,\ Software\ as\ a\ Medical\ Device}$' 중에서 치료 목적으로 개발된 것들, 예로 들면 약물중독 치료 애플리케이션, ADHD(주의력 결핍 과잉 행동 장애) 치료용 게임 등이 여기에 속한다. 디지털 치료제에 대한 좀 더 자세한 내용은 18장에서 다룬다.

디지털 헬스케어의 지향점

독자 중에서는 앞서 설명한 이러한 개념에 대해서 아직 익숙하지 않은 분이 많이 계실 것이다. 앞으로 이 책에서는 이러한 여러 흥미로운 개념과 구체적인 사례들에 대해서 차근차근 설명하도록 하겠다. 다만 여기서 꼭 짚고 넘어가야 할 것이 있다. 이러한 디지털 헬스케어라는 분야가 새롭다고 해서, 이 분야가 추구하는 바도 새로운 것은 아니라는 점이다. 아니, 오히려 의료가 추구하는 궁극적인 이상향이 바로 이 디지털 헬스케어의 구현을 통해서 달성될 수 있다.

흔히 디지털 헬스케어나 디지털 의료의 미래를 이야기할 때, 이 분야의 이름 앞에 '디지털'이라는 단어를 빼는 것이 궁극적인 목표라고 한다.[5] 이는 2018년 『네이처』 자매지로 새롭게 창간된 『네이처 디지털 메디슨 npj Digital Medicine』의 창간호에서 편집자인 에릭 토폴 Eric Topol 박사가 주창한 바이기도 하다.* 이 분야가 지금은 새롭고 생소하지만, 과거의 새로운 기술이 이미 그러하였듯이, 기존의 의료에 접목되면서 매우 일상적인 건강관리, 질병 진단, 치료, 관리로 녹아들 것이다. 그러한 과정에서 의료가 궁극적으로 지향해오던 P4 의료 P4 medicine가 구현될 수도 있다.

특히, 의료계 종사자라면 소위 'P4 의료'라는 용어에 익숙할 것이다. 시스템 생물학의 선구자인 리로이 후드 Leroy Hood 등이 2000년대 중반에 처음 소개한 것으로 보이는 이 개념은 P로 시작하는 4가지 의료 혁신의 목표 즉, 예측의료 Predictive Medicine, 맞춤의료 Personalized

---

* 필자도 이 저널의 편집위원으로 참여하고 있다.

Medicine, 예방의료Preventive Medicine, 참여의료Participatory Medicine를 의미한다.[6] 즉, 질병을 미리 예측하고, 사전에 예방하며, 개별 환자에 특화된 맞춤형 의료를 제공하고, 그 과정에서 환자의 역할이 커진다는 것이다.

그 중요성에도 불구하고 이 용어는 '빅데이터'와 같이 일종의 유행어buzz word처럼 그동안 너무 남발되었기 때문에 오히려 뻔하거나 진부하게 느껴질지도 모르겠다. 하지만 최근에 들어서는 조금 달라졌다. 단순히 막연한 구호에 그치던 P4 의료를 실질적으로 구현할 수 있는 수단과 방법이 생겼기 때문이다. P4 의료가 우리가 언젠가는 당도하려고 하는 목적지라면, 이제 그곳에 이르기 위한 꽤나 구체적인 지도와 이동 수단까지 갖추게 된 것이다. 디지털 헬스케어가 그중의 하나이다. 전 세계 많은 선구자들은 저마다 그 여정에 오르고 있으며, 이미 상당한 진전을 보이고 있는 곳도 많다.

디지털 헬스케어의 궁극적인 목적이 P4 의료를 구현하는 것이라고 하기에는 조금 무리가 있다. 하지만 디지털 헬스케어를 구현하면 결과적으로 P4 의료의 많은 부분도 충족시킬 수 있다. 디지털 헬스케어의 어떤 측면이 P4 의료 중 어느 부분을 어떻게 실현하는지에 대해서는 앞으로 차근차근 설명해보도록 하겠다.

2장
누가 디지털 헬스케어를 이끄는가

디지털 헬스케어는 의학적, 학문적으로도 빠르게 발전하고 있지만, 산업적으로도 빠르게 성장하고 있는 분야다. 사실 필자는 의학적, 기술적 발전과 산업적 발전을 따로 떼어놓고 이야기하기는 어렵다고 생각한다. 의학 기술의 발전은 결국 의료의 발전으로 귀결되어 환자의 치료와 삶의 질 향상에 도움을 주는데, 이러한 기술의 발전이 최근 산업계에서 활발하게 일어나고 있기 때문이다.

디지털 헬스케어의 원년

디지털 헬스케어의 성장을 이야기하기 위해서 빠질 수 없는 것이 2014~2015년의 기간이다. 필자는 이 기간을 디지털 헬스케어 분야가 태동한 원년이라고 생각한다. 시간이 흘러 의료계에 큰 영향을 줄 근본적인 변화들이 언제 시작되었는지를 돌이켜본다면,

많은 변화들이 이 시기에 시작되었을 것으로 예상한다.

디지털 헬스케어 발전에는 기존의 의료계, 병원, 제약 회사, 의료기기 회사가 기여하지 않는 것은 아니지만, 많은 변화들이 전통적으로 헬스케어 기업으로 분류되지 않았던 애플, 구글, IBM, 아마존, 마이크로소프트, 삼성, 샤오미 등의 IT 기업에 의해서 주도되고 있다. 사실 글로벌 IT 기업들 중에서 차세대 신성장동력으로 의료·헬스케어를 꼽으며, 이 분야에 뛰어들지 않은 곳을 꼽기가 더 어려울 정도다. 이 기업들이 진출을 본격화한 것도 바로 이 기간이다. 예를 들어, 애플, 구글, IBM은 2014~2015년에 아래와 같은 일을 진행했다.

- 애플은 아이폰 기반의 헬스케어 플랫폼 헬스키트HealthKit, 임상 의료 연구 플랫폼 리서치키트ResearchKit 및 애플 최초의 스마트 워치인 애플워치Apple Watch를 출시하며 독자적인 의료 생태계를 구축했다. 헬스키트 생태계에는 900가지 이상의 헬스케어·의료 앱과 에픽 시스템즈Epic Systems를 포함한 대형 전자의무기록 회사들, 그리고 메이요 클리닉, 스탠퍼드 대학병원 등 대형 병원들이 연동되었다.*
- 구글은 헬스케어 플랫폼 구글 핏Google Fit을 발표하고, 구글 라이프 사이언스 부서에서 건강한 사람의 신체 상태를 규명하려는 베이스라인 스터디Baseline study, 암세포 조기 발견을 위한 나노 입자 개발, 혈당 측정용 스마트 콘택트렌즈 개발 등을 진

---

* 헬스키트 플랫폼은 12장에서, 애플워치는 19장에서 상세히 분석한다.

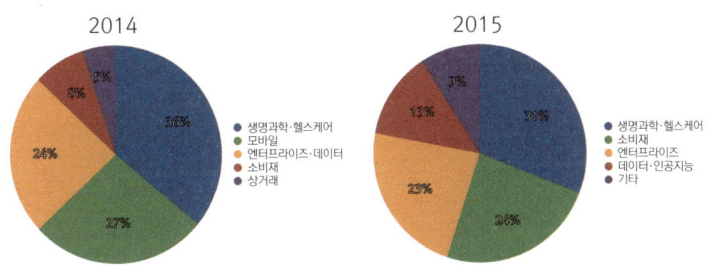

구글 벤처스의 2014~2015년 투자 분야에는 생명과학 및 헬스케어 분야가 가장 큰 비중을 차지했다 [1,2]

행해왔다.* 2015년 8월에는 '알파벳Alphabet'이라는 지주회사로 전환하면서 기존의 구글 라이프 사이언스를 버릴리Verily라는 자회사로 독립시켰다. 버릴리는 존슨앤존슨의 수술 장비 자회사 에티콘Ethicon과 함께 수술용 로봇 개발을 위해 버브 서지컬 Verb Surgical을 공동 설립했다. 그뿐만 아니라 알파벳의 벤처캐피털 자회사인 구글 벤처스의 바이오·헬스케어 분야 스타트업 투자는 2014년과 2015년에 각각 36%, 31%로 전 분야 중 가장 큰 비중을 차지했다.[1,2]

- IBM은 인공지능 왓슨을 기반으로 메모리얼 슬론-캐터링 암센터, MD 앤더슨, 클리블랜드 클리닉 등 다양한 병원 및 의료계와 협력을 확대하면서, 암환자 진단, 신약 임상시험, 암 유전체 분석 등 다양한 의료 문제 해결에 도전을 시작했다. 2015년 4월에는 왓슨 헬스Watson Health 부서를 독립시키고 애플, 존슨앤존슨, 메드트로닉, 에픽 시스템즈 등의 회사들과 협력 및 인수를 통해서 의료 생태계를 확장시켜 나가고 있다. 또한 의

---

* 혈당 측정용 스마트 콘택트렌즈에 대해서 구글은 2018년 11월 안정적으로 혈당을 측정하는 것에 실패했음을 인정하고, 개발 중단을 공식화했다. 베이스라인 스터디에 대해서는 13장에서 상세히 언급한다.

료 영상 분석 기술 기업 머지 헬스케어Merge Healthcare, 클라우드 기반 데이터 분석 회사인 익스플로리스Explorys와 트루븐 헬스 애널리틱스Truven Health Analytics 등을 이 기간 동안 인수했다.

허물어지는 산업 간 경계

이러한 IT 공룡의 헬스케어 분야 진출은 이 기간 이후에도 더욱 활발해지고 있다. 이 글을 작성하고 있는 2019년 상반기에도 애플, 구글, IBM, 아마존 등은 계속해서 디지털 헬스케어 분야에서 새로운 소식들을 쏟아내고 있다. 이러한 시장 신규 진입자들은 기존의 병원, 제약회사, 의료 기기회사, 보험사 등과 제휴를 하거나, 기존의 기업을 M&A를 하거나, 혹은 합작회사를 설립하는 방식 등으로 활발하게 움직이고 있다.

디지털 헬스케어 산업은 앞으로도 이렇게 다양한 참여자들이 경쟁, 혹은 합종연횡하면서 산업 간의 경계를 허물게 될 것이다. 이러한 과정에서 기존에는 생각하지 못했던 조합의 산업이 서로 연계되고 경계가 사라질 수 있다. 예를 들어, 2018년 한 해만 하더라도 아래와 같은 일이 모두 벌어졌다. 미국의 대형 약국 체인인 CVS가 대형 보험사 애트나Aetna를 700억 달러에 인수했고,[3] 구글은 보험사 스타트업 오스카Oscar에 3억 7,000만 달러를 투자했다.[4] 제약사 노바티스는 디지털 헬스케어 스타트업 페어 테라퓨틱스Pear Therapeutics와 함께 최초의 디지털 치료제를 상용화했다.[5] 아마존은 JP모건, 버크셔 헤더웨이와 함께 헬스케어 회사 '헤이븐Haven'을 공동 설립하였을 뿐만 아니라,[6, 7] 의약품 배송 스타트업 필팩PillPack을 인수했다.[8] 또한 우버는 병원과 협력하여 차량 공유 서비스를 통해 환자에게 새로운 방식으로 이동수단을 제공하였으며,[9] 경쟁사 리프트도 이 내용을 기업공개 시 사업 영역에 정식으로 포함시켰다.[10] 이처럼 IT 기업, 제약회사, 보험회사, 약국 체인, 스타트업, 심지어는 차량 공유 서비스 등 다른 분야까지 넘나드는 추세는 앞으로도 지속될 것이다.

혁신의 주인공, 스타트업

특히 디지털 헬스케어 생태계의 주요 구성원 중에 빠뜨릴 수 없는 것이 바로 수많은 스타트업(초기 벤처) 회사들이다. 세계적으로 일일이 열거하기 어려울 만큼 많은 스타트업이 도전적이고 혁신적인 목표를 달성하기 위해서 달려나가고 있다. 앞서 언급한 IT 회사, 제약회사, 보험회사 등은 자체적인 기술 개발이나 제품 출시를 하기도 하지만, 이러한 스타트업과의 활발한 제휴, 협력, 또는 인수합병을 통해서 생태계를 구축하고 있기도 하다. 이 과정에서 핏빗(웨어러블)이나 텔라닥(원격진료), 아이리듬(부정맥 진단용 휴대용 의료 기기)과 같이 미국 증권 시장에 성공적으로 상장한 스타트업도 생겨났으며, 23andMe(개인유전정보 분석), 프로테우스 디지털 헬스(먹는 웨어러블), 오스카 헬스(보험사), 클로버 헬스(보험사)와 같은 유니콘 스타트업이 탄생하기도 했다.*

---

* 기업가치가 10억 달러 이상인 비상장 스타트업을 소위 '유니콘'이라고 부른다. 여기에서 언급된 핏빗, 텔라닥, 23andMe, 프로테우스 디지털 헬스 등의 사례는 추후 여러 장에 걸쳐서 자세히 다룬다.

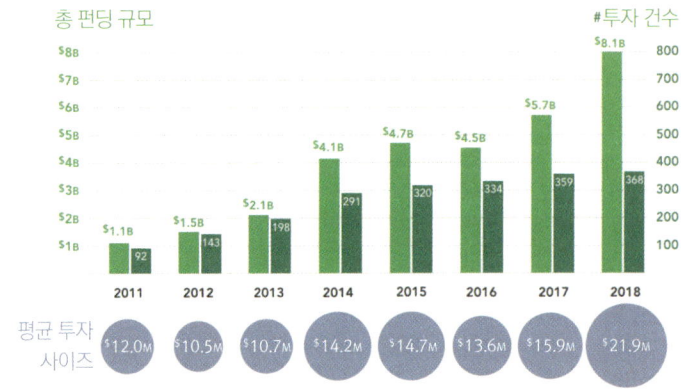

최근 몇 년 동안 미국 디지털 헬스케어 벤처 투자는 해마다 기록을 갱신하고 있다.[11]
(출처: 록헬스)

특정 분야에 대한 미래 가치나 시장의 기대는 이러한 스타트업에 대한 투자 추이를 보면 짐작할 수 있다. 장기적인 기술의 흐름과 미래 가치에 대해서 가장 발빠르게 움직이며 장기적으로 투자하는 곳이 바로 벤처 투자 업계이기 때문이다. 디지털 헬스케어 분야의 벤처 투자 측면에서도 2014~2015년은 기록적인 기간이었으며, 이후로도 투자 규모와 빈도는 폭발적으로 성장하고 있다.

실리콘밸리의 디지털 헬스케어 전문 투자사인 록헬스Rock Health의 보고에 따르면 2014년 미국의 디지털 헬스케어 스타트업 투자 규모는 약 42억 달러였다. 이는 2011년부터 2013년까지의 3년간의 투자를 모두 합친 것보다 더 큰 규모였을 뿐만 아니라, 총 20억 달러가 투자된 2013년과 비교했을 때에도 두 배 이상 성장한 수치였다.

이후로 미국에서 디지털 헬스케어 분야 벤처 투자 규모는 지속적으로 성장하여 2017년에는 57억 달러로 최고치를 갱신하였으며, 2018년에는 81억 달러를 기록하여 또 한 번 연간 최고치를 갱신하게 되었다. 투자 빈도나 건당 투자 규모도 해마다 꾸준히 상승하는 것을 보면, 디지털 헬스케어 시장에 대한 관심은 더욱 커지고 있다는 것을 알 수 있다.

한국 디지털 헬스케어의 현실

이렇게 뜨겁게 성장하고 있는 글로벌 시장에 반해, 한국에서는 디지털 헬스케어가 아직 걸음마 단계라고 할 수 있다. 한국에 디지털 헬스케어 생태계, 혹은 산업이 존재하느냐는 질문에는 긍정적인 답을 하기가 어렵다. 생태계와 산업이 존재하기 위해서는 무엇보다 일정 숫자 이상의 기업이 존재해야 하며, 그러한 기업이 매출을 올리고 영업 활동으로 인해 고객은 유의미한 가치를 받을 수 있어야 한다. 그 과정에서 기업에 대한 투자와 회수도 이뤄져야 한다. 사실상 한국은 그렇지 못하다. 2018년 KPMG가 진행하고 필자도 참여했던 연구의 결과, 글로벌 디지털 헬스케어 상위 100대 기업에 국내 스타트업은 한 곳도 포함되지 못한 것으로 드러났다.[12] 또한 2019년 기준 전 세계에는 기업가치 10억 달러 이상의 유니콘 디지털 헬스케어 스타트업이 38개 있으나, 한국에는 단 하나도 없다.[13]

한국에서 디지털 헬스케어가 활발하게 이뤄지지 않는 이유는 무척 복합적이다. 한국의 특수한 의료 시스템, 저수가, 작은 시장 크기, 높은 의료 접근성 규제 등을 그 이유로 들 수 있다. 특히 규제의 경우, 헬스케어 혁신을 가로막고 있는 대표적인 요인으로 꼽힌다.

앞서 언급했던 KPMG의 2018년 연구에 따르면, 100대 글로벌

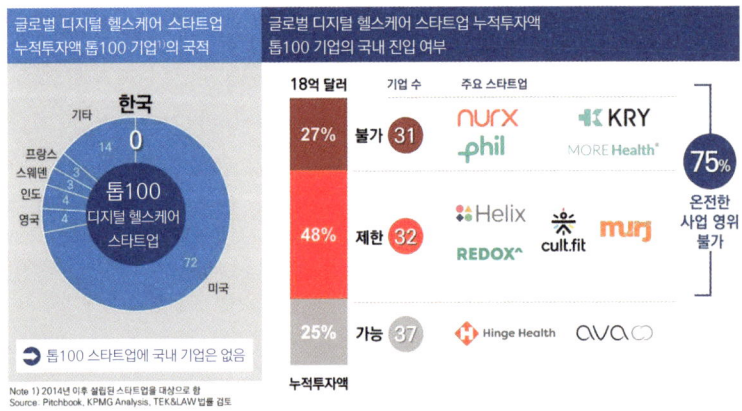

글로벌 디지털 헬스케어 상위 100대 스타트업 중 63개는 국내에서 규제 때문에 사업에 제약을 받는다.[12]

디지털 헬스케어 스타트업 중 63개의 기업이 한국에 들어오면 규제 때문에 사업이 아예 불가(31개)하거나, 사업에 상당한 제약(32개)을 받는다.[12] 앞서 언급한 글로벌 성공 사례도 사실은 대부분 한국에서 불법이다. 아마존이 인수한 필팩도 불법(의약품 배송), 나스닥 시장에 상장한 텔라닥도 불법(원격진료), 23andMe의 유전정보 분석도 불법(DTC 유전정보 분석), 우버의 환자 이동 수단 제공은 아예 이중으로 불법이다(차량 공유 서비스가 불법이며, 환자를 실어나르는 것은 환자 유인행위에 해당).

사람의 건강을 책임지고 질병을 치료하는 헬스케어 분야는 당위적으로 발전을 해야만 하는 분야이다. 디지털 기술의 융합으로 의료와 관련 산업이 큰 변화를 거치며, 혁신을 거듭하고 있는 시점에서, 안타깝게도 한국은 여기에 동참하지 못하고 있다. 무엇이 문제이며, 어디부터 어떻게 해결해야 할까.

이러한 답을 알기 위해서는 의료가 현재 어떻게 변화하고 있으며, 혁신의 깊이와 속도가 어떠한지, 얼마나 다양하고 유의미한 사례가 있는지를 먼저 파악해야만 한다. 이를 알아야만, 의료계, 산업계, 규제기관 등에서 이 변화에 참여하고 주도할 것인지, 그냥 지금처럼 계속 변방에 남아 혁신에 소외된 채 도태될 것인지 결정할 수 있을 것이다.

이 책에서는 이러한 부분들을 차례대로 다뤄보려고 한다. 1, 2, 3부에서는 현재 일어나고 있는 변화와 구체적인 사례에 대해서 살펴보고, 4부에서는 앞으로 우리가 어떠한 길로 가야 할지에 대해서 고찰해보고자 한다.

3장
데이터, 데이터, 데이터!

"데이터! 데이터! 데이터!" 홈즈는 조바심을 내며 외쳤다.
"점토가 없는데 무슨 수로 벽돌을 만든단 말인가."
– 아서 코난 도일, 『셜록 홈즈의 모험-너도밤나무집의 비밀』 중

디지털 헬스케어에서 가장 중요한 한 가지 요소만을 꼽으라면 무엇을 골라야 할까? 여러 의견이 있을 수 있겠지만, 필자는 다름 아닌 '데이터'가 가장 중요하다고 생각한다. 미래 의료에서 데이터는 새로운 재화이자, 새로운 권력이며, 새로운 경쟁우위 요소가 될 것이다. 또한 데이터를 누가 소유하고, 접근권을 가지며, 어떠한 형식으로 만들어서, 어디에 저장하며, 어떻게 보호하고 관리할지가 매우 중요한 이슈로 부각될 것이다. 재무 분야의 오랜 격언 중에 "현금이 왕이다 Cash is king."라는 말이 있다. 여기에 빗대어 필자는 디지털 헬스케어에서는 "데이터가 왕이다 Data is king."라고 감히 이야기하고 싶다.

인간 = 데이터

다소 거친 표현일 수 있겠으나, 우리 인간은 그 자체로 데이터다. 이 글을 읽는 독자는 모두 살아 있는 상태일 것이다. 그렇다면 여러분은 모두 지금 이 순간에도 데이터를 만들어내고 있다. 왜냐하면 우리가 생명을 유지하는 것 자체가 바로 데이터를 생산해내는 과정이기 때문이다. 우리가 숨쉬고, 먹고, 마시고, 심장이 뛰고, 혈액이 흐르고, 체온이 바뀌며, 걷고, 뛰고, 땀을 흘리고, 잠을 자고, 배변하고, 느끼며, 말을 하는 그 모든 것이 결국 데이터를 만들어낸다.

더 나아가서, 우리는 애당초 태어날 때부터 고유의 데이터를 지니고 있다. 바로 부모님께 물려받아, DNA 염기 서열에 담겨 있는 유전정보가 대표적이다. 이러한 유전정보를 조절하고, 유전정보에서부터 시작되는 많은 생물학적인 기능, 현상, 그리고 질병마저도 역시 모두 데이터의 일종이라고 할 수 있다.

IBM이 분석한 바에 따르면, 우리 인간은 크게 세 가지 종류의 데이터를 만들어낸다.[1, 2] 의료 데이터, 유전체 데이터, 그리고 그밖의 외부적인 데이터이다. 이러한 종류별로 한 사람이 평생 만들어내는 데이터의 크기를 보면 의료 데이터는 0.4테라바이트, 유전체 데이터는 6테라바이트에 그치는 반면, 그 외의 외부적인 데이터 exogenous data 는 무려 1,100테라바이트나 된다. 이 세 가지 종류의 데이터가 우리의 건강에 미치는 영향도 각각 10%, 30%, 그리고 60%로 크게 차이가 난다.

그렇다면 인간이 살아가면서 만들어내는 이 세 가지 데이터 중에 현재 의료 분야에서 건강을 관리하고, 질병을 진단 및 치료하

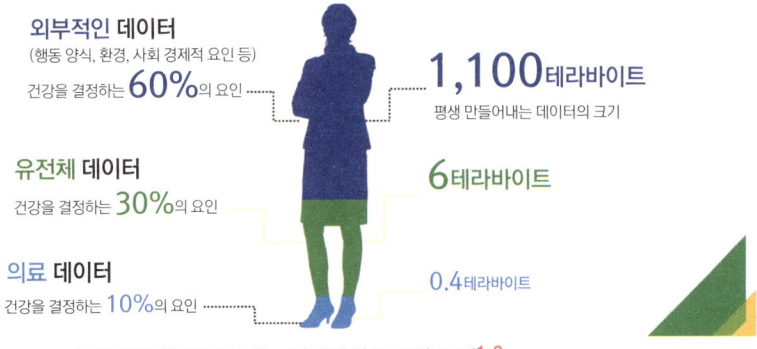

인간이 평생 만들어내는 데이터의 종류와 크기[1,2] (출처: IBM)

는 데 활용하고 있는 데이터는 무엇인가? 병원의 전자의무기록이나 종이 차트에 기록된 전통적인 의료 데이터 정도다. 유전체 데이터의 경우, 최근 유전정보 분석 기술의 발전으로 이제야 서서히 의료 시스템 속으로 들어오고 있다. 한국에서는 2017년부터 암환자에 대한 유전정보 분석은 국민건강보험에서 보험 혜택도 받는다.[3,4] 다만, 이러한 암 혹은 유전질환과 같은 몇몇 일부 질병에 적용되는 것을 제외하면, 일상적인 의료에서 유전정보의 활용은 여전히 제한적이다.

그리고 가장 큰 비중을 차지하는 그밖의 외부적인 데이터는 현재의 의료체계 아래에서는 거의 사용하지 못하고 있다. 이유는 간단하다. 애초에 이런 데이터를 측정하는 것부터가 기술적으로 불가능했기 때문이다.

하지만 지금부터는 이야기가 좀 달라질 것이다. 유사 이래 최초로 우리는 인간을 디지털화할 수 있는 시대에 살고 있다.[5] 즉, 예전에는 의미 없이 버려졌거나, 불완전하게 얻었던 건강이나 질병에 관한 데이터를 이제는 기술적으로 측정하고, 저장하며, 분석하여, 활용할 수 있게 되었다는 것이다.

웨어러블 센서, 사물인터넷, 스마트폰, 개인유전정보 분석 등의 발전에 따라 측정 가능한 데이터의 종류뿐만 아니라 양과 질 모두 과거와 비교할 수 없을 정도로 개선되고 있다. 클라우드 컴퓨팅, 인공지능, 소셜미디어 등의 발전은 디지털 헬스케어 데이터를 공유, 전송, 저장할 수 있게 해주며, 이러한 데이터를 통합하고 분석함으로써 질병을 예측하고, 예방하며, 치료하기 위한 새로운 통찰을 얻게 해주고 있다. 더 나아가, 이러한 과정을 수행하는 주체도 기존의 의사 등 의료 전문가에서 일반 사용자, 환자, 혹은 대중crowd 으로 확장되게 된다. 즉, 디지털 헬스케어의 발전에 따라서 새로운 데이터가, 새로운 방식으로, 새로운 주체에 의해서 측정, 저장, 통합, 분석된다.

근거 중심 의료에서, 데이터 주도 의료로

이러한 의미에서 나는 '디지털 의료digital medicine'를 지칭하는 또 다른 이름이 바로 '데이터 주도 의료data-driven medicine'라고 생각한다. 필자는 이 데이터 주도 의료가 현대 의학의 핵심적인 기조라고 할 수 있는 '근거 중심 의학evidence-based medicine'을 더 발전시킬 수 있는 개념이라고 생각한다.*

과거에 의료는 개별 의사의 단편적이고 체계적이지 않은 경험이

---

* 참고로, 디지털 헬스케어(digital healthcare)와 디지털 의료(digital medicine)라는 용어는 외국에서도 거의 동의어처럼 사용된다고 할 수 있다. 다만 헬스케어(건강관리)가 의료보다 더 넓은 개념이므로, 뉘앙스상으로 디지털 헬스케어가 조금 더 넓은 개념, 디지털 의료는 '의료'에 초점을 맞춘 조금 더 협의의 개념으로 이해하면 될 것이다. 이 책에서 이야기하는 디지털 헬스케어는 '디지털 의료'와 혼용해도 큰 무리가 없다. 다만, 이 부분의 본문에서는 '근거 중심 의료'와 '데이터 중심 의료'를 비교하는 문맥상 '디지털 의료'라는 표현을 사용하였다.

나, 질병의 메커니즘에 근거한 추론에 따라 결정되는 경우가 많았다. 하지만 1990년대부터 근거 중심 의학이라는 개념이 대두되며, 모든 임상적인 판단은 최신 임상연구 결과에서 도출된 과학적인 근거에 기반하여 이뤄져야 한다는 것이 의료의 핵심적인 패러다임으로 자리잡게 되었다. 하지만 이러한 근거 중심 의학에도 한계나 단점이 없는 것이 아니어서, 이 한계를 극복하기 위한 여러 논의가 진행되고 있다.[6, 7]

근거 중심 의료와 데이터 주도 의료는 사실 상반된 개념이 아니다. 오히려 데이터 주도 의료가 근거 중심 의료의 부족한 점을 보완하거나, 그 범위를 더욱 확대시킨다고도 볼 수 있다. 이 두 개념은 서로 비슷하게 보일 수도 있으나, 각각에서 지칭하는 '근거'와 '데이터'의 개념을 조금 더 살펴본다면 그 차이를 명확하게 알 수 있을 것이다.

근거 중심 의료에서 '근거'란 주로 대규모 환자군에 대한 전통적인 임상연구를 통해서 얻게 되는 것이다. 이러한 의료 데이터는 주로 병원을 방문한 환자를 의료진이 측정함으로써 얻어지며, 차트나 전자의무기록에 저장되게 된다. 즉, 데이터를 측정하는 시점은 병원을 방문했을 때로 한정되며, 측정하는 주체는 의료진이고, 그 데이터가 측정되고 저장되는 공간도 병원이며, 이 데이터의 소유권은 법적으로 아주 모호해진다. 이렇게 측정되는 것은 '좁은 의미의' 의료 데이터라고 볼 수 있다(앞서 IBM이 분류한 세 가지 데이터의 종류 중에, '의료 데이터'에 해당한다고 할 수 있다).

반면 데이터 주도 의료에서 '데이터'가 의미하는 바는 병원 밖의 일상에서 환자가 스스로 만들어내는 데이터까지도 모두 포괄한다. 여기에는 스마트폰, 웨어러블, 사물인터넷, 심지어는 소셜 네트워크나, 병원에 가지 않고 환자가 직접 의뢰하여 분석한 개인유전정보까지도 포함된다. 이런 데이터를 환자가 스스로 만들어낸다고 해서 '환자 유래의 의료 데이터PGHD, Patients Generated Health Data'라고 지칭하기도 한다. 이러한 데이터를 측정하는 시점은 '항상'이며, 측정하는 주체는 '나 자신'이고, 측정되는 장소는 '내가 있는 곳이면 어디든지'이다. 데이터가 저장되는 곳은 나의 스마트폰이나 클라우드이며, 이 경우 데이터의 소유권은 명확히 나 자신에게 있다. 필자는 이러한 환자 유래의 의료 데이터까지 측정, 통합, 분석하여 도출된 결과를 의료에 활용하는 것을 '데이터 주도 의료'라고 부르고 싶다.*

기존의 근거 중심 의료에서, 근거의 수준은 여러 단계로 나누어진다(여러 기준마다 약간의 차이가 있기는 하지만). 일반적으로 전문가의 경험적인 근거나, 한 명의 환자의 사례를 보고한 증례 보고(케이스 리포트) 등이 가장 낮은 수준의 근거로 여겨진다. 이러한 개별적인 환자 사례들이 여럿 모이거나, 더 나아가서 질병을 가진 환자군과 그렇지 않은 대조군control을 비교하여 결과를 일으킨 원인을 탐구하는 환자-대조군 연구case-controlled study나, 특정 위험요인에 노출된 집단과 그렇지 않은 집단을 비교하는 코호트 연구cohort study로 갈수록 근거의 수준은 높아진다. 근거 중심 의학에서 가장 높은 수준의 근거는 다수의 환자에 대한 무작위 대조 시험RCT, randomized controlled trial과 메타 분석meta-analyses에 의해서 얻어진다.

먼저 무작위 대조 시험에 대해서 간략히 설명해보겠다. 예를 들

---

* 환자 유래의 의료 데이터(Patients Generated Health Data)는 10장에서 더 자세하게 살펴본다. 다만, 한국에서 아직 Patients Generated Health Data에 대한 공식적인 번역 표현이 없다. 이 책에서는 '환자 유래의 의료 데이터'라고 부르기로 하며, 추후 공식적인 표현이 만들어지면 책의 표현을 업데이트하도록 하겠다.

근거 중심 의료의 근거 수준

어, 새롭게 개발한 신약 후보물질이 정말 약효가 있는지를 무작위 대조 시험을 통해 검증한다고 가정해보자. 이 방식의 임상연구에서는 특정 조건에 맞는 환자를 모집한 후(동전을 던져 앞면·뒷면이 나오는 것처럼) 무작위로 실험군과 대조군으로 분류한다. 실험군의 환자는 신약 후보물질을 복용하게 되고, 대조군은 위약(가짜약), 혹은 기존의 표준 치료제를 복용하게 된다. 만약 대조군보다 실험군에서 치료 효과가 통계적으로 더 뛰어나다면, 이 약은 정말로 효과가 있다고 결론을 내릴 수 있다.

특히 무작위 대조 시험에서는 어느 환자가 실험군과 대조군에 속하는지를 환자 본인뿐만 아니라 연구자들에게도 모르게 함으로써(이를 이중 맹검double-blinded라고 한다), 위약 대비 신약 후보물질의 약효가 있는지를 더욱 엄정하게 증명하기도 한다.

메타 분석은 앞서 설명한 무작위 대조 시험을 여러 개 모아서 분석한 것이다. 즉, 여러 연구를 모아서 분석한 연구라고 볼 수 있다. 이 경우 개별 연구보다 표본의 수가 훨씬 많아지므로 통계적인 검정력과 정밀성이 높아지게 된다. 근거 중심 의학에서 이러한 메타분석은 무작위 대조 시험에 비해서 근거 수준이 한 단계 더 높은, '가장 높은' 수준의 근거로 받아들여지고 있다.

집단으로서의 환자 vs. 개인으로서의 환자

이렇게 근거 중심 의학에서는 대부분 임상시험이나, 많은 사람을 모은 집단을 기반으로 결과를 도출하게 된다. 특히 더 많은 사람이 참여한 임상연구일수록 더 통계적으로 신뢰도가 높은 연구결과를 얻을 수 있다(10명을 대상으로 약효를 증명한 것보다, 1만 명을 대상으로 약효를 증명한 연구의 신뢰도가 더 높을 것이다).

문제는 이런 코호트, 혹은 실험군과 대조군에 속하는 다수의 사람이 모두 개별적인 특징을 가지는 개별적인 인간이라는 것이다. 이 개인들은 각각 생물학적, 유전적, 환경적, 사회적, 감정적, 경제적으로 다양한 요인을 가지고 있는 존재들이다. 하지만 이런 개인들의 특성을 모두 반영할 수 없기 때문에, 기존의 패러다임하에서는 해당 집단 내에서 '평균적으로' 잘 작동하는 모델을 찾아낼 수밖에 없었다.

예를 들어, 어떤 신약에 대한 임상시험 결과 유의미한 효과가 있었다는 것은 결국 실험군에 해당하는 집단의 사람들이 '전반적으로' 대조군에 비해서 통계적으로 유의미한 효과가 있었다는 것이다. 수백 명에서 많게는 수천 명, 수만 명으로 이루어진 이 임상연구 참여자는 모두 똑같은 사람이 아니라, 일정한 분포를 이루는 집단이라고 할 수 있다. 즉, 이 집단에서 평균적으로 약효가 있다고 할지

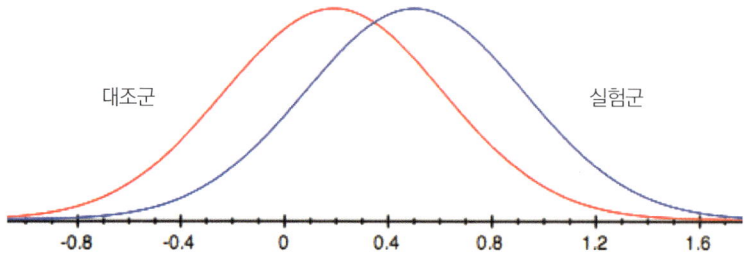

실험군과 대조군 분포의 통계적 차이에 따라 약의 효과 유무가 결정된다.

라도, 그 집단 내의 어떤 사람은 평균 이상으로 약에 반응할 것이고, 어떤 사람은 평균보다 낮거나 오히려 부작용을 보일 수도 있다.

환자를 집단으로 간주하는 근거 중심 의료에서, 내가 만약 환자 집단의 '평균'에 해당하면 운이 좋은 것이다. 하지만 내가 약에 평균 이상으로 반응하는 사람이라면 동일한 약을 처방받아도 불필요하게 과도한 치료를 받는 것이 되고, 평균 이하라면 필요한 치료를 충분히 받지 못하는 것이 된다. 혹은 부작용이 발생한다면 잘못된 치료를 받는 것이 되는 것이다. 즉, 이러한 시스템에서는 평균에 해당하는 사람들을 제외한 나머지 모든 사람에게는 최적의 치료가 제공된다고 볼 수 없다.

과거에는 이렇게 집단에 기반한 접근 방법이 최선이었다. 비록 유전형이나 생체 표지자$_{biomarker}$, 질병의 유형 등을 기준으로 환자를 조금 더 세부적으로 분류하기는 하였으나, 환자를 집단으로 대하고 그 집단에 대한 평균적인 치료를 찾는 것에는 큰 변함이 없었다. 그리고 그 과정을 통해서 실제로 현대 의학은 눈부신 발전을 이루었다. 다만 이제는 한 단계 더 발전할 수 있는 기술적인, 환경적인 준비가 갖춰지고 있다. 바로 데이터 때문이다.

앞으로도 계속 강조하겠지만, 디지털 기술의 발전에 따라서 한 사람에 대해서 얻을 수 있는 데이터는 폭발적으로 증가하고 있다. 과거에는 얻을 수 없었던 완전히 새로운 데이터를 얻음으로써 그 종류가 매우 다양해졌을 뿐만 아니라, 그 데이터의 양과 질 모두 현저히 개선된 것이다.

근거 중심 의료가 환자 집단 간의 통계적인 분석에 기반을 두고 있다면, 이에 반해 데이터 주도의 의료는 더욱 특정 환자 개인에서 나온 데이터에 집중하게 될 것이다. 풍부하고도, 입체적이며, 고밀도의 데이터를 기반으로 해당 환자의 상태를 명확하게 파악하고 진단할 수 있으며, 더 나아가서 그 환자에게 맞는 최적의 치료법과 치료 시기도 파악할 수 있을 것이다. 근거 중심 의료에서 더 발전된 데이터 주도 의료는 더 정량적이고, 폭넓으며, 풍부하면서도, 밀도가 높으며, 다차원적인 데이터에 기반한다.

기존에는 유전형이나 생체 표지자, 혹은 병리학적 소견 등 주로 정성적인 기준으로 환자를 분류했으나, 이제는 다양한 데이터의 정량적 수치에 기반한 복합적이고 수학적인 모델을 기반으로 개별 환자를 세밀하게 분류할 수 있을 것이다. 즉, 과거의 패러다임은 유사한 환자를 몇 가지 집단으로 분류하는 것에 그쳤다면, 이제는 데이터에 기반하여 개별 환자를 각각 독특한 특성을 가진 진정한 개인으로 간주할 수 있는 것이다. 이는 모두 앞서 설명한 P4 의료를 구현하는 데 기반이 된다.

데이터 주도 의료란: 스탠퍼드 병원의 사례

특히 기존의 근거 중심 의료 패러다임의 맹점 중의 하나는 기존에 참고할 만한 임상연구나 가이드라인, 문헌, 더 나아가 전문가들의 경험적인 근거까지 없는 경우라면 치료 의사 결정을 내리기가 어렵다는 것이다. 즉, 평균에서 벗어난 '아웃라이어' 환자에게는 근거 중심 의학이 적용되기가 어렵다. 하지만 앞으로 축적될 방대한 데이터를 우리가 체계적으로 활용할 수 있다면, 예외적이거나 희귀한 환자에 대해서도 의사결정을 내리는 데 도움을 줄 수 있다.

세계 최고의 의학 저널인, 『뉴 잉글랜드 의학 저널NEJM』에 2011년 소개된 스탠퍼드 대학의 사례는 이러한 데이터 주도 의료의 초기 형태를 보여준다고 할 수 있겠다.[8] 13세 여아 환자가 전신 홍반 루푸스Systemic lupus erythematosus 때문에 병원을 찾았다. 그런데 이 환자에게서 드물게도 신증후군 범위의 단백뇨nephrotic range proteinuria, 항인지질 항체antiphospholipid antibody, 췌장염pancreatitis 증상까지 보이면서 문제가 복잡해졌다.

이런 증상들은 혈관 속의 혈액이 굳어져서 덩어리가 되는 혈전증thrombosis의 가능성을 보여주는 것이었지만, 이러한 조건의 환자에게 항혈액응고요법anticoagulation을 실시하는 것이 바람직한지에 대한 기존의 근거를 찾을 수 없다는 것이 고민이었다. 다수의 환자에 대한 임상연구 결과가 없었을 뿐만 아니라, 개별 환자에 대한 증례 보고, 혹은 전문가들의 경험적인 근거조차도 부족했다.

이런 상황에서 스탠퍼드의 연구진은 전자의무기록 내에 저장되어 있는 98명의 소아 전신 홍반 루푸스 환자의 진료기록 중 혈전증이 발생한 10명의 환자의 데이터를 분석했다. 그 결과 이 환자 중 신증후군 범위의 단백뇨와 췌장염이 있을수록 혈전증의 발병률이 통계적으로 높다는 것을 발견하고, 이러한 환자가 입원한 지 24

시간 내에 항혈액응고제를 투여할 수 있었다. 즉, 기존의 의료 데이터의 체계적인 분석을 기반으로 예외적인 환자에 대한 치료법을 결정할 수 있었던 것이다. 이 연구에서는 이 결론을 내리기 위해 의사 한 명이 4시간 동안 컴퓨터 앞에 앉아서 데이터를 분석해야 했다.

이렇게 데이터에 기반하여 스탠퍼드 의료진들이 내린 의사결정은 향후 의료가 맞이할 모습에 대해서 많은 점을 시사한다. 만약 이러한 사례가 향후 아래와 같이 더 확장된다면 어떻게 될지를 상상해보자.

- 이 분석이 스탠퍼드 병원의 전자의무기록에 포함된 98명의 환자뿐만 아니라, 미국 전역이나, 전세계 모든 병원의 전자의무기록에 포함된 비슷한 증상을 가진 환자를 비교 대상으로 한다면?
- 이 분석을 병원 내의 전자의무기록에 저장된 진료기록뿐만이 아니라, 개인유전정보 및 환자가 평소 일상생활에서 스스로 스마트폰, 웨어러블 등으로 측정한 활력 징후, 생활 패턴, 활동량, 수면, 식사, 스트레스, 환경 정보까지도 종합적으로 분석했다면?
- 이 분석이 사람이 직접 수작업으로 하는 것이 아니라, 인공지능으로 자동 분석하면서 데이터 사이에 숨어 있던 상관관계와 통찰력까지 얻을 수 있다면?
- 질병이 발병하고 환자가 내원한 후에야 분석하는 것이 아니라, 항상 실시간으로 분석되고 있다면?
- 예외적인 증상을 보이는 일부 환자뿐만 아니라, 모든 환자에

게 이런 분석이 진행된다면?

 이러한 것이 기존의 근거 중심 의료가 데이터 주도 의료로 확장되어가는 방향성일 것이다.

4장
P4 의료의 구현

맞춤의료

 이러한 의미에서 디지털 헬스케어의 발전은 앞서 언급한 P4 의료의 구현과 직결된다. 특히 맞춤의료와 예방의료와 예측의료라는 측면에서 말이다.
 맞춤의료는 의료의 궁극적인 지향점 중 하나를 잘 보여준다. 개별적인 환자들은 모두 다른 유전학적, 생물학적, 생화학적 특성을 지니고 있다. 더 나아가서는 환경적 요인이나 생활 양식에도 차이를 보인다. 이러한 환자들의 개별적인 특성 때문에 똑같은 치료법이나 약, 심지어는 음식에 대해서도 결과적으로 다른 반응을 보이게 된다. 즉, 같은 질병을 가졌다고 할지라도 어떤 환자에게는 효과가 있는 약이 다른 환자에게는 효과가 없거나, 혹은 부작용까지 발생할 수 있다. 혹은 똑같은 음식이 어떤 당뇨병 환자에게는 혈당을 높이기도 하고, 또 다른 환자에게는 별다른 영향을 주지 못하기도 한다.[1]

이러한 개별 환자의 특성에 맞는 차별화된 치료와 관리를 제공함으로써, 효과는 극대화하고 부작용은 최소화하는 것이 맞춤의료의 목적이라고 할 수 있겠다. 따라서 맞춤의료의 출발은 개별 환자의 특징과 상태를 파악하는 것이다. 특히, 이제는 해당 환자에 대한 종합적이고 입체적인 데이터에 기반하여, 우리는 그 환자의 의학적인 상태를 예전에는 가능하지 않았던 방식으로 새롭게 정의할 수도 있다.[2-3] 이는 해당 환자를 위한 최적의 치료 방법을 결정하거나, 새로운 약이나 의료 기기를 개발할 수 있는 기반이 된다.

이를 위해서 대표적으로 활용할 수 있는 것은 유전정보이다. 인류 최초로 한 사람의 전체 유전정보를 분석했던 휴먼 게놈 프로젝트Human Genome Project가 2003년 완료된 이후로 유전정보 분석 속도와 비용이 극적으로 개선되었다. 휴먼 게놈 프로젝트에서 한 명을 분석하기 위해 27억 달러라는 막대한 자금과 13년이라는 오랜 시간이 필요했으나, 2014년 전후를 기준으로 비용은 1,000달러, 시간은 하루 정도밖에 걸리지 않게 되었다. 이에 따라 대규모 환자군을 대상으로 연구를 진행할 수 있을 뿐만 아니라 더 나아가서는 개별 환자의 건강관리에도 유전정보를 활용할 수 있게 되었다.*

사실 맞춤의료를 보다 완전하게 구현하기 위해서는 유전체 분석뿐만 아니라, 전사체transcriptome, 단백질체proteome, 대사체metabolome, 미생물체microbiome, 후성유전체epigenome 등의 생물학, 생리학적 특성을 분석하고, 환자가 노출되는 환경에 대한 데이터도 필요하다.[2] 현재 이 모든 것들이 의료 현장에서 곧 활용할 수 있을 정도로 발전했다고 하기는 어렵지만, 이러한 '-체학omics' 분야들의 연구도

---

*   개인유전정보의 분석에 대해서는 이후 8장에서 더 자세하게 다룬다.

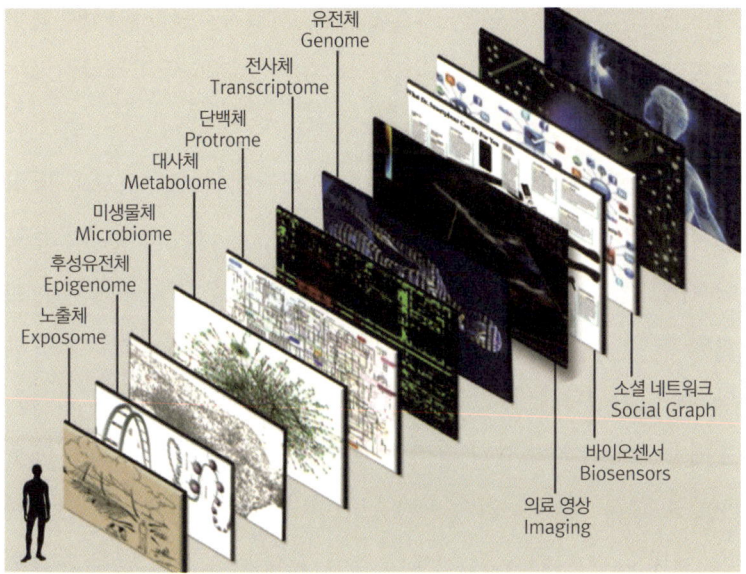

진정한 정밀의료를 구현하기 위해서는 유전체 데이터를 비롯해, 전사체, 단백체, 대사체, 후성유전체, 환경 등 다양한 수준의 데이터 통합이 필요하다.[2]

활발하게 이뤄지면서 개별 환자의 특성을 보다 입체적이고 종합적으로 파악하기 위한 노력은 계속되고 있다.*

예방의료와 예측의료

환자에 관한 데이터는 예방의료와 예측의료의 구현에도 큰 역할을 한다. 이 역시 유전정보 및 센서 등을 통해서 환자의 상태를 파악하는 것이 중요하기 때문이다. 특히, 스마트폰이나 웨어러블, 사물인터넷IoT 센서 등을 활용하면 병원에서는 물론 일상에서도 환

---

* 이 책에서는 이러한 다양한 분야 중에서 디지털 헬스케어의 범위에 포함된다고 볼 수 있는 유전체 분석과 웨어러블 센서 등을 통해서 측정할 수 있는 범위를 주로 다루도록 하겠다.

자의 상태를 실시간으로, 지속적으로, 정량적으로 파악함으로써 질병의 발병, 재발, 악화를 사전에 예측하고, 더 나아가 예방까지도 모색할 수 있다.

우선 유전정보의 분석을 통해 개별 환자에게 유전적으로 발병 위험이 큰 질병을 파악할 수 있다. 안젤리나 졸리의 사례에서 보듯이 특정 유전자를 분석하면 유방암과 난소암의 발병 위험도를 계산할 수 있고, 고위험군의 경우에는 예방적인 치료를 받을 수도 있다. 잘 알려졌다시피, 안젤리나 졸리는 BRCA 1, 2 유전자 분석을 통해 유방암과 난소암의 발병 위험도가 각각 87%, 50%으로 매우 높음을 알게 되었다. 이에 따라 안젤리나 졸리는 유방암과 난소암을 '예방'하기 위해 2013년에는 유방 절제술을, 2015년에는 난소 및 난관 절제술을 받았음을 『뉴욕타임스』에 고백한 바 있다.[4, 5]

일반적으로 질병은 유전적인 요인뿐만 아니라, 환경적인 요인의 영향도 받는다. 또한 발병을 미치는 유전자가 아주 다양하거나, 그 관계가 복잡해서 충분히 밝혀지지 않은 경우도 많다. 그런 의미에서 유전정보 분석이 결코 만능이라고는 할 수 없지만, 이를 통해 지금도 다양한 질병의 위험도를 알아낼 수 있다. 유방암뿐만 아니라, 린치증후군Lynch symdrome, 유전성 비용종증 대장암이나 가족성 선종성 용종증familial adenomatous polyposis 등의 대장암, 시력 상실의 원인 중의 하나인 노인황반변성, 알츠하이머 등이 현재 유전정보 분석으로 위험성을 미리 판단할 수 있는 질병들이다.[6-8]*

---

*　노파심에서 덧붙이자면, 암이나 노인황반변성같이 위험성을 알면 미리 예방하거나 조기에 발견하여 치료를 시도할 수 있는 질병도 있고, 알츠하이머와 같이 예방이나 치료가 어려운 질병도 있다. 또한 발병에 다양한 유전자가 복잡하게 관여하거나, 유전자-질병의 관계가 아직 명확하지 않거나, 유전적 요인 외에도 환경적 요인이 크기 때문에 유전자 분석만으로는 정확한 위험도 계산이 어려운 질병도 많다. 다만 연구가 계속됨에 따라서 유전자 분석으로 위험도의 계산이 가능한 질병의 범위와 정확도는 개선되어 나갈 것이다.

유전정보의 분석을 통해 여러 질병의 위험도를 알 수는 있지만, 이것만으로 질병에 '언제' 걸리게 될지 혹은 '언제' 재발할지까지 미리 알기는 어렵다. 질병 악화나 이상 징후를 조기에 알기 위해서는 환자의 종합적인 상태를 가능하면 실시간으로, 또한 지속적으로 파악하는 것이 중요하다. 이를 위해서 필요한 것이 각종 센서를 통한 모니터링과 이로부터 얻은 데이터의 분석이다.

자동차를 생각해보자. 과거에는 타이어 공기압, 엔진오일, 부동액, 배터리 등을 정기적으로 직접 체크하거나 정비소에 들러야 했다. 때로는 이상 징후를 조기에 포착하지 못해서 문제가 커진 이후에야 뒤늦게 정비소를 찾는 경우도 많았다. 하지만 현재는 센서의 발달로 자동차의 상태가 항시 모니터링되다가 이상이 있으면 운전자에게 조기에 경보를 울려줌으로써 많은 사고를 예방할 수 있게 되었다.

자동차의 이상을 감지하는 센서의 종류는 갈수록 증가하여, 현재 60~100개의 센서가 설치되어 있다고 한다.[9] 자동차의 상태를 1년에 고작 몇 번 체크하는 것에서, 지속적으로 항상 모니터링함으로써 문제의 발생을 조기에 알려주거나 사고를 예방할 수 있게 되었다는 것이다.

비행기의 엔진도 마찬가지다. GE가 제조한 제트 엔진에는 250가지의 센서가 있어서, 심지어 비행 중에도 온도, 압력, 진동, 베어링 등의 상태를 실시간으로 측정하여 엔진의 '건강 상태'를 원격으로 모니터링한다.[10] 감지된 수치가 정상 범위를 벗어나면, GE는 미리 엔진을 수리하여 대형 사고를 예방할 수 있다. 또 다른 자료에 따르면, 차세대 비행기 엔진에는 비행 중 5,000가지의 파라미터에 대한 데이터가 측정되며, 이 양은 연간 2페타바이트(약 200만 기가

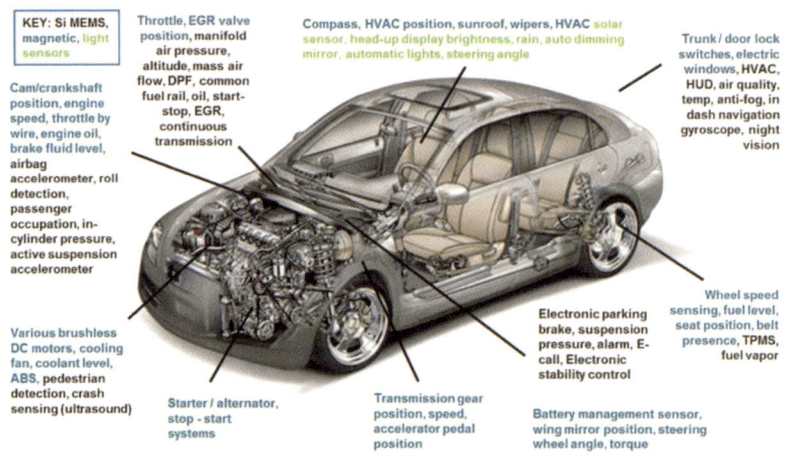

자동차에는 많은 센서가 이상 유무를 지속적으로 모니터링한다.[9]

바이트)에 이른다고 한다.[11]

즉, 자동차와 비행기 엔진에는 이미 예방의료와 예측의료를 구현하고 있는 것이다. 그렇다면 사람에게도 이렇게 할 수 있지 않을까? 예방의료와 예측의료를 위해서는 지금처럼 1년에 병원을 몇 번 방문해서 검사를 받거나, 2년에 한 번 건강검진을 받는 것으로는 턱없이 부족하다. 예측의료, 예방의료를 구현하기 위해서는 일상생활 속에서도 지속적으로 그 사람의 건강 상태를 모니터링하는 것이 필요하다.

디지털 헬스케어는 이를 가능하게 한다. 일상에서도 환자에게서 지속적으로 데이터를 얻고, 이를 분석함으로써 발병, 혹은 질병의 진행을 조기에 파악하여 예측, 예방할 수 있게 해주는 것이다. 데이터의 측정에는 웨어러블이나 사물인터넷, 스마트폰 등의 다양한 센서뿐만 아니라, SNS 데이터 등도 활용할 수 있다. 이렇게 실시간으로 쏟아지는 다양한 종류의, 방대한 분량의 데이터를 분석하기 위해서 결국 우리는 인공지능의 힘을 빌릴 수밖에 없을 것이다.

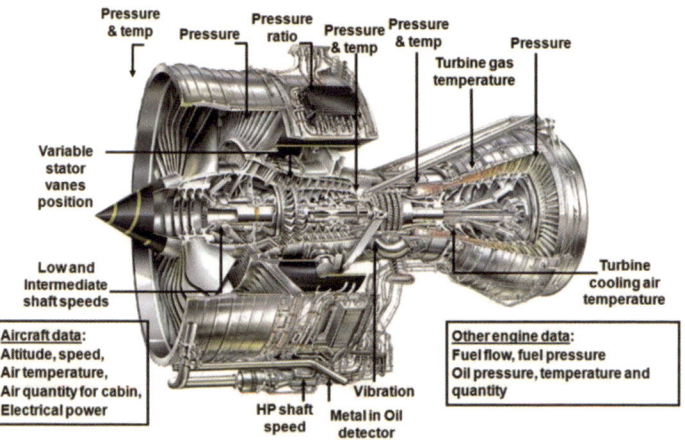

비행기 엔진에도 많은 센서가 장착되어 이상 유무를 모니터링한다.[12]

지금도 당뇨병이나 고혈압 환자들은 스스로 가정용 혈당계나 혈압계 등을 활용하여 자신의 데이터를 스스로 측정하고 있다. 하지만 이제는 기존의 만성질환 환자들이 자가 측정하던 것보다 훨씬 복합적이며, 다양한 데이터를 정량적이고 높은 빈도로 얻을 수 있게 될 것이다.

예를 들어, 우울증 환자의 경우라면 말투, 어조, 대화 빈도, 활동량, 수면 패턴, 호흡 패턴, 안면 표정, 활력징후, 심박 변이도$_{HRV}$, 피부활동전위$_{GSR}$, 복약 순응도$_{medication\ adherence}$ 등을 모니터링하여 종합적으로 상태를 파악하고 더 나아가 향후 상태까지 예측해볼 수 있다. 천식 환자의 경우라면 대기오염지수, 온도, 습도 등 환경의 환경적인 요인과 활동량, 활력징후, 강제 호흡 배출량$_{forced\ expiratory\ volume}$, 호흡 패턴, 복약 등의 데이터를 분석하는 것도 가능할 것이다. 울혈성 심부전이라면 체액 상태$_{fluid\ status}$, 수면의 질, 무호흡 발작, 활력 징후, 체중, 복약 순응도 등을 볼 수도 있다.[14]

차차 설명하겠지만, 이러한 데이터들은 대부분 병원을 가지 않

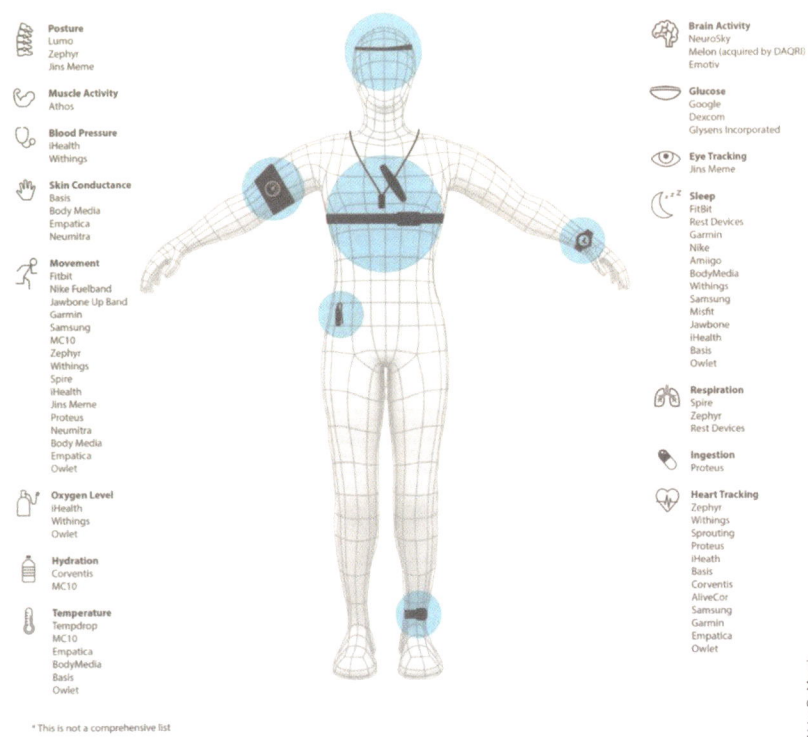

사람도 웨어러블 센서 등을 활용하여 건강 상태에 대한 다양한 데이터를 측정할 수 있다.[13]

아도 환자 본인이 일상생활 속에서 스마트폰이나 웨어러블 등을 이용하여 지금도 손쉽게 측정할 수 있는 것들이다. 개별 환자들이 측정한 이러한 데이터는 그 특정 환자를 의학적으로 새롭게 정의하여 맞춤의료를 구현함과 동시에, 예방의료와 예측의료의 구현을 위해서도 핵심적인 역할을 하게 될 것이다.*

---

* P4 의료의 마지막 요소인 '참여의료'에 대해서는 환자 유래의 의료 데이터(PGHD)를 다루는 10장에서 설명하도록 한다.

정밀의료

이번 챕터를 마무리하기 전에 설명해야 할 용어가 하나 더 있다. 바로 정밀의료precision medicine이다. 최근 미래 의료나 의료 혁신을 논할 때 이 정밀의료라는 개념이 빠지지 않고 등장한다. 이 용어는 사실 몇 년 전만 하더라도 그리 널리 사용되지는 않았으나, 2015년 오바마 정부가 막대한 자금을 투자하여 국가 수준의 대규모 연구 프로젝트인 '정밀의료 이니셔티브Precision Medicine Initiative'를 출범한 이후에 전 세계 의료계에서 통용되는 개념이 되었다. 이 개념은 아주 중요하면서도, 앞서 설명한 맞춤의료, 혹은 P4 의료와 비슷하기도 하고 다르기도 하다. 여기에서는 간략하게 그 정의와 앞서 설명한 용어들과의 관계에 대해서 정리해보고 넘어가려고 한다.

2015년 1월 20일, 당시 미국의 버락 오바마 대통령은 신년 국정연설에서 정밀의료 이니셔티브의 추진을 발표했다.[15, 16] 이 발표에서는, 과거의 의료가 '평균적인 사람average person'을 대상으로 개발된 치료를 모든 환자에게 적용하는 소위, '하나의 사이즈가 모든 사람에게 맞는다one-size-fits-all'는 전략이었다면, 정밀의료는 각 개인의 유전정보, 환경, 생활습관 등의 차이를 종합적으로 고려하여 질병의 치료 및 예방에 적용하는 새로운 접근법이라고 언급하고 있다. 이를 위해서 총 2억 1,500만 달러(한화 약 2,600억 원)의 막대한 예산을 책정하였다.

정밀의료 이니셔티브의 단기적인 목표는 여러 종류의 암에 대해서 정밀의료의 개념을 적용하여 유전적인 분석 등을 통해 새로운 치료법을 개발하는 것이다. 장기적으로는 더 나아가 다른 모든 의료 분야로 이러한 개념을 확장하는 것을 목표로 하고 있다. 이를 위해서 'All-of-Us'라고 하는 대규모 연구 프로그램을 출범하였는데, 그 목적은 이름 그대로 '모든 사람의 모든 데이터'를 모으는 것이라고 할 수 있다. 자발적으로 지원한 100만 명의 미국인들을 모아서, 이들의 진료기록, 가족력, 유전정보, 혈액이나 소변 등의 검사 결과, MRI 등의 영상 의료 데이터뿐만 아니라, 웨어러블 디바이스 등의 디지털 헬스케어 기술을 통한 데이터도 수집한다.[15, 17-18]

이를 '정밀의료 이니셔티브 코호트 프로그램'이라고도 부르는데, 100만 명 이상으로 구성된 환자군(코호트)의 구축은 인류 역사상 최대 규모라고 해도 과언이 아니다. 이렇게 다양한 사람들의 다차원적인 데이터를 수집하면, 기존의 소규모 연구에서는 파악하기 어려웠던 질병과 유전자, 환경 등 사이의 새로운 관계를 파악할 수 있는 중요한 계기가 될 것이다.

사실 이러한 유형의 연구는 미국 정부뿐만 아니라, 구글과 같은 거대한 기업이나, 심지어는 몇몇 도전적인 스타트업에서도 진행하고 있다. 구글의 베이스라인 프로젝트Baseline Project, 미국의 스타트업인 에리베일Arivale, 중국의 아이카본엑스iCarbone-X 등이 이러한 유형의 연구를 진행하고 있다. 이러한 사례들에 대해서는 향후 13장 '모든 사람의, 모든 데이터를 모은다면'에서 더욱 자세하게 살펴보기로 하고, 여기에서는 정밀의료의 정의에 대해서 조금 더 설명하고 넘어가도록 하겠다.

여기까지 읽어본 독자들은 자연스럽게 '정밀의료와 맞춤의료에 무슨 차이가 있지?' 하는 의문이 들게 될 것이다. 사실 이 두 가지 개념은 서로 비슷하면서도 조금 다르기도 하다. 미국국립보건원NIH에 따르면 정밀의료의 정의를 '유전자, 환경, 생활 양식 등 개별 환자의 다양성을 질병의 치료나 예방에 활용하는 것'으로 내리고 있다.[20] 이 정의만 보자면 맞춤의료의 정의와 거의 유사하다고 볼 수 있으며, 지금도 여전히 이 두 용어를 혼용해서 사용하고 있다는 점을 인정하고 있다. 다만 맞춤의료는 용어의 뉘앙스 때문에 '특정 개별 환자마다' 개별적인 치료법을 새롭게 개발한다는 식으로 잘못 해석될 소지가 있다는 점에서, '정밀의료'라는 표현을 더 선호한다고도 언급되어 있다.*

또한 앞서 언급했듯이 '정밀의료'의 정의에는 환자에 맞는 질병의 치료뿐만 아니라, '예방$_{prevention}$'이라는 부분까지도 포괄하고 있다. 이러한 정의에 따르면 정밀의료가 P4 의료 중에 '예방의료' '예측의료'와 같은 부분까지도 포괄하고 있다는 의미로 이해할 수 있다. 이 책에서 필자가 '정밀의료'라는 용어를 사용하게 되면, 맞춤의료, 예방의료, 예측의료를 아우르는 개념 정도로 이해하면 좋을 것 같다.

---

* 여담이지만, 필자는 P4 의료와 정밀의료의 관계를 이 책에서 어떻게 서술해야 할지에 대해서 꽤나 고심했다. 사실 초고에서는 아예 '맞춤의료' 대신에 '정밀의료'를 사용하기도 했다. 공교롭게도 정밀의료(Precision Medicine)도 영어로는 P로 시작하므로, P4 의료에서 맞춤의료 대신에 쓰기에도 모양새도 잘 맞는다. 하지만 엄밀히 따지면 이 두 용어가 완전히 일치하지는 않기 때문에, 결국 개별적으로 사용하기로 결정했다.

2부
디지털 헬스케어는 어떻게 구현되는가

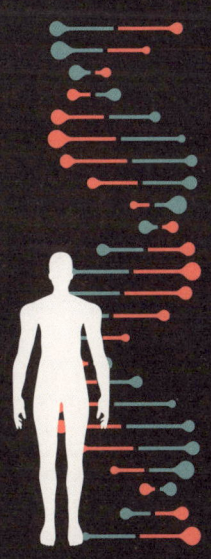

5장
디지털 헬스케어의 3단계

　이제 본격적으로 디지털 헬스케어를 어떻게 구현할 수 있는지를 구체적으로 살펴보도록 하겠다. 앞서 설명하였듯이 디지털 기술의 발전과 이를 통한 미래 의료의 구현은 모두 데이터와 연관지어 설명할 수 있다.

　예전에는 측정하지 못하고 버려졌던 중요한 데이터를 이제는 측정할 수 있게 되며, 데이터를 측정하는 방법, 측정 빈도, 얻게 되는 데이터의 양과 질이 모두 극적으로 개선된다. 이렇게 측정한 데이터는 각종 수단을 통해서 저장, 공유, 전송할 수 있을 뿐만 아니라 이를 통합하고, 해석함으로써 질병을 관리하고, 치료하고, 예방하기 위한 통찰력을 얻을 수 있다.

　이러한 데이터의 흐름에 따라서 디지털 헬스케어는 총 세 가지 단계로 구분 지어 설명할 수 있다. 필자는 이를 '디지털 헬스케어의 3단계'라고 부른다.

- 1단계: 데이터의 측정
- 2단계: 데이터의 통합
- 3단계: 데이터의 해석

당연한 이야기지만, 데이터로 무엇인가를 하기 위해서는 일단 데이터가 있어야 한다. 따라서 첫 번째 단계는 데이터의 측정이다. 디지털 헬스케어 데이터 측정에는 기존의 의료 기기를 포함하여, 스마트폰, 웨어러블 센서, 개인유전정보 분석, 심지어는 소셜네트워크를 활용할 수도 있다. 이러한 데이터는 주로 환자 혹은 사용자 본인이 주체가 되어서 측정하는 '환자 유래의 의료 데이터'라고 할 수 있으며, 그 사람이 언제, 어디에 있든지 간에, (거의) 실시간으로 정량적이고 객관적이며 높은 밀도의 데이터를 편리하게 측정할 수 있게 된다.

하지만 이렇게 개별적으로 측정한 데이터는 그저 단편적인 조각들로, 해당 환자의 전반적인 건강 상태를 보여주지 못한다. 그 사람의 건강에 대한 큰 그림을 완성하기 위해서는 각 데이터를 수집하고 통합하는 과정이 필요하다. 이것이 두 번째 단계인 '데이터의 통합'이다. 여기에는 헬스케어 데이터 플랫폼과 클라우드 컴퓨팅 등의 인프라가 필요하다.

데이터를 통합한 다음에는 이를 분석해야만 환자의 상태를 모니터링하고, 질병을 치료하거나, 더 나아가 예측의료와 예방의료를 구현할 수 있다. 이는 크게 두 가지 방식으로 구현될 수 있다. 한 가지는 지금까지 해오듯이 인간이 직접 이 작업을 수행하는 것이다. 여기에는 기존의 의료 행위들이 포함되며, 더 나아가 원격진료나 원격 환자 모니터링과 같이 사람이 하더라도 IT 기술을 활용한 새로운 방식으로도 확대될 수 있다. 또 다른 한 가지 분석 방법은 다름 아닌 인공지능을 활용하는 것이다. 끝없이 생산되는 이 방대하고도 복잡한 데이터를 다루기 위해서 우리는 결국 인공지능과 손을 잡지 않을 수 없을 것이다.

이렇게 데이터의 측정-통합-해석이라는 '디지털 헬스케어의 3단계'는 필자가 디지털 헬스케어 산업의 구조를 바라보는 일종의 프레임워크framework이기도 하다. 모든 기업이 칼로 무 자르듯 하나의 영역으로 분류되지 않는 경우도 많고, 두 개 이상의 영역에 해당되는 기업도 적지 않으나, 기본적으로 이 분야를 이해하기에 이 방식이 유용하다고 생각한다.

그러면 이제부터 디지털 헬스케어를 어떻게 구현할 것인지에 대해, 데이터를 측정-통합-해석하는 '디지털 헬스케어의 3단계'에 기반하여 본격적으로 논해보도록 하겠다.

1단계:
데이터의 측정

6장
스마트폰: 의료 혁신의 핵심 기기

　디지털 헬스케어 혁신을 위해서 가장 중요한 기기를 딱 하나만 골라야 한다면 무엇을 선택해야 할까? 필자를 포함한 많은 전문가는 주저 없이 스마트폰을 꼽는다. 우리가 언제 어디에서든 손에서 놓지 않는 이 작은 기기는 이미 그 자체로 고도의 연산 능력과 저장 및 통신 기능을 가진 컴퓨터이며, 수많은 센서를 지닌 기기이다.

　이러한 스마트폰의 특징들은 디지털 헬스케어의 구현을 위한 핵심적인 역할을 한다. 디지털 헬스케어 구루, 에릭 토폴 박사가 『월스트리트저널』에 기고한 칼럼의 제목대로 그야말로 '의료의 미래는 당신의 스마트폰 속에 있다'고까지 할 수 있다.[1]

의료의 미래는 당신의 스마트폰 속에

　당신이 스마트폰 없이 하루를 보내본 적이 언제인지 기억하는

2005년의 교황 즉위식과 2013년의 교황 즉위식[2]

가? 위의 그림은 필자가 강연에서 스마트폰의 위력에 관해서 설명할 때마다 즐겨 보여주는 그림이다. 필자도 인터넷에서 처음 접한 사진이므로, 이미 익숙한 독자들도 많을 것이다. 다소 과장되어 있다고도 볼 수 있겠지만 그만큼 스마트폰은 어느새 우리 생활 깊숙이 들어왔고, 이제 스마트폰 없는 삶은 도저히 상상할 수 없을 정도가 되었다.

이미 휴대폰은 역사상 가장 널리 보급된 기술 중의 하나가 되었다. 지구상에는 약 71억 개의 휴대폰이 있으며, 이는 전 세계에 보급된 변기나 칫솔보다도 더 많은 숫자라고 한다.[3] 또한 ITU의 조

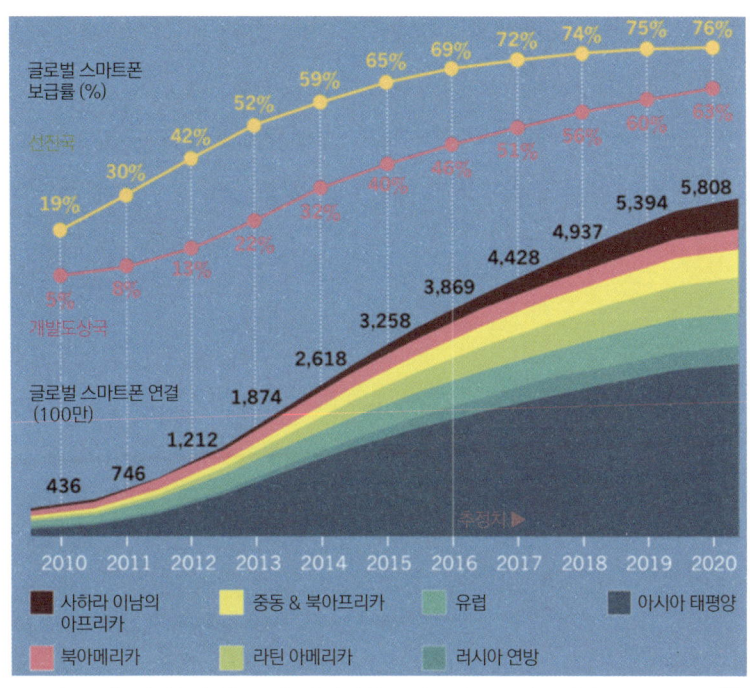

스마트폰은 선진국과 개도국을 가리지 않고 빠르게 보급되고 있다. (출처: 『네이처』)[8]

사에 따르면 2015년 말 전세계 사람 중 휴대용 전화기를 사용하는 가구의 비율은 무려 95.3%에 이르렀다. 2000년만 해도 10% 정도였던 이 비율이 15년 동안 급격하게 증가한 것이다.

스마트폰도 빠르게 보급되고 있다. 조사결과에 따라 숫자에는 다소 차이가 있으나, 시장 조사기관 제니스Zenith에 따르면 2018년 52개 주요 국가의 스마트폰 보급률은 66% 정도이다.[4] 뉴주Newzoo에 따르면 2016년 전 세계 스마트폰 사용자는 약 25억 명이었고, 이는 2021년에 38억 명으로 증가할 전망이다.[5] 2018년 기준 국가별 보급률은 아랍에미리트가 82.2%로 1위이며, 그 뒤를 스웨덴, 스위스, 한국이 각각 74%, 73.5%, 72.9% 등으로 잇고 있다.[6] 또 다른 조사에 따르면 성인 사용자를 대상으로 한 스마트폰 보급률에

서는 한국이 94%로 세계 1위에 오르기도 했다.[7]

이러한 스마트폰의 보급은 선진국과 개발도상국을 가리지 않고 빠르게 이뤄지고 있다. 2020년이 되면 선진국의 스마트폰 보급률은 약 76%, 개발도상국의 경우에는 63%에 달할 것으로 예상되고 있다. 바야흐로 대부분의 사람들이 스마트폰을 소유하게 된다는 것이다.[8]

슈퍼 컴퓨터 vs. 스마트폰

그뿐만 아니라, 스마트폰은 고도의 연산능력을 지닌 컴퓨터이다. 과거의 슈퍼 컴퓨터의 성능을 가볍게 뛰어넘을 정도로 말이다. 인류 최초의 슈퍼 컴퓨터를 이야기할 때 흔히 1975년 미국 크레이

초창기 시절 슈퍼 컴퓨터의 대명사, 크레이-2 (출처: 버클리 컴퓨터 공학 연구소)[10]

리서치Cray Research에서 개발한 크레이-1과 1985년에 출시한 크레이-2가 빠지지 않고 거론된다. 이후 개발된 크레이-2S는 1988년 한국에 최초로 도입된 슈퍼 컴퓨터이기도 했다. 당시 이런 슈퍼 컴퓨터들은 과학 연구나 국방 등의 목적으로 활용되었다.

컴퓨터의 성능을 비교할 때 흔히 1초당 수행할 수 있는 부동소수점 연산의 수FLOPS, FLoating point OPerations per Second를 따진다. 크레이-1, 크레이-2, 크레이-2S의 플롭스FLOPS는 각각 8,000만 번, 19억 번, 20억 번 정도이다. 이에 반해 2016년에 나온 아이폰 7에 들어가는 그래픽 유닛의 연산 능력이 2,500억 번250 GFLOPS이다.[9] 즉, 아이폰 7만 하더라도 초창기 슈퍼 컴퓨터를 훨씬 능가하는 연산 속도를 가지고 있으며, 크레이-1에 비해서는 약 3,000배 더 빠르게 연산을 할 수 있는 것이다.

1996년까지도 세계에서 가장 빠른 슈퍼 컴퓨터는 일본의 히타치 CP-PACS로, 연산능력은 아이폰 7과 크게 차이 나지 않는 368.2기가플롭스GFLOPS였다. 1990년대 슈퍼 컴퓨터에 맞먹는 고성능 컴퓨터를 우리는 매일 주머니 속에 넣어 다니고 있는 셈이다.

스마트폰의 센서들

하지만 스마트폰이 의료 혁신의 핵심 기기라는 것은 단순히 빠르기 때문만은 아니다. 더 중요한 것은 스마트폰이 내장하고 있는 수많은 센서다. 스마트폰은 기존의 기기들이 가지지 못했던 여러 직관적이면서도 혁신적인 사용자 인터페이스를 가지고 있으며, 이를 통해서 사용자와 상호작용한다.

사람들은 스마트폰으로 소위 인증 사진을 찍기도 하고, 강의를 녹음하고, 라디오와 노래를 듣는다. 대부분의 기능을 터치 스크린으로 조작하며, 통화 중에 스크린에 얼굴을 갖다 대면 스크린이 자동으로 꺼지고, 기기를 가로-세로로 회전시키면 화면도 따라 돌아간다. 주변의 밝기에 따라서 스크린의 밝기도 달라지며, 깜깜한 곳에서는 손전등의 역할도 할 수 있다.

이러한 기능들은 워낙 직관적으로 디자인되었기 때문에 우리는 부지불식간에 너무도 당연한 듯 사용하고 있다. 하지만 이런 기능들은 모두 고도의 센서가 스마트폰에 내장되어 있기 때문에 가능하다. 현재 스마트폰에는 우리가 잘 알고 있는 카메라, 마이크, 스피커 외에도 아래와 같은 센서가 대부분 내장되어 있다.

- 근접 센서: 스마트폰과 얼굴이 얼마나 가까이 있는지를 측정하기 위해 사용한다. 통화 중에 얼굴을 화면에 갖다 대는 경우 터치 스크린의 버튼이 눌리는 것을 방지하기 위해서 사용된다.
- 가속도 센서: 지표면을 중심으로 스마트폰의 기울기, 가속도 등을 측정하여, 화면을 가로-세로로 돌려줄 때 사용된다.
- 자이로스코프: 스마트폰의 방향과 각도를 측정하며, 가속도계와 함께 스마트폰의 정확한 움직임을 파악할 수 있다.
- 조도 센서: 스마트폰 주변 환경의 밝기를 측정하여, 스크린의 밝기를 조절해준다.
- 지자기 센서: 지구의 자기장을 측정하는 일종의 디지털 나침반이다.
- 바로미터: 사용자 위치의 대기압을 측정한다.

스마트폰에 내장된 센서의 증가

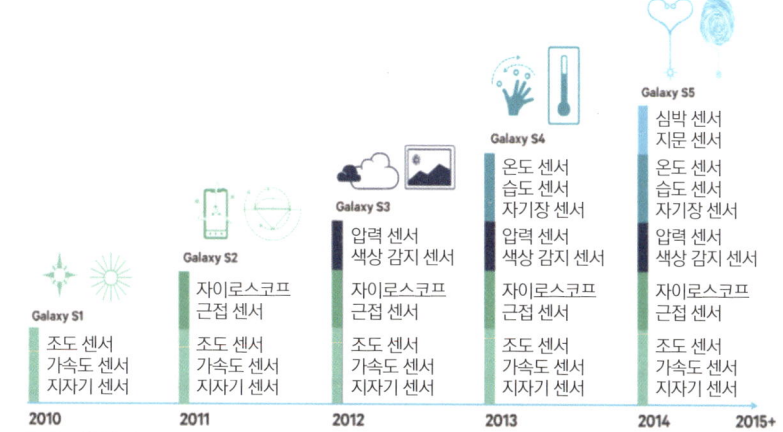

갈수록 스마트폰에 내장된 센서의 종류는 증가하고 있다.[11, 12]

또한 내장되는 센서의 종류도 갈수록 다양해지고 있다. 2010년 갤럭시1에는 조도 센서, 가속도 센서, 지자기 센서 정도였으나, 점점 더 추가되다가 2014년 출시된 갤럭시 S5에는 자이로스코프, 근접센서, 압력 센서뿐만 아니라, 습도, 온도, 심박수, 지문인식 등의 센서까지도 내장되게 되었다.

스마트폰은 이렇게 내장된 센서를 통하여 다양한 종류의 의료 및 헬스케어 데이터를 측정할 수 있는 핵심적인 기기로 변모하게 된다. 스마트폰을 편리하게 사용하도록 하기 위해 내장한 여러 센서가 스마트폰의 고성능 연산능력, 통신 기능, 직관적인 사용자 인터페이스와 결합함으로써 결국 헬스케어에도 활용할 수 있게 된 것이다. 아마 스티브 잡스도 스마트폰이 의료를 혁신하게 되리라고까지 상상하지는 못했을 것 같다.

사실 스마트폰은 디지털 헬스케어에 있어서 다양한 역할을 한다. 데이터의 측정뿐만 아니라, 통합, 전송, 공유, 심지어는 앱으로 환자를 치료할 수도 있다.* 다만 이 챕터에서는 스마트폰의 다양한 센서와 가젯을 이용해서 데이터를 어떻게 측정할 것인지에 대해서 집중하도록 하겠다. 각각의 센서를 기준으로 어떤 데이터를 측정할 수 있고, 어떠한 사례들이 있는지를 살펴보자.

카메라, 의사의 눈

스마트폰에 내장된 여러 센서 중에 가장 직관적이면서 활발하게 사용되는 것은 역시 카메라다. 전화기에 카메라를 결합하는 것은 언제 어디서나 우리의 일상을 기록하는, 소위 '셀카'나 '인증사진'을 가능하게 하면서 우리의 생활 방식을 바꾸었고, 이를 공유하는 인스타그램과 같은 새로운 서비스를 만들기도 했다. 이 카메라 역시 시간이 갈수록 성능이 크게 발전하고 있다. 단순히 해상도가 개

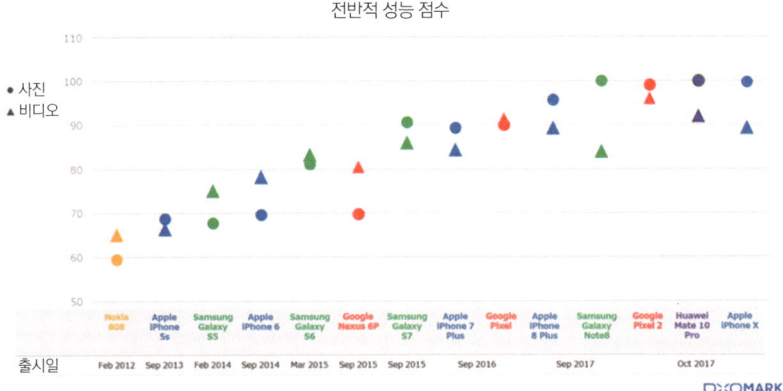

스마트폰 카메라의 성능은 갈수록 크게 개선되어 가고 있다. (출처: DXOMARK)

---

* 데이터의 통합에 대해서는 11, 12장에서, 스마트폰 애플리케이션 등 소프트웨어를 바탕으로 환자를 치료하는 디지털 치료제는 18장에서 다룬다.

셀스코프의 스마트폰 검이경[14]

선되었을 뿐만 아니라 조리개나 노이즈 감소 기능 및 손 떨림 보정 같은 이미지 처리 기능도 발전하고 있다. 이러한 개선은 의료 분야의 활용도 역시 높여준다.

스마트폰 카메라에 간단한 렌즈를 부착하면, 귓속 고막의 이상 여부를 검사하는 검이경으로 사용할 수 있다. 캘리포니아 버클리 대학에서 스핀오프한 스타트업 셀스코프$_{CellScope}$의 오토$_{Oto}$는 가정에서 일반인들도 이를 이용하여 고막을 들여다보면서 이를 동영상으로 녹화할 수 있게 해준다. 스마트폰 카메라뿐만 아니라 스마트폰의 LED 불빛은 귓속을 비춰주는 역할을 한다. 동영상으로 녹화한 고막의 상태는 의사에게 원격으로 전송하여 진료를 받을 수도 있다.[14]

그뿐만 아니라, 스마트폰에 렌즈를 부착해서 백내장 검사 등의 안과 검진을 위한 고해상도 이미지를 얻기 위해 사용하기도 한다. 영국의 안과의사와 개발자 등이 팀을 이뤄 진행 중인 PEEK$_{Potable}$

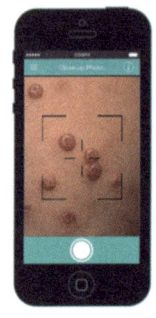 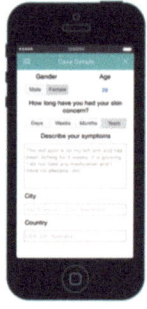  

스마트폰 카메라를 통한 피부암 검진 앱, 퍼스트덤[21]

Eye Examination Kit 비전이라고 불리는 이 프로젝트는 병원과 고가의 검사 장비가 부족한 후진국에서도 안과 검사를 제공하는 것이 목적이다. 스마트폰에 부착하는 어댑터는 3D 프린터로 5달러 이하의 원가로 제작되며, 2014년에는 제작을 위해서 인디고고 크라우드 펀딩을 진행하기도 했다.[15-17]

또한 스마트폰 카메라로 피부의 의심스러운 점을 촬영해서 일반적인 점인지, 혹은 심각한 경우 피부암인지를 진단해주는 많은 앱이 있다. 사진을 의사에게 전송해서 원격으로 진단을 받을 수도 있고, 혹은 인공지능이 사진을 분석해서 진단을 내려주기도 한다.[18-21] 대표적으로 퍼스트덤FirstDerm과 같은 애플리케이션이 있다.[19, 21] 사실 이런 앱은 스마트폰이 나오자마자 생겼을 정도로 그 역사(?)가 오래되었으며, B2B와 B2C 모델 등 서비스 모델도 다양하다.

또한 추후 논의하겠지만, 딥러닝 등 인공지능 기술의 발전으로 이러한 이미지를 분석하는 기술 또한 크게 개선되었다. 대표적으로 스탠퍼드 대학 연구진은 2017년 『네이처』에 출판한 연구에서 딥러닝이 피부과 전문의보다 피부 사진을 분석하여 피부암을 더 정확하게 판독한다는 것을 보여주기도 했다.[22-24]

청진기 대신, 마이크

1816년 프랑스의 르네 래네크Rene Laennec가 청진기를 발명한 이후, 의사의 상징이 되었던 청진기가 휴대용 초음파 기기 등으로 대체되어 사라질 것인지에 대해서는 의견이 분분하다.[25] 하지만 적어도 청진기에 스마트폰 마이크를 연결하면 디지털 청진기를 만들 수 있겠다는 것은 쉽게 생각할 수 있다.[26] 이런 디지털 청진기를 통해서 병원과 의사가 부족한 제3세계 등에서도 환자의 상태를 녹음하고 이를 의사에게 전송하는 것도 가능하다.

스마트폰 마이크는 폐활량, 노력성 폐활량 등을 측정할 수 있는 폐활량 측정계spirometer로 활용할 수도 있다. 시애틀의 워싱턴 대학에서 개발한 스마트폰 앱, 스피로스마트SpiroSmart는 스마트폰 마이크를 이용한 디지털 폐활량계다.[27] 이 앱은 환자가 폐로부터 배출할 수 있는 최대 호기량을 측정한다. 환자의 폐활량을 측정하는 것은 천식asthma, 만성 폐쇄성 폐 질환COPD, 낭포성 섬유증cystic fibrosis 등의 만성 폐 질환의 진단 및 치료에 중요한 역할을 한다. 하지만 기존의 가정용 폐활량 측정계는 가격이 비싸고 사용도 번거로웠으나, 스마트폰을 이용하면 훨씬 간편하다. 기존의 휴대용 폐활량 측정기와 비교했을 때 결과가 5.1%밖에 차이가 나지 않을 정도로 정확했다.[28]

참고로 이 워싱턴 대학 연구팀은 이러한 앱을 기반으로 세노시스Senosis라는 스타트업을 스핀오프했으며, 이 스타트업은 2017년 구글(더 정확히는, 구글의 모기업인 알파벳)에 인수되었다.[29] 이는 13장 '모든 사람의, 모든 데이터를 모은다면'에서 자세히 살펴볼 구글의 베이스라인 프로젝트에 활용되기 위함인 것으로 추측되고 있다.

더 나아가, 스마트폰 마이크에 녹음된 우리 목소리를 통해서 감

워싱턴 대학의 스마트폰 폐활량계 스피로스마트

정을 읽음으로써, 우리가 기쁜지, 슬픈지, 우울한지, 긴장했는지 등을 파악해주기도 한다. 이스라엘의 비욘드 버벌Beyond Verbal이라는 스타트업에서 개발한 무디즈Moodies 앱은 사용자가 어떤 언어를 쓰든 상관없이 목소리의 톤, 억양 등의 비언어적인 요소를 분석하여 감정을 읽어낸다. 사용자의 감정을 20가지의 그룹으로 나누어서 인지하며, 약 80%의 정확도를 보인다고 한다.[30]

가속도계와 자이로미터

스마트폰의 가속도계와 자이로미터는 우리의 움직임을 측정해준다. 사용자가 걷거나 뛸 때 움직임을 인지하여 걸음수 및 활동량을 측정해주는 애플리케이션은 이미 수없이 많으며, 대부분의 스마트폰 자체에도 기능이 내장되어 있다. 더 나아가, 런키퍼RunKeeper

스마트폰 가속도계와 마이크를 이용한 수면 모니터링 앱, 슬립 사이클. 참고로 필자 본인의 데이터이다.

와 같은 애플리케이션은 GPS 데이터와 합쳐서 조깅할 때 이동 거리, 시간, 속도 등을 실시간으로 알려줄 뿐만 아니라, 보행수, 코스, 구간별 속도, 과거 기록과 비교까지 해준다.

움직임 측정은 수면 모니터링에도 활용할 수 있다. 슬립 사이클 Sleep Cycle 등의 앱은 잠자리에 들 때 침대에 스마트폰을 올려두면, 사용자의 뒤척임 등을 침대의 흔들거림을 통해 인식한다. 이를 통해 사용자가 언제 깊은 수면을 취했고, 언제 잠에서 깼는지 등의 수면 주기를 계산해주기도 한다. 이를 통해 요일별 잠자리에 드는 시간, 수면 시간, 수면의 질 등을 종합적으로 분석해주기도 한다.

이 슬립 사이클은 침대의 움직임 외에도 스마트폰 내장 마이크를 통해, 사용자의 수면 중 소리를 통해 데이터를 측정하기도 한다. 이 경우 앞서 설명한 수면 관련 데이터 외에도, 사용자의 코골이를 인식하여, 언제 코를 골았는지, 총 몇 분을 골았는지를 측정해주며, 더 나아가 아예 코 고는 소리를 녹음까지 해주기도 한다.

사용자는 이렇게 녹음된 자신의 코 고는 소리를 들어볼 수도 있다.

스마트폰 의학연구 플랫폼, 애플 리서치키트

각각의 센서를 따로 사용하여 데이터를 측정하는 경우도 있지만, 여러 가지 센서를 조합하여 사용자의 상태를 종합적으로 측정해야 하는 경우도 있다. 특정 질병에 걸린 환자의 증상을 정량적이고, 주기적으로 측정하기 위한 경우가 그러하다.

이러한 목적의 대표적인 사례가 애플의 의학연구 플랫폼 리서치키트$_{ResearchKit}$이다.[31-35] 애플은 지금까지 헬스키트, 리서치키트, 케어키트, 헬스 레코드 등의 여러 헬스케어 관련 플랫폼을 출시했다.* 그중의 하나가 2015년 3월에 내어놓은 아이폰 기반의 의학연구 플랫폼인 리서치키트이다.[32-34] 이 플랫폼은 아이폰에 내장된 여러 센서를 이용해서, 전세계의 아이폰 사용자들이 자발적으로 의학연구에 참여하여, 자신의 데이터를 편리하게 측정하고 공유할 수 있도록 해주었다.

기존의 의학연구나 임상시험에는 여러 가지 제약이 존재한다. 일단 연구 조건에 맞는 피험자를 구하기가 어렵다. 기존에는 지하철이나 신문에 연구 피험자를 모집하는 광고를 내는 것 정도의 방법밖에 없었다. 또한 피험자가 병원에 방문해야 하므로, 시간과 장소 등 물리적인 제약이 따른다. 연구에 참여하고 싶어도 병원에 갈 시간을 내지 못하거나, 물리적으로 멀리 떨어진 사람은 참여가 어

---

* 헬스키트와 헬스 레코드는 12장에서 상세히 설명한다.

렵다. 더욱이, 병원에 방문해서 데이터를 측정하는 방식으로는 그 빈도가 너무 낮다. 즉, 병원을 방문하지 않는 대부분의 시간 동안의 환자 데이터는 모두 버려진다.

하지만 이러한 리서치키트 플랫폼을 활용하면 전 세계 아이폰 사용자를 모두 임상연구 참여자 후보군으로 활용할 수 있으며, 직접 병원에 내원할 필요 없이 언제 어디서든지, 간편하게 자신의 데이터를 정량적이고 객관적으로 측정, 저장, 전송할 수 있다.[35] 2015년 3월 첫 발표 당시 애플은 총 다섯 가지 앱을 발표하였다.[32] 스탠퍼드 병원 등에서 개발한 유방암, 당뇨병, 심장병, 천식, 파킨슨 등의 앱이었다. 이후 전 세계적으로 병원 및 연구기관들이 다양한 앱들을 발표해서 2016년 2월 기준으로 리서치키트 앱은 무려 40여 개로 늘어났다.[33, 34, 36]

리서치키트는 발표하자마자 폭발적인 반응을 불러일으켰다.[37] 스탠퍼드 연구자들이 출시한 심혈관계 질환 앱, 마이하트$_{myHeart}$는 발표 하루 만에 1만 1,000명의 참가자가 등록했다. 스탠퍼드의 해당 연구 책임자 앨런 영은 "기존의 방식으로는 이 정도 규모의 참가자는 미국 전역의 50개 병원에서 1년간 모집을 진행해야만 한다."고 언급했다. 또한 파킨슨병 관련 앱인 엠파워$_{mPower}$는 하루 만에 5,589명의 참여자를 이끌어내었다. 연구를 진행하는 세이그$_{Sage}$ 재단에 따르면 기존에 6,000만 달러를 들여 5년 동안 모은 환자의 수는 단 800명 정도밖에 되지 않았다고 한다. 리서치키트를 발표한 지 4개월 만에 이 플랫폼에 등록자 수는 총 7만 5,000명을 넘어섰다.[38]

리서치키트 앱 중에 가장 직관적으로 쉽게 이해할 수 있는 것은 파킨슨병 환자의 데이터 측정 앱인 엠파워$_{mPower}$이다.[32, 36, 39] 신경

  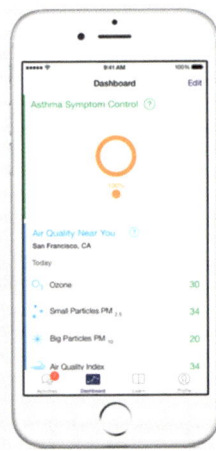

아이폰 기반의 의학 데이터 수집 플랫폼, 애플 리서치키트

    퇴행성 질환인 파킨슨병에 걸리면 움직임이 느려지고, 더 나아가 근육 강직, 근육의 떨림 등 운동 장애가 생기게 된다. 떨림tremor 증상이 심할 경우 파킨슨병 환자는 옷의 단추를 잠그거나, 숟가락으로 음식을 입으로 가져가지도 못하게 된다. 더 나아가 보행에 지장을 받고, 보행 속도, 자세에도 변화가 생긴다.

    이러한 증상의 변화를 아이폰의 센서를 활용해 측정하는 것이다. 예를 들어, 스크린의 두 점을 최대한 빠르게 두 손가락으로 번갈아 누르게 해서 손가락 근육의 상태 변화를 측정하고, 마이크에 '아~~' 하는 목소리를 녹음함으로써 성대 근육의 떨림을 측정하며, 스마트폰을 들고 일정 거리를 걸어갔다 오는 등의 방식으로 보행과 관련된 변화를 볼 수 있다. 이를 통해서 파킨슨병의 중증도와 진행 여부 등에 대한 데이터를 측정할 수 있는 것이다. 이렇게 엠파워를 통해서 축적된 파킨슨 환자의 데이터는 2016년 『네이처』 자매지에 논문으로 소개되기도 했다.[39]

신약개발을 위한 앱

다국적 제약사 로슈Roche에서는 파킨슨병 신약개발 임상시험에서 엠파워와 유사한 스마트폰 애플리케이션을 활용함으로써, 신약개발 임상시험에 참여하는 파킨슨 환자의 증상 변화를 측정하겠다고 밝혔다.[40] 기존에는 파킨슨병의 진행을 판단하기 위해서, '통합 파킨슨 척도 검사UPDRS'를 진행했다. 이 검사에서 의사는 환자의 행동을 관찰하거나 면담하며, 환자가 스스로 자신의 평소 생활 능력(말하기, 음식물 삼키기, 글자 쓰기, 옷 입기, 침대에서 돌아눕기 등등)을 평가하기도 한다. 하지만 이러한 방식은 의사나 환자의 주관이 개입될 여지가 있고, 환자가 내원해야 하므로 데이터 측정 빈도가 낮다.

로슈는 pRED라는 앱을 활용하여 32주 동안의 파킨슨병 신약 임상시험에서 환자의 데이터를 정량적, 객관적, 지속적으로 측정하기로 했다. 이 앱은 여섯 가지의 능동적 테스트active test와 수동적 모니터링passive monitoring으로 구성된다.

능동적 테스트 여섯 가지는 아래와 같으며, 각 테스트에는 30초 정도가 소요된다. 즉, 병원을 방문할 필요 없이, 때와 장소를 가리지 않고 파킨슨병에 대한 데이터를 스마트폰을 통해서 측정하는 것이다.

- 목소리 테스트: 스마트폰 마이크에 '아~' 소리를 최대한 길게 녹음
- 균형 테스트: 스마트폰을 들고 가만히 서 있기
- 걸음 테스트: 약 20미터 정도의 거리를 걸어갔다가 되돌아오기
- 민첩성 테스트: 스크린을 두 손가락으로 최대한 빠르게 번갈

능동적 테스트
환자들은 다음의 여섯 가지 테스트를 매일 수행한다

목소리 테스트 / 균형 테스트 / 걸음 테스트 / 민첩성 테스트 / 정지 떨림 테스트 / 자세 떨림 테스트

수동적 모니터링
환자들은 일상생활에서 스마트폰을 종일 가지고 다닌다

수동적 모니터링

아 누르기
- 정지 떨림 테스트: 파킨슨병 증상이 심한 쪽 손으로 스마트폰을 들고 100까지 세기
- 자세 떨림 테스트: 스마트폰을 들고 팔을 쭉 뻗고 있기

수동적 모니터링을 위해서 환자들은 그냥 스마트폰을 온종일 가지고 다니기만 하면 된다. 일상생활에서 스마트폰은 환자의 걸음걸이, 활동량 등을 지속적으로 측정하는 것이다.

스마트폰+가젯

더 나아가, 스마트폰에 간단한 가젯을 더한다면 더욱 다양한 데

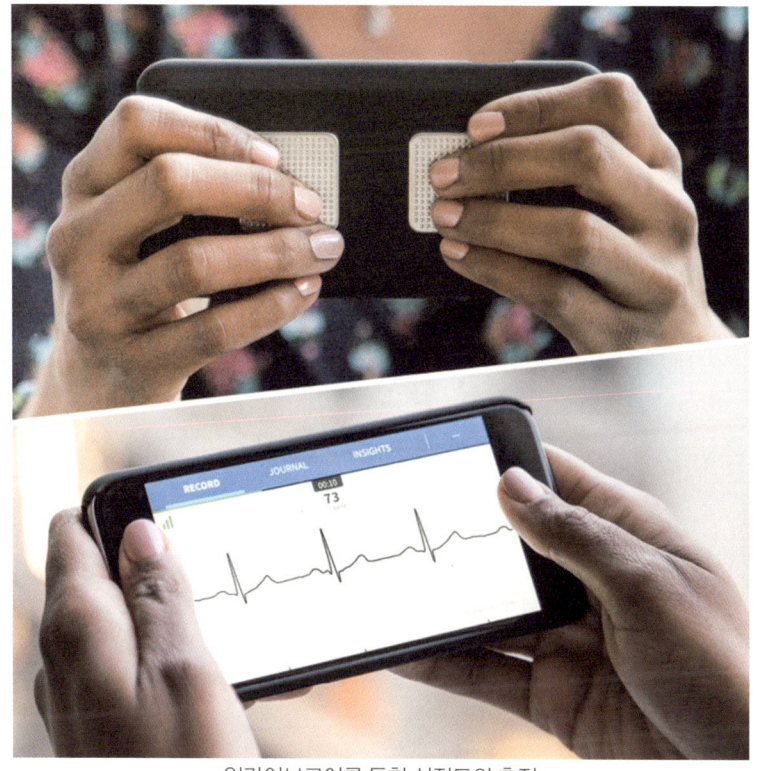
얼라이브코어를 통한 심전도의 측정

이터를 측정할 수 있다. 엄밀히 말해 스마트폰에 내장된 센서만을 사용하는 것이 아니지만, 스마트폰의 인터페이스와 블루투스 기능, 통신 기능, 휴대성을 기반으로 측정하는 것이기 때문에 웨어러블 기기로 분류하기보다, 여기에서 다루는 것이 적절할 것 같다.

먼저 스마트폰과 함께 간단한 기기를 사용하면 심전도를 측정할 수 있다. 스마트폰을 이용한 휴대용 심전도 측정계 얼라이브코어 AliveCor가 대표적인 사례이다.[41-43] 심전도는 심장의 전기적인 활성을 측정하는 데이터로, 부정맥 등 다양한 유형의 심장질환을 진단하는 데 매우 중요한 역할을 한다. 전기적 활성을 측정하는 것이므

스마트폰 케이스 형태의 혈당 측정계, 글루케이스

로 전극이 최소 두 개가 필요하다.

　얼라이브코어에는 스마트폰 케이스 뒷면에 두 개의 전극이 붙어 있고, 이 전극을 각각 양손으로 잡으면 심전도를 실시간으로 측정할 수 있다(혹은 이 전극만 따로 떼어 가지고 다닐 수도 있다). 부정맥의 증상은 불규칙적으로 나타나므로 기존의 방식으로는 병원에 방문했을 때 증상이 없다면 진단이 어려웠다. 하지만 이러한 스마트폰 기반의 기기를 사용하면 환자들이 이상이 있을 때 스스로 측정하여 데이터를 저장 및 공유, 분석까지도 할 수 있기 때문에 심방세동 등의 부정맥 진단에 유용하다. 2012년 FDA로부터 2등급 의료기기 승인을 받아서 의사의 처방이 있어야만 구매할 수 있었지만, 2014년 초에는 일반 판매over-the-counter 승인도 받았다.[41-43]

　더 나아가, 가젯을 이용해 스마트폰으로 혈당 측정도 할 수 있다. 기존에 당뇨병 환자들은 휴대용 혈당계를 가지고 다니면서, 정기적으로 손끝에 피를 내고 이를 스트립에 묻혀서 혈당을 측정해야 했다. 이제는 스마트폰에 간단한 기기를 연결함으로써 보다 간편하게 혈당을 측정할 수 있다. 사노피의 아이비지스타iBGStar와 같은 기기들은 휴대용 혈당계를 간편화해서 스마트폰에 부착한 형식이다.[44] 혈당 데이터가 스마트폰으로 전송되어서 수치를 관리할 수 있다. 또한 스마트폰 케이스 형태로, 손가락을 찌르기 위한 침과 혈액을 묻히기 위한 스트립까지 모두 폰 케이스에 내장되어 있는 글루케이스GluCase도 있다.[45] 혈당 데이터는 이 기기로부터 블루투스로 스마트폰에 전송되므로, 당뇨병 환자가 간편하게 혈당을 측정하고 데이터를 관리할 수 있다. 2016년 진행된 크라우드 펀딩에서 인기를 모으기도 했다.[46]

혈압도 측정 및 관리할 수 있다. 기존 휴대용 혈압계와 비슷한 커프를 휴대용으로 만들어서 블루투스로 스마트폰에 연동하는 방식이다. 프랑스의 모바일 헬스케어 회사인 위딩스Withings에서 내어놓은 스마트 혈압계를 활용하면 휴대가 간편할 뿐만 아니라, 스마트폰에 혈압 데이터를 전송함으로써 과거 데이터와의 비교, 시계열 분석 등이 가능하다.

혈압은 정기적으로 측정할 필요가 있으며, 측정 전 30분 정도는 안정을 취하는 것이 권고되고 있다. 또한 병원에 가서 의사나 간호사를 통해서 혈압을 측정하면 평소보다 수치가 높게 나오는, 소위 흰색 가운 증후군white coat syndrome도 적지 않게 발생한다.[47] 그러므로 가정, 혹은 일상생활에서 이러한 스마트 혈압계를 활용하는 것은 고혈압 등 심혈관계 만성질환의 진단과 질병관리에 유용할 것이다.

7장

웨어러블 디바이스
: 입는 기기로 연결되는 인간

　스마트폰에 이어서, 디지털 헬스케어 데이터를 측정하는 두 번째 방법에 대해서 알아보자. 바로 웨어러블 디바이스를 이용하는 것이다. 말 그대로 웨어러블 디바이스는 입거나 몸에 착용하는 기기이다. 최근에는 피부에 부착하거나, 피부에 문신을 하거나, 체내에 삽입하는 형태로까지 발전하고 있다.[1]

　이러한 웨어러블 디바이스는 사용자와 주변 환경에 대한 데이터를 측정하거나, 스마트폰 등 기존의 기기 사용을 더욱 편리하게 해주며, 더 나아가서는 사용자의 능력을 더 강화augmentation해주는 목적으로 활용될 수 있다. 특히, 각종 사물끼리, 그리고 사물과 사람이 서로 연결되는 사물인터넷 시대가 도래하면서 웨어러블 디바이스의 역할은 더욱 강조되고 있다. 사물이 사람과 연결되기 위해서는 결국 매개체가 필요하며, 웨어러블 디바이스가 그 역할을 할 가능성이 높기 때문이다.

　지금은 웨어러블 홍수의 시대라고 표현해도 과하지 않을 정도

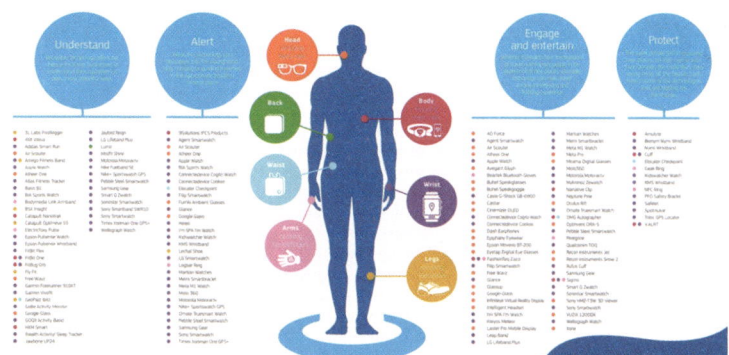

상상할 수 있는 모든 형태의 웨어러블들이 출시되어 있다고 해도 과언이 아닐 정도다. (출처: amadeus)

로 많은 종류와 형식의 웨어러블 기기들이 이미 출시되어 있다. 우리가 상상할 수 있는 거의 모든 형태의 웨어러블 디바이스들이 이미 구현되었다고 해도 무리가 없을 정도다. 가장 대표적인 손목밴드나 시계 형태의 기기를 비롯하여, 안경, 머리 밴드, 안대, 목걸이, 반지, 벨트, 복대, 양말, 클립, 깔창, 셔츠, 브래지어, 문신, 반창고, 알약 등등 그 유형을 모두 일일이 열거하기가 어려울 정도다.[1-3]

웨어러블 홍수의 시대

지난 몇 년 동안 웨어러블 디바이스의 세계 시장은 매우 빠르게 성장했다. 『비즈니스 인사이더』는 2014년부터 2019년까지 글로벌 웨어러블 디바이스 시장이 연평균 35%의 폭발적인 성장을 거듭하여, 2019년에는 1억 4,000만 대가 팔릴 것으로 예상했다.[4] 2014년 컨설팅 회사 프라이스워터하우스쿠퍼스$_{PwC}$의 조사에 따르면 미국에서는 소비자의 21%가 이미 하나 이상의 웨어러블을

2014년 PwC의 조사에 따르면 미국에서는 21%의 사용자가 웨어러블을 소유하고 있으며, 이 수치는 2016년 49%로 늘어났다.[5, 6]

가지고 있는 것으로 조사되었다.[5] 놀랍게도 2016년 같은 기관의 조사에 따르면 이 수치는 49%로 크게 늘어났다.[6] 즉, 미국 시장에서는 인구 중 절반이 이미 하나 이상의 웨어러블을 보유하고 있는 것이다. 특히, 두 개 이상의 기기를 가진 사람의 비중도 36%나 되는 것으로 나타났다.

또한 향후 웨어러블 디바이스 관련 기술과 서비스가 발전하면서 사람들이 소유하는 웨어러블은 크게 증가할 전망이다. 2015년 『미국의사협회저널JAMA』에 발표된 바에 따르면 2020년까지 인류가 가지게 될 웨어러블 등의 커넥티드 디바이스connected device는 총 500

	2010	2015	2020
전 세계 인구	68억	72억	76억
커넥티드 디바이스			
디바이스의 총 수	125억	250억	500억
1인당 디바이스의 수	1.8	3.5	6.6
스마트폰 구독수	5억	30억	61억
무선 핫스팟	300만	4,700만	5억
센서의 수	2,000만	100억	1조
유전정보를 분석한 개인	<10	400,000	500만

향후 웨어러블, 센서, 스마트폰 등으로 세계의 연결성은 더욱 올라갈 것이다.
(출처: 『미국의사협회저널JAMA』)[7]

억 개에 달할 것으로 예측되고 있다.[7] 이는 곧 한 사람당 평균적으로 약 6.6개의 웨어러블 기기를 가지게 된다는 것을 의미한다. 모든 사람이 6~7개의 기기를 통해 다른 사람 및 사물, 환경과 연결된다는 것을 상상해보면 지금과는 많은 것들이 변화할 것임을 짐작할 수 있다.

사실 아직은 웨어러블 디바이스의 효용성이나, 편리함, 가격, 디자인 등의 측면이 모든 사람에게는 충분히 매력적이지는 않을 수 있다. 특히 외국보다 국내에서는 아직 웨어러블들을 착용하고 있는 사람들이 많지 않은 편이고, 필자가 강의에서 질문을 던져보면 대표적인 활동량 측정계 브랜드 중 하나인 '핏빗Fitbit'이라는 이름조차 들어보지 못한 사람들이 적지 않다.

더 나아가, 최근 들어서 웨어러블 관련 글로벌 시장과 산업은 주춤하는 모양새다. 관련 기업이 성장세를 이어가고 있지 못하거나 실망스러운 실적을 보여주기도 한다. 웨어러블에 기대했던 장밋빛 미래가 과도했던 것인지에 대한 회의도 제기되고 있다. 사실 필자가 보기에 현재 웨어러블은 전형적인 죽음의 계곡, 혹은 가트너 하이프 사이클Gartner Hype Cycle상에서의 '환멸의 굴곡기'를 지나고 있다고 볼 수 있다.

이렇게 현재 웨어러블이 지나고 있는 암흑기와 딜레마, 그리고 이를 어떻게 돌파할지는 아주 복잡한 문제이다. 사실 이는 헬스케어 웨어러블에만 국한되는 문제가 아니라, 헬스케어 산업 자체가 가지는 고민과 연관되기도 한다. 이러한 문제점과 해결책에 대해서 논의하는 것은 헬스케어 산업에 대한 많은 인사이트를 줄 수 있다. 이에 대해서는 별도로 추후 19장, '헬스케어 웨어러블: 돌파구는 어디에'에서 더욱 자세하게 살펴보도록 하며, 지금은 '데이터의 측정'이라는 측면에서 헬스케어 웨어러블의 소개에 집중하도록 하겠다.

왜 헬스케어 웨어러블인가?

웨어러블 디바이스의 대표적인 활용 분야는 바로 헬스케어 및 의료 분야이다. 웨어러블이 건강관리와 의료에 활용도가 높은 이유는 여러 가지가 있다.[2, 3] 가장 큰 이유는 웨어러블 기기를 신체에 착용하고 피부에 직접 접촉할 수 있기 때문에 우리 몸의 상태에 대한 데이터를 효과적으로 측정할 수 있다는 점이다. 이러한 기기를 지속적으로 착용함으로써 끊임없이 역동적으로 변화하는 우리 신체에 대한 데이터를 연속적이고, 정량적이며, 높은 빈도로, 실시간 측정할 수 있다는 것이 장점이다.

이미 웨어러블은 다양한 헬스케어 및 의료 데이터를 얻기 위해서 활발하게 활용되고 있다. 이를 이용하면 지금까지 병원에 가야만 얻을 수 있었던 데이터를 병원 밖 일상생활 속에서도 항시 측정할 수 있고, 기존에 아예 얻기 불가능했던 데이터를 얻을 수도 있다.

현재 웨어러블 중에는 움직임과 걸음수 측정을 기반으로 활동량, 칼로리 소모 등을 계산하는 활동량 측정계 activity tracker 가 대표적이다. 하지만 지금도 단순히 활동량뿐만 아니라, 체온, 심박수, 산소포화도, 심전도, 호흡수, 혈압, 혈당, 뇌파, 감정, 자세, 발작, 피부전기활동성 GSR, 복약 여부, 월경까지 다양한 건강 및 의료 데이터를 측정할 수 있다.

이러한 데이터가 일상에서 항상 측정되고, 실시간으로 자동 해

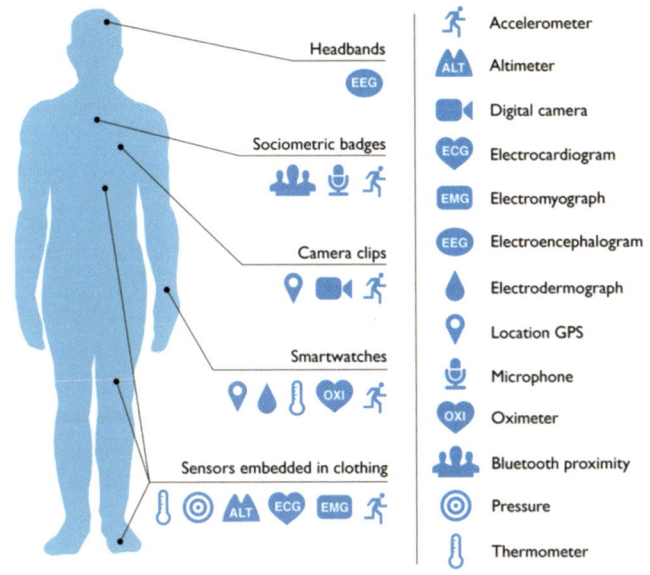

웨어러블을 활용하여 다양한 신체 부위에서 다양한 데이터를 측정할 수 있다.[3]

석되며, 병원에도 이 데이터가 공유되는 것을 상상해보자. 지금까지 활용되지 않았고, 활용할 수도 없었던 데이터를 의료에 활용할 수 있다면, 질병 진단, 관리, 치료의 양상이 크게 변화하게 될 것이다. 앞서 강조했듯, 이렇게 환자들이 스스로 얻게 되는 '환자 유래 건강 데이터'는 맞춤의료, 예측의료, 예방의료를 구현하기 위한 핵심 요인이 될 것이다.

특히, 이러한 웨어러블 기기 및 사물인터넷 센서는 비침습적non-invasive이고, 연속적continuous이며, 측정을 위해 사용자가 버튼을 누를 필요도 없는 수동적passive인 모니터링으로 발전하고 있다. 더 나아가 사용법과 디자인도 쉽게 알아채지 못할 정도로 눈에 띄지 않는 seamless 형태로 거듭나고 있다. 향후 웨어러블로 측정 가능한 데이터의 종류는 더 늘어나며, 정확도는 갈수록 더욱 개선될 것이다. 정확성과 안전성을 인정받아 FDA와 식약처 등 규제기관에서 의료용 승인까지 받는 웨어러블 기기도 지속적으로 늘어나고 있다.[8-11]

웨어러블로 측정할 수 있는 것

스마트폰을 설명할 때 그랬던 것처럼 웨어러블 디바이스는 지금도 너무도 많은 종류가 출시되어 있기 때문에 모두 열거하기는 불가능하다. 다만, 측정 가능한 데이터의 종류를 기준으로 기본적인 측정 원리 및 대표적인 기기들의 예시를 들어볼 수는 있겠다.

아래의 설명에서 필자가 강조하고 싶은 것은 지금도 이렇게 다양한 의료 데이터를 웨어러블 기기를 통해서 측정 가능하다는 것이다. 세부적인 기기의 목록에 관심이 없는 독자라면, 웨어러블 기기로 현재 측정 가능한 항목들의 리스트 정도만 훑어본 뒤에 건너뛰어도 좋다.

아래에서 설명된 웨어러블 중 일부는 이미 FDA 인허가 등을 통해 의료 기기 승인을 받은 것도 있고, 일부는 아직 연구 단계에 있는 것도 있다. 확실한 것은 기기들의 정확성과 안전성은 시간이 갈수록 빠르게 개선될 것이라는 점이다(디지털 기술이 기하급수적으로 발전하고 있다는 것을 기억하자). 또한 이 기기들은 대부분 한 가지 종류 이상의 데이터를 측정하기 때문에 두 가지 이상의 카테고리에 포함될 수 있다.

활동량

현재 헬스케어 웨어러블 디바이스가 가장 일반적으로 측정하는

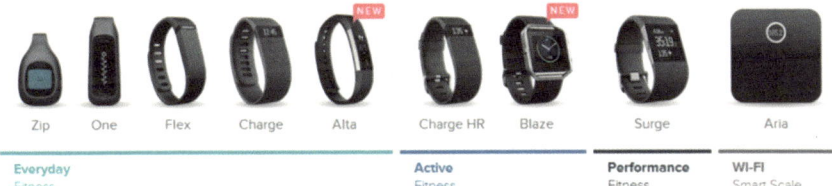

대표적인 활동량 측정계, 핏빗의 제품군

수치이다. 만보계 기능을 바탕으로 보행수, 이동거리, 몇 층을 걸어 올라갔는지 등을 측정해주고, 이를 통해 칼로리 소모량을 계산해 주기도 한다. 헬스케어 기기를 사용하는 큰 이유 중의 하나인 체중 감량을 위해서도 활동량은 중요한 수치이며, 최근 보험사들은 활동량을 기준으로 건강관리를 잘하는 회원에게 인센티브를 지급하기도 한다.*[12, 13]

손목에 착용하는 피트니스 밴드나 스마트 시계의 형태가 대표적이며, 핏빗, 애플워치, 샤오미 미밴드Mi band, 미스핏Misfit, 조본업 Jawbone's UP, 직토Zikto 등이 이러한 기능을 가지고 있다. 이외에도 벨트, 깔창, 목걸이, 클립, 양말 등의 다양한 형태로도 활동량을 측정할 수 있다.

심박수

심박수Heart Rate는 1분에 심장이 몇 번 뛰는지에 관한 수치로, 앞서 설명한 활동량과 함께 웨어러블 디바이스가 현재 가장 일반적으

---

* 보험사는 디지털 헬스케어 기술과 서비스를 가장 활발하게 활용하는 주체이기도 하다. 특히 웨어러블이 보험상품과 결합하는 사례가 늘어나고 있다. 이와 관련해서는 19, 22장에서 자세히 다룬다.

로 측정하는 수치 중의 하나이다. 핏빗, 애플워치, 미밴드 등 활동량 측정계의 일부 모델은 심박 센서를 내장하고 있으며, 일반적으로 LED 녹색광을 이용한 광혈류측정기PPG 방식으로 심박수를 측정한다. 혈액 속의 적혈구는 녹색광을 흡수하고 적색광을 반사한다(그래서 혈액이 붉은색이다). 애플워치의 경우 초당 수백 번 사용자의 손목에 LED 녹색광을 비추고, 광다이오드로 녹색광의 흡수량을 측정한다.[14] 혈류가 클수록 녹색광의 흡수량이 커지며, 혈류량의 변화를 기반으로 심박을 측정할 수 있다.

심전도

심전도ECG, Electrocardiogram는 심장의 전기적 활동을 분석하여 파장의 형태로 측정한 것으로 심방세동 등 부정맥의 진단에 활용된다. 심장이 만들어내는 전압의 파형을 재기 위해서는 두 개의 전극을 신체에 부착시키는 것이 필요하다. 병원에서 의료용으로 사용되는 표준 12유도12-lead 심전도 기기의 경우, 10개의 전극을 팔, 다리, 흉부 등에 부착하여 12가지 종류의 심전도 데이터를 얻는다.

반면 웨어러블 디바이스로 사용되는 심전도 기기는 보다 간단한 형태로 한 쌍의 전극을 통해 한 가지 종류의 심전도만 얻는 경우가 많다. 아이리듬iRhythm의 지오ZIO와 멀티센스Multisens는 가슴에 붙이는 패치 형태의 웨어러블 기기로 흉부 유도 심전도를 측정할 수 있다. 지오를 만드는 아이리듬은 2016년 나스닥 시장에 상장되기도 했다.[15] 앞서 6장에서 소개했던 스마트폰 케이스 형태의 심전도 기기를 만드는 얼라이브코어에서는 휴대용 심전도 측정계도 출시했다. 전극이 두 개 달려 있는 작은 휴대용 기기를 양손으로 잡으면 1유도1-lead 심전도를 측정할 수 있는 것이다.

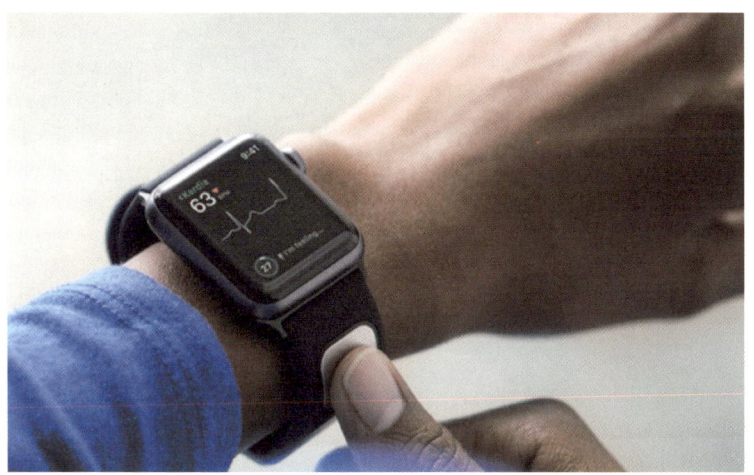

카디아밴드, 애플워치의 시곗줄에 달린 전극을 통한 심전도의 측정

애플워치4의 용두(태엽꼭지)를 이용한 심전도의 측정

시계 형태의 기기로 심전도 측정도 가능하다. 캐나다의 니미$_{Nymi}$ 밴드는 손목밴드 안쪽에 달린 전극을 한쪽 손목에 접촉시키고, 밴드 표면에 달린 전극은 다른 한쪽 손가락으로 접촉하는 형식으로 심전도를 잰다(특이하게도, 니미 밴드는 개별 사용자의 심전도를 측정하여, 이를 일종의 생체 암호로 사용하여 개인 인증에 사용하겠다는 목표로 개

7장 웨어러블 디바이: 입는 기기로 연결되는 인간　**115**

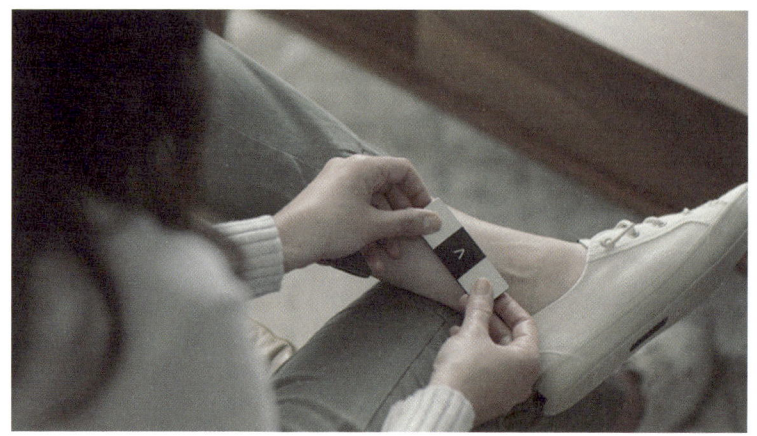

얼라이브코어에서 출시한 6유도 휴대용 심전도 측정기 (출처: 얼라이브코어)[23]

발되었다).[16, 17] 또한 얼라이브코어에서 출시한 카디아밴드Kardia Band 는 애플워치에 부착하는 시곗줄로, 니미와 같이 시곗줄 안과 밖에 달린 전극을 통해서 심전도를 측정할 수 있다.[18] 이 카디아 밴드는 2017년 12월 FDA의 의료 기기 승인을 받았다.[19]

이후 애플은 (시곗줄이 아닌) 애플워치 자체에 이 기능을 추가했다. 2018년 9월에 발표한 애플워치4에 심전도 측정 기능이 들어가면서 큰 화제를 낳았는데, 이 기능도 FDA의 의료 기기 인허가를 받았다.[20, 21] 하나의 전극은 시계 안쪽면에 있어서 착용한 손목에 접촉되게 되고, 특이하게도 본체 오른쪽에 달린 용두(태엽꼭지)가 또 다른 전극의 역할을 한다. 사용자는 시계를 착용하지 않은 손을 용두에 갖다대 심전도를 측정할 수 있다. 애플워치4의 심전도 측정 기능 추가 이후, 이에 대응하여 얼라이브코어에서도 몇 가지 변화가 있었다. 애플워치의 발표 직후인 2018년 9월 얼라이브코어는 전극이 두 개 달린 기존의 휴대용 심전도 측정기에 전극을 하나 더 추가하여, 세 개의 전극으로 6유도6-lead 심전도계를 만들겠다고 발표했다.[22] 기존과 같이 양손으로 전극을 잡고, 추가된 전극은 무릎이나 발목에 접촉시키면 소위 아인트호벤 트라이앵글을 만들어 더 상세한 심전도를 얻을 수 있다. 이 새로운 기기는 2019년 5월에 FDA 인허가를 받았다.[23] 다만 애플워치4와의 경쟁에서 밀린 탓인지, 애플워치 시곗줄 형태의 심전도 측정계인 카디아밴드는 2019년 8월 판매를 중단했다.[24]

심박변이도

심박변이도HRV, Heart Rate Variability는 심장 박동 주기의 변화를 의미한다. 심박수는 교감신경과 부교감신경의 복잡한 상호작용으로 결정된다. 건강한 사람의 경우에는 심박 변화가 크고 복잡하지만, 질병이나 스트레스를 받는 상황에서는 심박의 변화 정도가 감소하게 된다. 심박변이도는 스트레스 측정이나, 스트레스 관련 질환의 위험도를 평가하기 위해서 사용될 수 있다.[25]

심박변이도는 심박수나 심전도를 기반으로 측정할 수 있다. 뉴로스카이NeuroSky의 심전도 센서나, 소니 스마트밴드2 등이 심박변이도를 측정하며, 몇몇 스마트 워치들은 외부적으로 심박변이도 수치를 보여주지는 않으나 내부적으로는 세부적인 수면 분석 등을 위해 측정하는 것으로도 알려져 있다.

체온

스마트 체온계에 대한 개발도 활발하다. 위딩스가 내놓은 위딩스 써모Thermo, 국내 스타트업 엠트리케어에서 개발한 써모케어ThermoCare 등은 이마에 접촉시키거나 근접거리에서 비접촉 방식으로 체온을 측정할 수 있게 해준다.

패치 형태의 체온계, 템프트랙

체온이라는 수치의 특성상 영유아에 특화된 웨어러블도 개발이 활발하다. 오렛Owlet 스마트 양말은 아기의 발에 착용시키는 양말 형태의 기기로 체온 및 산소포화도, 심박수 등을 측정해준다. 템프트랙TempTraq은 아기의 겨드랑이에 부착시키는 스티커 형태로 48시간까지 연속적으로 체온을 측정해준다. 영유아 발열 관리 앱인 '열나요'를 만드는 국내 스타트업 모바일 닥터에서도 앱과 연동되는 '열나요 체온계'를 패치 형태로 출시하기도 했다.

수면

핏빗, 미밴드, 조본업, 베이시스, 직토 등 대부분의 활동량 측정계는 사용자 움직임 분석을 통해서 수면 상태를 모니터링하는 기능이 있다. 수면 도중 움직임이 많을수록 얕은 수면 상태가 될 것이기 때문이다. 다만 단순히 움직임을 통해서 깨어 있음-얕은 수면-깊은 수면의 3단계로 구분할지, 아니면 심박변이도 등의 추가적인 수치를 활용해서 렘REM 수면을 포함한 4단계로 구분할지 등의 차이가 있다.

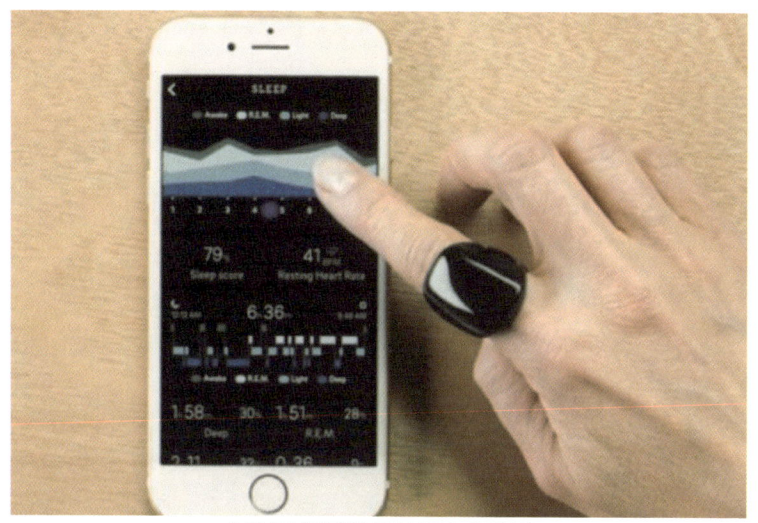

수면 모니터링을 위한 반지, 오라 링

 그뿐만 아니라 이마에 두르는 밴드(지오), 안대(프라센), 반지(오라 링), 침대 매트리스 아래에 압력 센서를 까는 방식(베딧, 슬립센스) 등의 다양한 수면 모니터링 기기들도 있다.

산소포화도

 산소포화도$_{SpO2}$는 혈액 내 산소가 얼마나 있는지를 나타내는 중요한 활력징후로, 전체 헤모글로빈 중 산소와 결합하고 있는 헤모글로빈의 비율로 나타낸다. 산소포화도는 호흡 곤란, 호흡기 장애, 의식 장애 등의 저산소증이 염려되는 환자 상태를 파악하기 위해 사용되며, 맥박산소계측기$_{pulse\ oximeter}$를 이용하면 채혈 없이도 수치를 확인할 수 있다. 이는 적외선의 파장을 이용하는 것으로 산소를 가진 헤모글로빈과 그렇지 않은 헤모글로빈의 흡광도가 다르다는 원리를 이용한다.

 기존 휴대용 기기의 경우 손가락 끝을 넣어서 측정하는 것이 일반적이다. 이 기능은 여러 웨어러블 기기에도 포함되고 있다. 기존 휴대용 기기를 스마트폰에 연동시킨 아이헬스iHealth의 기기를 비롯하여, 아기용 스마트 양말 오렛Owlet은 발목에서 산소포화도를 측정해준다.

혈당

당뇨병 환자에게 혈당 측정의 중요성은 굳이 강조할 필요가 없을 것이다. 하지만 기존 휴대용 혈당측정기는 손끝을 바늘로 찔러서 피를 내야 했기 때문에 불편하며, 지속적이고 연속적인 측정도 불가능했다. 그렇기 때문에 최근 비침습적non-invasive이고 연속적인 혈당 측정이 가능한 기기의 개발이 활발하다.

대표적으로 이미 환자들에게 사용되고 있는 메드트로닉과 덱스콤의 연속혈당측정기continuous glucose monitor를 들 수 있다. 이러한 기기는 센서가 피하에 삽입되어 세포간질액에서 당을 측정하여 5분마다 거의 실시간으로 혈당 측정값을 보여준다. 다만 피하에 삽입한 센서가 세포간질액에서 효소 반응을 일으키며 소모되기 때문에

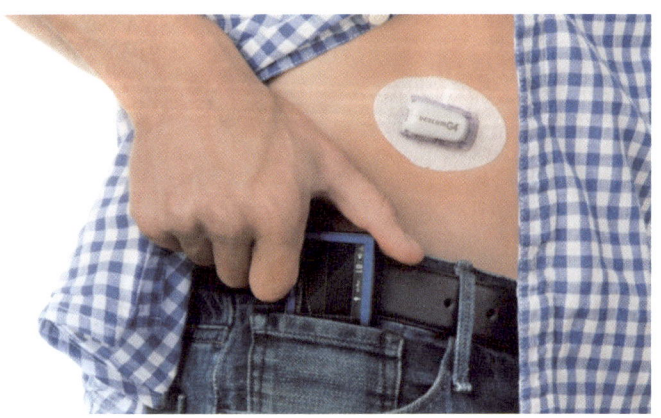

덱스콤의 연속혈당계

센서의 수명이 일주일 정도밖에 되지 않는다는 것이 단점이다.

또한 혈당 측정용 '문신'도 있다.[26, 27] 샌디에이고의 캘리포니아 주립대$_{UCSD}$에서 개발하고 있는 디지털 문신은 일회용 스티커로 피부에 부착하는 형태다. 이 기기는 스티커에 붙은 두 개의 전극이 약한 전류를 흘려서 세포간질액에서 당과 나트륨 이온을 추출하는 방식을 활용한다.[27] 문신의 센서는 당 분자가 만들어내는 미세한 전류를 측정하여 혈당 수치를 계산한다. 아직은 가능성 정도를 검증한 수준이지만, 혈당의 변화 추이를 이 스티커가 감지할 수 있다는 것은 임상연구를 통해 증명했다.

사실 비슷한 원리를 활용한 미국의 시그너스$_{Cygnus}$사가 개발한 손목시계 형태의 무채혈 혈당기 글루코워치$_{GlucoWatch}$는 2001년 FDA 승인까지 받았으나, 피부 자극과 정확성 문제 때문에 판매 중단된 바 있다.[28, 29] 이외에도 스탠퍼드 대학의 과학자들이 창업한 실리콘밸리의 C8 메디센서라는 스타트업은 라만분광법$_{Raman\ spectroscopy}$이라는 기술을 기반으로 피부 조직 사이로 빛을 쏘아서 당 분자에 반사되는 산란광을 이용하여 피를 내지 않고 혈당을 측정하는 기술을 개발하며 큰 주목을 받았으나 2014년 결국 상용화에는 실패한 바 있다[30] (참고로 이 회사의 인력이 애플에 채용되면서, 애플에서 무채혈 혈당 기능을 애플워치에 추가할 것이라는 루머가 돌기도 했다[31, 32]).

구글은 노바티스와 함께 눈물에서 당 수치를 측정할 수 있는 스마트 콘택트렌즈의 개발을 시도했고, 이 담당 부서는 2015년 버릴리$_{Verily}$라는 자회사로 독립하기도 했다. 렌즈 속에 들어 있는 초소형 전자 화학 센서가 눈물 속의 당을 측정하는 원리이다.* 하지만

---

* 2014년 출판되었던 필자의 전작 『헬스케어 이노베이션』에서는 이 스마트 콘택트렌즈에 대해서 한 챕터 전체를 할애하여 상세하게 분석한 바 있다.

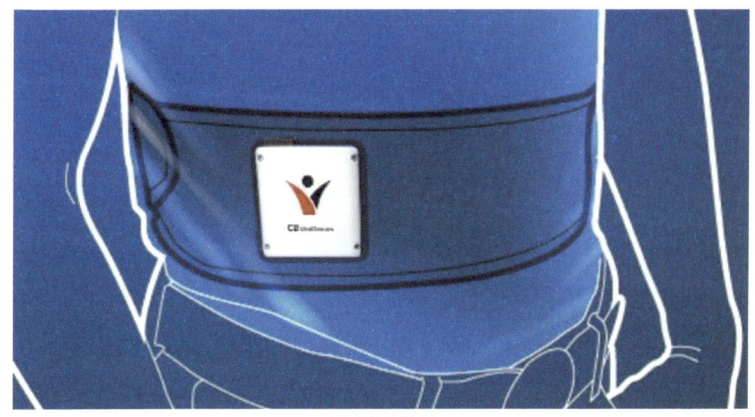

C8 메디센서

눈물 속 당 수치의 안정적인 측정을 위한 기술적인 난관을 극복하지 못하고 2018년 개발 중단을 공식화했다.[33] 다만 콘택트렌즈 형태의 혈당 측정을 위해 포항공대 한세광 교수님 팀, 유니스트 박장웅 교수님 팀 등 국내외 여러 연구진이 계속 도전하고 있다.[34, 35]

혈압

기존의 가정용 혈압계처럼 팔을 감싸는 커프를 이용한 휴대용 기기들은 이미 많이 사용되고 있지만, 최근에는 커프 없이 간편하게 혈압을 측정할 수 있는 스마트 혈압계도 개발되고 있다. 이 기기들은 주로 손목시계 형태로 심전도, 맥파전달시간, 산소포화도 등의 수치를 기반으로 혈압을 추정하는 방식을 사용하는 것으로 알려져 있다.[36]

MIT에서 스핀오프한 스타트업 퀀터스Quanttus, 국내 스타트업 휴이노Huinno 등이 손목시계 형태의 커프 없는 스마트 혈압계를 개발하고 있다. 퀀터스의 경우 창업 초기 시제품은 손목이 아니라 귀에 착용하는 기기였으나, 손목으로 착용 부위를 바꾸었으며 2016년

3월 손목시계 형태의 혈압계의 개발이 계획대로 진행이 되고 있지 않다는 기사가 나온 적이 있다.[37-39] 휴이노의 경우 미국 시장 진출을 목표로 한국과 미국에서 임상시험을 진행 중인 것으로 알려져 있다. 2019년 8월에는 최초로 FDA에서 인허가 받은 손목시계 형태의 커프 없는 혈압계가 등장했다.[40] 이스라엘의 바이오비트Biobeat는 광혈류측정PPG 등의 방식을 통해서 이러한 혈압계를 개발했다고 밝혔다.

혈류

혈류를 측정하는 것은 해당 조직의 건강 상태를 알기 위해 중요한 척도이다. 감염, 염증이 있는 조직에서는 혈류량이 증가하며, 동맥경화, 심부전, 당뇨 등의 질환은 혈류량을 감소시킨다. 또한 피부 이식 환자에게도 혈류량 측정은 이식받은 피부에 혈관이 얼마나 잘 생성되고 있는지를 판단하는 척도가 된다. 기존의 혈류 측정기는 환자가 고정된 상태로 있어야 하므로 병원이나 실내에서만 측정 가능했다.

하지만 미국 일리노이 공대 연구진은 피부에 붙이는 패치 형태의 혈류량 측정용 웨어러블 센서를 개발했다.[41] 이를 이용하면 센서를 혈관에 삽입하지 않고서도 연속적이고 비침습적으로 환자의 혈류량을 정확하게 측정할 수 있다. 패치는 피부의 온도를 상승시키면, 피부 아래의 혈관을 따라 흐르는 혈액이 이 열기를 가지고 흐르게 된다. 패치에 장착된 열감지 센서가 혈액을 따라 흐르는 열의 방향과 양을 분석하여 혈류를 모니터링하는 방식이다. 환자를 대상으로 기존 기기와 비교하여 이 센서의 정확도와 민감도를 증명하기도 했으며, 연구진은 머지않아 이 기술을 의료 현장에서 사

호흡수 측정 기능이 있는 옴시그널의 스마트 브라

용할 수 있을 것으로 보고 있다.[42]

호흡수

호흡수는 생명을 유지하는 데 중요한 활력징후 vital sign 중의 하나이다. 호흡수의 측정을 위해서는 숨을 들이쉬고 내쉴 때 가슴의 움직임을 인지해야 한다. 제피르 Zephyr의 바이오하네스 센서는 가슴에 두르는 끈이나 셔츠에 부착하는 방식으로 호흡수를 측정해준다.[43] 또한 캐나다의 옴시그널 OMsignal에서 만든 스마트 셔츠와 브래지어 역시 가슴의 움직임을 통해서 호흡수를 측정한다.[44] 좀 더 간편한 방법도 있다. 스파이어 Spire는 벨트나 브래지어에 꽂을 수 있는 클립 형태의 기기로, 이를 통해 호흡수를 측정해준다.

피부 전기 반응

우리가 놀라거나, 스트레스를 받거나, 흥분하게 되면 교감신경 sympathetic nervous system 이 순식간에 활성화된다. 온몸은 경계 태세에 돌

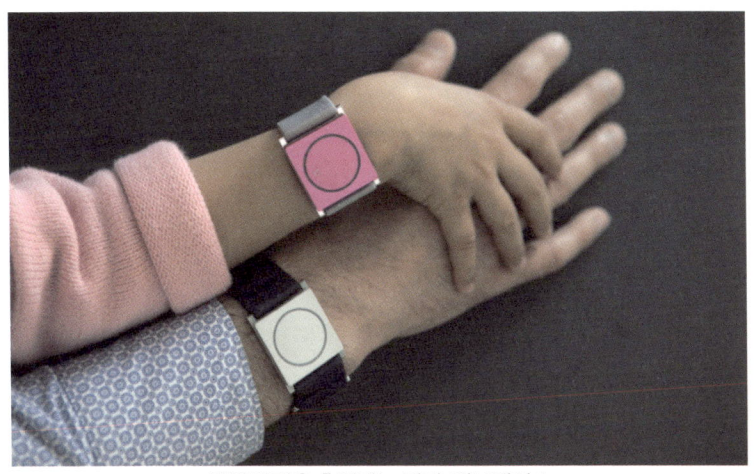
간질 발작을 측정하는 기기, 엠브레이스

입해서 근육은 긴장하고, 호흡과 심박은 빨라지고, 전투 태세와 관계없는 소화기관과 생식기관의 활동은 둔화된다. 그리고 피부의 전기적 특성도 변화한다. 교감신경의 흥분은 피부 저항을 순간적으로 낮춰서 피부 전기 반응GSR, Galvanic Skin Reponse의 변화를 유발한다 (이 수치는 피부 전기 활동EDA, electrodermal activity이라고 불리기도 한다).

따라서 피부 전기 반응 수치를 측정하면 긴장, 스트레스 수준 등의 감정을 읽을 수 있다. MIT 미디어랩에서 스핀오프한 스타트업 엠페티카Empatica의 '엠브레이스Embrace*'는 손목밴드 형태의 기기로 피부 전기 활동의 측정을 통해 스트레스 수준을 측정한다. 개발 초기 이 밴드는 유아 자폐증 환자들의 감정을 파악하기 위한 연구로 활용되기도 했으며, FDA 인허가 이후 현재 뇌전증 환자의 간질 발작 측정을 위해서 사용되고 있다.[45, 46]

---

* 엠페티카의 엠브레이스에 대해서는 19장 '헬스케어 웨어러블: 돌파구는 어디에'에서 상세하게 다루게 된다.

안압

구글이 혈당 측정용 스마트 렌즈 개발을 시도했지만, 사실 그보다 더 앞선 성공 사례가 있다. 스위스의 센시메드Sensimed가 내어놓은 트리거피쉬Triggerfish라는 스마트 콘택트렌즈는 안압intraocular pressure을 측정하기 위해 사용된다. 안압 즉, 안구 내부의 압력은 녹내장 치료의 효과를 판정하기 위해서 임상적으로 중요한 평가 항목 중의 하나다. 안압이 높아지면 녹내장성 시신경 손상으로 이어질 수 있기 때문이다.

스마트 렌즈 트리거피쉬에는 센서가 내장되어 있어서 24시간 동안의 안압 변화를 측정하며, 이 데이터를 사용자의 목에 착용하는 기기에 무선으로 전송하는 형식이다. 녹내장 환자가 수면 중에 안압의 수치가 높아지는 것이 질병 진행에 중요하다고 여겨지는데 트리거피쉬를 이용하면 지속적인 안압의 변화를 모니터링할 수 있

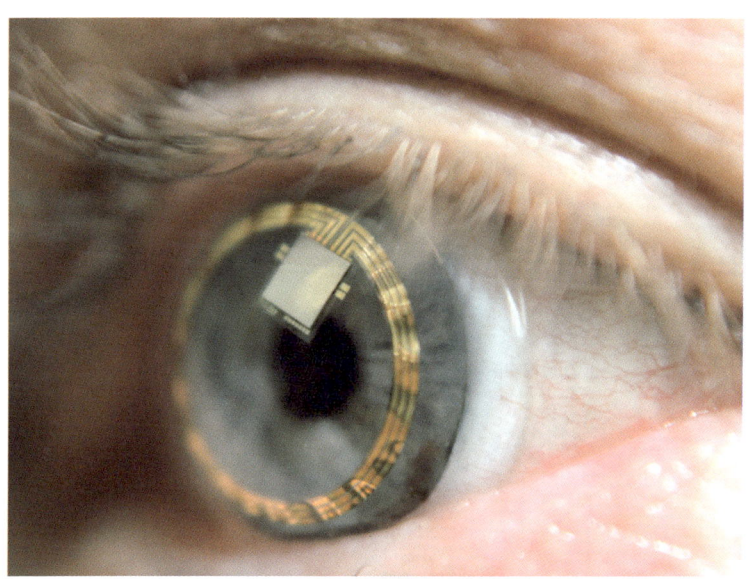

센시메드의 안압 측정용 스마트 렌즈, 트리거피쉬

다. 이 기기는 2016년 3월 FDA에서 의료 기기 승인을 받았다.[47]

자세

자세를 측정해주는 웨어러블도 다양하게 출시되어 있다. 대표적으로 허리의 자세를 교정해주는 루모 바디테크LUMO BodyTech의 루모백LUMOback을 들 수 있다. 이는 허리에 부착하는 밴드 형태의 기기로 구부정한 자세로 앉으면 진동으로 알람을 줘서 자세를 바로 잡게 유도한다. 매일 사용자의 자세에 대한 점수를 매겨서 스스로 자세를 관리할 수 있게 해준다. 루모 리프트LUMO LIFT는 작은 클립 형태로 사용자의 몸의 위치와 움직임을 인식해서 서 있을 때, 앉아 있을 때, 걷고 있을 때 등 다양한 자세에서 사용자의 자세에 대한 피드백을 준다.

국내 스타트업 직토의 손목밴드 형식의 활동량 측정계 역시 자세를 인식한다. 단순한 만보계 기능뿐만 아니라, 보행 시 사용자가 팔을 흔드는 궤적, 보폭, 충격량 등을 측정하여 걸음걸이 자세를 인지하고 피드백을 준다. 스마트폰을 보면서 걷거나, 주머니에 손을 넣고 걷는 등 좋지 않은 자세일 경우 알람을 주는 것이다. 또한 거북목을 예방하기 위해 목의 각도를 측정해주는 알렉스라는 기기도 있다.

복약

환자들이 처방받은 대로 약을 제대로 복용하지 않는 것은 큰 사회적 비용과 의료 비용을 낭비하게 하는 요인 중의 하나다. 특히 만성질환 환자의 경우 약을 제대로 복용하는 비율은 수개월이 지나면 급격히 하락한다. 이러한 복약 순응도 문제를 해결하기 위한

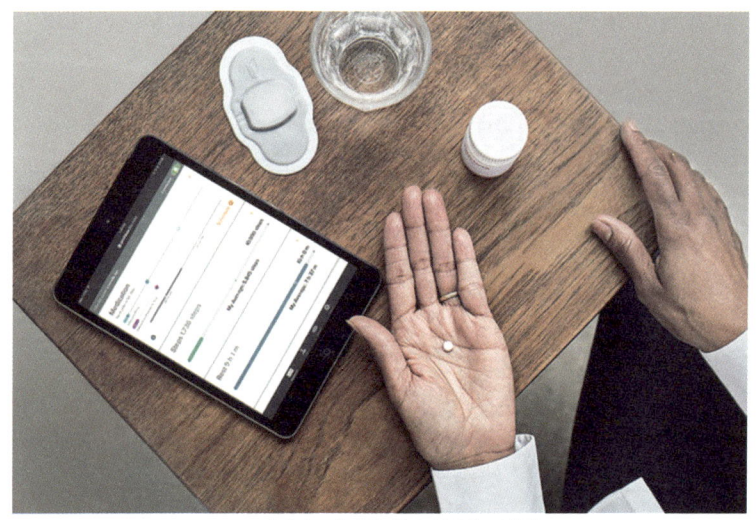
프로테우스 디지털 헬스의 먹는 센서

많은 방안이 도출되어 있다.

그중 하나가 먹는 센서ingestible sensor다. 실리콘밸리의 프로테우스 디지털 헬스Proteus Digital Health에서 개발한 모래알 크기의 센서는 무기질로 이뤄져 있어서 위에서 소화가 되면서 미세한 전류를 발생시키고, 이를 복부 패치로 인지하여 환자가 약을 먹었다는 것을 기록할 수 있다. 센서는 2012년 FDA 승인을 받았으며, 오츠카 제약의 정신질환치료제 어빌리파이Abilify에 이 센서를 부착한 어빌리파이 마이사이트Abilify MyCite가 2017년 FDA 인허가를 받았다.[48, 49]

생리

스마트 디바이스를 활용하면 여성들의 월경에 관한 수치도 측정할 수 있다. 질 속에 삽입하여 혈액을 받는 생리컵menstrual cup은 국내에서는 다소 생소하지만, 해외에서는 생리대나 탐폰 대신 사용되기도 하는 생리용품이다. 국내 스타트업 룬랩Loon Lab에서는 룬

스마트 생리컵, 룬컵

컵LoonCup이라는 스마트 생리컵을 개발 중이다. 이 스마트 생리컵을 활용하면 현재 컵 속에 찬 혈액의 양, 혈색, 월경 주기 등을 측정할 수 있다. 2015년에는 크라우드 펀딩 플랫폼 킥스타터에서 모금 목표의 세 배에 달하는 16만 달러를 펀딩받으며 화제를 모으기도 했다.[50]

공기의 질

엄밀히 말하면 '착용하는' 웨어러블 기기는 아니지만, 공기의 질과 같은 사용자의 주변 환경을 측정하는 사물인터넷 센서도 있다. 공기의 질은 호흡기 질환이나, 천식, 알레르기 등의 질환과도 관계가 있을 수 있으며, 특히 국내에서는 최근 미세먼지 등으로 관심이 커지고 있다.

이러한 센서에는 대표적으로 한국인 기업가들이 실리콘밸리에서 창업한 비트파인더Bitfinder의 어웨어Awair가 있다. 어웨어는 공기 중의 온도, 습도, 이산화탄소, VOC(휘발성 유기화합물), 미세먼지 등

공기의 질을 측정하는 어웨어

을 측정해주며 '어웨어 스코어'를 통해서 종합적인 공기의 질을 알려준다.[51] 또한 앨러센스AlerSense는 알러지나 천식을 일으키는 요인에 더 특화되어 공기의 질을 측정해주는 것으로 포지셔닝하고 있으며, 알레르기와 천식을 일으키는 독성 물질을 측정하는 알고리즘도 개발하고 있다고 한다.[52]

8장
개인유전정보 분석의 모든 것

 디지털 헬스케어의 구현을 위한 데이터 중에서 빼놓을 수 없는 요소가 바로 유전정보이다. 앞서 필자는 인간 자체가 데이터에 관한 것이며, 생명을 유지하고 살아가는 것 자체가 끊임없이 데이터를 만들어내는 과정이라는 것을 강조한 바 있다. 더 나아가, 모든 인간은 태어날 때부터 어머니와 아버지 양쪽에서 절반씩 물려받은 데이터를 가지고 태어난다. 바로 유전정보이다.

개인유전정보 분석

 디지털 기술의 발전에 따라서 유전정보 분석을 위한 시간과 비용은 급격하게 줄어들어, 바야흐로 개인유전정보 분석의 시대가 도래하고 있다. 사실 필자는 이 주제로 강의를 할 때면, 개인유전정보의 중요성을 설명하기 전에 청중에게 항상 "혹시 자신의 유전정보를 분석해보신 분이 계신가요?" 하고 질문을 던진다. 이 질문에 대해서는 국내에서는 아직 대학, 기업, 연구소, 병원 할 것 없이 손을 드시는 분들이 거의 없다.*

이렇게 최근까지도 한국에서는 여러 이유로 자신의 유전정보를 분석하고 소유하며 활용하는 개인이 극히 소수에 불과하다. 하지만 미국을 비롯한 해외에서는 이미 수천만 명의 개인이 자신의 유전정보를 분석했으며, 그 수는 지금도 폭발적으로 증가하고 있다. 이런 유전 데이터를 분석하고 저장하며 활용하는 그 모든 것이 새로운 의료 서비스가 되어 우리의 일상생활에서도 변화를 만들어낼 것이다.

사실 유전정보 분석, 혹은 유전체학$_{genomics}$은 그 자체로도 매우 방대한 분야이다. 데이터의 크기 자체도 방대하며, 측정하고 분석하는 방법도 다양하고, 이를 활용하기 위한 목적도 체중 감량에서, 유전 질병의 진단이나 암 맞춤 치료, 약물 민감도 분석, 심지어는 자기 조상이 어느 대륙의 어느 나라에서 왔는지를 분석하기 위해서 활용하기도 한다. 이 모든 분야를 다루기는 어려우므로, 이번에는 디지털 헬스케어의 구현을 위한 '데이터 측정'이라는 맥락에서, 개인유전정보 분석이라는 한정된 범위를 위주로 설명해보려고 한다.

---

* 필자가 경험한 청중 중 가장 손을 많이 드는 곳 중의 하나는 삼성서울병원 교수님들을 모셔놓고 강의를 했을 때였다. 이때는 20% 넘는 분들이 전장 유전체 분석(whole genome sequencing)을 했다고 하셨다. 하지만 그 외의 강의에서는 아직 손을 드는 분은 극히 드물다. 참고로 필자는 23andMe, 패쓰웨이 지노믹스(Pathway Genomics), 헬릭스(Helix) 등의 미국 회사를 통해서 SNP 분석이나 전장 엑솜 분석(whole exome sequencing)을 해보았으며, 관련 결과 중 일부는 이번 챕터에서 공유한다.

디지털 기술과 유전정보

개인유전정보를 분석해주는 기업들은 이미 세계적으로 여러 곳이 존재한다. 대표적인 개인유전정보 분석 회사로는 실리콘밸리의 23andMe, 샌디에이고의 패쓰웨이 지노믹스, 가족계획을 세울 때 유전질환의 발병 가능성이 있는지를 알아보는 카운실Counsyl[*] 등을 꼽을 수 있다. 더 나아가, 자체적으로 모든 분석을 하기보다는 애플 앱스토어처럼 관련 서비스의 마켓플레이스를 만들려고 하는 헬릭스Helix와 같은 곳도 있다. 또한 한국에는 마크로젠, 테라젠이텍스, DNA링크 등의 상장사 및 제노플랜, 쓰리빌리언3billion 등의 스타트업이 개인유전정보 분석에 기반한 서비스를 제공하고 있다.

'유전정보 분석'이라고 하면 언뜻 순수한 생명과학 분야 기업일 것 같지만, 이런 기업은 거대 IT 기업과의 활발한 협력을 통해 성장하고 있다. 특히 23andMe는 아예 구글의 창업자 세르게이 브린의 아내(지금은 이혼했다)인 앤 워짓스키Anne Wojcicki가 설립하면서 시작했고, 세르게이 브린 개인과 알파벳(구글)의 벤처투자사인 구글벤처스로부터 막대한 투자를 받았다.[1, 2] 패쓰웨이 지노믹스는 IBM의 투자를 받고 인공지능 왓슨과 유전정보를 결합한 서비스를 개발하고 있으며,[3, 4] 제노플랜은 손정의 회장의 소프트뱅크벤처스로부터 투자를 유치한 바 있다.[5]

사실 유전정보는 디지털 기술과 밀접한 관련이 있다. 무엇보다 유전정보 즉, DNA 염기서열 자체가 결국 A, T, G, C라는 네 가지

---

[*] 카운실은 2018년 미리어드 제네틱스에 3억 7,000만 달러에 인수되었다. 미리어드 제네틱스는 안젤리나 졸리가 유방암 유전자를 분석했던 회사이다.

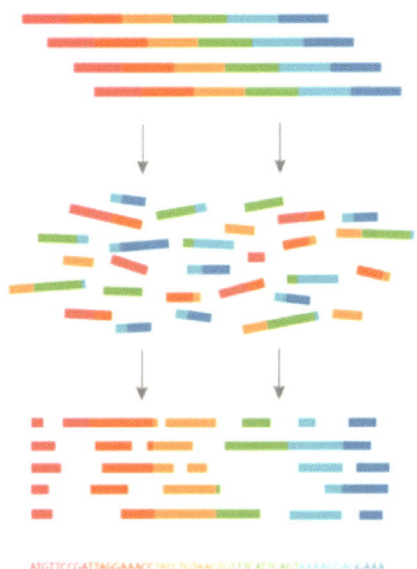

유전체 전체 서열을 한 번에 읽지는 못하고, 조각내어서 따로 읽은 다음 퍼즐 맞추듯 배열하여 전체 서열을 완성해나간다.[6]

의 문자열로 표현할 수 있는 일종의 디지털 데이터이다. 특히 인간의 전체 DNA 서열은 총 30억 개(더 정확히는 30억 쌍)에 달하는 A, T, G, C의 조합으로 이루어진다. 이 방대한 서열 데이터를 읽어내고, 분석, 활용하기 위해서는 막대한 계산과 통계적인 분석, 저장 공간이 필요하다.

일단 30억 개에 달하는 긴 서열을 한 번에 읽지 못하므로, 먼저 수많은 조각으로 만들어서 따로 서열을 분석한다. 그다음, 개별 조각들을 다시 퍼즐 맞추듯 앞뒤를 정확하게 배열하여 전체 서열을 완성하는 과정이 필요하다.* 이러한 일종의 퍼즐 맞추기를 할 때

---

* 이러한 분석 방법을 산탄총(shotgun)을 쏘듯이 일단 무작위의 부위를 분석한 다음, 다시 합치는 방식이라고 해서 '샷건 시퀀싱'이라고 한다. 사실 세부적으로 들어가면 더 다양한 방식이 있으나, 여기에서는 이 정도로만 설명한다.

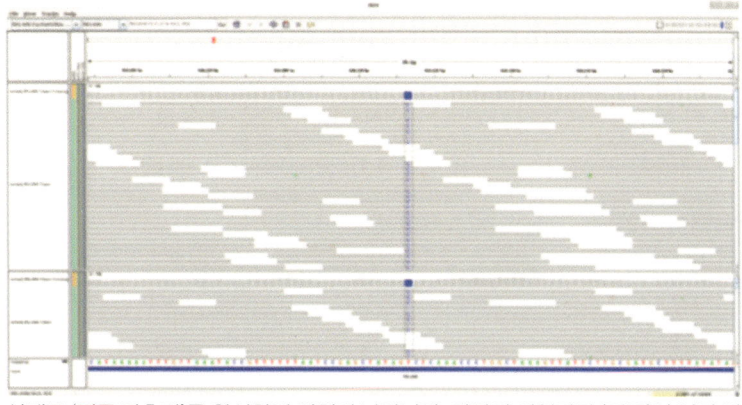

실제로 '퍼즐 맞추기'를 완성하면 이처럼 나타난다. 각각의 서열마다 '퍼즐'이 여러 겹 겹쳐져서 읽은 것을 알 수 있다.[11]

밑그림이 있는 경우는 계산이 그나마 수월하지만, 밑그림이 없이 전체 서열을 맞추는 경우에는 퍼즐의 조합이 많아지므로 계산 수도 훨씬 많아진다.*

또한 각 서열을 한 번씩만 읽어내는 것보다 정확도를 높이기 위해 다양한 조각으로 여러 번 반복해서 읽어낸다. 조각들이 각 서열에 반복해서 쌓여갈수록 서열을 더 정확하게 읽을 수 있을 것이다 (이렇게 얼마나 반복해서 서열을 분석했는지를 '커버리지coverage'라고 해서 실제로 분석 퀄리티의 중요한 판단 기준이 된다[7]). 이렇게 유전정보라는 전체 퍼즐을 완성하기 위한 조각의 종류와 개수, 퍼즐의 맞추는 과정에서 많은 계산과 큰 저장 공간이 필요하다.[8-10]

더 나아가, 서열 데이터를 읽어낸 후 각 서열에 대한 통계적인 수치나, 분석 결과 등을 파일에 추가할 수도 있다. 이렇게 되면 한 사람의 유전체 정보를 저장한 파일의 크기는 분석 방법에 따라 수

---

* 인간, 침팬지 등 많이 연구된 종에 대해서는 연구자들이 미리 만들어놓은 밑그림 즉, 대표 염기서열이 있다. 이를 표준 게놈 혹은 참조 게놈(reference genome)이라고 한다.

십 기가바이트에서 테라바이트 단위까지로도 커질 수 있다. 나중에 살펴보겠지만, 한 연구에 따르면 머지않아 인류가 가지게 될 가장 큰 데이터는 트위터와 같은 SNS 데이터도, 유튜브 영상도, 천문학 데이터도 아닌 바로 유전정보가 될 것이라고 한다.[10] 그야말로 빅데이터인 것이다.

개인유전정보 분석의 시대

IT 기술의 발전은 일반 개인도 유전정보를 쉽게 분석해서 소유할 수 있는 시대를 앞당기고 있다. 휴먼 게놈 프로젝트가 이뤄지던 시기와 현재를 비교해보면 그 차이가 너무도 극명하다. 인류 최초로 한 사람의 모든 유전정보의 서열을 분석했던 것이 바로 휴먼 게놈 프로젝트이다. 이 프로젝트는 2003년에 마무리되었는데, 이 한 사람의 유전정보 분석을 위해서 27억 달러라는 막대한 비용과 무려 13년이라는 긴 세월이 걸렸다(사실 이마저도 프로젝트를 시작할 때 예상했던 것보다 일찍 끝난 것이다).[12]

하지만 지금 똑같은 일을 하기 위해서는 시간과 비용이 얼마나 필요할까? 2014년을 기준으로 이야기한다고 하더라도, 단지 30시간과 1,000달러 정도만 필요할 뿐이다.[13-16] 디지털 기술의 발전에 따라서 유전체 분석에 들어가는 시간과 비용이 문자 그대로 '기하급수적'으로 줄어든 것이다. 앞서 IT 기술이 기하급수적으로 발전한다는 무어의 법칙의 위력을 강조한 바 있다. 그런데 유전체 분석 비용의 감소 속도는 이 무어의 법칙을 능가하고 있다.[13]

필자가 흔히 드는 비유로, 가격이 4~5억 원 하는 페라리의 슈퍼

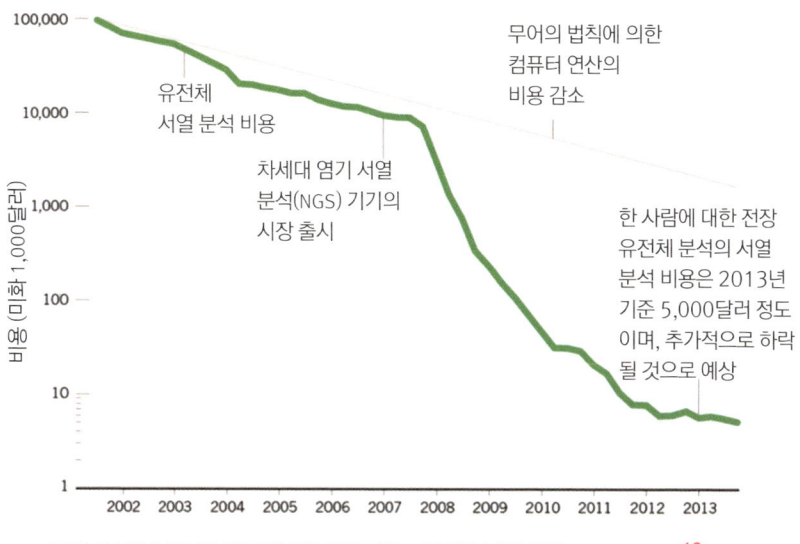

무어의 법칙보다 더 빠르게 줄어들고 있는 유전체 분석 비용 (출처: 『네이처』)[13]

카의 가격이 같은 비율로 내려간다면 200원 정도 하게 된다. 정말 페라리가 200원 하면 구매하지 않을 사람이 있을까? 이처럼 고가의 프리미엄 서비스라고 하더라도 가격이 어느 티핑 포인트 이하로 내려가면 일상적인 재화가 될 수 있다. 유전정보의 분석도 마찬가지일 것이다.

유전정보 분석 분야에서는 이 티핑 포인트를 1,000달러로 보았다. 한화로 100만 원 정도에 유전정보 분석을 할 수 있다면 개인에게도 이런 분석이 확대될 것으로 본 것이다. 사실 『천 달러 게놈』은 동명의 책이 있을 정도로 이 분야에서는 하나의 캐치프레이즈에 가깝다.[15] 이러한 목표가 2014년 초, 일루미나 Illumina라는 유전체 분석 기기 회사에서 하이식엑스10 $_{HiSeq\ X\ Ten}$이라는 새로운 기계를 내어놓으면서 비로소 달성되게 되었다.[14] 이 기기는 한 해에 1만 8,000명의 유전체 서열 분석을 할 수 있다.[17]

더 나아가 2016년 6월의 보고에 따르면 세계 최대 유전정보 분석 기업인 중국의 BGI는 이 비용을 향후 200달러까지 낮추겠다고 공언했다.[18] 그런가 하면, 2017년 1월 일루미나는 또다시 새로운 유전체 분석 기기인 노바식(NovaSeq)을 내어놓았는데, 이는 이틀에 60명의 유전체를 분석할 수 있는 기기였다. 이 발표에서 일루미나는 몇 년 내로 이 분석을 100달러 수준으로 낮추겠다고도 공언했다.*[19]

이렇게 유전체 분석 기술의 혁신은 현재 진행형이다. 유전체 분석이 1,000달러 즉, 100만 원이 넘는 수준이라고 한다면(휴먼 게놈 프로젝트 때 들어간 27억 달러에 비하면 껌값이긴 하겠지만) 일반인들이 쉽게 접근하기에는 다소 부담스러울 수 있다. 하지만 BGI나 일루미나의 계획처럼, 가격이 10만 원, 혹은 20만 원까지 내려온다면 일반인의 체감 정도는 크게 달라질 것이다. 그때가 되면 국내 일반 소비자들 사이에서도 유전체 분석 서비스의 사용이 크게 증가할 수도 있다.

유전정보 분석의 종류

앞서 유전체 분석에 관해서 설명했지만, 사실 유전정보의 분석 방법에는 여러 가지가 있다. 한 명의 사람이 가지고 있는 유전정보 전체를 모두 분석할 수도 있고, 아니면 중요한 부분만, 혹은 필요한 부분 일부분만을 분석할 수도 있다. 각 방식의 분석법마다 장단점이 있으며, 분석에 걸리는 시간과 비용도 다르다.

---

* 정확히 말하면, 하이식엑스10은 전장 유전체 분석을, 노바식은 전장 엑솜 분석을 하는 차이점이 있다. 이에 대해서는 125페이지의 설명을 참조하자.

전체 정보를 모두 분석하면 잃어버리는 정보가 적겠지만, 시간이 오래 걸리고 비용도 많이 들며, 불필요한 정보까지도 얻게 된다. 중요한 일부분만을 분석한다면 비용과 시간이 적게 소요되어 효율적이지만, 분석하지 않은 부분의 정보는 완전히 잃어버리게 된다.

한 사람이 가지고 있는 유전정보 전체를 하나의 책이라고 생각해보자. 사람마다 거의 같은 내용의 '책'을 가지고 있는데, 자세히 들여다보면 세부적으로는 조금씩 차이가 있다. 문장의 순서가 다르거나, 단어의 표현이 좀 다르게 쓰여져 있기도 하다. 또한 단어나 문장의 순서가 서로 바뀌어 있거나, 다른 사람은 보통 없는 엉뚱한 글자가 들어가 있거나, 꼭 있어야 할 글자가 빠져 있기도 하다. 더 나아가서는 페이지가 통째로 없거나, 같은 페이지가 여러 개 있기도 하다. 가끔은 챕터 전체의 순서가 통째로 바뀌어 있거나, 두 번 이상 중복되어 있거나, 아예 사라져버린 사람도 있다.

이렇게 우리가 가지고 있는 책의 다형성heterogeneity이 개별적인 사람을 모두 다르게 하는 근본적인 원인 중 하나이다. 글자, 문장, 페이지, 챕터가 다른 것이 어떤 경우에는 겉으로 보기에 아무런 영향을 미치지 않기도 하고, 어떤 경우에는 심각한 질병을 일으키기도 한다. 유전체 분석은 이렇게 개별적인 사람이 어떠한 '책'을 가졌는지를 읽어내는 것이다. 세부적으로는 분석법을 매우 다양하게 나눌 수 있지만, 비전공자라면 아래와 같은 네 가지 정도의 분석법만 알아두면 충분할 것 같다.

- 전장 유전체 분석WGS, Whole Genome Sequencing: 해당 개인이 가지고 있는 유전정보 전체의 서열을 분석하는 것이다. 책에 비유하자면, 1페이지의 첫 번째 글자부터, 마지막 페이지의 마지

전장 유전체	엑솜	유전자 패널	단일 염기 다형성
(Whole Genome)	(Exome)	(Gene Panel)	(SNP)
우리 DNA 전체	DNA 중 단백질을 만들어내는 부위	유전자 중에 임상적인 중요성을 가지는 일부 유전자들	개인들 사이에 나타나는 단일 염기 쌍의 차이

유전정보의 다양한 분석 방법 (출처: 록헬스)[20]

막 글자까지 전체를 읽어낸다. 앞서 설명한, 분석에 30시간이 걸리고 1,000달러가 든다는 것은 바로 전장 유전체 분석WGS에 대한 것이다. 모든 정보를 다 읽어낼 수 있지만, 다른 분석에 비해 시간과 비용 소모가 크다. 저장 공간도 많이 필요하다. 또한 아직 '글자'는 읽을 수 있으나, 그것이 무슨 '의미'인지를 모르는 경우도 많다. 한국에서는 (분석에 필요한 시약 등을 포함하여) 150~200만 원 정도에 서비스되고 있다.

- 전장 엑솜 분석WES, Whole Exome Sequencing: 전체 유전정보가 아닌, 중요한 일부 부분만을 분석하는 방법이다. 이 중요한 부분이란, 단백질을 만들어내는 엑솜Exome이라는 부분으로, 전체 유전체의 2~3%에 해당한다. 책에 비유하자면 전체 책을 분석하는 것이 아니라 핵심 문장만을 분석하는 것이다. 전체를 모두 분석하는 전장 유전체 분석에 비해서 가격도 저렴하고, 질병과 관련된 유전적 이상의 약 85%를 포괄할 수 있기 때문에 연

구자들은 이 전장 엑솜 분석을 실제로 많이 사용하는 편이다. 하지만 어쩔 수 없이 놓치는 정보가 있다는 단점도 있다. 한국에서는 80~100만 원 정도에 서비스되고 있다.

- 유전자 패널 분석Gene Panel: 전장 엑솜 분석보다 좀 더 범위가 좁은 분석으로, 분석 목적에 맞게 미리 정해놓은 특정 유전자만 분석하는 방법이다. 주로 암 환자의 유전적 원인 규명과 치료 방법을 결정하기 위한 분석의 경우 이 방법을 많이 활용한다. 책에 비유하자면 핵심 문장 중에서, 분석 목적에 맞는 일부 문장만, 예를 들어, 액션신이나 러브신을 표현한 문장만 추려서 읽는 것이다. 포함된 유전자의 개수 등에 따라서 가격이 달라지지만, 보통 분석 비용은 100만 원 이하이다(일반 환자에게 서비스 가능 여부는 관련 규제 상황에 따라 달라진다).

- 단일 염기 다형성 분석Single Nucleotide Polymorphism (SNP) Genotyping: 이 분석법은 SNP('스닙'이라고 읽는다)이라는 극히 일부분의 유전 정보만을 분석한다. 단일 염기 다형성은 DNA 서열의 1,000개 중의 하나꼴로 사람들 사이에서 서열이 다른 것이다. 특히 '단일 염기'라는 표현처럼 DNA 서열 중의 '한 글자'가 다른 것을 의미한다. 예를 들어, 어떤 사람은 A 염기를 가지는데, 다른 사람은 같은 자리에 G 염기를 가질 수 있는 것이다. 모든 SNP이 의미가 있지는 않지만 많은 경우, 질병이나, 약물 민감도 등에 영향을 끼친다. 책에 비유하자면 중요 단어에서 자주 변형되는 철자를 분석하는 것이다. 전체 유전정보 중에 극히 일부의 정보만 분석한다는 제약이 있지만, 분석 비용이 저렴해서 비용 대비 효용이 높은 편이다. SNP 칩을 활용하면 수십만 개의 SNP을 한 번에 검사할 수도 있다. 23andMe, 제노플랜 등 많

은 개인유전정보 분석 기업은 이 방법을 선호한다. 분석 비용은 대부분 10~20만 원 전후이며, 분석 항목에 따라 더 저렴하기도 하다.

개인유전정보 분석의 개척자, 23andMe

개인유전정보 분석 서비스를 설명할 때 빼놓을 수 없는 기업이 앞서 몇 번 언급한 적 있는 23andMe라는 실리콘밸리의 스타트업이다. 당시 구글의 창업자 세르게이 브린의 아내이던 앤 워짓스키가 2006년 실리콘밸리에서 창업한 이 회사는 개인유전정보 분석 서비스 분야의 개척자이자 대표라고 할 수 있다. 2019년 기준으로 23andMe는 8억 달러에 가까운 막대한 투자를 받았으며, 기업가치는 25억 달러로, 디지털 헬스케어 스타트업 중의 대표적인 유니콘 기업이다.

이 회사는 개인 고객들에게 유전정보 분석 서비스를 제공한다. 회사명에 들어가는 숫자 23은 인간이 가지고 있는 염색체가 23쌍이라는 것에서 따온 것이다. 이 회사는 개인에게 유전정보의 분석을 제공한다는 새로운 서비스를 2006년부터 선도적으로 서비스해왔기 때문에 많은 주목을 받았으며, 특히 규제적으로 많은 이슈를 만들어왔다.

이 회사의 가장 큰 특징이자, 많은 문제를 만들어내는 이유는 바로 23andMe가 의사나 의료기관을 거치지 않고 개인 고객에게 '직접' 유전정보 분석 서비스를 제공하는 방식을 고집하는 것이다. 이른바 DTC_{Direct-To-Consumer}로 불리는 고객에 대한 직접 판매 방식이

23andMe의 창업자, 앤 워짓스키

다. 인터넷으로 (일반 온라인 쇼핑하듯이) 분석 키트를 주문하게 되면 택배로 집까지 배송되어 온다. 혹은 일반 약국에서 별도의 처방전 없이 쉽게 구매할 수 있다. 이 키트에 고객이 직접 타액을 뱉어서 다시 우편으로 보내면 6~8주 정도 이후에 유전정보를 분석해서 결과를 인터넷으로 확인할 수 있다. 이 모든 과정에서 의사나 병원이 개입하지 않는 것이다.

 이러한 DTC 방식으로 일반 사람들이 병원에 방문할 필요 없이 인터넷 주문과 택배를 통해서 유전정보 분석을 할 수 있다면, 서비스에 대한 접근성이 크게 좋아지게 된다. 하지만 질병 위험도나 약물에 관한 분석을 전문 의료인의 상담을 거치지 않고 비전문가인 고객들이 직접 받아볼 경우 부작용의 가능성도 무시할 수 없다. 예를 들어, 혹자는 의료 전문 지식이 없는 일반인이 특정 질병에 대한 위험도가 높게 나왔다는 것을 과대 해석하여 극단적인 선택을 한다든지, 약물 민감도의 결과를 바탕으로 복용 중인 약의 용량을

23andMe의 타액 수집 키트

임의로 변경할 가능성을 배제할 수 없다고 주장한다(이러한 주장의 타당성에 대해서는 이번 챕터의 후반부에 다시 자세하게 다룬다).

이렇게 유전정보 분석은 개인 고객에 대해서 가장 민감하며, 질병 및 건강과 직결되는 데이터이기 때문에 정확성이나 안전성 등에 대하여 규제와 밀접하게 관련이 있다. 추후 자세히 설명하겠지만, 23andMe는 세상에 없던 서비스를 새로운 방식으로 제공한 만큼, 미국의 규제기관인 FDA에 서비스를 금지당하기도 하는 등 많은 우여곡절을 겪으며 사업을 진행해오고 있다. 규제에 따른 사업의 변화는 지금도 현재 진행형이라고 할 수 있다.

규제에 따른 23andMe의 사업 모델 변화* 이야기는 나중에 하기로 하고, 2013년 11월 정도까지 23andMe가 제공하던 유전정보 분석에는 어떤 것들이 있는지를 살펴보도록 하자. 이 시점을 기준으로 23andMe가 제공했던 분석들을 설명하는 이유는, 당시 가장

---

* 이번 챕터 후반부의 '23andMe의 연대기로 보는 DTC의 역사'에서 상세히 다룬다.

광범위한 종류의 분석을 제공했기 때문이다. 지금도 다른 대부분의 개인유전정보 분석 기업들의 분석 항목은 이러한 범위에 포함된다고 할 수 있다.

23andMe의 분석 항목

23andMe는 아래와 같은 종류의 분석을 DTC로 소비자들에게 직접 제공했다. 2013년 11월 기준으로 이 모든 분석의 가격은 단돈 99달러였다. 가격이 이렇게 저렴한 이유는 구글의 재정적인 후원이 있었기도 하지만, 분석 방법 자체가 앞서 살펴본 방법 중 가장 저렴한 SNP 분석이었기 때문이다.

아직 23andMe는 국내에 정식으로 진출한 바 없다. 하지만 필자는 2013년 하반기에 타액을 국제 운송을 통해 미국으로 보내어 23andMe의 분석을 받아보았다. 당시에는 FDA에서 제재받기 이전이었기 때문에 운 좋게도 아래에 있는 모든 분석 항목에 대한 결과를 받아볼 수 있었다(이후 23andMe는 이 중 일부 분석만을 제공하고

Elevated Risk

NAME	CONFIDENCE	YOUR RISK	AVG. RISK	COMPARED TO AVERAGE
Atrial Fibrillation	★★★★	46.9%	27.2%	1.73x
Type 2 Diabetes	★★★★	36.5%	27.8%	1.31x
Type 1 Diabetes	★★★★	4.4%	1.0%	4.30x
Parkinson's Disease	★★★★	1.8%	1.2%	1.43x
Esophageal Squamous Cell Carcinoma (ESCC)	★★★★	0.43%	0.36%	1.21x
Stomach Cancer (Gastric Cardia Adenocarcinoma)	★★★★	0.28%	0.23%	1.22x
Primary Biliary Cirrhosis	★★★★	0.10%	0.08%	1.25x
Male Breast Cancer ♂	★★★			↑
Stroke	★★★			↑
Kidney Stones	★★★			↑
Alopecia Areata	★★★			↑

필자에게 위험도가 높은 질병 목록

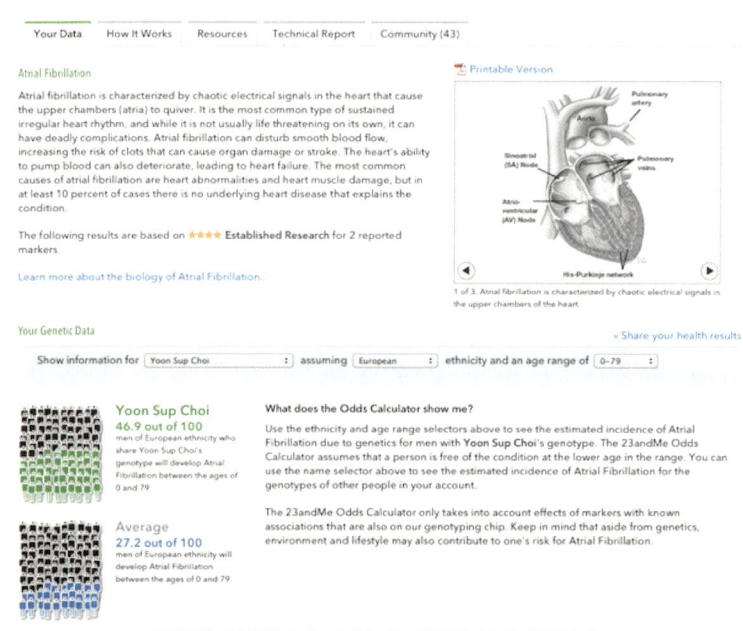

필자에게 위험도가 가장 높은 질병은 심방세동이다.

있으며, 홈페이지에도 이 분석 결과 중에 일부만 보여주고 있다.) 아래와 같이 필자의 유전정보를 함께 예시로 들어서 설명해보겠다.

질병 위험도

120여 가지의 다양한 질병에 대해서 발병 위험도를 계산하여 준다. 위험도가 높은 질병, 낮은 질병, 평균적인 질병으로 각각 분류하여, 병명과 나의 위험도를 평균적인 위험도와 비교하여 보여준다. 안젤리나 졸리가 BRCA라는 유전자를 검사하여 유방암 위험도를 계산하였던 것을 떠올려보면 된다. 그녀가 23andMe의 분석을 이용하지는 않았지만, 비슷한 방식으로 질병 위험도를 계산하는 것이다. 예를 들어, 필자에게 위험도가 가장 높은 질병은 심장 질환인 심방세동atrial fibrillation이다. 위험도는 46.9%로 평균 위험도

NAME	CONFIDENCE	STATUS
Warfarin (Coumadin®) Sensitivity	★★★★	Increased
Proton Pump Inhibitor (PPI) Metabolism new	★★★★	Intermediate
Alcohol Consumption, Smoking and Risk of Esophageal Cancer	★★★★	Increased
Clopidogrel (Plavix®) Efficacy	★★★★	Reduced
Fluorouracil Toxicity	★★★★	Typical
Sulfonylurea Drug Clearance (Type 2 Diabetes Treatment)	★★★★	Typical
Abacavir Hypersensitivity	★★★★	Typical
Response to Hepatitis C Treatment	★★★★	Typical
Pseudocholinesterase Deficiency	★★★★	Typical
Phenytoin (Dilantin®) Sensitivity (Epilepsy Drug)	★★★★	Typical
Thiopurine Methyltransferase Deficiency	★★★★	Typical

필자의 약물 민감도 검사 결과 일부

인 27.2%에 비해서 1.73배 높다. 다음으로 위험도가 높은 질병은 제 2형 당뇨병으로 위험도는 36.5%이며 평균보다 1.31배 높다.

약물 민감도

여러 약물에 대한 민감도를 분석해준다. 커피나 술에 대해서 사람마다 민감도가 다르듯이, 약에 대한 반응도 마찬가지로 개인차가 있다. 체내에서 약물을 얼마나 빨리 흡수하고, 분배하며, 대사하고, 배출하는지 등에 대한 반응이 사람마다 다르며, 많은 경우 유전적인 요인에 영향을 받는다. 즉, 같은 용량을 복용하더라도 해당 약에 민감한 사람에게는 과다복용으로 부작용이 심할 수도 있고, 반대로 덜 민감한 사람에게는 용량이 부족하여 약효가 부족할 수 있다. 예를 들어, 항응고제인 와파린warfarin과 같은 약의 경우 개인별로 민감도에 차이가 큰 것으로 알려져 있다. 23andMe의 분석에 따르면, 필자는 와파린에 대한 민감도는 유전적으로 높은 편이다.

보인자 검사

보인자carrier라고 하는 것은 유전적인 인자를 보유한 사람이라는 뜻이다. 많은 유전질환의 경우 열성 유전질환이므로, 보인자의 경우에는 겉으로 증상이 드러나지 않거나 발병하지는 않는다. 하지만 우연히도 같은 질병에 대한 보인자끼리 만나 자녀를 가지게 되면, 자녀에게 유전질병이 발병할 소지가 생긴다.

중학교 때 완두콩을 예시로 들어서 배우는 '멘델의 유전 법칙'을 떠올려보자. 우성 인자를 A, 열성 인자를 a라고 표현할 경우, 엄마와 아빠가 모두 보인자 Aa 유전형을 가지고 있다면, 자녀의 유전형은 AA, Aa, Aa, aa의 네 가지 경우의 수가 생긴다. 이 중 25%의 확률인 열성 인자만 물려받은 aa의 경우에는 유전질병이 발병하게 된다.

즉, 겉으로는 정상인처럼 보이는 여자와 남자가 결혼하여 아이를 가졌는데, 우연히 두 사람 모두 같은 질병에 대한 보인자였다면 예기치 못하게 아기에게 유전질병이 발병하는 경우가 생기는 것이다. 이를 위해서 가족계획을 세울 때 즉, 임신 전에 이 검사를 해보면 미리 위험 여부를 알 수 있다. 필자의 경우, 23andMe의 분석 결과 혈색소증hemochromatosis이라는 음식을 통해 섭취한 철이 너무

NAME	CONFIDENCE	CONFIDENCE
Hemochromatosis (HFE-related)	★★★★	Variant Present
ARSACS	★★★★	Variant Absent
Agenesis of the Corpus Callosum with Peripheral Neuropathy (ACCPN)	★★★★	Variant Absent
Alpha-1 Antitrypsin Deficiency	★★★★	Variant Absent
Autosomal Recessive Polycystic Kidney Disease	★★★★	Variant Absent
BRCA Cancer Mutations (Selected)	★★★★	Variant Absent
Beta Thalassemia	★★★★	Variant Absent
Bloom's Syndrome	★★★★	Variant Absent
Canavan Disease	★★★★	Variant Absent
Congenital Disorder of Glycosylation Type 1a (PMM2-CDG)	★★★★	Variant Absent
Connexin 26-Related Sensorineural Hearing Loss	★★★★	Variant Absent
Cystic Fibrosis	★★★★	Variant Absent
D-Bifunctional Protein Deficiency	★★★★	Variant Absent
DPD Deficiency	★★★★	Variant Absent
Dihydrolipoamide Dehydrogenase Deficiency	★★★★	Variant Absent

필자의 보인자 검사 결과 일부

NAME	CONFIDENCE ▲	OUTCOME
Alcohol Flush Reaction	★★★★	Flushes
Bitter Taste Perception	★★★★	Unlikely to Taste
Earwax Type	★★★★	Dry
Eye Color	★★★★	Likely Brown
Hair Curl	★★★★	Slightly Curlier Hair on Average
Lactose Intolerance	★★★★	Likely Intolerant
Malaria Resistance (Duffy Antigen)	★★★★	Not Resistant
Male Pattern Baldness ♂	★★★★	Decreased Odds
Muscle Performance	★★★★	Unlikely Sprinter
Non-ABO Blood Groups	★★★★	See Report
Norovirus Resistance	★★★★	Not Resistant
Resistance to HIV/AIDS	★★★★	Not Resistant
Smoking Behavior	★★★★	If a Smoker, Likely to Smoke More

필자의 웰니스 검사 결과 일부

많이 체내에 흡수되는 질병과 관련된 유전 변이의 보인자라는 것을 알 수 있었다(다행히도 위험 유전 변이는 아니었다).

웰니스 및 신체적인 특징들

질병이나 약물 민감도와 같은 의학적인 분석 이외에도 그리 심각하지 않은 항목들에 대한 분석도 볼 수 있다. 예를 들어, 술을 마시면 얼굴이 붉어지는지, 쓴맛을 감지할 수 있는지, 귀지가 끈적끈적한 형태인지, 눈 색깔, 곱슬머리 여부, 대머리 가능성, 카페인에 대한 민감도 등에 대해서 분석하는 것이다. 필자의 경우, 술 마시면 얼굴이 붉어지고, 갈색 눈, 반곱슬머리, 머리에 숱이 많은 것 등 대부분의 분석이 일치하는 것을 알 수 있었다.

조상 계통 분석

유전적인 정보를 통해서 자신의 조상들이 어느 대륙에서 온 사람들인지 계통을 분석해주기도 한다. 한국과 달리 다인종 국가인 미국이나 유럽에서는 자기 조상의 뿌리가 어디인지에 대한 관심도

필자의 조상 계통 분석 결과 일부

높다. 필자의 경우에는 100% 아시아 계열로 나오는데, 한국계, 일본계, 중국계의 뿌리를 56.2%, 33.9%, 3.3%를 각각 가지고 있음을 알게 되었다.* 또한 네안데르탈인의 DNA를 얼마나 가졌는지를 계산해주기도 한다. 필자의 경우에는 3.2%의 DNA가 네안데르탈인에게서 유래했는데, 이는 상위 95%에 포함될 정도로 네안데르탈인과 더 가까운 것을 의미한다.

패쓰웨이 지노믹스의 분석 항목

23andMe와 더불어 대표적인 개인유전정보 분석 서비스를 제공

---

* 이는 필자의 2013년 첫 번째 분석 당시의 결과인데, 이 글을 쓰고 있는 2019년 8월 기준 확인해보니 한국계 94.1%, 일본계 5.6%로 계산 결과가 수정되었다. 아마도 새로운 연구결과나, 계산 방법의 변화에 따라서 결과가 바뀌기도 하는 것 같다.

하는 미국 샌디에이고의 패쓰웨이 지노믹스의 분석 항목도 간단하게 살펴보자. 패쓰웨이 지노믹스는 23andMe처럼 DTC를 고집하지는 않고, 병원을 통해서 판매하고 있다. 몇 년 전 한국에도 진출하여 몇몇 국내 병원에서는 이 분석을 일반인들도 받아볼 수 있다. 이 분석 역시 SNP 분석만을 기반으로 한 것이다. 이 회사가 제공하는 여러 분석 중에 패쓰웨이 핏Pathway Fit이라는 분석을 기준으로 설명해보겠다.

패쓰웨이 핏의 분석 항목은 23andMe의 분석 항목과는 추구하는 방향이 약간 다르다. 이 분석에서는 음식을 섭취하거나, 운동하고, 체중 관리를 하기 위한 항목들이 다수 포함되어 있다. 이를 흔히 라이프 스타일 분석이라고 한다. 대표적인 것은 아래와 같다.

- 섭식 행동 분석: 음식물을 섭취하는 행동에 대한 유전적인 요인을 분석한다. 필자의 경우, 극단적으로 간식을 많이 먹지는 않으며, 공복감에 대한 민감성이 보통 수준이다. 또한 식사 후에 적절한 포만감을 느끼며, 무절제한 섭식에 대한 가능성이 작다. 또한 단 음식에 대한 선호도 역시 보통 수준이다.
- 음식물 반응 분석: 음식물을 섭취했을 때 내 신체의 반응에 영향을 미치는 유전적인 요인을 알려준다. 필자의 경우, 카페인 대사가 빠를 가능성이 높으며, 쓴맛에 매우 예민할 가능성이 있다. 단맛에 대한 감수성은 보통이며, 유당 분해 능력이 떨어질 수 있다.
- 비타민 관련 분석: 각종 비타민의 분해 및 흡수 능력에 따라 비타민 농도를 체내에서 적절하게 유지하기 위해서 어떤 비타민을 많이 먹어야 하는지를 알려준다. 필자의 경우, 비타민

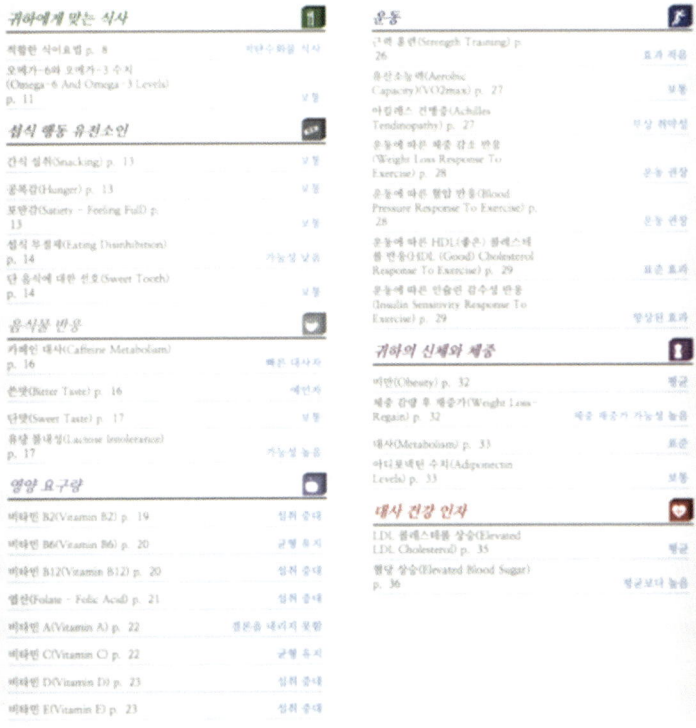

필자의 '패쓰웨이 핏' 분석 결과 요약 부분

B2, B12, D, 엽산은 섭취를 늘리는 것이 좋고, 비타민 B6, C의 경우에는 보통 수준으로 섭취하면 된다.

- 운동 관련 분석: 운동 능력에 영향을 미치는 유전형 및 운동에 따른 건강관리가 효과적인지에 대한 분석을 해준다. 필자의 경우, 근력 운동은 효과가 낮으며, 유산소 운동 능력은 보통이다. 아킬레스 건병증에 대한 부상이 취약하며, 운동에 따른 체중 감소 반응과 혈압 반응, HDL(좋은 콜레스테롤) 반응은 보통인 편이다.
- 체중 감량 관련 분석: 비만이나 체중 감량, 요요와 관련한 유전적 소인을 분석해준다. 필자의 경우, 비만에 대한 가능성은

보통이며, 감량 후에 체중의 재증가 가능성은 높다. 체내 에너지 대사는 보통 수준이며, 아디포넥틴(지방 세포가 생성하는 호르몬) 수치도 보통인 편이다.

개인유전정보 분석의 한계

이렇게 개인에 대해서 질병, 약물, 영양, 섭식 등의 다양한 측면에 대한 유전적인 분석이 지금도 가능하다. 이러한 분석은 모두 기존의 과학적인 연구결과들을 바탕으로 한 것들이다. 하지만 이러한 개인유전정보의 분석에는 분명한 한계점도 있음을 짚고 넘어가야 할 것이다.

첫 번째로, 이러한 분석은 극히 제한적인 유전정보만을 바탕으로 한다는 것이다. 앞서 설명했듯, 유전정보의 분석에는 전장 유전체 분석, 전장 엑솜 분석, 유전자 패널 분석, 단일 염기 다형성$_{SNP}$ 분석 등의 다양한 방법이 있다. 그 분석법 중에서 23andMe, 패쓰웨이 지노믹스 등 대부분의 개인유전정보 분석 회사들이 사용하는 방법은 SNP 분석이다. 유전정보 전체를 책에 비유한다면, SNP 분석은 매 페이지의 한두 단어의 주요 철자 정도만 읽는 것이라고 할 수 있다. 즉, 전체 유전정보 중의 극히 일부분만 분석한다는 것이다.

또한 많은 논문이나 기사에서 지적되었듯이, 특정 항목의 분석을 위해서 어떤 SNP을, 혹은 SNP들의 조합을 바탕으로 할 것인지에 대한 업체 간 차이도 존재한다.[21-25] 예를 들어, 유방암의 위험도와 관련이 있다고 알려진 SNP은 다수가 있다. 이 중에서 어떤 SNP을 분석에 포함해서 유방암의 위험도를 도출할 것인지는 각

5명의 개별적인 환자에 대한 발병 위험도 예측 결과

질병명	여성A	여성B	여성C	남성D	남성E
유방암	↑↑	↑↑	↓↓		
소아 지방변증	↓↓	↓↓	↓↓	↓↓	↓↓
대장암	==	==	=↓	↑↑	=↓
크론병	↓↑	↓↑	↓↓	↓↓	↓=
심장 마비	↓↓	=↓	=↓	=↓	↑↑
루푸스	↑↓	↓↓	↓↓	↑=	↑=
황반변성	↓↓	↓↓	↑=	↓↓	↓↓
다발성 경화증	↑↑		↓↓	↓↓	↓↓
전립선암				↑↑	↓↑
건선	↓↑		↑↓	↑↑	↓↓
하지 불안 증후군	=↓	↑↑	↓=	↓↑	↑↑
류머티스 관절염	↑↑	↑↑	↓↓	↓↓	↑↑
제2형 당뇨병	↓↓	=↓	↓↓	↑↓	=↓

↑ 위험도가 평균보다 높음, ↓ 위험도가 평균보다 낮음, = 위험도 평균
왼쪽의 예측은 23andMe의 결과, 오른쪽의 예측은 나비제닉스의 결과.
두 회사의 예측 결과가 다른 경우 베이지색으로 표시되었다.

같은 환자에 대한 질병 위험도 분석에 대한 결과가 정반대로 나오기도 한다.
(출처: 『네이처』)[23]

분석 기업별로 차이가 있을 수 있다. 따라서 같은 환자의 같은 검사 항목에 대한 결과가 정반대로 나오는 경우도 생기게 된다.[21, 23]

실제로 관련 연구들을 보면 같은 샘플을 다른 회사에 의뢰하였을 때 상당수의 검사 항목에 대해서 결과가 반대로 나오는 것을 확인한 바 있다.[23] 만약 질병 예방을 위한 분석의 결과가 이렇게 상반될 경우, 이 결과만을 기반으로 의료적인 의사결정을 내리는 것에 문제가 있을 수 있다.

두 번째로 유전정보 분석은 환경적인 요인을 고려하지 못한다는

근본적인 한계가 있다. 많은 질병이나 건강 상태는 유전적인 요인뿐만 아니라, 생활습관, 식습관, 주변 환경 등의 요인과 복합적으로 작용하게 된다. 유전질병과 같이 오로지 유전적인 요인에서만 결정되는 경우를 제외한다면, 대부분의 질병과 건강에는(정도의 차이는 있겠으나) 환경적인 요인도 역할을 하게 된다.

조금 더 전문적인 이야기를 하자면, DNA에 저장돼 있는 유전정보라고 해서 모두가 발현되는 것은 아니다. DNA 자체도 다양한 메커니즘을 통한 조절을 받으며, DNA가 RNA로 전사되고, RNA가 단백질로 번역되는 과정에서도 복잡다단한 생물학적인 조절을 받게 된다. 유전정보만 분석해서는, 이 유전정보가 실질적으로 우리 신체나 질병에 영향을 주기까지 거치게 되는 후성유전체epigenome, 전사체transcriptome, 단백체proteome, 대사체metabolome 상에서 어떠한 과정을 거치는지는 알기 어렵다. 이러한 분야들에 대해서도 활발한 연구들이 진행되고 있으며, 추후 유전정보와 함께 고려되어야 할 것이다.[26]

세 번째로 유전적인 위험도를 정확하게 알 수 있다고 하더라도 이를 바탕으로 한 대비책이 마땅히 없거나 불투명한 경우가 많다. 소위 '그래서 어떡하라고?'라는 질문에 답하기 어렵다는 것이다. 예를 들어, 특정 질병에 대한 위험도가 높다는 결과를 받았다고 해보자. 대부분의 경우 해당 질병을 예방하기 위해서 우리가 선제적으로 취할 수 있는 선택지는 많지 않다.

안젤리나 졸리와 같이 유방이나 난소를 미리 예방적으로 절제할 수도 있겠다.[27, 28] 하지만 이러한 예방적 절제술이 지나치게 적극적인 치료가 아닌지에 대해서 여전히 많은 논의와 연구가 진행되고 있으며, 모든 질병에 일반적으로 적용할 수 있는 방법도 아니다.[29-31]

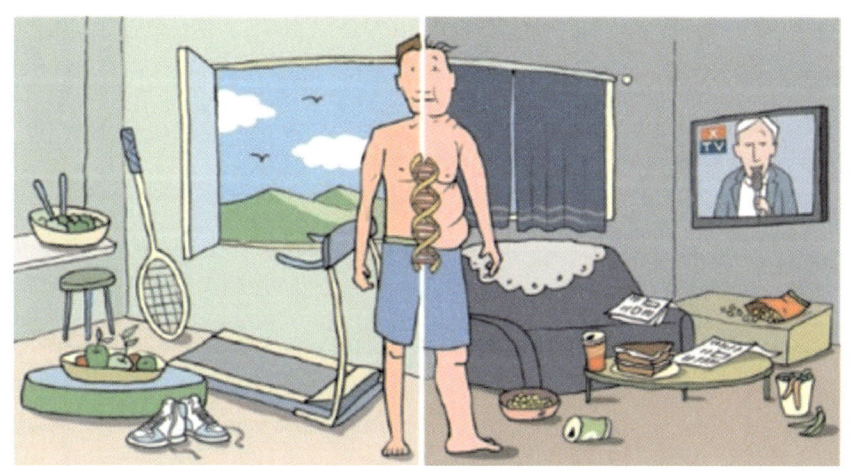

건강은 유전적 요인 이외에도 많은 요인의 영향을 받는다.

사실 안젤리나 졸리와는 달리 특별한 대비책이 없는 경우가 더 많다. 만약 당뇨병이나 심장질환 등에 대한 위험도가 높다고 해보자. 이를 예방하기 위해서는 정기적으로 검진을 받고, 식습관을 조절하고, 음주나 흡연을 삼가고, 규칙적인 운동을 하라는 등의 일반적인 조언밖에 해줄 것이 없다. 필자의 23andMe 분석 결과 위험도가 높은 심방세동이라는 질병을 예방하기 위해서 얻은 조언도 별반 다르지 않았다. 이런 일반적인 조언은 유전정보 분석을 하지 않아도 누구나 해줄 수 있는 조언일 것이다. 이러한 문제는 업계의 모든 사람이 인식하고 있으며, 이를 해결하기 위해 보험이나 건강관리 서비스 등을 연계시키는 등 다양한 방법들이 시도되고 있다.[32, 33]

유전정보의 폭발적 증가

이러한 근본적인 한계에도 불구하고, 유전정보가 가지는 가치는 갈수록 커진다고 할 수 있다. 이 부분에서 우리가 주목해야 할 또 하나의 이슈는 바로 유전정보를 분석한 사람의 수가 폭발적으로 증가하고 있다는 것이다. 국내에서는 자신의 유전정보를 분석해본 사람들의 수가 그리 많지 않다고 앞서 언급한 바 있다. 하지만 이러한 상황은 외국에서는 완전히 다르다.

대표적인 개인유전정보 분석 회사 23andMe의 경우에는 사용자의 수가 폭발적으로 증가하고 있다. 23andMe의 창업자이자 대표인 앤 워짓스키는 창업 초기부터 100만 명의 유전정보를 분석하는 것이 목표라고 공공연하게 언급한 바 있다. FDA의 규제를 받는 등 여러 고초를 겪었지만, 100만 명이라는 목표를 2015년 6월에 마침내 달성하였으며, 2016년 중반에는 150만 명, 2018년 4월에는 500만 명, 그리고 2019년 3월 1,000만 명을 돌파하였다.[34, 35] 이 하나의 회사를 통해서 분석한 사람들의 숫자만 그러한 것이다.

또한 패쓰웨이 지노믹스는 고객 수를 외부에 공개하지는 않았으나, 필자가 2015년 5월 샌디에이고의 본사를 방문하여 관계자와 미팅을 하면서 물어보았을 때, 이미 수십만 명 정도의 고객을 확보했다고 이야기한 바 있다.

굳이 이 두 기업의 사례를 들지 않더라도, 인류가 가진 DNA 데이터의 양은 그야말로 기하급수적으로 증가하고 있다. 2015년에 발표된 연구에 따르면, 지금까지 인류가 가진 유전정보의 양은 7개월마다 두 배씩 증가해왔다.[10] 이는 앞서 강조한, 무어의 법칙 즉, 집적회로의 성능이 18개월에 두 배씩 좋아진다는 것보다 훨씬 빠른 것이다. 현재의 유전정보 증가 속도가 앞으로도 유지될지는 알기 어려우나, 일루미나의 경우 두 배씩 늘어나는 주기를 12개월 정도로 보고 있다.[17] 어찌되었건, 유전정보의 양이 향후 크게 증가할

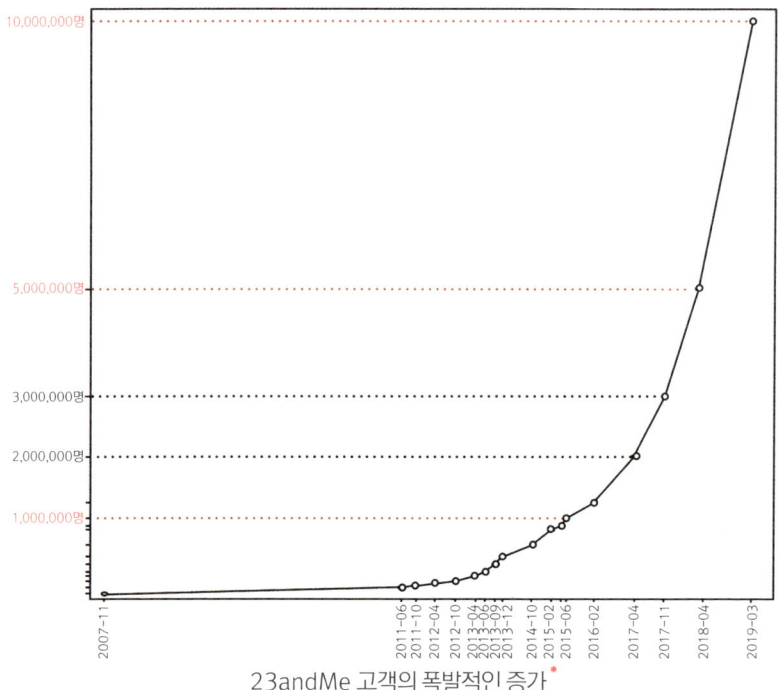

23andMe 고객의 폭발적인 증가[*]

것이라는 것은 누구도 부인하기는 어려워 보인다.

세계적으로 기업들이 유전체 분석에 앞다투어 나서고 있다. 중국의 BGI가 100만 명의 유전체 분석을 목표로 진행하고 있으며,[17] 다국적 제약사 아스트라제네카는 200만 게놈 프로젝트를 진행 중이다.[37] 휴먼 게놈 프로젝트의 선구자 크레이그 벤터 박사의 휴먼 롱제비티Human Longevity는 이미 2만 명 이상의 유전체를 분석했고, 그중 1만 명을 분석한 내용을 2016년 논문으로 출판하여 주목받기도 했다.[38]

더 나아가 많은 기업뿐만 아니라, 정부나 자치단체가 이러한 유

---

[*] 쓰리빌리언의 금창원 대표님께서 이 추이를 항상 모니터링해주셔서 필자도 계속 업데이트할 수 있었다. 지면을 빌어 감사의 말씀을 전한다.

158 디지털 헬스케어: 의료의 미래

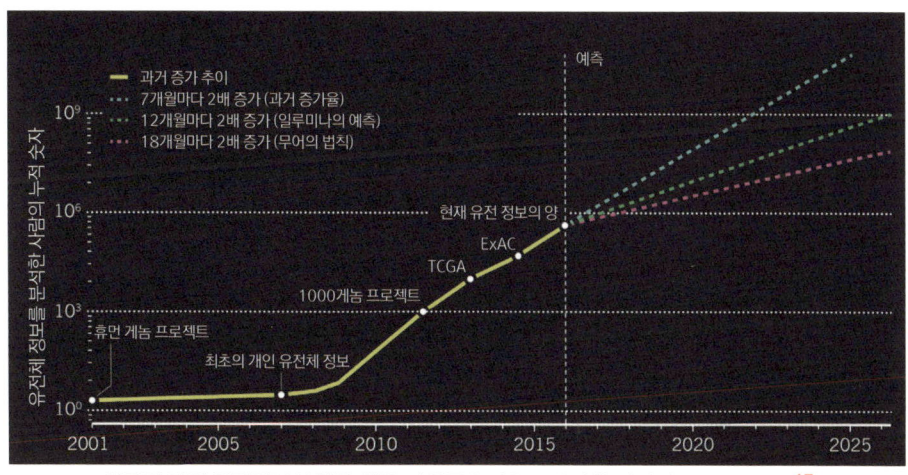

인류가 가진 유전정보의 양은 향후 기하급수적으로 증가할 것이다. (출처: 『네이처』)[17]

전체 분석 연구를 지원하면서 국가별로도 다양한 유전체 분석 프로젝트들이 시행되고 있다. 예를 들어, 미국 오바마 정부의 정밀의료 이니셔티브에서 100만 명의 유전체를,[39] 중국의 정밀의료 이니셔티브는 2030년경까지 무려 1억 명의 유전체 분석을 할 계획이다.[40] 영국에는 지노믹스 잉글랜드Genomics England라는 국영 기업을 세워 2012년부터 10만 명 게놈 프로젝트를 시작하여, 2018년 12월에 완수하였음을 알렸다.[41, 42] 뒤이어 영국의 보건사회복지부 장관은 향후 5년 이내에 500만 명의 유전체를 분석한다는 계획도 추가로 발표했다.[43] 또한 게놈 아시아에서도 10만 명 규모,[44] 프랑스 게놈 프로젝트에는 23만 5,000명을 목표로 프로젝트를 진행하고 있다.[45] 한국도 후발주자이기는 하나 울산시와 울산과기원 등을 중심으로 2015년 11월 '울산 1만 명 게놈 프로젝트'의 출범을 선언했다.[46] 이처럼 인류의 유전체 데이터는 지금 이 순간에도 폭발적으로 증가하고 있다.

한 연구에 따르면 2025년경에는 인류가 가지게 될 여러 종류의 빅데이터 중에서도 유전체는 단연 가장 큰 데이터가 될 것으로 전망된다.[10] 천문학 데이터, 유튜브 영상 데이터, 트위터 데이터와 비교했을 때에도 더 큰 규모가 생산되고 저장되며 분석될 것으로 예상된다는 것이다.

특히 천문학과 유튜브는 연간 1엑사바이트가 저장될 것으로 보이지만, 유전체 데이터는 2~40엑사바이트가 연간 저장될 것으로 보았다(엑사바이트는 1,000,000테라바이트). 이 데이터에는 단순히 DNA 서열뿐만 아니라, 유전체 속에 어떤 변이가 있는지 등의 추가적인 분석 정보가 모두 포함되므로 데이터의 양은 더욱 커진다. 이 연구에서는 방대한 유전체 데이터의 생산, 저장, 전송, 분석 등의 네 가지 부분이 모두 문제가 될 것이라며, '머리가 네 개 달린 괴물'에 비유했다.

이 거대한 데이터의 저장, 전송, 분석 등을 위해서는 클라우드 컴퓨팅이 아마도 유일한 해법이 될 것이다. 미국의 DNA넥서스, 구글, 아마존, 중국의 BGI와 같은 기업들은 이렇게 유전체 데이터를 위한 클라우드 환경을 구축했다. 구글에 앞서 2012년 국내에서도 KT가 KT게놈클라우드GenomeCloud 서비스를 출시한 바 있다.[47]

23andMe의 연대기로 보는 DTC의 역사

개인유전정보 분석을 이야기할 때 빼놓을 수 없는 것이 바로 DTC Direct-to-Consumer 서비스와 관련된 논란이다. DTC는 유전정보 분석 서비스를 제공할 때 병원이나 의사를 거치지 않고, 개인 고객에게 직접 서비스하겠다는 것이다. 고객이 굳이 병원을 방문하지 않고, 집에서 우편으로 간편하게 타액을 제공하고 인터넷으로 결과를 확인할 수 있으므로 서비스에 대한 접근성이 매우 높아진다. 따라서 유전정보 분석을 서비스하는 기업의 입장에서는 고객 확보에 유리한 DTC를 선호하게 된다.

하지만 질병이나 약물과 관련된 민감하고 전문적인 분석까지도 의료 전문가의 개입 없이 직접 서비스를 해도 되는지에 대한 논란은 지금까지도 계속되고 있다. 특히 의료계 일부에서는 전문 의료 지식이 부족한 일반인들이 질병, 약물에 대한 유전정보 분석 결과를 받아보고, 약물 남용 등 잘못된 선택을 할 수도 있다는 것을 근거로 DTC 서비스에 대해서 우려를 표명하고 있다.[48] 이는 정말로 그러할까? 더 나아가서 음식물 섭취나 운동, 조상 분석과 관련된 항목까지도 DTC 서비스가 위험할까?

사실 어느 범위까지 DTC를 규제하고 허용할 것인가는 한국을 포함한 세계 여러 나라에서 현재까지도 논란이 되는 현재 진행형 이슈이다. 이러한 논란을 공론화시키는 데는 다름 아닌 23andMe가 주도적인 역할을 했다. 23andMe의 연대기를 간략히 보면서 DTC를 둘러싼 논란에 관해서 짚어보자.

(1) 창업 이후 돌풍을 일으키다 (2006~2013)

2006년 창업한 23andMe는 처음부터 DTC 방식의 고객 직접 판매 방식을 고수해왔다. 초기에는 SNP 분석을 통한 서비스의 가격이 1,000달러에 가까웠으나, 2008년에 399달러, 그리고 2012년 말에 단돈 99달러로 인하하면서 시장의 폭발적인 반응을 얻게 된다. 당시 23andMe는 99달러에 120개 주요 질병에 대한 위험도, 50여 개 유전질병에 대한 보인자 테스트, 20여 개 약물에 대한

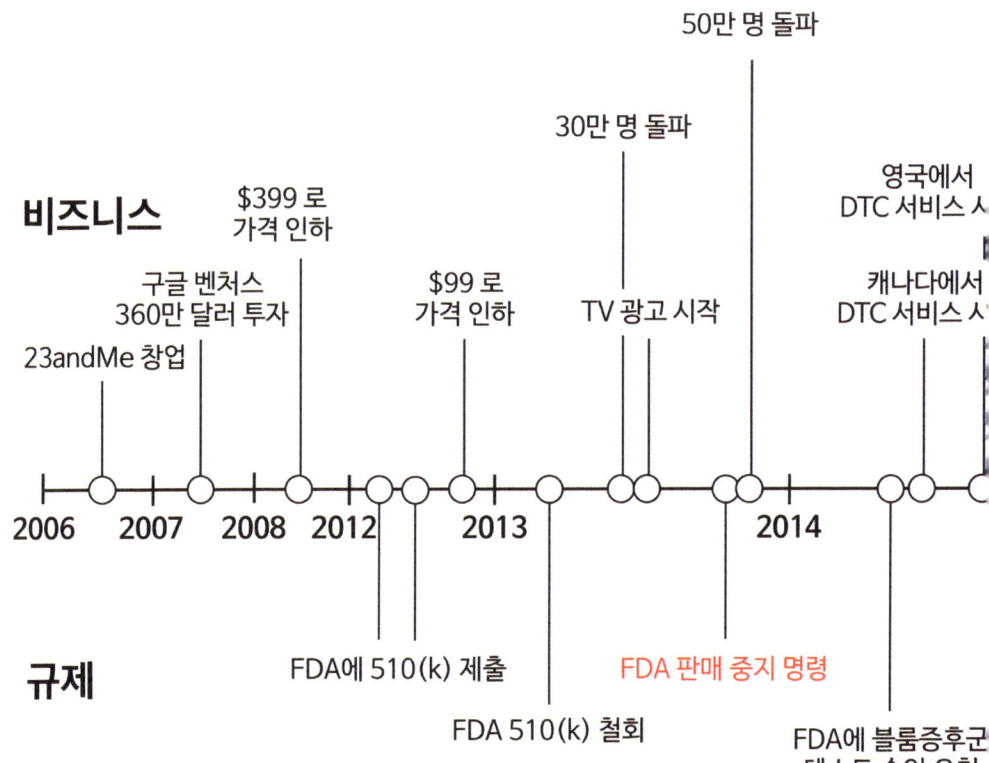

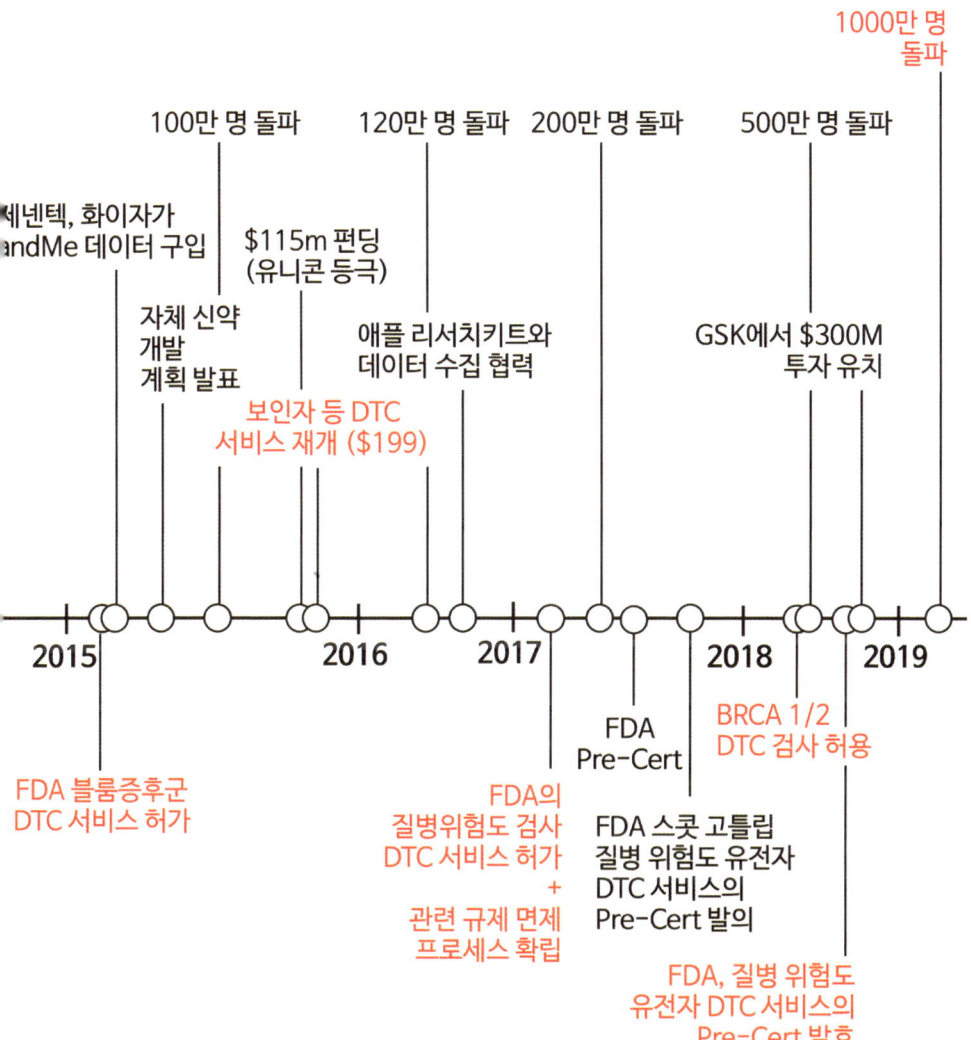

민감도, 60여 개의 일반적인 특징들, 조상 분석 등을 제공했다.

더 나아가 2013년 중순에는 지상파 TV 광고도 했다. 한국은 물론 미국에서도 유전정보 검사의 광고를 TV에서 볼 수 있는 것은 2019년 현재를 기준으로도 드문 사례인 만큼 당시에도 매우 파격적인 행보였다. 이 광고에서 23andMe는 "당신의 DNA에 대해서 더 많이 알수록, 당신 자신에 대해서 더 많이 아는 것이다"는 것을 강조했다. 그뿐만 아니라, 심장병, 관절염 등의 질병에 대한 위험도, 자신에게 맞는 음식 등을 알게 됨으로써 더욱 건강한 삶을 영위할 수 있다는 메시지를 대중들에게 각인시켰다.

(2) FDA의 규제 철퇴를 맞다 (2013)

이렇게 승승장구하던 23andMe는 별안간 FDA의 규제 철퇴를 맞게 된다.[49-51] 2013년 11월 FDA는 23andMe의 CEO 앤 워짓스키에게 보낸 공개서한에서 DTC 판매를 중지할 것을 명령한 것이다. FDA는 오로지 약이나 의료 기기와 같은 의료용 목적의 물질 혹은 기기만 관장하며, 단순한 건강관리 목적의 서비스에 대해서는 관리를 하지 않는다. 이런 FDA가 23andMe의 일반인 대상 DTC 서비스의 위해도가 높다는 것을 이유로 판매 금지 신청을 한 것이다.

아래와 같이 FDA는 서한에서 '안젤리나 졸리 유전자'로 유명해진 BRCA 유전자에 대한 결과나, 유전 형질에 따라 투여 농도가 달라질 수 있는 혈액 응고 억제제인 와파린을 예로 들어서, 분석 결과가 부정확할 경우 발생할 위험에 관해서 설명했다.

"개인유전정보 분석의 BRCA 관련 질병 위험이나 약물에 대한 반응 결과들은 특히 우려스럽다. 이러한 결과들이 부정확할 경우에 야기될 수 있는 잠재적인 위험 때문이다. 예를 들어, 만약 유방암이나 난소암에 대한 BRCA 분석 결과가 부정확한 경우, 이는 환자들이 불필요한 검사, 수술이나 약물요법 등을 받을 수도 있고, 또 반대로 정말 이러한 처치를 받아야 할 환자가 필수적인 처치를 받지 않게 될 수도 있다."

즉, FDA는 질병 위험도 분석, 약물 민감도 분석을 의료 기기로 간주하고, DTC 서비스를 지속하기 위해서는 추가적인 연구와 근거를 바탕으로 인허가를 받아야 한다는 것을 요구한 것이다. FDA의 공개서한에서는 다른 여러 측면도 드러났다.[49] 23andMe는 FDA의 허가를 받기 위해서 이미 2009년 7월부터 FDA와 활발하게 커뮤니케이션해왔고, 그로부터 3년 뒤인 2012년에 두 차례에 걸쳐 510(k) 의료 기기 인허가 요청을 했다는 것을 알 수 있었다. 하지만 2013년 들어서 23andMe에서 FDA와 커뮤니케이션이 단절되었고, 테스트에 대한 근거도 제공하지 못했는데도 대규모 TV 광고를 진행하면서 FDA의 심기를 건드렸던 것으로 보인다.

사실 23andMe도 패쓰웨이 지노믹스 등 다른 경쟁자처럼 DTC 방식을 포기하고 의료기관을 통해서 서비스하면 사업을 지속할 수 있었다. 하지만, 23andMe는 DTC 방식을 고집하면서, FDA의 명령에 따라 질병과 약물에 대한 분석 서비스를 판매 중단하게 된다. 다만, 분석의 원본 데이터만 제공하는 것, 조상 분석 등은 계속 진행하였다.*[1, 2]

(3) 재기를 노리다: 보인자 DTC 검사 허가 (2014~2015)

절치부심한 23andMe는 이후 차근차근 재기의 기회를 노린다.[52]

---

* 이 과정에 대해서는 필자의 전작인 『헬스케어 이노베이션』에 별도의 챕터로 자세하게 설명한 바 있다.

FDA로부터 판매 금지 명령을 받은 지 7개월이 되던 2014년 6월 23andMe는 블룸증후군이라는 '하나의' 유전질병의 보인자 검사에 대한 승인을 요청했다.[53] 블룸증후군은 희귀 유전질환으로 작은 키, 광민감도photosensitivity의 증가, 얼굴 모세 혈관 확장증, 각종 암(특히 백혈병과 림프종)에 대한 위험도가 크게 증가하는 특징을 가진다. 23andMe는 블룸증후군의 보인자 여부를 정확하게 측정할 수 있다는 근거를 두 개의 독립적인 연구를 통해서 제시했다. 이 희귀 유전질환은 유전적 용인과 발병 관계가 아주 명확하므로, 원래 분석하던 100개 이상의 질병 중에서 '가장 낮은 곳에 달린 사과'부터 하나씩 따겠다는 전략이었다.[54]

그뿐만 아니라, 이와 동시에 23andMe는 미국 이외에 DTC를 허용하는 국가로 서비스를 확대했다. 2014년 10월에는 캐나다,[55] 11월에는 영국에 DTC 서비스를 제공하기로 한 것이다.[56] 의료 사회주의 시스템을 채택하고 있는 영국은 당시 DTC에 대해서 업계의 자율적 규제를 허용하고 있었으며, 캐나다의 규제기관인 헬스 캐나다Health Canada 역시 DTC에 대해 규제하지 않는다고 밝힌 바 있었기 때문이다.[55]

그러던 2015년 2월 FDA는 23andMe의 DTC 방식의 블룸증후군 보인자 테스트에 대해서 드디어 허가해주게 된다.[57] 특히 FDA는 1-3등급 중 이 테스트를 2등급Class II의 의료 기기로 판단했다. FDA에서 위해도가 가장 높은 의료 기기는 3등급으로 판단되어 시장 출시 전에 반드시 승인premarket approval을 얻어야만 한다. 하지만 위해도가 상대적으로 낮은 기기에 부여되는 2등급은 시장 판매를 위해 별도의 허가 없이 단순히 등록 절차만 거치면 된다.

즉, 이는 23andMe의 블룸증후군뿐만 아니라 다른 보인자 테스트도 DTC로 서비스할 수 있게 허용해주겠다는 FDA의 결정이었다. 이에 따라 23andMe는 2015년 10월부터 낭성 섬유증cystic fibrosis, 겸상 적혈구 빈혈증sickle cell anaemia, 테이-삭스 병Tay-Sachs 등 36가지의 유전질병에 대한 보인자 테스트를 DTC 방식으로 재개하게 된다.[58] 다만 이때부터 분석비는 199달러로 인상했다.[59] 이후 2016년 9월에는 조상 계통 분석만은 99달러에 판매하기도 했다.[60]

(4) 질병 위험도 예측 DTC 서비스 재개 (2017. 4)

더 나아가, 2017년 4월 23andMe는 FDA로부터 질병 위험도 예측 서비스의 DTC 판매 허가를 받아낸다.[61, 62] 2013년 11월 질병 위험도 예측에 대해서 전면 금지를 당한 이후 3년 반 만에 다시 허가를 받아낸 것이다. 다만, 기존에 하던 100가지가 넘는 질병에 대한 분석이 아니라, 파킨슨과 알츠하이머를 포함한 아래와 같은 10가지 질병에 대해서만 받아내었다.

- 파킨슨병Parkinson's disease
- 알츠하이머Late-onset Alzheimer's disease
- 셀리악병Celiac disease
- 알파-1 항트립신 결핍증Alpha-1 antitrypsin deficiency
- 조발성 1차성 근긴장이상증Early-onset primary dystonia
- XI 혈액응고인자 결핍증Factor XI deficiency, a blood clotting disorder
- 제1형 고셔병Gaucher disease type 1
- 포도당-6-인산탈수소효소G6PD 결핍증Glucose-6-Phosphate Dehydrogenase deficiency
- 유전성 혈색소침착증Hereditary hemochromatosis

- 유전적 혈전 기호증Hereditary thrombophilia

 23andMe는 이번 질병 위험도 검사의 허가를 받기 위해서, 이 검사들의 안전성, 정확성, 효과성을 다방면으로 FDA에 검증하기도 했다. 또한 FDA는 이러한 과정을 통해 질병 위험도 검사에 대한 규제 방식을 새롭게 정립하기도 했다.

(5) 유방암 유전자 DTC 서비스 최초 승인 (2018. 3)

 그러던 2018년 3월, 23andMe는 미국 최초로 BRCA1, BRCA2 유전자에 대한 DTC 서비스를 FDA로부터 허가받게 된다.[63, 64] 이 유전자는 바로 안젤리나 졸리가 검사한 것으로 유명한 유방암 및 난소암 관련 유전자로, 암의 위험성을 계산하는 유전자 분석을 DTC로 서비스할 수 있도록 허가받은 미국 최초의 사례였다.

 다만, BRCA1, BRCA2 유전자에서 발견되는 수많은 종류의 유전 변이 중에서, 이때 23andMe가 허가받은 것은 단 '세 가지' 종류의 유전 변이 존재 여부만 검사한다는 한계는 있다(안젤리나 졸리가 했던 미리어드 제네틱스Myriad Genetics의 경우 2만여 종류의 변이를 검사한다고 알려져 있다). 이 변이는 유럽계 유대인인 아슈케나즈 유대인ashkenazi jewish을 조상으로 둔 사람에게 주로 나타나는 변이로, 이 혈통에서 발병하는 유전적 유방암 및 난소암은 90%가 이 변이를 가지고 있다고 한다. 하지만 해당 혈통이 아닌 사람의 경우 이 변이가 발견될 확률은 0.1% 이하라고 한다. 여기에는 여러 해석이 있을 수 있으나, 일단 이번 챕터에서는 '암과 관련한 DTC 유전자 분석이 가능해졌다'는 의미만 확인하고 넘어가도록 하자.

(6) 질병 위험도 유전자 검사에 Pre-Cert 규제 적용 (2018.6~)

FDA는 지난 몇 년 동안 디지털 헬스케어의 발전에 발맞추어, 혁신적인 기술을 보다 합리적으로 규제할 수 있도록 규제 방식 자체도 혁신하고 있다. 그 중심에는 2017년 7월에 FDA가 '디지털 헬스 이노베이션 액션 플랜'을 통해서 제안했으며, 그 이후로, 또한 2019년 현재에도 파일럿 테스트 중인 Pre-Cert가 있다.[65, 66] 이 규제 방식에 대해서는 추후 25장 '혁신을 어떻게 규제할 것인가'에서 자세히 살펴보겠지만, 이 챕터에서는 유전자 DTC 분석의 연장선상에 해당하는 일부 내용만 간략히 살펴보고 넘어가도록 하겠다.

흔히 Pre-Cert이라고 부르는 이 규제는 pre-certification 즉, '사전에 자격을 부여한다'는 의미이다. 기존에 의료 기기 규제는 '제품'을 기반으로 한다. 해당 제품이 정확한지, 안전한지 등을 출시 전에 모두 따져서 허가 여부를 결정하는 것이다. 그리고 출시 이후에 변화가 있는 경우, 새롭게 인허가 과정을 다시 거쳐야 했다. 하지만 디지털 헬스케어 의료 기기(특히, 앱이나 인공지능 같은 소프트웨어 의료 기기)의 경우, 출시 이후에도 자주 혹은 실시간으로 업데이트되는 경우들이 있으므로, 기존과 같은 규제 방식이 적합하지 않다.

그래서 고심 끝에 FDA가 제안한 방식이 바로 제품 기반의 규제에서, 제조사developer 기반의 규제로 전환하겠다는 것이다. 즉, 일정한 조건을 갖춘 기업에 자격을 사전에 부여하고, 이 자격을 부여받은 기업은 소프트웨어 의료 기기를 별도의 인허가 과정 없이, 혹은 매우 간소화된 과정을 거쳐서 시장에 출시할 수 있게 해주겠다는 것이다. 이 새로운 규제 방식은 2017년 8월 제시된 이후, 9월부터는 삼성, 애플, 버릴리(구글), 존슨앤존슨, 핏빗 등 9개 기업이 파일럿에 참여하고 있다.[67, 68] 이 규제 모델은 2019년 현재 시점에서도 아직 확정된 것은 아니며, 2020년까지 계속 업데이트될 예정이다.[69]

이 새로운 규제 방식에 대해서 다소 장황하게 소개하는 이유는 2018년부터 미국에서는 질병 위험도 유전자의 DTC 검사에도 이러한 Pre-Cert 방식이 이미 도입되었기 때문이다.[70-72] 앞서 살펴본 바와 같이 미국에서 23andMe로 대표되는 DTC 유전자 검사는 규제적으로 수년 동안 많은 우여곡절과 부침을 겪었다. FDA도 이러한 과정을 거치면서 개인유전정보 분석의 DTC라는 새로운 기술과 서비스 방식을 어떻게 규제하는 것이 합리적인지에 대한 고민을 해왔을 것이다.

그 고민의 결과로 2017년 11월 FDA의 스콧 고틀립 Scott Gottlieb 국장은 23andMe와 같은 기업을 심사하는 과정에서 FDA도 중요한 교훈을 배웠다고 술회하며, 질병 위험도 유전자 검사에도 Pre-Cert 방식을 적용하는 방안을 제안했다.[72] 이 안에 따르면, 23andMe와 같은 기업이 질병 위험도 검사를 정해진 기준에 대해서 '한 번'만 인허가 받으면, 그 이후로는 같은 종류의 검사를 별도의 인허가 없이 시장에 출시할 수 있게 해주는 것이다.

이러한 규제 방안은 결국 2018년 6월부터 실제로 발효되었다.[71] 구체적으로는 질병 위험도 분석 Genetic Health Risk에 대해서 '최초 한 번만' 99% 이상의 정확성 analytical validity을 인정받으면, 이 회사는 정확한 유전정보 분석 서비스를 제공할 수 있는 역량이 있는 것으로 인정하여, 이후의 서비스는 출시 전 인허가가 면제된다는 것이다.

다만, 위험성이 높고 민감할 수 있는 4가지 종류의 분석에 대해서는 이 규제 변화에서 제외되었다. 산전진단, (예방적 스크리닝이나 치료법 결정으로 이어지는) 암 발병 가능성 검사, 약물 유전체 검사 및 우성유전질환 보인자 검사 등이다. 이러한 4가지 종류의 경우, 앞서 23andMe가 2018년 유방암 유전자 검사를 FDA 인허가 받은 것과 같이 개별적인 허가 과정을 거쳐야 한다.

이렇게 개인유전정보 분석의 DTC 서비스에 대한 FDA의 파격적인 규제 완화는 이번 장의 후반부에서 언급할, 국내 DTC 규제와 비교하면 더욱 차이가 벌어진다. 국내에서는 이러한 규제 완화는 커녕, 몇몇 예외적인 항목을 제외하면 DTC를 원천적으로 전면 금지하고 있기 때문이다.

DTC 유전정보 검사는 정말 위험할까

이렇게 DTC 유전정보 검사를 얼마나 어떻게 허용할 것인지에 대해서는 미국에서도 오랜 기간 논쟁거리였다. 사실 2013년 FDA가 23andMe를 시작으로 질병이나 약물 유전자에 대한 DTC 분석 서비스를 금지하자, 미국의 전문가들 사이에서도 이 규제가 꼭 필요하다는 쪽과 과도하다는 쪽으로 의견이 나뉘었다.[73, 74]

전자는 일반인이 유전자 분석 결과를 이해할 능력이 부족하며 정보에 기반한 불필요한 수술이나 약물 오남용 등의 부작용을 우려했다. 하지만 후자는 일반인도 해당 분석의 한계와 위험을 인지하고 있으므로, 일반인이 직접 유전정보 분석 결과를 받더라도 실제로 위험도는 높지 않다고 지적한다.

필자는 후자의 의견에 동의하는 편이다. 이는 사실 여러 연구

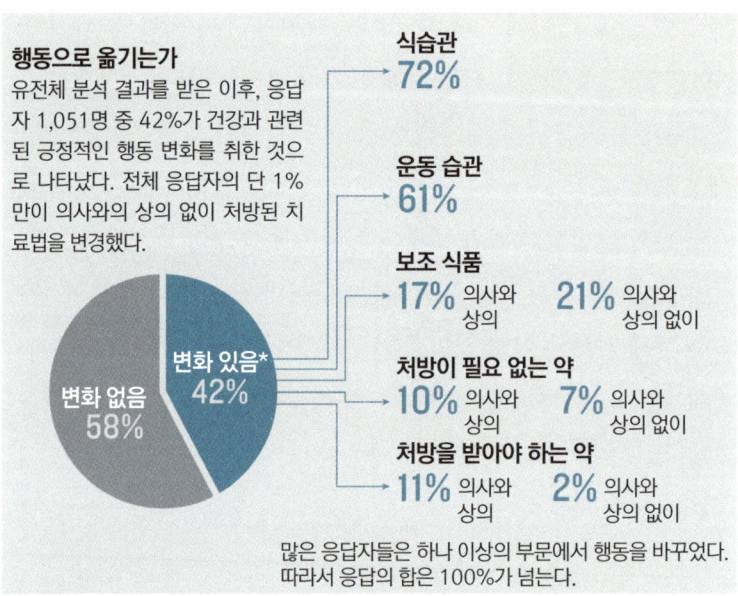

DTC 검사에 기반해 의사와 상담 없이 처방약을 바꾼 경우는 전체의 1% 미만이었다.
(출처:『네이처』)[75]

결과로도 뒷받침된다.[75-77] 2009년 미국에서 DTC 분석을 받은 3,000명을 대상으로 스크립스 연구소에서 조사한 결과 테스트 결과를 받은 지 12개월 이후에도 불안감이나 심리적인 건강에 큰 영향이 없었다.[76, 77]

2010년 존스홉킨스의 연구결과도 크게 다르지 않다. DTC 검사 이후 상당수의 사람이 식습관(72%)이나 운동 습관(61%)을 바꾼 것에 비해, 의사와 상의 없이 처방 약을 바꾼 환자는 전체의 1%도 되지 않았다.[75, 78] 더 나아가, 대장암 위험도가 높게 나온 사람의 경우, 질병에 대해 더 관심을 가지게 되었을 뿐만 아니라 의사를 찾아가 상담을 더 하게 되었으며, 식습관을 바꾸고, 운동할 가능성이 높아졌다.[78]

또한 2013년 FDA의 금지를 받을 당시 23andMe에서 유전자를 분석한 사람이 50만 명에 달했으나 결과에 따라 극단적인 선택을 하는 등 부작용이 보고된 사례도 없었다. 뉴욕 대학교 법학과의 리처드 엡스타인Richard Epstein 교수는 "FDA는 그 회사의 고객들을 조사해서 FDA가 주장하는 것처럼 23andMe가 위험한 결과를 낳고 있다는 명백하고 설득력 있는 근거를 보여줬어야 했다."라며 FDA의 규제에 설득력이 부족함을 지적했다.[79]

더 나아가 23andMe는 질병 위험도 분석의 DTC를 다시 인허가 받기 위해서, 이러한 방식의 서비스가 실제로 위험하지 않음을 증명하기도 했다. 2017년 4월 알츠하이머, 파킨슨 등 10개 질병에 대한 위험도 검사 DTC 인허가를 받을 당시 FDA의 보고를 보면, 23andMe가 아래와 같은 근거들도 제시했음이 드러났다.[80]

- 영국에서 2만 5,000명에게 알츠하이머와 파킨슨을 포함한 질병 위험도 예측 서비스를 DTC로 제공한 결과, 자해 등 위험한 결과가 한 건도 발생하지 않았음.
- 사용자들이 질병 위험도 예측의 결과 리포트에 제시된 내용의 90% 이상을 이해함.

결국 FDA는 이러한 근거를 받아들여서 질병 위험도 분석의 DTC 서비스가 (예외적인 경우를 제외하고는) 위험하지 않다고 판단한 것이다. 그렇기 때문에 2017년 4월 23andMe의 10개 질병의 위험도 분석을 허가했을 뿐만 아니라 앞서 언급한 Pre-Cert 방식의 규제를 파격적으로 적용하기에 이른 것이다.[70-72]

국내 DTC 현황: 전면 금지와 예외적 허용

그렇다면 국내에서는 개인유전정보 분석에 대한 DTC 서비스가 얼마나 허용되어 있을까. 2016년 중순까지만 해도 국내에서 유전정보 검사를 하기 위해서는 분석 목적을 막론하고 DTC는 전면 금지되어 있었다. 암과 같은 질병의 예측이든, 대머리 유전자의 검사든, 카페인 민감도의 검사든 말이다.

사실 국내 관련 업계에서는 비의료기관 즉, 일반 기업도 소비자를 상대로 DTC로 개인유전정보 분석 서비스를 제공하는 것이 숙원이었다. 개인유전정보 분석 시장이 폭발적으로 성장하고 있는 미국에 비해 국내 시장의 성장은 미미한 것도 소비자 대상의 직접 서비스가 원천적으로 막혀 있기 때문이라는 지적이 많았다.

복지부는 이 문제에 대해서 고심해왔으며, 2015년 12월 '생명윤리 및 안전에 관한 법률' 개정에 이어, 2016년 1월 업무보고에서 '질병 예방 목적의 일부 유전자 검사를 비의료기관에서 직접 실시'하는 것을 허용할 예정이라고 공식적으로 발표한 바 있다. 공청회도 여러 번 개최하면서 학계와 산업계의 여러 의견을 청취하는 과정도 거쳤다. 그 결과 '비의료기관 직접 유전자 검사 실시 허용 관련 고시'가 제정되며 2016년 6월 30일부터 '제한적'으로 DTC 유전자 검사 서비스가 허용되기에 이르렀다.[81]

이 고시에 따르면 체질량지수, 중성지방농도, 콜레스테롤, 혈당, 혈압, 색소침착, 탈모, 모발 굵기, 피부 노화, 피부탄력, 비타민 C 농도, 카페인 대사 등 12가지 검사 항목에 대한, 46개 유전자에 대해서 DTC 서비스가 가능하다. 이처럼 포지티브 규제를 기조로 하는 국내 규제에서는 이처럼 '명시한 것만 허용하고, 나머지는 모두 금

	검사항목(유전자수)	유전자명
1	체질량지수(3)	FTO, MC4R, BDNF
2	중성지방농도(8)	GCKR, DOCK7, ANGPTL3, BAZ1B, MLXIPL, LOC105375745, TRIB1
3	콜레스테롤(8)	CELSR2, SORT1, HMGCR, ABO, ABCA1, MYL2, LIPG, CETP
4	혈당(8)	SDKN2A/B, G6PC2, GCK, GCKR, GLIS3, MTNR1B, DGKB- TMEM195, SLC30A8
5	혈압(8)	NPR3, ATP2B1, NT5C2, CSK, HECTD4, GUCYIA3, CYPI7AI, FGF5
6	색소 침착(2)	OCA2, MC1R
7	탈모(3)	chr20p11(rs1160312, rs2180439), IL2RA, HLA-DQB1
8	모발 굵기(1)	EDAR
9	피부 노화(1)	AGER
10	피부 탄력(1)	MMP1
11	비타민 C 농도(1)	SLC23A1(SVCT1)
12	카페인 대사(2)	AHR, CYP1A1-CYP1A2

국내에는 DTC 유전자 분석 서비스가 12개 항목에 대해서만 허용되었다. 특히 분석할 수 있는 유전자까지 제한되어 있다.

지한다'는 방식이다. 미국과 같이 '금지하는 것을 명시적으로 정해두고, 나머지는 허용한다.'는 네거티브 규제와는 반대 방식이다.

필자가 보기에는 규제를 개선한 범위와 방식이 매우 아쉽다. 학계와 산업계에서 의견을 청취한 것이 무색하게 너무도 제한적인 항목과 제한적인 유전자에 대해서만 DTC가 허용된 것이다. 대한의사협회에서는 "민간 기업에서 불명확한 정보로 환자를 현혹하거나 극단적으로는 태아의 성별 감별 후 불법적인 낙태 등의 비윤리적 행위로 이어질 수 있다는 점도 문제"라고 우려를 제기하긴 했지만, 허용 범위가 너무 제한적이라 오히려 그런 우려가 다소 머쓱해질 정도다.[82]

각 검사 항목뿐만 아니라, 항목별 검사할 수 있는 유전자까지도 제한해버린 것도 아쉽다. 연구가 계속될수록 유전형과 표현형 사이의 새로운 관계가 밝혀지면, 당연히 유전자의 목록도 변화한다. 하지만 이런 방식의 규제는 최신 연구결과를 분석 결과에 반영하는 것을 원천적으로 막고 있다. 끊임없이 새로운 유전자와 표현형

DTC 유전자 검사 서비스 인증제 시범사업 인증 결과

*는 현행 허용 항목

업체	허용 항목 수	허용 항목
랩지노믹스	10개	비타민 D 농도, 근력 운동 적합성, 지구력 운동 적합성, 운동 후 회복 능력, 원형 탈모, 식욕, 포만감, 단맛 민감도, 쓴맛 민감도, 비만
테라젠이텍스	56개	비타민 C 농도*, 비타민 D 농도, 코엔자임Q10 농도, 마그네슘 농도, 아연 농도, 철 저장 및 농도, 칼륨 농도, 칼슘 농도, 아르기닌 농도, 지방산 농도, 근력 운동 적합성, 유산소 운동 적합성, 지구력 운동 적합성, 근육 발달 능력, 단거리 질주 능력, 발목 부상 위험도, 악력, 운동 후 회복 능력, 기미·주근깨, 색소침착*, 여드름 발생, 피부 노화*, 피부 염증, 태양 노출 후 태닝 반응, 튼살·각질, 남성형 탈모*, 모발 굵기*, 원형 탈모, 식욕, 포만감, 단맛 민감도, 쓴맛 민감도, 짠맛 민감도, 알코올 대사, 알코올 의존성, 알코올 홍조, 와인 선호도, 니코틴 대사, 니코틴 의존성, 카페인 대사*, 카페인 의존성, 불면증, 수면습관·시간, 아침형-저녁형 인간, 통증 민감성, 퇴행성 관절염증 감수성, 멀미, 비만, 요산치, 중성지방농도*, 체지방률, 체질량지수*, 콜레스테롤*, 혈당*, 혈압*
마크로젠	27개	비타민 C 농도*, 비타민 D 농도, 코엔자임Q10 농도, 마그네슘 농도, 철 저장 및 농도, 칼륨 농도, 지방산 농도, 근력 운동 적합성, 지구력 운동 적합성, 운동 후 회복능력, 색소침착*, 피부노화*, 남성형 탈모*, 모발 굵기*, 원형 탈모, 식욕, 포만감, 쓴맛 민감도, 알코올 홍조, 니코틴 의존성, 카페인 대사*, 비만, 중성지방농도*, 체질량지수*, 콜레스테롤*, 혈당*, 혈압*
EDGC	56개	비타민 C 농도*, 비타민 D 농도, 마그네슘 농도, 아연 농도, 철 저장 및 농도, 칼륨 농도, 칼슘 농도, 아르기닌 농도, 지방산 농도, 근력 운동 적합성, 유산소 운동 적합성, 지구력 운동 적합성, 근육발달능력, 단거리 질주 능력, 발목 부상 위험도, 악력, 운동 후 회복능력, 기미·주근깨, 색소침착*, 여드름 발생, 피부 노화*, 피부 염증, 태양 노출 후 태닝 반응, 튼살·각질, 남성형 탈모*, 모발 굵기*, 원형 탈모, 식욕, 포만감, 단맛 민감도, 쓴맛 민감도, 짠맛 민감도, 알코올 대사, 알코올 의존성, 알코올 홍조, 와인 선호도, 니코틴 대사, 니코틴 의존성, 카페인 대사*, 카페인 의존성, 불면증, 수면습관·시간, 아침형-저녁형 인간, 통증 민감성, 퇴행성 관절염증 감수성, 멀미, 비만, 요산치, 중성지방농도*, 체지방률, 체질량지수*, 콜레스테롤*, 혈당*, 혈압*, 조상찾기

2019년 12월 발표된 업체별 DTC 유전자 검사 서비스 허용 확대 항목 (출처: 보건복지부, 머니투데이[87])

의 관계가 밝혀지고, 연구결과가 나오는 것을 고려하면, 이러한 분야에서는 미국과 같이 네거티브 규제 방식을 적용하는 것이 옳다고 생각한다.

국내에서 여전히 이 문제는 여러 부처와 이해관계자들 사이에서 실타래처럼 꼬여 있다. 보건복지부는 지속적으로 제기된 DTC

유전자 검사의 제도 개선을 위해서 2018년 상반기 DTC 협의체와 제도 개선안을 도출하였으나,[84] 국가생명윤리위원회는 개선안을 폐지했다.[85] 이후 복지부는 기미, 여드름, 새치 등 57개 항목을 추가하고 시범사업을 거쳐 허용하는 방안을 2019년 2월 발표하였으나,[86] 역시 포지티브 규제로 '허용된 항목만' 가능한 허용하는 방식에 업계에서는 크게 회의적인 시각을 보이고 있다.[83]

그러던 2019년 12월 18일, 보건복지부는 시범사업 결과, 테라젠이텍스, 이원다이애그노믹스EDGC, 랩지노믹스, 마크로젠 등 4개 기업에 DTC 유전자 검사 항목을 최대 56개로 확대하였다.[87] (테라젠이텍스와 EDGC는 56개, 마크로젠 27개, 랩지노믹스 10개) 총 12개 기업이 참여한 시범사업에서, 이 4개 회사는 현장 평가 및 검사 정확도 등의 평가를 통과하여 2020년 1월부터 2년 동안 DTC 유전자 분석 서비스를 시범적으로 확대 시행할 수 있게 된 것이다. 다만, 이 역시 포지티브 방식의 규제가 조금 완화되었을 뿐이며, 56개 검사 항목도 웰니스 항목만으로 구성되어 있을 뿐, 질병, 보인자, 약물 민감도 등의 DTC 검사는 여전히 한국에서 전면적으로 금지되어 있다.

규제 샌드박스, 언발에 오줌 누기

또 하나 짚고 넘어가야 하는 것은 2019년 초부터 국내에서 시행되기 시작한 소위 '규제 샌드박스'라는 제도이다. 규제 샌드박스는 네거티브 규제의 제한적 적용을 표방하고 있지만, 그 허용 범위가 매우 제한적일 뿐만 아니라, 분야별 소수의 기업에만 적용되고 있다. 또한 이러한 제도의 시행에 대해 산업부, 복지부 등 부처 간 협

의도 제대로 이뤄지지 않은 등의 이유로 여전히 갈 길은 멀어 보인다.[88-93]

개인유전정보의 DTC 서비스는 규제 샌드박스의 주요 적용 분야 중 하나로, 업계에서는 마크로젠이 2019년 2월 최초로 규제 샌드박스 대상이 되었으나,[94] 적용 기간(2년) 및 적용 가능 지역(인천경제자유구역 한정), 분석 대상(성인 2,000명)이 매우 제한적이라 실질적 효력은 없어 보인다.[95] 이후 테라젠이텍스와 같은 몇몇 다른 회사들로 규제 샌드박스 적용 범위가 확장되기는 했지만, 2019년 7월 기사에 따르면 부처별 이견 때문에 마크로젠을 포함한 4개 회사 모두 여전히 사업을 개시하지도 못하고 있다.[92]

특히 규제 샌드박스는 2년 동안의 샌드박스 시행 이후에는 어떻게 될 것인지에 대한 논의도 부족한 것으로 보인다. 결과는 지켜봐야 하겠지만, 필자 개인적으로 규제 샌드박스와 같은 제도는 그저 문제의 근본적인 해결을 몇 년 더 늦추는 결과만 가져올 가능성이 높다고 본다. 한국이 규제 때문에 한 발자국도 나아가지 못하고 있는 동안 글로벌과의 괴리는 하루하루 더 커지고 있다.

커져만 가는 글로벌과 국내의 괴리

필자가 보기에 가장 큰 문제는 규제를 위해 들이댄 잣대 자체가 FDA 등 글로벌 규제 기조나 산업계에서 통용되는 기준과는 전혀 다르다는 것이다. 복지부의 2016년 고시 및 2019년 발표에 나오는 유전자의 목록을 들여다보면, 앞서 23andMe를 예시로 설명한 질병·약물·보인자·웰니스·조상 분석 등의 업계에서 받아들여지는 분류와는 기준이 전혀 다르다.

　질병 분석을 예로 들어보자. 2016년 복지부 고시에 따르면 혈압, 혈당 등의 질병과 관련된 항목의 DTC 검사가 가능하다. 하지만 '혈압의 조절이 어려울 수 있다.' 정도는 서술할 수 있지만 '고혈압의 위험도가 높다.'는 분석은 허용되지 않는다고 알려져 있다. 즉, 한국에서는 질병 분석의 DTC가 허용된 것도 아니고, 완전히 허용되지 않은 것도 아닌 애매한 상황이다. 또한 미국에서는 DTC가 허용된(적절한 인허가 과정을 거치면 허가받을 수 있는) 유전질병 보인자 검사는 여전히 한국에서 DTC는 불법이다. 또한 미국에서는 전면 허용되어 있는 카페인 대사, 탈모 등의 웰니스 검사는 한국에서 고시에 명시된 일부만 허용된다.

　이처럼 해외와 한국의 규제 기준에 차이가 크게 되면, 국내 관련 업계에서는 서비스를 제공하기에 또 다른 장애물이 생긴다. 미국에서 만든 규제를 한국에서 무작정 똑같이 따라해서는 안 되겠지만, 최소한 그들이 먼저 정한 규제에 어떤 논리와 근거가 있는지 따져보는 것은 합리적일 것이다.

　2016년 6월 30일에 발표된 DTC의 허용은 기준도 모호하며, 범위는 너무 제한적이라 실효성이 없으며, 의료적으로나 산업적으로도 미치는 영향은 극히 미미하다. 고시가 제정된 이후 관련 업계의 기업들에서는 분석이 허용된 피부, 뷰티 등의 항목을 중심으로 DTC 서비스를 출시했지만, 시장에서의 반응은 거의 없는 편이다. 그 연장선상에서 2019년 12월 일부 기업의 경우만 최대 56가지 항목으로 서비스 허용 항목이 확대되었지만, 여전히 비타민 농도, 근육 발달 능력, 불면증, 아침형-저녁형 인간, 멀미 등 웰니스 항목만으로 구성되어 있어 소비자에게 얼마나 큰 가치를 제공할

수 있을지는 지켜봐야 할 것이다.[87]

  2016년 고시를 발표하며 복지부 관계자는 "민간 유전자 검사 업체에서 새로운 서비스 시장이 형성되어 유전자 분석 산업 가치가 한층 커지고 시장 규모도 성장할 것으로 예상된다."고 하였으나,[81] 그로부터 3년이 지난 지금까지도 국내 관련 산업은 거의 성장하지 못하고 있다.[82] 한국바이오협회 유전체기업협의회의 조사에 따르면, 2016년 6월 규제 변화 이후에 2017년 말까지 국내 누적 DTC 유전자 검사 수행 건수는 총 1,000건이 채 안 되는 것으로 나타났다.[96] 한국이 2016년 규제 변화 이후에도 관련 산업 전체가 계속 멈춰 있었던 3년의 기간 동안 23andMe 한 개 기업의 분석 건수만 보더라도 또다시 100만 명대에서, 1,000만 명대로 10배 가까이 성장했다.[35]

  이러한 규제하에서는 한국에서 유전정보를 가진 개인이 앞으로 빠르게 증가할 것을 기대하기는 어렵다. 데이터를 가진 개인이 많지 않으면, 그러한 데이터를 저장, 분석, 활용하는 연관 산업도 성장할 수 없다. 해외에서는 수천만 명의 개인이 이러한 정보를 이미 가지고 있으며 그 숫자가 계속 기하급수적으로 증가하는 것을 생각해보면, 지금 이 순간에도 한국과 글로벌의 격차는 빠르게 커지고 있는 셈이다.

내 유전정보는 누구의 소유인가

  사실 DTC 허용에 관해서는 또 하나의 근본적이고도 중요한 문제가 있다. 바로 유전정보가 누구의 소유이냐 하는 문제이다. 앞서 필자는 디지털 헬스케어에서 데이터가 가장 중요하며, 데이터를 소유하는 기업이 최후의 승자가 될 것이라고 언급한 바 있다. 데이터의 종류가 다양해지고 양적, 질적으로도 향상되어 그 가치를 깨닫게 되면서 이제 그 데이터가 과연 누구에게 소유권이 있으며, 누가 어디까지 활용할 수 있을지에 대한 많은 논란이 있다.

그중에 유전정보는 개별 사용자, 개별 환자에 대한 근본적인 데이터를 담고 있으므로, 매우 귀중하고도 민감한 정보가 된다. 만약 질병, 약물 등에 대한 정보가 유출되거나 남용되었을 경우 프라이버시 침해나 사회적 파장은 매우 클 수 있다. 만약 나의 DNA 정보가 정부나, 보험사, 고용주에게 나의 동의 없이 넘어가게 되는 경우를 상상해보면 그 중요성을 알 수 있을 것이다. 내 DNA 속에 들어 있는 정보 때문에 내가 나도 모르는 사이에 취업에서 차별을 받거나, 보험 가입을 거절당할 수도 있을 것이다. 참고로, 이미 생명윤리법 제46조에 의해서 유전정보를 이유로 교육, 고용, 승진, 보험 등에 차별을 하는 것은 법적으로 금지되어 있다.

더구나 다른 개인정보와는 달리 유전정보의 유출은 나만 피해를 보는 것이 아니라, 가족까지도 피해가 갈 수 있다. 내 부모님과 자녀들의 유전정보의 일부까지도 파악당할 수 있기 때문이다. 예를 들어, 안젤리나 졸리의 자녀들은 어머니가 『뉴욕타임스』에 자신의 유전자에 대해서 기고함으로써, 본인의 의사와 상관없이 BRCA 유전자의 특정 유전형이 유전될 가능성이 높다는 것이 전 세계에 공표되어 버렸다.

그렇다면 나의 유전정보는 누구의 것일까? 당연히 나 자신의 소유이다. 내가 원한다면 나의 데이터를 외부에 공개할 수도 있다. 앞서 필자는 필자의 의지로 23andMe와 패쓰웨이 지노믹스를 통해 받은 유전정보를 공개했다. 자신의 데이터를 어떻게 활용할 것인지를 본인이 결정하는 것을 누구도 막을 수는 없다. 제3자에게 상업적인 목적으로 나의 데이터를 돈을 받고 판매하는 것도 법적으로 문제가 없다. 전적으로 나의 소유인 데이터라면 말이다.

하지만 나의 유전정보를 내가 마음대로 검사하고, 그 결과를 내가 온전히 소유할 수 있을까? 이 질문에 대한 답은 결국 DTC가 허용되는지의 여부와 직결되게 된다. 만약 의료기관을 통해서 유전정보를 검사해야 한다면, 그 데이터는 해당 병원의 데이터베이스에 남게 되고, 법적으로 온전히 나 자신만이 그 데이터를 소유하고 접근권을 가진다고 보기 어려워질 수 있다.

23andMe가 FDA의 사업 중지 명령을 받고(의료기관을 통하면 서비스를 계속 제공할 수 있음에도 불구하고) DTC 방식을 고집하며 사업을 축소한 이유도 바로 이것이다. 개인 고객들에게 자신의 유전정보에 대한 온전한 소유권을 주겠다는 철학 때문이다. 건강 및 의료 데이터의 소유권 문제는 법적으로도 복잡하며, 전문가들 사이에서 의견도 갈린다. 미국에서도 개인에게 의료 데이터의 온전한 소유권을 부여해야 한다는 목소리도 커지고 있으나, 아직 완전히 해결된 문제는 아니다.[97-99]

태어나기 전부터 사망 이후까지

사람의 인생 전체를 지칭하기 위해 흔히 '요람에서 무덤까지'라는 표현을 쓴다. 이 표현이 유래된 영어의 원래 표현은 라임까지 맞춘 'womb to tomb' 즉, 자궁에서 무덤까지이다. 어머니의 뱃

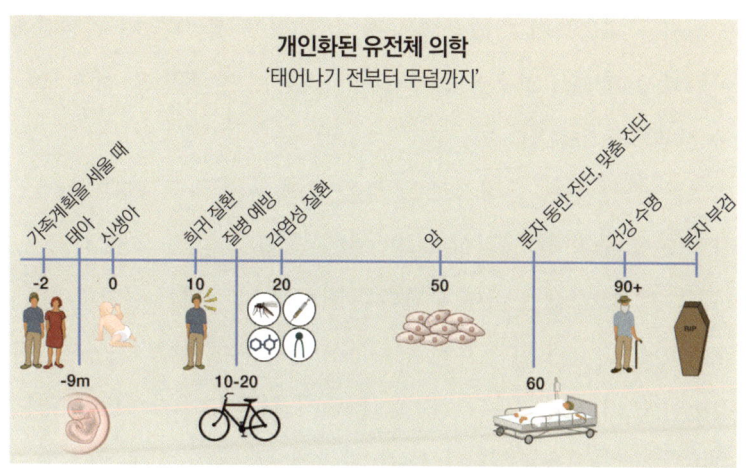

'태어나기 전부터 무덤까지' (출처: 『셀』)[26]

속에 있을 때부터, 무덤으로 들어갈 때까지. 인간의 전체 생애에서 유전정보의 분석이 가능한 범위를 설명하자면, 여기에서 한 단계를 더 나아가야 한다. 에릭 토폴 박사의 표현을 빌리자면 '태어나기 전부터 무덤까지 pre womb to tomb'라는 것이다.[26]

유전정보 분석 기술의 발전은 이미 임신 전부터, 사망한 이후에 이르기까지, 문자 그대로 생애 전 주기에 걸쳐서 활용될 수 있다. 앞서 설명한 유전질병 보인자 분석을 떠올려보자. 아이를 갖기 전 가족계획을 세울 때부터 예비 부모의 타액을 바탕으로 2세의 유전질병의 발병 확률을 알아볼 수 있다.

또한 이번 챕터에 모두 설명하지는 못했지만, 태아 단계일 때 비침습 산전 검사 NIPT, Non-invasive prenatal test를 통해서 산모의 혈액만으로 태아의 기형아 검사 등을 해볼 수 있고, 암과 같은 심각한 질병에 걸렸을 때 유전자 검사를 통해서 치료법 결정에 도움이 될 수 있다.[26, 100-103] 또한, 큰 질병 없이 장수한 사람들의 유전정보를 분석하여 나온 결과를 토대로, 자신이 얼마나 건강하게 오래 살 수 있을지를 예측하기 위해서 활용될 수도 있을 것이다. 미국 샌디에이고의 스크립스 연구소 등에서는 이러한 수명 예측을 위한 연구가 진행되고 있다.[26]

그뿐만 아니라, 유전정보 분석을 통해 사망하고 난 이후에도 사망 원인을 밝히기 위한 분자 부검molecular autopsy도 시도되고 있다.[104-106] 특히 젊은 나이에 별다른 질병 없이 갑자기 사망한 경우, 그 원인을 밝히기 위해 유전정보 분석의 활용이 이용되고 있다. 심장질환에 의한 돌연사의 원인을 밝히기 위한 연구가 대표적으로, 유족의 슬픔을 위로하거나, 혹은 가족에게도 비슷한 위험이 있는지를 알기 위해서 이러한 분석은 가치가 있다고 하겠다.[106]

이렇게 생애 전 주기에 걸친 유전정보의 분석 및 활용 하나하나가 새로운 서비스와 사업이 될 것이며, 이러한 분석 결과는 앞으로 우리의 삶에 많은 영향을 끼치게 될 것이다. 이렇게 우리는 지금 개인유전정보 분석의 분야는 폭발적으로 성장하기 시작하는 변곡점을 지나고 있다.[20]

9장
디지털 표현형, 스마트폰은 당신이 우울한지 알고 있다

스마트폰을 사용하는 패턴으로 그 사람의 건강 상태를 알 수 있을까? 최근 연구결과들에 따르면 그 사람이 스마트폰을 어떻게 사용하는지, 소셜 네트워크를 어떻게 사용하는지만 보더라도 건강 상태나 질병의 유무까지도 파악할 수 있다. 이렇게 디지털 기기나 온라인 서비스의 사용 패턴에 자기도 모르게 건강 상태나 질병의 징후가 반영되는 것을 '디지털 표현형digital phenotype'이라고 한다.[1, 2] 이 디지털 표현형이 바로 우리가 디지털 헬스케어 구현의 1단계인, '데이터 측정' 중에서 마지막으로 살펴볼 개념이다.

앞서 살펴보았다시피 스마트폰은 디지털 헬스케어 혁신의 핵심적인 기기이다. 스마트폰의 센서, 애플리케이션을 활용하거나 부가적인 기기를 연결함으로써 다양한 데이터를 측정할 수 있고, 그 자체로 뛰어난 연산 능력과 통신 기능을 지닌 컴퓨터이므로 디지털 헬스케어에 중요한 역할을 한다는 점은 이미 논의한 바 있다.

하지만 스마트폰은 여기에서 그치지 않는다. 우리는 잠시도 스마트폰을 손에서 놓지 않는다. 식탁에서, 지하철에서, 화장실에서도 우리는 항상 스마트폰과 함께한다. 한 통계에 따르면 59%의 사람들이 화장실에서도 스마트폰을 사용하며 55%의 사람은 운전 중에도, 9%의 사람은 심지어 섹스 중에도 스마트폰을 사용한다.[3] 또한 58%의 사람은 스마트폰을 들여다보지 않고서는 한 시간도 버틸 수 없다고 한다.[4]

이러한 이유로 스마트폰은 그 자체로 우리에 대해서 엄청나게 많은 것을 알고 있다. 거기에 담겨 있는 이메일이나 문자 등의 내용, 인터넷 검색 기록, 통화 목록 등도 그러하겠지만, 이번 챕터에서 이야기하고자 하는 것은 사용자가 스마트폰을 사용하는 패턴 그 자체이다. 스마트폰을 '어떻게' 사용하는지만 보아도 사용자의 건강에 대해서 많은 것을 알 수 있다는 것이다. 심지어는 우울증이나 인지능력과 같은 것까지도 말이다.

또한, 스마트폰과 더불어 많은 사람이 틈만 나면 이용하는 것이 바로 SNS이다. 페이스북, 인스타그램, 트위터, 핀터레스트 등 다양한 소셜네트워크를 통해서 사람들은 서로 교류하고, 정보를 얻고, 자신을 표현하기도 한다. SNS를 사용하면서 사람들은 서로 친구를 맺고, 자기 생각이 담긴 글, 일상이 담긴 사진을 올리고, 댓글을 달고, '좋아요'를 누르고, 해시태그를 달고, 방문한 장소의 정보를 올린다.

이처럼 SNS에도 우리 삶의 많은 부분이 반영된다. 특히, 어떤 내용의 글을 썼는지, 어떤 내용의 사진을 올렸는지를 일차원적으로 분석하는 것에서 더 나아가, SNS를 사용하는 패턴과 사용하는 언어의 스타일에도 우리에 대한 정보가 담겨 있다. 이를 분석하면 일상생활 속에서 어떠한 삶을 영위하고 있는지 알 수 있을 뿐만 아니라, 더 나아가, 감정 상태, 우울증, 불면증이나 양극성 장애와 같은 질병의 유무에 대한 분석까지도 가능하다.

디지털 표현형

2015년 『네이처 바이오 테크놀러지』에는 '디지털 표현형'이라는 흥미로운 개념이 소개되었다.[1] 즉, 스마트폰과 같은 디지털 기기나 온라인 세상에서 나타나는 우리의 행동 패턴을 일종의 표현형으로 간주할 수 있다는 것이다.

이 개념을 설명하기 위해서는 먼저 표현형이라는 개념에 대해서 간략히 설명해야 한다. 유전형genotype과 표현형phenotype은 생물의 유전적인 요인과 이 요인의 발현을 설명하는 개념이다. 어떤 유전적인 성질을 DNA 속에 가지고 있는 것과 이 유전형질이 실제로 발현되어 겉으로 나타나는 것은 항상 일치하지는 않기 때문에 서로 구분 지어 생각해야 한다.

우리가 중고등학교 때 배우는 '멘델의 유전법칙'에 나오는 완두콩 모양을 떠올려보면 쉽다. 완두콩 모양이 유전되는 방식도 유전형과 표현형으로 설명할 수 있다. 완두콩의 유전형은 RR, Rr, rr과 같이 나타냈고 표현형은 '둥근' '주름진'의 두 가지로 구분했다.

사실 우리의 키, 피부색, 눈동자색, 곱슬머리 여부 등은 모두 표현형이다. 더 나아가서는 질병까지도 표현형의 일종이라고 보기도 한다. 이러한 표현형은 일반적으로 유전적인 요인에 환경적인 요소가 더해져서 발현된다. 예를 들어, 어떤 사람이 부모님으로부터 장신의 유전자를 물려받았다고 하더라도(유전형), 영양 상태 등

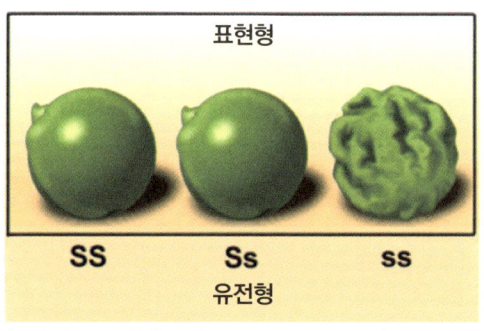

'멘델의 유전법칙'에 나오는 완두콩의 유전형과 표현형

의 환경적인 요소가 뒷받침되지 못하면 키가 작은 상태로 성장(표현형)할 수도 있다. 혹은 유전자의 복잡한 발현 메커니즘에 따라서 같은 유전형을 가졌다고 하더라도, 결과적으로 표현형이 다르게 나타나기도 한다.

기존에 표현형의 개념은 앞서 언급한 피부색이나 질병과 같은 생물학적인 특징에 국한되었다. 그런데 『이기적 유전자』라는 명저로 유명한 생물철학자 리처드 도킨스는 『확장된 표현형The Extended Phenotype』이라는 또 다른 그의 저서에서 표현형의 개념을 더욱 확장해야 한다는 도발적인 주장을 했다. 표현형의 개념이 단순히 생물 개체의 신체적, 생물학적 특징에 국한되는 것이 아니라, 그 생물의 행동이나 그에 따른 부산물까지 그 범위를 확대해야 한다는 것이었다. 예를 들어, 수달이 나뭇가지를 엮어서 댐을 만들거나, 새가 특정한 모양의 둥지를 틀고 거미가 거미줄을 치는 행동마저도 '표현형'의 확장으로 이해해야 한다는 것이었다.

'디지털 표현형'이라는 『네이처』 논문에서는 이러한 리처드 도킨스의 '확장된 표현형'이라는 개념을 오늘날 디지털 시대에서는 또 한 번 더 확장할 수 있다고 이야기한다.[1] 바로 스마트폰과 소셜네트워크 등에 남는 디지털화된 우리의 행동 양식 말이다.

이러한 디지털 표현형은 우리가 스마트폰을 사용할 때마다, 소셜네트워크를 이용할 때마다 우리에게서 자연스럽게 발현된다. 즉, 이러한 데이터 역시 앞서 살펴본 다른 디지털 헬스케어 데이터와 마찬가지로 병원을 방문하거나 진료를 받지 않고 있을 때도 일상생활 속에서 끊임없이 지속해서 쏟아진다. 이러한 디지털 표현형을 적절히 분석한다면 질병과 해당 환자가 '병원 밖'에서의 건강 상태를 알 수 있으며, 더 나아가 발병이나 질병의 악화, 재발 등을 더 조기에 파악하거나 심지어 예측할 수도 있다. 혹은 더 근본적으로, 특정 질병의 증상이나 발현되는 방식을 '디지털 표현형'에 따라 새롭게 정의할 수도 있을 것이다.

스마트폰은 당신이 우울한지 알고 있다

미국의 노스웨스턴 대학에서는 스마트폰의 사용 패턴을 분석함으로써, 사용자가 우울증 증상이 있는지 86.5%의 정확도로 파악할 수 있다는 연구결과를 2015년 발표했다.[5] 이 연구에는 19~58세의 자원자 28명이 참여하였는데 절반 정도는 우울증 증상을 보이는 사람들이었다. 연구진은 총 2주 동안 사용자의 스마트폰 사용 패턴을 추적 연구하였다.

연구진은 아래와 같은 스마트폰 사용 패턴을 측정하였다.

- 장소의 다양성: 얼마나 다양한 장소를 방문했는지
- 엔트로피: 장소들에서 보낸 시간의 다양성을 나타내는 지표

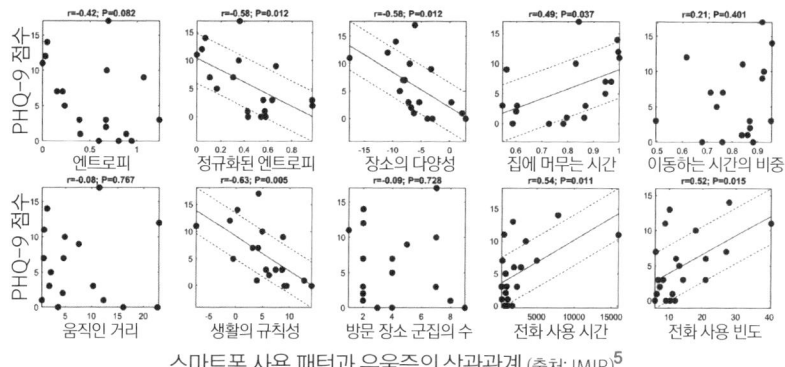

스마트폰 사용 패턴과 우울증의 상관관계 (출처: JMIR)[5]

- 집에 머무는 시간: 다른 장소 대비 집에서 머무는 시간의 비중
- 생활의 규칙성: 하루 동안 방문하는 장소의 순서가 일정한 정도
- 움직인 거리: 참가자가 하루 동안 움직인 총 거리
- 전화 사용 빈도: 하루에 몇 번이나 전화기를 사용하는지
- 전화 사용 시간: 하루에 전화기를 사용하는 시간

특히 이 연구에서는 사용자가 위치한 장소를 파악하기 위해서 5분마다 GPS로 위치를 추적하였다. 그 결과 스마트폰 사용 패턴과 우울증 여부에 강한 상관관계가 발견되었다. 위의 그래프는 앞서 언급한 스마트폰의 사용 패턴과 개별 환자의 우울증 정도를 나타내준다. x축은 스마트폰의 사용 패턴, y축은 PHQ-9 척도로 우울한 정도를 나타낸다.* 개별 점은 각 환자를 나타내며, 파란선이 그어져 있다는 것은 두 종류의 데이터 사이에 양$_{positive}$ 혹은 음$_{negative}$의 상관관계가 있다는 것을 의미한다.

---

* 참고로 PHQ-9은 우울한 정도를 자가 측정하기 위해 전 세계적으로 널리 사용되는 척도로, 점수가 높을수록 우울한 것이다. 5점 이상이면 우울증을 의심할 수 있고, 10점 이상이면 전문가와의 상담이 권고된다.

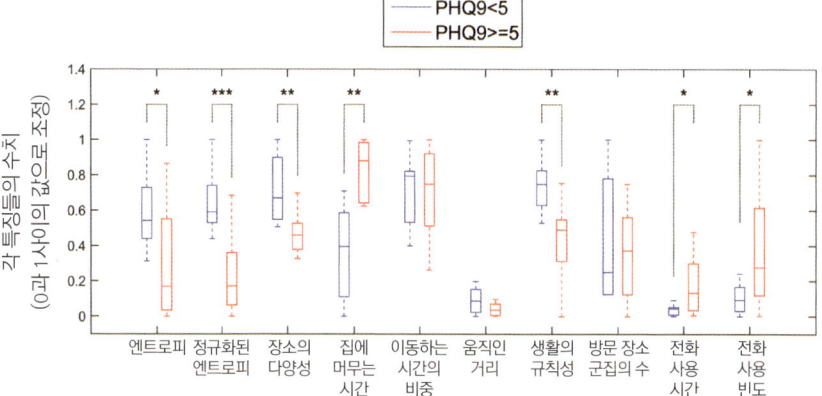

스마트폰 사용 패턴으로 우울한 사람들과, 우울하지 않은 사람들을 구분할 수 있다. (출처: JMIR)[5]

즉, 생활의 규칙성, 장소의 다양성이 특히 우울증과 상관관계가 높았으며, 전화 사용 시간, 전화 사용 빈도 역시 우울증과 유의미한 상관관계를 보였다. 예를 들어, 온종일 한두 곳의 장소에서만 시간을 보내는 사람, 하루 동안 방문하는 장소의 순서가 일정하지 않은 사람, 스마트폰 사용 빈도와 시간이 높은 사람일수록 우울할 가능성이 높다는 것이었다.

또한 이러한 스마트폰의 사용 패턴을 기준으로 우울증의 정도가 높은 사람들과 그렇지 않은 사람들을 통계적으로 유의하게 분간할 수 있다. 여러 사용 패턴 중에서 정규화된 엔트로피가 가장 통계적으로 유의미하게 두 그룹을 구분 가능했으며, 장소의 다양성, 집에 머무는 시간, 생활의 규칙성, 사용 빈도·길이 등도 유의미하게 우울한 사람과 우울하지 않은 사람들을 잘 구분할 수 있었다.

이 연구의 한계점은 28명이라는 제한된 피험자의 수와 2주라는 짧은 기간만 피험자를 관찰했다는 것이었다. 하지만 이 연구진은 후속 연구에서 좀 더 많은 참가자를 대상으로 더 장기적인 관찰에 기반한 연구에서 같은 결과를 얻었다. 2016년에 발표된 연구에서는 48명의 대학생을 대상으로 10주 동안 스마트폰의 사용 패턴을 관찰한 것이다.[6]

흥미로운 점은 이 두 번째 연구에서 스마트폰의 사용 패턴을 통해서 몇 주 후의 우울한 정도를 미리 파악할 수도 있었다는 것이다. 이 연구에서 우울한 정도(PHQ-9 점수)는 연구를 시작하는 시점과 10주 이후 연구가 끝나는 시점에서 두 번 측정했다. 그런데 관찰 초기에 측정한 스마트폰 사용 패턴 중 다수가 10주 이후의 우울증 정도와 상관관계가 높다는 점을 발견했다. 예를 들어, '장소의 다양성'이나 '정규화된 엔트로피' 등은 실험 2주 차부터 이미 10주 후의 우울증 정도와 높은 상관관계를 보인 것이다. 즉, 이 결과에 따르면 스마트폰 사용 패턴을 관찰하면 약 10주 이후의 우울한 정도를 예측할 수도 있다는 의미가 된다.

마인드스트롱 헬스

이러한 스마트폰 사용 패턴에 기반한 디지털 표현형을 정신건강 분야의 사업으로 추진하는 대표적인 곳이 마인드스트롱 헬스Mindstrong Health라는 실리콘밸리 스타트업이다. 이 회사는 스마트폰의 다양한 사용 패턴을 통해 사용자의 인지능력, 우울증, 조현병, 양극성 장애, 외상 후 스트레스 장애(외상 후 스트레스 장애), 약물중독 등의 정신건강과 관련된 문제들을 측정하려 한다.

마인드스트롱은 2014년 창업 이후 스텔스 모드로 조용히 연구를 진행해오다가, 2017년 알파벳(구글)의 생명과학 분야 자회사인 버릴리 소속의 스타 신경과학자 토마스 인셀Tomas Insel 박사를 공동 창업자로 영입한 것이 화제가 되면서 주목받기 시작했다.[7] 인셀 박사는 버릴리 합류 전에는 13년 동안 미국 국립정신건강 연구소 National Institute of Mental Health의 소장이었던 전문가다. 특히 이 회사에는 아마존의 제프 베조스가 2018년에 투자하면서 또 화제가 되기도 했다.[8]

마인드스트롱은 사용자가 평소 일상에서 스마트폰을 어떻게 사용하는지만 분석하더라도 정신건강에 대해서 아주 중요한 힌트를 얻을 수 있다는 가설을 기반으로 한다. 예를 들어, 우울증의 재발이나, 자살과 같은 징후를 포착하거나, 심지어는 예측할 가능성도 있다는 것이다.[9] 마인드스트롱은 앞서 소개한 노스웨스턴 대학의 연구보다는 좀 더 복잡하고 세부적인 스마트폰 사용 패턴을 측정한다. 예를 들어, 사용자가 스마트폰에서 타이핑하는 방식, 스크롤을 내리는 방식, 화면을 터치하는 방식 등을 측정하고, 이러한 데이터를 기계학습을 통해서 추가적인 분석을 진행한다고 알려져 있다.[9]

사실 이 회사가 정확히 어떤 패턴을 측정하는지 모두 공개되지는 않았다. 다만 2018년 『네이처 디지털 메디슨』에 출판한 짧은 논문에는 총 45가지의 패턴을 측정한다고 언급되어 있다.[10] 이 논문에서 제한적으로 공개한 예시를 보면, 스마트폰을 사용할 때의 두 가지의 연속적인 행동, 예를 들어, 타이핑할 때 스페이스 바를 누른 후 다음 단어의 첫 번째 글자를 타이핑하는 행동이라든지, 글자를 지울 때 백스페이스를 누른 후, 그다음 백스페이스를 누르는 행동을 분석한다고 한다. 또한 문맥에 따라서 측정 패턴을 구분하기도 하는데, 예를 들어, 단어를 타이핑할 때, 단어의 초반·중반·후반부 철자 입력을 별도로 구분해서 측정한다고 한다.

그렇다면 정말로 이러한 스마트폰의 디지털 표현형으로 사용자의 정신건강 상태를 파악할 수 있을까? 최소한 마인드스트롱 내부적으로는 이러한 부분들을 어느 정도 검증한 것으로 보인다. 실제로 이 회사는 지금까지 자신의 가설을 시험할 수 있는 임상연구를 여럿 진행해왔다.[7, 9, 10]

『MIT 테크놀러지 리뷰』에 따르면, 이 회사의 창업자 폴 데검Paul Dagum은 창업하기 전에 150명의 피험자를 모집해서 파일럿을 진행해보았다. 피험자들은 기존에 표준적으로 활용되는 인지 테스트를 먼저 받았다.[9] 이 테스트에는 기억력episodic memory이나, 자신의 행동을 스스로 조절하고 제어하는 능력인 '집행 기능executive function' 등을 테스트한 것이다. 이러한 능력은 정신질환이 있으면 약화되는 것들이기도 하다. 그리고 이들은 마인드스트롱의 앱을 스마트폰에 설치한 채 일상으로 돌아가 1년 동안 평소와 다름없이 생활하는 것이다. 그리고 1년 후 연구가 마무리되는 시점에 피험자들은 다시 표준 인지 테스트를 받았다.

이러한 연구를 통해 정말로 스마트폰의 사용 패턴이 사용자의 인지능력 및 정신건강의 파악에 도움이 되는지를 검증하려고 했던 것이다. 마인드스트롱은 이러한 연구결과 실제로 스마트폰 디지털 표현형의 가능성을 파악했고, 어떤 경우는 스마트폰 사용 패턴으로 미래의 정신건강 상태를 예측할 가능성도 있다는 것을 알게 되었다.[9] 예를 들어, 기억력에 문제가 생기는 것은 사용자가 얼마나 빠르게 타이핑하는지, 얼마나 자주 타이핑 에러를 내서 글자를 다시 지우는지, 그리고 주소록을 얼마나 빠르게 스크롤해서 내리는지 등을 보면 알 수 있었다는 것이다.

사실 이 회사는 실제로 얼마나 정확하게 스마트폰으로 사용자의

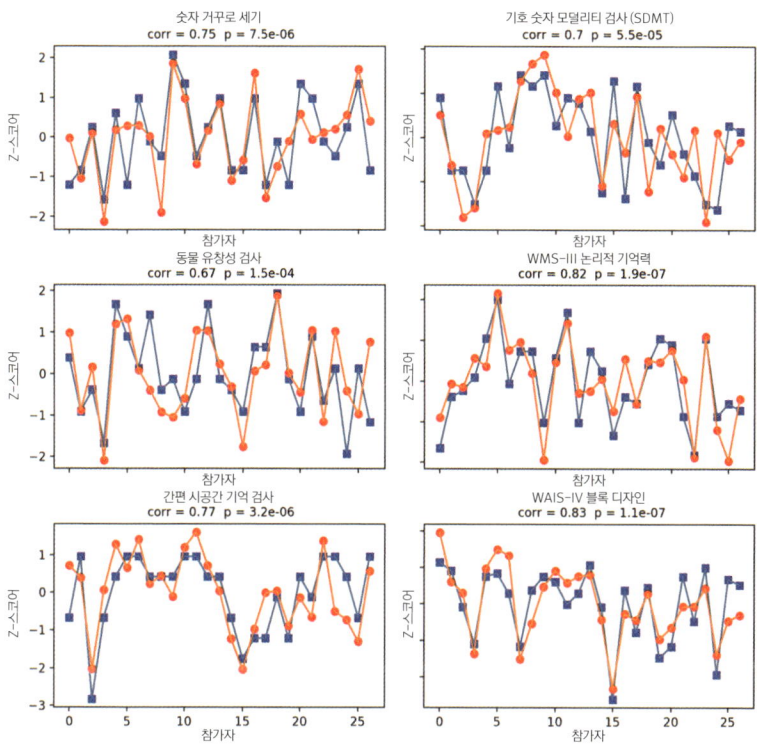

마인드스트롱 헬스의 스마트폰 사용 패턴 점수는 표준 인지 능력 테스트와 높은 상관관계를 보여주었다.[10]

정신건강을 측정할 수 있는지는 아직 많이 공개하지 않았다. 이러한 점 때문에 비판받기도 한다.[11] 다만 2018년 『네이처 디지털 메디슨』에 출판한 논문을 보면, 마인드스트롱이 측정한 스마트폰 사용 패턴과 인지능력에 높은 상관관계가 있다는 것을 알 수 있다.[10] 이 연구에서는 20~30대 피험자 27명을 모집해서, 다양한 표준 인지 테스트를 수행한 뒤, 이후 7일 동안의 스마트폰 사용 패턴을 분석했다. 그 결과 정말로 스마트폰의 사용 패턴과 인지 테스트의 결과에 높은 상관관계를 발견할 수 있었다.

위 그래프는 그러한 상관관계를 보여준다. 각각의 그래프는 개별적인 인지능력 테스트에 대한 것이다. y축은 점수, x축은 27명의 피험자를 나타낸 것이다. 파란색은 피험자의 표준 인지능력 테스트 결과이고, 빨간색은 마인드스트롱의 스마트폰 사용 패턴 점수이다. 피험자마다 파란색 점과 붉은색 점의 수치가 거의 비슷하다는 것은 실제로 마인드스트롱의 방식이 사용자의 인지능력을 잘 반영하고 있다는 것을 의미한다.

즉, 이 연구는 스마트폰에 기반한 디지털 표현형이 사용자의 표준 인지 테스트 점수를 효과적으로 나타낼 수 있다는 가능성을 보여줬다고 할 수 있다. 다만, 정말 이것이 임상적으로 활용할 수 있을지, 다른 정신질환에도 적용 가능한지는 향후 더 많은 연구를 바탕으로 결론을 내릴 수밖에 없을 것이다. 이 회사는 창업 이후 수천 명의 사람과 임상연구를 지속해왔다고 언급하며, 특히 2018년 들어 병원과 적극적으로 협력하여 우울증, 조현병, 약물중독 등의 재발 위험이 높은 중증 환자들과 추가적인 임상연구를 진행하고 있다고 한다.[9]

만약 이렇게 스마트폰으로 사용자의 정신건강을 파악할 수 있다면 기존의 테스트 대비 큰 장점들을 가지게 된다. 무엇보다 환자가 검사를 받으러 병원을 방문할 필요가 없으며, 특수한 환경에서 테스트를 받는 것이 아니라 일상생활 속의 실제 환경에서 데이터를 측정할 수 있다. 또한 정기적으로 병원에 가서 측정하는 것이 아니라, 스마트폰을 사용할 때마다 측정 가능하므로 매시간, 매일 거의 실시간으로 사용자의 상태를 모니터링할 수 있다. 또한 스마트폰 앱만 설치하면 되기 때문에, 전 세계의 스마트폰 사용자들에게 적용 가능하다는 장점도 있다.

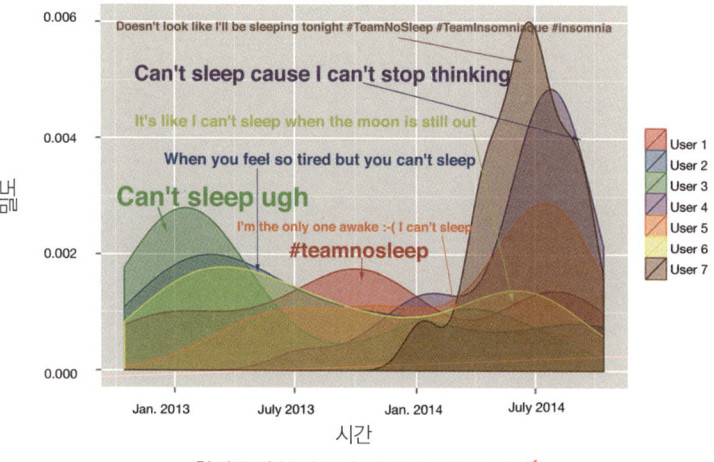

환자들의 불면증과 관계된 트윗의 빈도[1]

SNS의 디지털 표현형

스마트폰뿐만 아니라, 트위터, 페이스북, 인스타그램과 같은 소셜 네트워크 서비스에 남는 우리의 디지털 표현형을 통해서 우리의 건강 상태 및 질병을 파악할 수 있다. 앞서 언급한 '디지털 표현형'이라는 제목의 『네이처 바이오 테크놀러지』 논문에는 트위터를 통한 불면증 및 조현병의 증상 파악의 가능성에 대해서 언급되어 있다.[1]

불면증의 경우, 병원 밖의 환자가 일상생활을 하면서 얼마나 잠을 잘 자는지, 증상이 개선 혹은 악화되고 있는지에 대해서 파악하기란 쉽지 않다. 하지만 트위터에 반영되는 디지털 표현형을 분석하면 불면증 환자의 상태에 대해서 더 많은 정보를 얻을 수 있다. 예를 들어, 트위터에 남기는 단어나 해시태그에 불면증이나 수면제와 관련된 표현이 있거나, 이러한 표현을 사용하는 빈도, 트윗을 남기는 시간 등을 파악해볼 수 있는 것이다.

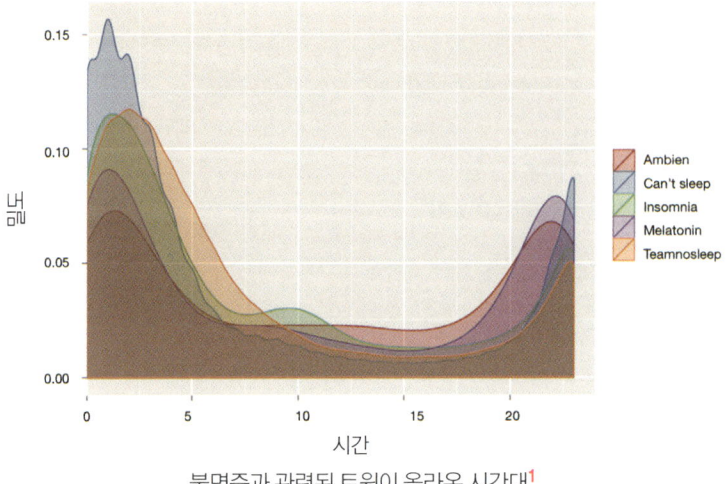

불면증과 관련된 트윗이 올라온 시간대[1]

앞의 그림은 7명의 트위터 사용자의 트윗을 분석하여, 불면증과 관련된 트윗이 얼마나 포스팅되었는지 빈도를 2년 동안 추적 관찰한 것이다. 예를 들어, '잠을 잘 수 없다.' '나 혼자 깨어 있다.'거나, #teamnosleep이라는 불면증 관련 해시태그를 포스팅한 것을 모니터링했다. 이렇게 트위터에 사용하는 표현의 빈도 변화를 보면, 특정 환자의 증상이 어떻게 변화하는지를 짐작할 수 있다.

위의 그림은 131만 5,236건의 트윗을 2년 동안 분석하여 '불면증' '멜라토닌' '앰비엔(수면 유도제 상표명)' 등의 표현이 하루 24시간 중에 언제 포스팅되었는지를 분석한 것이다. 이러한 표현이 늦은 밤과 이른 새벽에 업로드된다면, 그 사용자의 불면증 증상을 의심해볼 수 있을 것이다.

또한 이 논문에는 트위터 데이터가 양극성 장애(조울증)의 증상 중 하나인 하이퍼그라피아hypergraphia를 파악하는 데 도움이 된다는 언급도 있다. 하이퍼그라피아는 글을 엄청나게 쓰는 증상을 의미한다. 양극성 장애는 기분이 지나치게 들뜨는 조증과, 기분이 우울해지는 울증을 반복하여 조울증이라고 부르기도 하는데, 조증의 시기에 발생하는 증상 중의 하나가 바로 이 하이퍼그라피아다.

이 증상을 직접 경험하고 책으로 쓰기도 했던, 하버드 의과대학 교수 앨리스 플래허티는 하이퍼그라피아 증상이 있었던 당시 "컴퓨터 자판이나 빈 종이를 보면 마약 중독자가 마약을 보고 얻는 것과 같은 쾌감을 느꼈을 정도"라고 고백하기도 했다.[12] 이러한 증상은 직접적으로 글을 쓰는 것으로 나타나기 때문에, 트위터에 사용자가 글을 남기는 빈도와 길이 등의 패턴으로 파악할 수 있을 것이다.

트위터를 통한 정신질환 파악

실제로 이러한 트위터의 디지털 표현형에 기반하여 산후우울증과 양극성 장애 등을 파악하고, 심지어는 발병하기 전에 예측하려는 시도들도 있다. 마이크로소프트의 연구진은 트위터 데이터를 기반으로 산후우울증의 위험이 있는 산모를 사전에 선별할 가능성이 있다는 연구를 2013년 발표했다.[13] 임신 중에 올린 트위터의 데이터로 감정 상태를 분석하여, 이러한 패턴이 출산 이후에 급격히 바뀔 사용자들을 분류하려고 한 것이다.

이 연구에서는 376명의 산모의 출산 전 3개월, 출산 후 3개월의 트위터 데이터를 분석하였다. 특히 트위터에 나타나는 포스팅 패턴이나 사용하는 언어의 스타일, 감정 표현 등 우울증 증상과 관련이 높을 수도 있는 부분을 분석했다. 구체적으로는 크게 다음과 같이 네 가지 항목으로 트윗을 분석했다.

- 활용 정도
    - 하루에 글을 몇 개나 썼는지
    - 하루에 개별 답장(멘션)을 몇 개나 썼는지
    - 하루에 리트윗을 몇 개나 해서 정보를 공유했는지
    - 하루에 url을 몇 개나 공유했는지
    - 하루에 질문하는 글을 몇 개나 올렸는지
- 네트워크
    - 몇 명이 이 사용자를 팔로우하는지
    - 이 사용자가 몇 명을 팔로우하는지
- 감정 상태
    - 어떤 감정이 담긴 단어 표현을 쓰는지
    - 그 감정이 얼마나 강렬한지 등
- 언어 스타일
    - 언어를 어떤 형식으로 사용하는지
    - 조동사, 접속사, 형용사, 전치사, 대명사 등의 활용 방식

이러한 특성을 분석한 결과 해당 산모가 출산 이후에, 트위터에 나타나는 디지털 표현형이 급격히 변화할지를 70% 이상의 정확도로 예측할 수 있었으며, 출산 직후 1~2주의 데이터를 더 고려한다면 정확도가 80% 이상으로 상승한다. 이 연구는 산후우울증의 진단까지는 다루지 않았지만, 트위터에 나타나는 디지털 표현형만으로 출산 전후의 감정 변화를 파악할 가능성에 대해서 보여줬다고 할 수 있다. 이 연구진은 이어서 2014년 페이스북의 데이터를 기반으로 산후우울증 예측 가능성을 보는 연구결과를 공개하기도 했다.[14]

또 다른 연구에서는 트윗에 반영되는 양극성 장애(조울증) 증상을 파악하기도 했다.[15, 16] 앞서 언급했듯이, 양극성 장애 환자는 조증과 울증을 반복하기 때문에 기분의 변화가 심하고, 그에 따라 의사소통하는 패턴도 달라지며, 수면 장애를 겪기도 한다. 특히 이 환자들의 30%가 자살로 생을 마감한다는 통계도 있어서, 이러한 극단적인 상황을 막기 위해서는 조기 발견 및 치료가 중요하다.

연구진은 환자의 트위터 내용이나 트윗 패턴(밤늦게 트윗하는 빈도, 개별 답장의 빈도, 트윗하는 빈도의 일간 격차) 및 기분, 사회적인 관계 등을 분석했다. 또한 음운론에 기반한 새로운 기준도 만들어서, 트위터에 올린 단어들이 실제로 발음되면 얼마나 강한 억양을 나타내는지도 계산했다. 이를 바탕으로 양극성 장애 진단을 받은 환자 406명의 트윗과 대조군의 트윗을 구분해보았다. 양극성 장애를 진단받기 1년 전의 트윗부터 모아서 기계학습으로 대조군과 얼마나 잘 구분할 수 있는지를 본 것이다. 특히 진단받은 시점부터 2개월 전까지, 3개월, 6개월, 9개월, 12개월 전까지의 데이터를 각각 분석해보았다.

그 결과 90% 이상의 정확도로 양극성 장애 진단을 받기 이전에 환자(위험군)를 구분해낼 수 있었다. 음운론 피처와 사회적 상호관계를 파악하는 기준은 각각 단독으로 진단 2개월 이전에 이미 90% 이상의 정확도를 보였다. 특히 몇몇 기준을 조합하면 진단 12개월 전의 데이터까지 보더라도 97%의 정확도$_{accuracy}$로 위험군을 분류할 수 있었다. 연구진은 양극성 장애 환자의 증상이 트윗에 무의식중에 반영되기 때문에, 이러한 디지털 표현형을 인공지능으로 분석하면 증상을 이른 시기에 파악할 수 있다고 해석했다.

인스타그램도 당신이 우울한지 알고 있다

그렇다면 인스타그램은 어떨까? 한국에서는 트위터보다 인스타그램이 특히 여성과 20, 30대 사용자를 바탕으로 더 많은 인기를 끌고 있다. 140자 분량의 글이나 링크를 주로 공유하는 트위터와는 달리 인스타그램은 사진과 동영상을 공유하는 SNS이다. 이 인스타그램에 올라오는 사진에도 사용자의 건강 상태가 반영되어 있을까.

하버드 대학과 버몬트 대학의 연구진은 2017년 인스타그램의 사진과 사진을 올리는 패턴으로부터 사용자가 우울증을 겪고 있는지를 정확하게 알아낼 수 있다는 연구결과를 발표했다.[17] 이 연구에서는 166명의 사용자가 올린 4만 3,950장의 사진을 기계학습으로 분석해서 우울증 여부를 가려내었다. 그 결과 인스타그램을 바탕으로 평균적인 의사(일반의)의 판단보다 더 높은 정확도로 우울증 환자를 구분할 수 있었다. 특히 우울증을 진단받기 전에 올린 사진만을 보고, 향후 우울증이 발병할 가능성을 예측하기도 했다.

이 연구는 크게 두 가지 가설을 검증하고자 했다.

- 가설1: 우울증 환자의 인스타그램 사진은 정상인이 올린 사진과 차이가 있을 것이다.
- 가설2: 우울증 환자가 '우울증을 진단받기 전에' 올렸던 사진도, 정상인이 올린 사진과 차이가 있을 것이다.

이를 위해서 연구진은 인스타그램에 올라온 사진 및 관련 데이터를 분석해보았다. 특히 가설1에 따라서 우울증 환자의(발병 전후

기간을 모두 포함한) 인스타그램과 정상인의 인스타그램을 비교하였을 뿐만 아니라 All-data model, 가설2에 따라서 우울증으로 진단받기 전의 데이터만을 가지고도 정상인과 차이가 나는지 Pre-diagnosis model 를 살펴보았다. 만약 가설2가 옳은 것으로 나타난다면, 인스타그램 데이터만 가지고도 사용자가 추후 우울증에 걸릴 가능성이 있는지를 예측할 수 있는 것이다.

누가 더 우울한 사용자일까?

그러한 분석 결과, 실제로 정상인과 우울증 환자의 인스타그램에는 여러 측면에서 차이가 있었다. 대표적으로 사진의 색감에서 차이를 보였다. 색상 Hue, 채도 Saturation, 명도 Brightness를 기준으로 했을 때, 우울증 환자의 사진은 정상인의 사진보다 더 푸른색을 띠고, 어두우며, 회색에 가까웠다. 또한 우울증 환자들은 정상인보다 얼굴이 드러나는 사진을 올리는 경향이 강했으나, 사진에 드러나는 얼굴의 평균적인 수는 정상인보다 더 적었다.

그뿐만 아니라, 인스타그램의 '필터' 사용에 대해서도 우울증 환자와 정상인 사이의 차이가 드러났다. 인스타그램에 사진이나 영상을 올릴 때는 사진의 색감을 수정할 수 있는 다양한 필터를 활용할 수 있다. 그런데 우울증 환자는 정상인 대비 필터를 아예 사용하지 않는 경향이 강했다. 하지만 우울증 환자들이 필터를 활용하

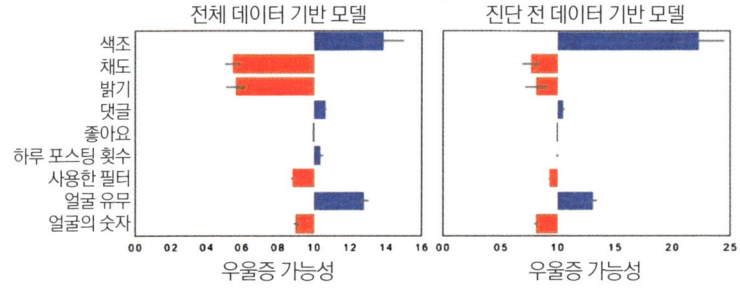

우울증 환자와 정상인의 인스타그램 사용 패턴의 차이[17]

는 경우에는 정상인 대비 잉크웰Inkwell 필터의 사용이 두드러졌다. 잉크웰은 사진을 흑백으로 만들어주는 필터다. 반면, 건강한 사용자는 색감을 더 밝게 만들어주는 발렌시아Valencia 필터의 사용이 상대적으로 더 많았다. 이렇게 인스타그램에 드러나는 우울증 환자의 디지털 표현형은, 우울증 환자들이 더 어둡고, 푸르며, 단색을 선호한다는 기존의 연구와도 일치하는 결과라고 할 수 있다.[18-21]

연구진은 앞서 설명한 두 가지 가설에 따라서, 우울증 환자(발병 전후의 인스타그램 데이터를 모두 포함)와 정상인과 구분하는 모델

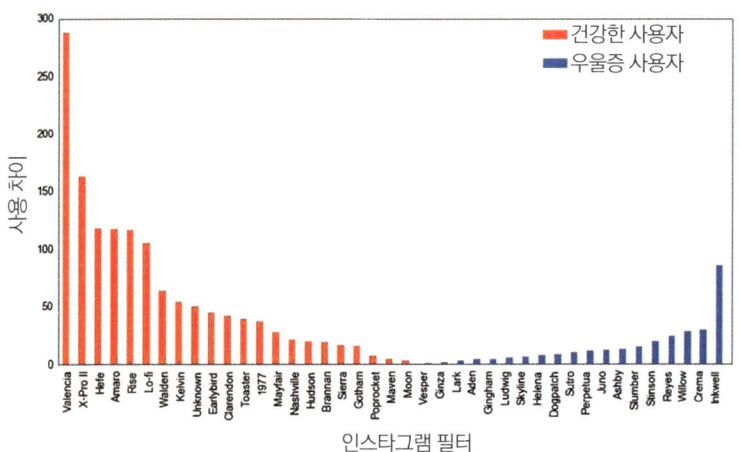

우울증 환자와 정상인의 인스타그램의 색감 필터 사용 차이[17]

과, 우울증 진단 전의 데이터만을 기반으로 정상인을 구분하는 기계학습 모델 두 가지를 만들었다. 그리고 이 두 가지 모델을 일반의general practitioner의 실력과 비교함으로써 정확성을 평가해보았다.[22] 그 결과, 첫 번째 '전체 데이터' 기반의 모델은 의사보다 조금 더 나은 정확도로 우울증 환자와 정상인을 구분한다. 두 번째 '진단 전 데이터' 기반의 모델은 의사와 거의 대등한 정확도를 보이는데, 이미 진단 전의 데이터만 가지고도 의사와 비슷한 수준의 정확도를 보인다는 점이 유의미하다고 볼 수 있다.*

디지털 표현형, 의료 데이터의 확장

이번 챕터에서는 디지털 헬스케어에서 측정할 수 있는 데이터의 마지막 사례로 '디지털 표현형'을 살펴보았다. 아직 일반 대중에게는 물론, 디지털 헬스케어 분야에서도 이 개념이 소개된 지는 몇 년 지나지 않았다. 하지만 디지털 기술의 발전으로 인해서, 환자의 건강을 파악하기 위해 새롭게 얻을 수 있는 데이터로 이 디지털 표현형을 빼놓을 수는 없을 것이다. 특히 스마트폰을 사용하고, SNS에 글이나 사진을 올리는 것은 원래 일상생활에서 해오던 것이기 때문에 병원에 국한되지 않은 실제 일상적인 환경에서, 환자의 상태를 보다 객관적이고, 높은 빈도로, 정량적으로 파악하기 위해서

---

* 좀 더 구체적으로는 우울증 환자의 인스타그램과 정상적인 인스타그램을 비교하는 모델의 경우 일반의보다 재현율(recall)과 정밀도(precision)는 더 높았으며 특이도(specificity)와 음성예측도(negative predictive value)는 더 낮았다. 결과적으로 F1 수치는 우울증 환자의 인스타그램과 정상적인 인스타그램을 비교하는 모델이 더 높았다. 반면 우울증으로 진단받기 전의 데이터만을 가지고도 정상인과 차이가 나는지 모델의 경우 특이도와 정밀도가 일반의보다 더 높았으며 재현율과 음성예측도는 더 낮았다. F1 수치는 일반의와 거의 비슷한 수준이었다.

도움이 될 수 있다.

　이러한 디지털 표현형은 어쩌면 의료 데이터의 범주가 확장된다고도 볼 수 있다. 디지털 헬스케어의 새로운 기술을 살펴보면, 기존에는 의료 데이터로 분류되지 않던 완전히 새로운 종류의 데이터가 환자의 건강 상태나 질병을 파악하기 위해서 활용됨을 알 수 있다. 이번 챕터에서는 스마트폰의 통화 빈도나 타이핑 속도, 스크롤을 내리는 속도, 혹은 SNS에 어떤 색감의 사진을 올리고, 트윗을 얼마나 자주 올리는지와 같은, 전통적인 의미에서는 '비의료적인' 데이터를 바탕으로 '의료적인' 판단을 내릴 수도 있다는 것을 살펴보았다.

　그렇다면 이러한 스마트폰과 SNS 데이터는 이제 의료 데이터로 간주해야 하는가? 이 데이터는 다른 기존의 의료 데이터처럼 법적으로 보호받아야 하는가? 혹은 이러한 데이터를 만들어내는 스마트폰과 SNS는 의료 기기나 의료 서비스가 되어야 하는가? 우리는 디지털 표현형과 연관지어 이와 같은 흥미로운 질문을 던져볼 수 있다. 아직 우리는 이러한 질문이 가능한지조차 모르고 있지만, 향후 의료 데이터의 범주가 확장되고 디지털 표현형이 제도권 의료 속으로 편입된다면 이러한 새로운 질문에도 답해야 할 것이다.

　더 나아가 어쩌면 디지털 표현형은 단순히 환자의 상태를 더 효과적으로 모니터링하기 위한 수단에 그치는 것이 아니라 더 깊은 의학적인 의미를 가질 수도 있다. 질병에 대한 이해, 정의, 분류는 시대나 기술의 발전에 따라서 달라지기도 한다. 자폐 스펙트럼 장애autism spectrum disorder처럼 예전에는 하나의 질병으로 간주되던 것들이 이제는 수없이 다양한 세부적인 질병의 총합으로 이루어진 스펙트럼으로 간주되기도 하고, 당뇨병이나 천식과 같은 만성질환도

인공지능으로 더 세부적인 유형으로 나누려는 연구가 진행되고 있기도 하다.[9]

그렇다면 이런 디지털 표현형의 개념을 기반으로, 질병의 발현이나 증상, 더 나아가서는 질병 그 자체를 새롭게 정의할 수도 있지 않을까? 예를 들어, 우울증에 걸린 환자들은 매우 다양한 증상과 양태를 보인다. 어떤 우울증 환자는 항상 잠을 자고 싶어하고, 또 다른 우울증 환자는 반대로 불면증으로 잠에 들지 못하기도 한다. 이는 우울증이 하나의 질병이 아니라 어쩌면 세부적으로는 여러 타입으로 구분될 수도 있다는 의미이다.

만약 스마트폰에 반영되는 디지털 표현형으로 이러한 세부적인 구분에 대한 힌트를 얻거나, 아예 그러한 디지털 표현형 자체가 새로운 질병의 세부 구분 기준이 되지 않으리라는 법도 없다. 실제로, 앞서 소개한 마인드스트롱의 주요 연구 목표 중의 하나는 스마트폰 사용 패턴을 바탕으로 주요 우울장애major depressive disorder를 세부적인 유형으로 구분하는 것이다.[9] 이는 디지털 표현형을 적용할 수 있는 다른 질병에도 해당될 수 있다고 본다.

10장
환자 유래의 의료 데이터

 지금 우리는 디지털 헬스케어가 어떻게 구현되는지에 대해서 차근차근 단계별로 살펴보고 있다. 앞선 몇 개의 챕터에서 스마트폰, 웨어러블 디바이스부터, 개인유전정보, 디지털 표현형까지 방대한 내용을 다루었으므로, 우리가 어떠한 맥락에서 이러한 주제들을 살펴보고 있는지를 다시 짚어보기로 하자.

 필자는 디지털 헬스케어에서 가장 중요한 요소로 '데이터'를 꼽은 바 있다. 새로운 디지털 기술의 발전과 이를 통한 디지털 헬스케어의 구현은 모두 데이터와 연관 지어서 설명할 수 있기 때문이다. 디지털 헬스케어는 이러한 데이터의 흐름에 따라 아래와 같은 총 3단계에 걸쳐서 구현되며, 이를 '디지털 헬스케어의 3단계'라고 부른다고도 언급했다.

- 1단계: 데이터의 측정
- 2단계: 데이터의 통합

- 3단계: 데이터의 해석

이 중에서 지금까지 우리는 데이터의 '측정'이라는 1단계에 해당하는 부분을 살펴보았다. 데이터를 측정하기 위한 대표적인 방식으로 스마트폰, 웨어러블 디바이스, 개인유전정보, 디지털 표현형을 이야기한 것이다. 이러한 새로운 방식을 통해서 우리는 양적, 질적인 측면 모두에서 극적으로 개선된 데이터를 얻을 수 있다. 기존에 측정하지 못하고 버려졌던 데이터를 이제는 측정할 수 있고, 측정하는 빈도도 높아지며, 측정 방식이나 사용자 경험user experience도 크게 개선되고 있다. 이러한 점에 대해서 이제 독자들도 이해할 수 있게 되었을 것이다.

그런데 여기서 한 가지를 짚고 넘어가지 않을 수 없다. 스마트폰, 웨어러블 디바이스, 개인유전정보, 디지털 표현형이라는 데이터에 한 가지 중요한 공통점이 있기 때문이다. 과연 어떠한 공통점이 있을까?

환자 유래의 의료 데이터: 마지막 퍼즐 조각

그 공통점이란 바로 이 방식들로 데이터를 측정하기 위해서 병원에 가거나 의사의 도움을 받을 필요가 없다는 것이다. 즉, 이는 바로 환자, 혹은 의료 전문가가 아닌 일반 사용자가 스스로 만들어내는 의료 데이터이다. 이를 우리는 '환자 유래의 의료 데이터

PGHD, Patients Generated Health Data '라고 부른다.*1-5

미국의 국가 의료정보기술 조정국ONC, The Office of the National Coordinator for Health Information Technology에 따르면 환자 유래의 의료 데이터는 환자의 건강과 관련하여 환자 본인이 (혹은 환자의 가족이나 보호자가) 만들고, 기록하며, 수집한 데이터로 정의하고 있다.[1-5] 예를 들어, 건강에 대한 이력health history, 치료 이력treatment history, 생체 데이터biometric data, 각종 증상 및 생활습관lifestyle 등이 여기에 포함한다. 넓게 본다면 개인유전정보(특히 DTC 서비스의 경우에는) 역시 여기에 포함될 수 있을 것 같다. 필자는 이러한 '환자 유래의 의료 데이터'가 미래 의료를 구현하기 위해 가장 중요한 핵심 요소 중 하나라고 믿는다.

전통적인 의미에서 의료 데이터는 환자가 병원을 방문하여 의사의 주도하에 측정되는 것이었다. 하지만 이렇게 만들어진 의료 데이터는 큰 약점이 있다. 바로 1년 365일 중, 환자가 병원에 방문한 그 '찰나'의 짧은 순간 동안의 환자 상태만 반영할 수 있다는 것이다. 하지만 환자는 병원 밖에서 일상생활을 영위하며 대부분 시간을 보내며, 그 대부분의 시간 동안 환자의 상태는 계속 변화한다. 즉, 아무리 병원에 자주 내원하고 진료를 많이 받는다고 해도, 병원에서는 환자가 평생 만들어내는 많은 데이터의 극히 일부분밖에 측정할 수 없는 것이다.

이처럼 현재의 의료체계에서는 '병원 밖에서' 환자가 어떤 상태

---

* 국내에서는 아직 PGHD(Patients Generated Health Data)라는 개념이 널리 알려져 있지 않으며, 공식적인 국문 번역도 없다. 특히, 필자에게는 이 용어에서 헬스(Health)라는 단어를 어떻게 번역해야 할지가 고민이었다. 의료, 건강, 헬스라는 세 단어 중에 고민하다가, '의료'라는 용어를 썼다. 건강은 지나치게 넓고 막연한 개념이고, 헬스는 의미 전달이 정확히 되지 않는 것 같았다. 의료라는 단어는 PGHD를 위해 사용하기에는 다소 좁은 의미일 수 있으나, 필자는 미래에는 의료 데이터의 범위 자체가 보다 확대된다고 보고 있기 때문에 '의료'로 번역했다. 추후 PGHD의 정식 국문 번역이 나오면 이 용어를 수정하도록 하겠다.

인지를 파악하는 것은 여전히 빈칸으로 남겨져 있다. 많은 경우, 특히 질병을 평생 안고 관리하면서 살아가는 당뇨, 고혈압, 천식 등 만성질환 환자의 경우에는 진료실 밖에서 만들어지는 데이터가 질병의 관리와 치료, 예방, 예측에 매우 중요한 역할을 할 수 있는데도 말이다. 이렇게 현재 의료의 빈칸을 채워줄 마지막 퍼즐 조각이 바로 환자 유래의 의료 데이터라고 할 수 있다.

이 마지막 퍼즐은 어쩌면 기존에 완성해놓은 퍼즐보다 훨씬 큰 조각일 수 있다. IBM이 인간이 태어나고 평생 살아가면서 만들어내는 데이터를 크게 의료 데이터clinical data, 유전체 데이터genomic data, 그리고 외부적인 데이터exogenous data의 세 가지로 구분했던 것을 기억할 것이다(41p. 그림참조). 행동, 사회경제, 주변 환경 등등의 모든 데이터를 포괄하는 외부적인 데이터의 크기가 의료 및 유전체 데이터보다 압도적으로 클 뿐만 아니라, 건강에 미치는 영향력도 더 컸다. 이 외부적인 데이터가 바로 환자 유래의 의료 데이터에 해당한다고 할 수 있다.

사실 환자 유래의 의료 데이터가 완전히 새로운 개념이라고 할 수는 없다. 어떤 환자들은 과거에도 자신의 건강 상태를 스스로 기록했기 때문이다. 예를 들어, 부지런한 당뇨병 환자들은 당뇨 수첩에 식단과 혈당의 변화를 꼼꼼하게 손으로 기록해서, 진료날 의사에게 가져오기도 한다. 이것 역시 분명히 환자 유래의 의료 데이터이다. 하지만 앞으로는 방금 설명한 문장에서 이제 많은 부분에 변화가 수반된다. '수첩' '손으로 기록' '진료날' '가져온다'과 같은 부분들이 완전히 바뀌기 때문이다.

무엇보다 환자 유래의 의료 데이터를 생산하기 위해서 이제는 수첩과 펜을 사용하는 아날로그적 방식이 아니라, 스마트폰, 웨어러블 디바이스, 사물인터넷 센서 등의 디지털 기술을 활용하게 되었다. 환자가 굳이 의식적으로 데이터를 측정하고 손수 기록하지 않아도 자동으로 측정 및 저장되며, 여러 요소를 통해 데이터를 측정한 시간, 장소, 환경 등의 콘텍스트(전후사정)를 알 수도 있다. 단순히 그 특정 데이터뿐만 아니라, 환자가 측정 당시 어떠한 상황에 있었는지 맥락을 이해하는 것도 매우 중요하다. 또한 이 데이터를 (진료 예약날에 의사에게 직접 들고 가는 것이 아니라), 환자가 언제 어디에 있든 실시간으로 의료기관에 전송하여 공유하며 의료 전문가와 양방향으로 의사소통할 수 있다는 것도 큰 차이점이다. 더 나아가, 이 '의료 전문가'는 인간이 아닌 인공지능이 될 수도 있다.

이렇게 웨어러블, 사물인터넷 센서, 스마트폰, 클라우드 컴퓨팅, 초고속 통신망, SNS 등의 디지털 기술이야말로 환자 유래의 의료 데이터의 질적, 양적 증가를 일으키는 핵심 요인이다.[1-3] 또한 디지털 기술 혁신 덕분에 이렇게 증가한 환자 유래의 의료 데이터를 전송하고 분석하여 환자에게 유의미한 의학적 통찰을 줄 수도 있게 되었다. 예를 들어, 추후 언급할 원격의료의 일종인, 원격 환자 모니터링remote patients monitoring이나, 인공지능이 이러한 환자 유래의 의료 데이터를 적시에 혹은 실시간으로 분석할 수 있다.

나의 의료 데이터는 누구의 소유인가

앞서 의료 데이터의 소유권 문제에 대해서 언급한 적이 있다. 의료 데이터가 과연 누구의 소유이며, 이 데이터를 누구에게 공유하고 접근 권한을 줄 것인지를 결정하는 '주체'가 누가 되어야 할 것인지에 대한 문제이다. 그런데 이 문제는 생각보다 간단한 문제가 아니다.

현실적으로 전통적인 의료 데이터는 환자가 의료비를 (혹은 의료비의 일부를) 부담하고, 본인의 신체를 측정한 의료 서비스의 결과물임에도 원본 데이터에 대한 실질적인 소유권이나 접근권을 환자 본인이 가지지 못하는 경우가 많다. 예를 들어, 병원에서 환자가 자신의 진료기록을 요청하면, (데이터의 원본이 아닌) 사본을 종이로 프린트해주거나 CD로 복사해서 준다. 나의 엑스레이, CT 사진을 요청해도 마찬가지로 보통 CD로 제공된다. 사실 의료가 아닌 다른 산업의 경우, 내가 정당한 대가를 지급하고 받은 결과물이 온전히 나의 소유가 되지 않는 경우가 드문 것을 생각하면 조금 의아하게 느껴질 수도 있다.

진료기록의 경우 소유권이 환자에게 있는지 병원에 있는지 불분명한 측면이 있다. 이 역시 환자가 적어도 일부의 의료비를 부담하고(한국에서는 진료비의 일부를 환자가, 일부는 국민건강보험에서 부담한다) 받은 서비스의 결과물이므로 환자의 소유물이라고 주장할 수 있다.

하지만 진료기록에 대한 소유권을 의료진이나 병원이 가진다는 주장이 적어도 한국에서는 상당 부분 법적인 설득력을 가지는 것 같다.[*] 의료 전문가의 전문적인 지식과 분석, 병원의 전문 의료 기기를 사용한 결과물이기 때문이다. 이렇게 주장하는 사람들은 사진

---

[*] 대한의무기록협회의 논문 중에 다음과 같은 구절이 있었다. 현재 해당 링크가 사라져서 각주로 붙여 넣는다. "의무기록은 진료비를 지불한 개인의 기록이므로 당연히 그 개인에게 소유권이 있다고 생각할지 모르나, 법적으로는 병원의 재산 내지는 소유물로 인정하고 있으며 그 기록 내용은 사회 공유의 성격을 지닌다. 그러므로 환자는 의무기록의 사본을 요구할 자격은 있으나 그 원본을 소유할 수는 없고 병원의 개설자는 법으로 정하는 규정에 따라 일정 기간 동안 보존하여야 한다."

작가의 비유를 들기도 한다. 모델에게 초상권이 있지만, 전문 사진작가가 찍은 작품으로서의 사진은 소유권이 모델이 아니라 사진작가에게 있다는 것이다(하지만 이 비유에서 모델은 모델료를 받지만, 의료에서는 환자가 의료비의 일부를 부담한다는 차이점이 있다). 특히, 의료법 제21조, 제22조, 제23조 등에 따르면 의료인이나 의료기관 종사자는 환자의 의무기록을 작성하고 이를 보관하며, 환자가 기록을 열람할 때 이를 허용하고 사본을 제공해야 한다. 이와 관련하여 아주대학교병원 박래웅 교수는 "의료인은 의무기록 작성자이며 의료법상으로는 간접적으로 진료기록의 소유권은 의료기관으로 보고 있는 셈"이라고 해석한다.[6]

필자는 의료 데이터의 소유권 문제에 대한 답을 구하기 위해 주변의 법률 전문가에게 여러 번 문의한 적이 있다.[7] 하지만 법률 전문가들 사이에서도 이 문제를 바라보는 시각과 법적인 해석에 다소 차이가 있어서 명확한 결론을 내리기는 어렵다.[6-9] 그들이 공통적으로 동의한 것은 개별 사례에 대해서 대법원까지 가거나, 복지부의 유권해석을 받아야만 결론이 날 문제라는 것이었다. 또한 한국과 미국의 법률과 해석이 다를 수 있으며, 양국의 변호사들이 가진 시각에도 다소 차이가 있다(특히 한국의 기업이 미국 등 해외로 진출할 때에는 이 부분에 대한 각국의 법적인 차이에도 유의해야 한다).

미국에서도 특히 진료기록에 대한 소유권에 대해서는 아직까지 완전한 결론이 내려지지 않은 것으로 보인다.[10] 더 나아가 주마다 관련 법규가 다를 뿐만 아니라 심지어 어떤 주는 관련 규정이 아예 없는 경우도 있다고 한다.[11] 규정이 있는 주의 경우에는 진료기록이 병원이나 의사의 소유라고 보는 시각이 압도적으로 우세하다. 또한 예외적으로, 뉴햄프셔 주의 경우 환자에게 소유권이 있다.

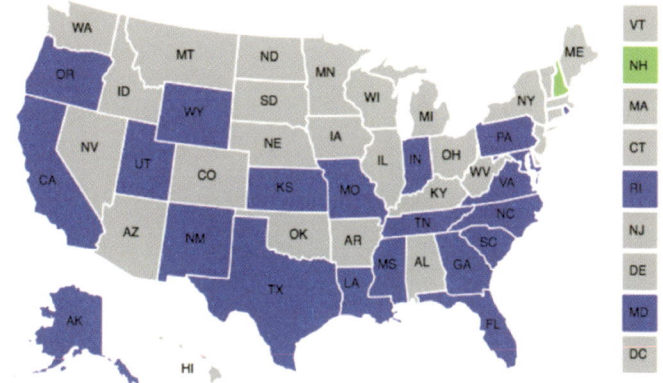

진료 기록 소유권 법률
- 병원 혹은 의사가 소유함
- 환자가 소유함
- 구체적인 소유권이나 권한에 대하여 법률이 없음

미국에서는 주마다 진료기록의 소유권에 관한 규정이 다르다.[11]

하지만 이렇게 의사나 병원이 진료기록에 대한 소유권을 가지는 규정 자체가 타당한 것인지에 대해서도 많은 의견이 있다.[12, 13] 특히, 환자와 의사가 이 문제를 보는 시각도 다르다.[12] 미국의 한 조사에 따르면, '누가 의료기록을 소유해야 하는가?'의 문제에서 환자들은 54%가 환자 스스로 소유해야 한다고 믿지만, 의사 중에는 그렇게 믿는 사람은 39%에 불과하다.

이 때문에 미국에서는 많은 환자 권익의 지지자들이나, 에릭 토폴 박사를 비롯한 진보적인 시각을 가진 의료 전문가들이 현재 병원이나 의료 기기 제조사가 독점하고 있는 데이터를 '민주화democratization'하여 환자에게 소유권을 넘겨줘야 한다고 주장하며, 이를 위한 운동을 전개하고 있기도 하다.[14-16] 이를 지칭하여 의료 데이터 '민주화' 혹은 '데이터 해방data liberation'으로 부르기도 한다.[17, 18]

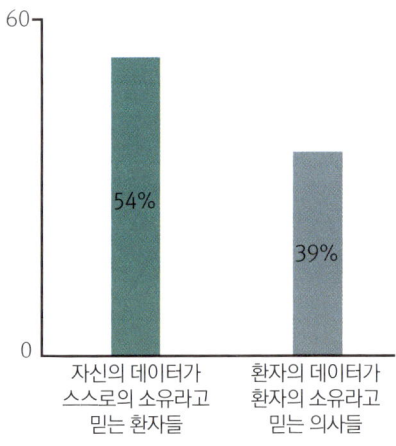

환자와 의사, 누가 의료 데이터를 소유해야 하는가?[12]

환자 유래 데이터에 의한, 환자의 권한 강화

하지만 전통적인 의료 데이터가 아니라 환자 유래의 의료 데이터의 경우라면 이러한 소유권 문제의 양상은 달라질 수 있다. 왜냐하면 환자의 몸에서, 환자 소유의 기기로, 환자가 스스로 측정한 데이터이기 때문이다. 즉, 측정의 대상도, 측정하는 주체도 환자 본인이며, 측정에 사용되는 수단도 환자 본인의 것이다. 또한 일차적인 저장공간도 환자 본인 소유의 스마트폰이나, 클라우드가 된다.

따라서 환자 유래의 의료 데이터의 경우, 이 데이터를 어디에 저장하고, 누구와 공유하며, 어느 병원의 어느 의사에게 공유할 것인지에 대한 주도권을 근본적으로 환자 본인이 쥐게 된다. 즉, 이 데이터의 소유권은 온전히 환자에게 있는 것이다.

이는 결국 의료 전반에서 환자의 권한이 강화되는 것을 의미한다. 현대 의료는 공급자 즉, 의사와 병원을 중심으로 돌아가며, 서비스 수혜자인 환자는 정작 소외되거나 수동적인 존재가 되는 경우가 많았다. 의사와 환자 간 전문 지식의 비대칭이 클 뿐만 아니라 의료 데이터의 생산, 저장 및 분석 능력도 공급자인 의료 전문가와 의료기관이 가지고 있기 때문이다. 하지만 환자 유래의 의료 데이터가 의료 전반에서 가지는 역할과 의미가 커질수록 그 데이터의 주도권을 쥐고 있는 환자의 권한 역시 커진다고 할 수 있다.

그뿐만 아니라, 데이터의 소유권을 환자들이 가지는 것은 의료기기 회사나 대형 IT 기업과의 관계에서도 중요하다. 미래에는 더 많은 데이터를 가지는 기업이 결국에 경쟁에서 우위를 점하게 된다. 앞서 강조했듯, '데이터가 왕'이기 때문이다. 따라서 헬스케어 분야의 어떤 기업이든 사용자들을 설득하여 더 많은 데이터를 자신의 플랫폼으로 끌어들이기 위해서 혈안이 될 것이다. 이러한 구도에서 환자들이 자신의 데이터를 누구에게 맡기고, 어떻게 관리할지를 스스로 결정할 수 있는 권한을 가지는 것은 너무도 중요하다.

참여의료의 구현

미래 의료의 궁극적인 이상향으로 4P 의료를 언급한 것을 기억할 것이다. P로 시작하는 4가지 요소 중, 맞춤의료Personalized Medicine, 예측의료Predictive Medicine, 예방의료Preventive Medicine와 함께 포함되었던 것이 바로 환자들의 역할을 강조하는 참여의료Participatory Medicine이다. 결국 환자 유래의 의료 데이터는 바로 이 참여의료의 구현과 직결된다. 환자들이 본인의 몸에 대한 데이터를 스스로 만들어내고, 그 결과물에 대한 권한과 책임을 자신이 가지는 것은 참여의료를 구현하기 위한 필수적인 요소이기 때문이다.

　환자 중에서도 더 적극적이고 능동적인 환자들은 스스로 의료기기를 만들고 공개하는 등의 환자 주도의 의료 혁신을 꾀하기도 한다. 예를 들어, 자신의 연속혈당계를 해킹해서 새로운 기능을 추가하는 나이트스카우트NightScout와 같은 단체도 있고, 인공췌장을 DIYDo-It-Yourself 형식으로 만들어서 스스로 사용하는 환자들도 있다.[19-22] 하지만 이렇게까지 과감하거나 적극적이지 않은 대부분의 환자들도, 앞으로는 스스로 본인의 신체 상태에 대한 데이터를 만들어내면서 자연스럽게 의료에 더 깊이 참여하게 될 것이다.

　결과적으로 디지털 헬스케어의 구현을 통해서 의료의 궁극적인 지향점인 4P 의료의 모든 요소를 달성할 수 있다. 이 부분은 '디지털 의료의 3단계' 중, 남은 두 단계인 데이터 통합과 데이터 해석 부분을 설명하면서도 계속 설명해보도록 하겠다.

2단계:
데이터의 통합

헬스케어 데이터의 통합

이제는 '디지털 헬스케어의 3단계' 중에서 2단계에 해당하는, '데이터의 통합'에 대해서 알아볼 차례다. 1단계에서 우리는 무수히 많은 종류의 데이터가 스마트폰, 웨어러블 디바이스, 유전정보 분석, 디지털 표현형 등 다양한 방식을 통해서 측정될 수 있다는 것을 살펴보았다. 그 데이터들은 체온, 혈당, 혈압, 산소포화도, 심박, 심박 변이도, 심전도, 호흡수, 혈류량, 안압, 복약 여부, 활동량, 자세, 수면, 코골이, 흡기량, 피부 전기 반응, 고막 사진, 피부 사진, 목소리 패턴, 월경, 유전정보, 스마트폰 사용 패턴, SNS 사용 패턴에 이르기까지 그야말로 광범위하다.

한 가지 문제는 이러한 헬스케어 데이터의 '형식'이 매우 다양하다는 것이다. 방금 열거한 데이터만 보더라도, 어떤 것들은 수치로 나타낼 수 있는 정량적인 데이터이며, 또 다른 데이터는 정성적인 데이터도 있다. 더 나아가서, 이 데이터는 숫자, 텍스트, 사진, 영상, 음성, 그래프, 위치의 형식을 가질 수 있으며, 혹은 패턴 그 자체가

형식	예시
숫자	걸음수, 심박수, 체온, 혈당, 혈압, 수면량, 소모 칼로리, 체중
그래프	심전도, 뇌파, 체온, 혈당, 피부전기활성도
텍스트	진료기록, 식단, 증상
이미지	피부, 표정, 안구, 초음파, 복약
음성	우울증 목소리 패턴, 파킨슨병 목소리 패턴
영상	고막, 표정, 걸음걸이
위치	이동 패턴, 방문 장소, 천식 흡입기 사용 장소

측정할 수 있는 여러 데이터의 예시와 형식

데이터일 수도 있다. 정형화된structured 데이터일 수도 있고, 비정형unstructured 데이터일 수도 있다. 불연속적일 수도 있고, 연속적인 데이터일 수도 있다.

또 다른 문제는 이렇게 다양한 데이터가 측정되는 '수단'은 더욱더 다양하다는 것이다. 갈수록 더 많은 헬스케어 앱, 웨어러블 디바이스, 사물인터넷 센서, 휴대용 의료 기기가 시장에 출시되고 있으며, 이는 모두 어떤 방식으로든 데이터를 만들어낸다.

심지어는 동일한 종류의 데이터가 여러 가지 다른 종류의 기기를 통해서 생산되며, 그 데이터의 형식이나 표준이 상이할 수도 있다. 예를 들어, 가장 흔하게 측정되는 헬스케어 데이터인 '활동량'을 보자. 활동량을 측정할 수 있는 수단은 무척 다양하다. 손목에 시계처럼 착용한 기기를 이용할 수도 있고, 스마트폰에 내장된 가속도계를 활용하거나, GPS로 이동 경로를 볼 수도 있다. 클립 형태로 옷에 부착한 센서나, 브래지어, 벨트, 깔창, 목걸이, 반지 등등의 다양한 기기들이 이미 활동량 측정을 목적으로 시장에 나와 있다. 이런 경우 '활동량'이라는 동일한 항목의 데이터가 다양한 방식으로 중복 측정되는 것이다.

한 사람의 건강 상태를 이해하려면

그런데 한 사람의 건강 상태에 대한 전체 그림을 가질 수 있으려면, 이러한 모든 데이터를 한곳에 모아서 통합할 수 있어야 한다. 사람은 인생을 살아가면서 (전통적인 의미의) 의료 데이터, 유전체 데이터, 환자 유래의 의료 데이터 등을 끊임없이 만들어낸다고 여러 번 강조한 바 있다. 이렇게 광범위하고 막대한 규모의 데이터를 통합해서 하나의 장소에 효과적이고, 안전하게 저장할 수 있어야 한다는 것이다. 퍼즐을 맞추기 위해서는 일단 모든 퍼즐 조각을 한곳에 모아야 한다.

궁극적으로 이렇게 통합되어야 하는 데이터는 앞서 설명한 스마트폰, 웨어러블 등의 새로운 디지털 기기에서 나온 환자 유래의 의료 데이터뿐만 아니라, 전통적인 의미의 의료 데이터까지 모두 포괄한다. 진료기록, 처방기록, 유전자 검사, MRI, CT, 초음파 등의 의료 영상 및 혈액 검사 결과에서 더 나아가 전장 유전체 염기서열이나, 미생물체microbiome 데이터 및 환자가 처한 주위 환경에 관한 데이터까지 말이다.[1, 2]

스크립스 중개과학연구소의 에릭 토폴 박사는 저서 『청진기가 사라진 이후The Patient Will See You Now』에서, 이렇게 의료 데이터가 저장 및 통합되는 플랫폼을 구글 지도와 같은 GIS(지리정보시스템)에 비유하여 설명한 바 있다. 구글 지도에는 지형지물, 실시간 도로정보, 인공위성 사진, 스트리트뷰 등 여러 계층의 데이터가 하나의 지도 위에 겹쳐져서 특정 장소나 이동 경로에 대한 총체적인 정보를 얻을 수 있다.

이처럼 한 사람의 건강에 대해서도 모든 데이터를 한곳에 모으

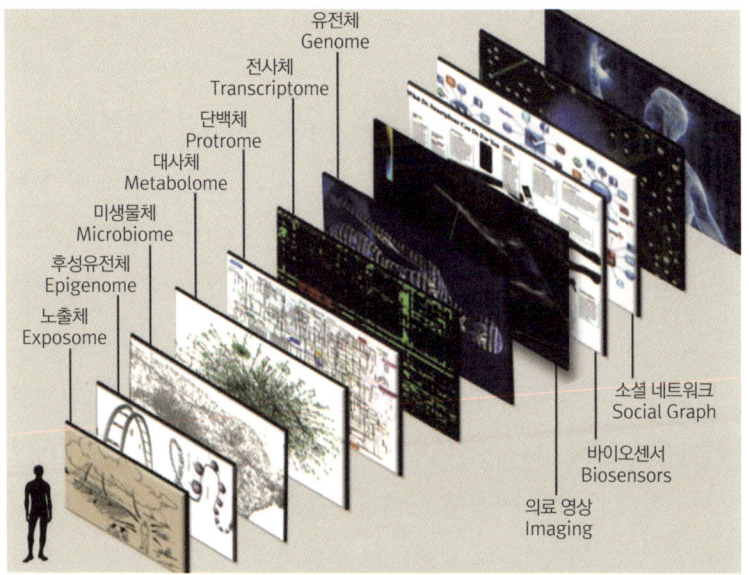

구글 지도처럼 다양한 수준의 의료 데이터를 통합한다면 그 사람에 대한 총체적인 건강 상태를 정의할 수 있을 것이다. (출처: 『셀』)[1]

고 통하여 분석할 수 있다면, 한 개인의 건강과 질병 상태에 대하여 보다 통합적, 총체적으로 이해할 수 있을 것이다. 그뿐만 아니라 그 사람의 의학적인 본질을 다시금 정의할 수 있을지도 모른다. 특히 끊임없이 생산되는 모든 데이터가 실시간으로 축적되며, 이를 인공지능으로 실시간으로 자동 분석하고, 그 결과를 의료진과 환자가 받아볼 수 있다고 상상해보자. 그야말로 예방, 예측, 정밀의료를 근본적으로 구현할 수 있을 것이다.

이러한 실시간 데이터의 인공지능 분석 같은 부분은 막연한 먼 미래의 이야기처럼 들릴 수도 있다. 하지만 그런 변화는 곳곳에서 이미 시작되고 있으며, 상당한 진척을 보이고 있는 경우도 많다. 구체적인 사례들도 앞으로 차차 살펴보게 될 것이다.

헬스케어 데이터 통합의 어려움

하지만 한 사람의 총체적인 건강 상태를 파악하기 위해 모든 의료 데이터를 한곳에 모으고 통합한다는 것은 결코 쉬운 문제가 아니다. 우리가 지금껏 살아오면서 진료를 받았던 데이터들이 어디에 저장되어 있는지 생각해보자. 일단 진료기록은 내가 진료받았던 모든 병원에 뿔뿔이 흩어져 있다.

한국에서는 이제 많은 병원들이 전자의무기록EMR을 사용하므로 최근 진료기록은 디지털화되어 있는 경우가 많을 것이다. 전자의무기록이란 용어가 어렵게 느껴질 수도 있으나, 과거에 병원에서 종이에 기록하던 차트를 컴퓨터로 옮긴 것이라고 보면 된다. 환자의 인적 사항, 병력, 진료 결과, 치료 결과, 처방 내역, 수술 기록, 입퇴원 기록 등이 모두 종이에 적혀 있던 것을 전산화한 것이다. 하지만 국내에서도 전자의무기록은 1990년대에 보급되기 시작하였으므로, 20년 전의 진료기록만 할지라도 종이 차트에 기록되어 있는 경우가 많을 것이다. 아직 전자의무기록이 보편화되지 않은 외국의 경우라면 말할 것도 없다.

또한 이 진료 데이터의 원본을 얻기도 쉽지 않다(앞서 언급한 진료 데이터의 소유권 문제를 상기해보자). 병원에 방문하여 "나의 진료기록을 가져가고 싶다"고 이야기하면 아마도 종이에 프린트를 해줄 것이다. 또한 MRI, CT 등의 영상 의료 데이터도 크게 다르지 않다. 만약 "내가 평생 동안 찍었던 모든 엑스레이, MRI, CT 영상을 모두 한곳에 모으고 싶다"고 한다면 지금 우리는 결국 그 병원들에 모두 일일이 방문해서 CD에 복사된 사진을 받아와야 한다.

A병원의 전자의무기록에 저장된 데이터를 B병원의 전자의무기

록으로 공유할 수 있다면 문제가 더 간편하게 해결될 수도 있다. 하지만 현실적으로 이러한 공유가 매우 어려운 경우가 많다. 가장 큰 이유는 병원들이 각기 가지고 있는 전자의무기록 사이에 표준화가 되어 있지 않기 때문이다. 이러한 문제를 전자의무기록 사이의 '호환성interoperability' 문제라고 부른다.

의료정보경영학회HIMSS의 정의에 따르면, '호환성이 있다interoperable'는 것은 시스템이나 기기, 소프트웨어 등이 서로 데이터를 문제없이 주고받을 수 있고, 공유할 수 있다는 것이다.[3] 하지만 현실적으로는 기기와 시스템 간의 데이터를 교환하기 위한 호환성은 매우 낮은 경우가 많다. 이러한 호환성 문제는 국내외를 막론하고 전자의무기록 시스템들이 대부분 가지고 있는 심각하고도 중요한 문제이며, 이 분야의 모두가 알고 있는 문제이다. 그럼에도 불구하고, 복잡다단한 기술적, 혹은 기술 외적 이슈들로 인해서 여전히 해결되지 않고 있다.

그렇다면 우리가 앞에서 이야기했던 다양한 스마트폰 앱, 웨어러블 디바이스 등에서 측정한 데이터는 수집 및 통합이 용이할까? 종이 차트에 기록된 데이터에 비하면 수월하겠지만, 이 역시 쉬운 문제는 아니다. 이 부분 역시 호환성과 표준화 문제가 있다. 결국 다양한 의료 데이터가 시스템과 기기 사이에 호환성을 가지기 위해서는 각 데이터에 대한 표준이 마련되어야 한다.

새로운 산업이 태동하는 시기에는 많은 기업들이 저마다 개별적으로 처음 만든 상품이나 서비스를 앞다투어 내어놓기 때문에 표준이 있을 수 없다. 이후 산업이 성장함에 따라 표준에 대한 주도권을 잡기 위해서 기업들 간에 경쟁 구도가 생기기도 하고, 산업이 성숙해지면서 점차 표준이 만들어지게 된다. 헬스케어 산업에서도 의료 정보 등 다양한 데이터에 대해서 표준을 만들기 위해서 많은 전문가들이 노력하고 있지만, 아직까지 해결해야 할 숙제들은 도처에 남아 있는 상황이다.*

모든 헬스케어 데이터를 통합하는 플랫폼

이렇게 모든 헬스케어 데이터를 한곳에 모으기 위해서는 결국 플랫폼이 필요하다. 이러한 플랫폼은 앞서 언급한 호환성의 문제를 해결해서, 데이터를 만들어내는 다양한 주체들의 데이터를 받아들이는 데 기술적인 문제가 없어야 한다. 또한 모든 사람들로부터 끊임없이 생산되는 데이터를 저장하기 위해서 그 플랫폼은 저장 공간이 매우 커야 한다. 그뿐만 아니라, 매우 높은 수준의 보안을 필요로 하며, 사용자 혹은 의료 생태계의 각 주체들이 필요할 때면 언제 어디서든지 접속하여 데이터를 저장하고, 공유 및 활용할 수 있어야 한다. 이러한 조건을 모두 충족시키기 위해서는 스마트폰과 같은 개인 휴대용 장비와 클라우드 컴퓨팅 인프라를 활용하는 것 외에는 대안이 없을 것이다.

그렇다면 이러한 플랫폼을 과연 누가 만들어야 할까. 정부, 기업, 혹은 의료기관이 이러한 플랫폼의 구축을 원할 수도 있겠지만, 현실적으로 기업이 주도할 가능성이 높다. 영리를 추구하는 기업이 개인의 의료 데이터 플랫폼을 구축하고 데이터를 다루는 것이 바

---

* 대표적인 의료 데이터 관련 표준단체로 HL7, ISO/TC 215, IHE 등이 있고, 다양한 표준안들을 개발하여 제공하고 있다. 또한 헬스케어 웨어러블 기기의 호환성 문제를 해결하기 위해서 아이오티비티(Iotivity)에서 관련 표준을 개발하는 중이다. 데이터 표준에 관해서는 이 책의 범주를 넘어서므로 이 정도만 언급하고 넘어가기로 한다.

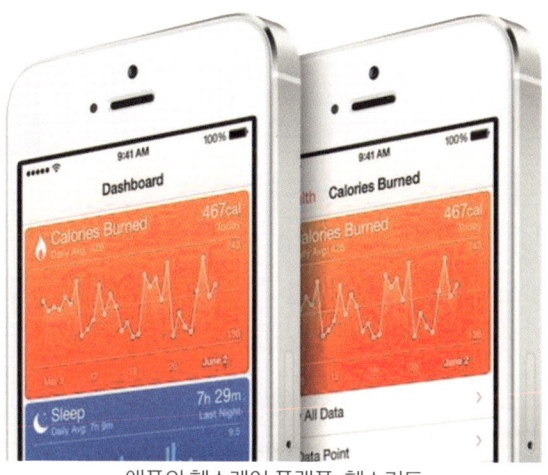
애플의 헬스케어 플랫폼, 헬스키트

람직한지, 이를 위해서 어떠한 원칙에 입각해야 할지는 많은 논란이 있을 수 있다. 하지만 이미 글로벌 IT 기업들은 그러한 방향으로 움직이고 있으며, 사실상 그러한 흐름을 막기는 어려워 보인다. 이 기업들이 헬스케어라는 거대한 기회의 땅을 놓칠 리 없기 때문이다.

구글, 애플, 삼성, 마이크로소프트, 퀄컴 같은 기업들이 헬스케어 데이터 플랫폼을 만드는 대표적인 기업들이다. 특히, 개인 사용자 및 환자의 입장에서 그러한 클라우드에 접속하고 데이터를 저장, 공유, 검색하기 위해 가장 간편한 통로는 역시 스마트폰이 될 수밖에 없다. 현재 사물인터넷 생태계에서 데이터 허브의 역할을 하는 것 역시 스마트폰이며, 사용자가 어떤 방식으로든 환자 유래의 의료 데이터를 측정, 저장, 전송, 활용할 때에는 스마트폰을 거치게 되는 경우가 대부분이다. 이런 의미에서 애플, 삼성, 구글 등 스마트폰과 관계된 IT 기업들이 이러한 플랫폼을 구축하는 방향으로 움직이는 것은 지극히 자연스러운 흐름이라고 볼 수 있다.

이런 글로벌 IT 기업들이 구축하고 있는 헬스케어 플랫폼은 저마다 세부적으로는 차이가 있다. 하지만 헬스케어 데이터를 클라우드에 축적 및 통합하고, 이를 환자, 보호자, 병원, 보험사, 제약사, 연구자 등 의료 생태계의 다양한 주체들이 활용할 수 있게 하는 데이터 플랫폼을 만들겠다는 방향성에는 크게 차이가 없어 보인다.

환자, 병원, 보험사 등 의료 생태계의 주요 주체들의 입장에서도 이러한 플랫폼이 제공하는 단일화된 인터페이스가 필요할 것이다. 병원을 예로 들어보자. 애플과 협력하고 있는, 하버드 의대 부속 병원인 베스 이스라엘 디코네스 메디컬 센터Beth Israel Deaconess Medical Center의 최고 정보 책임자 존 하람카John Halamka 교수에 따르면, 25만 명에 달하는 병원의 환자들 중에 상당수가 조본업이나 무선 체중계 등의 다양한 기기에서 데이터를 측정하고 있다. 그는 "병원에서 이 모든 환자들이 사용하는 기기에 대한 인터페이스를 만들 수 있을까요? 불가능합니다. 하지만 애플이라면 가능하지요."라고 이야기한다.[4]

이 기업들은 사용자(환자)의 동의 없이, 플랫폼에 저장한 의료 데이터에 직접 접근하거나, 그 데이터를 들여다볼 수는 없을 것이고, 그렇게 해서도 안 된다. 하지만 일단 사용자가 해당 플랫폼에 가입하고, 막대한 규모의 데이터를 저장하는 것에 대해서 과금하거나, 여러 부가 서비스를 붙일 수 있다. 또한 그 데이터를 환자들, 혹은 환자의 동의를 받은 의료 생태계의 다양한 참여자들이 활용하는 과정에서 플랫폼은 수익을 창출하는 방법을 구상하게 될 것이다. 마치 애플의 앱스토어가 그랬던 것처럼 말이다. 그러한 수익 모델의 일부를 앞으로 살펴볼 몇 가지 헬스케어 플랫폼에서도 엿볼 수 있다.

천릿길도 한 걸음부터

다만 한 가지 언급해야 할 것은, 앞서 언급한 모든 종류의 의료 데이터를 통합하는 플랫폼, 에릭 토폴 박사가 '개인의 GIS'라고 명명한 플랫폼의 구축은 아직까지는 꽤 요원해 보인다는 점이다. 이상적인 헬스케어 데이터 플랫폼이라면, 병원의 전자의무기록에 저장된 진료기록, 의료영상 저장전송 시스템PACS에 저장된 CT, MRI, 초음파, 내시경 사진, 병리과 검사 결과 등의 의료 영상을 포함한 (전통적인 의미의) '의료 데이터'와 앞서 설명한 웨어러블 기기, 스마트폰 등으로 얻은 환자 유래의 의료 데이터, 그리고 유전체 염기서열 등의 데이터를 모두 통합할 수 있어야 한다.

하지만 아직까지 구글, 애플, IBM 등의 글로벌 IT 기업이 구축하고 있는 플랫폼도 이러한 모든 헬스케어 및 의료 데이터를 포괄하지는 못한다. 특히 개인유전정보의 통합까지 고려하는 곳은 거의 없는 실정이다. 궁극적으로는 이 모든 데이터를 저장하고 다루는 것을 목표로 하겠지만, 그 과정에 있는 지금은 일부분에서 시작하여, 추후 단계적으로 데이터의 범위를 확장하는 방식으로 나아가게 되리라 예상한다.

지난 몇 년 동안 삼성, 애플, 구글 등의 글로벌 IT 기업과 관련 스타트업들이 헬스케어 플랫폼 구축을 시작하면서 가장 먼저 다루기로 한 데이터는 다름 아닌, 환자 유래의 의료 데이터이다. 앞서 언급했듯이 이 데이터는 현재 의료 데이터의 전체 그림에서 아직 채워지지 못한 큰 퍼즐 조각이다. 그뿐만 아니라, 스마트폰 앱, 웨어러블 디바이스, 사물인터넷 센서 등을 통해서 디지털화된 데이터가 측정되어 스마트폰을 거쳐가게 되므로 IT 기업들이 우선적으로 접근하기가 용이한 데이터라고 할 수 있다.

  이번 장에서 설명한 헬스케어 플랫폼에 대한 개념적인 이야기가 다소 막연하게 들렸을 수도 있겠다. 이제는 실제 사례들을 살펴볼 차례다. 현재 진행되고 있는 많은 플랫폼 중에서, 글로벌 IT 기업 중에서 가장 많은 진전을 보이고 있는 플랫폼 두 가지와 실리콘밸리 스타트업 중에서 주목할 만한 기업의 사례를 또 하나 살펴보려고 한다. 애플의 헬스키트HealthKit와 헬스 레코드Health Record, 그리고 실리콘밸리의 발리딕Validic이 그 주인공이다.

헬스케어 데이터 플랫폼
: 애플과 발리딕

헬스케어 회사, 애플

애플은 헬스케어 회사다. 맥북, 아이폰, 아이패드를 만드는 스티브 잡스의 그 애플 말이다. 헬스케어 데이터 플랫폼의 첫 번째 사례로 애플의 헬스키트를 본격적으로 설명하기 전에 헬스케어 분야에서 애플이라는 회사의 최근 몇 년 동안의 행보를 먼저 살펴보려고 한다. 사실 필자에게 글로벌 IT 기업 중에서 가장 완전한 ('완벽한'이 아니다) 디지털 헬스케어 기업을 하나만 골라보라면, 아마도 애플을 꼽을 것 같다.

디지털 기술의 발전이 헬스케어 산업을 혁신하고 있는 지금, 그 선두에는 애플이 있다. 이제 애플을 빼고서 헬스케어 산업을 논할 수 없으며, 반대로 헬스케어를 빼고서 애플을 논할 수도 없게 되었다. 특히 2014년부터 지난 몇 년간 헬스케어 분야에서 애플의 행보를 유심히 지켜보면 필자는 경외를 넘어서 조금 무서운 느낌이

들기도 한다. 그만큼 철저하고 장기적인 마스터 플랜에 기반하여 미래의 의료를 구현하기 위한 초석을 전략적으로 차근차근 쌓아가는 듯한 모습이 보이기 때문이다.

아직까지 헬스케어 부문에서 애플이 큰 수익을 벌어들이지는 못하고 있지만, 애플의 미래 계획에 헬스케어는 빼놓을 수 없는 부분이다. 지난 몇 년간 CEO 팀 쿡을 비롯한 애플 임원들의 키노트를 보더라도 헬스케어가 언급되지 않은 적은 거의 찾아보기 힘들다. 또한 2014년부터 최근까지 애플은 매년 헬스키트, 리서치키트, 케어키트, 애플 헬스 레코드 등 헬스케어 혹은 의학 플랫폼을 차례로 출시했다.[1-6]

애플의 헬스케어 분야 전략을 간단하게 설명하기란 쉽지 않다. 거의 전방위적으로 헬스케어 분야로 진입하고 있기 때문이다.[7] 애플은 환자 유래의 의료 데이터 플랫폼(헬스키트), 의학연구 플랫폼(리서치 키트), 헬스케어 앱 개발 플랫폼(케어키트), 진료기록 공유 플랫폼(애플 헬스 레코드) 등의 플랫폼을 자체적으로 구축하였을 뿐만 아니라 시장에서 선도적인 웨어러블 디바이스(애플워치)도 보유하고 있다. 그뿐만 아니라 헬스케어 혁신에 가장 중심적인 기기라고 불러도 과언이 아닌 스마트폰(아이폰)도 애플이 처음 만들어냈다.

더 나아가, 애플은 이제 '의료 기기 회사'이다. 2018년 9월 발표한 애플워치4에는 새롭게 심전도, 부정맥 및 낙상 측정 기능이 추가되었으며, 특히 심전도와 부정맥 측정 기능은 FDA의 의료 기기 승인을 받았다.[8, 9] 즉, 애플은 과거 컴퓨터를 만드는 회사로 시작해서, MP3플레이어 제조사를 거쳐서, 스마트폰 제조사, 태블릿PC 제조사에서, 이제는 의료 기기를 제조하는 회사까지 된 것이다.

필자가 애플이 헬스케어 분야에서 '완전한 그림을 갖추고 있다'고 하는 의미는, 데이터의 측정-통합-분석 즉, '디지털 헬스케어의 3단계'에 모두 애플이 여러 방식으로 관여하고 있기 때문이다. 예를 들어, 아이폰과 애플워치는 헬스케어 및 의료 데이터를 측정하는 수단이 된다(1단계). 아이폰 기반의 헬스케어 데이터 플랫폼인 헬스키트와 진료기록 플랫폼인 애플 헬스 레코드는 관련 데이터를 수집하고 통합하는 역할을 한다(2단계). 그리고 추후 살펴보겠지만, 의료기관들이 이런 플랫폼을 통해 데이터를 분석하여 환자 관리나 질병치료에 활용하는 사례들이 생겨나고 있다(3단계).* 이렇게 '디지털 의료의 3단계'에 모두 관여할 수 있는 기업은 전세계적으로 보더라도 그리 많지 않다.

헬스키트, 애플 헬스케어의 시작

애플의 헬스케어 시장 진출의 포문을 열었던 것이 바로 헬스키트 플랫폼의 출시였다.[1, 7, 10] 2014년 6월 애플의 부사장 크레이그 페더리기Craig Federighi는 샌프란시스코에서 열린 세계 개발자 회의WWDC에서 새로운 아이폰 운영체제 iOS8에 헬스키트가 기본적으로 탑재된다고 밝혔다. 아이폰을 사용하는 사람들이라면 이때부터, '건강'이라는 앱이 기본적으로 아이폰에 깔려 있는 것을 보았을 것이다. 이 '건강' 앱이 헬스키트의 사용자 인터페이스라고 할 수 있다.

---

* 15장 '원격의료 (1) 원격 환자 모니터링'에서는 애플의 헬스키트 플랫폼을 당뇨병 환자의 원격 모니터링에 활용하는 사례를 소개할 것이다.

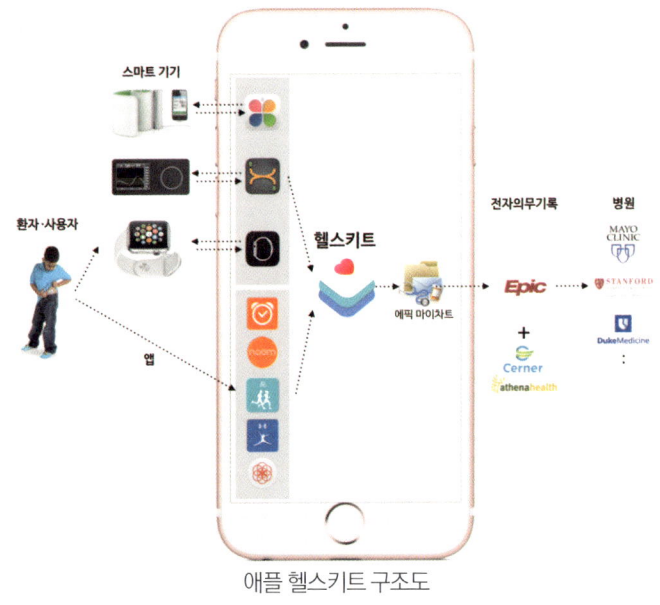

애플 헬스키트 구조도

사실 헬스키트는 상당히 '애플스러운' 콘셉트의 플랫폼이다. 이 플랫폼을 중심으로, 헬스케어 시장의 환자, 앱, 기기, 병원, 전자의무기록회사 등 주요 플레이어들을 모두 끌어들이는 큰 판을 만들겠다는 것이었다. 애플이 아이폰의 앱스토어를 기반으로 스마트폰 앱 생태계를 창조했듯이, 이제는 헬스케어 생태계를 만들겠다는 복안이다.

헬스키트는 일단 아이폰을 중심으로 헬스케어 생태계의 주체들을 이어주는 역할을 한다. 헬스키트를 중심으로 한쪽에는 사용자(환자)와 여러 회사들의 각종 헬스케어 기기와 앱이 있다. 다른 한쪽에는 병원과 전자의무기록 기업들이 있다. 환자들이 언제 어디서든 여러 헬스케어 기기와 앱으로 데이터를 측정하면, 이 환자 유래의 의료 데이터는 아이폰의 헬스키트 플랫폼에 통합적으로 저장 및 관리되면서, 전자의무기록을 거쳐서 결국 병원까지 전달되게 된다. 헬스키트를 중심으로 의료 생태계의 주요 주체들인 환자-기기·앱-스마트폰-전자의무기록-병원으로 데이터가 전달될 수 있는 흐름이 완성되는 것이다.

크레이그 페더리기는 헬스키트를 처음 발표하는 자리에서 핏빗, 아이헬스iHealth, 위딩스와 같은 기존의 아이폰을 이용한 활동량 측정, 심박수 측정, 혈당계, 혈압계 등을 차례로 보여주면서 다음과 같이 이야기했다.[10]

"지금까지 많은 헬스케어 디바이스들과 관련 애플리케이션이 개발되어 왔습니다. 당신의 운동량 측정에서, 심박수, 몸무게, 그리고 고혈압과 당뇨병과 같은 만성질환에 이르기까지 말입니다. 지금까지 이러한 애플리케이션들에서 측정된 정보는 각각 개별적으로 다뤄져 관리되어 왔습니다. 즉, 당신은 당신의 건강 상태에 대한 하나의 종합적인 그림을 얻을 수 없었습니다. 하지만 이제 이것이 헬스키트로 가능합니다. 헬스키트는 당신의 활동과 건강에 대한 정보를 종합적으로 하나의 장소에서 관리할 수 있는 수단을 제공합니다."

이렇게 헬스키트는 '디지털 헬스케어의 3단계' 중 2단계에 해당하는 데이터의 통합을 가능하게 해준다(보다 엄밀하게 말하자면, 환자 유래의 의료 데이터의 통합이다). 개별적인 앱, 센서, 기기 등으로부터 얻은 데이터를 하나의 플랫폼에서 수집하고 통합함으로써 특정 사용자의 건강에 대한 전체 그림을 완성할 수 있는 기반을 마련한 것이다. 현재 시장에서 출시된 많은 기기와 센서, 앱들은 사용자가 동의하기만 한다면, 대부분이 헬스키트 플랫폼에 연동하여 데이터를 업로드, 다운로드받을 수도 있다.

헬스키트: 환자 유래의 의료 데이터 통합

특히 이러한 플랫폼의 위력은 얼마나 많은 주체들이 참여하는지에 달려 있다. 판을 깔아놓아도, 아무도 그 판에 참여하지 않으면 아무런 소용이 없기 때문이다. 특히, 헬스키트와 같이 양쪽을 이어주는 양면 플랫폼의 경우에는 초기에 항상 닭과 달걀의 문제가 걸린다. 즉, 많은 환자가 이 플랫폼을 써야만, 다른 한쪽의 주체인 병원들도 많이 참여할 것이다. 그런데 많은 병원이 참여해야만 또 많은 환자들이 이 플랫폼에 들어올 것이라는 점이다.

하지만 애플은 전세계를 통틀어서 이 문제를 어렵지 않게 해결할 수 있는 몇 안 되는 기업 중의 하나이다. 바로 스마트폰 시장의 상당 부분을 차지하고 있는 아이폰 덕분이다. 앞서 언급했듯이, 2014년 iOS8부터 아이폰에 헬스키트가 기본으로 들어가므로, 아이폰 유저라면 자연스럽게 이 플랫폼으로 편입되기 때문이다.

이 헬스키트 플랫폼에는 2015년을 기준으로 무려 900여 개에 달하는 앱과 기기가 연동되어 있다.[11] '건강' 앱을 열어보면 알겠지만, 체온, 혈압, 호흡수, 혈당, 산소포화도와 같은 기본적인 수치에서부터, 체지방, 혈중 알코올 농도, 피부 전기 활동성, 흡입기 사용, 배란테스트, 생리, 성관계에 이르기까지 수십 가지의 헬스케어 및 의료 데이터를 저장, 관리, 통합할 수 있다.

미국에서는 이 양면 플랫폼의 나머지 한쪽에 해당하는 병원과 전자의무기록 회사들도 헬스키트를 빠르게 받아들이고 있다. 2014년 6월 헬스키트의 첫 발표 당시, 메이요 클리닉, 스탠퍼드 병원, 존스홉킨스 의대, 클리블랜드 클리닉 등 22개의 유명 병원들과의 연계를 발표하였다.[12] 이후, 2014년 9월 스탠퍼드와 듀크 대학이 각각 소아 당뇨병 환자와 심혈관계 질환 환자의 관리를 위해 헬스키트를 파일럿 테스트하겠다고 발표하였다.[13, 14] 또한 2015년 2월에는 미국의 선도병원 23개 중에서 14개 병원이 이미 헬스키트를 사용하고 있거나, 사용을 고려하고 있다는 보고가 있었으며, 이후에도 유명 대형 병원들이 헬스키트와 연동한다는 소식은 계속 들려오고 있다.[15, 16]

사실 의료 데이터가 병원으로 연계된다는 이야기는 전자의무기록 회사를 통한다는 의미이다. 헬스키트는 출시할 때부터 미국의 최대 전자의무기록 회사인 에픽 시스템즈Epic Systems와 연동되었다.[12] 에픽은 미국에서 1억 명 이상의 환자에게 서비스되며 대형 병원의 시장점유율이 50% 이상인 미국 최대 전자의무기록 회사이다.[17, 18] 이후로 애플은 또 다른 대형 전자의무기록 회사인 서너Cerner, 애트나헬스AthenaHealth도 헬스키트 플랫폼과 연동시키면서 더 많은 병원에 데이터를 공유할 수 있는 발판을 마련했다.[19] 이 세 가지 전자의무기록 회사를 합하면 헬스키트는 60% 이상의 미국의 대형 병원과 연동 가능하다는 결론이 나온다.[18]

애플 헬스 레코드: 진료기록의 통합

애플의 헬스케어 데이터를 논할 때, 언급해야 할 또 하나의 플랫폼은 바로 애플 헬스 레코드이다. 애플 헬스 레코드는 개별 병원의 전자의무기록에 저장된 진료기록, 처방기록, 진단검사lab test 결과 등을 환자가 자신의 아이폰으로 받아올 수 있게 한다. 아이폰에 저장된 데이터는 '건강' 앱의 가장 오른쪽에 있는 '의료 정보' 탭에서

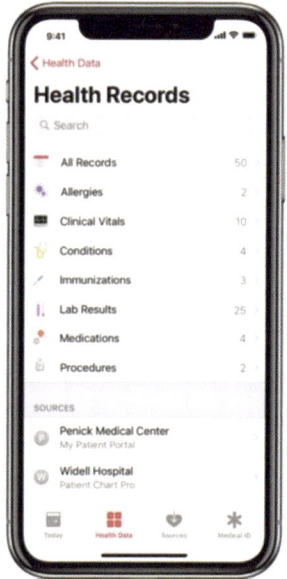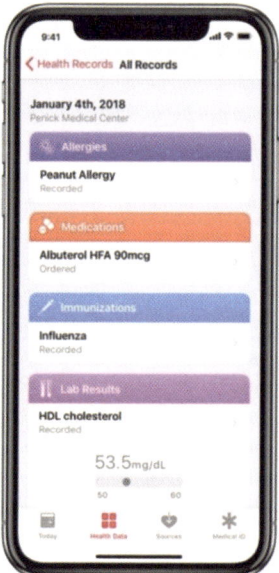

애플 헬스 레코드

확인할 수 있다.

  헬스키트가 환자 유래의 의료 데이터를 아이폰을 기반으로 통합하는 플랫폼이라면, 애플 헬스 레코드는 병원에서 측정되는 (전통적인 의미의) 의료 데이터를 아이폰을 기반으로 통합하는 플랫폼이다. 전문 용어로는 이러한 애플 헬스 레코드와 같은 플랫폼을 '개인건강기록PHR, Personal Health Record'이라고 한다.

  전자의무기록의 호환성 문제는 앞서 강조한 바 있다. A와 B라는 병원이 서로 다른 회사의 전자의무기록 시스템을 사용한다고 가정해보자. 내가 A라는 병원에서 진료받고 처방받은 데이터를, B라는 병원에서 진료받을 때는 확인할 수 없다는 것이 호환성 문제이다. 기존에는 A와 B의 병원에서 사용하는 전자의무기록을 직접 서로 호환 가능하게 만들기 위해 시도를 하였으나, 애플은 이 문제를 좀

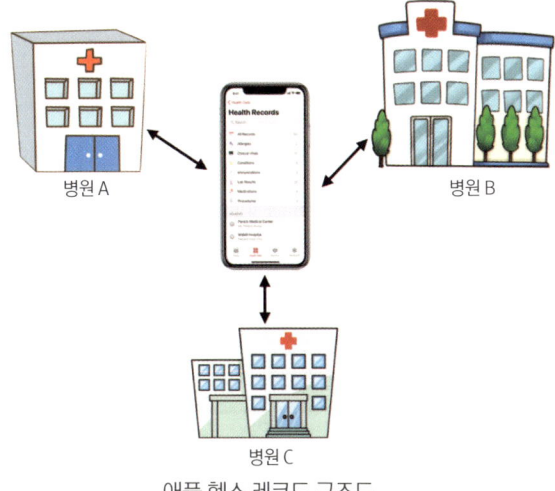

애플 헬스 레코드 구조도

다른 방식으로 풀었다. 바로 중간에 아이폰 기반의 매개체를 둔 것이다.

즉, 애플이 아이폰을 기반으로 A병원의 전자의무기록과 B병원의 전자의무기록에 모두 연동해놓았다고 해보자. 그러면 환자가 A병원에서 자기 데이터를 받아와서 아이폰에 저장해두었다가, B병원에서 진료받을 때 의사에게 아이폰에 저장된 기록을 보여주거나, 혹은 B병원의 전자의무기록에 전송할 수 있다. 반대로 B병원의 데이터를 A병원으로 공유하는 것도 가능하다. 이러한 매개체가 바로 애플 헬스 레코드이다.

애플 헬스 레코드와 연동되는 병원은 출시 직후 폭발적으로 증가하고 있다. 애플은 이 플랫폼을 2018년 1월에 출시하였는데, 출시 당시에는 존스홉킨스, UC샌디에이고 등 12개의 병원이 연동되었으며,[20] 출시 후 두 달이 지난 3월에는 연동된 병원이 스탠퍼드와 듀크 대학병원을 포함하여 39개로 늘어났다.[21] 8월에는 75개

병원으로 늘어났으며, 2019년 2월 애플의 홈페이지에 따르면 200여 개의 병원이 애플 헬스 레코드에 연동되어 있다.[22, 23]

그런가 하면, 애플은 2019년 2월 미국의 퇴역 군인에게 의료 서비스를 제공하는 미국국가보훈처Veterans Affair와도 연동을 결정했다고 발표했다.[24] 이 연동이 성사됨에 따라서 900만 명에 달하는 미국의 퇴역 군인들이 애플 헬스 레코드를 통해 자신의 의료기록을 아이폰으로 관리할 수 있게 된 것이다.

더 나아가, 마침내 애플은 헬스 레코드를 모든 병원을 대상으로 확장했다.[25] 2019년 6월 애플은 호환 가능한 전자의무기록 시스템을 가진 모든 병원들이 헬스 레코드 플랫폼에 연동될 수 있도록 한 것이다. 각 병원은 애플 비즈니스 레지스터Apple Business Register 페이지에 등록할 수 있고, 이렇게 등록해놓으면 환자들이 자신이 진료받는 병원을 검색해서 찾을 수 있다.

사실 거대 IT 회사가 환자 본인으로 하여금 자신의 데이터를 관리할 수 있는 개인건강기록 플랫폼을 내놓은 것은 애플이 결코 처음이 아니다. 2007년에는 마이크로소프트가 MS 헬스볼트라는 서비스를 시작했고, 2008년에는 구글이 구글헬스라는 개인건강기록 서비스를 시작했다.[26, 27] 하지만 헬스볼트는 지금까지도 별다른 성과를 보여주지 못하고 있고, 구글헬스는 3년 동안 단 12개의 병원만 연동되는 등 지지부진하다가 결국 서비스를 중지했다.[26-28]

이렇게 과거에 마이크로소프트와 구글이 성공하지 못한 시장에서 왜 애플은 빠르게 확장하고 있는 것일까? 결국 스마트폰이 가장 큰 이유라고 할 수 있다. 마이크로소프트와 구글이 이 시장에 뛰어들었던 2007, 2008년만 하더라도 최초의 스마트폰인 아이폰이 갓 출시된 시점으로, 앱스토어를 통틀어서 앱이 100여 개밖에 없던 시절이었다(지금은 헬스·피트니스 앱만 수천 개가 넘는다).[28] 마이크로소프트와 구글의 플랫폼은 스마트폰이 아니라 웹 기반이었기 때문에 플랫폼의 활용성과 확장성에 많은 제약이 있었고, 사용법도 스마트폰처럼 직관적이지 않았다.[29]

2019년 1월 『미국의사협회저널JAMA』에 보고된, UC샌디에이고 병원의 환자들의 경험에 따르면 이러한 애플 헬스 레코드의 장점이 잘 드러난다.[28] UC샌디에이고는 애플 헬스 레코드의 출시 때부터 도입한 12개 병원 중의 하나로, 연구자들은 환자에게 이 플랫폼이 얼마나 사용하기 쉽고, 도움이 되는지 세 가지 질문을 던져 조사해보았다. 이 플랫폼을 다운로드한 환자는 425명이었으며, 이 중 132명이 답변을 했다.

- 스마트폰을 활용하여 이 플랫폼에 쉽게 접속 가능함: 96%
- 이 플랫폼의 기능에 만족함: 78%
- 이 플랫폼이 자신의 건강에 대한 이해를 증진시키고, 의사와의 대화를 촉진시키며, 자신의 건강정보를 친구나 가족과 더 공유하고 싶어짐: 90%

이와 같이 높은 비율의 환자가 애플 헬스 레코드를 사용하기에 편리하다고 느끼고 있으며, 기능에도 만족하고 본인의 데이터를 스스로 관리함에 따라서 환자 자신의 건강에 대한 이해도 높아지고 있다고 답변하고 있다. 다만 논문에서도 지적하듯이, 애플 헬스 레코드가 궁극적으로 환자의 치료 결과를 향상시키는지, 의료 서비스의 질은 유지하면서도 의료 비용을 절감할 수 있는지 등에 대해서는 더 많은 연구가 이뤄져야 할 것이다.

애플 헬스케어 생태계의 양대 플랫폼

이로서 애플은 환자 유래의 의료 데이터를 통합할 수 있는 '헬스키트'와, 병원에서 생산되는 전통적인 의미의 의료 데이터를 통합할 수 있는 '애플 헬스 레코드'를 모두 갖추게 되었다. 이 두 플랫폼을 통해서 '모든' 의료 데이터를 모을 수 있는 것은 아니지만, 일반 사용자를 대상으로 한 대규모 서비스 중에서 현재 애플에 비견할 만큼 방대한 종류의 데이터를 통합할 수 있는 곳은 전무하다.

애플은 이러한 플랫폼에 축적되는 데이터를 기반으로 직접, 혹은 다른 회사와의 연계를 통해서 다양한 의료 서비스를 아이폰 사용자들에게 제공할 수 있는 토대를 차근차근 갖춰나가고 있다. 예를 들어, 환자가 의사를 우버처럼 자신이 있는 곳으로 부르는 왕진 서비스를 제공하는 힐Heal과 연동했다.[30] 기존에는 이 서비스를 통해 집에서 의사를 부르더라도 이 의사가 진료에 참고할 수 있는 진료기록이 제한적이기 때문에, 제공할 수 있는 의료 서비스에도 제약이 있었다. 하지만 환자가 애플 헬스 레코드에 저장해놓은 과거 진료기록을 왕진하러 온 의사에게 공유해주면, 이를 바탕으로 더 효과적인 진료를 집에서 받을 수 있다.

이렇게 애플의 헬스케어 플랫폼과 연동되는 부가 서비스는 갈수록 더 늘어날 것이다. 더 많은 데이터가 축적되고, 더 많은 병원과 부가 서비스가 연동될수록 플랫폼의 유용성을 증가시킴과 동시에, 이 자체가 진입 장벽이 되어 다른 후발 주자들이 이 시장에 진출하는 것을 더 어렵게 만들 것이다.

또 한 가지 강조하고 넘어가야 할 것은 애플의 의료 생태계에서 모든 데이터의 흐름은 사용자(환자) 본인이 컨트롤하게 된다는 점

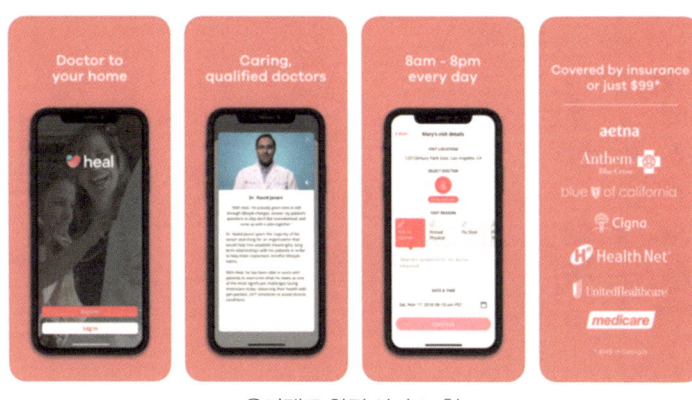

온디맨드 왕진 서비스, 힐

이다.[31] 헬스키트에 통합된 데이터는 먼저 아이폰 내부에 저장된다. 이 데이터를 아이폰에 설치된 다른 앱이 접근할 수 있거나, 클라우드 등 외부에 저장할지를 결정하는 주체는 바로 사용자 본인이다.

마찬가지로 애플 헬스 레코드에서도 병원에서 데이터를 아이폰으로 받아올지 여부, 이렇게 받아온 데이터를 또 다른 병원에 공유할지의 여부를 결정하는 것 역시 전적으로 사용자 본인이다.[31] 앞서 의료 데이터의 소유권 이슈는 여러 번 강조한 바가 있으며, 환자 유래의 의료 데이터의 소유권을 환자가 온전하게 가지게 됨으로써 환자의 역할과 권익이 커진다고 언급한 바 있다. 이러한 환자의 권한 강화 기조는 애플 헬스키트와 애플 헬스 레코드의 플랫폼의 근간에도 자리하고 있다.

헬스케어 데이터 전문 플랫폼, 발리딕

애플이 '디지털 헬스케어의 3단계'에 모두 발을 걸치고 있다면,

발리딕의 구조도

데이터 통합에만 집중하는 기업도 있다. 실리콘밸리의 발리딕이라는 기업이 대표적이다. 한국에는 아직 이름이 알려져 있지 않지만, 발리딕은 이미 52개국의 2억 명이 넘는 사람에게 서비스를 제공하는 주목해야 할 기업이다. 샌프란시스코의 디지털 헬스케어 전문 투자기업인 록헬스는 2016년 가장 빠르게 성장한 기업으로 이 발리딕을 꼽았다.[32]

발리딕은 애플 헬스키트와 전반적인 구조가 유사하다. 환자와 일반 사용자들이 사용하는 스마트폰 앱과 디바이스에서 얻어진 환자 유래의 의료 데이터를 클라우드 기반의 플랫폼에서 수집 및 통합하여, 이 데이터를 의료 생태계의 다양한 주체들이 받아볼 수 있는 단일한 통로를 제공하는 것이다. 발리딕을 통해서 이 데이터를 제공받을 수 있는 고객들은 병원, 보험사, 제약사, 웰니스 기업 등 매우 다양하다.

특히 발리딕은 시장에 나와 있는 모든 헬스케어 및 의료 앱, 가정용 의료 기기 중 무려 70% 정도를 플랫폼에 연동시켰다. 핏빗, 가민, 조본, 옴론, 아이헬스 등 시장에 출시된 상당수의 앱과 기기가 이 발리딕의 플랫폼과 호환되며, 환자가 동의하에 자신의 데이터를 발리딕 플랫폼을 통해서 보낼 수 있는 것이다. 2017년 1월 기준 375개의 기기 및 앱이 연동되어 있으며, 그 수는 계속 늘어나고 있다.

앞서 설명했듯이 앱과 기기들은 서로 표준이 다르며, 데이터의 형태가 다를 수도 있다. 어떤 기기는 API_{Application Programming Interface}가 공개되어 있어 데이터를 가져오기가 용이한 반면, 그렇지 못한 기기들도 있다. 이렇게 다양한 경우를 고려할 때, 데이터를 하나의 플랫폼으로 모으기 위해서는 결국 개별 앱과 디바이스를 일일이 플랫폼에 연동시키는 작업을 할 수밖에 없다.

이렇게 일일이 기기를 연동시키고 유지 보수하는 것은 적지 않은 시간과 노력이 들어가는 과정이며, 발리딕 같은 플랫폼을 통하지 않고 개별 병원이나 보험사가 매번 직접 하는 것은 비효율적이다. 발리딕의 CEO인 라이언 베크랜드_{Ryan Beckland}에 따르면 현재 고객들 중의 상당수가 직접 이러한 기기 연동을 시도하다가 실패하고 발리딕의 플랫폼을 이용하게 되었다고 이야기한다.[33]

지난 몇 년간 발리딕은 더 많은 기기와 앱을 연동시키기 위한 과정을 진행해왔다. 실제로 2016년 말 기준으로 이 기업이 시중의 앱과 기기 중 70%를 연동했다고 발표하였는데, 과거 자료들을 찾아보면 이 수치가 지속적으로 높아지고 있는 것을 알 수 있다(예를 들어, 2016년 1월 기준으로 244개였는데,[34] 2017년 1월에는 375개이니 1년 동안 130개 정도가 늘었다). 필자가 2016년 12월 워싱턴의 커넥티드 헬스 학회에서 회사 관계자를 만나서 물어보니, 이렇게 일일이 기기들을 연동시키는 지난한 과정을 거쳤던 것 자체가 후발 기업이 단기간에 따라할 수 없는 발리딕의 경쟁 우위라고 설명하기도 했다.

애플 헬스키트와 차이점

여기까지만 보면 발리딕은 애플의 헬스키트와 크게 차이가 없어 보인다. 하지만 몇 가지 중요한 차이가 있다. 일단 가장 큰 차이점은 플랫폼에 들어오는 구성원이다. 사용자들이 데이터를 측정하는 플랫폼의 앞단을 보면, 헬스키트는 아이폰 기반의 플랫폼이므로 사용자 저변이 아이폰 사용자에만 국한될 수밖에 없다. 하지만 발리딕은 아이폰 사용자뿐만 아니라, 안드로이드 등 다른 스마트폰 운영체제를 사용하는 사용자들도 사용할 수 있다.

또한 플랫폼의 뒷단에도 보다 폭넓은 의료 생태계의 주체들이 참여하여 발리딕을 통해 데이터를 받을 수 있다. 애플 헬스키트는 주로 전자의무기록 기업을 통해서 병원으로 데이터를 보내주는 모델이었다. 발리딕도 서너나 메디테크Meditech와 같은 전자의무기록 시스템과 연동이 되어서, 이를 사용하는 수천 개의 의료기관에 환자들의 데이터를 보낼 수 있다.[35, 36] 그뿐만 아니라, 발리딕은 보험사, 제약사, 임상시험수탁기관CRO, 웰니스 기업 등 의료 생태계의 다른 조직들에도 데이터를 보내고 있다. 즉, 헬스키트보다 조금 더 넓고 포괄적인 그림을 그리고 있는 것이다.

현재 발리딕은 카이저 퍼머넌트Kaiser Permanente, AXA, 바이탈리티Vitality 등의 보험사, 화이자, 암젠, 머크 등의 제약사, 웹MD, 웰톡 등의 웰니스 회사, 그리고 UCSF, UPMC, 셔터헬스Sutter Health 등의 의료기관에도 연계되어 데이터를 보낼 수 있다. 예를 들어, 셔터헬스는 발리딕을 통해서 심장질환이 있는 환자들의 활동량, 혈압 등을 원격으로 모니터링하고, 아이겟베터iGetBetter는 급성질환 환자들의 퇴원 이후에 데이터를 원격으로 모니터링하여 재입원율을 낮추려

발리딕 플랫폼을 활용하는 고객들

는 서비스인데 이 역시 발리딕을 활용하고 있다.[37, 38] 또한 제약사들은 임상시험에 참여한 환자의 복약 여부, 활력징후를 원격으로 얻을 수 있다.

앞서 이야기한 대로 플랫폼에 참여하는 주체가 늘어날수록 그 플랫폼의 가치는 올라간다. 환자의 입장에서도 자신의 데이터를 더 다양한 곳에 공유할 수 있는 선택권이 있는 것을 선호할 것이다.

두 번째 차이점은 발리딕은 겉으로 드러나지 않는 플랫폼이라는 것이다. 애플 헬스키트는 아이폰의 '건강' 앱으로 인터페이스가 노출되어 있어서, 사용자가 이 전용 앱으로 데이터를 확인할 수 있다. 하지만 발리딕은 고객사인 병원, 보험사, 제약사 등의 플랫폼에 내장embedded되어서 앱 외부에서는 드러나지 않는다. 개인 사용자는 병원이나 보험사의 앱을 사용하면서도, 실제로는 자기도 모르는 사이에 그 앱에 내장된 발리딕의 솔루션을 통해서 데이터를 보내게 되는 방식이다. 52개국 2억 명 이상의 사용자에 비해서, 일반 사용자에게 발리딕의 이름이 많이 알려지지 않은 것은 이렇게 외부로 드러나지 않는 서비스 방식 때문이라고 추측해볼 수 있다.

발리딕의 사업 모델은 이렇게 서드 파티 기업 고객의 시스템에 내장되어 데이터를 전송해주고 그에 따른 비용을 받는 것이다. 반면 헬스키트는 그 자체로는 아직 수익 모델은 갖추지 않은 것으로 보인다.

세 번째 차이점은 플랫폼이 데이터를 받아들이는 방식이다. 발리딕은 애플 헬스키트보다 좀 더 다양한 방식으로 데이터를 받아들인다. 사실 이는 차이점이라기보다는 발리딕과 헬스키트의 관계로 설명하는 것이 타당하다. 왜냐하면 발리딕의 여러 데이터 소스 중에 하나가 바로 애플 헬스키트이기 때문이다.

2015년 4월 발리딕은 애플 헬스키트와 연동을 시작하면서 헬스키트에 저장된 데이터를 발리딕의 플랫폼으로 가져올 수 있게 했다.[39] 이외에도 발리딕은 삼성 S헬스로부터도 데이터를 받아올 수 있다. 즉, 발리딕은 자체적으로 앱과 디바이스를 플랫폼에 블루투스로 연동시켜서 데이터를 가져올 수도 있고, 헬스키트 및 S헬스를 통할 수도 있으므로 결과적으로 연동된 기기의 수는 더욱 늘어난다.

바이탈스냅

한 가지 재미있는 부분은 발리딕이 데이터를 받아들이는 또 하나의 방식이다. 블루투스 연동, 헬스키트 연동 등으로 데이터를 받아들이는 방식 외에 또 한 가지가 더 있다. 바로 바이탈스냅VitalSnap이다.[34]

최근 시중에 쏟아져 나오는 '스마트 기기'의 경우 대부분 블루투스로 스마트폰과 연동된다. 이러한 경우, 해당 기기로 혈당, 혈압 등의 데이터를 측정하면 스마트폰으로 데이터를 바로 전송할 수 있다. 하지만 여전히 환자들이 사용하는 많은 기기들은 '스마트'하지 않고, 스마트폰과 연동 기능이 없는 경우도 있다. 예를 들어, 일반 혈당계는 대부분 스마트폰과 연동되지 않는다. 이런 경우에는 환자들이 일일이 데이터를 스마트폰에 입력하는 과정을 거쳐야 하므로 번거롭다.

하지만 발리딕의 바이탈스냅을 이용하면, 사용자는 해당 기기의 화면을 스마트폰 카메라로 찍기만 하면 된다. 혈압계, 혈당계 등 데이터를 측정하는 기기들은 수치를 보여주기 위해 어떤 방식으로든 '화면'을 가지고 있다. 이 화면을 스마트폰 카메라로 찍으면, 이미지 분석을 통해서 발리딕의 플랫폼으로 수치가 입력되는 것이다. 사실 이렇게 정해진 형식의 이미지에서 수치를 뽑아내는 것은 기술적으로는 그리 어렵지 않은 일이다. 하지만 이를 통해서 사용자가 받게 되는 편의는 크다고 할 수 있다.

특히 이러한 방식은 고령 환자에게도 유효하다. 데이터를 지속적으로 모니터링할 필요가 있는 만성질환 환자의 상당수가 스마트 디바이스에 익숙하지 않은 노년층 환자이다. 이 환자들은 스마트 기기의 사용과 블루투스 연동 등이 쉽지 않을 수 있다. 이런 경우 사진을 찍는 방법이 더 간편하고 편리할 수 있다.

데이터 플랫폼의 현재

이렇게 현재 대표적인 헬스케어 데이터 플랫폼인 애플의 헬스키트와 발리딕에 대해서 살펴보았다. 이런 플랫폼을 통해서 다양한 종류의 의료 데이터를 하나의 장소로 통합할 수 있다면, 그 환자의 종합적이고 총체적인 건강 상태를 파악할 수 있을 것이다.

그렇다고 아직 애플 헬스키트나 애플 헬스 레코드, 발리딕과 같은 플랫폼이 완전하다고 할 수는 없다. 통합하는 데이터의 종류만 보더라도 아직 유전정보 등은 전혀 다루지 못하고 있기 때문이다. 또한 애플 헬스 레코드의 경우에는 진료기록, 처방기록, 진단검사 기록, 예방접종 기록 등은 통합할 수 있지만, CT, MRI와 같은 영상 의료 데이터는 아직 통합하지 못하는 것으로 보인다. 발리딕은 환자 유래의 의료 데이터에만 집중하고(애플 헬스 레코드와 같은), 전통적인 의료 데이터는 통합하지 않고 있다.

보다 완전한 의료 데이터 플랫폼이 되기 위해서는 지금보다 더 종합적인 데이터를 통합할 수 있어야 할 것이다. 개인유전정보뿐만 아니라, 엑스레이, MRI, CT와 같은 영상 의료 데이터도 저장할 수 있어야 할 것이다. 더 나아가 (이 책의 범위를 넘어서는 내용이지만) 장내미생물microbiome, 단백체proteome와 같은 데이터도 통합하면 좋을 것이다.

애플과 발리딕도 이러한 필요성을 인식하고 있는 것으로 보인다. 애플은 2015년 샌프란시스코의 캘리포니아 주립대학UCSF 및 뉴욕의 마운트 사이나이 병원The Mount Sinai Hospital 등 의료기관과의 협력으로 개인유전정보를 수집하는 프로젝트를 시작한다는 보고도 있었다.[40, 41] 발리딕의 경우, 2016년 12월 미국 콘퍼런스에서 필자가 발리딕 관계자에게 "환자 유래의 의료 데이터뿐만 아니라 유전정보까지도 포함시킬 계획은 없느냐"고 질문했더니 "그러한 고객들의 요구가 있기는 하다"며 가능성을 열어두었다.

향후 헬스케어 데이터 플랫폼은 이렇게 총체적인 의료 데이터를 보다 폭넓게 포괄하는 쪽으로 발전할 것으로 예상한다. 이를 통해 우리는 보다 시시각각 바뀌는 우리의 건강 상태에 대해 종합적이고 정밀하게 이해할 수 있을 것이며, 예방, 예측, 맞춤의료의 구현에도 더 다가갈 수 있을 것이다.

모든 사람의,
모든 데이터를 모은다면

앞서 우리는 애플과 밸리딕 등 헬스케어 데이터 플랫폼을 통해서 다양한 종류의 데이터를 통합할 수 있다는 것을 살펴보았다. 그렇다면 이렇게 다양한 데이터를 모두 한곳에 모을 수 있다면 과연 어떤 일을 할 수 있을까?

톱-다운 연구 vs. 바텀-업 연구

일반적인 의학연구는 특정한 가설이나 주제를 가지고 시작한다. 어떤 원리를 밝히거나 질병치료에 관한 발견을 하려고 한다면, 구체적인 가설에서 시작하여 그 가설의 검증에 필요한 데이터를 얻는다. 이렇게 꼭 필요한 사람으로부터, 꼭 필요한 데이터만 모으는 것이 지금까지의 일반적인 연구의 방법이다. 이를 '톱-다운top-down' 방식의 연구라고 부를 수 있을 것 같다.

하지만 최근에는 이와 정반대의 연구가 적지 않게 등장하고 있다. 즉, 가설을 먼저 세우고 필요한 데이터만 모으는 것이 아니라, 일단 '모든 데이터'를 먼저 모으고 거기에서 의미를 찾으려고 하는 것이다. 많은 사람에 대해서, 측정할 수 있는 모든 데이터를 일단 모아놓은 이후에, 이 무지막지하게 방대한 데이터에서 건강관리와 질병치료, 예방에 대한 가치 있는 '무엇인가'를 얻으려고 하는 것이다. 이는 기존 연구와는 반대 방향인, '바텀-업bottom-up' 방식의 연구라고 할 수 있겠다.

언뜻 생각해봐도 이러한 바텀-업 연구를 하기 위해서는 많은 전제 조건이 필요하다. 이 데이터를 통해 유의미한 결론을 내리기 위해서는 다양한, 양질의 데이터를 가능한 많은 사람에게서, 최대한 자주, 최대한 오랜 기간 측정해야 한다. 그리고 이러한 데이터를 저장할 공간과 분석할 방법도 필요하다. 여기에는 여러 기술적인 장벽뿐만이 아니라, 막대한 비용과 자원, 시간, 저장 공간이 소요된다.

하지만 앞서 설명한 디지털 기술의 발전에 따라, 데이터의 종류와 양과 질의 폭발적인 개선, 데이터를 측정할 수 있는 각종 기술의 발전, 이러한 데이터를 모두 통합할 수 있는 플랫폼, 통신기술, 클라우드 컴퓨팅 등의 발전은 결국 이렇게 '모든 데이터를 일단 모아놓고 보는' 방식의 연구를 가능하게 한다. 더 나아가 이러한 막대한 데이터를 분석할 수 있는 인공지능 기술도 발전했다. 여러 환경적, 기술적 혁신 덕분에 기존에는 상상하지 못했던 새로운 방식의 연구를 시작할 수 있게 된 것이다.

구글 베이스라인 프로젝트

이렇게 '모든 데이터를 일단 모아놓고 본다'는 연구의 대표 주자 중 하나는 바로 구글이다. 구글(더 정확히는, 모회사인 알파벳)은 소위 '문샷moon-shot'으로 지칭하는 즉, 과거에 인간을 달에 보내겠다는 것만큼 야심 차고 거대한 프로젝트를 몇 가지 진행하고 있다. 그러한 문샷 프로젝트 중의 하나가 바로 인간의 건강이라는 것을 제대로 정의하겠다는 베이스라인 프로젝트baseline project이다.[1-5]

구글의 설명은 이러하다. 대부분의 의학연구는 질병에 걸려 있는 것과 같은 '정상이 아닌' 상태를 대상으로 한다. 그런데 '정상이 아닌' 상태를 파악하기 위해서는 먼저 '무엇이 정상인지'를 정의해야만 한다. 하지만 지금까지 이러한 '정상', 혹은 '완전히 건강한 상태'의 인간에 대해서는 연구가 충분히 이뤄지지 않았다는 것이 구글의 주장이다. 그러므로 모든 의학연구는 이러한 건강한 상태라는 '기준' 즉, 베이스라인을 재정의하는 것에서 시작해야 한다는 것이다.

이를 위해서 구글(알파벳)의 생명과학 분야 자회사인 베릴리Verily에서는 '베이스라인 프로젝트'를 진행해오고 있다. 이 연구는 2014년 출범 당시에는 175명 정도로 규모가 그리 크지 않았으나, 2017년부터 규모를 대폭 확대했다.[1-5] 이 프로젝트는 4년 동안 1만 명에 달하는 개인의 건강 상태를 면밀하게 추적하여 데이터를 축적하는 것을 골자로 한다. 수집하는 데이터는 두 가지 종류의 기기를 통한 심박수, 수면 패턴 및 유전정보, 감정 상태, 진료기록, 가족력, 정기적인 소변, 타액, 혈액 검사 등의 다양한 데이터를 포괄한다. 개별적인 검사는 스탠퍼드 대학병원과 듀크 대학병원에서 진행한다.[1-4]

구글이 베이스라인 프로젝트를 위해 개발한, 스터디 워치

구글에서는 이러한 베이스라인 스터디를 진행하기 위해서, 데이터 측정을 위한 스마트 워치인, '스터디 워치Study Watch'를 2017년 공개했다.[6] 이 시계는 심전도, 심박, 피부 전기 활성도, 관성 움직임 inertial movement 등의 데이터를 측정한다고 한다. 특히, 이 기기에는 장기간의 데이터 측정을 위한 세심한 배려도 들어 있다. 저전력 디스플레이를 통해서 일주일에 한 번만 충전하면 되고, 데이터 저장 공간 및 데이터 압축 기능을 통해서 연구 참여자들이 일주일에 한 번만 데이터를 동기화하면 된다. 또한 침대 매트리스 아래에 까는 형식의 센서를 통해서 수면 모니터링도 한다.[1]

구글이 이렇게 다양한 환자에 대한, 다양한 종류의 데이터를, 장기간 측정하는 것에서 과연 무엇을 얻을 수 있을지는 아직 확실하지 않다. 필자는 2015년 샌디에이고 스크립스 연구소에서 열린 콘퍼런스에서 이 베이스라인 프로젝트를 이끄는 제시카 메가Jessica Mega 박사와 한동안 이야기를 나눈 적이 있다. 이분은 하버드 의과

대학에서 촉망받는 교수로 재직하다가, 갑자기 구글에 스카우트되면서 화제가 되기도 했다.[7]

제시카 메가 박사는 베이스라인 프로젝트를 '건강에 대한 구글 지도를 만드는 것'에 비유했다. 우리가 현재 어느 위치에 있으며, 주위에 지형지물이 어떠하며, 어느 도로에 가장 차가 많이 막히고, 목적지에 가기 위해서 어디가 최단 경로인지 알기 위해서는 일단 지도가 필요하다. 이처럼 만약 다양한 건강 상태, 유전형, 생활습관을 지닌 1만 명의 다양한 데이터를 수년 동안 추적 관찰하게 되면, 우리의 건강에 대한 '지도'를 가질 수도 있을 것이라는 점이다.

이러한 지도를 통해서 우리는 건강한 상태라는 것이 무엇인지, 혹은 질병이 발병하기까지 건강한 상태로부터 오랜 기간 동안 어떠한 단계를 거치는지에 대해서 파악할 수 있다. 만약 이를 이해하게 되면 개개인의 환자에 대해서 건강을 유지하고, 질병을 예방, 예측, 치료하기 위한 중요한 통찰을 얻을 가능성이 있다는 것이 구글의 생각이다.

All-of-Us 프로젝트

이렇게 '모든 데이터를 모으겠다'는 프로젝트는 비단 구글과 같은 거대한 기업만 진행하고 있지는 않다. 미국 정부에서 정밀의료를 구현하기 위해 2015년부터 '정밀의료 이니셔티브 Precision Medicine Initiative'를 야심 차게 진행하고 있다. 그 일환으로 미국국립보건원 NIH에서 진행하고 있는 대규모 프로젝트 중의 하나가 바로 'All-of-Us'라고 하는, 말 그대로 '모든 사람의, 모든 데이터'를 모으겠

다는 엄청나게 야심차고도 도전적인 프로젝트이다.[8-13]

앞서 4장 'P4 의료의 구현'에서 소개했듯이, 정밀의료는 각 개인의 유전정보, 환경, 생활습관 등의 차이를 종합적으로 고려하여 질병의 치료 및 예방에 적용하겠다는 것이다. 과거의 의료가 '평균적인 사람'을 대상으로 개발된 치료를 모든 환자에게 적용하는, 소위 '하나의 크기가 모든 사람에게 맞는다one-size-fits-all'는 방식이었던 것과 비교해 완전히 새로운 패러다임이라고 할 수 있다. 그런데 이렇게 각 개인의 유전정보, 환경, 생활습관 등의 차이를 고려해서 새로운 의료를 제공하기 위해서는 일단 이러한 데이터 사이의 관계를 파악하고, 환자의 유형을 더 세부적으로 분류하며, 그러한 유형에 맞는 치료가 무엇인지를 새롭게 연구해야 한다.

이를 위해서 진행하는 것이 바로 '정밀의료 이니셔티브 코호트 프로그램'이라고도 부르는, 'All-of-Us' 프로젝트이다. 이 프로젝트는 2018년 5월에 미국 전체를 대상으로 출범했는데, 적어도 100만 명 이상의 미국인을 자발적으로 모아서, 진료기록, 가족력, 유전정보, 혈액 및 소변 검사 결과, MRI 등의 영상 의료 데이터, 그리고 핏빗 등 웨어러블 디바이스를 통한 데이터를 모두 수집하고 있다.[8, 10-13] 여기에 더해, 향후에는 보험사의 청구 데이터claims data, 날씨와 대기질과 같은 환경 데이터, 그리고 트위터 피드와 같은 SNS 데이터도 수집할 것을 고려하고 있다.[13]

이렇게 100만 명이나 되는 사람들로 구성된 연구는 인류 역사상 최대 규모라고 해도 과언이 아닐 것이며, 수집하는 데이터의 종류도 전례 없이 다양하다. 미국 정부는 이러한 연구를 위해서 총 2억 1,500만 달러(한화 약 2,600억 원)의 막대한 예산을 투입하면서 의료의 패러다임을 전환하기 위해 노력하고 있다. 이러한 연구 역시 특정 질병을 대상으로 구체적인 가설을 먼저 세우고, 이를 검증하기 위해서 시작한다기보다는, 다양한 사람의 다차원적인 데이터를 수집, 분석함으로써 기존의 '소규모' 연구에서 파악하기 어려웠던 새로운 의학적인 통찰을 얻기를 기대한다고 볼 수 있다.

특히 이렇게 대규모 참여자와 대량의 데이터를 수집하는 것은 연구의 편중bias을 없애게 하기 위해서 매우 중요하다. 기존에도 구축된 환자 코호트가 없었던 것은 결코 아니지만, 코호트에 포함되는 사람의 숫자가 제한적이거나, 다양성이 충분히 확보되지 않았던 경우가 대부분이었기 때문이다.[13] 예를 들어, 인종, 성별, 나이, 지역, 수입 및 경제력, 의료기관 접근성, 교육 수준에 따라서 이 연구에 포함되는 구성원에 편중 현상이 있는 경우가 많았다. 이러한 데이터를 기반으로 도출된 연구결과 역시 이러한 데이터 편중이 반영되게 된다. 이 때문에 All-of-Us 프로그램에서는 인상적이게도, 기존의 의학연구에서 상대적으로 소외당했던 소수 인종 등의 참가자들을 특정 비중 이상 포함시키는 것을 목표로 하고 있다.[13]

이렇게 진행되고 있는 All-of-Us 프로그램에 대한 최신 업데이트가 2019년 8월 『뉴 잉글랜드 저널 오브 메디슨NEJM』에 발표되었다.[13] 이 프로젝트는 2017년 5월부터 시범사업 단계를 거쳐, 2018년 5월에 미국 전역으로 확대하여 정식으로 출범했다. 2019년 7월 기준으로 미국 전역의 무려 340군데 이상의 병원 등에서 참가자를 모집하고 있다.

출범 1년 정도 만에 이 프로그램에 참가하여 자신의 데이터를 제공한 사람은 23만여 명에 달하여, 100만 명을 달성하겠다는 목표의 5분의 1 정도를 이미 달성하였다. 특히 이 중에 생체 시료 및 진료기록 등의 핵심 데이터를 제공하기로 한 '핵심 참가자core participants'는 17만 5,000명이었다. 이 프로젝트에 참여하는 연구자들에 따르면, 매주 3,100명의 '핵심 참가자'가 리크루팅되고 있는 추세로 보건대, 100만 명의 '핵심 참가자'를 모으는 목표는 2024년에 달성할 수 있을 것으로 예측하고 있다.[13]

All-of-Us 프로그램에서는 이렇게 구성된 코호트를 기반으로 2027년과 그 이후까지 질병 바이오마커의 발견, 새로운 질병 분류법의 개발, 인공지능 개발 등의 세부적인 목표까지도 단계별로 세워놓고 있다.[13] All-of-Us 프로젝트의 책임자인 에릭 디쉬먼Eric Dishman은 "이러한 다양한 데이터의 통합은 생활습관과 환경이 건강에 미치는 영향에 대한 새로운 이해를 가능하게 하며, 이는 궁극적으로 사람들이 아주 정밀하고, 개별적인 방식으로 건강을 유지할 수 있게 해줄 것이다."고 밝히고 있다.[12]

이렇게 '모든 사람의, 모든 데이터를 모으겠다'는 프로젝트의 구축은 의학적, 산업적으로 큰 파급력과 부가가치를 지닐 수 있다. 필자는 이 연구에 대해 조사하면서 큰 부러움을 느꼈다. 의학적, 과학적으로 중요하고도 도전적인 과제에 대해서 국가적으로 대규모 투자를 집행하여 과감하게 진행했다는 점(사실 여기에는 오바마 대통령의 의지가 크게 작용했던 것으로 알려져 있다), 미국 전역에서 340개에 달하는 병원과 리크루팅 기관이 일사불란하게 체계적으로 움직이고 있다는 점, 프로젝트 시작 1년 만에 수십만 명의 시민들이 자발적으로 자신의 데이터를 기부할 정도의 의식이 있다는 점, 그리고 개인정보보호 등으로 극히 민감할 수 있는 프로젝트를 국가 주도로 진행할 수 있을 정도로 관련 법규의 정비와 이해관계자 간의 관계 조율이 이뤄졌다는 점에서 그러하다. 한국에서 이러한 도전적인 과제의 진행은 그저 요원하기만 하다.

10만 명 웰니스 프로젝트

앞서 설명한 구글의 베이스라인 프로젝트와 미국 정부의 All-of-Us 프로젝트는 한창 진행 중으로 아직 구체적인 결과가 발표되지는 않았으며, 실질적인 성과가 나올지를 판단하기 위해서는 시일이 더 소요될 것이다. 하지만 이와 비슷한 방향성의 연구에 대한 결과가 2017년 『네이처 바이오 테크놀러지』에 발표된 바가 있다.[14] 바로 '10만 명 웰니스 프로젝트the 100K Wellness Project'라고 하는 연구의 초기 결과에 대한 논문이다.

미래 의료에 대한 개념을 설명하기 위하여, 앞서 P4 의료라는 용어에 대해서 여러 번 강조한 바 있다. 예방Preventive, 예측Predictive, 맞춤Personalized, 참여Participatory 의료라는 이 개념을 제시한 사람이 바로 시스템 생물학 분야의 아버지라고 불리는 리로이 후드Leroy Hood 박사이다. 이번에 소개할 '10만 명 웰니스 프로젝트' 연구를 바로 리로이 후드 박사가 주도하고 있다.

이 연구의 개념도 앞서 소개한 두 연구와 유사하다. 이 연구에서는 총 9개월 동안, 모든 참여자에 대해서, 활동량, 심혈관, 당뇨, 염증, 영양, 스트레스, 유전체, 단백체, 미생물체 등 측정할 수 있는 모든 데이터를 측정한다. 이렇게 측정한 데이터의 종류는 수천 가지에 달한다. 활동량, 수면, 심박 등의 데이터는 핏빗으로 9개월 동안 매일 측정하였으며, 단백체, 대사체, 미생물체 및 혈액 검사는 9개월의 연구 기간 동안 3개월 간격으로 총 3번씩 측정했다.

연구자들은 이렇게 모은 데이터를 '개인의, 밀도 높은, 다이내믹 데이터 클라우드personal, dense, dynamic data cloud'라고 이름 붙였다. 개별 참여자의 측정 가능한 모든 데이터를 장기간, 밀도 높게 측정하게

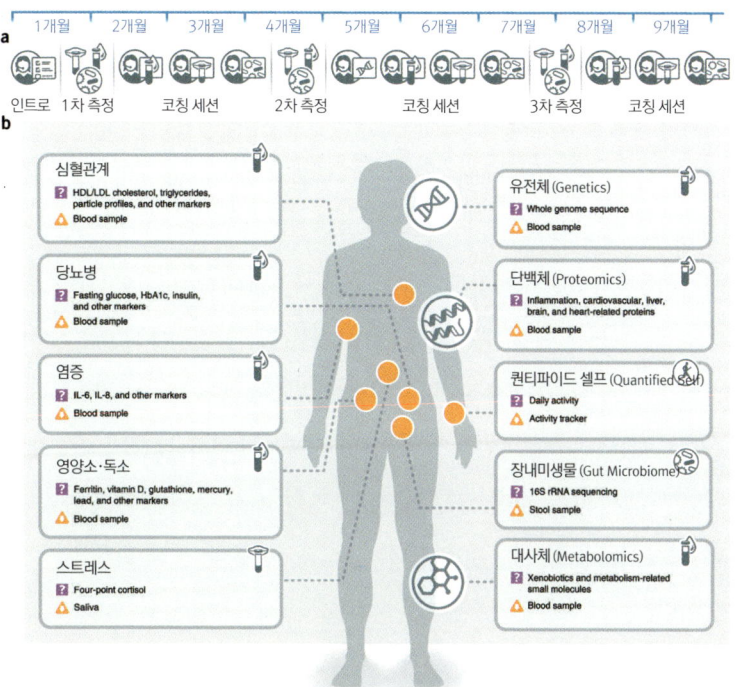

수천 가지의 데이터를 9개월 동안, 3번에 걸쳐 측정했던 연구[14]

되면, 그 사람의 건강 변화와 질병의 발병 징후 등을 이 통합된 데이터 내에서 파악할 수 있다는 이야기다.

최종적으로 10만 명 분석을 목표로 하는 연구에, 이 논문에서는 초창기 참여한 108명만을 분석한 결과만을 발표한 것이다. 사실 지금까지 논문으로 결과가 보고된 연구 중에는 가장 다양한 종류의 데이터를, 최장기간, 가장 많은 사람에 대해서 측정한 것이라고 볼 수 있다.

논문에서는 단순히 데이터의 측정에 그치지 않고, 이 데이터를 다양하게 분석하여 건강관리에 대한 새로운 통찰을 찾아내려고 하였다. 더 나아가, 개별 참가자들에게 맞춤형 개인 코칭을 제공함으로써 실제로 건강이 개선되는지를 살펴보았다.

먼저 연구자들은 108명에 대해서 9개월 동안 측정한 수천 가지의 데이터들 사이에 서로 상관관계가 높은 것이 있는지를 분석했다. 그 결과 3,470가지의 유의미한 상관관계와, 2,406가지의 유의미한 데이터 변화를 발견했다. 상관관계라는 것은 두 종류의 데이터가 같은 추세로 변화한다는 것으로, 두 데이터가 서로 직간접적으로 연결되어 있을 가능성을 고려해볼 수 있다. 이 중에는 이미 의학적으로 잘 알려진 관계도 있었던 반면, 완전히 새롭게 발견한 관계도 있었다. 다만, 이 수치 사이에 '왜' 관계가 높은지, 두 값이 원인과 결과의 관계가 있는 것인지, 혹은 그저 우연히 비슷하게 바뀌었는지를 증명하는 것은 향후 더 많은 연구를 통해 밝혀져야 할 것이다.

또한 이러한 데이터를 측정하는 것이 실제로 참가자의 건강을 개선할 수 있는지를 보기 위해서, 세 번의 측정 결과를 바탕으로 개인 코치가 개별 참가자에게 맞춤형 조언을 제공했다. 참가자들은 유전정보, 임상검사 결과 등에 따라서 식습관 개선, 운동 필요, 스트레스 관리, 영양 관리 필요, 의사 진료 권고 등의 몇 가지 그룹으로 나뉘어, 그에 맞는 코치를 받았다.

특히 특정 수치가 정상 범위를 벗어난 것이 발견되면, 코치가 이 수치를 정상으로 돌릴 수 있도록 의학적으로 증명되어 있는 생활 습관 변화나 교육 프로그램 이수를 권했다. 예를 들어, 공복 혈당 수치가 상승한 경우라면 당뇨 전단계라는 의미이므로, 당뇨 예방 프로그램Diabetes Prevention Program에 근거한 조언을 제공하였다. 그 결과 비타민D, 당화혈색소 등의 수치에 큰 개선 효과가 있었으며, 콜레스테롤 수치, 당뇨 위험도, 염증 수치 등에도 지속적인 개선이 있었다.

이렇게 방대한 종류의 데이터를 분석한 연구 중에, 논문으로 출판된 것을 기준으로 108명 규모는 지금까지 가장 크다고 할 수 있지만, 그래도 절대적으로 본다면 충분히 크다고 할 수는 없다. 기간도 9개월이면 개인의 건강 개선 효과를 관찰하기에 그리 긴 기간이라고 하기는 어렵다. 연구자들은 이 연구를 2020년까지 10만 명에 대해서 진행하는 것을 목표로 후속 연구를 진행하고 있다.

특히, 이러한 규모의 연구에서는 데이터를 일일이 사람이 분석하기가 매우 어렵다. 데이터의 종류만 수천 가지가 되고, 참여자의 수도 10만 명으로 늘어나고, 기간도 길어진다면 결국 인공지능 등 자동화된 분석의 힘을 빌려야 할 것이다. 필자는 리로이 후드 박사와 함께 이 연구를 주도한, 이 논문의 제1저자 네이튼 프라이스 박사를 2017년에 만나서 이야기를 나눈 적 있다. 이 연구에 기계학습 등의 자동화된 분석이 활용되었는지 묻는 필자의 질문에, 프라이스 박사는 "아직 인공지능을 사용하지는 않았지만, 앞으로는 자동화된 분석 기법을 사용해야 할 것 같다."라고 언급했다.

더 나아가 리로이 후드 박사와 네이튼 프라이스 박사는 이 연구 결과를 기반으로, 시애틀 기반의 애리베일Arivale이라는 회사를 창업했다. 애리베일에서는 일반 고객들을 대상으로 이 논문에 나온 것과 동일한 방식의 데이터 측정 및 분석을 통한 건강관리 서비스를 제공하는 것을 목표로 하고 있다. 이 연구는 최종 목표인 10만 명 중의 100명 정도의 결과만을 발표하였을 뿐이지만, 향후 이런 연구가 더 발전한다면 모든 사람이 이러한 건강관리 서비스의 수혜자가 될 가능성이 충분하다. 이미 기술적으로는 모든 준비가 되어 있다.

이렇게 '모든 데이터를 모은다'는 방향성을 가진 연구나 사업은 위에 언급한 것 외에도 상당히 많다. 중국의 아이카본엑스(CarbonX)라는 회사는 향후 5년 동안 최대 1,000만 명의 중국인의 '모든 데이터'를 모을 계획이라고 2017년에 발표하였으며,[15] 여러 종류의 웨어러블 디바이스를 착용하여 수십 명의 참여자들의 다양한 데이터를 2년 동안 모니터링함으로써, 질병을 진단하기도 했던 스탠퍼드 대학의 연구도 참고할 만하다.[16-18] 이 연구에서 마이클 스나이더 교수는 자신을 포함한 40여 명의 연구 참여자를 대상으로 최대 7가지의 웨어러블 디바이스로 하루 25만 번 이상의 데이터를 측정하였다. 특히, 지속적인 모니터링을 통해 본인의 심박수와 혈중 산소 농도의 이상을 발견하여, 라임병(Lyme disease)의 발병 징후를 미리 포착한 사례도 보여주었다.

이러한 연구가 시작했다는 소식이나 초기 결과들은 2017년 정도부터 대학, 기업, 정부 등 다양한 주체에 의해서 쏟아져 나오고 있다. 이들이 측정하는 데이터는 때로 디지털 헬스케어의 범위를 벗어나기도 한다. 하지만 이렇게 다양한 데이터를 측정하고, 저장하고, 통합하고, 분석할 수 있는 기저에는 디지털 기술의 발전이 자리잡고 있다는 것을 부인할 수는 없다.

자, 이제 디지털 헬스케어의 3단계 중에, '데이터의 통합'이라는 2단계도 살펴보았다. 이렇게 다양한 데이터를 통합할 수 있다는 것을 보면서 독자들은 새로운 질문을 떠올렸을지도 모른다. 데이터를 통합한 결과, 우리가 얻게 되는 것은 바로 방대하면서도 무지막지한 양의 데이터이다. 그렇다면 이러한 빅데이터를 이제 '어떻게 분석하고, 해석해야 하는가'에 대한 질문이 자연스럽게 따라올 수밖에 없다. 이 '데이터의 분석'이 바로 다음 장에서 우리가 다루려는 주제이다.

3단계:
데이터의 분석

14장
빅데이터 의료를 위해

이제는 '디지털 헬스케어의 3단계'에서 마지막 3단계에 해당하는 데이터의 분석에 대해서 알아보려 한다. 1단계인 '측정'에서 우리는 많은 종류의 헬스케어 데이터가 다양한 방식을 통해서 측정될 수 있다는 것을 알아보았으며, 2단계 '통합'에서는 이 다양하고 방대한 데이터를 통합하기 위한 플랫폼에 대해서도 살펴보았다. 이제는 이렇게 측정하고 통합한 데이터를 어떻게 분석하고 해석할 것인지에 대해서 알아볼 차례다.

아무리 중요한 정보가 담긴 데이터를 다양하고 폭넓게 측정하고 통합해놓았다고 할지라도, 그 데이터 속에 담긴 의미를 제대로 파악하지 못한다면 아무런 쓸모가 없을 것이다. 질병을 예방하고 치료, 관리하며 건강을 유지하기 위해서는 우리가 끊임없이 만들어 내는 데이터를 효과적으로 해석할 필요가 있다.

데이터 폭발의 시대

다양한 웨어러블 기기, 사물인터넷 센서, 스마트폰 앱과 가젯, 유전정보 분석, SNS 등으로 한 사람에 대해 다방면으로 측정한 헬스케어 데이터와 병원진료기록 등을 모두 통합하는 클라우드 기반의 플랫폼까지 구축해놓았다고 가정해보자. 비로소 그 사람의 총체적인 건강 상태를 복합적이고 다차원적으로 파악할 준비가 갖춰진 것이다.

그런데 이렇게 데이터가 풍부한 상황에서 필연적으로 대두될 수밖에 없는 새로운 문제가 있다. 바로 데이터의 규모가 커도 너무도 크다는 것이다. 현재 인류는 분야를 막론하고 끝없이 쏟아져나오는 거대한 규모의 데이터에 압도당하고 있다. 데이터가 많아질수록 저장, 전송, 보안 등에 관한 새로운 문제들이 생길 뿐만 아니라 특히 이를 어떻게 해석하고 분석할지의 문제가 커지게 된다.

필자는 앞서 개별적인 헬스케어 데이터의 통합을 퍼즐 맞추기에 비유한 바 있다. 하지만 만약 퍼즐 조각이 무한대로 많은데다가, 끊임없이 새로운 퍼즐 조각이 만들어진다면 전체 그림을 완성하고, 그 그림이 무엇을 의미하는지 파악하기가 극히 어려울 것이다. 지금의 상황이 그러하다.

'빅데이터'라는 용어는 수년 전부터 사용되면서 일종의 유행어처럼 번져나갔지만, 이 용어만으로는 현재 상황을 적절히 설명하기에는 부족한 감이 있다. 쏟아지는 데이터의 양은 분야를 막론하고 기하급수적으로 증가하고 있기 때문이다. 2010년 『이코노미스트』에 따르면 인류가 가진 디지털 데이터는 5년마다 10배씩 증가하고 있다. 그야말로 데이터 폭발data explosion의 시대다.[1, 2]

데이터의 폭발은 분야를 가리지 않는다. 천문학을 보자. 뉴멕시코의 천체망원경 슬로언 디지털 스카이 서베이Sloan Digital Sky Survey는 2000년 구동을 시작한 이후 단 몇 주 만에 천문학 역사상 축적된 데이터보다 더 많은 데이터를 수집했다. 더 나아가, 2016년 칠레의 천체망원경 LSSTLarge Synoptic Survey Telescope는 이 정도의 데이터를 단 5일 만에 축적했다.[1]

페이스북은 2019년 1분기를 기준으로 월간 활성 사용자는 전 세계 24억 명이다. 이들이 하루에 3억 개의 사진을 업로드하며, 60초마다 약 30만 개의 포스팅과 51만 개의 댓글을 만들어낸다.[3] 트위터에서는 2016년을 기준으로 1초에 6,000개씩, 매일 5억 개의 트윗이 올라온다.[4] 2010년만 하더라도 하루 트윗은 5,000만 개였으나, 불과 몇 년 만에 열 배로 성장한 것이다.[4] 전 세계 매달 19억 명이 사용하는 유튜브에는 1분마다 400시간 분량의 동영상이 업로드되며, 매일 10억 시간 분량의 시청이 이루어진다.[5-7]

빅데이터 하면 유전체 정보도 빼놓을 수 없다. 앞서 8장에서 개인유전정보를 설명할 때 언급했듯이, 연구에 따르면 2025년경에 인류가 가질 가장 큰 규모의 데이터는 천문학, 트위터, 유튜브 데이터도 아닌, 바로 유전체 데이터라고 한다.[8] 연간 1엑사바이트 정도의 데이터가 생산될 천문학, 유튜브와는 달리 유전체 데이터는 연간 최대 40엑사바이트까지 생산될 수 있다는 것이다(1엑사바이트 =10억 기가바이트).

유전체 분석 기술의 눈부신 발전에 따라서 서열 분석의 속도와 수율은 폭발적으로 증가하고 있다. 2017년 1월 일루미나가 내어놓은 노바식NovaSeq이라는 새로운 유전체 분석 기기는 한 대당 이틀에 6테라바이트 즉, 60명 정도의 전장 유전체 분석WGS을 할 수 있을 정도로 발전했다.[9, 10] 굳이 따지자면 한 시간에 한 사람의 전장 유전체 분석을 할 수 있을 정도이니, 2003년 휴먼 게놈 프로젝트에서 한 명의 분석에 13년이 걸렸던 것과 비교한다면 너무도 큰 변화다. 이런 추이를 보면, 미래에 인류가 가지게 될 유전체 데이터의 크기가 매우 방대할 것이라는 점은 어렵지 않게 짐작할 수 있다.

머니볼과 빅데이터 의료

이렇게 데이터의 종류가 많아지고 그 크기가 커질수록, 그 데이터를 분석하기는 더욱 어려워진다. 한 사람의 건강에 대한 총체적이고 종합적인 데이터를 실시간으로 분석하고, 그 속에서 의미와 규칙, 상호작용, 상관관계를 정확하게 찾아내고, 더 나아가 앞으로 그 데이터들이 어떻게 변화할지 정확하게 예측까지도 할 수 있다면 우리가 궁극적으로 지향하는 P4 의료를 구현할 수 있을 것이다.

이를 위해서는 복잡한 데이터 속에서 통계적인 분석을 통해 숨겨진 의미를 찾아낼 수 있는 데이터 과학자 data scientist의 역할이 중요하다. 필자는 이러한 의료 빅데이터를 분석하기 위해 미래 의료에서 데이터 과학자의 역할이 매우 크다고 생각한다. 인공지능의 도입 등 디지털 기술 발전에 따라 의사의 역할도 지금과 크게 달라질 것이며, 특히 미래에 의사가 새롭게 맡아야 할 중요한 역할 중 하나가 바로 임상 데이터 과학자 clinical data scientist라고 생각한다.

데이터 과학이라고 하면 일반 대중에게 가장 친숙한 사례로 미국 야구 메이저리그의 『머니볼 money ball』이 빠질 수 없다. 『머니볼』은 경제학 분야 저널리스트인 마이클 루이스가 미국 메이저리그의 야구단, 오클랜드 애슬레틱스Oakland Athletics의 실화를 다룬 책이다. 책은 2003년에 출판되어 세계적인 베스트셀러가 되었고, 2011년에는 브래드 피트가 주연한 동명의 영화로 만들어지기도 했다.

그런데 이 책은 단순히 야구 이야기가 아니라, 데이터와 통계를 바탕으로 야구라는 스포츠를 이해하는 방식 자체를 혁신적으로 바꾸었던 이야기를 다루고 있다. 2000년대 초반 가난한 야구단인 오클랜드 애슬레틱스가 천문학적인 돈을 투자하는 뉴욕 양키즈 같은 구단을 이기고, 야구 역사에 남을 성적을 냈던 비결이 바로 데이터와 통계적 분석에 기반한 전략이었다.

사실 '기록의 스포츠'라고 불리는 야구만큼 경기의 모든 부분이 정량적인 데이터로 기록되는 운동 종목도 없다. 선수들이 공을 던지고, 치고, 달리는 모든 일거수일투족이 숫자와 기록으로 남는다. 매 경기 쏟아져 나오는 이 데이터를 통해서 선수와 구단에 대한 통계적인 분석이 가능해진다. 이렇게 머니볼의 핵심은 기존 야구계에 코치나 스카우트의 개인적 경험과 통찰에 의존하던 방식을 데이터와 통계적 분석을 통해 혁신하고, 더 나아가 선수의 역량 중 (기존의 통념과는 달리) 실제로 승리에 기여하는 숨겨진 요인을 파악했다는 것이다.

오클랜드 애슬레틱스에서 이 데이터 분석을 진행한 사람은 당시 하버드 경제학과를 갓 졸업한 폴 디포디스타Paul DePodesta라는 초임자였다. 폴 디포디스타는 야구 선수로서 경험이 전혀 없었지만, 데이터 분석을 통해 당시 야구계에서는 무시되던 출루율, 장타율 등이 승리에 가장 영향을 크게 미친다는 것을 발견했다. 이러한 발견은 기존의 야구 전문가들로부터 그저 책상물림의 이론일 뿐이라고 비웃음을 샀지만, 결국 오클랜드의 정규리그 20연승 등의 대기록을 낳았다. 그리고 시간이 흐르면서 모든 메이저리그 구단이 이러한 데이터 분석을 당연한 듯 이용하게 되었다.

지난 2015년, 디지털 헬스케어 분야의 대가 에릭 토폴 박사가 수장으로 있는 스크립스 중개과학연구소Scripps Translational Science Institute 로부터 흥미로운 소식이 전해졌다. 바로 『머니볼』의 주역 폴 디포디스타를 생물정보학 분야의 교수로 전격 임용한다는 것이었다.[11,12] 폴 디포디스타는 "야구, 금융, 운송 및 소매업 분야에서 사람들은 데이터의 힘을 이용해서 더 나은 의사결정을 내리고 있다. 의료는 이 기회를 탐색하기 시작한 시점이지만, 다른 분야에서도 존재했던 같은 장벽에 직면하고 있다."라고 언급했다.

야구의 문외한이었던 폴 디포디스타는 데이터 분석에 기반한 새로운 통찰을 이끌어내어 야구의 역사를 바꿔놓았다. 그 방법론은 처음에 야구계에서 격렬한 반대와 조롱에 시달렸지만, 이제는 모든 구단이 채택하고 있는 너무도 일반화된 분석법이 되어버렸다. 이제 의료라는 새로운 분야에서 이 데이터 과학자가 또 한 번 변화를 일으킬지는 좀 더 지켜봐야 할 일이다. 하지만 이러한 사례는 방대한 데이터에 기반한 미래 의료에서 데이터 분석이 가지는 중요성을 상징적으로 보여주는 일화라고 해도 과언이 아닐 것이다.

대형마트에서 엿보는 미래 의료

미래에 빅데이터 의료가 어떻게 구현되며, 어떠한 방식으로 환자들에게 가치를 줄 수 있을지를 구체적으로 그려보기란 사실 쉽지 않다. 하지만, 빅데이터 의료가 구현될 전체 그림 중에 일부 요소와 관련해서는 지금도 선도적인 사례들이 제시되고 있다. 앞서, 13장 '모든 데이터를 모은다면'에서 살펴본 리로이 후드 박사팀의 '10만 명 웰니스 프로젝트' 연구나 애리베일의 사례도 그중 하나라고 할 수 있다. 그럼에도, 빅데이터 의료를 일선 의료 현장에서 환자에게 적용하고 있는 사례는 아직까지 드물다.

하지만 폴 디포디스타의 말처럼 의료 외에 야구, 금융, 운송, 소매업 등 다른 분야에서는 이미 데이터 분석을 기반으로 고객의 취향, 행동이나 미래의 트렌드 변화를 예측하고 있으며, 기업의 의사결정에 활용되고 있기도 하다.[13] 만약 금융, 운송, 소매업 등의 분야에서 방대한 데이터를 기반으로 고객의 취향, 행동, 변화 등을 예측할 수 있다면, 이와 비슷한 원리로 환자의 질병이나 건강 변화를 예측하고 예방할 수 있지 않을까? 소매업 등의 분야에서 현재 빅데이터가 어떻게 활용되는지를 본다면 미래 의료에 대한 힌트를 얻을 수 있을지도 모른다.

이를 위한 좋은 사례를 미국의 대형마트 체인점인 타깃Target에서 찾아볼 수 있다. 타깃은 고객의 쇼핑 패턴을 기반으로 고객의 취향이나, 생활습관 및 결혼, 이사 등 삶의 중요한 변화를 겪고 있음을 파악하고, 심지어는 고객의 임신 여부와 출산 예정일까지도 성공적으로 예측하고 있기 때문이다.

『뉴욕타임스』에 소개된, 타깃의 쇼핑 패턴 분석의 위력을 알려주는 단적인 사례를 보자.[14] 어느 날 타깃의 미네소타 매장에 화가 머리끝까지 난 남자 고객이 찾아와 지점장에게 항의했다. 고등학생인 자기 딸에게 임산부용 옷, 유아복, 유아용 침대를 사라는 할인 쿠폰을 보냈다는 이유에서였다. "이제 고등학생인 내 딸에게 이런 광고를 보내는 게 말이 됩니까? 고등학생한테 임신하라고 부추기는 겁니까?"

해당 관리자는 그 남자에게 연신 사과했으며, 며칠 뒤에도 고객의 집으로 사과 전화까지 걸었다. 그랬더니 그 고객은, "나도 모르는 사이에 집에 일이 좀 있더군요. 내 딸의 출산 예정일이 8월이랍니다. 정말 미안합니다." 즉, 부모조차 몰랐던 딸의 임신을 대형마트가 빅데이터 기반의 구매 형태 분석을 통해 먼저 파악한 것이다.[*]

타깃은 어떻게 고객의 임신을 예측했나

대형마트는 고객들이 더 편하게 쇼핑할 수 있도록 하기 위해, 혹은 지출을 유도하기 위해 많은 과학적, 심리학적 기법을 동원한다. 특히 고객의 구매 습관을 면밀하게 분석하면, 고객이 어떠한 취향을 가지고 있고, 어떠한 삶의 단계를 지나고 있으며, 이를 통해 어떻게 구매를 유도할 수 있을지에 대한 정보까지도 얻을 수 있다.

『뉴욕타임스』의 기자인 찰스 두히그Charles Duhigg의 기사와 저서 『습관의 힘』에는 이 대형마트가 고객의 각종 구매 패턴 데이터를 활용해서 고객의 건강 상태에 대한 통찰까지도 이끌어낼 수 있음을 보여준다.[14, 15] 이는 마치 셜록 홈즈가 의뢰인의 구두에 묻은 흙, 모자에 묻은 머리카락, 한쪽 소매만 비에 젖은 것과 같은 사소한 정보들을 혼합하여 놀라운 추리를 해내는 것과 비슷하다.

몇 가지 구체적인 예를 들어보자. 어떤 고객이 타깃에서 수건, 시트, 은그릇과 냄비, 저녁 식사용 냉동식품을 산다면, 새집을 장만

---

[*] 이 타깃의 사례는 찰스 두히그의 『습관의 힘』(갤리온, 2012)에서 재인용했음을 밝힌다.

했거나 이혼했을 가능성이 높다. 벌레 퇴치제, 아동용 속옷, 손전등과 배터리, 여성용 잡지, 와인을 샀다는 것은 아이들의 여름 캠프를 앞두고 엄마가 서둘러 준비했다는 뜻이 된다. 만약 당신이 신용카드로 일주일에 한 번, 주말 저녁 6시 30분쯤에 아이스바 한 상자를 구입하고, 7월과 10월에 대형 쓰레기봉투를 산다면, 타깃은 당신에게 어린 자녀가 있어 퇴근길에 식료품을 사는 경향이 있으며, 여름에는 깎을 잔디밭과 가을이면 낙엽이 떨어지는 나무가 있다고 추정할 수 있다.

특히 타깃의 데이터 과학자들은 '삶에서 중요한 사건을 겪은 후에는 소비자의 구매 습관이 바뀔 가능성이 크다'는 사실을 파악했다. 예를 들어, 막 결혼한 사람은 새로운 유형의 커피를 구매할 가능성이 높으며, 새집으로 이사한 사람은 새로운 종류의 시리얼을 구매하는 경향이 있다. 인생의 중요한 사건을 겪으며 소비자는 자신도 모르는 사이에 구매 패턴이 바뀌는 것이다.

이러한 주요 사건 중, 특히 예측 가능성이 높은 것이 바로 앞서 언급한 임신과 출산이다. 예컨대, 여성 고객은 임신 4개월에 들어서면 향이 없는 로션을 다량으로 구매하는 경향을 보인다. 또한 임신 후 20주가 되면 많은 임산부가 칼슘, 마그네슘, 아연 등의 영양제를 구입했다. 따라서 향이 없는 비누나 손세정제를 다량으로 구매한 고객은 몇 주 이후에 마그네슘과 아연이 함유된 영양제를 구매할 가능성이 높고, 몇 개월 후에는 출산을 해서 유아복, 유아용 침대가 필요하게 될 것이다.

이러한 다양한 종류의 데이터를 조합하고 분석한 결과, 타깃은 '임신 예측 점수'라는 모델을 만들어, 임산부의 출산 예정일까지도 비교적 정확하게 예측할 수 있게 되었다.[15] 이를테면 아래와 같은 식이다.

- 애틀랜타에 사는 23세의 여성이 코코아 버터 로션, 기저귀 가방으로 사용될 수 있는 큰 가방, 아연과 마그네슘 영양제, 하늘색 깔개를 샀다면? 그녀는 임산부일 가능성이 87%이며 예정일은 8월 말이다.
- 브루클린에 사는 35세의 여성이 작은 수건 다섯 팩과 민감성 피부를 위한 세탁용 세제, 헐렁한 바지, DHA가 함유된 비타민, 수분 크림을 샀다면? 그녀는 임산부일 가능성이 96%이며 예정일은 5월 초이다.
- 샌프란시스코에 사는 39세의 여성이 250달러짜리 유모차만 샀다면? 그녀는 임산부일 확률이 낮으며, 아마도 친구에게 선물하기 위해서 유모차를 샀을 것이다.

타깃 이외에도, 이렇게 구매 목록 등 사회 경제적 데이터를 기반으로 질병이나 의료와 관련한 예측에 성공한 경우는 적지 않다. 피츠버그 대학병원 UPMC에서는 환자들의 쇼핑 특성 등 여러 데이터를 이용하여 응급실 시설 이용 가능성을 예측했다.[16] 이 연구에서 밝혀진 바로는 통신 판매와 인터넷 쇼핑을 자주 사용하는 사람들이 응급 서비스를 이용할 가능성도 높았다.

그런가 하면, 캐롤라이나스 헬스 시스템 Carolinas Health System은 200만 명의 신용카드 데이터를 기반으로 패스트푸드, 담배, 술, 의약품 리필 여부 등의 파악을 통해 과체중, 당뇨병, 천식, 우울증 등의 질병에 대한 고위험군을 분류하고 응급실 시설 이용 가능성을 예측하기도 했다.[17]

이렇게 쇼핑 패턴, 구매 목록, 신용카드 사용 패턴 등의 데이터를 조합하고 분석하여 고객의 특징을 유추해내는 과정은 미래 의료에 대해서도 상징하는 바가 적지 않다. 의료와 직접적인 관계가 없는 대형마트 구매 목록만으로도 임신 여부를 예측하고 출산 예정일까지도 계산할 수 있다면, 의료 데이터들을 통합하여 분석한다면 질병이나 건강에 대해 더 결정적이고 중요한 통찰을 얻을 수 있지 않을까? 질병 증상이 나타나기도 전에 극초기 단계에서 질병을 진단하거나, 더욱 나은 치료법을 찾고, 만성질환 환자의 동태가 급격히 나빠지는 것을 미연에 방지할 수도 있을 것이다.

한 가지를 덧붙이자면, 이러한 사회 경제적 데이터의 활용은 의료 데이터의 범주에 대해서 다시금 생각해보게 한다. 앞서 디지털 표현형을 설명할 때, 스마트폰 사용 패턴이나, SNS 사용 패턴으로 건강 상태를 유추할 수 있다면 이 역시 의료 데이터의 범주로 봐야 하는지에 대한 고민과 유사하다. 개별적인 구매 상품의 목록 그 자체는 의료 데이터라고 보기 어렵다. 내가 보습 크림이나 종합비타민을 구매했다는 사실 자체가 의학적으로 중요하거나 민감한 정보는 아니기 때문이다. 하지만 여러 평범한 데이터가 통합되어서, 임신 등 건강이나 질병에 대해서 파악할 수도 있다면 문제가 달라질 수 있다.

빅데이터로 천식을 예측하기

빅데이터 의료는 여러 질병 중에도 특히 만성질환 환자들의 질병 관리에 효용이 클 것이다. 만성질환 환자는 평생 그 질병을 관리하면서 살아가야 한다. 이런 환자들은 평소에 질병을 잘 관리하고 있다고 할지라도, 어떠한 요인으로 질병이 언제든 악화될 수도 있다는 걱정을 평생 안고 살아간다. 특히 그러한 질병의 악화가 급작스럽고, 그 영향이 클수록 두려움은 커진다. 당뇨병 환자에게 저혈당 쇼크가 오거나, 뇌전증(간질) 환자에게는 간질 발작이, 심장질환 환자에게는 심정지, 천식 환자에게는 천식 발작의 경우가 그러하다.

하지만 만성질환 환자들이 끊임없이 내어놓는 데이터와 주변 환경의 데이터까지 통합하고 실시간으로 분석을 할 수 있다면 이러한 급성 발작까지도 예측할 수 있지 않을까? 예를 들어, "1시간 뒤에 심정지가 발생할 가능성이 95%이니 주변 응급실을 찾아가세요." 같은 방식으로 말이다. 이러한 예측이 어쩌면 쇼핑 데이터를 바탕으로 출산 예정일을 예측하기보다 더 쉬울지도 모른다.

좀 더 구체적으로 천식 환자에게 빅데이터 분석을 적용하는 미래를 떠올려보자. 천식asthma은 기도의 폐쇄, 기도 과민성 증가를 특징으로 하는 만성 호흡기 질환이다. 천식의 대표적인 증상은 기침, 천명wheezing, 호흡 곤란 등이다(천명은 쌕쌕거리는 숨소리를 의미하는데, 숨을 쉴 때 좁아진 기관지를 따라 통과할 때 들리는 호흡음이다).

아직 정확한 발병 기전은 밝혀지지 않았으나, 천식은 유전적인 요인과 환경적인 요인이 모두 작용하여 발생하는 것으로 알려져 있다. 특히 환경적인 원인은 워낙 다양해서 집먼지 진드기, 꽃가루, 동물 털과 같은 알레르기 유발 물질, 차가운 공기, 음식, 운동 등 신체적 활동, 황사, 미세먼지와 같은 대기 오염, 스트레스 등이 포함된다. 특히, 알레르기 유발 항원에 노출되면 기관지 수축, 기관지 부종으로 호흡 곤란을 동반하는 천식 발작asthma attacks이 발생하며, 천식 발작이 심할 경우에는 생명이 위태로울 수 있다.

천식 환자들은 증상을 완화하기 위해 경구제나 L자 형태의 흡입기$_{inhaler}$를 사용하기도 한다. 영화 등의 매체에서도 가끔 등장하기도 하는 흡입기는 기도를 확장해 호흡을 원활하게 해주는 역할을 한다. 할리우드 영화에서는 주인공이나 조연으로 나오는 천식환자가 급박한 상황에서 흡입기를 잃어버려서 호흡에 곤란을 겪는 장면이 종종 등장하기도 한다.

그렇다면 천식 환자들의 천식 발작을 사전에 예측할 수는 없을까? 앞서 언급했듯이 천식에는 환자의 유전적 요인, 운동 등 후천적 요인, 알레르기 유발 물질이나 대기 오염 등 환경적 요인, 복약 상태 등의 다양한 인자가 관여하며, 이러한 개별 요인이 발병에 미치는 영향은 환자마다 다를 수 있다. 만약 특정 환자에게 천식 발작과 관련된 다양한 요인들의 데이터를 지속적으로 측정, 통합, 분석할 수 있다면 발작이 일어나기 이전에 그 가능성을 예측해볼 수도 있을 것이다.

실제로 천식 발작과 관련된 대부분의 데이터는 이미 기술적으로 측정 가능할 수 있다.

- **유전적 요인**: 개인유전정보 분석을 통해서 천식의 발병과 관련한 유전적 위험도를 분석할 수 있다.
- **환자의 신체 활동 및 상태**: 웨어러블 기기나 스마트폰 앱, 센서를 활용하여 활력 징후$_{vital\ sign}$와 활동량을 분석할 수 있고 최근의 수면 상태, 알코올 섭취, 영양 상태, 복약 순응도, 스트레스 등을 측정할 수 있다.
- **환경적 요인**: 사물인터넷 센서를 활용하여 집 안의 온도, 습도, 이산화탄소, 미세먼지, 오염물질 등의 공기의 질의 상태와

 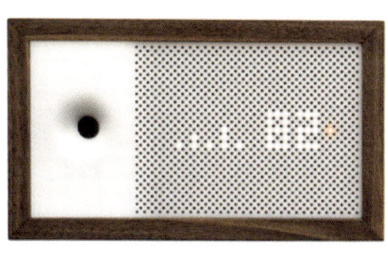

앱과 기기 정면에는 다섯 가지 측정 항목에 대한 점수와 총점인 어웨어 스코어가 표시된다.

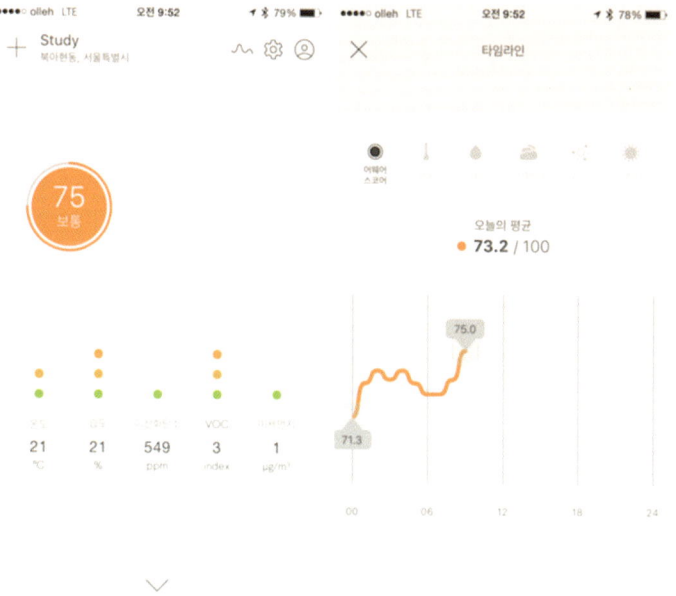

어웨어 앱으로 공기의 질이 어떻게 변화했는지도 볼 수 있다.

변화를 확인할 수 있다. 또한 스마트 흡입기smart inhaler의 사용은 GPS를 활용하여 개별 환자가 과거 언제, 얼마나, 어느 장소에서 천식 발작이 일어났는지, 혹은 인구 수준에서 현재 어느 지역에서 환자들이 흡입기를 많이 사용하는지의 데이터도 축

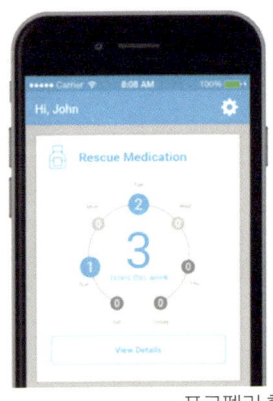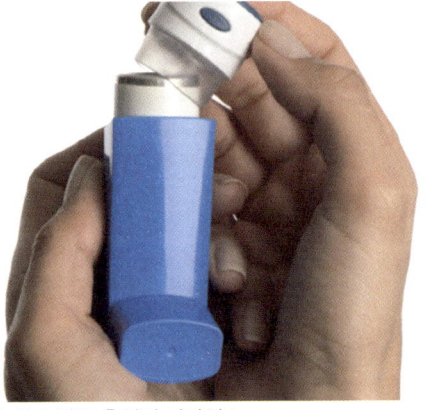

프로펠러 헬스의 스마트 흡입기 디바이스

적하여 환경적인 요인에 따른 위험 지역을 직간접적으로 파악할 수 있다.

이 모든 환자 유래의 의료 데이터들은 앞서 설명한 스마트폰 애플리케이션, 웨어러블 디바이스, 개인유전정보를 통해서 모두 측정할 수 있다. 실내 공기의 질 역시 사물인터넷 기기인 어웨어Awair, 앨러센스AlerSense 등을 통해서 쉽게 측정할 수 있다.[18] 더 나아가, 이 모든 데이터는 스마트폰 플랫폼이나 클라우드를 통해서 통합할 수 있다.

단순히 약물을 주입하는 기존의 흡입기와는 달리 환자가 흡입기를 사용한 시간, 빈도, 패턴, 장소 등의 데이터를 함께 측정할 수 있는 스마트 흡입기의 효용 역시 점차 증명되고 있다. 스마트 흡입기를 개발하는 (더 정확히는, 기존의 흡입기 버튼에 부착하여 데이터를 측정하는 사물인터넷 센서를 개발하는) 미국의 프로펠러 헬스Propeller Health는 이러한 기기가 천식 환자의 질병관리에 효과가 있음을 임상연구를 통해 증명한 바 있다.[19, 20]

495명의 천식 환자를 대상으로 한 이 연구에서, 실험군의 경우에는 이 흡입기를 언제 어떻게 사용하였는지에 대한 피드백을 환자에게 제공하였고, 대조군의 경우 같은 기기를 사용하였으나 아무런 피드백을 제공하지 않았다. 이와 같은 임상연구를 1년간 시행한 결과, 사용에 대한 피드백을 받은 환자들이 대조군보다 흡입기의 사용이 유의미하게 감소했으며 흡입기를 사용하지 않아도 되는 날짜의 비율이 더 높았다. 즉, 천식이 악화하는 날의 빈도가 대조군보다 더 줄어든 것이다. 그뿐만 아니라, 실험군 중의 59%의 환자가 이 스마트 흡입기를 활용해서 자신의 새로운 천식 발작 요인을 알게 되었다고 응답하기도 했다.[19, 20]

이러한 연구에서 한 단계 더 나아가, 스마트 흡입기뿐만 아니라 유전적 요인, 활력 징후, 활동량, 공기의 질 등의 요인이 측정되어 지속적으로 클라우드에 전송 및 저장되며, 이를 바탕으로 의사의 조언을 받을 수 있거나, 인공지능의 실시간 분석을 통해 천식 발작을 예측할 수 있다고 상상해보자. 또한 '모든 것이 연결되는' 사물인터넷 기기들을 통해 천식 발작의 위험을 낮게 유지할 수 있도록 실내 공기의 온도, 습도 등을 자동으로 조절하고, 공기청정기를 작동시키며, 천식 발작을 예측하여 환자와 보호자에게 미리 알려줄 수 있다면, 천식 환자 질병관리에 더욱 큰 효용을 제공할 수 있을 것이다.

2016년 IBM 왓슨과 다국적 제약사 테바Teva Pharmaceuticals의 만성 질환 관리를 위한 파트너십 체결은 이러한 구도의 초기 모습을 보여주기도 한다.[21] 테바는 전통적으로 호흡기 질환 관련 신약을 개발해온 제약회사이며, 2015년에는 천식 및 만성 폐쇄성 폐질환 COPD 환자용 스마트 흡입기와 데이터를 분석하는 플랫폼을 보유한 게코 헬스 이노베이션Gecko Health Innovation이라는 회사를 인수하기도 했다.[22] 이러한 인수 및 파트너십은 스마트 흡입기의 사용에서 나온 환자의 데이터를 IBM 왓슨 헬스 클라우드에 저장하고, 인공지능으로 분석하려는 모델이 만들어지고 있음을 보여주고 있다.

두 가지 분석법: 사람, 그리고 인공지능

이번에는 의료를 포함한 많은 분야의 데이터가 폭발적으로 증가하고 있으며, 그러한 빅데이터를 분석하고 숨은 의미를 찾기 위해서는 데이터 과학이 필요함을 알아보았다. 소위 '빅데이터 의료'를 구현하기 위한 여러 가지 여건이 아직은 모두 갖추어지지는 않았기 때문에 미래 의료에 데이터가 어떠한 방식으로 활용될지 예측하기란 쉽지 않다. 하지만 타깃과 같은 대형마트가 고객의 구매 데이터의 패턴을 분석하여 고객의 상황을 예상하고, 건강 상태까지 예측하는 사례에서 미래 의료의 방향에 대한 힌트를 얻을 수 있었다.

이제부터는 이 의료 데이터를 분석하는 방식에 대해서 좀 더 자세하게 알아보려고 한다. 데이터를 분석하는 방법에는 분석의 주체에 따라서 크게 두 가지로 나눌 수 있을 것이다. 첫 번째는 사람이 분석하는 것이다. 두 번째는 바로 기계의 두뇌 즉, 인공지능의 힘을 빌리는 것이다.

『머니볼』과 타깃의 사례에서는 데이터 과학자들이 야구 선수들의 데이터와 구매 패턴을 분석했다. 디지털 기술이 발전하면서 이렇게 사람이 분석하는 경우에도 더욱 다양한 방식과 새로운 기법을 활용할 수 있게 되었다. 데이터 과학자들이 갖출 수 있는 무기들은 앞으로 더욱 늘어날 것이다.

하지만 우리는 결국 인공지능과 손을 잡지 않을 수 없을 것이다. 끝없이 쏟아지는 방대한 분량의 데이터를 실시간으로 분석하는 것은 인간의 힘만으로는 이미 불가능한 상황으로 진입하고 있다. 데이터를 기반으로 예측, 예방, 맞춤의료를 구현하기 위해서 결국 의료는 인공지능을 더욱 적극적으로 받아들이는 것 외에 대안을 떠올리기 어렵다. 인공지능의 의료 분야 적용은 큰 관심사가 되었으며, 다양한 분야에서 이미 그 활용이 시작되고 있다.

중요한 것은 사람과 인공지능, 이 두 가지의 방식이 서로 대결 구도에 있는 것은 아니라는 점이다. 앞으로 강조하겠지만, 우리에게는 이 두 가지 방식이 모두 필요하며, 서로 공존과 협력을 통해 시너지 효과를 만들어낼 수 있다. 또한 그러한 미래를 만들어가는 것 자체가 필자를 비롯한 전문가들의 역할이자 책임이기도 하다.

사람의 분석과 인공지능의 분석. 이 두 가지 방법은 이미 많은 의료 분야에서 실제 사례들을 만들어내고 있다. 이제부터는 이 두 가지 방식이 현재 어떻게 구현되고 있으며, 앞으로 어떻게 발전할 것인지에 관해 차례로 설명해보도록 하겠다.

원격의료: 원격 환자 모니터링

　지금까지 의료 데이터는 주로 의료 전문가 즉, 사람의 힘으로 분석되고 해석되어 왔다. 하지만 디지털 기술의 발전에 따라서, 데이터를 해석하는 주체는 여전히 사람인 경우라고 하더라도 분석하는 방식은 예전과 크게 달라질 수 있을 것이다.

　의료 전문가가 디지털 기술을 활용하여 환자에게서 나온 의료 데이터를 분석하는 새로운 방법의 하나로 원격의료telemedicine를 빼놓을 수 없다. 현대 디지털 기술 중에 가장 비약적으로 발전한 것 중 하나가 바로 통신기술이다. 이를 고려한다면 디지털 기술이 의료에 적용을 논할 때 원격으로 진단하고 의료 서비스를 제공하는 것을 떠올리는 것이 당연하다고 볼 수 있다.

　앞서 살펴보았듯이, 통신, 센서, 배터리, 클라우드 컴퓨팅, 보안 등의 디지털 기술이 기하급수적으로 발전한다면, 의료진이 원격으로 환자에게 제공할 수 있는 의료 서비스의 양과 질 모두 비약적으로 향상될 것이다. 실제로 원격의료는 여러 나라에서 최근 몇 년간 빠르게 성장하고 있는 유망한 산업이기도 하다.

하지만 한국에서 원격의료는 유난히 논란이 많은 주제라는 것을 부인할 수 없다. 이 단어 하나만으로도 의료계에서는 민감한 반응을 보이며, 정부와 의료계, 시민단체, 정치권 등에서 각기 의견이 첨예하게 갈리는 주제이기도 하다. 사실 이러한 논란에는 한국 의료 시스템의 특수성에서 기인하는 의료적, 정치적, 경제적 이슈들이 복잡하게 얽혀 있다.

한국에서 원격의료 이슈를 어떻게 풀어가야 할지는 다음 장에서 논의하도록 하고, 먼저 원격의료 그 자체에 대해서 살펴보도록 하겠다. 국내에서 원격의료에 대한 이슈가 불거지거나, 논의가 진행될 때는, 안타깝게도 용어 정립도 잘되어 있지 않으며, 이 분야가 정말 어디까지 발전했으며, 얼마나 연구가 진행되었는지 제대로 고려되지 않은 경우가 많다. 아마도 원격의료라는 용어를 꺼내는 것 자체가 금기시되기 때문으로 보인다. 이렇게 원격의료를 공개적으로 논의할 수조차 없다는 것이 한국의 현실이다. 어찌되었건 원격의료라는 분야 자체에 대해서 제대로 파악하는 것이 문제의 해결을 위한 첫걸음일 것이다.

원격의료와 원격진료를 구분하라

원격의료에 대한 기본적인 개념부터 조금씩 들여다보자. 먼저 원격의료와 원격진료가 같은 개념이 아니며, 원격의료에도 다양한 세부적인 모델이 있다는 것을 이해해야 한다. 이 구분을 명확하게 하지 못하거나, 전부 묶어서 하나의 개념으로 간주하면 이슈를 해결하기가 어려워진다. 참고로 여기에서 '원격의료'는 의사와 환자 간의 원격의료를 의미한다(의사와 의사 사이의 원격의료는 현재 한국에서도 합법이다).

먼저 원격의료와 원격진료의 개념을 구분해보자. 원격진료란 병원 진료실에서 의사가 환자를 진료하는 것을 통신기술을 통해서 원격으로 대신한다고 이해하면 된다. 원격진료라면 보통 화상 채팅을 통한 진료를 떠올리기가 쉽지만, 최소한 2016년 기준으로 미국에서는 전화, 문자 메시지, 이메일 등으로 이뤄지는 것이 오히려 더 일반적이다.[1] 또한, 진료기록이나 영상 의료 데이터를 바탕으로 2차 소견을 원격으로 받는 서비스도 있다. 그뿐만 아니라, 웨어러블 기기로 얻은 데이터, 스마트폰 카메라로 촬영한 사진 등을 스마트폰 애플리케이션을 통해 전송하여 의사의 판독이나 소견을 받을 수도 있다. 더 나아가, 원격 문진을 통해서 약을 원격으로 처방받고, 집까지 약을 원격 배송해주는 모델도 각광을 받고 있다(이러한 유형은 다음 장에서 상세히 다룬다).

특히, 원격의료는 원격진료를 '포함'하는 개념으로, 원격진료는 원격의료의 부분 집합이라고 할 수 있다. 원격의료는 환자의 건강과 질병을 원격으로 모니터링하는 서비스, 원격수술 등을 포괄한다. 예를 들어, 환자가 자택에서 측정한 혈당, 혈압, 심전도 데이터가 병원으로 전송되어 모니터링받는 것도 포함된다. 이를 원격 환자 모니터링remote patients monitoring이라고 한다.*

---

* 원격의료와 원격진료라는 용어를 영어로 보통 telemedicine이나 telehealth라는 단어를 쓴다. 필자 경험적으로 대부분의 경우에는 원격진료에 해당하는 표현이지만, 원격의료 전체를 아우르기 위해서 병용되기도 하는 것 같다. 다만, 화상진료 등 원격진료만을 구체적으로 지칭하고 싶을 때는 virtual visit이라는 표현을 쓰는 것이 더 명확하다. 일반적으로 버추얼 비지트의 개념은 원격 환자 모니터링(remote patients monitoring)과 별개로 여겨진다. 흔히 원격 환자 모니터링은 줄여서 RPM이라고도 많이 부른다.

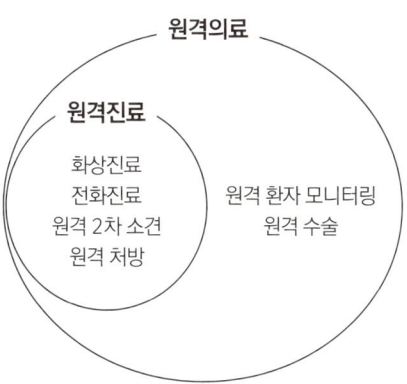

원격의료와 원격진료의 개념을 구분해야 하며, 세부적으로는 더 다양한 모델들이 있다.

우리는 지금까지 '디지털 헬스케어의 3단계'에 따라 데이터의 측정-통합-분석이라는 구조로 살펴보고 있다. 이 구조에서 원격 환자 모니터링은 사람이 디지털 기술을 활용하여 새로운 방식으로 데이터를 분석하는 전형적인 사례를 보여준다고 할 수 있다. 이번 장에서는 원격환자 모니터링을 자세히 알아보고, 다음 장에서는 원격진료에 대해서도 좀 더 깊게 살펴보려 한다.

원격 환자 모니터링

원격 환자 모니터링은 말 그대로 환자가 병원에 있지 않을 때도 자신의 건강 상태를 원격으로 관리받는 것이다. 자택 등, 병원 밖의 환경에서 디지털 기기 등 다양한 방식으로 측정한 '환자 유래의 의료 데이터'를 병원 등으로 전송하여 의료 전문가에게 데이터를 분석받고, 이에 따른 적절한 진료나 권고안을 받게 된다.

이는 특히 병원 밖에서도 항상 질병을 안고 살아가야 하는 고혈

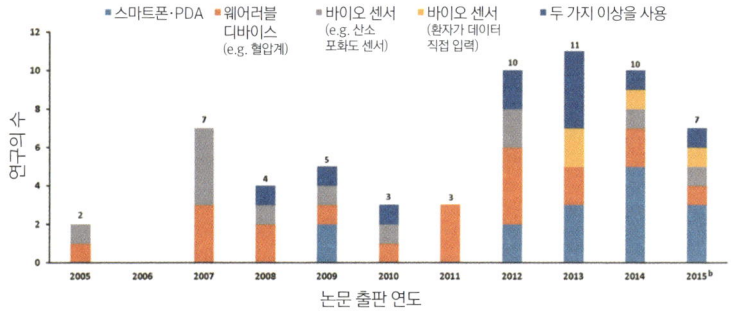

원격 환자 모니터링 연구의 추이 (출처: Telemed J E Health, 2017)[2]

압, 당뇨, 천식, 심장질환 등 만성질환 환자의 질병관리와 삶의 질 향상에 큰 도움이 될 가능성이 있다. 데이터의 모니터링을 통해서 건강 상태를 관리받으면서, 질병이 재발하거나 악화되는 것을 미리 방지하고 예측할 수도 있기 때문이다. 이러한 원격 환자 모니터링에 따라 의료진의 역할이 전통적인 의료 환경 즉, 병원 외부에 있는 환자까지 관리하는 것으로 더 확대된다고 볼 수 있다.

원격 환자 모니터링에 대한 연구는 갈수록 활발해지고 있다. 이러한 연구들을 분석한 2017년의 한 논문에 따르면 2005년부터 2015년 9월까지 원격 환자 모니터링에 대한 논문은 350건 가까이 되며, 이 중 일정한 조건을 충족시키는 62건의 연구를 추가로 분석했다.[2] 원격 환자 모니터링에는 스마트폰, 웨어러블, 바이오 센서 등이 사용되었으며, 대상 질병도 호흡기 질환(23%), 체중관리(17%), 대사질환(18%), 심혈관계질환(16%)으로 다양했다. 이러한 원격 환자 모니터링 연구는 2012년을 기점으로 큰 폭의 증가를 보였다.

미국에서는 환자의 질병관리에 원격 환자 모니터링의 사용을 적극적으로 확대하는 방향으로 움직이고 있다. 2018년 발표에 따르면, 미국 보험청CMS, The Centers for Medicare and Medicaid Services은 원격 환자 모니터링에 대해서 보험을 확대하고 있다. 보험청은 원격 환자 모니터링을 통해 의사가 환자와의 접점을 늘릴 수 있으며, 더 나은 치료 결과를 얻을 가능성이 있다며, 심전도, 혈압, 혈당 등과 같은 수치의 원격 모니터링에 대해 보험을 적용하는 방안을 제시하고 있다.[3, 4]

당뇨병 환자의 원격 모니터링

원격 환자 모니터링에 대한 여러 연구 중에 스탠퍼드 대학의 의료진이 2016년 3월에 발표한 연구를 주목할 만하다.[5] 지금까지 설명해온 '디지털 헬스케어의 3단계'가 잘 구현된 사례라고 볼 수 있기 때문이다.

이 연구에서는 제1형 당뇨병 환자들이 스스로 측정한 혈당 수치가 병원으로 전송되어 의료진이 원격으로 모니터링했다. 기존에 당뇨병 환자들은 병원에 내원해야만 의료진에게 혈당 데이터를 보여주고, 그 데이터를 분석받을 수 있었다. 일반적으로 당뇨병 환자들이 몇 달에 한 번 정도 병원을 찾는 것을 생각해보면, 그 몇 달 동안 시시각각 끊임없이 바뀌는 혈당 데이터는 전혀 활용되지 못한다. 하지만 이러한 원격 환자 모니터링을 이용하면 환자가 병원에 오지 않아도, 의료진이 당뇨병 환자의 혈당 수치를 실시간으로 알 수 있고, 필요한 경우 환자에게 피드백을 줄 수 있다.

환자 → 덱스콤 연속혈당계 → 아이폰(덱스콤 앱 → 애플 헬스키트

→ 에픽 마이차트 앱) → 스탠퍼드 대학병원 EMR → 의료진 → 환자

특히 이 연구에서 스탠퍼드 대학 병원의 의료진들은 기존에 당뇨병 환자와 병원에서 널리 활용되고 있던 기기와 시스템을 서로 연결함으로써 원격 환자 모니터링 시스템을 만들었다. 측정-전송-분석 과정에 들어가는 센서와 플랫폼 등의 개별적인 요소들은 사실 앞서 이미 설명한 것들이다.

먼저 당뇨병 환자들은 덱스콤의 연속혈당계로 혈당을 측정한다. 복부에 부착하면 피하에 삽입된 센서가 5분마다 거의 실시간으로 혈당을 측정하는 방식이다. 이 '환자 유래의 의료 데이터'는 아이폰의 덱스콤 전용 애플리케이션으로 전송된 후에, 아이폰 내부에서 다시 애플 헬스키트 플랫폼에 저장된다. 이후 이 혈당 데이터는 에픽 시스템즈Epic Systems의 애플리케이션을 거쳐서, 스탠퍼드 대학병원의 전자의무기록으로 전송된다.

스탠퍼드의 의료진은 이 전자의무기록에 저장된 환자의 혈당 데이터를 전용 인터페이스를 통해서 손쉽게 확인하고, 환자에게 피드백을 줄 수 있다. 즉, 다음과 같은 흐름으로 환자가 집에서 측정한 혈당 데이터가 병원에 있는 의료진에게까지 매끄럽게 원격으로 전달되는 것이다.

특히 원격으로 모니터링 데이터가 환자에게 의미를 가지기 위해서는 이 데이터가 병원의 전자의무기록으로 전송되어, 의료진의 진료 프로세스에 자연스럽게 녹아드는 것이 매우 중요하다. 원격으로 전송받은 혈당 데이터를 이렇게 전자의무기록에 성공적으로 통합시키고, 의료진에게 효과적으로 전달할 수 있었다는 것이 기존의 비슷한 연구들과 차별화되는 부분이라고 이 논문의 저자들은

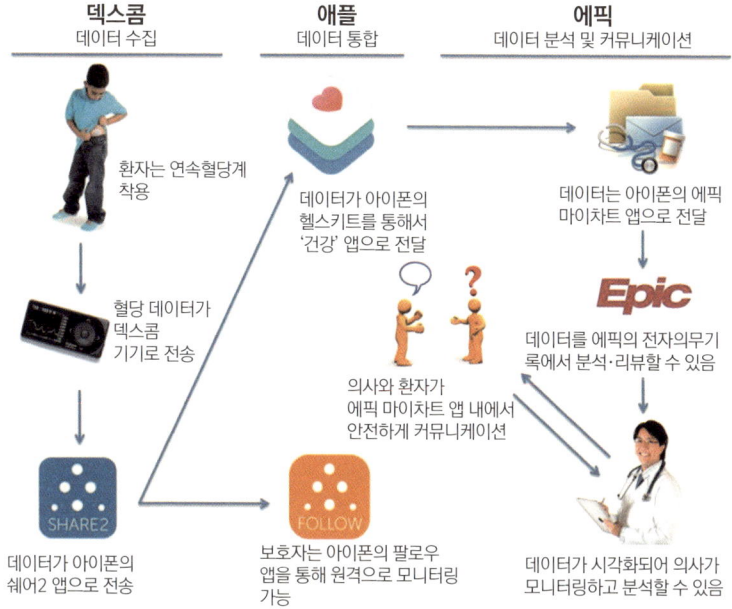

제1형 당뇨병 환자의 혈당을 원격 모니터링하는 스탠퍼드 대학병원의 사례[5]

강조하고 있다.

"이번 연구는 환자들이 널리 사용하고 있는 기기와 기술을 활용하여, 환자의 데이터가 병원의 전자의무기록까지 자동으로 통합되는 것을 보여주는 첫 번째 논문이다."

이 연구는 제1형 당뇨병 환자들 10명에 대해서 45일간 진행되었다. 흔히 '소아 당뇨병'이라고 불리기도 하는 제1형 당뇨병은 소아청소년기에 발병하며, 이 연구에 참여한 환자들도 생후 21개월에서 17세 환자들이었다. 10명이라는 환자의 수가 충분히 많다고 할 수는 없지만, 5분마다 혈당 데이터를 측정하기 때문에 환자 한 명당 하루에 288번이라는 적지 않은 수의 데이터가 축적된다.

이렇게 많은 양의 혈당 데이터가 매일 쌓이기 때문에, 의료진이 이 데이터의 변화나 추이를 해석하는 것도 녹록지 않은 문제다. 이

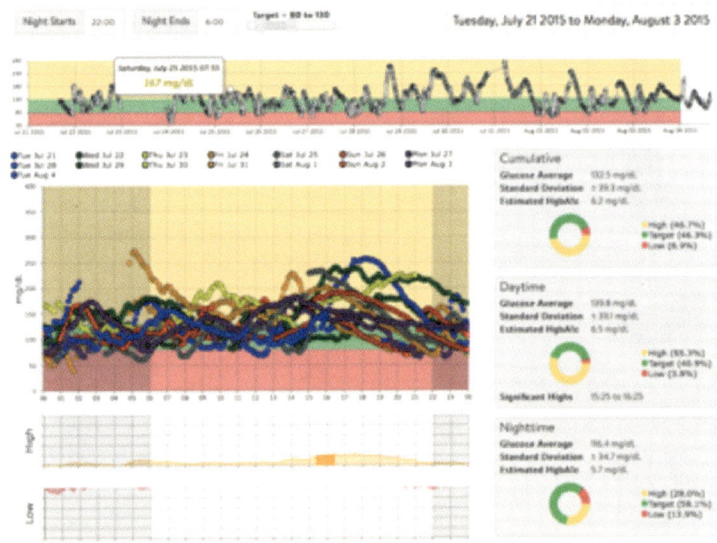

의료진을 위한 연속 혈당 데이터 시각화 도구, 글루뷰[6]

를 해결하기 위해 연구진은 글루뷰GluVue라는 혈당 수치 시각화 도구를 만들었다. 의료진은 글루뷰를 통해서 장기간 측정한 환자의 연속 혈당 데이터를 한눈에 파악하고, 보다 간편하게 분석할 수 있다. 예를 들어, 몇 달 동안 혈당의 추이가 어떠했는지, 온종일 혈당의 변화가 요일별로 차이가 있는지, 낮과 밤에 어떻게 유지되는지, 하루 중 혈당이 너무 높거나 낮은 때는 주로 언제였는지 등을 파악해볼 수 있는 것이다.

이러한 제1형 당뇨병 환자들의 원격 모니터링을 통해서 개별 환자들에게 혈당관리를 위해 인슐린 투여, 식습관, 생활 방식 등에 대해서 중요한 인사이트를 얻을 수 있었다. 예를 들어, 한 유아 환자의 경우에 간헐적으로 야간 저혈당nocturnal hypoglycemia이 발생했다. 의료진이 보호자와 상담한 결과, 아기가 잠자리에 들 때 혈당이 높으면 보호자가 인슐린을 저녁 식사 때와 동일한 농도로 한 번 더 주사한다는 것을 발견했다. 의료진은 보호자에게 적절한 인슐린의 농도를 알려주었고, 이후로 야간 저혈당은 줄어들었다.

또한, 어떤 10대 남성 청소년 환자의 경우에는 특정 요일에만 야간 저혈당이 발생하는 것을 알 수 있었다. 보호자와 상의해보니, 운동 경기 연습이 있는 요일이었다. 의료진은 인슐린 농도를 줄이기를 권고했고, 저혈당 문제를 해결할 수 있었다.

원격 환자 모니터링의 숙제

하지만 원격 환자 모니터링에 대해서는 앞으로 해결해야 할 숙제도 많다. 무엇보다도 원격 환자 모니터링을 통해서 환자의 상태를 지속적으로 측정하고, 데이터를 병원에 전송하며, 이를 의료진이 분석하여 환자에게 피드백을 주고 치료에 활용하는 것이 정말로 효과적이고 안전한지에 대해서도 추가적인 검증이 필요하다.

앞서 언급한 스탠퍼드 대학 병원의 연구도 아직 적은 숫자의 환자를 대상으로만 짧은 기간 동안 이루어졌다. 따라서 이러한 방식의 원격 환자 모니터링이 당뇨병 환자의 혈당관리에 얼마나 실질적인 효과가 있는지에 대해 통계적으로 의미 있는 근거를 제시하기는 어려웠다. 이를 증명하기 위해서는 충분한 수의 환자에 대해서, 보다 장기간에 걸친 임상연구를 바탕으로 근거를 제시해야 할 것이다.

원격 환자 모니터링에 대한 연구는 아직 초기 단계라고 할 수 있다. 2018년 1월 『네이처 디지털 메디슨』에는 이러한 원격 환자 모니터링의 연구들을 메타 분석한 논문이 소개되었다(메타 분석은 기존의 연구들을 분석한 연구를 말한다).[7] 이 논문에서는 다양한 질병에 대해서 원격 환자 모니터링을 진행한 과거의 27개 연구를 분석하였다. 이 연구들은 혈압, 체중, 체지방, 허리둘레, 체질량 지수BMI 등을 기준으로 원격 환자 모니터링을 사용하면 대조군 대비 개선 효과가 있는지 보았다.

이 논문의 표면적인 결론은 과거 27개의 연구 중의 어느 것도 원격 환자 모니터링 그룹이 대조군 대비 통계적으로 유의미한 개선 효과를 보여주지 못했다는 것이다. 하지만 이 연구는 이 분야가 앞으로 나아가야 할 여러 방향을 제시한 것에 더 의미가 있다고 할 수 있다.

논문에서는 원격 환자 모니터링에 관한 양질의 연구가 아직 적다고 지적한다. 이 논문에서 분석한 대부분의 연구는 환자 수가 200명 이하인 작은 규모의 연구였으며, 연구 기간도 대부분 6개월 이하로 짧았다. 심지어 7일, 2주 기간의 연구도 있었는데, 만성질환의 경우 이런 연구로는 유의미한 결론을 얻기가 어렵다. 논문의 분석에서는 제외되었지만, 기존 연구 중에 대조군을 갖추지 못한 경우도 많았다.

또한 이 분야에는 관련 기술의 발전에 따라, 이런 기기의 성능과 편의성이 빠르게 개선되어 간다. 특히 메타 분석 연구의 경우 과거의 연구를 분석한 연구이기 때문에, 이렇게 기술의 발전이 빠른 분야에서는 논문의 기술과 현재 시점의 기술 수준 차이가 더 클 수 있다. 저자는 기존 연구에 사용된 기기들이 현재 잘 사용되지 않는 오래된 것도 많다면서, 이를 바탕으로 현재의 기기, 혹은 향후 나올 기기의 효과까지 예단하는 것은 설득력이 낮을 수 있다고 지적한다.[7]

더 나아가, 이러한 원격 환자 모니터링 연구의 경우에 '효과가 있다'는 것을 무엇으로 판단할지도 관건이다. 기존의 연구와 같이 혈압, 체중, 체질량 지수BMI와 같은 직접적인 수치를 기준으로 할 수도 있지만, 환자의 삶의 질 향상이나 만족도, 통증의 정도, 재입원율, 입원 기간 등의 간접적이거나 환자의 삶에 대한 영향을 측정하는 것이 이러한 기술의 목적에도 더 맞고, 유의미한 결과가 나올 가능성이 있다고 언급하고 있다.[7]

원격 환자 모니터링에 또 한 가지 중요한 것은 비용 문제다. 환자의 상태를 측정하기 위한 센서뿐만 아니라 데이터를 전송하고, 저장하며, 이를 분석하기 위한 시스템과 인력도 갖추어야 하는데, 이 모든 것은 결국에 추가적인 비용이 들어간다. 이렇게 투입되어야 하는 비용이 있는가 하면, 원격 환자 모니터링을 통해 환자의 건강과 삶이 개선되고 질병의 관리를 통해 절감할 수 있는 의료 비용도 있다. 질병이 악화되어 입원, 수술, 처방 등이 새롭게 일어나는 것을 미리 막을 수도 있기 때문이다. 이렇게 원격 환자 모니터링에 필요한 비용 대비 효용이 얼마나 큰지에 대해서도 충분한 연구가 필요하다.

인공지능의 필요성

더 나아가, 앞서 소개한 스탠퍼드 병원의 연구와 같이 기존 원격 환자 모니터링은 4P 의료를 구현하기에는 근본적인 한계가 있다. 바로 사람이 분석한다는 것이다. 원격 환자 모니터링 시스템이 구축되면 무엇보다 시시각각으로 변화하는 환자의 데이터를 전송받게 된다. 하지만 의료진이 이를 실시간으로 해석하고 환자에게 피드백을 제공하기는 어렵다. 스탠퍼드 연구에서도 실시간으로 분석하고 피드백을 제공하지는 못했다. 그도 그럴 것이, 24시간 내내 지속적으로 측정되는 데이터를 365일 항상 실시간으로 의료진이 모니터링하기가 어렵기 때문이다. 이는 환자의 수가 많아질수록 더욱 어려워진다.

또한 환자의 과거 데이터를 분석하여 과거와 현재의 상태만 분석 가능하다는 것 또한 한계이다. 즉, 이 데이터를 바탕으로 지금으로부터 5분 뒤 혹은 한 시간 이후의 혈당 변화의 예측은 이런 연구에 포함되어 있지 않다. 하지만 4P 의료의 구현을 위해서는 데이터 분석을 통해 예방 및 예측까지도 가능해야 한다. 예를 들어, 지속적으로 유입되고 있는 혈당 데이터를 바탕으로 특정 환자가 앞으로 혈당이 어떻게 변화할 것인지, 수면 중에 저혈당 쇼크가 발생하지 않을지, 한 시간 뒤에 인슐린이 필요할지, 얼마나 필요할지 등에 대해서 예측할 수 있으면 좋을 것이다.

이렇게 24시간 365일 여러 환자의 데이터를 모니터링하면서, 이러한 방대한 데이터를 바탕으로 미래의 변화를 예측하는 것은 사람의 능력만으로는 달성하기가 불가능한 일이다. 이러한 이유로 원격 환자 모니터링에는 나중에 설명할, 인공지능의 역할이 반드시 필요하게 될 것이다. 실제로 이러한 역할을 IBM 왓슨을 이용하여 메드트로닉이 개발한 인공지능이 수행할 수 있으며, 임상적으로도 이미 유효한 결과를 보여주고 있다.[8] 이는 추후 17장 '인공지능'에서 더 자세히 설명하겠다.

원격의료: 원격진료

이번에는 원격의료 중에서 원격진료에 대해서 알아보자. 원격진료는 말 그대로 진료실에서 의사가 환자를 진료하는 행위를 전화, 문자, 이메일, 앱, 영상 통화 등의 통신기술을 통해서 원격으로 하는 것을 의미한다.

흔히 원격진료라고 하면 영상 통화를 통해서 의사와 환자가 얼굴을 보면서 하는 것을 떠올리지만, 2016년 미국 시장을 기준으로 보면 지금까지의 사용률 overal adoption 은 화상 통화(22%)보다는 오히려 전화(59%), 이메일(41%), 문자 메시지(29%), 앱(24%)이 더 높다.[1] 다만, 화상 원격진료의 사용률은 2015년 7%에서 2016년 22%로 1년 만에 큰 폭으로 증가했다.

또한 의사-환자 간의 원격진료뿐만 아니라 의료진 간의 협진이나 의견을 주고받기 위한 의사-의사 간의 원격진료도 있다. 국내 의료법상, 의료진 간의 원격진료는 현재도 합법이다. 이번에는 논란이 되는 의사-환자 간의 원격진료에 대해서만 다뤄보겠다.

한국의 원격진료

한국에서 2019년 현재 의사-환자 간 원격의료는 불법이다. 전 세계에서 원격의료를 명시적으로, 전면적으로 금지하는 나라는 필자가 알기로 한국이 유일하다. 왜 유난히 한국에서만 원격의료가 불법인지, 이 문제를 앞으로 어떻게 풀어가야 할지는 매우 복잡한 문제다. 의료계는 원격의료, 혹은 원격진료라는 단어만 나와도 크게 반발하며, 이미 이 문제는 정치 이슈화되어서 정치권에서도 의견이 갈린다.

만약 원격의료 규제에 대해서 변화가 있으려면 의료법 개정안이 국회를 통과해야 하는데, 과연 국회의 동의를 받을 수 있을지 여부는 이제 다분히 정치적인 문제라고 할 수 있다. 과거 정부에서는 2013년, 2016년 등 원격의료를 합법화하는 의료법 개정안을 입법 예고한 적도 있었다.[2,3] 복지부가 향후 다시 원격의료 허용을 추진한다고 할지라도 국회를 설득하는 절차를 거쳐야 하며, 이 이슈에 대해서는 진보와 보수 정당의 입장이 다를 수 있다는 것 정도만 여기에서는 이야기하고 넘어가도록 하자.

이처럼 한국에서는 아직 원격의료가 허용되지 않았고, 언제 허용될지에 대해서도 불확실한 상황이다. 그러므로 이 분야에 대해 시범사업 정도를 제외하면 국내 실사용 사례는 전무하다(국내에서는 1988년 서울대병원과 연천보건소 간 원격영상진단 시범사업을 시작으로, 2010년까지 서른 건 이상의 시범사업이 진행된 바 있다[4-6]). 따라서 미국과 같이 현재 원격의료가 활발하게 시행되고 있는 사례를 바탕으로 이 분야를 알아볼 수밖에 없다. 하지만 먼저 한국과 미국은 의료체계 자체가 매우 다르므로 이러한 차이점을 분명하게 이해할 필요가 있다.

성장하는 미국의 원격진료 시장

미국에서는 1990년대부터 원격의료가 본격적으로 활성화되기 시작했다. 넓은 국토 면적으로 인해서 지역별로 의료 수준이 크게 다르며, 의료 접근성 문제가 심각하기 때문이다. 이에 따라 시골과 대도시 병원 간의 원격의료에 대한 필요성이 제기되었고, 1993년 미국원격의료협회ATA, American Telemedicine Association가 설립되면서 본격적으로 원격의료가 시행되었다.

미국에서는 주별로 원격의료에 대한 규정이 다르다. 원격의료의 정의, 자격요건, 의료 사고 발생 시 손해배상 책임 여부, 보험 적용 여부 등이 주별로 다르므로 세부적으로 들어가면 매우 복잡해진다.[7] 미국원격의료협회는 미국 50개 주정부별로 원격의료 정책이 복잡한 상황임을 파악하고, 주별 원격의료 정책 현황을 정리하여 발표하기도 했다.[8]

미국에서 원격진료는 현재 다양한 기업에 의해서 활발하게 시행되고 있으며, 관련 산업은 해마다 폭발적으로 성장하고 있다. 2014년 미국에서는 6건의 진료 중에 1건은 이미 원격으로 이루어지고 있다는 보고가 있었으며, 2020년까지 원격진료 건수는 2배로 늘어날 것이라고도 예상된다.[10, 11]

또한 2016년 7월에 출판된 『미국의사협회저널JAMA』 논문에는 미국의 원격진료 횟수는 100만 건을 넘어설 것이라는 예측이 있었다.[12] 다음에서 자세하게 살펴볼 미국 최대의 원격진료 회사 텔

미국의 다양한 원격의료 회사들 (출처: Healthpopuli)[9]

  라닥teladoc의 2016년 원격진료 횟수만 하더라도 95만 건이었으며, 2017년에는 53% 증가한 146만 건을, 2018년에는 250만여 건을 기록했다.[13, 14] 그뿐만 아니라, 미국 최대의 헬스 시스템인 카이저 퍼머넌트는 2016년 이뤄진 1억 건 이상의 진료 중에, 사상 최초로 대면진료보다 원격진료가 더 많이 이뤄졌다고 밝히기도 했다.[15]

  그뿐만 아니라, 직원들에게 원격의료 서비스를 제공하려는 기업들도 늘어나고 있다. 2014년 타워즈 왓슨Towers Watson이 직원 수가 1,000명 이상인 미국 기업들을 대상으로 조사한 바에 따르면, 직원들에게 원격의료 서비스를 제공하려는 기업은 2014년 22%에서 2015년 37%로 증가할 것으로 예상되었다.[16] 또한, 34%의 추가적인 회사들은 2017년까지 원격진료를 직원들에게 제공하는 것을 고려하겠다고 밝혔다. 즉, 2017년에는 70%의 기업 고객들이 원격진료 서비스를 이용할 것이라는 예측이었다.

  이렇게 원격진료가 폭발적으로 증가하는 추이를 보면 패스트 컴퍼니가 "병원에 직접 진료를 받으러 간다는 것이 나중에는 '비디오 대여점에 간다'는 것만큼 어색하게 느껴지는 때가 올 것이다."라고 언급했던 것도 무리가 아닐지도 모르겠다.[17] 스크립스 중개과학연구소의 에릭 토폴 박사 역시, 저서 『청진기가 사라진 이후』에서 "직접 진료실을 방문하는 것이 점점 퇴출당하고 있다Physician office visits are on their way out."고 언급하기도 했다.

미국 의료 시스템의 특수성

이렇게 미국에서 원격진료 시장이 급성장하고 있는 요인으로는 미국의 의료 시스템의 특수성을 빼놓을 수 없다. 원격진료가 활성화될 수밖에 없는 환경적인 여건이 갖춰져 있기 때문이다. 의료 서비스의 공급 대비 과도한 수요, 폭등하는 의료 비용, 비효율적인 의료체계, 낮은 접근성 등이 그러한 이유이다.

미국에서 의사의 수는 절대적으로 부족하며, 의료에 대한 접근성은 낮다. NACHC National Association of Community Health Centers의 조사에 따르면, 미국에서는 의사의 부족 때문에 약 6,200만 명의 사람들이 적절한 1차 진료를 받지 못하고 있다고 한다.[18, 19] 이 사람 중 43%는 저소득층이며, 28%는 교외 지역에 사는 사람, 38%가 소수 인종이다.

시골뿐만 아니라 대도시의 경우에도 환자 대비 의사의 수가 턱없이 부족한 경우가 많다. 예를 들어, 의사 1명당 환자의 수가 뉴욕은 무려 912명, LA는 531명이다.[20] 한 예측에 따르면 2020년이 되면 미국에서 9만 명의 의사가 부족할 것이라고도 한다.[21]

이러한 상황에서 의료 접근성은 매우 낮아질 수밖에 없다. 미국에서 환자가 의사를 만나기 위해서 진료 예약 후에 얼마나 오랜 시

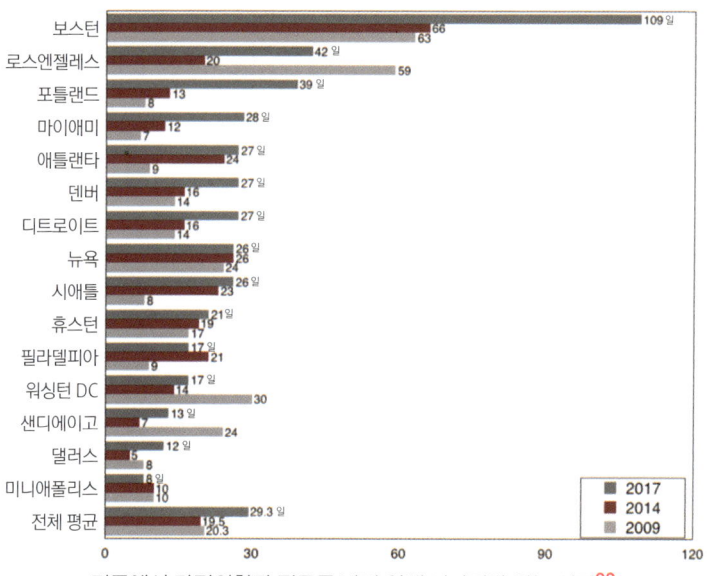

미국에서 가정의학과 진료를 받기 위해 기다려야 하는 시간[22]

간을 기다려야 하는지에 대한 흥미로운 조사결과가 있다.[22] 메리트 호킨스Merritt Hawkins의 조사에 따르면, 2017년 미국 대도시에서 새로운 환자가 진료를 받기 위해서 예약하고 기다려야 하는 시간은, 15개 대도시의 경우 평균 24.1일, 15개 중간 규모의 도시는 32일이었다. 보스턴의 경우 최악이었는데 신규 진료를 위해서 환자는 무려 52.4일을 기다려야 한다. 진료과별로 볼 때도 가정의학과 전문의를 만나기 위해서, 대도시의 평균 대기시간은 29일이었으며, 보스턴의 경우에는 자그마치 109일을 기다려야 진료를 받을 수 있다. 언제든지 필요하다면 동네병원에서 당일에 전문의들의 진료를 받을 수 있는 한국의 의료와는 상상하기 힘들 정도로 차이가 크다.

또 CNN에서 발표한 2013년 통계를 보자면, 미국에서 당일이나 다음날 병원 예약이 가능한 경우는 48%밖에 되지 않으며, 4주 안에 전문의의 진료를 받을 수 있는 비율은 76%밖에 되지 않는다.[23]

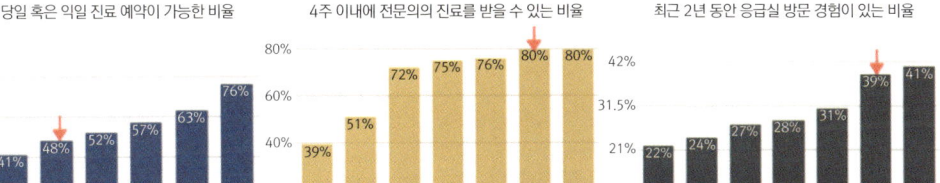

미국에서는 당일 진료를 보기 어렵고, 전문의를 만나기 위해서는 예약 후 오래 기다려야 하기 때문에, 응급실 방문율도 높은 것으로 보인다. (출처: CNN)[23]

이렇게 의사를 제때 만나지 못하는 상황이라면, 응급실의 사용 비율이 높을 수밖에 없다. 미국에서는 최근 2년간 응급실에 간 경험이 있는 환자의 비율도 약 40%로 다른 나라들에 비해 매우 높은 이유도 여기에서 기인하는 것으로 보인다.

이런 상황에서 지난 몇 년간 의료 서비스에 대한 수요는 더 늘어났다. 소위 오바마케어Affordable Care Act가 2014년 1월부터 시행됨에 따라서 기존에 의료보험 혜택을 받지 못하던 4,700만 명의 미국인 중에서 1,640만 명이 새롭게 보험 혜택을 받게 된 것이다.[24]

결국 미국에서 의사의 수는 부족하고, 의료 서비스의 접근성은 낮은 상황인데도, 의료 서비스의 수요는 폭발적으로 증가하고 있다. 이런 환경에서 아픈 사람들은 아예 병원을 방문하는 것을 포기하거나, 혹은 의료비가 비싼 응급실을 찾게 되며, 이는 모두 의료비의 상승을 초래한다.『미국의사협회저널JAMA』에 발표된 바에 따르면 2011년 미국의 총 의료비 지출 중 27%인 7,340억 달러가 불필요한 의료 서비스, 비효율적인 의료 시스템 등으로 낭비되었다고 한다.[25]

원격의료, 붕괴한 의료 시스템의 대안?

이렇게 문제가 많은 미국의 의료 환경에서 원격의료의 역할이 대두되는 것은 어찌 보면 자연스럽다고 볼 수 있다. 무엇보다 공간적, 시간적 제약에 상관없이 의료의 접근성을 비약적으로 높일 수 있다.

시장점유율 1위의 원격진료 회사 텔라닥의 경우, 10분 이하의 대기시간을 통해 의사를 만나게 해주겠다는 것이 핵심가치 제안 중의 하나이다.[26] 전화나 화상 통화 등 제약적인 수단이긴 하지만, 대면진료를 위해 수십 일을 기다리는 것보다는 10분 만에 원격진료를 받는 것이 크게 매력적인 옵션일 수 있다.*

미국에서는 원격의료에 대한 환자의 만족도가 높으며 의료 비용도 절감할 수 있다는 근거들도 나오고 있다. 2013년 시스코가 1,547명의 사람들을 대상으로 조사한 바에 따르면, 74%의 환자들이 대면진료보다 원격진료를 선호했다.[27] 원격진료를 지원하는 보험사 헬스파트너스HealthPartners가 4만 건의 원격진료 사례를 조사한 바에 따르면, 기존 방식보다 평균 88달러를 절약할 수 있었고, 환자의 시간은 2.5시간 절감되었다고 한다.[28] 또한 2015년 한 컨설팅 회사의 예상에 따르면, 원격의료에 대해서 메디케어 보험 적용을 확대하면 2017년부터 2026년까지 18억 달러의 비용 절감 효과가 있을 것으로 예상되기도 한다.[29]

또한 최근 미국 정부는 제도적으로 원격의료를 장려하고 있다. 민간보험 영역에서는 원격의료 동등법Telehealth Parity Law으로 질병에

---

* 여담이지만, 2018년 중국 칭화대에서 한국과 중국의 의료계와 산업계의 전문가들이 모여서 디지털 헬스케어를 주제로 심포지엄을 한 적이 있다. 토론회에서 필자가 텔라닥의 사례를 다루며 대기시간 10분을 언급했더니, 알리바바 헬스케어 센터장이 "알리바바의 원격진료는 30초 만에 의사와 환자를 연결해준다."고 이야기해서 한국 측 패널들이 놀랐던 적이 있다.

원격의료와 외래진료에 동일한 보험을 적용하도록 유도한다. 해마다 이 법안을 채택한 주는 늘어나고 있는데, 2018년 초를 기준으로 38개 주가 이 법을 채택했다.[30] 이 법안이 적용되는 주에서는 원격진료의 수가 더 늘었다는 보고도 있다.[31] 이외에 총 1,900만 명 이상 가입자가 있는 메디케어 보험을 소유한 뇌졸중, 신부전 환자는 원격의료를 선택할 수 있는 '만성질환 관리법Chronic Care Act'이 상원의회를 통과했다.[30]

앞서 언급했듯이 미국에는 많은 원격의료 회사들이 난립해서 경쟁하고 있다. 특히, 미국에는 주별로 원격의료에 대한 규정이나 보험 적용 범위가 다를 뿐만 아니라, 의사 면허도 주별로 발급되기 때문에 원격진료도 일차적으로는 각 주에 기반해서 사업을 영위해야 한다.[7] 이에 따라 크고 작은 원격의료 회사들이 많이 생겨나고 또 없어지기도 한다.

우리는 미국의 원격의료 회사 중에 가장 오래되고, 가장 규모가 큰 텔라닥을 중심으로 살펴보고자 한다. 텔라닥은 2015년 7월, 1억 5,700만 달러의 자금을 끌어들이며 원격의료 회사로는 최초로 뉴욕 증시 상장에도 성공했다.[25, 32, 33] 주식 시장에 상장된 만큼 많은 데이터가 공개되어 있으므로, 우리가 참고하기에 좋다.

텔라닥: 미국 최초, 최대의 원격의료 회사

텔라닥은 환자가 언제 어디에 있든지 인터넷, 화상 통화, 전화 등을 통해서 의사를 연결하여 진료를 받게 해주는 것을 목표로 하는 미국 최대의 원격의료 회사다. 3,100명 이상의 의료 전문가들이 소속되어 있으며, 가입 고객은 2018년 2,280만 명에 이르고, 그 수는 매년 폭발적으로 증가하고 있다.[34] 2016년 1월 텔라닥의 발표에 따르면 시장점유율이 70%에 달하는 압도적 선두 기업이다.

1년 365일 24시간 진료를 시행하며, 앞서 언급했듯이 환자가 진료를 신청한 후 기다려야 하는 시간은 평균 10분 이하이다.[26] 보스턴의 진료 대기시간 109일과 미국 평균 대기시간인 2.5주를 생각하면 가히 혁신적이라고 할 수밖에 없다.

텔라닥의 진료 수 역시 매년 폭발적으로 성장하고 있다. 2016년 95만 건, 2017년 146만 건, 그리고 2018년에는 250만여 건의 진료가 이뤄져서 연평균 64%의 성장을 보여주고 있다.[34] 가입자와 진료수가 성장함에 따라서 매출 역시 빠르게 증가하고 있다. 또한 서비스의 질도 높다. 상장 당시 발표에 따르면 과거 6년간 환자들의 서비스 만족도가 95%를 넘는다.

텔라닥이 목표로 하는 것은 미국의 1차 병원 진료 시장이다. CDC에 따르면 미국에서는 매년 1차 병원을 방문하는 횟수는 1차 개원 병원, 병원 응급실 등을 모두 합해서 12억 건 이상이다. 텔라닥은 이 진료 시장의 3분의 1 즉, 약 4억 건의 진료가 궁극적으로 원격진료를 통해서 점유할 수 있다고 보고 있다.

텔라닥의 고객과 수익 모델

텔라닥은 B2C가 아닌 B2B2C 사업 모델을 가지고 있다. 즉, 개인 환자에게 직접 원격진료 서비스를 제공하는 것이 아니라, 기업 고객에 서비스를 제공하면, 해당 기업 고객의 직원이 텔라닥의 원

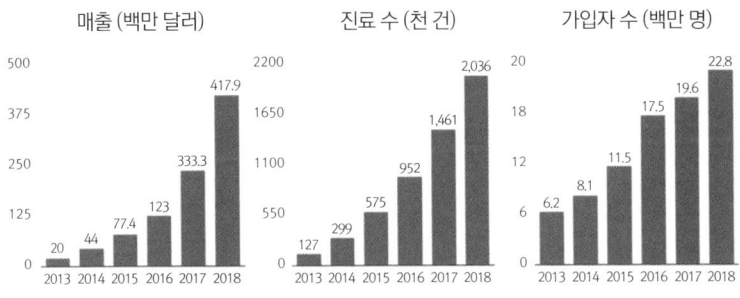

텔라닥의 매출, 진료수, 가입자가 폭발적으로 성장하고 있다.

격진료 서비스를 이용하는 방식이다. 텔라닥은 장기적으로는 개인 환자에게도 직접 서비스를 제공하는 것을 계획하고 있는 것으로 보이지만, 아직은 B2B2C 모델이 중심이다. 예를 들어, 가정용품 소매 기업인 홈디포Home Depot가 텔라닥의 서비스에 가입했다면, 홈디포 직원들은 언제든지 필요할 때 텔라닥의 원격진료를 받아볼 수 있는 것이다(홈디포의 사례는 이후 좀 더 자세하게 설명한다).

텔라닥은 이러한 B2B2C 모델이 환자들에게 원격의료를 제공하기 위한 가장 효율적인 방법이라고 설명하고 있다. 여기에는 미국 특유의 의료보험체계가 반영되어 있다. 국가에서 의료보험을 운영하는 한국과 달리 미국에서는 직장에서 제공하는 의료보험에 직원들이 가입하기도 한다. 고용주는 직원들이 건강을 유지하는 것이 장기적으로 의료비용 지출을 절감하는 방법이기도 하기 때문에, 직원들에게 각종 헬스케어 서비스를 제공하기도 한다. 텔라닥을 통한 원격의료 서비스도 그 일환이라고 볼 수 있다.

2019년 1월 발표한 자료를 보면, 텔라닥은 1만 2,000개 이상의 기업 고객을 가지고 있으며, 『포천』 500 기업 중에는 40% 정도가 텔라닥의 고객이다.[14] 2015년 7월 상장 당시 기업 고객의 수가 4,000개 정도라고 밝혔으니, 불과 3년 반 만에 고객 수가 3배로 증

가한 것이다.[25]

기업 고객은 크게 일반 기업, 보험사, 의료기관 등의 세 종류로 나뉜다. 기업 고객은 텔라닥에 정기적인 구독료subscription fee를 내고, 실제 진료가 이루어질 때 개별 진료비visit fee를 추가로 지불한다. 구독료는 기업이 지불하며, 진료비는 기업이 지불하거나 환자 개인이 지불하는 경우도 있다.

텔라닥의 효용: 홈디포의 사례

그렇다면 과연 텔라닥의 전화, 화상 채팅 등을 통한 원격진료 서비스는 효과적일까? 텔라닥의 서비스가 가치를 가지기 위해서는 당연히 환자를 효과적으로 진료할 수 있어야 한다. 그뿐만 아니라, 텔라닥에 직접 비용을 지불하는 기업 고객의 입장에서도 기존의 의료 서비스 대비 비용을 절감할 수 있어야 할 것이다.

텔라닥이 주식 상장을 위해서 제출한 S-1 서류에는 자사의 원격진료 서비스의 효과성 및 효율성을 홈디포의 사례를 들어서 설명하고 있다.[25] 텔라닥의 최대 고객 중의 하나인 홈디포는 상장 전 3년간 텔라닥의 서비스를 이용하여 15만 명의 직원들에게 원격의료를 제공했다(사실 S-1 서류에는 직접적인 회사명을 언급하는 대신 '미국에서 가장 큰 가정용품 소매 기업the nation's largest home-improvement retailer'이라고만 표현하였지만, 홈디포의 사례다[35]).

텔라닥은 독립적인 연구기관에 의뢰하여 홈디포가 텔라닥과 계약했던 2012년 5월 전과 이후의 20개월을 비교했다. 즉, 같은 대상에 대해서 기존의 방식으로 진료를 받는 것과 대비하여 텔라닥의 효과를 파악하려 한 것이다. 그 결과는 아래와 같다.

- 홈디포는 동일한 질병에 대해 직원들이 기존의 방식으로 진료받는 것에 비해서, 텔라닥을 사용하였을 경우 직원 한 명당 1,157달러의 비용을 절감
- 직원 한 명당, 매달 나가는 의료 비용의 경우, 예상되던 비용에 비해 21.30달러를 절감
- 홈디포는 텔라닥을 통해 약 9배의 투자 대비 수익을 달성
- 텔라닥의 원격진료를 받은 사람 중 92%가 완전히 문제가 해결되었으며, 추가적인 진료나 응급실 방문 등이 필요 없었음
- 홈디포의 2014년 총 가입료는 59만 3,406달러였으며, 텔라닥을 이용함으로써 약 536만 달러의 비용을 절감

이렇게, 적어도 홈디포의 사례에서는 텔라닥의 원격의료가 상당히 효과적이었다는 것을 알 수 있다. 홈디포의 직원들에게 진료가 효과적으로 수행되었을 뿐만 아니라 홈디포 기업 입장에서도 기존 방식 대비 비용을 상당히 절감할 수 있었던 것이다.

텔라닥의 효용: 렌트어센터의 사례

그뿐만 아니라, 가구 회사인 렌트어센터Rent-A-Center에 대해서도 홈디포와 비슷한 방식으로 조사한 결과가 언급되어 있다. 렌트어센터는 2만 4,000명의 직원에게 텔라닥의 서비스를 제공하고 있다. 렌트어센터의 경우, 조사결과는 다음과 같다.

- 직원 한 사람당 텔라닥을 사용한 비용은 284달러로, 같은 질병으로 외부의 병원이나 응급실을 방문한 경우보다 2,419달러 저렴
- 렌트어센터의 2014년 총 가입료는 14만 6,610달러로, 텔라닥을 이용함으로써 해당 기간 1만 7,300만 달러의 비용을 절감한 것으로 추정
- 이에, 렌트어센터의 투자 대비 수익률은 11.8배였으며, 이 회사의 2014년 총 의료비와 처방 비용을 7% 절감하는 데 기여

이러한 수치로 미루어보아, 앞서 언급한 홈디포의 사례에서와 같이 렌트어센터의 경우에도 텔라닥을 활용하여 유의미한 효과를 거두었던 것을 알 수 있다.

원격진료의 여러 모델 (1): 스마트폰 데이터 판독

물론 이렇게 텔라닥처럼 B2B의 형태가 아닌 B2C 모델로 즉, 환자에게 바로 서비스하는 형태도 있다. 텔라닥에 비하면 후발주자인 닥터 온디맨드Doctor On Demand와 같은 스타트업이 대표적이다. 이 회사는 1,400여 명의 의사가 등록되어 미국 46개 주에 서비스를 제공하고 있다. 진료비는 40달러인데 별도의 구독료 없이 개인 환자가 (고용주를 통하지 않고) 직접 서비스를 받을 수 있다. 2013년 12월에 시작한 이 회사는 매년 세 자릿수의 성장율을 기록하고 있으며, 2018년 누적 진료횟수 100만 건을 돌파했다.[36]

사실 닥터 온디맨드의 경우 진료 한 건당 진료비는 텔라닥에 비

해서 훨씬 저렴하다. 텔라닥은 2014년 평균 건당 진료비가 145달러 정도였다. 즉, 닥터 온디맨드에 비해 세 배 이상 높은 가격이다. 하지만 두 회사는 공략하려는 시장이 다르다. 닥터 온디맨드의 경우, 기업 보험에 가입되어 있지 않은 개인 환자들을 대상으로 하는 것으로 보인다. 최근 텔라닥처럼 B2B 시장에도 진출하려는 것으로 보이지만, 아직까지 기업 고객 수는 2016년 기준 400여 개로 텔라닥에는 크게 못 미친다.[37]

원격진료에는 텔라닥이나 닥터 온디맨드와 같이 화상 채팅, 전화, 이메일 등을 통한 진료만 있는 것이 아니다. 앞서 설명했듯이 헬스케어 웨어러블 기기와 앱이 발달하면서, 웨어러블이나 스마트폰 가젯의 앱의 기능 중 하나로 원격진료 서비스가 제공되는 경우도 많다.

예를 들어, 스마트폰 케이스 형태로 심전도를 측정하는 얼라이브코어AliveCor의 경우, 측정한 심전도 데이터를 앱 내에서 심장 전문의에게 전송하여 유료로 심장질환에 대한 진단을 원격으로 받을 수 있다. 또한 셀스코프CellScope의 스마트폰 검이경의 경우, 스마

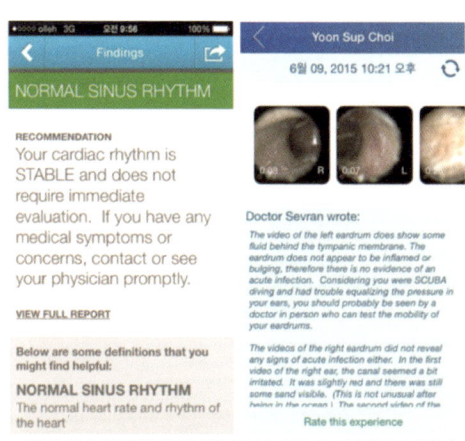

필자의 얼라이브코어와 셀스코프의 원격진료 결과

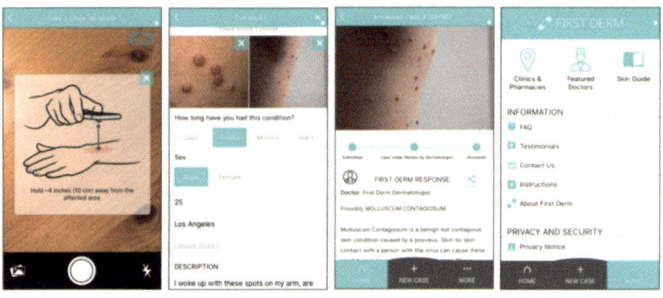

피부과 원격진료 앱, 퍼스트덤

트폰 카메라에 렌즈를 달고 고막을 동영상으로 촬영하여 의사에게 전송할 수 있다. 필자의 경우에도, 시험 삼아 이 두 기기로 얻은 데이터를 앱을 통해 미국에 있는 의사에게 전송했더니, 몇 시간 지나지 않아 상세한 진단을 받아볼 수 있었다.

또한 스마트폰의 카메라로 피부를 촬영하고, 이 사진을 애플리케이션을 통해 의사에게 보내어 원격으로 진료를 받는 다양한 서비스가 있다. 이러한 애플리케이션은 스마트폰이 나오자마자 생겼을 정도로 그 역사(?)가 오래되었다.[38] 예를 들어서, 퍼스트덤First-Derm과 같은 애플리케이션은 환자가 업로드한 사진을 30달러 정도에 피부과 전문의가 판독하여 8시간 내에 결과를 알려준다. 지금까지 3만 케이스 이상의 환자의 피부 사진을 원격으로 진료했다고 하며, 환자의 70% 정도는 추가 대면진료 없이 간단한 치료로 해결할 수 있었다고 한다.[39]

원격진료의 여러 모델 (2): 원격 2차 소견

최근 미국에서는 또 다른 형태의 원격진료가 주목받고 있다. 바로 2차 소견second opinion을 원격으로 받는 서비스다.[40] 2차 소견은 한 명의 의사에게 진단을 받은 결과가 명확하지 않거나, 희귀한 질환이거나, 위험이 큰 수술, 혹은 고가의 치료를 받을지 결정해야 할 경우에 다른 의사의 소견을 더 들어보는 것을 뜻한다. 국내에서는 2차 소견을 받는 것이 일반적이지는 않지만, 미국에서는 고가의 약제를 사용하거나, 위험이 동반되는 수술 등의 경우에 보험사가 2차 소견을 요구하는 경우도 있다고 한다.

2차 소견을 받음으로써 환자들은 더 정확한 진단이나 새로운 치료 옵션을 갖게 될 수도 있고, 최초에 받은 진단과 치료법에 더 확신을 가질 수도 있다. 기존에는 2차 소견을 받기 위해서도 환자가 병원에 직접 찾아가야 했으나, 하지만 이제는 원격으로 2차 소견을 받아볼 수도 있다. 환자들이 자신의 진료기록, 영상 의료 데이터, 병리 사진 등을 원격으로 전송하여 의료진의 의견을 듣는 형식이다.

이러한 서비스를 제공하는 모델은 크게 두 가지로 나뉜다. 첫 번째는 기존의 병원들이 이런 서비스를 원격으로 제공하는 것이다. 클리블랜드 클리닉, 매사추세츠 종합병원MGH 등의 유명 병원도 이러한 서비스를 이미 수년 전부터 전 세계를 대상으로 제공하고 있다. 두 번째로 의사들로 이루어진 독립적인 사업체가 이러한 서비스를 제공하는 경우도 있다. 베스트 닥터스Best Doctors, 세컨드오피니언엑스퍼트SecondOpinionExpert 등이 여기에 속한다.

원격 2차 소견의 가치

미국에서는 이러한 2차 소견에 대한 수요가 크게 증가하고 있는

매사추세츠 종합병원의 원격 2차 소견 서비스

것으로 보인다. 전체 환자 중 20%가 2차 소견을 받아보기를 원하며, 암과 같은 전문의의 2차 소견이 필요한 경우에는 50% 이상의 환자가 원하고 있다고 한다.

『월스트리트저널』의 기사에 따르면 매사추세츠 종합병원은 2007년경부터 이런 서비스를 제공하였는데, 2009년경만 해도 매년 1,000건 이하였으나, 2014년에는 1만 건으로 5년 만에 의뢰 건수가 많이 늘어났다.[40] 이 병원은 암, 뇌수술, 심장질환, 정형외과 질환 등에 대하여 500~5,000달러의 가격에 2차 소견을 기업 고객과 전 세계의 개인 환자들에게 제공하고 있다.

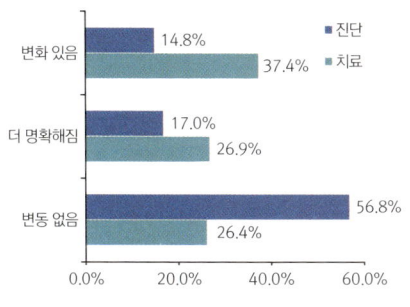 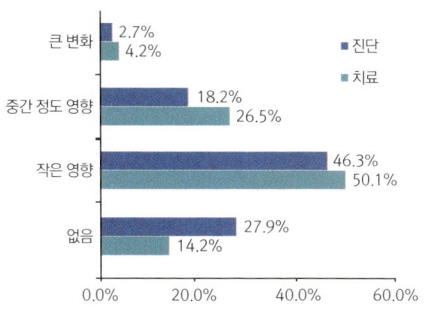

| 2차 소견 때문에 기존의 진단 및 치료법에 변화가 있었는지 | 2차 소견이 얼마나 큰 영향력이 있었는가 |

원격 2차 소견은 상당수의 환자에게 진단 및 치료에 영향을 주었다.[41]

이렇게 환자들이 원격으로 2차 소견을 받음으로써, 상당수의 환자가 새로운 치료 옵션을 갖게 되고, 이에 따라 치료법을 변경하기도 한다. 즉, 환자들이 2차 소견을 받는 것이 치료에 실질적인 영향을 미친다는 것이다. 클리블랜드 클리닉에 따르면 2차 소견 의뢰 중 11% 정도가 1차 소견과 다른 진단을 받으며, 이에 따라 치료법이 약간 바뀌는 경우는 24%, 크게 바뀌는 경우는 16% 정도라고 한다.

2015년에는 원격으로 받은 2차 소견이 환자의 진단과 치료법의 최종 결정에 얼마나 영향을 미치는지에 대한 연구가 발표된 바 있다.[41] 이 연구에 따르면 상당수의 환자가 원격으로 받은 2차 소견이 진단과 치료에 영향을 미쳤다고 답했다.

연구자들은 2011~2012년에 걸쳐 베스트 닥터스Best Doctors에서 2차 소견을 받은 6,791개의 사례를 분석했다. 먼저 환자들이 2차 소견을 왜 받았는지를 조사해보았다. 치료법을 결정하는 데 도움을 얻기 위해서가 41.3%로 가장 높았고, 증상이 나아지지 않거나, 명확한 진단을 받지 못했거나, 진단을 이해하지 못했기 때문에 등 진단에 관련된 이유가 34.8%로 그다음이었다.

또한 1차 소견과 같은 진단을 받은 경우는 56.8%였고, 진단이 바뀐 경우는 14.8%였다. 치료법의 경우에는 1차 소견이 유지된 경우가 26.4%로 다소 적었고, 변경된 경우가 37.4%로 꽤 높았다. 이러한 2차 소견의 영향에 대해서는 진단과 치료에 아무런 영향이 없었던 경우는 각각 27.9%, 14.2%밖에 되지 않았고, 나머지에 해당하는 약 70%, 80%의 환자들은 크든 작든 2차 소견에 진단과 치료에 영향을 미쳤다고 답했다.

원격진료의 여러 모델 (3): 온디맨드 원격처방

최근 미국에서는 뜨겁게 주목받는 또 다른 원격진료 사업 모델이 있다. 바로 특정 질병에 대해서 원격으로 문진을 하고 의약품을 처방 및 배송해주는 모델이다. 이러한 모델을 최근 몇 년 동안 급격히 대두되고 있는 분야로, 소위 '온디맨드 처방On demand prescription' 모델로 부르는 것이 적절할 것 같다.[42] 대표적인 사례로는 힘스Hims, 헐스Hers, 널스Nurx, 레모네이드 헬스Lemonaid Health 등이 있다.[43-46]

이러한 서비스들은 텔라닥, 닥터 온디맨드와 같은 전통적인 원격진료와는 달리, 환자들이 애플리케이션이나 웹사이트의 설문지를 통해서 자신의 데이터를 입력하게 되며, 이를 의사가 검토하여 약의 처방이 필요한지 판단하게 된다.[42] 이 회사들은 현재는 비교적 진단 및 처방이 명료한 분야 즉, 피임, 발기부전, 탈모, 여드름, 금연, 요로 감염 등에 대한 원격진단과 처방이 필요한지를 판단한다. 이를 통해 원격으로 발행한 처방전을 집 근처의 약국으로 보내주거나, 혹은 아예 직접 집으로 약을 배송해준다.

즉, 텔라닥 등 기존의 원격진료 모델에서는 의사가 환자를 질병

힘스는 발기부전, 탈모 등에 대한 약을 원격으로 처방 및 배송해준다.

에 따라서 가려 받지는 않고, 질병을 진단했을 때 최선의 치료가 무엇인지 판단하는 것이 목적이라면, 이런 '온디맨드 처방' 모델은 특정 질병에 대한 환자인지의 여부와, 자신이 취급하는 특정 약의 처방이 필요한지 여부만 판단하는 것이 차이점이다. 따라서 더 많은 환자에 대한 진료 및 처방을 효율적으로 할 수 있고, 비용을 줄일 수 있으므로 약을 더 저렴하게 판매할 수 있다. 예를 들어서, 힘스는 발기부전, 탈모 치료제를 소매가보다 50~80%까지 저렴하게 판매한다.[42]

2019년 8월 『미국의사협회저널JAMA』에 발표된 아티클에는 이러한 온디맨드 처방 모델의 현황과 장점, 그리고 잠재적인 단점에 대해서 균형적으로 기술되어 있다.[42] 사실 이러한 모델은 미국과 같은 의료 시스템하에서는 여러 장점을 가지고 있다는 점을 부인하기 어렵다. 의료 비용이 높으며, 병원 진료 프로세스가 비효율적이고, 병원이나 약국에 대한 접근성이 낮은 환자도 많기 때문이다. 특히, 발기부전이나, 탈모와 같은 질병의 경우에는 사회적인 인식 때문에 환자가 의사와 대면하여 진료받기를 꺼려 하는 경우도 있다. 이러한 경우, 온디맨드 원격처방 모델의 효용이 적지 않다고 할 수 있다.

하지만 이러한 온디맨드 원격처방 모델은 워낙 새로운 모델인 만큼 장기적인 부작용이나 위험에 대해서는 아직 충분히 연구된 바가 없다.[42] 또한 이 회사들은 탈모, 발기부전, 피임과 같은 비교적 명료한 적응증에 대한 서비스에서 그치지 않고, 보다 다양한 질병의 원격진단 모델로 확대하고 있다. 예를 들어, 누렉스Nurx의 경우에는 최근 피임뿐만 아니라, 임질, 매독, HIV 등의 성 매개 감염STI, sexually transmitted infection에 대한 가정용 진단 키트를 배송해주는 모델로 확장하기도 했다.[46] 이러한 온디맨드 원격처방 모델은 큰 편의성을 제공하기는 하지만, 의료 서비스의 질적 수준을 어떻게 유지할 것인지에 대해서는 더 많은 논의가 필요할 것으로 보인다.

참고로, 이러한 온디맨드 원격처방 모델은 한국에서는 이중으로 불법이다. 앞서 언급했듯이 원격의료는 의료법 위반으로 불법일 뿐만 아니라 우편을 통한 의약품 배송은 약사법 제24조 제4항 "약사는 의약품을 조제하면 환자 또는 환자 보호자에게 필요한 복약 지도를 구두 또는 복약 지도서(복약 지도에 관한 내용을 환자가 읽기 쉽고 이해하기 쉬운 용어로 설명한 서명 또는 전자 문서를 말한다)로 하여야 한다."에 따라 불법으로 규정되고 있다. 이에 대해서는 이번 장 마지막의 '한국의 원격의료, 어떻게 해결해야 하나'에서 추가적으로 논의하도록 한다.

원격진료 회사들은 얼마나 제대로 진료할까

이처럼 미국에서는 다양한 원격의료 회사들이 이미 활발하게 서비스를 제공하고 있으며, 많은 환자가 원격진료를 받고 있다. 그런데 원격으로 진료를 하게 되면 정말 환자들이 정확하고 안전하게 진료를 받을 수 있을까? 난립한 여러 원격진료 회사들이 제공하는 의료 서비스 간에 질적인 차이 유무에 대한 우려가 없을 수 없다. 특히 원격으로 진료하는 경우 대면진료에 비해 환자에 대해서 얻을 수 있는 정보가 제한적이므로, 정해진 원칙을 준수하며 진료하는 것이 중요할 것이다.

2016년 『미국의사협회저널JAMA』에는 미국의 여러 원격진료 서비스들의 정확도와 진료의 질을 비교하는 연구가 발표되었다.[47] 이 논문에 따르면 원격진료 서비스들 사이의 정확성을 비교한 연구는 이번이 처음이다. 이 연구에는 아메리닥Ameridoc, 암웰AmWell, 컨설트어닥터Consult a Doctor, 닥터 온디맨드Doctor on Demand, MD얼라인MD Aligne, MD라이브MDLIVE, 미MDMeMD, 나우클리닉NowClinic 등 8개의 잘 알려진 원격진료 서비스가 비교되었다.

캘리포니아 주립대학 샌프란시스코UCSF의 연구자들은 환자 역할을 하도록 훈련받은 67명의 배우를 통해서 총 599번의 원격진료를 받았다. 대상 질병은 발목 통증, 연쇄상구균 인두염streptococcal pharyngitis, 바이러스성 인두염viral pharyngitis, 급성 부비동염acute rhinosinusitis, 허리 통증low back pain, 여성의 재발성 요도 감염recurrent female urinary tract infection 등의 여섯 가지였다.

연구자들은 이 질병에 대해서 의사들이 진단 및 처방에 대한 가이드라인을 잘 준수하는지, 그리고 정확한 진단을 내리는지 등을 비교했다. 그 결과, 전체 진료의 70%의 경우에 의사는 권고된 모든 검사와 병력에 관한 질문을 하는 가이드라인을 준수하는 것으로 나타났다. 정확한 진단을 내렸던 경우는 76.5%, 오진은 14.8%,

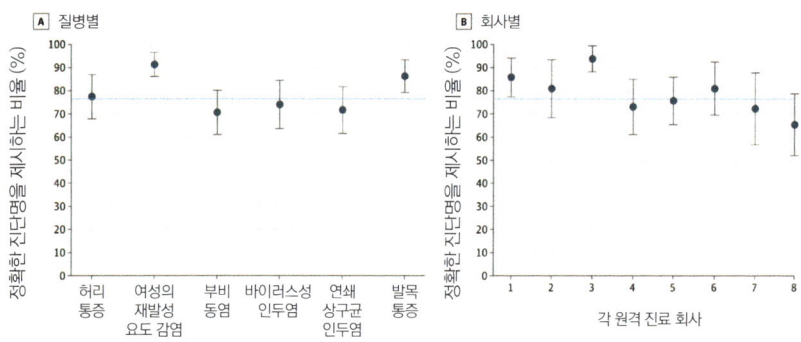

질병별, 회사별 화상진료의 정확도 (출처: 『미국의사협회저널(JAMA)』, 2016)[47]

진단을 내리지 못한 경우는 8.7%였다.

질병 중에는 요도 감염이 91%의 정확도로 가장 정확하게 진단을 내린 질병이었으며, 부비동염의 정확도가 71%로 가장 낮았다. 회사별로는 가장 정확했던 회사의 진료 정확도는 90% 이상이었지만, 가장 낮은 회사는 정확도가 70% 이하로 회사별 정확도에 꽤나 차이가 있었던 것을 알 수 있다(수치별 회사의 이름은 공개되지 않았다).

또한 흥미롭게도 허리 통증, 연쇄상구균 인두염의 진료에는 전반적으로 가이드라인이 잘 준수되었고, 발목 통증, 요도 감염에 대해서는 잘 준수되지 않았다. 하지만 이 네 가지 질병의 가이드라인 준수 정도 자체에는 회사별로 유의미한 차이는 없었다. 반면, 나머지 두 질병인 바이러스성 인두염, 급성 부비동염에는 회사별로 가이드라인 준수 정도에 통계적으로 유의미할 정도로 차이가 있었다.

이러한 결과들을 종합해보면, 질병별, 그리고 회사별로 진료 가이드라인의 준수 정도에는 차이가 있었다는 것이 된다. 특히, 발목 통증의 경우에 추가적인 영상 의학 데이터를 요구하는 것이 진료 가이드라인에 있지만, 이를 지키는 의사는 15.5%에 불과했다.

피부과 원격진료의 한계와 부정확성 연구

그런가 하면 2016년 『미국의사협회저널JAMA』에는 미국 원격의료 서비스의 정확성을 연구한 또 다른 흥미로운 논문이 실렸다.[48] 바로 피부과 원격진료 서비스의 정확성을 분석한 것이다. UCSF의 연구자들은 지난 2016년 2~3월에 걸쳐 미국에 있는 16개의 피부과 원격진료 서비스를 대상으로 테스트를 수행하였다. 이러한 피부과 원격진료 서비스는 보통 웹사이트나 스마트폰 애플리케이션으로 피부 사진을 올리고 병력에 대한 설명을 텍스트로 보내는 형식으로 진행된다(다만 테스트할 16개의 원격진료 서비스를 고를 때 화상통화에 기반하여 진료하는 서비스는 제외하였다. 아래에 설명된 이번 연구의 디자인 즉, 몇 가지 질병에 대한 가상의 환자 시나리오를 만들고, 피부 사진

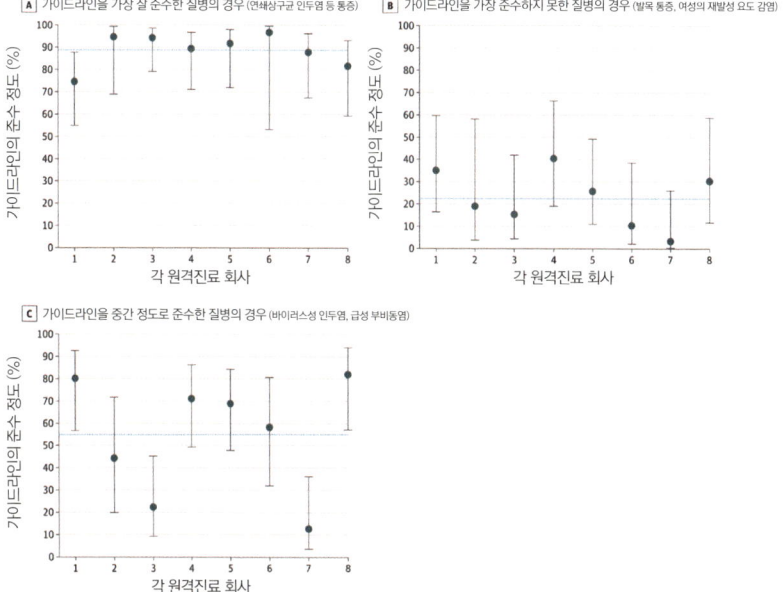

진단 가이드라인 준수 정도에 대한 회사별 다양성 (출처: 『미국의사협회저널JAMA』, 2016)[47]

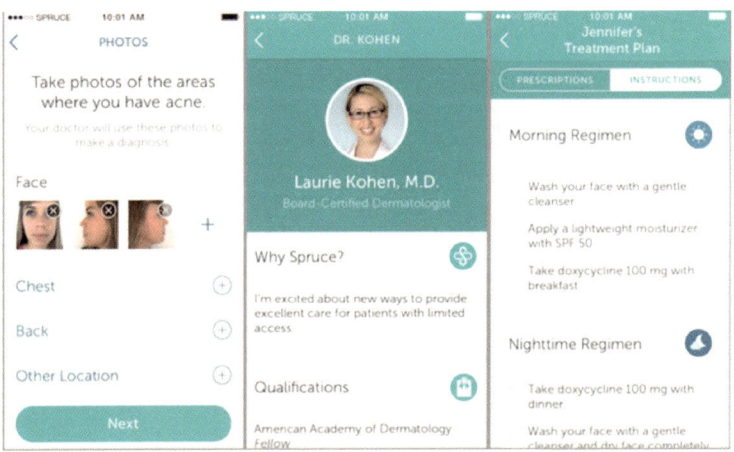

연구 대상에 포함된 피부과 전문 원격진료 앱, 스프루스

을 올려서 테스트하는 방식에 부합하지 않기 때문으로 보인다).

연구진들은 테스트를 위해 철저한 조건을 갖춘 여섯 가지 종류의 시뮬레이션 환자 사례들을 만들어내었다. 환자들은 각각 다낭성 난소 증후군polycystic ovarian syndrome, 매독secondary syphilis, 그람음성 모낭염gram-negative folliculitis, 포진상 습진eczema herpeticum, 흑색종melanoma, 지루성경화증seborrheic keratosis 등의 사례들로 구성이 되어 있다.

이 가상의 환자들은 나이, 성별, 직업과 병력HPI, History of Present Illness에 관련한 상세한 상황까지 갖추도록 했다. 또한 병력에 대해서 의사가 더 추가로 질의하거나, 시스템상에 입력 가능한 곳이 있으면 제시할 수 있는 더 상세한 병력까지도 준비했다. 피부과 원격진료에서는 피부 사진을 올려야 하는 경우가 대부분이므로, 병변에 대한 사진도 3장씩 갖춰놓았다(사진은 인터넷에서 이미지 검색으로 얻을 수 있는 사진을 이용했다).

연구진은 이러한 여섯 가지 종류의 가상 환자 사례를 이용하여 총 62번 원격진료를 받았다. 결론적으로, 미국의 피부과 원격진료는 환자의 선택권, 진료의 투명성, 서비스질 관리 등의 측면에서 우려스러운 부분이 많았다.

일단 68%의 경우에는 환자가 의사에 대한 선택권 없이 배정되는 대로 진료를 받아야 했으며, 단 26%의 경우에만 의사의 면허와 관련된 정보가 공개되었다. 특히, 피부과 전문의가 진료한 경우는 27건에 지나지 않았고, 나머지는 내과, 응급의학과, 가정의학과, 산부인과, 재활의학과 등의 의사가 진단한 경우도 있었다.

특히 미국에는 주별로 의사면허가 발급되고, 환자가 속한 주의 면허를 가진 의사만 진료할 수 있다. 이 연구의 가상 환자들은 캘리포니아 주민으로 설정되었으나, 일부 기업의 경우에는 캘리포니아 주의 면허가 없는, 심지어 인도나 스웨덴 등 국외의 의사를 연결해준 곳도 있었다.

질병에 대한 진단을 받을 수 있는 경우는 77%였고, 처방까지 받을 수 있는 경우는 65%였다. 하지만 처방된 약에 관련된 부작용이나 임신과 관련된 위험에 대해서 논의한 곳은 각각 32%, 43%로 일부에 불과했다. 이 중 환자가 보낸 사진만으로 진단을 내릴 수 있는 (상대적으로 쉬운) 시나리오의 경우에는 상대적으로 정확한 진단을 내렸다. 하지만 환자의 추가적인 병력과 상세한 정보가 중요한 시나리오의 경우 열, 다모증, 월경 주기 등에 대해서 추가 질문을 하지 않았거나, 혹은 의사가 환자에게 추가 질문을 할 수 있도록 앱이 디자인되어 있지 않은 경우가 많았고, 이 경우 진단 정확성도 낮았다.

특히 다낭성 난소 증후군, 매독, 그람음성 모낭염, 포진상 습진에 대한 진단 결과가 좋지 않았으며, 진단 정확성과는 또 별개로 처방된 약이 가이드라인과 맞지 않는 경우도 있었다.

이 논문에서는 원격진료를 잘 활용한다면 지역적, 물리적 한계를 극복할 수 있고, 비용 부담도 덜 수 있는 가능성도 있겠지만, 그와 함께 우려할 부분도 표명하고 있다. 이에 저자들은 환자들이 의사를 선택할 수 있어야 하며, 의사의 면허 관련 정보를 공개해야 하고, 환자의 병력과 복용 중인 약, 증상, 부작용 설명 등에 대해서 진료 가이드라인에 맞게 진료할 수 있도록 해야 한다고 권고하고 있다.

사실 이 연구는 대면진료가 원격진료보다 더 정확하다는 것을 증명한 것은 아니다. 다만 저자들은 대면진료의 경우 의사와 환자가 질문과 답을 주고받으며 환자의 상태를 더 파악해가는 과정을 거치는 반면, 이번 연구에 포함된 피부과 원격진료 서비스의 경우, 환자가 피부 사진과 증상을 한 번 보내면(의사가 환자에게 추가 질문을 하고 싶어도 해당 기능이 없기 때문에) 이것만으로 진단을 내려야 하는 구조적 한계를 지적하기도 했다. 다만, 이번 연구에서는 제외된 화상 통화 기반의 원격진료 서비스의 경우, 의사와 환자가 질문과 답을 주고받을 수 있으므로 이번 연구에 분석된 서비스보다 더 높은 질의 의료 서비스를 제공할 가능성도 있다.

이러한 두 논문은 공통으로 미국에서 원격진료 서비스가 활발히 이용되고 있음에도, 일부 서비스의 경우 질 관리가 제대로 되고 있지 않음을 지적하고 있다. 이에 대해 진료 가이드라인의 준수와 서비스 디자인의 개선(환자의 선택권 부여, 의사에 대한 정보 공개, 적합한 전공의 의사 매칭, 의사의 추가 질문 기능 등)으로 이러한 문제를 해결해야 한다고 주장한다.

사실 국내에서는 원격의료의 허용 여부 자체에 대해서 논란이 되지만, 이러한 측면을 보면 단순히 허용해야 하느냐, 금지해야 하느냐뿐만이 아니라, 구체적으로 원격진료를 어떻게 할 것이며, 그 과정에서 의료의 질 관리를 어떻게 할 것인지도 매우 중요하다고 할 수 있다. 앞의 연구들에서 살펴본 것처럼 질병별 진료 가이드라인의 제정과, 시행 이후에 이러한 가이드라인의 준수 여부의 철저한 관리를 통한 안전성과 정확성 제고 방안도 필요하다. 하지만 국내에서 허용 여부에 대한 논란에 묻혀, 더 자세한 이슈에 대한 논의는 이뤄지지 못하고 있다.

원격의료 전문의를 양성한다면

이러한 원격진료 서비스의 질 관리에 강조되는 것은 진료 가이드라인의 준수이며, 이를 통해서 궁극적으로 얻으려는 결과는 진료의 정확성 및 환자의 치료 결과 향상이라고 할 수 있다. 특히 국내에서 원격의료를 금지해야 한다고 주장하는 쪽에서 대면진료에 비해 부정확할 가능성이 있다는 점을 이유로 들기도 한다.

여기에서 고려해야 할 부분이 바로 원격의료에 대한 의사의 교육이다. 현재 의과대학 커리큘럼이나 전공의 트레이닝 방식은 모두 대면진료를 상정하고 이루어진다. 만약 원격진료가 대면진료와 진료하는 방식에 차이가 있다면,[49] 원격진료에 특화된 교육과 훈련을 체계적으로 받은 의사를 양성하는 것은 어떨까. 원격진료의 특성과 한계를 이해하고, 이러한 환경에서 진료할 수 있는 교육과 훈련을 거침으로써 적절한 자격 요건을 갖춘 의사에게만 원격진료를 할 수 있는 자격을 주는 방법도 있을 것이다.

2018년 『미국의사협회저널 JAMA』에는 원격의료 전문의 medical

virtualist를 양성할 필요가 있다는 도발적인 주장이 실렸다.[50] 현대 의료는 다양한 전공 및 세부 전공으로 나뉘어서 발전해왔다. 현재 의과대학 및 병원에서 의사들이 맡은 전공 및 세부 전공 중에는 불과 몇십 년 전에는 존재하지 않던 것들도 많다. 특히, 이러한 세분화는 새로운 치료법, 수술법, 진단법, 의료 기기 등 기술의 발전 때문에 촉발되었다. 앞으로도 의료는 새로운 기술 때문에 더욱 세분되며 새로운 전공이 만들어질 것이며, 특히 모바일, 통신기술 때문에 새로운 전공이 만들어지지 않으리라는 법은 없다.

앞서 언급하였듯이 미국에서는 원격의료 서비스가 폭발적으로 성장하고 있으나, 가이드라인의 준수나 진단 정확도 측면에서 질 관리가 제대로 되고 있지 않다는 지적이 많다. 여기에는 여러 이유가 있을 수 있지만, 의대생과 의사들이 의과대학이나 레지던트 과정에서 '원격으로' 진료하는 법을 배우지 않는다는 점도 중요한 이유가 될 수 있다.

이에 저자들은 원격의료라는 전공을 별도로 만들어, 원격으로 진료하는 법을 정식 커리큘럼과 체계적인 트레이닝을 거쳐서 배출하는 것을 제안하고 있다.[50] 의사는 의대 졸업 후, 전공의(레지던트)와 전임의(펠로) 등을 거치며 전공, 더 나아가 세부 전공에 따라서 전문성을 높이며 특정 수술, 진료를 더 많이 반복하면 치료 성과가 좋아지는 것은 당연하다. 이처럼 원격의료도 관련 전공이 생기고, 이러한 특수한 환경에 맞는 진료를 연구하고, 최적화하며, 이에 따른 진료 전문성을 높이는 것을 생각해볼 수 있다.

이 논문에서는 의사들이 자신의 전문 진료과에서 세부 전공을 추가로 익히듯이(예를 들어, 내과 전문의가 추가적인 수련을 거쳐, 소화기내과, 종양내과, 신장내과 전문의 등이 되듯이), 원격의료도 이러한 세부 전공으로 익힐 수 있다고 제안한다. 예를 들어서, '원격 응급의학 전문의urgent care virtualists', '원격 신경의학 전문의neurological virtualist', '원격 정신과 전문의psychiatric virtualist' 등도 가능할 것이라고 주장한다.

『미국의사협회저널』에 이러한 주장이 소개되자, 미국 의료계에서는 이 주장에 대한 찬반양론이 일었다.[51] 하지만 전공을 새롭게 만들 필요까지는 없다고 반박하는 쪽에서도, 적어도 의과대학과 전공의 트레이닝 과정에서 '원격으로 진료하는 방법'을 배우기는 해야 한다는 것에는 동의하는 의견이 있었다.[51] 현재 미국의 의과대학에서도 원격으로 진료하는 방법을 따로 배우지는 않기 때문이다.

한국의 원격의료, 어떻게 해결해야 하나

원격의료에 대한 논의의 마지막으로, 한국의 원격의료에 대한 이슈를 살펴보자. 원격의료만큼 국내 의료계의 반발을 불러일으키는 뜨거운 감자도 없다. 또한 원격의료가 명시적이고 전면적으로 금지된 나라도 전세계에서 한국이 유일하다. 미국과 같이 원격의료가 폭발적으로 성장하는 국가나, 유럽, 중국이나 일본 등의 사례를 보면, 유독 왜 한국에서만 원격의료가 전면 금지되고 있는지 자연스럽게 의문이 들 수밖에 없다. 과연 무엇이 문제이기에 이런 논란만 계속 되풀이되는 것일까. 우리는 원격의료 문제의 실마리를 어떻게 하면 찾을 수 있을까.

먼저 앞서 필자가 언급했다시피 원격의료와 원격진료를 구분하는 것이 좋다. 현재 국내 전문가들도 이 개념을 혼용하며 문제를 더 복잡하게 만드는 경우가 적지 않다. 현재 국내에서 원격의료는 상당히 정치적인 문제가 되어버렸기 때문에, 세부적인 정의와 경계를 명확히 구분하여 하나하나 조심스럽게 풀어가지 않으면 안 된다.

다시 한 번 강조하자면, 원격의료는 환자에게 제공하는 방식을 기준으로 다양한 유형이 존재한다. 원격의료의 다양한 유형 중의 하나가 바로 원격진료이다. 즉, 원격의료의 부분집합이 원격진료라고 보면 된다. 국내에서는 원격진료라고 하면 흔히 '화상진료'만을 떠올리지만, 이외에도 세부적인 유형은 많다. 미국에서는 오히려 화상 통화보다 전화, 이메일, 채팅 등을 통한 진료가 더 많이 활용된다는 조사가 있으며, 진료기록이나 의료 영상, 병리 사진을 전송하여 2차 소견을 제공하는 서비스, 그리고 스마트폰 앱과 웨어러블 디바이스 등으로 심전도, 피부 사진 등을 측정하고 전송하여 원격으로 소견을 받는 서비스, 더 나아가 원격 문진을 통해 원격으로 약을 처방받고, 집으로 배송까지 해주는 온디맨드 원격처방 서비스도 있다.

더 나아가 원격진료는 아니지만, 원격의료에 포함되는 분야도 있다고 강조했다. 원격 환자 모니터링이 대표적이다. 외국에서는 이러한 원격 환자 모니터링이 활발한 연구를 통해서 만성질환 환자의 건강관리에 활용되고 있을 뿐만 아니라, 미국에서는 의료보험의 적용까지 확대하고 있다고 소개한 바 있다.

사실 국내 의료계에서도 이러한 원격 환자 모니터링의 합법화를 요구하는 목소리가 있다. 대한부정맥학회에서는 삽입형 제세동기 ICD의 원격 모니터링은 허용해달라고 주장한다.[52, 53] 부정맥 환자에게 이식하는 이 기기는 원래 심장이 좋지 않은 경우 원격으로 의료진에게 경고 신호를 보내는 기능이 있음에도, 국내에서는 불법이기 때문에 해당 기능을 꺼놓고 사용하는 실정이다. 이러한 원격 모니터링 기능을 통해 부정맥 사망을 줄일 수 있다는 주장도 있다. 원격 모니터링 기능을 통해서 부정맥 환자를 관리할 수 있음에도, 국내에서는 이를 활용하지 못하므로 환자가 끝내 사망에 이른 사례도 있기 때문이다.[52]

그뿐만 아니라, 복막 투석은 의료계에서 원격 환자 모니터링에 대한 합법화를 요구하는 또 다른 분야이다.[54] 신장에 이상이 있는 환자들은 혈액투석이나 복막투석을 받아야 한다. 혈액투석은 1주일에 2~3회 병원을 방문해야 하고 매번 4시간 정도가 소요되기 때문에, 일상생활에 지장이 있다. 그래서 최근에는 환자가 복강에 삽입된 도관을 통해 가정에서 직접 노폐물을 걸러내는 복막투석을 시행하는 경우가 늘어나고 있다. 복막투석은 혈액투석에 비해 일상생활에 지장을 덜 받는다는 것이 장점이지만, 환자가 스스로 투석 관리를 해야 한다는 부담이 있고, 복막염과 같은 합병증이나, 전해질 장애와 같은 문제가 발생할 수 있다.[54, 55]

때문에 복막투석에 대한 원격 환자 모니터링을 활용하면 환자가 밤새 투석한 노폐물의 양을 의료진이 모니터링하고, 투석액이 몸 밖으로 덜 나왔는지 등을 체크하여 위험 상황에도 대처할 수 있다.[54] 가정용 복막투석기의 원격 모니터링 기능은 2015년 미국에서 사용된 것을 시작으로, 현재 캐나다, 호주, 영국, 일본 등 전 세계 30개국에서 활용되고 있다.[56] 하지만 한국에서는 이러한 기능 역시 원격의료에 해당되어 불법이므로, 꺼놓은 채로 사용하고 있는 실정이다.

또한 스마트 워치 등으로 측정되는 심전도의 원격 모니터링을 허용해야 한다는 의료계 일각의 주장도 있다.[57] 필자는 이렇게 원격의료에 대해서 의료계의 요구가 있는 세부적인 부분부터 하나씩 풀어가는 것이 현실적인 방안이라고 생각한다.

두 번째로 원격의료의 허용이 의료 산업을 활성화할 가능성은 높지 않다는 점도 이해해야 한다. 정부에서는 원격의료의 허용을 추진하는 목적이 의료 산업 활성화를 위한 측면이 강하다. 하지만 한국에서 의료 서비스는 수익성이 매우 낮은 산업이다. 단일건강보험 제도(한국에는 의료보험이 정부에서 운영하는 국민건강보험 하나만 있다)와 요양기관 당연지정제(모든 의료기관은 의무적으로 국민건강보험과 계약해야 한다)에 따라 모든 의료 행위의 가격을 정부에서 정해놓고 있으며, 의료계의 주장대로 그 가격(수가)은 낮은 실정이다. 그 때문에 병원의 수익성은 낮고, 일반 진료만으로는 흑자를 내기 어려운 경우도 많다(그래서 병원은 3분 진료를 하면서 환자를 한 명이라도 더 보려고 하거나, 비급여 진료에 치중하거나, 장례식장과 같은 부대 사업을 운영한다). 원격의료가 허용되더라도 결국 이러한 기존 의료 시스템하에 편입되어야 할 것이다.

사실 이러한 부분을 이야기하면 종종 함께 논의되는 것이 영리법인병원 허용 이슈이다(사실은 원격의료와 영리법인병원 이슈는 서로 별개의 이슈로 봐야 한다). 현재 한국에서는 주식회사와 같은 영리법인 병원을 설립할 수 없게 되어 있다. 하지만, 이를 차치하고서라도 기본적으로 기업은 돈이 안 되는 일을 하지 않는다. 안타깝지만 한국에서 의료 서비스는 돈이 안 된다.

더구나 한국은 의료 접근성이 매우 높아서 원격의료에 대한 니즈가 떨어진다. 한국에서는 아프면 의사를 그것도 전문의를 동네 병원에서 쉽게 만날 수 있다. 원격진료가 폭발적으로 성장하고 있는 미국에서는 그 주요 요인이 낮은 의료 접근성에 있다는 점을 앞서 설명한 바 있다. 미국에서는 1차 병원을 예약한 뒤 2~3주 이후에야 진료를 받을 수 있기 때문에, 10분 이내에 의사를 만나게 해주겠다는 텔라닥과 같은 원격진료 서비스의 매력이 높은 것이다. 하지만 이러한 제안이 한국에서는 상대적으로 효용이 떨어진다.

그렇기 때문에 한국에서는 원격의료의 필요성이 낮다. 하지만 여기서 짚고 넘어가야 할 중요한 한 가지가 있다. 바로, '필요 없다'와 '금지해야 한다'는 구분해야 한다는 것이다. 필요 없고, 수익성이 낮다는 것이 곧 이것을 금지해야 한다는 의미는 결코 아니다. 원격의료가 비록 수익성이 낮고, 니즈가 낮다고 할지라도, 의료 서비스의 다양성을 높이고, 기존과는 완전히 다른 새로운 가치를 환자에게 제공할 가능성도 있다. 지역별, 질환별, 연령별, 상황별 등으로 어떤 환자에게는 별다른 가치를 주지 못할 수 있지만, 또 완전히 반대의 경우도 있을 수 있다.

특히 2018년 한국건강형평성학회에서 내어놓은 자료「전국 시군구 건강수명 지도」를 보면 한국에서 지역별, 소득별로 건강수명(기대수명 중 건강하게 삶을 유지하는 기간)은 크게 차이가 났다.[58] 예를 들어, 경기도 분당구에서 가구소득 상위 20%에 드는 사람의 건강수명은 78.5세이지만, 전남 신안군에서 가구소득 하위 20%에 드는 사람의 건강수명은 겨우 52세로, 무려 26년 이상 차이가 난다.[58] 한국은 의료 접근성이 높다고 하지만, 이렇게 지역별, 소득별로 건강수명의 격차가 큰 상황에서 원격의료가 정말 별다른 역할을 하지 못할 것인지에 대해서도 재고가 필요해 보인다.

세 번째로 원격의료의 허용이 (정부가 흔히 중재안으로 내어놓는) 최소한 도서 산간 및 격오지의 환자에게라도 가치를 제공하려면, 의약품 배송과 같은 이슈도 함께 논의되어야 한다. 도서 산간 및 격오지에는 병원뿐만 아니라, 약국도 없다. 즉, 원격으로 진료와 처방을

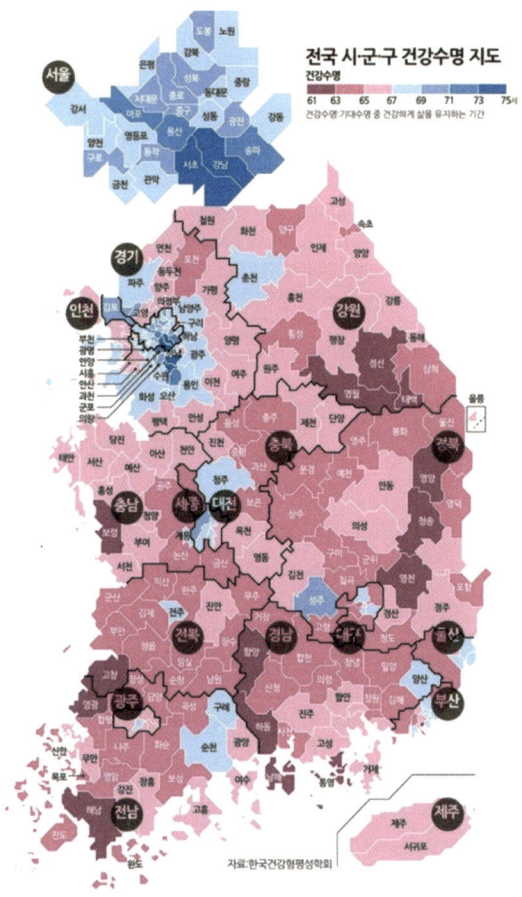

전국 시군구 건강수명 지도 (출처: 한국건강형평성학회 및 한국일보)[58]

받더라도, 약을 받으려면 환자는 결국 약국을 찾아서 집 밖으로, 혹은 읍내로 가야 하는 상황이다. 원격의료가 실효성을 가지려면, 의약품도 집에서 원격으로 받아볼 수 있어야 한다. 하지만 한국에서는 원격의료와 함께 의약품 배송도 금지되어 있으며, 이는 약업계에서 반발하는 또 다른 이슈이다. 참고로 미국과 중국 등에서는 이 규제가 없으며, 아마존과 알리바바는 최근 의약품 배송업에 진출하기도 했다. 특히 아마존은 2018년 의약품 배송 스타트업 필팩을 약

1조 원을 주고 인수하면서 이 시장에 뛰어들었다.[59, 60]

한국의 원격의료, 더 근본적인 문제

사실 더욱 근본적인 문제는 무너진 의료전달체계다. 국내에도 명목상 1, 2, 3차 병원이 있으나, 현실적으로 이 의료전달체계는 거의 작동하지 않는다. 다른 많은 국가와 달리, 한국에서는 환자가 1, 2차 병원을 거치지 않고 수도권 대학병원과 같은 상급 종합병원으로 바로 갈 수 있다. 즉, 일반 감기 환자도 본인이 원하면 1차 병원을 거치지 않고 한국에서 가장 큰 대학병원에서 바로 진료받을 수 있는 것이다. 이런 시스템에서 동네병원은 대학병원과 경쟁해야 하고, 또 대학병원은 동네병원에 가야 할 경증 환자까지 진료하느라 허덕이고 있다.

너무 거대담론일 수 있지만, 원격의료의 도입을 논의하기에 앞서서 의료전달체계의 개선을 먼저 논의할 필요가 있다. 만약 이렇게 의료전달체계가 무너진 상황에서 아무런 준비 없이 원격의료를 무작정 도입하는 것은 혼란을 더욱 가중할 우려가 있는 것이 사실이다.

이러한 측면에서, 앞서 여러 번 지적한 것처럼 원격의료를 단순히 허용해야 하는가, 금지해야 하는가 여부뿐만 아니라, 누가 어떻게 의료 서비스를 제공하도록 할 것이며, 허용한 이후에도 의료 서비스의 질을 어떻게 지속적으로 유지하게 할 것인지도 그 못지않게 중요하다. 이렇게 '어떻게' 허용할 것인가의 문제는 한국에서 결국 의료전달체계와 연관지어 생각할 수밖에 없다. 원격진료를 누가 할 수 있게 할 것인가? 1차 병원 의사만? 혹은 1, 2, 3차 병원의 의사 모두? 아니면, 원격의료 관련 인증이나 트레이닝을 받은 의사만? 이러한 질문에 어떻게 답할지에 따라서 원격의료의 파급효과는 크게 달라질 수 있다. 그러므로 의료 시스템의 정비와 정교한 계획이 필요하다.

결국 이 모든 것은 신뢰의 문제로 귀결된다. 어쩌면 이 신뢰의 문제가 가장 근본적이며, 가장 해결하기 어려운 문제일 수도 있다. 정부는 의료계를, 의료계는 정부를 신뢰하지 못한다. 정부는 그동안 의료계의 목소리를 반영하지 못한 채 정책을 시행하기도 했고, 또 의료계도 내부 의견을 효과적으로 수렴하고 정부와 효과적으로 소통하지 못한다는 비판을 의료계 내부에서도 받고 있다. 현 상황에서는 정부가 내놓는 안에 의료계는 반발부터 하고, 정부는 의료계의 근본적인 문제와 요구를 이해하지 못하거나 외면하는 것처럼 보인다. 이러한 상황에서 원격의료와 같은 첨예한 이슈에 대한 논의는 한 발자국도 나아가기가 어렵다.

요약하자면, 한국에서 원격의료는 너무도 복잡한 이슈다. 일단 문제나 논의의 범위부터 제대로 정의되어 있지 않다. 또한 시행의 결과에 대한 이해나, 더 근본적인 문제의 해결 없이 표면적인 이슈만 반복해서 제기되고 있다. 그 기저에는 이해관계자들 사이의 뿌리 깊은 불신이 쌓여 있다.

가장 아쉬운 점은 원격의료가 이미 정치 이슈화되어 토론조차 하기 어렵다는 것이다. 해외에서는 허용되는 것이 한국에서만 왜 안 되는지, 원격의료와 관련하여 한국의 의료 시스템에는 어떤 근본적인 특성이 있는지, 그 특성에 맞게 원격의료를 활용할 방법은 없는지, 원격의료에 앞서 해결해야 할 국내 의료 시스템의 문제는 무엇인지, 해외에서 원격의료 수가를 신설하고 확대하는 배경은 무엇인지, 원격의료가 의학적으로 얼마나 근거가 있으며, 환자에게는 얼마나 도움을 줄 수 있는지, 이러한 양상이 기술의 발전에 따라서 어떻게 바뀌고 있는지 등을 논의할 수조차 없다.

의료는 국민의 건강을 책임지는 사회의 근간이며, 복지이자 산업이기도 하고, 논리와 근거로 판단하는 과학이지만, 한편으로 정치적 이슈이기도 하다. 그만큼 특수하며, 너무도 복잡하고 다양한 문제가 얽혀 있다. 과연 어디서부터 해결책을 찾아가야 할까. 사회적 합의와 이해관계자들의 신뢰가 없는 이상 안타깝게도 그 실마리를 찾기란 쉽지 않아 보인다.

17장
인공지능

이번에는 데이터를 해석하기 위한 또 다른 방법에 대해서 알아보자. 인간이 데이터를 직접 해석하는 것이 한 가지 방식이었다면, 남은 한 가지 방식은 바로 인공지능의 힘을 빌리는 것이다. 최근 국내외를 막론하고 신기술 분야에서 가장 촉망받는 주제를 하나만 고르라면 아마도 인공지능이 될 것이다. 인공지능은 몇 년 전만 하더라도 한국에서는 크게 관심을 받지 못했지만, 2016년 3월 알파고 사태 이후로 돌연 국가적인 관심사로 떠올랐다.

이러한 인공지능 열풍이 이제는 조금 지나친 것이 아닌가 하는 생각이 들지만, 장기적으로 인류의 미래에 큰 영향을 미치리라는 대전제 자체를 부정하는 사람은 별로 없을 것이다. 그리고 그런 인공지능의 영향을 가장 크게, 우선적으로 받고 있는 분야 중의 하나가 바로 의료라고 할 수 있다.

디지털 헬스케어의 화룡점정

지금까지 우리는 디지털 헬스케어가 어떻게 구현되는지를 알아보기 위해 다양한 주제들을 살펴보았다. 그 중심에는 데이터가 있었다. 웨어러블, 사물인터넷 센서, 스마트폰, 유전정보 기술 등의 발전은 한 사람의 건강 상태를 파악할 수 있는 데이터의 양을 폭발적으로 증가시키게 된다. 여기에 통신, 클라우드 컴퓨팅 기술의 발전은 이러한 데이터를 저장, 수집, 통합하여, 마침내 이 데이터를 우리가 활용할 수 있도록 준비해놓았다. 그리고 이러한 의료 데이터의 질적, 양적인 범람과 이를 어떻게 해석하고 활용할 것인지에 대한 고민은 필연적으로 인공지능이라는 해결책으로 귀결된다.

우리는 의료의 궁극적인 이상향으로 P4 의료를 강조했다. 그중 예방의료, 예측의료, 맞춤의료를 근본적으로 구현하기 위해서는 개별 환자의 건강과 질병에 관한 다차원적인 데이터를 지속적으로 모니터링하는 것이 필요하다. 그 사람의 데이터를 지속적으로 모니터링하고 있어야만 발병이나 상태 악화를 예측하고, 이를 통해 예방하거나 맞춤 치료를 제공할 수도 있기 때문이다.

그런데 대부분의 건강 및 의료 데이터는 연속적이다. 예를 들어, 체온, 심박, 심전도, 혈압, 혈당, 수면, 호흡 등의 데이터는 우리가 목숨을 유지하는 한 지속적으로, 끊임없이, 지금 이 순간에도 생산되고 있다. 따라서 이 연속적인 데이터의 모니터링은 24시간 365일 연속으로 진행되고, 그렇게 얻은 데이터를 실시간으로 분석하여 환자의 상태를 파악하고, 예측하는 것이 이상적이다.

하지만 이는 인간이 하기에는 역부족이다. 한두 명의 환자에 대해서라면 모르겠지만, 모든 환자에 대해서 측정된 연속적인 데이터를 모니터링 및 실시간 해석 및 예측하기 위해서는 결국 인공지능이 필요하다.

더 나아가, 분석해야 할 데이터의 복잡성 때문에도 인공지능의 필요성은 커진다. 일반적으로 질병이나 건강 상태를 분석하고 예측, 예방하기 위해서는 한 가지가 아닌, 두 가지 이상의 데이터를 복합적이고 총체적으로 분석하는 것이 바람직하다.

예를 들어, 당뇨병 환자의 저혈당을 예측하기 위해서는 단순히 혈당 수치의 연속적인 변화뿐만 아니라, 당화혈색소, 유전적 요인, 최근 식습관, 복약, 인슐린 투여, 운동량, 스트레스, 장내미생물 등의 데이터를 종합적으로 고려할 필요가 있다. 그뿐만 아니라 부정맥, 천식 발작, 뇌전증(간질) 발작, 우울증과 같은 질환을 예측하고 예방하기 위해서도 마찬가지로 다양한 데이터의 총체적 분석이 도움이 될 수 있다.

더 나아가, 우리가 13장에서 살펴본, '모든 사람의, 모든 데이터'를 측정하여 건강을 관리하겠다는 새로운 방식의 접근법을 떠올려 보자. 구글의 베이스라인 프로젝트나, 미국 정부 주도의 All-of-Us 프로젝트의 경우, 매우 다차원적이고 방대한 데이터에 기반하여 개인의 건강을 관리하고, 질병을 예방, 예측, 치료하려고 한다. 이런 경우라면 데이터는 더욱 복잡해지고, 분석을 위해 필요한 계산량은 더욱 많아진다.

이렇게 연속적인 데이터를 포함한 다양한 데이터를 실시간으로 모니터링하면서, 총체적으로 분석하기 위해서는 결국 인공지능의 역할이 필수적이다. 지금도 다양한 의료 분야에 인공지능의 연구결과가 쏟아지고 있지만, 향후 건강관리와 의료에서 인공지능의 역할은 더욱 커질 것이다. 데이터의 측정-통합-분석을 통해서 완성되는 디지털 헬스케어에서 인공지능은 화룡점정의 역할을 한다고도 할 수 있겠다.

인공지능의 발전

1950년대에 수학, 공학, 철학 등 다양한 영역의 학자들에 의해서 인공적인 두뇌의 가능성이 논의되면서, 인공지능은 학문의 한 분야로 발돋움하게 된다. 이후 인공지능의 연구와 사업은 황금기 (1956~1974), 첫 번째 암흑기(1974~1980), 활황기(1980~1987), 두 번째 암흑기(1987~1993) 등의 여러 부침을 겪으면서 발전해왔다.
1-3

최근에 이르러 또다시 맞이하게 된 인공지능의 활황기는 크게 세 가지 요소가 결합된 결과라고 할 수 있다. 바로 GPU를 비롯한 하드웨어 기술의 발전을 통한 연산 능력의 향상, 딥러닝을 위시한 인공지능 알고리즘의 발전, 그리고 인공지능을 학습시킬 수 있는 방대한 데이터의 축적이다. 근래에 언론 등에서 '인공지능'이라고 통칭되는 이 개념은 상당히 추상적으로 사용될 때도 있고, 어떤 경우는 딥러닝 등의 보다 구체적인 기술을 지칭하는 경우도 있다.

사실 인공지능을 구현하기 위한 학문적인 접근 방법은 매우 다양하다. 예를 들어, 한때 가장 주목받았던 접근법 중의 하나는 전문가 시스템expert system 방식이었다. 이는 인간의 논리, 지식, 규칙을 컴퓨터에 집어넣으려고 시도했다. 만약 인간의 모든 지식, 논리 등을 컴퓨터에 일일이 가르칠 수 있으면 인간과 같은 사고를 모사할 수 있을 것이라는 가정에서였다. 이러한 시스템은 항공, 철도, 자동

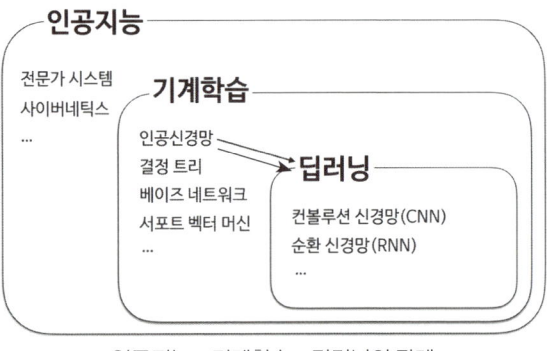

인공지능 – 기계학습 – 딥러닝의 관계

차 등 특정 전문 분야의 지식을 학습시켜서 성공적으로 활용되기도 했다.[4, 5]

그런가 하면 인간의 뇌 자체를 역설계reverse engineering하여 두뇌의 기능을 컴퓨터로 시뮬레이션하려는 시도들도 있다. 2013년 유럽연합에서는 이러한 목적으로 '휴먼 브레인 프로젝트Human Brain Project'를 출범하며, 10억 유로가 넘는 연구비를 지원하기도 했다.[6] 기술적으로는 아직 많은 난관이 있지만, 언젠가는 인간이 뇌를 컴퓨터로 완벽하게 시뮬레이션할 수 있을지도 모른다.

하지만 현재 인공지능에 대한 접근 방법으로 가장 많이 사용되고 있는 것은 역시 머신러닝machine learning 즉, 기계학습이다. 기계학습은 데이터를 수학적인 방법을 통해서 컴퓨터를 학습시켜 스스로 문제를 해결할 수 있는 모델을 만들게 한다. 이러한 모델을 기반으로 '같은 종류의' 새로운 데이터가 주어져도, 인공지능은 스스로 문제를 해결할 수 있게 되는 것이다. 현재 인공지능의 대표적인 사례들로 알려진 검색 엔진, 스팸 메일 필터, 자율주행차, 음성 인식, 얼굴 인식, 알파고, 왓슨 등은 모두 이런 기계학습을 기반으로 한다.

이러한 기계학습이라는 분야에는 여러 가지 세부적인 방법론이 있다. 과거에는 은닉 마르코프 모델Hidden Markov Model, 인공신경망Artificial Neural Network, 서포트 벡터 머신Support Vector Machine 등의 방법론이 있었다. 이런 방법론은 시대에 따라서 유행을 타기도 하고, 기술적으로 구현이 가능한지에 따라 부침을 겪기도 하면서 지난 수십 년에 걸쳐 발전해왔다.

딥러닝의 발전

그러던 지난 2010년경부터는 인공신경망에서 발전한 딥러닝이라는 방법론이 급격하게 발전하면서, 적어도 지금은 기계학습의 여러 방법 중에서 왕좌를 차지하고 있다. 딥러닝은 알파고가 사용한 방법론으로 이를 계기로 국내에서는 일반인들 사이에서도 이름이 널리 알려진 기술이기도 하다.

딥러닝은 기본적으로 인간 뇌의 정보처리 방식을 모사한 인공신경망에서 발전한 방법이다. 인간 뇌는 아주 뛰어난 정보처리 시스템으로, 수많은 뉴런neuron들의 연결로 구성된 신경망neural network이다. 각각의 뉴런들은 정보를 보유한 전기 신호를 주고받는데, 임계치 이상의 신호가 뉴런에 입력되면, 그 뉴런이 활성화되면서 그다음 단계의 뉴런에게 신호를 전달한다. 하나의 뉴런은 다양한 방향에서 연결된 여러 뉴런에서 신호를 받고, 또 여러 뉴런으로 신호를 주게 된다. 딥러닝은 이러한 뇌의 전달 방식과 유사하게 신경망 구조를 여러 층layer으로 깊이 있게deep 구성하여 학습을 진행하는 것이다.

딥러닝이 세계 인공지능 연구의 흐름을 바꾸었던 것은 2012년

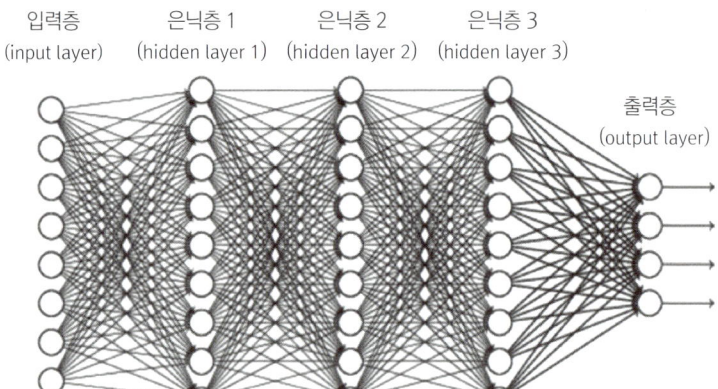

심층 인공신경망 즉, 딥러닝의 구조

세계 이미지 인식 대회의 우승에서 본격적으로 시작되었다. 2010년부터 이미지넷ImageNet은 매년 이미지 인식 경진대회인 ILSVRCImageNet Large Scale Visual Recognition Competition을 개최하여 전 세계 연구팀과 회사들의 이미지 인식 기술의 우열을 가린다. 그러던 2012년 대회에서 딥러닝의 대가로 유명한 토론토 대학교의 제프리 힌튼 교수팀이 딥러닝 알고리즘을 이용하여 혁신적인 성과를 보이며, 2등과 큰 격차를 보이며 우승한 것이다.

하지만 인공신경망과 딥러닝의 주요한 학습 방법 중의 하나인 오차 역전파backpropagation나[7] 이미지를 학습하는 핵심 모델인 컨볼루션 신경망CNN, Convolution Neural Network 등은 이미 1980년대에 제시되었던 주제이다.[8] 그러나 당시에는 컴퓨터의 연산능력이나 계산 방법의 한계, 학습 데이터 규모의 한계 때문에 구현되지 못하던 것들이, 2000년대에 이르러서야 해결 가능해졌다.[9-11] 연구가 거듭되며 계산 방법에 발전이 있었을 뿐만 아니라, 빅데이터 시대를 맞아 데이터는 모든 분야에서 폭발적으로 증가하고, 컴퓨터 하드웨어와 GPU

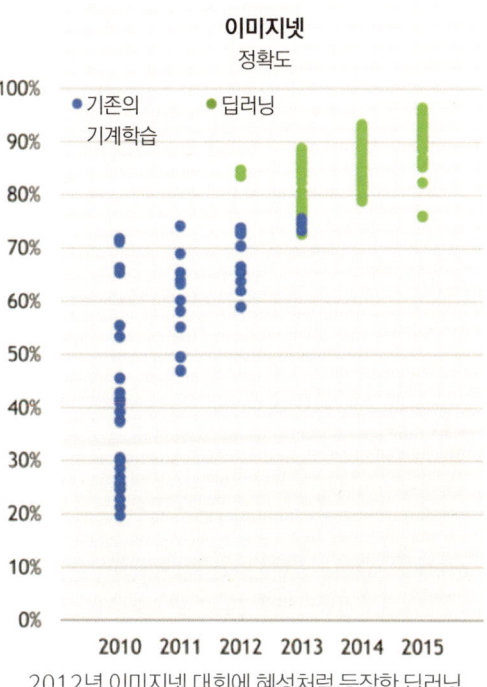

2012년 이미지넷 대회에 혜성처럼 등장한 딥러닝

연산 등의 발달로 연산 속도 역시 극적으로 개선된 것이다. 이에 따라 최근 딥러닝은 그야말로 인공지능의 부흥을 다시 한 번 이끌고 있다.

여기에서 딥러닝의 기술적인 부분을 모두 설명하는 것은 어려울 것이다. 다만, 딥러닝의 큰 특징 중의 하나가 양질의 학습 데이터가 많아지면 많아질수록 그 성능이 (기존의 다른 기계학습 방법에 비해) 비약적으로 좋아진다는 것 정도만 알아두고 넘어가자. 즉, 인터넷, 스마트폰, SNS 등의 발달로 디지털 이미지, 음성, 영상, 텍스트 등의 데이터가 범람하게 됨으로써 여러 분야에서 딥러닝을 활용한 인공지능이 발달할 수 있는 요건이 갖춰졌다고도 볼 수 있다.

특히 이러한 딥러닝의 특징은 의료 분야에서 의미를 가진다. 앞서 여러 번 강조했듯, 의료 데이터가 질적, 양적으로 개선되며 디지털화되어 축적되고 있기 때문이다. 이러한 디지털화된 데이터는 결국 딥러닝으로 학습할 수 있는 데이터가 늘어난다는 뜻이다. 이런 상황에서 최근 보고되는 의료 인공지능의 성과 대부분이 딥러닝을 기반으로 하고 있기도 하다.[12-17]

사실 인공지능의 의료 적용 전반에 대해서 논하려면 상당히 폭넓고도 복잡한 이슈들을 거론해야 하지만, 이 책에서는 지면 관계상 의료 분야의 인공지능에 대한 여러 측면을 충분히 다루지는 못한다. 의료 인공지능의 유형과 각 유형에 대한 사례만 하더라도 상당한 분량의 논의가 필요하다. 이번 장에서는 '디지털 헬스케어 구현의 3단계'에서 데이터의 분석과 해석을 통한 P4 의료의 구현에 해당하는, 특히 다차원적이면서 연속적인 데이터를 해석하는 인공지능에 대해서만 주로 다루도록 한다.*

스마트폰으로 부정맥 진단

먼저 간단하고도 간편한 형태의 의료 인공지능 사례부터 살펴보도록 하자. 인공지능이라고 해서 거창하고 활용이 어려울 것이라는 선입견은 버리는 것이 좋다. 이미 스마트폰과 스마트워치 등을 통해서 측정한 심전도 데이터를 기반으로 부정맥을 진단하는 기계학습 알고리즘이 사용되고 있기 때문이다.

---

* 혹시 의료 인공지능에 대해서 더 깊이 공부해보고 싶은 독자는 필자의 전작인 『의료 인공지능』(2018, 클라우드나인)을 참고해보기 바란다. 여담이지만, 졸저 『의료 인공지능』은 이번 장을 자세하게 쓰려다가 분량이 너무 많아져서, 아예 독립적인 책으로 엮어서 먼저 출판하게 된 것이다.

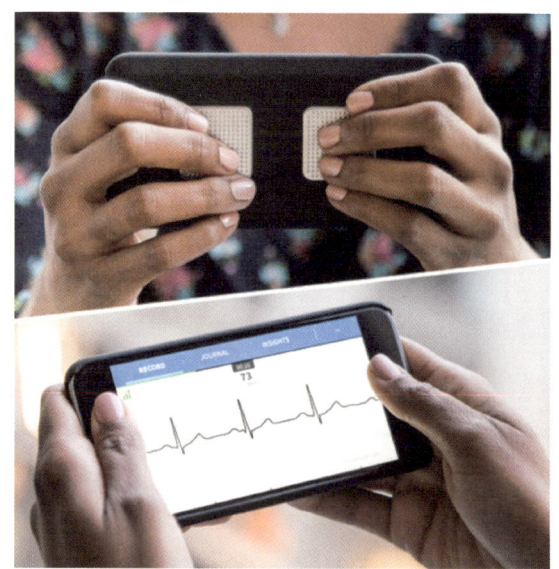

스마트폰 케이스 형태의 심전도 측정기, 얼라이브코

앞서 스마트폰과 애플워치를 통해서 심전도 데이터를 측정할 수 있음은 언급한 바 있다. 심전도 즉, 심장의 전기적 활성을 측정하기 위해서는 심장을 중심으로 최소한 두 개의 전극을 신체에 접촉할 필요가 있다. 대표적인 사례로 스마트폰 케이스 형태의 기기인 얼라이브코에는 뒷면에 두 개의 전극이 있어서 양쪽 손으로 잡고서 심전도를 측정할 수 있다.

이 기기는 이미 FDA에서 인허가 받은 2등급 의료 기기다. 2012년 아이폰에 대해서 FDA 승인을, 2013년 가을에는 안드로이드 폰에 대해서 FDA 승인을 받았다.[18] 더 나아가 지난 2014년 2월에는 일반인들도 의사의 처방 없이 구매할 수 있다는 OTC$_{\text{over-the-counter}}$ 승인을 FDA로부터 받기도 했다.[19]

이 기기와 스마트폰 앱은 단순히 사용자의 심전도 데이터를 측정하고, 저장하는 것에서 그치지 않는다. 바로 부정맥의 일종인 심

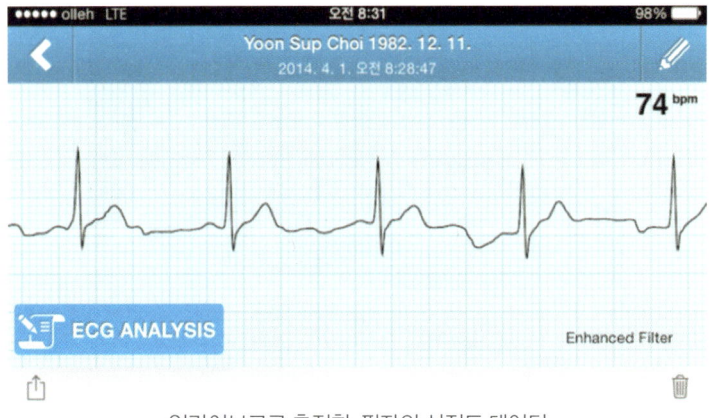

얼라이브코로 측정한, 필자의 심전도 데이터

방세동atrial fibrillation을 자동으로 진단해주기 때문이다. 이러한 자동 진단 알고리즘은 심전도 데이터의 이상 패턴을 인지하는 기계학습을 이용한 것이다. 이렇게 심방세동을 진단해주는 알고리즘 역시 2014년 8월에 FDA로부터 승인받았으며, 현재 일반 사용자의 앱을 통해서 서비스되고 있다.[20]

심방세동은 가장 흔한 부정맥 중의 하나로, 70~80세 이상에서는 거의 열 명 중에 한 명꼴로 발생한다. 심장의 수축과 확장이 규칙적이지 못해서 심장이 가늘게 떨고 있는 상태로, 심장이 정상보다 불규칙적이고 빠르게 뛰게 된다(더 정확히는 'irregularly irregular'하다고 표현한다). 수축력을 상실한 심방은 시간이 경과하면 늘어나게 되고, 이 때문에 혈액 순환이 원활하지 않게 되면 혈전의 원인이 된다. 이 혈전이 결국 편두통, 만성 두통, 혈관성 치매, 더 심각하게는 뇌졸중을 초래할 수도 있다.[21, 22] 심방세동의 자동 진단 알고리즘은 심전도에 나타나는 이러한 심장의 이상 패턴을 인식하는 것이다.

부정맥 진단 알고리즘이 FDA의 승인을 받았다는 것은 정확도와 안전성 면에서 검증되었다는 것을 의미한다. 보고에 따르면 이 인공지능은 무려 100%의 민감도sensitivity와 97%의 특이도specificity를 보인다.[20]

100%의 민감도는 이 알고리즘을 통해서 실제 심방세동을 가진 환자 중에 한 명도 놓치지 않고 진단할 수 있다는 의미다. 97%의 특이도는 이 알고리즘을 통해 심방세동이 '없다'고 진단받은 경우에는 97%의 확률로 실제로 병이 없다는 의미이다. 의사도 인간이기 때문에 민감도와 특이도 측면에서 모두 100%일 수는 없다는 것을 고려하면 이 알고리즘은 매우 정확하다는 것을 알 수 있다.

얼라이브코의 CEO인 유안 톰슨Euan Thomson은 여기에 그치지 않고 더욱 과감한 예측까지도 내어놓았다. 아직까지 심방세동 진단에서 인간 의사의 역할을 빼놓을 수는 없지만, 향후에는 알고리즘만으로도 심전도의 해석을 통한 심방세동 확진이 가능하리라는 것이다.[20] 그 근거로 자사의 데이터베이스에 있는 방대한 양의 심전도 데이터를 든다.

그에 따르면, 얼라이브코의 데이터베이스에는 110만 개 이상의 심전도 데이터를 가지고 있으며, 그중에는 약 20~30만 개의 심방세동 심전도의 데이터도 있다. 이러한 데이터는 기계학습을 통해서 더 정확성이 높은 알고리즘을 만들기 위한 토대가 될 수 있다.

더 나아가서, 얼라이브코는 애플워치로도 심전도를 측정할 수 있는 기기를 2016년 3월 발표했다. '카디아 밴드Kardia Band'로 불리는 이 기기는 애플워치 본체가 아닌 시곗줄 형태의 기기이다. 하나의 전극이 시곗줄 안쪽에 달려 있어서 한쪽 팔목에 접촉되고, 또 다른 전극 시곗줄 바깥쪽에 붙어 있어 반대편 팔의 손가락으로 접촉하면 심전도를 측정할 수 있다. 이 카디아 밴드 역시 애플워치의 의료 기기 액세서리로 FDA 인허가를 2017년 11월 받았다.[23] 이를 통해서 역시 심방세동을 측정할 수 있다.

심장내과 전문의를 능가하는 인공지능

더 나아가, 웨어러블 디바이스로 얻은 심전도 데이터에서 부정맥을 딥러닝이 심장내과 전문의cardiologist보다 더 정확하게 파악할 수 있다는 연구결과도 있다. 딥러닝 분야의 대가인 스탠퍼드 대학의 앤드루 응 교수팀에서 2019년 『네이처 메디슨』에 발표한 연구이다.[24] 이 논문의 제목은 '딥러닝을 이용한 심장내과 전문의 수준의 부정맥 측정과 분류'라고 되어 있지만, 논문의 내용을 보면 적어도 연구에 사용한 환경에서는 다양한 종류의 부정맥을 딥러닝이 의사보다 더 정확하게 판단한다.

이 연구에서 앤드류 응 교수팀은 약 5만 3,000명의 환자에게서 얻은 9만여 건의 심전도 데이터를 딥러닝으로 학습했다. 특히, 이 심전도 데이터는 다름 아닌 지오ZIO 패치라는 손바닥 크기의 웨어러블 디바이스에서 얻은 것이다. 지오 패치는 2009년에 FDA에서 인허가 받은 의료 기기로, 가슴에 최대 2주까지 붙이고 다니면서 지속적으로 심전도를 측정한다.

참고로 병원에서 측정하는 표준 심전도는 12종류(12채널)의 심전도를 유도하기 위해 10개의 센서를 가슴과 손발에 부착한다. 하지만 이 기기를 일상생활 속에서 계속 부착하고 있을 수는 없기 때문에, 주로 홀터 모니터라는 기기를 활용한다. 홀터 모니터는 심전도 기기를 작게 만든 것으로 보통 세 가지의 심전도를 24시간 동안 측정한다. 하지만 몇 주 이상의 간격으로 발생하는 부정맥은 홀터 모니터로도 진단이 어렵다. 반면, 지오 패치는 비록 한 종류(단일 채널)의 심전도밖에 기록하지 못하지만, 2주 동안 부착하여 지속적으로 심전도 측정이 가능하다는 큰 장점이 있다.

이 연구에서는 328명에게서 얻은 지오 패치의 심전도 데이터를 세 명의 심장내과 전문의들이 상의하여 정답을 매겨 정상 및 총 12가지 종류의 부정맥으로 분류했다. 이 데이터에 대해서 또 다른 총 6명의 심장내과 전문의들과 앤드루 응 교수팀의 인공지능이 부정맥의 발생 여부와 부정맥 종류까지 얼마나 정확하게 맞추는지를 비교해보았다.

분석 결과 특정 종류의 부정맥이 발생했는지의 여부Set level, 언제 발생했는지Sequence level 등의 기준에 대해서 딥러닝이 심장내과 전문의보다 전반적으로 더 나은 실력을 보였다. 특히, 딥러닝은 12가지 종류의 모든 부정맥에서 심장내과 전문의보다 더 높은 민감도를 보이기도 했다. 민감도가 높다는 것은, 부정맥을 가진 사람을 이 검사를 통해서 더 정확하게 판별할 수 있다는 의미이다.

사실 이러한 결과만으로 딥러닝이 '모든' 경우에 심장내과 전문의보다 부정맥 판독이 더 정확하다고 단정짓기는 어렵다. 또한 임상 현장에서는 지오 패치와 같은 한 종류(단일 채널)의 심전도보다는 12가지(12채널)의 심전도를 바탕으로 진단을 내리는 것이 표준이다. 다만 인공지능 기술의 발전으로 이제 인간 심장내과 전문의와 부정맥 측정을 비교할 수 있는 수준까지 도달했다는 정도로 해석하는 것이 좋겠다.

중환자실의 데이터 분석 및 예측

얼라이브코의 스마트폰과 지오 패치의 심전도 측정 및 분석은 비교적 단순한 플랫폼에서 이루어진 한 가지 종류의 데이터만 분석한다. 특히, 특정한 순간의 데이터를 분석해서(30초 정도 측정한 순간의 심전도를 분석한다) 부정맥에 대한 진단을 내려주기는 하지만, 24시간 연속으로 데이터를 측정하지 않으며, 미래의 질병을 예측해주는 것도 아니다.

하지만 이러한 데이터 측정 및 분석 모델을 더욱 발전시키면, 전통적인 의료 환경에서도 활용할 수 있는 예방, 예측 시스템의 구현으로 이어질 수 있다. 2016년 11월 아주대학교 병원은 외상센터, 응급실, 중환자실 등의 80개 병상에서 산소포화도, 혈압, 맥박, 뇌파, 체온 등 8가지 데이터를 취합, 분석하는 인프라를 구축했다고 발표한 바 있다.[25]

이러한 인프라가 궁극적으로 목표로 하는 바는 결국 예측이다. 응급실, 중환자실 등에서 측정하고 통합한 데이터를 인공지능으로 실시간 모니터링하고 분석하여, 부정맥, 패혈증, 급성호흡곤란증후군ARDS 등의 응급 상황이 발생하는 것을 1~3시간까지 예측하겠다는 것이다. 이렇게 데이터를 분석하고 예측하는 인공지능은 국내 딥러닝 스타트업인 뷰노VUNO와 협업을 통해 개발한다.[25]

이렇게 다양한 종류의, 연속적인 의료 데이터를 실시간으로 모니터링하여, 환자의 상태 변화나 질병을 예측하는 것은 앞서 강조한 예측, 예방의료를 구현하는 좋은 사례라고 할 수 있다. 다만, 이러한 인공지능을 개발하기 위해서는 무엇보다 우선적으로 충분한 규모의 데이터 축적이 필요하다. 만약 이런 시스템이 정확하게 구현된다면, 중환자실과 응급실 환자의 상태를 보다 효과적으로 모니터링하여 상태가 악화되기 전에 미리 예방적인 조치를 취할 수 있으면서도, 의료진의 업무 부담도 덜어줄 수 있을 것으로 기대된다.

한편, 뷰노가 세종병원과 함께 개발한 심정지cardiac arrest 예측 인공지능은 구체적인 결과까지 논문으로 발표되었다.[26] 세계적으로 입원환자 1,000명당 5명에게서 심정지가 발생하며, 발생 후 신속하게 심폐소생술을 받더라도 그중 4명은 결국 사망하게 될 정도로 예후가 좋지 않다.[27] 따라서 만약 인공지능이 심정지 발생을 사전에 예측할 수 있다면 더 많은 환자들의 생명을 구할 수 있을 것이다.

사실 기존의 기계학습 방법을 활용해서 심정지를 예측하려는 시도는 많이 있었으며, 병원에서도 의료진이 심정지의 위험이 있는 환자를 파악하기 위한 지표인 MEWSModified Early Warning Score 등의 방법을 사용하고 있다. 하지만 기존 방식은 정확도가 높지 않아서 의료 현장에서 활용도가 떨어졌다. 특히, 거짓 경보false alarm의 빈도가 높다는 것이 문제였다. 마치 양치기 소년의 우화처럼, 거짓 경보가 많으면 소위 경고 피로alarm fatigue에 걸린 의료진이 경보 자체를 무시하게 되기 때문에 효용이 크게 줄어든다.

뷰노의 연구진은 전자의무기록에 저장되는 호흡수나 심장박동수, 혈압 등 환자의 7가지 데이터를 딥러닝으로 학습했다. 여기에는 딥러닝의 여러 방법 중에 시간에 따른 데이터의 변화를 고려할 수 있는 RNNRecurrent Neural Network을 활용했다. 연구진은 특이도를 높여 거짓 경보의 빈도를 줄이기 위해 노력하여 우수한 성능의 DEWS를 개발했다.

이 DEWS의 AUC 값은 0.85로 기존에 병원에서 사용하던 MEWS

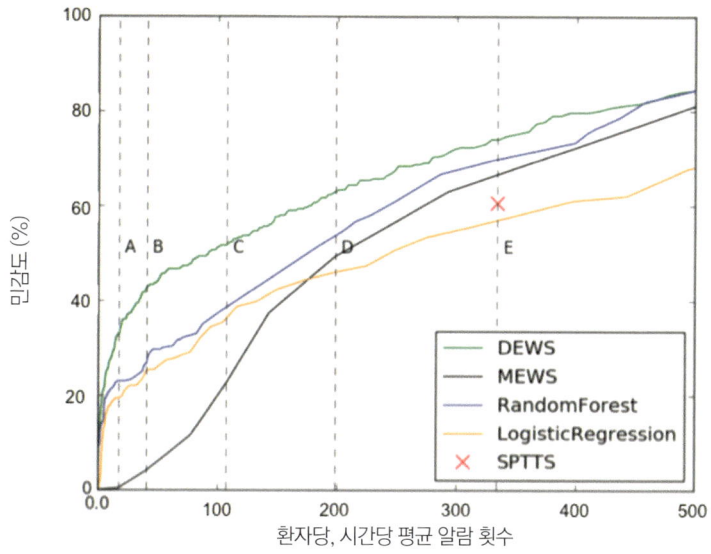

환자당, 시간당 평균 알람수를 기준으로 한 민감도 차이[26]

의 AUC 값인 0.67을 크게 뛰어넘었다.* 또한, DEWS는 MEWS와 비교하여 경고 횟수가 17배 적어서, 의료 현장의 활용에 걸림돌이 었던 거짓 경고 문제도 크게 개선되었다고 할 수 있다. 특히, 대학병원의 신속 대응팀에서 처리 가능한 수준의 경고수를 기준으로 기존의 MEWS와 민감도에 더 큰 차이를 보였다.

더욱 인상적인 것은 이러한 시스템이 심정지 위험군의 환자를 24시간 이전부터 예측할 수 있다는 것이다.[26, 27] 연구진에 따르면 심정지 환자의 경우 심정지 발생 24시간 전부터 정상 환자와 DEWS의 위험도 차이가 극명하게 나타난다. 한 기사에 따르면 이

---

* 참고로 AUC는 Area Under the Curve의 줄임말이다. 인공지능의 예측이나 진단기법 등의 성능은 흔히 민감도(sensitivity)와 특이도(specificity)라는 두 가지 척도를 통해서 평가한다. 쉽게 말해서 민감도는 실제로 질병이 있는 사람을 검사했을 때 '질병이 있다'고 정확하게 판단하는 비율이며, 특이도는 질병이 없는 사람을 검사했을 때 '질병이 없다'고 정확하게 판단하는 비율이다. AUC는 이 민감도와 특이도를 모두 고려한 개념으로, 1에 가까울수록 더 좋은 성능이라는 것을 의미한다. 만약 AUC=1이라면 그 인공지능은 적어도 테스트한 데이터에 대해서는 100% 정확하다는 의미이다.

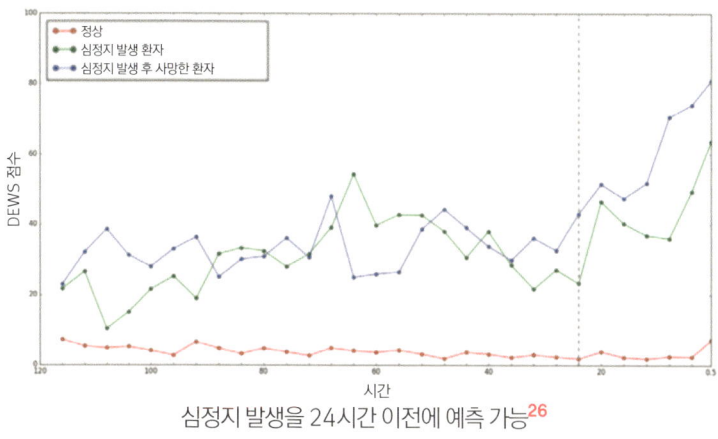

심정지 발생을 24시간 이전에 예측 가능[26]

인공지능 덕분에 한 명의 환자가 이미 목숨을 구했다고도 한다.[27]

인공지능을 이용한 혈당관리

다차원적이고, 연속적인 의료 데이터의 분석을 통한 예방 및 예측의료 구현의 또 다른 사례는 바로 당뇨병 환자의 혈당관리에서 찾아볼 수 있다. 앞서 15장의 원격 환자 모니터링의 설명에서 우리는 스탠퍼드 대학병원의 연구에서 연속혈당계로 측정한 당뇨병 환자들의 혈당 수치가 스마트폰, 애플 헬스키트, 전자의무기록 등을 거쳐 병원으로 전송되어 분석되는 사례를 살펴본 바 있다.

이러한 원격 환자 모니터링의 경우에도 이 연속 데이터를 의료진이 24시간 365일 모니터링하기는 어렵다. 또한 이 데이터를 바탕으로 향후 몇 시간 뒤 혈당의 변화나 저혈당 쇼크가 올지의 여부를 예측하는 것도 사람의 역량만으로는 어려운 일이다. 그 때문에 당뇨병 환자의 혈당관리에서도 인공지능의 역할이 커지고 있다.

아마도 당뇨병 환자들이 가장 궁금해하는 것은, "잠시 후에 나의 혈당이 어떻게 변화할까?", "오늘밤에 수면 도중 저혈당의 가능성이 있을까?", "그래서 지금 당장 내가 인슐린 양을 얼마나 조절해야 하나?", "내가 혈당관리를 잘하기 위해서 바꿔야 할 생활습관은 무엇일까?"와 같은 질문일 것이다.

만약 인공지능이 이런 질문에 대답해줄 수 있다면 매우 편리할 것이다. 혈당관리를 위해 생활습관을 바꾸거나, 몇 시간 뒤 혈당이 너무 높아지거나, 너무 낮아질 것에 대비하여 인슐린을 조절하거나, 당분을 보충하여 혈당을 조절할 수 있을 것이기 때문이다.

하지만 혈당에 영향을 미치는 요소는 음식, 운동, 인슐린, 스트레스 등으로 무척 다양하며, 개인별 차이도 크다. 따라서, 정확한 계산을 위해서는 과거의 생활습관, 음식 섭취 기록, 인슐린 투여와 함께 혈당 데이터를 지속적으로 축적시켜나가는 것이 필요하며, 이를 인공지능으로 분석하면 도움이 될 수 있다.

IBM 왓슨을 이용한 혈당관리 앱

의료 기기 회사 메드트로닉은 2016년 9월 연속혈당계로 얻은 혈당 수치와 사용자가 입력한 식습관, 인슐린 사용법 등의 데이터를 토대로 IBM 왓슨이 몇 시간 뒤의 혈당 변화를 예측해주는 슈거아이큐 앱을 공개했다.[28] 이 앱은 사용자의 혈당 변화, 생활습관, 식습관, 활동량, 인슐린 등의 요소를 분석하여, 사용자에게 혈당을 더 잘 관리할 수 있는 조언을 제공한다.

예를 들어, 매주 토요일 오전에 저혈당인 경우가 많다든지, 특정

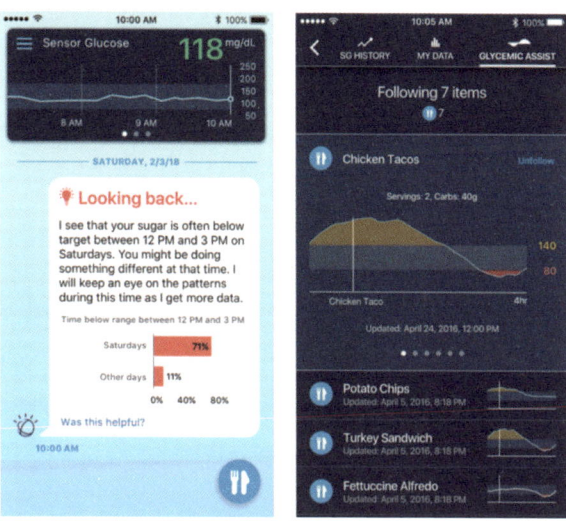
슈거아이큐

음식을 먹으면 혈당이 너무 올라간다든지, 특정 행동을 한 뒤에는 야간 저혈당이 온다든지 하는 패턴을 알려준다. 또한 내가 지난주에 고혈당 및 저혈당이 몇 번 있었는지, 혈당이 정상 범위로 유지된 시간은 얼마인지 등도 알 수 있다. 더 나아가 내가 1~4시간 뒤에 저혈당이 올 가능성이 있는지를 사전에 예측해주기도 한다.

이후 2017년과 2018년 미국당뇨협회ADA에서 메드트로닉은 당뇨 환자가 슈거아이큐를 활용하여 혈당관리에 도움을 받을 수 있다는 것을 보여주었다.[29-32] 2018년에 발표된 바에 따르면, 256명의 제1형 당뇨 환자는 90일 동안 슈거아이큐를 사용하여 혈당을 관리하였고, 이를 슈거아이큐를 사용하기 전 30일과 비교해보았다. 모든 사용자를 합쳐서 총 1만 1,356일간 측정하였으며 3일에 한 번 조언이 환자에게 전달되었다.

그 결과 혈당이 정상 범위(70~180mg/dL) 내에 머무는 시간은 하루 평균 33분이 증가하였으며, 사용한 지 일주일 만에 사용자의

55%, 54% 정도가 각각 저혈당과 고혈당을 겪는 횟수가 줄어들었다.[29-32] 저혈당은 매달 평균 1회 감소하였고, 2시간 이상 고혈당이 유지되는 경우는 매달 1.3회 감소하였던 것으로 드러났다. 또한 슈거아이큐를 사용한 환자 중 86%는 도움이 되었다고 답했다.

슈거아이큐의 활용 사례

이렇게 슈거아이큐는 개별 환자의 혈당 변화, 인슐린 사용 습관, 식습관 등을 바탕으로 혈당관리에 유용한 조언을 제공한다. 이를 통해 혈당관리에 좋은 습관은 강화하고, 좋지 않은 습관은 줄이도록 유도하는 것이다. 2017년 미국당뇨협회의 학술대회에서 메드트로닉은 이러한 슈거아이큐의 조언을 활용하여 실제로 혈당관리를 개선한 두 가지 사례를 공개했다.

첫 번째 환자는 28년 동안 인슐린을 사용해온 제1형 당뇨병 환자로 49세의 여성이었다. 그녀는 혈당이 200mg/dL로 높아졌을 때 고용량의 인슐린을 종종 사용했는데, 이런 인슐린 때문에 오히려 혈당이 50mg/dL 이하로 지나치게 낮아져서 저혈당을 겪곤 했다. 슈거아이큐 앱은 환자의 이러한 습관을 파악하고 인슐린의 용량을 줄이라는 조언을 제공했고, 그 결과 야간 저혈당의 발생이 줄어들게 되었다.

두 번째 환자는 65세의 남성 환자로 20년 동안 인슐린을 사용해왔던 제2형 당뇨병 환자로, 이미 많은 합병증을 겪고 있는 환자였다. 슈거아이큐는 이 환자가 점심으로 45~60그램의 고탄수화물 식사를 하는 경우에는 식사 후 2.5시간 동안 고혈당 상태가 유지되는 것을 발견했다. 반면 45그램 이하의 낮은 함량의 탄수화물로 이루어진 식사를 하는 경우 고혈당의 빈도가 낮았다. 슈거아이큐는 저탄수화물 점심 식사를 권유했고, 그 결과 식후 고혈당이 1.5시간으로 줄어들었다.

개인맞춤 혈당관리의 미래

진정한 개인맞춤 혈당관리를 구현하기 위해서 한 걸음 더 나아가보자. 당뇨 환자가 혈당을 관리하기 위해서 가장 중요한 것 중의 하나가 바로 음식에 대한 혈당 반응이다. 즉, '이 특정 음식을 먹었을 때 혈당이 어떻게 변화할까?' 하는 것이다. 기존에 당뇨병 환자들은 각 식품의 혈당지수나, 탄수화물 함량을 기반으로 식후 혈당변화PPGR를 짐작해왔다. 그런데 최근 연구결과에 따르면 똑같은 음식을 섭취하더라도 환자에 따라서 혈당 변화는 정반대가 될 수도 있다.

2015년 11월 세계 최고 학술지 『셀』에 발표된 연구에 따르면, 같은 음식물을 섭취했을 때에도 환자마다 식후 혈당 변화는 매우 다양하게 나뉘며, 때로는 정반대의 혈당 변화를 보이기까지 한다.[33] 연구에서는 이를 800명 환자군의 총 4만 6,898번의 식사를 분석하여 증명했다.

예를 들어, B번 그림과 같이 포도당glucose, 빵, 빵과 버터, 과당fructose 등의 다양한 음식에 대해서 사람별로 혈당의 변화가 다양하게 분포함을 알 수 있다. 그림 C에서는 빵에 대한 식후 혈당 변화가 4명의 환자 중 67번 환자는 200mg/dL 이상으로 높아지는 반

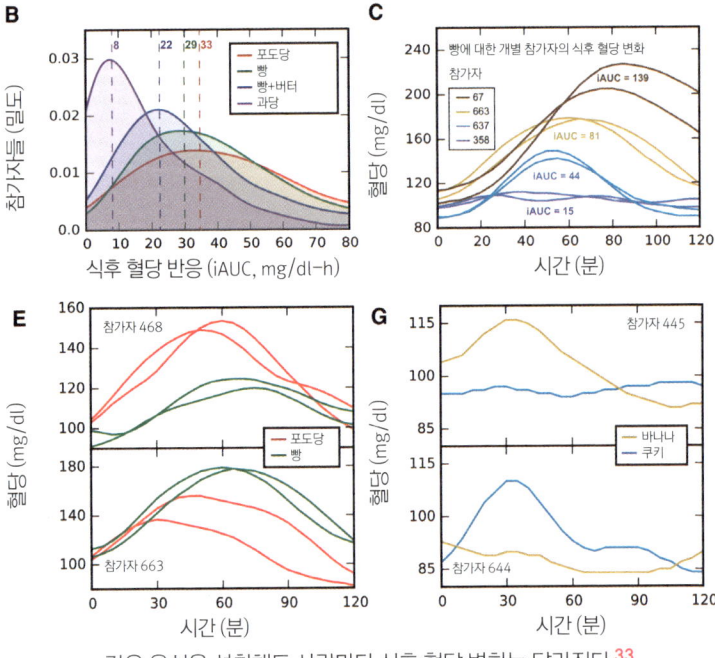

같은 음식을 섭취해도 사람마다 식후 혈당 변화는 달라진다.[33]

면, 358번 환자의 경우에는 별다른 변화가 없는 것을 볼 수 있다.

특히, 그림 E, G를 보면 빵, 바나나, 쿠키 같은 음식에 대해서 두 환자의 혈당 변화가 반대로 나오기도 한다. 445번 환자의 경우 바나나는 혈당을 높이고, 쿠키는 아무런 변화가 없었던 반면, 644번 환자는 바나나는 혈당을 높이지 않았지만 쿠키는 혈당을 높이는 효과가 있었다.

그렇다면 다른 환자가 아닌, 나에게 어떤 음식이 혈당을 어떻게 변화시키는지, 어떤 식단이 나에게 혈당관리에 좋은지를 어떻게 알 수 있을까? 이 연구에서는 다름 아닌 스마트폰을 이용한 식단 기록, 활동량, 수면, 메드트로닉의 연속혈당계로 얻은 혈당 데이터, 그리고 장내미생물 등을 환자별로 측정하여, 기계학습을 바탕으로 식후 혈당 변화 예측 모델을 만들었다.

　이렇게 만든 예측 모델은 기존의 식품별 탄수화물 함량 기반의 계산보다, 식후 혈당 변화를 더 정확하게 예측할 수 있었다. 그뿐만 아니라, 이러한 모델을 통해서 개별 환자에게 혈당 조절에 '좋은 음식'과 '나쁜 음식'을 선별할 수 있다는 것까지 보여주었다.

　사실 이 연구는 그 자체로도 '측정-통합-분석'이라는 디지털 헬스케어의 3단계를 잘 담고 있다. 혈액 검사와 장내미생물 등과 함께, 활동량, 수면, 식습관, 활동량, 혈당 등의 '환자 유래의 의료 데이터$_{PGHD}$'를 측정하여, 이를 통합하여 인공지능으로 분석함으로써, 개별 환자의 특정 음식에 대한 식후 혈당 변화를 예측하는 것이다.

　한 단계 더 나아가 이 연구가 앞서 언급한 슈거아이큐와 같은 기술과 결합될 경우를 상상해보자. 슈거아이큐는 과거의 데이터를 바탕으로 몇 시간 뒤의 혈당 변화나, 저혈당증을 예측할 수 있다. 이렇게 예측된 혈당 변화에 대처하기 위해서, 인슐린이나 적절한 음식을 섭취해야 한다. 이때 개별 환자가 섭취해야 할 '맞춤 음식'은 이번 논문에 소개된 모델을 통해서 도출할 수 있을 것이다.

　특히, 필자는 이렇게 인공지능을 이용한 혈당관리가 P4 의료의 모든 요소를 구현하는 좋은 사례라고 생각한다. 환자가 스스로 생산한, 환자 유래의 의료 데이터를 활용하여(참여의료), 향후 몇 시간 뒤의 혈당 변화를 예측하고(예측의료), 몇 시간 뒤에 올 저혈당증을 예방하기 위하여(예방의료), 해당 개별 환자의 혈당 변화를 조절하기에 적합한 음식을 적절한 양을 섭취(맞춤의료)하는 것이 가능해지기 때문이다.

유전정보 기반의 다이어트

우리는 '디지털 헬스케어의 3단계' 중 첫 번째인 데이터 측정에서 스마트폰, 웨어러블 디바이스뿐만 아니라 개인유전정보까지 언급했다. 이번에는 유전정보까지 통합하여 인공지능으로 분석함으로써 체중 감량 등을 위한 맞춤형 건강 조언을 주는 사례를 살펴보자.

미국 샌디에이고에 위치한 패쓰웨이 지노믹스는 23andMe와 같이 개인유전정보를 분석해주는 기업이다. 암 유전자, 심혈관 질환 유전자 검사 등 질병에 특화된 검사들과 함께 '패쓰웨이 핏Pathway FIT'이라고 하는 검사를 통해 식습관, 영양, 운동, 체중감량, 지질 및 설탕 대사 등 보다 실용적인 데이터를 제공하기도 한다.

예를 들어, 필자의 패쓰웨이 핏 분석에 따르면 저탄수화물 식사

필자의 패쓰웨이 핏 분석 리포트 중 일부

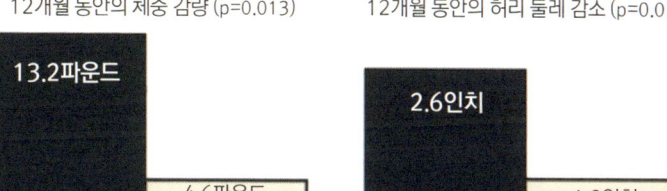

유전형에 맞는 다이어트를 한 사람들과 그렇지 않은 사람들의 차이[35]

가 좋으며, 공복감과 포만감을 느끼는 정도는 보통이다. 섭식 무절제에 대한 가능성은 낮으며, 비타민 중에서는 비타민 B12, D, E의 섭취를 증대해야 한다. 근력 훈련은 효과가 적은 편이며, 운동에 따른 체중 감소와 혈압 반응에 대하여 운동이 권장된다. 또한 비만 가능성은 평균이지만, 감량 후 체중이 다시 증가할 가능성이 높고, 혈당 수치가 평균보다 높을 가능성이 있다.

이러한 부분들은 일상생활 속에서도 식사 메뉴를 고르거나, 영양제를 고르고, 운동할 때 실제로 참고할 수 있는 부분들이다. 이런 정보를 잘 활용하기만 한다면, 식습관, 운동, 체중 감량, 질병관리 등에서도 보다 좋은 효과를 보일 가능성도 있다.

특히 체중 감량을 보자. 유전정보에 기반하면 체중 감량 효과가 더 좋다는 연구결과가 있다.[34, 35] 2010년 인터루킨 제네틱스Interleukin Genetics와 스탠퍼드 대학이 145명의 과체중 및 비만 여성들을 대상으로 한 연구에 따르면 유전형에 적합한 음식을 먹은 사람은 체중의 5.3%를 감량했는 데 비해서, 그렇지 않았던 사람들은 2.3%를 감량하는 데 그쳤다.

또한 유전형에 적합한 음식을 먹은 사람은 12개월간 평균 13.2 파운드(약 6킬로그램)를 감량했는 데 비해, 다른 사람들은 평균 4.6

파운드(약 2킬로그램)를 감량해서 약 2.5배의 차이가 났다고 한다.[36] 허리둘레도 유전형에 적합한 음식을 먹은 사람은 2.6인치가 감소했으나, 대조군은 1.2인치 밖에 줄지 않았다. 실험군과 대조군 사이의 격차는 통계적으로도 유의했다.

유전정보 + 애플 헬스키트 + 왓슨 = OME

그렇다면 이런 유전정보, 식습관, 운동 등의 데이터를 어떻게 효과적으로 통합하고, 분석하여 건강관리에 유용한 조언을 들을 수 있을까? 이 부분 역시 인공지능을 접목하려는 시도가 이뤄지고 있다. 패쓰웨이 지노믹스는 IBM 왓슨을 이용하여 개인의 건강정보, 유전정보 등을 분석하여 개인맞춤 건강 조언을 제공하는 OME('오미'라고 발음한다)라는 앱을 개발하여 클로즈드 알파 테스트를 2016년 1월 시작했다.[37, 38]

이 앱은 사용자의 건강 상태를 파악하고 조언을 주기 위해서, 외부에서 세 종류의 데이터를 가져온다. 먼저 우리가 데이터 통합 부분에서 다루었던 애플 헬스키트 플랫폼에서 데이터를 가져온다. 또한 웨어러블의 대명사 핏빗과 스마트폰의 GPS 데이터를 가져온다.

OME는 이러한 애플 헬스키트, 핏빗, GPS 데이터에 패쓰웨이 지노믹스가 분석한 개인유전정보를 결합시키고, 이런 데이터를 바로 IBM 왓슨이 분석하여 사용자가 일상생활 속에서 '행동'으로 옮길 수 있는 맞춤형 건강 조언을 제공하겠다는 것이다.

예를 들어서, 사용자가 지방 성분을 대사하는 데 영향을 주는 유

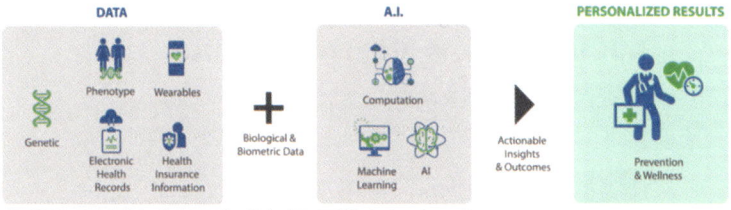

유전정보와 웨어러블 등의 데이터를 통합하여, 인공지능이 분석, 맞춤형 건강 조언을 주는 오미(OME) (출처: 패쓰웨이 지노믹스)

전자에 변이가 있거나, 포만감을 느끼는 유전자에 특정 변이가 있다면 식습관을 결정하기 위해서 참고할 수 있다. OME는 이 분석 결과와 최근의 운동량, 식습관 등을 고려하여 '유전적으로 이상적인 식사 계획'을 짜주기도 하고, 심지어 GPS로 사용자의 위치를 파악하여 근처에 있는 특정 식당의 메뉴를 추천해주기도 한다.

패쓰웨이 지노믹스는 전자의무기록 데이터와 보험 정보 등도 OME 서비스에 추가할 계획이라고 밝혔다. 이렇게 되면, 헬스케어 데이터, 유전정보, 의료 데이터, 보험 데이터가 통합되는 더욱 완전한 그림이 그려질 수도 있을 것이다.

필자는 2015년 5월 서울대병원 교수님들과 샌디에이고의 패쓰웨이 지노믹스 본사를 방문한 적이 있다. 방문 당시 최고 혁신 책임자인 마이클 노바Michael Nova 박사로부터 개발 중이던 OME의 시연을 볼 기회가 있었다. 사용자는 스마트폰이나 태블릿 PC의 OME 앱을 실행시키고 "오늘 식사는 어떤 메뉴가 좋을까?", "오늘은 어떤 운동을 할까?", "내가 이 약을 먹어도 될까?" 하는 질문을 던지면, 왓슨이 이 질문 및 데이터를 분석해서 답을 주게 된다. 서로 다른 사용자를 가정하고 질문을 던지면, 동일한 질문에 대해서도 다른 조언을 내어주었다.

2016년 1월에 OME의 베타 테스트가 시작되었지만, 사실 필자

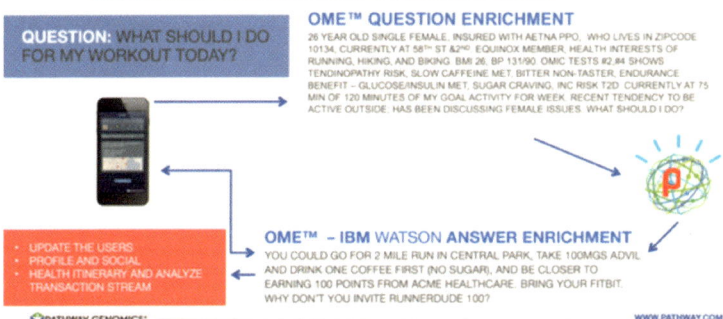

'오늘 무슨 운동을 해야 하나?'는 질문에 대해서 다양한 데이터를 기반으로 분석해주는 OME

가 이 글을 쓰고 있는 2019년 중순까지 아직 이 앱의 정식 출시 뉴스는 들려오지 않고 있다. 또한 이러한 앱이 출시된다고 할지라도, 앱에서 제공하는 건강 조언이 실제로 효과적이고, 정확하며, 건강의 증진에 도움이 될 것인지에 대해 추가적인 검증이 필요할 것이다. 또한 사용자들이 이렇게 인공지능의 조언을 듣고 싶어할지, 기계가 주는 조언을 얼마나 따르고 싶어할지도 관건이다.

이 OME라는 특정한 앱이 앞으로 출시될지, 성공할지는 지켜봐야 하겠지만, 이러한 시도가 주는 의미는 적지 않다고 본다. 왜냐하면 결국 측정, 통합, 분석된 데이터를 바탕으로 최종 사용자에게 어떤 '가치'를 제공하려면 결국 그 인터페이스는 OME와 유사한 방식을 가지게 될 수 있기 때문이다. 즉, 갈수록 더 다양하고 많은 데이터가 측정되고, 통합될 수 있다면, 결국 이러한 데이터를 어떠한 방식으로 사용자에게 전달하고, 가치를 제공할 것인지가 더 중요해진다.

필자가 샌디에이고에서 OME의 시연을 보던 2015년과 비교하면 지금은 얻을 수 있는 데이터가 더 많아졌다. 일례로 12장에서 소개한 애플의 헬스 레코드만 이용하더라도 사용자의 방대한 진료 기록까지 손쉽게 통합할 수 있다. 이렇게 활용 가능한 데이터는 더욱 증가할 것이다.

혹은 13장에서 소개했던 '모든 종류의 데이터'를 활용하는 다양한 연구들을 생각해보자. 수많은 데이터를 활용하는 이러한 연구들이 성공적으로 수행된다면, 이를 통해 건강이나 질병에 관한 새로운 모델을 만들 수 있을 것이다. 그렇다면 이러한 모델을 바탕으로, 개별 사용자의 상황과 상태, 환경에 맞는 가치를 제공하는 인터페이스가 필요할 것이다. 그 새로운 '가치'는 식습관, 생활습관, 운동, 수면 등에 대한 조언이 될 수도 있고, 혈당 조절이나, 질병 진단, 예측, 혹은 우리가 기존에 생각하지 못한 새로운 것일 수도 있다.

이러한 가치를 최종 사용자, 혹은 환자에게 제공하는 인터페이스는 의료 전문가 즉, 사람이 될 수도 있을 것이지만, (방대한 데이터와 그 복잡성을 감안하면) 결국 인공지능에 기반한 OME와 같은 프로그램이 될 가능성이 높다(혹은 이러한 프로그램을 의사가 사용하여 환자에게 전달할 수도 있다).

일반 사용자의 경우, 이들은 내부에 무슨 데이터가, 어떠한 인공지능 기술로 해석되는지까지는 알고 싶어하지 않는다. 다만 자신에게 친숙하고 편리한 방식으로, 사용 목적에 맞는 가치를 효율적이고 효과적으로 얻고 싶어할 것이다. 이러한 목적을 달성하기 위한 방식이 정확히 OME와 같이 자연어를 이해하고 조언을 제공하는 애플리케이션이 아닐 수는 있지만, 궁극적으로는 어떤 방식으로든 이러한 역할을 하는 인터페이스가 필요하게 될 것이다.

3부

디지털 헬스케어의 새로운 물결과 숙제

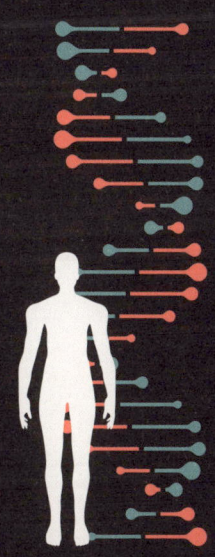

18장
디지털 치료제, 또 하나의 신약

　우리는 앞서 '디지털 헬스케어의 3단계'를 살펴보았다. 데이터를 중심으로 측정, 통합, 분석을 거친다는 것이 골자였다. 그런데 여기에서 그친다면 무엇인가 빠진 것이 있을 것이라고 생각할 수도 있다. 바로 환자를 '치료'한다는 것이다. P4 의료의 개념대로 환자의 상태를 파악할 수 있어도, 막상 그 사람을 치료할 수 없다면 그 영향은 제한적일 수밖에 없다.

　환자를 치료하기 위해서는 수술이나 시술을 하거나, 혹은 약을 처방해야 한다. 이러한 측면에서 디지털 헬스케어로 수술 등을 보조할 수 있겠지만, 그것만으로 환자를 치료할 수는 없을 것이라고 생각할 수도 있겠다. 디지털 헬스케어를 마치 약처럼 사용해서 환자를 '치료'한다는 것은 일견 상상하기 어려울 수도 있기 때문이다. 하지만 그렇지 않다. 디지털 헬스케어는 '약'의 개념도 확장하고 있다.

　흔히 약이라고 하면 우리는 경구제로 복용하는 알약이나 주사약

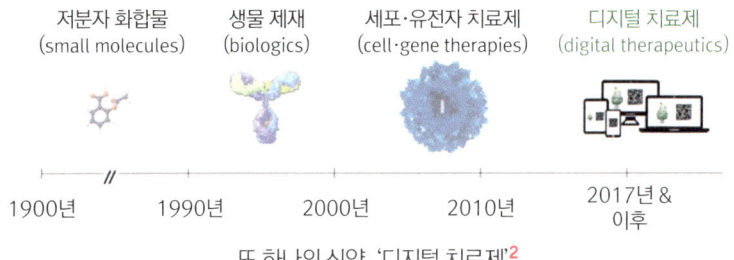

또 하나의 신약, '디지털 치료제'[2]

정도를 떠올린다. 보통 1세대 신약은 알약이나 캡슐의 형태로 제공되는 저분자 화합물small molecule이다. 2세대 신약은 주사제로 맞는 단백질 혹은 항체라고 할 수 있다. 더 나아가서는 3세대 신약으로 세포 치료제를 들기도 한다. 이런 정도가 현재 의료계에서 널리 받아들여지는 약의 범주라고 할 수 있다.[1, 2]

그런데 이제는 한 가지 종류의 약을 추가해야 한다. 바로 '디지털 치료제'라는 새로운 종류의 약이 생겨나고 있기 때문이다.[1-7] 영어로는 digital therapeutics, 줄여서 DTx라고도 부르는 이 새로운 개념의 약은 아직 한국어로는 정식으로 번역된 바는 없으나, 디지털 치료제 정도로 부르면 적당하지 않을까 한다.

디지털 치료제가 온다

디지털 치료제는 말 그대로, 디지털 기술 그 자체를 환자를 치료하는 약으로 사용하겠다는 분야이다. 특히 이를 연구하고 개발하는 업계에서는 스마트폰 애플리케이션, 게임, VR, 챗봇, 인공지능 등의 '소프트웨어'에 기반하여 환자를 치료하는 것을 디지털 치료제로 정의하고 있다.[3, 4] 미국을 중심으로 9개국에서 디지털 치료

아킬리 인터렉티브가 개발하고 있는, ADHD 치료 목적의 게임 EVO

제를 개발하는 수십 개 회사들의 연합체인 '디지털 테라퓨틱스 얼라이언스DTA, Digital Therapeutics Alliance'에서 2018년 발표한 백서에 따르면, 디지털 치료제의 정의와 특성은 아래와 같다.[3, 4]

- 질병을 예방, 관리, 치료하는 고도의 소프트웨어 프로그램
- 독립적으로 사용될 수도 있고, 치료 효과를 높이기 위해 다른 약이나 기기와 함께 사용될 수 있음
- 효능, 사용 목적, 위험도 등의 주장과 관련해서는 규제기관의 인허가를 거침

이 분야는 아직 전 세계적으로도 완전히 정립되지는 않은, 매우 초창기 분야이다. 과거에도 소프트웨어, 스마트폰 앱, 게임, VR 등으로 질병을 치료하려는 시도가 전혀 없지는 않았다. 하지만 관련 연구결과나 새로운 시도들이 축적되고, 그 결과물이 규제기관의 인허가를 받는 등의 사례가 늘어남에 따라, '새로운 약의 한 종류'가 만들어지고 있다고 해도 될 정도가 되면서, 이제는 별도의 독립

샌프란시스코에서 열린, DTxDM West 2019 (필자 촬영)

적인 분야로 다뤄지게 되었다.

필자는 디지털 치료제 분야를 잘 설명하는 말로, 미국의 한 관련 콘퍼런스에서 아킬리 인터렉티브Akili Interactive의 CEO인 에디 말투치Eddie Martucci가 했던 말을 인용하곤 한다. 나중에 자세히 소개하겠지만, 아킬리는 이 분야에서 가장 앞선 회사 중의 하나로, ADHD 등 다양한 질병을 치료하는 게임을 개발하고 있다. 그는 이렇게 이야기한다. "우리는 치료 효과가 있는 '게임'을 개발하는 것이 아니다. 우리는 '치료제'를 개발하고 있다. 그런데 그 치료제가 게임의 형식을 가지고 있을 뿐이다."

에디 말투치의 이 이야기를 필자가 들었던 것은 2018년 10월 보스턴에서 열렸던, 디지털 치료제 분야의 대표적인 콘퍼런스인 DTxDM East에서였다. 필자는 디지털 치료제의 개념에 매료되어 이 콘퍼런스에 가능한 매번 참석하고 있다. 여담이지만, 사실 현재 이 글의 초고도 2019년 3월 미국 샌프란시스코에서 집필 중으로, 며칠 전에 열린 DTxDM West에 참석하기 위해 미국을 방문하고 있다.

이 콘퍼런스는 2018년에 처음 만들어져서 이제야 겨우 세 번째 개최되는 신생 행사이다(이 분야가 얼마나 초기인지 알 수 있다). 그럼에도 불구하고 디지털 치료제를 개발하는 스타트업, 다국적 제약사, 보험사, 의료 기기 회사, 투자회사, 규제기관 등의 다양한 관계자들이 참여하며 활발하게 토론하면서 이 새로운 분야에 대한 높은 관심을 보였다.

특히, '기존의 약'을 만들던 다국적 제약사에서 이 '새로운 약'을 만드는 분야에 대한 관심은 실로 지대하다고 할 수 있다. 이 분야가 어떻게 발전하느냐에 따라, 기존의 약을 만들던 제약사에 위협이 되는 새로운 경쟁자로 부상할 수도 있고, 혹은 제약사에서 새로운 산업으로 확장할 수 있는 기회가 될 수도 있다. 그 때문에 이미 노바티스, 산도스, 암젠, 머크, 사노피와 같은 다국적 제약사에서는 디지털 치료제를 만드는 스타트업에 투자하거나, 협업하면서 이 분야에 발 빠르게 진출하고 있다. 대표적인 몇 가지 사례를 들자면 아래와 같다.

- 노바티스: 페어 테라퓨틱스Pear Therapeutics의 시리즈 A(2016년), B(2018년), C(2019년) 펀딩에 참여[8, 9]
- 산도스: 페어 테라퓨틱스의 앱 기반 중독 치료제 리셋reSET과 리셋-O reSET-O의 시장 출시 협력[10-12]
- 암젠, 머크: 아킬리 인터렉티브의 시리즈 B(2016년), C(2018년) 펀딩에 참여[13, 14]
- 사노피 벤처스: 클릭 테라퓨틱스Click Therapeutics의 1,700만 달러 규모의 투자를 리드[15]
- 오츠카 제약: 클릭 테라퓨틱스와 3억 500만 달러 규모의 계약을 맺으며 우울증 디지털 치료제 공동 개발[16]

디지털 치료제의 유형

본격적으로 디지털 치료제의 구체적인 사례를 살펴보기에 앞서, 디지털 치료제에는 어떠한 유형이 있는지도 살펴보고 넘어가도록 하자. 디지털 치료제는 '소프트웨어'의 형식을 가지고 있지만, 연관되는 이슈와 관리, 분류 방식은 기존의 '의약품'과 비슷한 측면이 많다. 의약품과 관련된 분류에서도 음식·건강기능식품 – 일반의약품 – 전문의약품으로 나눠지는 것처럼, 디지털 치료제도 유사하게 분류할 수 있다. 디지털 테라퓨틱스 얼라이언스가 2018년 발표한 백서에 따르면, 디지털 치료제는 4가지 정도의 카테고리로 나눌 수 있다.[3]

첫 번째는 단순 건강관리다. 이는 의약품 분류로 치자면, 건강기능식품 정도에 해당된다고 볼 수 있다. 건강기능식품법에 따르면, 건강기능식품은 건강 증진에 유용한 기능성을 가진 원료나 성분을 사용해 제조한 식품을 말한다. 하지만, 약효를 가지거나 질병의 치료 목적은 인정되지 않는다. 첫 번째 유형의 디지털 치료제도 의사의 처방전 없이 소비자가 직접 구매할 수 있지만, 질병의 관리나 치료에 대한 주장은 허용되지 않는다. 다만 건강 증진의 기능을 주장하려면 임상적인 근거를 마련해야 한다. 또한 항상 규제를 받는 것은 아니지만, 해당 국가 규제기관의 재량에 따라 규제를 받을 수도 있다.

두 번째는 질병을 관리 및 예방하는 종류의 디지털 치료제다. 두 번째부터는 '의약품'의 범주에 들어간다. 따라서, 독립적인 임상연구를 통해서 유효성, 안전성 등을 입증해야 하며, FDA나 식약처와 같은 규제기관의 인허가도 필요하다. 이 유형의 디지털 치료제는 의약품에 비유하자면, 약국이나 편의점에서도 처방전 없이 구매 가능한 일반의약품에 해당되는 경우도 있고, 의사의 처방이 필

제품의 목적	1. 건강관리	2. 질병의 관리·예방	3. 다른 의약품의 최적화	4. 질병치료
제품의 유효성, 위해도, 사용 목적 등에 대한 주장	규제기관 재량 (항상 규제받는 것은 아님)	제3자의 검증이 필요하며, 규제기관의 규제를 받음		
질병과 관련된 제품의 주장 범위	질병에 관련한 유효성 주장은 허용되지 않음	낮은~중간 위해도 (예시: 질병의 진행을 늦춰줌)	중간~높은 위해도 (예시: 기존 약제의 유효성을 높여줌)	중간~높은 위해도 (예시: 질병치료 등 의학적인 유효성)
임상적인 근거	임상시험이 필요하며, 지속적인 근거의 창출이 필요			
구매 방식	환자 직접 구매 (DTC) (의사 처방 필요 x)	일반의약품(over-the-counter) 혹은 의사 처방 필요		의사 처방 필요
다른 약제와의 관계	독립적으로 사용 또는 다른 약제 간접 지원	단독 투여 또는 병용 투여	병용 투여	단독 투여 또는 병용 투여

디지털 치료제의 유형 (출처: DTA)[3]

요한 전문의약품에 해당되는 경우도 있다.

세 번째는 약간 특이한 카테고리로, 다른 의약품을 최적화해주는 디지털 치료제이다. 소프트웨어에 기반하는 디지털 치료제 자체가 새로운 콘셉트이기 때문에, 기존의 의약품과 함께 병용요법으로 사용할 수 있음을 강조하기 위해서 이러한 유형을 명시적으로 추가한 것으로 보인다. 기존의 의약품도 단독으로 사용될 때도 있지만(이를 단독 요법이라고 한다), 약제 간에 약효의 시너지나 상호 보완의 효과가 있는 경우 두 가지 이상의 약을 함께 사용하기도 한다(이를 병용 요법이라고 한다). 디지털 치료제도 마찬가지이다. 기존의 의약품과 디지털 치료제가 시너지 혹은 상호 보완의 관계에 있으면, 기존의 전통적인 치료제와 디지털 치료제를 함께 사용할 수도 있다. 혹은 더 나아가 서로 다른 두 가지 종류 이상의 디지털 치료제들을 병용 투여할 가능성에 대해서도 DTxDM 등의 콘퍼런스에서는 논의된 바 있다.

마지막 네 번째 카테고리는 직접적인 환자의 질병치료를 목적으로 한다. 디지털 치료제의 유형 중에 가장 적극적인 목적을 가지고 있으며, 약으로 비유하자면 전문의약품에 해당된다. 이 유형의 디지털 치료제는 임상시험의 결과에 따라서 규제기관의 인허가를 받고서, 치료 효과 등 의학적인 유효성을 주장하게 된다. 또한 의사의 처방에 의해서만 사용될 수 있으며, 단독으로 사용될 수도 있고, 다른 약 혹은 다른 디지털 치료제와 병용하여 사용될 수도 있다.

참고로 현재 FDA의 인허가를 받았거나, 활발하게 연구되고 있는 디지털 치료제는 대부분 네 번째 유형인 '질병치료' 및 두 번째 유형인 '질병의 관리·예방'에 해당되는 것이 많다. 주목해야 할 점은 어떤 유형의 디지털 치료제이든 임상연구에서 나온 근거에 기반해야 하며, 지속적인 근거의 창출이 중요하다는 것이다. 이 '지속적인 근거의 창출'은 디지털 치료제를 환자가 사용하면서 도출되는 데이터에 기반할 수도 있다. 이는 추후 언급할 '리얼 월드 데이터real world data'에 해당되는 것으로, 기존 의약품의 사용 과정에서는 얻을 수 없었던 새로운 데이터에 해당된다.

디지털 치료제와 SaMD

그런데 디지털 치료제, 디지털 헬스케어 등의 개념이 서로 어떻게 다른 것인지, 서로 어떤 관계인지 혼란스러운 독자도 있을 것이다. 여기에서 약간 정리하고 넘어가고자 한다(DTxDM과 같은 콘퍼런스에서도 이 부분이 항상 언급되고, DTA의 백서에도 언급되는 것을 보면 이 개념을 혼동하는 분들이 적지 않은 것 같다). 이 부분은 좀 어려울 수도 있지만, 디지털 헬스케어 분야의 의료 기기 규제와 관련하여 아주 중요한 최근 몇 년간의 새로운 트렌드를 담고 있는 내용이다.

이 관계를 설명하기에 앞서, 먼저 SaMD라는 개념을 설명해야 한다. 디지털 헬스케어의 발전으로 예전에 없던 새로운 개념의 의료 기기들이 쏟아져 나오면서 FDA, 식약처 등 규제기관의 고민은 깊어질 수밖에 없다. 특히 과거에 의료 기기는 대부분 하드웨어 기반이었으나(체온계, 혈압계, MRI 촬영 기기 등등), 이제는 하드웨어를 전혀 동반하지 않은 '소프트웨어' 그 자체가 의료 기기가 되는 경우가 많아졌기 때문이다. 따라서 소프트웨어 기반의 의료 기기에 대한 새로운 정의, 분류, 그리고 규제가 필요하게 되었다.

이에 따라 여러 국가의 규제기관 연합체, IMDRF International Medical Device Regulators Forum에서는 2017년 SaMD라는 개념을 새롭게 정립하고, 어떻게 규제할 것인지에 대한 틀을 마련했다.[17, 18] SaMD는 'Software as a Medical Device'의 줄임말로 직역하자면 '의료 기기로서의 소프트웨어' 정도가 되겠다. 즉, 하드웨어 없이 소프트웨어만으로 구성된 의료 기기를 별도로 정의한 것이다(미국에서는 SaMD를 흔히 '쌤디'라는 발음으로 읽는다).

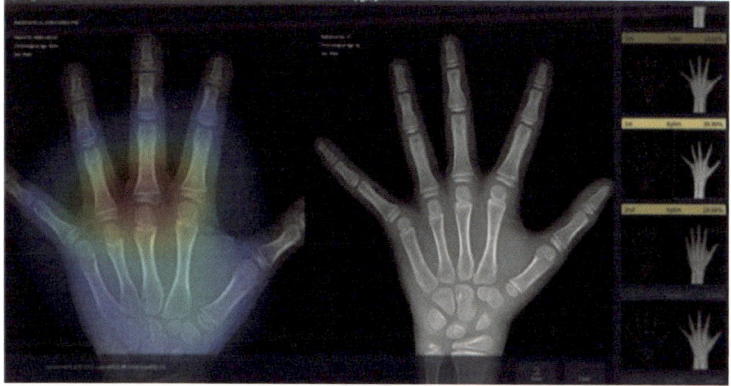

뷰노의 골연령 판독 인공지능. SaMD의 대표적인 사례라고 할 수 있다.

한국에서 2018년 손 엑스레이 사진으로 골연령을 판독해주는 인공지능 소프트웨어, 흉부 엑스레이 사진으로 폐 결절을 판독하는 인공지능 등이 식약처의 의료 기기 인허가를 받았다.[19, 20] 이러한 인공지능의 경우 하드웨어 없이 소프트웨어로만 존재하므로 SaMD의 대표적인 사례라고 할 수 있다.*

참고로, 이 SaMD와 비슷하지만 다른 개념으로 SiMD_{Software in a Medical Device}도 있다. 이는 영어 뜻 그대로 하드웨어 의료 기기에 내장된 소프트웨어가 의료 기기가 되는 경우이다. 만약에 MRI 사진을 판독하는 인공지능이 독립된 소프트웨어로서 출시된다면 SaMD의 범주에 들어가겠지만, MRI 기기에 아예 내장된 형식이라면 이는 SiMD로 분류할 수 있을 것이다.**

지금까지 SaMD를 장황하게 설명한 이유는 바로, 디지털 치료제가 SaMD에 해당되는 경우가 많기 때문이다. SaMD는 디지털 헬스케어와 의료 기기의 교집합에 속한다. 이 SaMD에도 세부적으로는 다양한 분류가 있을 수 있지만, 그중에서도 특히 환자의 질병치료, 관리, 예방에 직접적으로 소프트웨어를 활용하고자 하는 것이 디지털 치료제라고 할 수 있겠다.

특히 앞서 설명한, 네 가지 유형의 디지털 치료제 중 질병치료 및 관리, 예방 등의 '약효'를 주장하는 2~4번째 유형의 디지털 치료제는 SaMD에 해당한다고 볼 수 있다. 디지털 치료제 중에서

---

* 사실 이 SaMD라는 개념의 등장 때문에, 2017년경부터 미국 FDA를 중심으로 의료 기기 인허가 방식이 근본적으로 변화하고 있다. 대표적인 것이 의료 기기 제품이 아니라, 의료 기기 개발사의 자격 요건을 심사하겠다는 Pre-Cert 제도이다. 이에 대해서는 25장 '혁신을 어떻게 규제할 것인가'에서 더 자세히 설명한다.

** 사실 이 때문에 SaMD와 SiMD를 한국어로 번역하기가 쉽지 않다. '소프트웨어 의료 기기' 혹은 '의료 기기 소프트웨어' 정도로 번역하면 SaMD와 SiMD를 구분하기가 어렵기 때문이다.

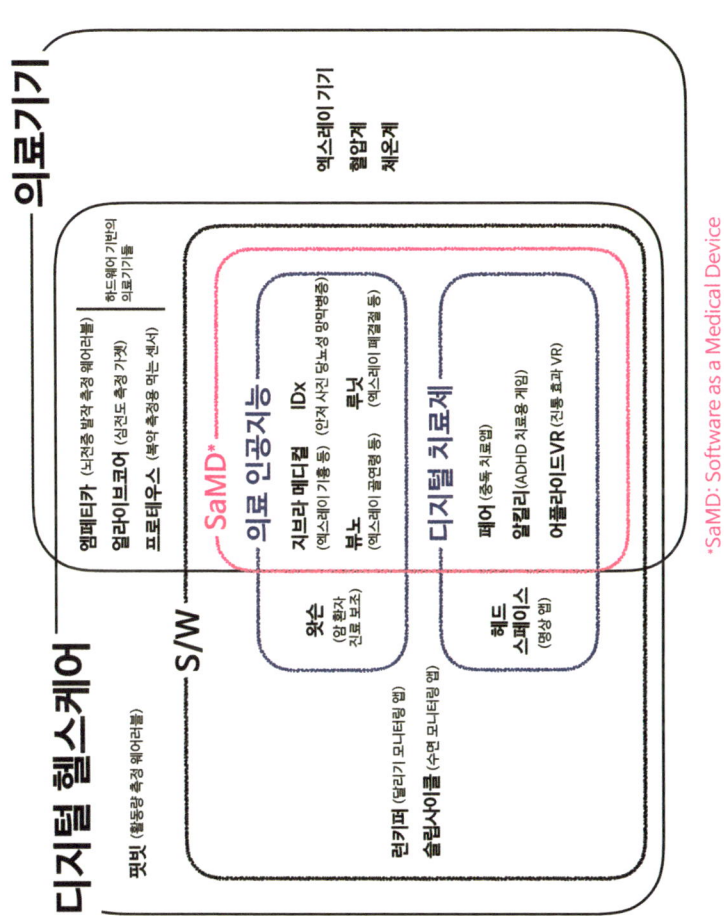

SaMD 그리고 디지털 치료제의 개념적 관계

18장 디지털 치료제, 또 하나의 신약 379

SaMD에 포함되지 않는 부분이 있는 이유는 앞서 설명한 네 가지 유형의 디지털 치료제 중, 단순한 건강관리만 하는 첫 번째 유형은 의료 기기의 범주에 포함된다고 보기 어렵기 때문이다.

참고로 SaMD 중에서도 인공지능 기술을 활용해서 영상 의료 데이터의 판독을 보조하는 의료 인공지능 분야도 있다. 의료 인공지능은 소프트웨어로 구성되므로 SaMD의 일종인 경우가 있으나, 환자의 질병을 직접적으로 치료하지는 않기 때문에 디지털 치료제와는 별개로 보는 것이 맞다. 이러한 개념들의 관계를 그림으로 정리하자면 379페이지와 같다.

최초의 디지털 치료제, 페어 테라퓨틱스

그렇다면 디지털 치료제는 실제로 어떤 것들이 있을까? 이제는 구체적인 사례들에 대해서 알아보도록 하자. 현재 개발되고 있는 디지털 치료제는 아주 다양한 회사에 의해서 개발되고 있으며, 대상으로 하는 질병도 당뇨, 수면장애, 우울증, ADHD, 조현병, 심혈관 질환, 중독, 뇌졸중, 치매, 천식 등 무척이나 다양하다. 그러한 다양한 사례 중에서 대표적인 몇 가지, 특히 의학적인 근거가 충분하고, 개발 및 인허가, 상업화와 관련해서 상대적으로 많이 진전된 사례들을 중심으로 살펴보려고 한다.

현재 디지털 치료제 분야에서 가장 대표적이면서도, '최초'라고 불리는 것은 바로 미국의 스타트업 페어 테라퓨틱스의 리셋$_{reSET}$이라는 중독 치료 목적의 애플리케이션이다. 이 리셋은 2017년 9월 소프트웨어만으로 치료 목적의 FDA 인허가를 받으면서 최초의 디

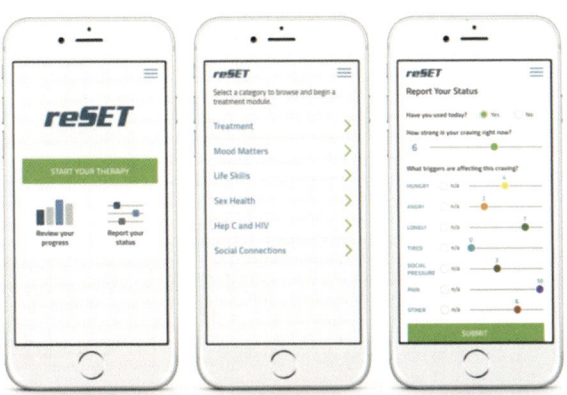

페어 테라퓨틱스의 리셋

지털 신약이 되었다.*[21] 리셋은 알코올, 코카인, 대마 등의 중독과 의존성을 치료하기 위해서 의사의 '처방'을 받아야만 사용할 수 있는 애플리케이션으로, 18세 이상의 외래 환자를 대상으로 기존의 치료 프로그램에 더해서 12주 동안 사용한다. 물질에 대한 중독을 완화하고, 기존 치료 프로그램에 대한 순응도retention를 높이기 위한 것이 사용 목적이다.

이 리셋은 중독을 치료할 수 있는 정신치료 방법의 일종인 인지 행동 치료CBT, Cognitive Behavioral Therapy를 제공하는 앱이라고 할 수 있다. 즉, 자신이 약물을 사용하는 상황과 요인을 파악하고, 그러한 충동에 대한 대처법이나, 사고방식의 변화 방법 등을 이 앱을 통해서 훈련하고, 자신의 상태나 약물의 사용에 대해서도 기록할 수 있다. 리셋은 이러한 인지 행동 치료를 텍스트, 비디오, 애니메이션, 그래픽 등 다양한 콘텐츠를 통해서 제공한다.

---

* 누가 최초이냐 하는 것에는 약간의 이견이 있는 부분이기도 하다. 혹자는 웰닥(WellDoc)의 당뇨관리 플랫폼인 블루스타를 최초로 꼽기도 한다. 블루스타는 이미 2010년에 FDA로부터 의사의 처방을 받는 소프트웨어로 허가받았다. 하지만 엄밀히 말해서 질병의 '치료'를 사용 목적(intended use)으로 인허가를 받은 것은 페어 테라퓨틱스의 리셋이 최초이다. 블루스타는 당뇨 환자들의 복약 순응도를 높이는 것만을 목적으로 인허가를 받았다.[22]

페어 테라퓨틱스가 FDA에 제출한 자료를 보면, 마치 신약을 개발하듯, 리셋에 대해서도 무작위 임상시험을 통해 물질에 대한 중독성을 낮추는 효과를 증명했다.[23] 총 399명의 환자에 대해서 기존의 치료만 받는 환자군$_{TAU}$과 기존 치료의 횟수는 줄이면서 리셋을 함께 사용한 환자군$_{rTAU+reSET}$의 치료 성과를 비교했다. 그 결과 기존 치료의 횟수를 줄이면서 리셋을 함께 사용한 환자군에서 금욕을 유지한 비율이 40.3%로 대조군의 17.6%에 비해서 두 배 이상 높았다. 특히 치료 프로그램을 시작할 때 여전히 물질을 사용하고 있던 환자들의 경우, 리셋을 사용한 환자군의 금욕 비율이 16.1%로 대조군 3.2%에 비해서 다섯 배 정도 더 높았다.

더 나아가, 리셋은 환자들이 치료 프로그램을 끝까지 더 잘 마치도록 하는 효과도 있었다. 총 12주에 걸친 치료 프로그램을 진행하면서 중도에 그만둔 환자의 비율이 리셋을 함께 사용한 환자군에서 유의미하게 낮았던 것이다. 이러한 임상 결과에 기반하여 페어 테라퓨틱스는 리셋을 디지털 치료제로 FDA 인허가를 받을 수 있었다(참고로 이 임상시험에서 오피오이드, 즉 마약성 진통제에 대해서는 금욕 효과를 개선하지 못했기 때문에, 첫 번째 인허가의 적응증에서 오피오이드 중독은 제외되었다).

페어 테라퓨틱스는 2017년 FDA 인허가 이후, 다국적 제약사인 노바티스(더 정확히는 노바티스의 자회사인 산도스)와 협력을 통해서 2018년 11월 리셋을 시장에 출시했다.[11] 추후 더 언급하겠지만, 디지털 치료제를 만드는 스타트업과 기존의 제약사가 어떠한 관계를 맺을지는 이 분야의 중요한 이슈 중의 하나이다. 페어는 디지털 치료제의 상업화를 위해서, 기존에 신약에 대한 판매 채널을 보유하고 있는 대형 제약사와 힘을 합치는 전략을 택한 것이다.

뒤이어, 페어 테라퓨틱스는 첫 번째 리셋의 인허가에서는 빠졌던 적응증인, 오피오이드 즉, 마약성 진통제 중독에 대한 디지털 치료제인 리셋-O$_{reSET-O}$의 FDA 인허가를 2018년 12월에 받았다.[24] 역시 오피오이드 중독으로 치료받는 외래 환자에 대해서 12주 동안 기존의 중독치료에 더해서 사용한다. 다만, 리셋-O의 사용은 (리셋의 경우와 같이) 기존 치료에 대한 순응도를 높이기는 하지만, 오피오이드 중독에 대한 금욕을 대조군에 비해서 유의미하게 개선하지는 못했다. 그럼에도 불구하고 현재 미국에서 오피오이드 중독이 매우 심각한 사회 문제로 대두되고 있기 때문에, 사안의 중요성을 고려하여 FDA는 일종의 패스트 트랙인 '브레이크스루 데지그네이션$_{Breakthrough\ Designation}$'을 통해서 1년 남짓한 빠른 시간에 인허가를 내어준 것으로 보인다.[11, 24] 산도스는 리셋-O 역시 인허가 직후에 바로 시장에 서비스를 시작했다.[24]*

페어 테라퓨틱스의 리셋과 리셋-O는 디지털 치료제 분야에서 큰 의미를 가진다. 필자가 이 글을 쓰고 있는 2019년 중반을 기준으로, 치료 목적을 가지고 FDA 인허가를 받은 소프트웨어 즉, 디지털 치료제는 이 두 개가 전부이기 때문이다. 아직까지 인허가를 받은 사례가 이 두 가지밖에 없기 때문에 이 분야에 관련한 논의에는 이 사례가 항상 빠지지 않는다.

한 가지 덧붙이자면, 2019년 7월에는 페어 테라퓨틱스가 불면증 치료를 위한 애플리케이션에 대한 임상시험을 마치고 FDA에

---

* 이 책의 최종 교정이 진행 중이던 2019년 10월, 산도스와 페어 테라퓨틱스의 협업 관계는 돌연 종료되었다.[25] 외부적인 이유는 페어 테라퓨틱스가 단독으로 디지털 치료제를 판매할 수 있는 역량을 갖추게 되었으며, 산도스는 자사의 핵심 비즈니스에 더 집중하기 위해서라고 한다. 이처럼 디지털 치료제 시장은 매우 다이내믹하게 움직인다. 특히 이번 챕터의 후반부에서 언급하듯이 디지털 치료제 시장은 제약사와의 관계 정립을 포함하여 해결해야 할 많은 숙제들을 남겨두고 있다. 이 두 회사의 협업 관계가 끝난 것이 시장에 어떤 영향을 미칠지는 더 지켜봐야 할 일이다.

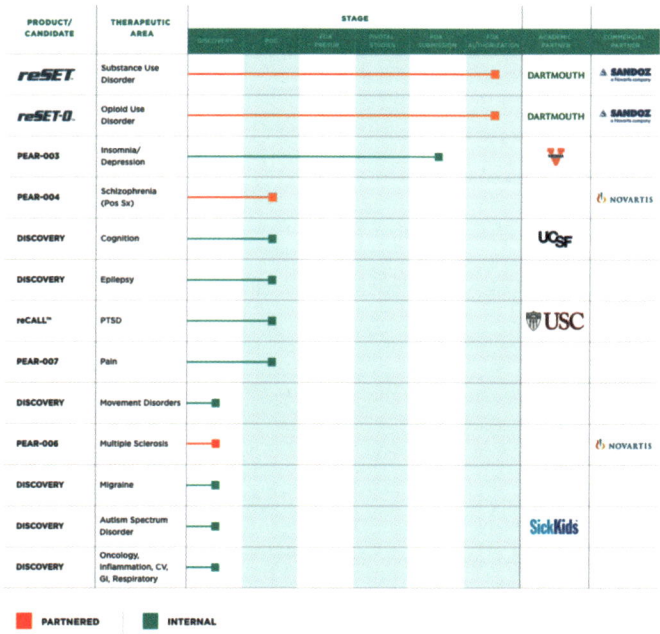

페어 테라퓨틱스는 중독 외에도 다양한 적응증에 대한 디지털 치료제 파이프라인을 보유하고 있다

인허가 신청을 했다는 소식이 전해졌다.[26] 솜리스트Somryst라는 이름의 이 애플리케이션은 불면증을 위한 인지행동치료를 제공하며, 두 개의 무작위 대조군 임상시험에서 총 1,400명 이상의 참여자를 대상으로 불면증과 우울증을 동반한 불면증에 대한 유의미한 효과를 보였다. 이 앱이 만약 인허가를 받는다면 페어 테라퓨틱스에서 출시하는 세 번째 디지털 치료제가 된다. 더 나아가 페어 테라퓨틱스는 우울증, 조현병, 뇌전증, 파킨슨병 등에 대해서도 추가적으로 디지털 치료제를 개발하고 있다.[27]

아킬리 인터렉티브, ADHD 치료용 게임

디지털 치료제를 논할 때, 페어 테라퓨틱스와 함께 항상 빠지지 않는 이름이 있다. 바로 앞서 몇 번 언급된, 아킬리 인터렉티브의 EVO라는 태블릿PC 게임이다. 이 게임은 아동의 ADHD의 치료를 목적으로 하고 있으며, 임상적인 근거를 바탕으로 의료 기기 인허가를 신청, 2019년 11월을 기준으로 여전히 FDA의 심사를 받는 중이다. 만약 EVO가 디지털 치료제로서 FDA의 인허가를 받는 데 성공한다면, 의사의 처방을 받아서 질병치료를 위해 사용하는 최초의 게임이 된다.

필자가 이 게임을 처음 접한 것은 2017년 샌디에이고에서 열린 한 콘퍼런스에 참석했을 때이다. 당시 퓨어테크 헬스Puretech Health라는 회사의 CTO는 발표 서두에 "우리는 새로운 개념의 제약회사를 추구한다."라고 이야기했다. 그러면서 개발하고 있는 신약 후보물질 중의 하나로 소개한 것이, 다름 아닌 이 게임이었다. 지금도 퓨어테크 헬스의 홈페이지에 가보면, 개발하고 있는 여러 신약 파이

ADHD 치료 목적의 게임 EVO

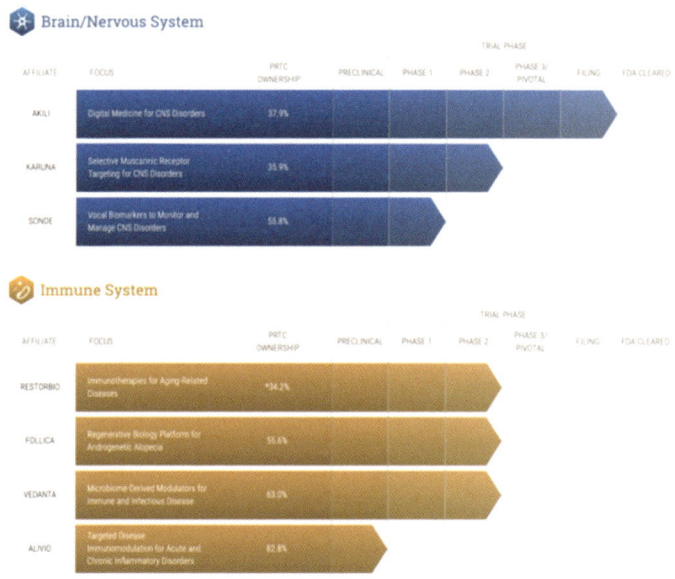

퓨어테크 헬스의 신약 파이프라인 중에는 다른 신약 후보물질과 함께, 게임인 아킬리가 당당하게 포함되어 있다

프라인 중에 일반적인 '알약'과 같은 저분자 화합물과 함께 이 '게임'이 당당히 이름을 올리고 있다. 매우 이색적인 모습이 아닐 수 없다. 아킬리 인터렉티브는 이 게임을 가지고 퓨어테크 헬스에서 스핀오프한 회사이다.

지금은 잘 모르겠지만, 필자가 어릴 적 동네 오락실에 가면 '두뇌 발달'이라는 문구가 걸려 있곤 했다. 당시의 '게임을 하면 머리가 좋아진다'는 그 주장은 의학적으로 검증되었다고 보기 어렵다. 왜냐하면 그러한 주장이 마침내 『네이처』에 실린 논문으로 처음 검증된 것이 2013년에 이르러서였기 때문이다.[28] 캘리포니아 주립대학 샌프란시스코UCSF의 연구자들은 비디오 게임을 통해서 인지능력을 개선할 수 있다는 것을 증명했다. 아킬리의 EVO는 이 논문에서 밝혀진 것을 기반으로 하고 있다.

이 연구에서는 '뉴로레이서Neuroracer'라는 특수하게 디자인된 자동차 게임을 통해 60세 이상 고령층의 인지능력, 특히 멀티 태스킹 능력을 개선할 수 있다는 것을 보여주었다. 이 게임의 플레이 방식은 한 손으로는 자동차를 운전하는 동시에(최대한 트랙을 벗어나지 않아야 한다), 다른 한 손으로는 화면 중간에 무작위로 튀어나오는 신호를 인식해야 한다(정해진 색깔과 모양의 물체만 인식해야 한다). 즉, 이 뉴로레이서라는 게임은 서로 다른 두 가지 일을 동시에 수행해야만 높은 점수를 올릴 수 있는 것이다.[28]

연구자들은 60~85세의 참가자 46명을 일주일에 3시간씩 총 4주 동안 뉴로레이서를 통해 멀티 태스킹 능력을 훈련하도록 했다. 그 결과 이 참가자들의 멀티 태스킹 능력은 연구 참여 전보다 대폭 상승했으며, 더 나아가 훈련을 받지 않은 20대보다도 더 좋은 점수를 기록하게 되었다. 또한 흥미롭게도 그 이후 아무런 연습을 하지 않고 6개월이 지난 다음에도 참여자들의 개선된 인지능력은 여전히

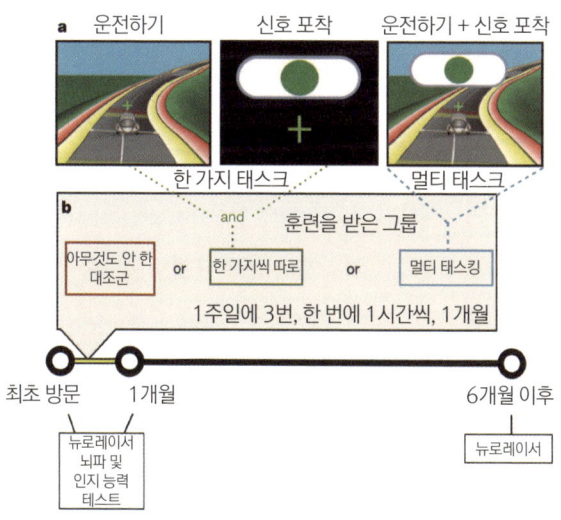

『네이처』 논문을 통해 인지능력 향상 효과가 증명된 게임, 뉴로레이서[28]

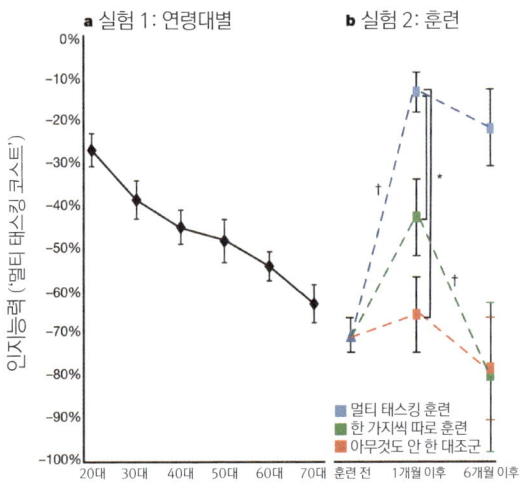

4주 동안 뉴로레이서 게임을 했을 경우 향상되는 인지능력[28]

유지되었다. 더 나아가, 이러한 인지능력의 개선은 뇌의 활성 정도를 통해서도 확인되었다. 뉴로레이서를 통해 훈련한 환자의 경우, 인지능력을 관장하는 전두엽 피질prefrontal cortex의 활성이 높아지는 것을 관찰한 것이다.

아킬리 인터렉티브는 이 뉴로레이서 연구결과를 라이센싱하여, EVO라는 게임으로 발전시켰다. 임상시험을 마치고 FDA 인허가 과정 중에 있는 게임이기 때문에 게임을 플레이하는 상세한 내용은 공개되지 않는 것 같지만, 짧은 영상들을 보면 뉴로레이서와 유사하게 아이패드로 외계인(?) 캐릭터를 조종하는 동시에 다른 특정 사물을 인식하는 즉, 멀티 태스킹을 해야 하는 방식으로 플레이한다.

아킬리 인터렉티브는 EVO를 소아 ADHD 환자의 주의력을 향상시키는 목적으로 개발하고 있다. 그 효과는 논문과 임상연구를 통해서 증명되었다. 2017년에 논문으로 발표된 연구에 따르면, 감각처리장애를 가진 소아 환자 중 주의력이 떨어지거나, 과도한 활동성을 가진 20명에게 4주 동안(주당 5일, 한 번에 25분) EVO 게임을 하게 했더니, 주의력 향상 결과를 보였다. 특히 7명은 큰 개선을 보여서 더 이상 ADHD의 범주에 들지 않게 되었으며, 이 효과는 사용 후 적어도 9개월 동안 유지되었다.[29]

FDA 인허가를 받기 위한 임상시험은 총 348명의 8~12세 ADHD 환자를 대상으로 이중맹검, 무작위, 위약 대조군 등의 철저한 조건을 갖추고 여러 병원에서 행해졌다.[30] 총 4주 동안 주당 5회, 30분씩 EVO 게임을 하도록 하였으며, 대조군으로는 낱말 맞추기와 같은 일반적인 게임을 플레이하는 것으로 하였다. 연구결과 EVO를 사용한 환자들의 주의력 TOVA Attention Performance Index이 대조군에 비해서 유의미하게 상승했다. 또한 EVO 실험군의 경우 심각한 부작용은 한 건도 발생하지 않았다.[30]

이러한 임상 결과는 2017년 12월 얻었으며, 이후 아킬리 인터렉티브는 FDA에 인허가를 신청하고, 지금까지 의료 기기 승인 여부

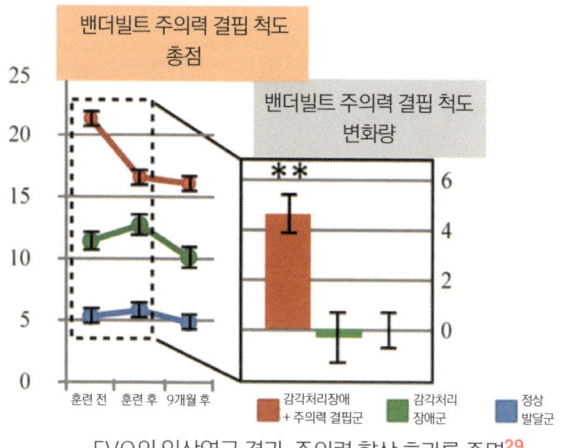

EVO의 임상연구 결과, 주의력 향상 효과를 증명[29]

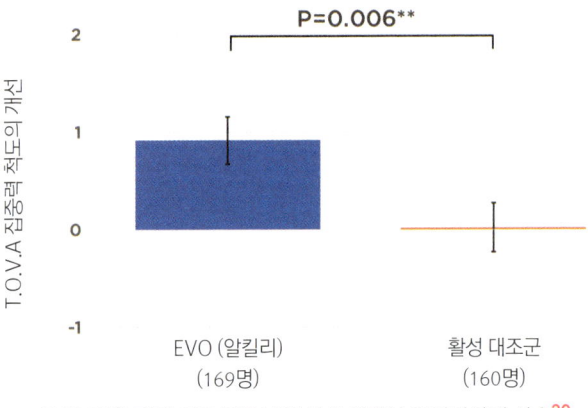

EVO 게임 결과 대조군에 비해서 주의력이 유의미하게 상승[30]

를 기다리고 있다.[31] 이 승인이 떨어지게 되면, EVO는 의사의 처방을 받고 치료제로 사용되는 최초의 게임이 되며, 아킬리에 따르면 이 게임의 처방에 대한 의료보험 적용까지 되는 것을 목표로 하고 있다.

앱으로 당뇨병을 예방한다

그런가 하면 당뇨병을 예방할 수 있는 앱도 있다. 이러한 솔루션은 시장에 여럿 나와 있지만, 여기에서는 대표적인 사례로 오마다 헬스Omada Health와 한국에도 잘 알려진 눔을 살펴보려고 한다. 두 회사는 세부적으로는 조금 다르지만, 크게 보자면 비슷한 모델을 가지고 있다. 기본적으로는 사용자에게 식단 관리, 생활습관 관리, 원격 코칭 등을 제공해서, 체중 감량 효과를 얻게 하는 것이 목적이다. 하지만 두 회사 모두 여기에 그치지 않고, 더 나아가 체중 감량을 통해서 당뇨병을 예방하는 솔루션으로 발전했다.

현재 미국에서는 당뇨병이 큰 사회적인 문제이다. 미국 질병관리본부CDC에 따르면 미국에는 현재 3,000만 명의 당뇨환자가 있으며, 인구의 체중 증가와 고령화에 따라 지난 20년 동안 이 숫자는 세 배로 증가했다.[32] 특히 미국에는 전당뇨prediabetes 즉, 당뇨 직전의 위험 단계에 있는 사람이 8,400만 명에 이르는 것으로 추산되고 있으며, 이는 무려 성인 세 명 중의 한 명에 해당하는 숫자다. 전당뇨 단계의 환자들은 당뇨병 환자만큼 혈당 수치가 높지는 않으나, 정상인보다는 혈당 수치가 높은 상태로, 몇 년 내로 제2형 당뇨, 심혈관질환, 뇌졸중 등으로 발전할 위험이 높다.

따라서 미국 정부는 전당뇨 단계의 환자들이 당뇨병으로 발전하지 않을 수 있도록 노력을 기울이고 있다. 특히 오바마 정부에서는 흔히 DPP라고 부르는, 당뇨 예방 프로그램Diabetes Prevention Program을 주요 사업 중의 하나로 추진했다.[33, 34] 당뇨 예방 프로그램의 가장 직접적인 목표는 결국 체중 감량이다. 과체중의 전당뇨 환자가 체중을 감량하면 당뇨에 걸릴 가능성을 낮출 수 있기 때문이다.

특히 이러한 당뇨 예방 프로그램은 전통적인 방식대로 오프라인에서 코치의 도움을 받을 수도 있지만, 웹이나 스마트폰을 통해서 체중 감량을 위한 서비스를 제공해오던 오마다 헬스, 눔, 카나리Canary와 같은 솔루션을 이용하는 것도 '이론적으로는' 가능했다. 이러한 회사들은 자사의 솔루션을 활용하면 실제로 체중 감량 효과가 있다는 것을 임상연구를 통해서 증명함으로써, 마침내 '온라인' 당뇨 예방 프로그램을 제공하기 시작한 것이다.

오마다 헬스, 가장 큰 당뇨 예방 프로그램

오마다 헬스는 (회사의 주장에 따르면) 미국에서 가장 큰 당뇨 예방 프로그램을 제공하고 있다.[35] 그동안 오마다는 10개 이상의 논문을 통해서 전당뇨 단계의 환자에 대한 체중 감량 효과, 당화혈색소의 개선 효과 등을 증명해왔다.

2015년에 출판된 연구에 따르면, 오마다는 220명의 전당뇨 환자에 대해서 16주 동안 체중 감량 프로그램을 제공하고, 그 이후에도 계속 체중 유지 프로그램을 제공해왔다. 오마다의 체중 감량 프로그램을 잘 마친 환자들은 1년 이후 체중의 4.7%를 평균적으로 감량하였고, 2년 후에도 4.2% 감량된 체중을 유지했다. 또한 당화혈색소$_{HbA1c}$의 경우 1년 뒤에는 평균 0.38%p 감소, 2년 뒤에는 0.43%p 감소했다.*[35, 36]

이러한 결과를 보면, 오마다 애플리케이션을 일종의 '당뇨약'으로 간주할 수도 있다. 당뇨약으로 널리 사용되는 메트포르민$_{Metformin}$의 경우 당화혈색소를 1.5%p 정도 감소시키므로,[37] 오마다 헬스의 프로그램만으로 감소시킬 수 있는 당화혈색소 수치는 적지 않다고 할 수 있다.

또한 오마다는 또 다른 연구를 통해 자사의 온라인 당뇨 예방 프로그램이, 전통적인 방식의 대면$_{in-person}$ 당뇨 예방 프로그램에 비해서, 체중 감량 효과가 더 좋을 뿐만 아니라 참여율$_{engagement}$도 더 높다는 것을 증명했다. 일정 기준 이상의 세션을 끝마친 환자의 비율은 대면 방식(59%)에 비해서, 오마다의 온라인 프로그램(87%)이 더 높았던 것이다.[38]

이러한 연구결과들을 보면, 오마다의 솔루션을 활용하면 오프라

---

* 당화혈색소(HbA1c)는 최근 2~3개월 동안의 평균 혈당 수치를 나타내는 값으로, 당뇨병 진단과 혈당관리에 매우 중요한 수치로 활용된다. 당화혈색소의 정상 수치는 4~5.9%이다. 학회마다 차이는 있으나 최근엔 당뇨 환자의 당화혈색소 조절 목표를 6.5% 이하로 보고 있다

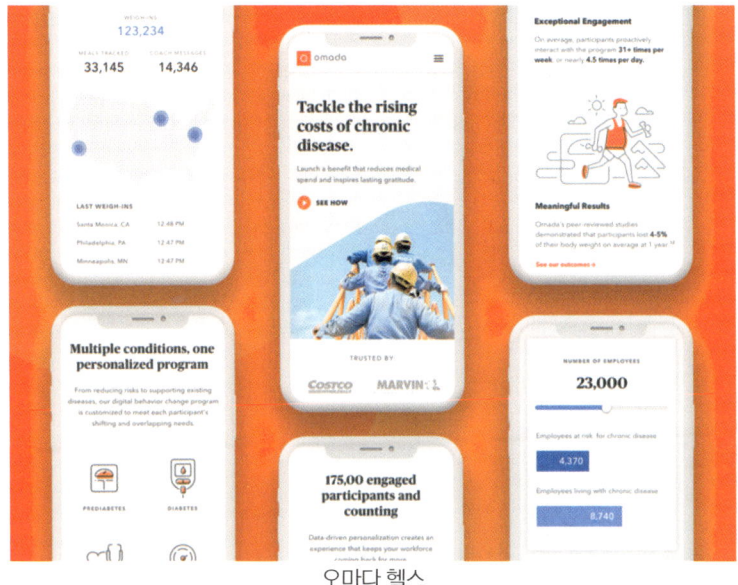

오마다 헬스

인 대면 프로그램에 비해, 당뇨병을 효과적으로 예방할 수 있는 가능성이 충분하다는 것을 알 수 있다. 더구나, 이 프로그램은 스마트폰 앱으로 제공되므로 대면 방식에 비해 비용도 적게 들고, 물리적, 시간적 제약이 적으므로 더 많은 사람에게 혜택을 줄 수 있다.

그런가 하면, 오마다는 2018년 초에 당뇨병 예방에 대한 대규모 임상시험을 야심차게 시작하면서 주목을 받았다.[39] 이 임상시험의 이름은 'The Preventing Diabetes With Digital Health and Coaching'의 줄임말인 PREDICTS인데, 2019년 9월까지 484명의 성인 전당뇨 환자를 대상으로 한 임상시험이다. 이 연구에서는 기존의 대면 프로그램을 대조군으로 설정하고, 이와 대비하여 오마다의 당뇨 예방 프로그램이 유의미한 효과가 있는지를 보겠다는 것이다. 특히, 이 효과에 대한 기준을 체중 감량에 그치지 않고, 과감하게도 더 직접적인 당뇨 수치인 당화혈색소의 감소로 잡았다.

이러한 임상연구 결과가 긍정적으로 나오게 되면 '당뇨약'으로서 오마다의 효과를 직접적으로 보여줄 수 있을 것이다.

현재 오마다는 B2C 서비스를 통해 개인에게 서비스하기도 하고, 3M, 코스트코 등의 고용주에게 B2B 서비스를, 그리고 카이저 퍼머넌트 등의 대형 보험사 등을 통해서도 서비스를 제공하고 있다.[40] 2018년에는 CDC로부터 당뇨 예방 프로그램에 대해 전면 인증full recognition을 받으면서 미국의 공공 의료보험인 메디케어로 편입될 가능성도 높아지고 있다.[41] 또한 오마다는 당뇨병에서, 고혈압, 우울증 등으로 적용 범위를 확대하고 있다.[42]

눔, 체중 감량 및 당뇨 예방 스타트업

이 분야에서는 눔도 언급하지 않을 수 없다. 한국인 기업가인 정세주 대표가 뉴욕에서 창업한 눔은 국내 독자들에게도 익숙한 이름일 것이다. 눔은 구글 플레이 스토어에 등록된 최초의 헬스케어 애플리케이션 중 하나로, 전 세계 4,700만 이상의 다운로드를 기록하고 있다. 눔 역시 초기에는 식단 기록, 칼로리 계산, 온라인 콘텐츠, 모바일 코칭 등을 통해서 체중 감량 프로그램에서 시작하여, 이후에는 이를 통한 당뇨 예방 프로그램으로 진화했다.

눔 역시 여러 임상연구를 통해서, 이 앱만 사용하더라도 체중 감량 효과를 얻을 수 있음을 증명해왔다. 2016년 출판된 논문에 따르면(참고로 이 연구는 모바일로만 이뤄진 최초의 당뇨병 예방 연구였다), 연구자들은 43명의 전당뇨 단계의 과체중 환자를 대상으로 24주간 눔의 앱과 모바일 코칭을 제공했다.[43] 그 결과 64%의 참가자들이 체중을 5~7% 감량하는 데 성공했으며, 84%에 달하는 사람들이 6개월 동안의 프로그램을 끝마치는 높은 참여율을 보여주었다.

눔은 앱을 통해 칼로리 계산, 모바일 코칭 등을 제공한다

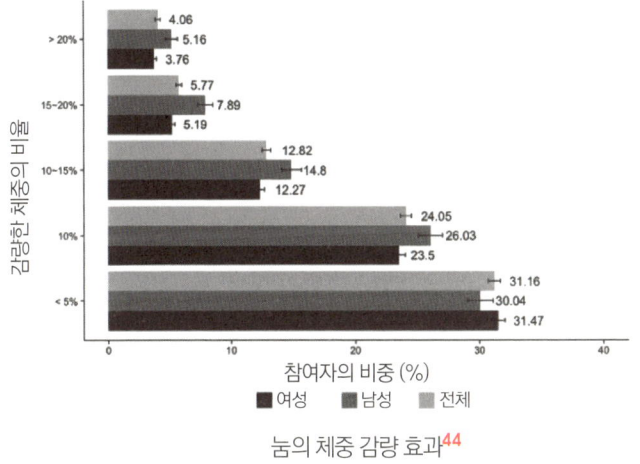

눔의 체중 감량 효과[44]

또한 같은 해 출판된 또 다른 논문에서는 2012년부터 2014년까지 최소 6개월 이상 눔의 애플리케이션을 활용한 80개국의 3만 5,921명의 환자들의 데이터를 분석했다.[44] 그 결과 사용자의 77.9%가 성공적으로 체중을 감량하였으며, 이 중 23%는 본인 체중의 10% 이상의 감량에 성공했다는 것을 보여주었다. 즉, 스마트폰 앱의 사용이 기존의 비만관리 기법에 비해서, 체중 감량 효과가 뒤지지 않는다는 것을 증명한 것이다. 흥미롭게도 더 나아가, 연구

자들은 눔을 '어떤 방식으로' 활용하는 사용자의 체중 감량 폭이 컸는지도 관찰해보았다. 그 결과 체중을 자주 앱에 기록하고, 저녁 식사의 식단을 자주 입력한 사용자의 체중 감량 효과가 높았다는 것도 발견했다.

눔 역시 다양한 B2C, B2B 방식을 통해서 체중 감량 및 당뇨 예방 프로그램을 제공하고 있으며, 오마다 헬스보다 앞선 2017년에 CDC로부터 당뇨 예방 프로그램에 대한 전면 인증full recognition을 모바일 앱으로는 최초로 받았다.[45] 눔과 오마다 헬스, 카나리 등은 컨소시엄을 이뤄서 미국 정부에서 운영하는 건강보험인 메디케어로부터 보험 적용을 받기 위한 노력을 계속하고 있는 것으로 알려졌다.[33]

VR을 이용한 공포증 치료

지금까지 애플리케이션, 게임 등을 활용한 디지털 치료제를 알아보았다. 이제는 VR(가상현실) 기술을 활용하여 환자를 치료하는 사례를 알아보자. 최근 각광을 받고 있는 새로운 기술 중의 하나로 VR을 빼놓기는 어려울 것이다. 그리고 VR의 대표적인 활용 분야로 게임, 교육 등과 함께 빠지지 않는 것이 헬스케어 분야이다.

대표적으로 VR은 공포증이 있는 사람의 치료를 위해서 사용된다. 예를 들어, 고소 공포증이나 밀실 공포증, 대중 연설 공포증 등이 있는 사람에게 해당 공포에 적절하게 노출되는 훈련을 VR을 통해서 하는 것이다. 이런 훈련은 안전한 환경에서 진행할 수 있고, 강도 조절도 가능하며, 필요할 경우 즉시 중단하거나, 동일한 조건을 반복

VR을 이용한 고소공포증 치료

할 수 있기 때문에 공포증 치료에 효과적으로 활용할 수 있다.

삼성전자는 2016년 3월 유럽 및 중동에서 기어 VR을 이용하여 공포증을 경감시키는 '두려움을 없애자Be Fearless' 캠페인을 진행했다. 독일, 러시아, 아랍에미리트 등 다양한 국가의 27명의 참가자에게 고소공포증, 대중연설 공포증 등의 환경을 VR을 통해 구현하고, 그러한 상황에 지속적으로 노출시키면서 공포를 줄여가는 방식이었다. 2주간 이러한 실험을 지속한 결과 고소공포증 환자의 경우 87.5%가 심박수 등을 기준으로 측정한 결과 공포감을 평균 23.6% 정도 줄일 수 있었다고 한다. 또한 대중연설 공포증 환자들은 불안감을 18.7% 줄일 수 있었다.[46]

그뿐만 아니라, 유사한 연구를 강남세브란스병원 정신건강의학과 김재진 교수팀에서 진행한 바 있다. 82명의 연구 참여자들은 상사들과의 식사, 3대 1 면접, 프로젝트 발표 등에 대한 공포, 그리고 사방이 탁 트인 엘레베이터를 타고 20층, 40층, 60층을 차례로 올라가는 등의 환경에 노출되었다. 그 결과 각 연구에 대해 참여자의

87.5%, 88.1%의 공포증이 줄어들었던 것으로 드러났다.[47] 이 연구팀의 또 다른 연구에서는 고소공포증이 상대적으로 적은 그룹보다, 심한 환자들에게서 VR을 이용한 공포증의 감소 효과가 더 큰 것으로 나타났다.[48]

VR 기반의 PTSD 치료

정신과 영역에서 VR의 활용이 특히 활발한 대표적인 분야는 외상 후 스트레스 장애PTSD의 치료이다. 외상 후 스트레스 장애는 전쟁, 고문, 자연재해, 범죄, 테러 등의 심각한 사건을 경험한 후, 사건 이후에도 그 사건에 공포감을 느끼고 트라우마를 느끼는 질환이다. 환자들은 악몽을 꾸거나, 특정 장면이 영화의 회상 장면처럼 자꾸만 떠오르는 등의 증상을 가지게 되며, 이후에는 사고와 연관된 자극을 어떻게든 피하려고 노력하게 된다. 그러다 보니 일상생활에도 어려움을 겪게 되며, 우울증, 분노 장애 등을 동반하는 경우도 많다.

사실 VR은 이미 1990년대부터 외상 후 스트레스 장애로 고통받고 있는 군인들을 치료하기 위해서 활용되어 왔다. 아마도 전쟁은 인간이 겪을 수 있는 가장 잔혹하고 극한의 경험일 것이다. 참전했던 군인들의 상당수가 외상 후 스트레스 장애로 고생하게 되는데, 보고된 바에 따르면 이라크전 참전 군인의 15.6~17.1%, 아프가니스탄전 참전 군인의 11.2%가 외상 후 스트레스 장애를 겪는다고 한다.[49]

버추얼 베트남

이러한 외상 후 스트레스 장애의 치료를 위해 VR을 최초로 이용한 것은 '버추얼 베트남Virtual Vietnam'이라는 솔루션으로, 지금으로부터 약 20년 전인 1997년에 베트남 참전 군인들의 치료를 위해 미국 조지아텍에서 시도되었다.[50] 버추얼 베트남은 VR로 정글을 헤치고 나가는 상황과 군용 헬리콥터를 타고 날아가는 두 가지 시나리오를 재현해서 군인들이 실제 베트남에 있는 것처럼 느끼게 해 주었다. 헬리콥터의 모터 소리와 헬기의 그림자가 베트남의 울창한 열대림이나 쌀농사를 짓고 있는 논 위에 비치고, 헬기에서 투하한 폭탄이 터지는 것을 보는 식이었다.

당시의 그래픽 수준은 지금에 비해 매우 낮은 편이었고, 시나리오의 종류도 제한적이며, 심리치료사가 컨트롤할 수 있는 기능도 한정적이었지만, 그럼에도 불구하고 효과는 있었다. 전통적인 방식의 심리 치료에 효과를 보이지 않던 외상 후 스트레스 장애 환자들이 두 달에 걸친 버추얼 베트남의 임상시험에 참여한 결과, 참가자 전원이 유의미한 효과를 보였던 것이다. 이러한 효과는 치료가 끝나고 반 년이 지난 후에도 지속되었다.[50]

즉, 그래픽 수준이 높지 않고 시나리오가 단순했음에도, 베트남 참전 군인들이 외상 후 스트레스 장애 치료를 위해 자신의 트라우마를 떠올리기에는 무리가 없었다는 것이다. 흥미롭게도 이 실험에 참여한 환자들은 많은 경우 영상 속에서 탱크와 베트콩을 보았다고 했다. 실제로는 탱크와 사람이 영상 속에 전혀 등장하지 않았는데도 말이다.[51]

버추얼 베트남은 외상 후 스트레스 장애의 치료를 위해 효과적인 방법으로 증명된 '지속 노출 치료prolonged exposure therapy'에 기반하

버추얼 베트남

고 있다. 지속 노출 치료는 약물 요법이 아닌, 인지 행동 치료의 일종으로, 트라우마를 갖고 있는 상황과 기억에 오히려 환자를 지속적으로 노출시킴으로써 스트레스와 회피 행동을 감소시키는 치료 방식이다.[52] 환자는 눈을 감고 상담사와 이야기를 나누며 트라우마에 대한 기억을 반복해서 떠올리게 되는데, 이러한 과정을 거치며 특정 기억과 그 기억에서 촉발되는 반응의 연결고리를 약화시키려는 것이다.

전통적인 지속 노출 치료를 위해서 환자는 정신과 의사의 진료실 등에서 머릿속으로 그 기억을 상상하여 생생하게 떠올려보라는 요구를 받게 된다. 그런데 문제는 환자들이 그동안 회피하려고 했던 그 트라우마를 떠올리는 것에 거부감을 느끼거나, 효과적으로 상상하지 못한다는 것이다. 사실 그 자체가 외상 후 스트레스 장애의 증상이기도 하다. 한 연구에 따르면 지속 노출 치료에서 환자가 트라우마에 대한 기억을 생생하게 시각화하지 못하는 경우에는 치료 효과가 떨어진다고도 한다.[53]

바로 이러한 이유로 VR이 지속 노출 치료를 위해서 활용될 수 있다. 환자에게 스스로 해당 기억을 떠올려보라고 요구하는 것이 아니라, 가상현실을 이용해서 아예 그 상황 속으로 몰입할 수 있도록 해주기 때문이다. 버추얼 베트남을 이용해서 참전 군인들의 외상 후 스트레스 장애가 개선된 것도 이러한 원리라고 할 수 있다.

XBOX 게임, 그리고 버추얼 이라크

이후 미국 서던캘리포니아대USC의 정신과 전문의 알버트 리조Albert Rizzo 박사가 개발을 주도하여, VR을 군인들의 외상 후 스트레스 장애 치료에 더욱 활발하게 이용하게 되었다. 리조 박사팀은 2005년 이라크전 참전 군인들의 외상 후 스트레스 장애 치료를 위한 '버추얼 이라크Virtual Iraq'라는 VR 솔루션을 개발한 것이다.[54, 55]

흥미로운 것은 이 '버추얼 이라크'는 엑스박스의 유명 전쟁 게임인 '풀 스펙트럼 워리어Full Spectrum Warrior'의 개발 환경을 재사용했다는 것이다.[50] 리조 박사는 어느날 인터넷에서 이 게임을 발견하고는 전쟁이 너무도 생생하게 구현되어 있어서, 외상 후 스트레스 장애의 치료에 응용할 수 있겠다고 생각했다. 일반 게이머들에게 가상으로 전쟁의 긴장감을 즐기기 위해서 개발된 게임이, 실제로 전쟁의 참상을 겪은 군인들을 치료하기 위해 활용된다는 것이 아이러니하게 느껴지기도 한다.

버추얼 이라크에서 군인은 머리에 쓰는 디스플레이 HMD를 착용하고 실감나는 이라크 전쟁 속으로 들어가게 된다. 실제 이라크와 비슷한 거리와 자연 풍경, 전투 상황 등을 재현하기 위해서 이라크전 참전 군인들의 의견도 많이 반영되었다. 특히 진짜 이라크전에 참전한 것처럼 느끼게 하기 위해서, 리조 박사 팀은 아래와 같은 몇 가지 시나리오를 만들었다.

버추얼 이라크의 활용 장면

시가지   시가지   단체 보초

단체 보초   건물 내부   사막 도로

군용 차량 탑승   헬리콥터 탑승   치료용 인터페이스

버추얼 이라크의 다양한 시나리오[55]

- 시가지: 황량한 거리에 낡은 건물과 금방 무너질 것만 같은 아파트, 창고, 모스크, 공장 등이 있다(인적이나 교통량이 거의 없는 버전과 많은 버전의 두 가지가 있다).
- 검문소: 시가지 시나리오의 일부로, 차량이 도시로 진입하기 위해 정지하는 검문소 상황이다.
- 시가지 빌딩 내부: 시가지의 일부 빌딩은 내부로 들어가볼 수 있도록 내부 구조가 설계되어 있다. 빌딩은 텅 비어 있을 수도 있고, 내부에 사람이 있도록 설정할 수 있다.
- 작은 시골 마을: 쓰러져가는 건물과 전투의 잔해들이 있는 작은 마을을 재현한 것이다. 주변에 식물들이 많고 건물들 사이로 멀리 사막이 보인다.
- 사막 기지: 군인들, 텐트, 군용 장비 등이 설치되어 있는 사막의 기지를 재현한 것이다.
- 사막 도로: 비포장 도로 환경으로, 각각 시가지, 작은 시골 마을, 사막 기지 시나리오로 이어지게 된다. 사막의 사구, 식물, 낡은 건물, 전투 잔해, 길가의 사람 등으로 구성되어 있다.

이러한 다양한 시나리오 속으로 환자들이 체험할 수 있는 시점 또한 다음과 같이 다양하다.

- 혼자서 걸어가기
- 다른 한 명 혹은 여러 명의 군인들과 함께 걸어가기
- 군용차 등 운송 수단에 타거나(다른 사람이 운전하는 것을 타고 갈 수도 있고, 직접 게임패드로 운전을 할 수도 있다), 군용차 지붕의 포

탑과 같은 보다 노출된 곳에 탑승
- 헬리콥터를 타고 각 시나리오의 지점 위에 떠 있거나, 날아서 지나가기

'오즈의 마법사'

더 나아가서, 상담사는 환자가 가상현실 속에서 처해 있는 모든 상황을 실시간으로 컨트롤할 수 있다. 환자가 실제 이라크 전장에서 겪으며 트라우마를 가진 상황을 최대한 비슷하게 재현하기 위해서, 시각적, 청각적, 후각적, 촉각적 상황을 컨트롤하는 것이다. 논문에서는 이를 '오즈의 마법사'와 같다고 표현하고 있다.[55]

예를 들어, 상담사는 험비 등 다양한 군용 차량을 등장시키고, 근처에 있는 건물, 차, 탱크 등을 폭발시키거나, 비행기나 헬리콥터를 머리 위에 출현시킬 수 있다. 또한 영어나 혹은 아랍어로 누군가 소리를 치게 한다든지, 낮과 밤은 물론이고, 비를 내리게 하거나 안개를 끼게 만드는 등 날씨까지도 실시간으로 조절할 수 있다.

이를 통해서 해당 환자가 트라우마를 가지는 원인이 되었던 상황들을 최대한 비슷하게 만들어낼 수 있다. 버추얼 이라크를 통한 치료는 보통 총 11번 정도의 세션으로 이뤄지는데, 상담사들은 환자와 많은 대화를 통해서 구체적으로 어떤 상황을 경험했는지를 파악하고 유사한 상황을 VR로 재현하는 것이다.

적군에게 공격을 당하거나, 매복에 당한 상황, 적이 쏜 로켓포나 대포가 날아오는 상황, 적군과 총격전을 벌이거나, 적군 혹은 민간인에게 총격을 가하고 책임을 져야 하는 상황, 사람의 시체나 잔해를 보거나, 주변 동료가 심각한 부상을 입거나 사망한 상황, 백병전을 벌이는 상황 등을 상담사가 만들어낼 수 있다.

버추얼 이라크의 치료 성과

이러한 버추얼 이라크는 군인들의 외상 후 스트레스 장애 치료에 뛰어난 성과를 보여주었다. 리조 박사팀은 20명의 이라크전 참전했던 외상 후 스트레스 장애 환자들 중 전통적인 치료에 효과가 없었던 환자들을 버추얼 이라크로 치료한 결과를 공개했다.[56] 환자들이 치료를 받은 횟수는 평균 11번 이하였다. 치료 결과를 평가하기 위해서 군대 버전의 외상 후 스트레스 장애 체크리스트PCL-M와 벡 불안 척도Beck Anxiety Inventory, 우울증 지수PHQ-9 등의 세 가지 기준을 이용했다.

연구결과 20명의 환자들은 전반적으로 유의미한 개선을 보였다. 환자들 전체의 외상 후 스트레스 장애 체크리스트 수치가 평균 54.4에서 35.6으로 감소했으며, 20명 중 16명은 치료 직후에 더 이상 외상 후 스트레스 장애를 가지지 않은 것으로 나타났다. 치료가 끝난 지 3개월 이후에도 환자들의 상태는 유지되었다. 또한 같은 환자군에 대해서 벡 불안 척도는 평균 18.6에서 11.9로 33% 감소하였으며, 우울증 지수 역시 13.3에서 7.1로 49% 감소했다.

2011년 미국 국방부에서는 이 연구를 지원하여 버추얼 이라크는 '브레이브 마인드BraveMind'라는 프로그램으로 업그레이드되었다. 기존 버추얼 이라크의 시나리오를 더욱 다양하게 만들고, 기능을 개선시켜서 보다 다양한 외상 후 스트레스 장애의 치료에 활용하기 위한 목적이다. 2018년에는 인텔, 델 컴퓨터 등의 후원을 받아 브레이브마인드 2.0으로 업그레이드되었으며, 이 프로젝트는 2004년에 시작한 이후 100개가 넘는 병원과 군대 등에 도입된 것으로 알려졌다.[57-59]

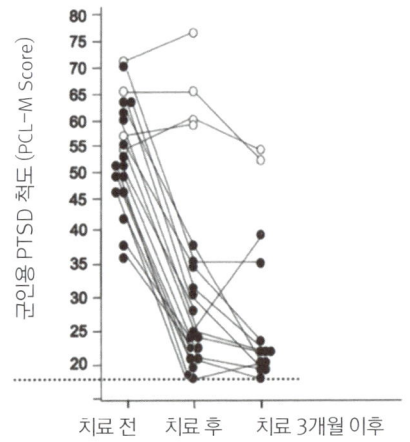

버추얼 이라크는 외상 후 스트레스 장애 치료에 높은 효과를 보여주었다.

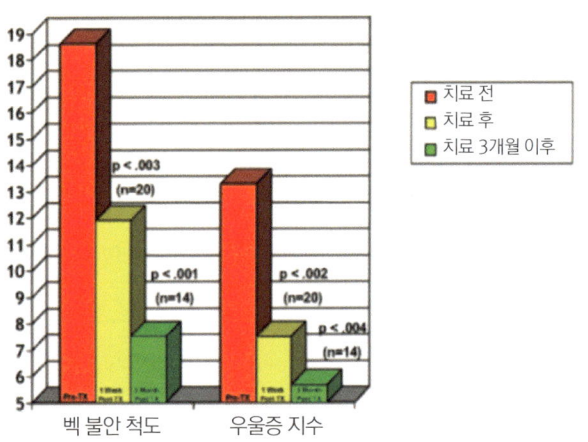

버추얼 이라크는 불안 지수와 우울증 지수도 개선시켰다.

진통제 대신, VR

VR은 외상 후 스트레스 장애 치료에 활용될 뿐만 아니라, 환자의 통증을 줄일 수 있는 진통제의 역할도 한다. 환자가 헤드셋을 쓰고 가상현실 속으로 몰입하게 되므로, 질병이나 수술이나 치료 등에서 느끼는 극심한 고통을 경감시킬 수 있는 것이다. 특히, VR의 통증 경감효과는 현재 미국이 겪고 있는 심각한 사회 문제인 마약성 진통제의 중독 때문에 더욱 주목을 받고 있다.

앞서, 페어 테라퓨틱스의 리셋-O를 소개할 때도 잠깐 설명했지만, 현재 미국에서 마약성 진통제의 중독은 매우 심각한 문제다. 과거 미국에서는 마약성 진통제에 대한 처방 관리가 미비하여, 환자가 이를 쉽게 중복으로 처방받을 수 있었다. 이 마약성 진통제는 흔히 '오피오이드opioid'라고 부르는데, 아편과 비슷한 작용을 한다. 오피오이드 남용으로 매일 142명의 미국인이 사망할 정도이자, 트럼프 대통령은 2017년 국가 비상 사태를 선포하기도 했다.[60]

이러한 마약성 진통제는 오래 사용할수록 중독될 위험이 높아진다. 한 보고에 따르면, 일주일 마약성 진통제를 사용하면 15%가, 한 달 동안 사용하면 50%의 사람이 중독된다고 한다.[61] 따라서 환자를 치료할 때 가능하면 이 마약성 진통제의 사용을 줄이기 위한 노력이 다각도로 이뤄지고 있다.[62] 미국의 어플라이드VRAppliedVR과 같은 회사는 VR을 이용하여 환자에게 진통효과를 제공함으로써 마약성 진통제의 사용을 줄이겠다고 공언하고 있다.

화상 환자의 VR 진통제

VR을 이용한 진통효과의 연구는 2000년까지 거슬러 올라간다. 이 분야에서 최초의 시도는 워싱턴 대학교의 헌터 호프만 박사의 '스노우 월드Snow World'라고 할 수 있다.[63, 64] 이 VR은 이름 그대로 눈으로 덮인 세상에서 눈덩이를 쏘는 게임을 하는 VR 콘텐츠이다. 호프만 박사팀은 이 스노우 월드를 주로 화상 환자들의 고통을 경감시키기 위해서 활용했다.

스노우 월드의 고통 경감효과는 여러 연구를 통해서 입증되었다. 2000년에 보고된 연구에서는 두 명의 청소년 화상 환자를 치료하는 동안 이 VR 게임을 플레이하도록 하여 진통효과를 시험했다.[63] 기존의 진통제와 함께, VR 게임을 플레이했을 때와 닌텐도 게임을 플레이했을 때를 비교했더니, 두 환자 모두 VR을 사용했을 때 유의미한 통증 경감효과가 있었다. 특히 한 17세 남성 환자는 신체 부위의 33.5%에 화상을 입은 중증 환자였는데, VR을 사용한 경우에 가장 심했던 통증의 정도, 평균 통증, 불쾌감, 불안감, 통증에 대해 생각한 시간 등에서 아주 극적인 개선을 보였다.

2009년 보고된 또 다른 연구에서는 화상으로 입원한 성인 환자 39명에 대해 스노우 월드의 진통효과를 증명했다.[65] 이 연구에서는 하루는 진통제만 먹고, 또 하루는 진통제와 스노우 월드를 함께

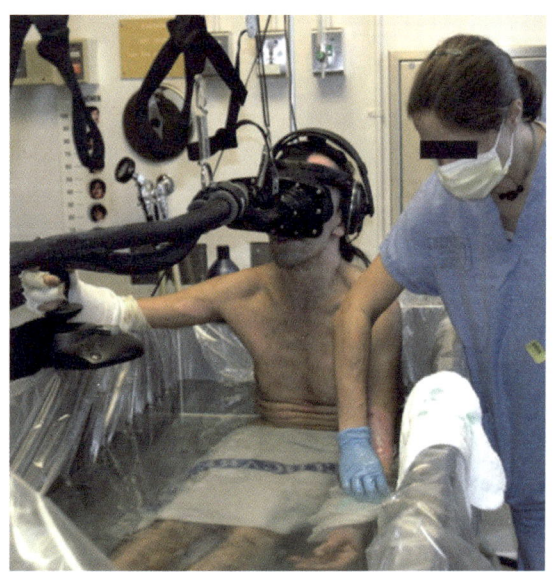

화상 환자의 통증 경감을 위해 사용된 VR, 스노우 월드[64]

사용하여 통증의 정도를 비교해보았다(어느 것을 먼저할지 순서는 무작위로 시행되었다). 그 결과 VR을 사용했을 경우가, 사용하지 않았을 경우보다 가장 심한 통증은 27% 감소, 통증에 대해 생각한 시간은 37% 감소, 통증에 대한 불쾌감은 31% 감소하였다.

'VR 약국', 어플라이드VR

이렇게 VR의 진통효과를 본격적으로 사업화하는 곳이 미국 LA의 스타트업, 어플라이드VR이다. 앞서 언급한 스노우 월드는 유의미한 진통효과를 보였지만, 이 연구가 주로 이뤄졌던 2000년대 초반만 하더라도 VR은 너무 비싼 기기였다. 연구자들은 이 인프라를 병원 내에 갖추는 데 3만 5,000달러가 들었다고 한다.[62] 하지만 삼성 기어, 오큘러스 등 일반 소비자 대상의 VR 기기가 널리 출시되는 지금은 훨씬 더 저렴한 비용에 VR 장비를 구매할 수 있다. 일반 소비자 대상, 혹은 더 많은 병원을 대상으로 'VR 진통제'를 보급할 여건이 갖춰진 것이다.

어플라이드VR은 소위 'VR 약국VR Pharmacy'을 지향하고 있다. 홈페이지에 가보면 만성 통증에 관한 대처 스킬coping skill, 긴장 완화relex, 주의 돌리기distract, 탈출escape과 같은 다양한 VR 콘텐츠를 갖추고 있다. 기사와 논문 등을 읽어보면 이 회사의 대표 콘텐츠는 베어 블라스트Bear Blast라고 하는 일종의 VR 슈팅 게임이다. 공을 쏘아서 곰을 맞추는 게임으로, 스노우 월드와 유사한 방식의 게임으로 보인다.

이 회사의 VR 솔루션은 이미 널리 사용되고 있다. 필자가 2018년 10월 보스턴에서 열린 DTxDM 콘퍼런스에서 이 회사의 발표를 들었을 당시, 이미 미국 44개 주에서, 240개 이상의 병원에서 사용되고 있고, 8개국에 진출했다고 한다.[61] 이 회사에서 발표한 논문은 아직 많이 없지만, 발표에 따르면 LA의 대형 병원 시더-사이나이Cedars-Sinai와의 공동연구에서 120명 환자를 대상으로 52%의 통증 경감효과를 확인했고, LA 아동 병원과의 연구에서는 143명의 환자를 대상으로 31% 통증 경감효과, 24%의 불안감 경감효과를 확인했다고 한다.*

또한 2016년 『MIT 테크놀러지 리뷰』에 보고된 바에 따르면, 시더-사이나이 병원의 브레넌 슈피겔Brennan Spiegel 교수팀은 60명의 환자에게 베어 블라스트 게임을 20분 동안 플레이하도록 한 결과 통증을 24% 경감시키는 것을 확인했다고 한다.[62] 10점 만점에 5.5였던 통증이, VR 게임 이후에는 4 정도로 줄어든 것이다. 슈피겔 교수는 "아주 극적인 효과이며, 진통제를 주는 것과 크게 다르지 않을 정도다."라고 평가하기도 했다.

슈피겔 교수 팀은 관련 논문을 2017년 출판하였는데, 이 연구에서는 화상뿐만이 아니라, 다양한 원인에 의한 고통에 대해서 VR의 효과를 확인하였다. 총 100명의 환자에 대해서, 50명은 어플라이드VR의 베어 블라스트를 15분 플레이하게 하고, 대조군 50명은 12인치 2D 스크린으로 자연 경관을 15분 동안 보여주었다. 그 결과 VR을 활용한 환자군이 고통의 경감이 통계적으로 유의미하게 더 컸으며, 효과가 있던 비율도 더 높았다.[66]

2019년 8월, 슈피겔 교수 팀은 VR의 진통효과를 증명하는 또 다른 후속 논문을 출판했다.[67] 지난 연구에서 조금 더 나아가, 이번에

---

* 이 결과는 필자가 2018년 보스턴의 DTxDM East에서 어플라이드VR의 CEO인 매튜 스타우트(Matthew Stoudt)의 발표에서 소개된 결과를 인용한 것이다. 아직 이 결과가 논문으로 출판되지는 않은 것으로 보인다.

어플라이드VR의 통증 경감용 VR 콘텐츠, 베어블라스트

는 다양한 질병으로 입원해 있는 환자들을 대상으로 좀 더 '자유로운' 조건에서 VR을 사용하도록 하였다. 총 120명의 환자 중, VR을 사용한 61명의 환자들은 어플라이드VR의 21가지 종류의 VR 콘텐츠를 3일 동안 자유롭게 사용할 수 있었다(환자들은 하루 3번, 각 10분씩 사용을 권장받았으나, 실제로 사용은 할 수 있도록 했다). 반면 대조군 59명은 VR 대신 텔레비전으로 요가와 명상 프로그램을 시청하도록 했다.

그 결과 VR을 활용한 환자군이 대조군보다 통증 경감에 더 유의미한 효과를 보였다.[67] 이러한 통증 경감효과는 처음 VR 사용을 사용한 뒤 48시간 및 72시간 이후에도 유지되었다. 또한 환자 중에 더 극심한 통증을 느끼는 환자군에서 대조군 대비 통증 경감효과가 더 크게 드러났다.

다만 이러한 연구들에도 불구하고, VR이 단독으로 마약성 진통제를 대체할 수 있을 것인지에 대한 근거는 아직 부족하다. 필자가 2018년 보스턴에서 열린 DTxDM에서 어플라이드VR의 CEO인 매튜 스타우트를 만나서 진통제와 VR의 진통효과를 직접 비교하는 연구를 진행하지는 않았는지 물어본 적이 있다. 이 연구결과에 대해서 긍정적인 반응을 보였으나, 여전히 이를 증명할 데이터는 아직 공개되지 않았다.

하지만 지금까지의 연구결과만 보더라도, 적어도 VR을 기존 진통제에 보조적으로 활용하여 통증 경감효과를 높일 수 있는 가능성은 충분해 보인다. 만약 이렇게 사용될 수 있다면, 이는 앞서 설명한 디지털 치료제의 네 가지 유형 중 세 번째 즉, 다른 의약품과 병용 투여되어 약효를 높이는 경우에 해당할 것이다. 이렇게 VR을 디지털 진통제로 사용할 수 있다면, 지금보다 마약성 진통제를 덜 사용할 수 있을지도 모른다. 앞으로 더 많은 연구가 필요하겠지만, 이처럼 VR을 더 발전시킨다면 오피오이드 남용을 완화하기 위한 중요한 대안 중의 하나가 될 수도 있을 것이다.

더 많은 디지털 치료제들

우리는 지금까지 다양한 디지털 치료제에 대해서 살펴보았다. 물질 중독을 치료하는 앱, ADHD를 치료하는 게임, 당뇨병을 예방하는 앱, 그리고 외상 후 스트레스 장애를 치료하거나 진통제의 역할을 하는 VR까지. 하지만 현재 개발 중이거나, 시장에 제공되고 있는 디지털 치료제의 사례는 여기에서 다 설명할 수 없을 정도로 다양하다. 아주 흥미로운 시도들이 많이 있으나, 지면 관계상 모두 소개하지 못하는 것이 아쉽다. 추가적으로 몇 가지 사례만 더 간략히 언급하고 넘어가도록 하겠다.

알츠하이머 치료 앱, 드테라 사이언스

드테라 사이언스Dthera Science는 알츠하이머 등 인지장애 환자의 우울이나 불안을 완화해주기 위해서 태블릿PC 기반의 회상 치료 Reminiscence Therapy를 제공하는 회사이다.[68, 69] 환자의 가족이 제공한 과거의 추억이 담긴 사진을 태블릿으로 띄워주고, 환자가 기억하는 반응을 보이면 인공지능이 자동으로 유사한 사진을 띄워주면서 감정의 개선을 유도하는 방식이다.

회상 치료는 기존에도 알츠하이머 환자의 감정 장애 개선에 효과가 있는 것으로 알려져 있지만, 치료사가 환자에게 사진을 일일이 보여주는 등의 방식으로 진행되므로 너무 노동 집약적이고, 값비싸며, 여러 환자를 대상으로 널리 확대하기도 어려웠다. 하지만 이러한 태블릿PC에 기반한 디지털 치료제를 통해서 인력, 비용 대비 효용 등의 문제를 해결할 수 있다. 현재 UCSD와 임상연구를 진행하고 있으며, FDA의 '브레이크스루 디바이스 프로그램'을 통해서 심사 중으로 알려져 있다(FDA의 이 프로그램은 심각한 질병에 대한 치료 및 진단에 대해서 유의미한 개선을 보이는 경우 기술의 인허가를 간소화해주는 프로그램이다).[68, 69]

우울증 치료 챗봇, 워봇

워봇Woebot은 스탠퍼드 대학의 심리학 전문가들이 창업한 우울증 치료용 챗봇 스타트업이다.[70] 이 회사는 동명의 페이스북 메신저, 혹은 전용 앱을 통해서 인공지능이 채팅의 형식으로 우울증 환자에게 인지 행동 치료를 제공한다. 실제 상담사들이 내담자와 대화하듯 챗봇이 자동으로 사용자와 채팅을 하면서 사용자의 정신건강 상태를 체크하고, 도움이 될 만한 콘텐츠를 제공하고, 조언을 주는 등의 기능을 하는 것이다.

현재 일반 사용자들에게 서비스되고 있으며, 인공지능 챗봇이므

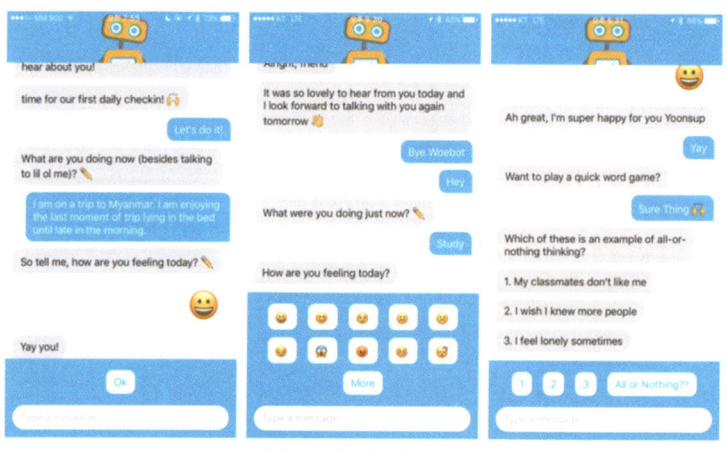

우울증 치료용 챗봇 워봇

로 전세계의 사용자를 대상으로 확산도 쉽다. 2018년 초에 발표된 바에 따르면, 매주 200만 개 이상의 메시지가 축적되고, 130개국에서 사용되고 있다고 한다.[71] 또한 딥러닝의 대가, 스탠퍼드 대학의 앤드류 응 교수가 2017년부터 이 회사에 이사회 의장으로 참여하면서 화제를 모으기도 했다.[72]

우울증 치료를 위한 챗봇으로서 워봇이 가지는 가장 큰 차별성은 제한적으로나마 임상적인 검증을 완료했다는 것이다. 2017년 발표된 논문에는 우울증 증상을 보이는 70명의 대학생을 대상으로 워봇의 우울증 경감효과를 2주 동안 무작위 대조군 임상연구를 시행했다. 그 결과 워봇을 사용한 그룹의 우울증이 대조군에 비해 유의미하게 경감되었다.[73]

수면제 앱, 빅 헬스

빅 헬스big health는 불면증에 대한 디지털 치료제를 서비스하는 회사이다. 이 회사는 슬립피오Sleepio라는 앱을 통해 불면증에 대한 '디지털 인지 행동 치료dCBT'를 제공한다. 이 앱은 행동, 인지, 교육 등의 파트로 구성되어 있으며, 20분 길이의 여섯 세션으로 프로그램이 구성된다.

이 슬립피오는 다수의 임상연구를 통해서 불면증 완화효과를 증명하고 있다.[74] 2012년 논문에서는 이 프로그램을 사용한 76%의 불면증 환자가 건강하게 수면을 취할 수 있었고, 이 효과는 프로그램 완료 후 8주까지도 유지되었다. 이 효과는 위약을 사용한 대조군(29%)이나 기존의 치료를 받은 군(18%)에 비해서 현저하게 높은 수치였다.[75] 또한 2018년에 『미국의사협회저널JAMA』 자매지에 출판한 논문을 보면, 1,711명의 환자에 대한 대규모 무작위 임상연구를 통해서 이 앱이 불면증 환자의 낮과 밤의 수면 관련 삶의 질을 모두 유의미하게 개선한다는 것을 보여주었다.[76]

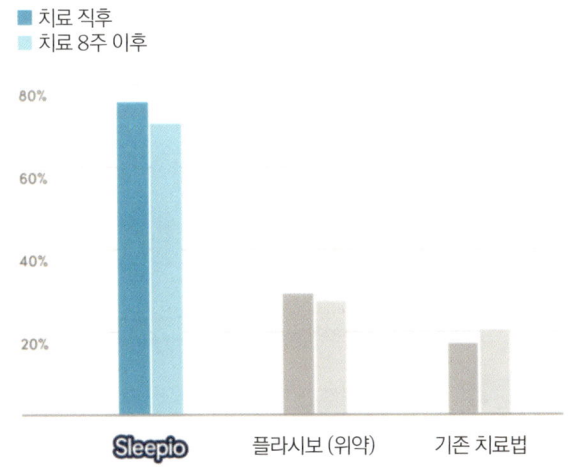

빅헬스의 슬립피오는 불면증 완화에 대한 효과가 증명되었다.[75]

누구도 가보지 않은 길

지금까지 디지털 치료제의 개념 및 정의, 그리고 대표적인 사례들에 대해서 알아보았다. 아마 독자들의 대부분은 이번 챕터에서 '디지털 치료제'라는 개념의 존재를 처음 알게 되었을 것이다. 사실 세계적으로도 이 분야는 초창기 분야이지만, 최근에는 빠른 성장을 거듭하고 있다. 하루가 다르게 새로운 기업이 등장하고 있으며, 다국적 제약사들 사이에서도 최근 몇 년 동안 관심이 급증했다. 또한 임상연구에서 좋은 성과를 내거나, 인허가 과정에서의 성과를 보이는 사례들이 늘어나고 있다.

그럼에도 불구하고, 이 분야의 많은 요소들은 여전히 미지수로 남아 있다. 디지털 치료제는 형태와 사용 방식이 기존의 약과는 완전히 다른 새로운 종류의 치료제이다. 그러므로 기존에 신약을 개발하고, 인허가하고, 처방하며, 판매하고, 복용하며, 약효와 부작용을 관리하는 전체 과정이, 디지털 치료제에는 어떻게 적용될지는 아직 누구도 가보지 않은 길이라고 할 수 있다. 특히, 현재 디지털 치료제를 둘러싼 연구, 투자, 규제, 보험 적용, 처방 등이 과도기적인 단계를 거치고 있다.

전문가들의 토론을 참고해보면, 지금으로부터 5년 뒤에 이 분야가 어디까지 발전해있을지 예측하기는 무척 어렵다. 페어 테라퓨틱스의 리셋이나 아킬리 인터렉티브의 EVO는 5년 뒤, 혹은 10년 뒤에는 정말 약처럼 일상적으로 처방되고 사용되고 있을 것인가? 그 답을 내리기에는 아직 이르지만, 디지털 치료제가 넘어야 할 주요한 난관, 풀어야 할 숙제는 대략 다음과 같은 것들이 있을 것으로 논의되고 있다. 어느 것 하나 쉽지 않은 요소들이다.

- 보험사는 DTx를 어떻게 바라볼까
- 수가를 받을 수 있는가·받아야 하는가

- DTx에도 RCT가 필요한가
- 임상연구 디자인은 어떻게 해야 하나
- 효용·가치를 어떻게 증명할 것인가

- 의사들이 활용할 여건이 되는가
- EMR 속으로 어떻게 통합
- 진단·치료·관리 기준으로 활용 가능한가

임상-인허가-보험-의사 처방-RWE-환자 사용
(Real World Evidence)

- 인허가 없이 공산품으로 판매할 것인지, 의료기기 인허가를 받을 것인지 결정
- 인허가를 받겠다면, 어떤 규제 방식을 택할 것인가
- 규제기관은 DTx의 효능·부작용을 어떻게 심사할까

- 기존 약 대신에 의사가 처방할까
- 기존 약 대비 어떤 강점을 가져와야 하나

- DTx를 처방 받으면 환자는 어떻게 느낄까
- 지속 사용성: 지속해서 사용할까
- 디지털 리터러시: 사용성에 지장은 없는가

디지털 치료제가 아직 넘어야 할 난관은 많고도 많다.

난관 1. 어떻게 규제할 것인가

디지털 치료제는 특히, 질병을 치료, 예방, 관리하는 경우, 앞서 언급하였다시피 SaMD~Software as a Medical Device~에 해당된다. 규제기관의 국제 협력 조직인 IMDRF에서 2017년 SaMD의 개념을 정립하였으나, 아직 미국의 FDA를 제외한 많은 나라에서는 규제적으로 SaMD를 어떻게 규제하고, 허가할지에 대한 원칙을 만들지 못하고 있다. 한국 식약처는 2017년 인공지능 기반의 의료 기기에 대한 가이드라인을 제정하였으나(필자도 이 가이드라인을 만들기 위한 전문가 협의체의 일원이다), 약처럼 환자를 '치료'하겠다는 소프트웨어에 대해서는 아직까지 규정이 명확하지 않은 상황으로 보인다.

미국에서는 SaMD를 그 특성에 맞게 합리적으로 규제하기 위해서, 2017년 '디지털 헬스 이노베이션 액션 플랜~Digital Health Innovation Action Plan~'을 발표했다. 이후로 FDA는 Pre-Cert라는 혁신적인 규제 개혁안을 시험하고 있는데, 이는 바로 특정 의료 기기 제품을 인허

가하기보다는, 이를 개발하는 제조사를 규제하겠다는 것이다. 즉, 제조사가 양질의 SaMD를 제조하고 관리할 역량이 있는지 여부를 평가하여 사전에 '인증'을 주고, 그 제조사가 개발한 SaMD는 인허가 필요 없이, 혹은 매우 간소화된 허가 과정만 거친 후 시장에 출시하게 해주겠다는 것이 골자이다. 디지털 치료제도 이러한 새로운 규제 방식에 큰 영향을 받게 될 것이다.

이는 좀 복잡한 이야기이므로 추후 25장 '혁신을 어떻게 규제할 것인가'에서 조금 더 구체적으로 다루도록 한다. 참고로 Pre-Cert는 필자가 이 글을 집필하고 있는 2019년에도 아직 최종 완성된 것은 아니며, FDA는 계속 파일럿 테스트를 거쳐서 이 새로운 규제 방식을 시험하고 있는 중이다.

한편, 개발사의 입장에서는 무엇보다 개발한 디지털 치료제를 의료 기기로 규제기관의 인허가 받을지의 여부부터 결정해야 한다. 앞서 375페이지의 표로 설명한 디지털 치료제의 다양한 종류 중에서 어떤 유형으로 판매할 것인지는 개발한 회사에서 내려야 할 사업적인 결정이다. 만약에 의학적인 치료 효과를 주장하려 하고, 더 나아가 의사의 처방까지도 받는 '전문 의약품' 수준의 디지털 치료제로 시장에 출시하려면 당연히 규제기관의 인허가를 받아야 한다. 하지만 질병에 관한 유효성까지는 주장하지 않으면서 일반 사용자들을 대상으로 판매하려 한다면 인허가까지 추진하지 않을 수 있다.

예를 들어, 알킬리와 같이 집중력 향상 효과를 임상연구를 통해 증명한 경우 FDA 인허가를 통해서 'ADHD 치료용'으로 인허가를 받고 시장에 출시하는 전략을 택할 수 있는 반면, '두뇌 발달', '집중력 개선' 정도의 비의료적 효과 정도만을 내세우려면 굳이 규제기관의 인허가까지 받을 필요가 없을 수도 있다. 후자를 택한다면 의료 기기가 아니라, 일반 웰니스 제품(공산품)으로 판매해볼 수도 있다. 실제로 현재 시장에서도 빅 헬스와 같이 임상적인 효과성은 연구를 통해 증명하였으면서도, 굳이 규제기관의 인허가를 얻지 않고 비 의료 기기 형태로 바로 사업화를 진행하는 사례도 생기고 있다.

난관 2. 보험 적용을 받을 수 있을까

또 다른 장벽은 바로, 디지털 치료제라는 완전히 새로운 약의 처방에 대해서 보험사가 보험 적용을 해줄 것인가 하는 점이다. 보험사는 기존의 약과 동일한 기준을 들이댈 것인가? 아니면 전혀 다른 새로운 기준을 만들어낼 것인가? 여기에 대한 실마리는 전혀 없다. 사실 미국과 같이 사보험사가 의료보험을 제공하는 경우에는 회사마다 다른 기준을 적용하고, 새로운 기술을 상대적으로 더 적극적으로 받아들이는 경우도 있다. 하지만 한국과 같이 국가가 국민건강보험이라는 단일 의료보험을 운용하거나, 미국에서도 정부가 운영하는 메디케어의 경우에는 디지털 치료제를 어떻게 받아들일지 미지수다.

디지털 신약에서 보험을 적용하기 위한 '효능'을 어떻게 판단할 것인지도 문제다. 단적인 예로, 앞서 언급한 오마다 헬스와 눔의 당뇨병 예방 프로그램의 사례를 들 수 있다. 이 두 회사는 미국 CDC의 인정을 받았음에도 불구하고, 메디케어의 보험 적용을 판단하는 CMS(Centers for Medicare & Medicaid Services)의 인정을 받는 것에는 어려움을 겪고 있다. 가장 큰 이유가 바로, 기존의 대면 프로그램과 달리, '모바일 앱'에 기반하여 사용자가 일상생활 속에서 진행하면서 체중을 감량한다는 것 때문이다. 이 경우 환자들이 집에서 자기 스스로 측정하고 보고하는 체중을 보험사의 입장에서 신뢰할 수 있느냐가 큰 이슈였던 것으로 알려져 있다.[77, 78]

사실 이 보험사 관련 이슈는 각 국가의 보험체계에 따라 달라질 수 있다. 맥킨지의 디지털 치료제에 관한 보고서를 보면, 이 이슈에 대해서는 미국과 같이 사보험에 의한 의료보험보다는 영국과 같은 국가에 의해 운영되는 단일 보험 시스템이 채택에 더 유리할 수 있다는 언급이 있다.[6] 특히 디지털 치료제로 만성질환에 대한 장기적인 효용을 고려한다면, 단기적인 효과를 기대하는 사보험에 비해서, 더 장기적인 효과를(예를 들어, 10년 동안의 만성질환의 관리에 대한 가치) 기다려줄 수 있는 국가 주도의 보험체계가 디지털 치료제에 더 유리할 수 있다는 지적이다.

이런 부분에 대해 DTxDM의 한 패널토의에서는 현재 여러 국가의 건강보험 재정 고갈, 고령화 등의 메가 트렌드를 고려하면, 디지털 치료제를 이용한 가치의 창출은 결국 가야 할 방향이며, 특히 많은 환자에게 확장하기 쉬운 디지털 신약의 특성상 보험사들이 선호할 측면이 있다는 점이 제기되기도 하였다.

난관 3. 의사가 과연 처방할 것인가

또 하나의 큰 숙제는 이것이다. '과연 의사가 게임을 정말 환자에게 처방할까?' 하는 문제다. 기존의 약을 환자들이 잘 사용하고 있는 경우라면 의사가 굳이 디지털 치료제를 환자에게 기존 약 대신 처방하기는 매우 어려울 것이다. 기존에 사용하던 약은 작용 기전, 약효, 부작용, 사용법 등에 대해 오랜 임상적 근거가 축적되어 있기 때문에, 의사는 적절한 통제와 예상 가능한 리스크를 부담하며 환자에게 활용할 수 있다.

그렇기 때문에 의사의 입장에서는 디지털 치료제에 대해 아무래도 보수적인 입장을 취할 수밖에 없다. 2018년 PWC의 조사에 따르면, 일단 의사들은 이러한 디지털 치료제 혹은 최소한 앱으로 환자를 치료할 가능성이 있다는 사실은 인지하고 있는 것으로 보인다. "최근 12개월 동안 앱이나 디지털 프로그램으로 진단이나 치료하는 것을 환자와 이야기해본 적이 있는가?"라는 질문에 82%가 '그렇다'고 이야기했다. 그중 의사가 먼저 이야기를 꺼낸 경우는 56%, 환자가 먼저 물어본 경우는 26%였다. 나머지 32%는 '없다'고 답했다.[7]

하지만 정말 의사가 디지털 치료제를 환자에게 일상적으로 처방하도록 설득하기 위해서는 무엇이 필요할까. 디지털 치료제가 기존에 쓰던 약에 비해서 어떠한 장점을 가지는지, 혹은 기존에 제공하지 못했던 새로운 가치를 줄 수 있는지가 중요할 것이다. 예를 들어, 기존에 잘 관리되지 않던 질병, 약이 없던 질병, 기존의 약이 부작용이 심했던 질병, 환자에게 좋지 않은 경험을 주었던 질병 등의 경우에 디지털 치료제가 새로운 효용을 줄 수 있다면 의사에게도 매력적인 옵션이 될 것이다.

또 한 가지 흥미로운 이슈는 디지털 치료제를 활용하면서 생산되는 데이터를 의사가 어떻게 활용할 것인지다. 앞서 소개한 앱이나 게임을 환자가 사용하게 되면, 그 과정에서 데이터가 생산된다. 이를 어려운 말로, 리얼 월드 데이터Real World Data라고 한다. 예를 들어, 아킬리의 EVO 게임을 처방받은 환자가 집에서 이 게임을 할 때마다, 플레이 횟수, 게임 점수 등뿐만 아니라 캐릭터를 움직이는 것 하나하나가 모두 세부적인 데이터로 남는다. 이러한 리얼 월드 데이터를 통해 환자의 증상 변화나 치료 성과를 평가할 수도 있다. 만약 이러한 리얼 월드 데이터가 기존의 약이 제공하지 못한 가치를 환자나 의사에게 제공할 수 있다면, 이 또한 디지털 치료제를 의사가 처방할 동인이 될 수 있다.

난관 4. 환자는 디지털 치료제를 쓸까?

그렇다면 환자의 입장에서는 어떨까. 만약에 아파서 병원에 갔는데, 의사가 약이 아닌 게임이나 앱, VR을 처방해준다면 환자는 이를 어떻게 받아들일 것인가? 환자가 오히려 거부감을 가지지는 않을까? 환자는 정말 약 대신 처방받은 게임, 앱, VR을 사용할까? 결국 환자에게 치료 효과를 제공하기 위해서는 환자가 디지털 치료제를 사용해야 한다. 하지만 이 역시 우리가 아직 가보지 못한 미지의 영역이다.

여기에는 단순히 환자가 '약이란 알약이어야 한다'는 선입견을 바꾸는 것 외에도 두 가지 중요한 요소가 있다. 바로 디지털 리터러시digital literacy와 지속 사용성engagement이다.

디지털 리터러시는 디지털 기기에 익숙하지 않은 환자, 예를 들어, 고령의 환자가 앱이나 게임을 제대로 활용할 수 있을지에 대한 문제다. 만약 스마트폰 자체를 잘 활용하지 못하는 환자라면, 애플리케이션을 통해서 치료효과를 제대로 얻지 못할 수 있다. 반면, 소위 '디지털 네이티브'라고 불리는, 스마트폰이나 태블릿PC 등의 기기에 익숙한 세대에게는 디지털 신약에 대한 거부감이 상대적으로 더 적을 수 있다.

지속 사용성은 디지털 치료제를 환자가 정말 꾸준히, 처방받은 대로 잘 활용할 것인지에 대한 문제이다. 기존의 약도 환자가 처방받은 대로 제대로 복용하지 않은 경우가 매우 많다. 환자들은 자의적인 판단, 혹은 단순히 잊어버려서 처방받은 약을 제대로 복용하지 않는다. 혹은 반대로 약을 남용하는 경우도 있다. 이렇게 환자가 처방받은 대로 약을 얼마나 잘 복용하는지를 복약 순응도라고 한다. 사실 낮은 복약 순응도는 의료계의 오랜 고민거리 중 하나다. 1970년대부터 복약 순응도 문제는 주목을 받기 시작했지만, 이후로 수많은 연구와 시도가 있었음에도 여전히 이 문제는 해결되지 않고 있다.[79] 이렇게 낮은 복약 순응도는 매우 심각한 문제로 큰 의료 비용과 사회적 비용, 불필요한 입원과 사망 등을 발생시킨다.[80]

  디지털 치료제의 경우에도 이러한 복약 순응도의 문제는 여전히 존재할 것이다. 다만 이러한 복약 순응도를 높이기 위한 디지털 치료제만의 장점도 있다. 앱이나 게임 등의 경우에는 '잊어버려서' 사용하지 않게 하려면 알람 등을 제공할 수도 있고, 실제 디지털 치료제를 '복용했는지', '얼마나 복용했는지'는 직접적인 데이터로 남게 되므로 의사가 모니터링하기도 편하다.

  또한 디지털 치료제의 경우, 복약 순응도를 높이기 위해서 새로운 방식을 활용할 수도 있다. 기존의 약은 제형이나 복용법을 개선한다면, 아킬리 인터렉티브의 EVO는 '음향 효과'를 활용한다. 영화나 게임에서 음악과 효과음은 재미를 배가시키고 몰입도를 높이는 역할을 한다. 아킬리 인터렉티브의 EVO를 소아 환자들이 4주라는 치료 기간 동안 사용 지속성을 높이기 위해서 게임의 효과음이나 배경음악을 활용한다는 것이다. 이를 위해서 아킬리 인터렉티브에는 '스타워즈' 시리즈의 음향효과를 담당하기도 했던 데이비드 콜린스David Collins를 오디오 디렉터로 고용하기도 했다.[81]

제약사와 디지털 치료제의 관계

마지막으로 빠질 수 없는 것이 바로 기존의 제약사와 디지털 치료제와의 관계를 어떻게 정립할 것이냐이다. 앞서 언급한 대로, 이미 다국적 제약사들은 이 디지털 치료제를 피할 수 없는 미래로 받아들이고 있으며, 이러한 미래를 준비하기 위해서 적극적으로 관련 회사에 투자하거나 협업하고 있다.

DTxDM과 같은 디지털 치료제 콘퍼런스에도 이미 노바티스, 사노피, 존슨앤존슨, 아스트라제네카, 제넨텍과 같은 회사의 부사장이나 이사급의 인사가 활발하게 참여하고 있다(흥미롭게도 노바티스에는 디지털 치료제 부서장Head of Digital Therapeutics, 사노피에는 디지털 의료 글로벌 부서장Global Head of Digital Medicines이 있어서 관련 업무를 추진한다).

디지털 치료제를 개발하는 입장에서는 이러한 다국적 제약사와의 관계 설정이 매우 중요하다. 예를 들어, 제약사가 디지털 치료제를 내부적으로 개발할 것인가, 아니면 외부와 협력할 것인가. 디지털 치료제를 기존의 약과는 완전히 별개로 개발해야 하는가, 혹은 전통적인 약과 함께 사용하도록 디지털 치료제를 개발해야 하는가도 흥미로운 이슈이다. 향후 디지털 치료제는 단독으로 사용되는 것뿐만 아니라 기존의 약을 보조해서 약의 효과를 더 높이거나, 혹은 반대로 기존의 약이 디지털 치료제를 보조하는 방식 등의 여러 가지 방식으로 사용될 것이다.

분명한 것은 디지털 치료제의 개발사는 제약사와 단순히 경쟁하는 관계로 발전할 것 같지는 않다는 점이다. 제약사는 이미 디지털 치료제가 가보지 못한 신약개발의 전체 단계 즉, 임상시험, 인허가, 보험 적용, 의사 처방 등을 수없이 거쳐서 환자에게 이미 가치를 제공하고 있다. 특히 보험사와의 협의, 의료계 설득, 의약품 배송 및 배포, 환자 마케팅 등의 측면에서 제약사는 엄청난 경험을 가지고 있으므로, 디지털 치료제 회사는 오히려 제약사와 적극적으로 협력할 필요도 있다.

이 부분에 대해서는 현재 디지털 치료제 개발사의 입장에서 전략이 약간씩 다르기는 하다. 페어 테라퓨틱스는 리셋과 리셋-O의 사업화와 판매를 위해서 다국적 제약사 노바티스, 그리고 그 자회사인 산도스와 손을 잡았다.[*] 반면 아킬리 인터렉티브의 경우 자체적인 배포 채널을 만들겠다고 공언한 상태이며,[82] 앞서 언급했듯이 어플라이드VR도 자체적인 'VR약국'을 만들고 있다. 이 부분도 기존에 존재하지 않았던 새로운 방식이 앞으로 다양하게 등장할 수 있다.

디지털 치료제라는 미래

이번 장에서는 디지털 치료제라는 완전히 새로운 종류의 약에 대한 개념, 사례, 그리고 이를 둘러싼 여러 이슈들에 대해서 설명했다. 디지털 치료제가 전통적인 알약처럼, 또 하나의 새로운 약의 종류로 규제기관, 보험, 의사, 환자에게 모두 인정받고 일상적으로 사용되기 위해서는 앞으로 해결해야 할 숙제들이 있다. 또한 이 분야를 둘러싼 연구, 투자, 규제, 보험, 처방 등이 모두 과도기적인 단

---

[*] 하지만 이 페어 테라퓨틱스와 산도스의 협력 관계는 이 책의 최종 교정 중이던 2019년 10월에 갑자기 종결되었다.[25] 이러한 변화가 이 두 회사와 디지털 치료제 시장에 어떤 영향을 미칠지는 지켜봐야 할 일이다.

계를 거치고 있다.

하지만 이 분야는 하루가 다르게 발전하고 있으며, 다양한 시도들에 대한 새로운 임상연구 결과, 인허가, 사업적인 성과 등의 소식이 지속적으로 쏟아지고 있다. 또한 디지털 테라퓨틱스 얼라이언스DTA와 같은 단체가 학계와 산업계의 의견을 모아서 분야를 정립하여 한 목소리를 내고 있으며, FDA를 중심으로 규제도 정비되고 있고, 다국적 제약사의 투자와 협업은 이러한 변화를 더욱 촉진하고 있다. 특히, 이번 장에서 살펴본 사례들을 포함하여, 이미 시장에 출시되었거나, 머지않은 기간 내에 출시되어 환자가 직접 사용할 수 있을 것으로 기대되는 디지털 치료제가 적지 않다.

이러한 흐름을 본다면 디지털 치료제가 중요한 약의 한 종류로 자리매김할 것은 결국 시간의 문제로 보인다. 아직은 그 개념 자체가 낯설기는 하지만, 시간이 지나면 디지털 치료제는 의료계와 환자들의 일상에 자연스럽게 녹아들어서, 병원에서 앱이나 VR을 처방받는 것이 당연하게 여겨지는 날이 올 것이라고 생각한다. 또한, 이 분야가 제대로 정립된다면 의과대학이나 약대에서도 이 분야를 가르치게 될 것이다.

필자가 참여했던 2019년 DTxDM의 토론 중에 "이 분야가 본격적으로 확대되는 시기는 의대와 약대에서 디지털 치료제를 언제 가르치기 시작하느냐로 판단할 수 있을 것이다."라는 언급이 있었다. 그러자 또 다른 참가자가 손을 들고 "나는 캐나다 약대 교수인데, 우리는 이미 교과과정에서 디지털 치료제를 가르치고 있다."라고 했던 기억이 난다. 미래는 결코 멀리 있지 않다.

그럼에도 불구하고 한국에서 아직 디지털 치료제에 관한 관심이나 인식이 부족하다는 것이 필자는 항상 아쉽다. 필자는 몇 년 전부터 기회가 될 때마다 강의나 칼럼 등으로 국내 제약업계나 디지털 헬스케어 업계에 이 분야를 소개하고 있지만,[83-86] 아직까지 국내 연구자, 제약사, 스타트업, 투자사 등에서는 이 분야에 대한 큰 반향이 없다. 오히려 이런 분야가 존재한다는 것 자체가 아직 잘 알려져 있지 않다.

DTxDM과 같은 콘퍼런스에도 한국 기업이나 연구자의 발표는 전무하며, 토론 내용에도 한국 시장은 아예 존재하지 않는 것처럼 느껴진다. 사실 2019년 2월 콘퍼런스까지 전체 참석자 중에 한국에서 온 사람은 오로지 필자 한 명이었다.* 2019년 2월 필자는 디지털 테라퓨틱스 얼라이언스DTA의 수장인 메간 코더Megan Coder와 이야기를 나눈 적이 있다. 내가 한국에서 왔다고 소개하자, 그녀는 이 분야에서 한국인은 처음 본다며, "왜 한국은 이 분야에 관심이 전혀 없는가?"라며 의아해했다.

이 분야는 아직 전 세계적으로도 초기이므로 여전히 기회는 남아 있다고 본다. 다국적 제약사들이 현재 그러하듯이, 국내 제약사도 이 미래에 적극적으로 동참할 필요가 있다. 전통적인 신약개발에서는 다국적 제약사와 경쟁이 힘들지라도, 디지털 치료제에 대해서라면 현재 모두가 출발선에 있거나 갓 출발한 시점이다.

또한 국내 스타트업 중에서도 디지털 치료제라는 새롭고 큰 시장을 공략하려는 팀이 많이 생겨나면 좋겠다. 다행히 2019년 하반기부터는 국내에도 이 분야에서 관련 스타트업들의 움직임들이 조금씩 보이고 있다는 점은 긍정적이다.[87, 88] 전 세계적으로 디지털 치료제와 관련된 새로운 시도는 대부분 스타트업이 주도하고 있

---

* 이 책이 마무리되던 2019년 10월 DTxDM East 콘퍼런스부터는 드디어 한국에서도 참석하는 사람들이 생기기 시작했다.

다. 이러한 스타트업의 경우, 다국적 제약사의 협력이나 투자 유치를 초기부터 적극적으로 추진해볼 필요도 있을 것이다. 결코 우리도 아직 늦지 않았다. 하지만 우리에게 주어진 시간이 그리 많이 남은 것도 아니다.

헬스케어 웨어러블 딜레마
: 돌파구는 어디에

 헬스케어 웨어러블은 정말 죽었을까. 우리가 그동안 웨어러블에 거는 기대가 너무 과도한 것이었을까. 최근 웨어러블 디바이스는 그야말로 암흑기를 지나고 있다고 해도 과언이 아닐 정도다. 말 그대로 신체에 착용하거나, 입는 기기를 의미하는 웨어러블 디바이스는 스마트폰과 태블릿 컴퓨터의 뒤를 잇는 차세대 기기로 한동안 크게 주목받았다. 하지만 어느새 관심은 줄어들었으며, 관련 산업의 성적은 여전히 초라하다.

 웨어러블 기기는 사용자와 주변 환경에 대한 데이터를 측정하고, 스마트폰이나 다른 사물인터넷 기기의 활용을 편리하게 해준다. 더 나아가 사용자의 각종 능력을 더 강화하는 목적으로 사용할 수도 있다. 현재 웨어러블의 홍수라고 해도 과언이 아닐 정도로, 다양한 종류의 웨어러블이 이미 시장에 출시되어 있다. 대표적인 시계 형태를 비롯하여 안경, 머리 밴드, 안대, 목걸이, 반지, 벨트, 복대, 양말, 클립, 깔창, 셔츠, 브래지어, 문신, 반창고, 알약 등 우리가 상상할 수 있는 거의 모든 형태의 웨어러블이 존재한다.

특히 헬스케어와 의료 분야에서 웨어러블 기기가 가지는 의미는 대단히 크다. 신체에 착용하고 피부에 직접 접촉하거나, 체내에 삽입할 수도 있기 때문에 사용자의 건강 상태에 대한 데이터를 효과적으로 측정할 수 있기 때문이다. 이러한 기기를 통해 끊임없이 역동적으로 변화하는 우리 건강에 대한 데이터를 연속적이고, 정량적이며, 실시간으로 얻을 수 있다. 디지털 헬스케어의 구현을 위해서 이러한 웨어러블 기기의 역할과 중요성은 앞서 2부에서 이미 자세히 살펴본 바 있다.

웨어러블의 시대는 끝났는가

하지만 웨어러블의 제조사와 추종자들이 꿈꾸었던 장밋빛 미래와는 달리, 웨어러블 산업은 최근 몇 년간 고전을 면치 못하고 있다. 촉망받던 초창기 웨어러블 회사들은 잇따라 폐업이나 (실망스러운) 인수합병을 통해 역사의 뒤안길로 사라졌거나, 살아남은 기업들도 하나같이 저조한 실적을 보여주고 있기 때문이다.

스마트 워치의 시조격이자 얼리어답터들에게 사랑받던 페블 테크놀러지Pebble Technology는 판매 부진 등 실적의 악화를 겪다가, 결국 2016년 말 핏빗에게 인수당하면서 도전에 마침표를 찍었다. 그것도 팀의 일부와 소프트웨어 지적재산권만 인수되었다.[1] 초창기 킥스타터에서 초대박을 터뜨리며, 크라우드 펀딩이라는 새로운 방식의 판매와 펀딩 방식의 대중화에 기여했던 페블로서는 너무도 초라한 결말이었다.

핏빗의 주가는 최근 몇 년 동안 약세를 보이고 있다.

    초창기 활동량 측정계의 대명사 중 하나인 조본업을 만드는 조본 역시 상황은 비슷하다. 조본은 2016년 초까지 약 10억 달러에 달하는 막대한 투자를 유치하기는 했으나, 2016년 기업가치가 절반으로 떨어졌고, 직원들의 대규모 정리해고를 거쳐서, 결국 2017년 6월 피트니스 시장에서의 철수를 결정했다.[2-4] 웨어러블 사업 자체를 중단하지는 않더라도, 조본업의 재고를 모두 처분하며 피트니스 트래커 부문은 정리 수순을 밟으면서, 조본업의 이름은 역사 속으로 사라졌다. 나이키는 당시 시장 반응이 썩 나쁘지 않았음에도 퓨얼밴드를 2014년 일찌감치 시장에서 철수하였고, 아디다스도 2017년 12월 웨어러블 부서의 문을 닫았다.[5, 6]

    이러한 상황은 핏빗도 마찬가지다. 핏빗이야말로 자타가 공인하는 웨어러블의 대명사로 가장 유명하고 가장 많은 기기를 판매한 기업이다. 2007년 창업한 이후 10년에 걸쳐서 2016년까지 무려 6,000만 개의 기기를 팔았으며, 2015년에는 웨어러블 기기만을 만드는 회사로는 최초로 나스닥 시장에 상장되었다.[7, 8] 대여섯 가지 종류의 피트니스 밴드를 만드는 회사였음에도, 당시 시가총액은 LG전자를 넘어설 정도로 시장에서 크게 주목을 받았다. 하지만 핏빗은 이후 실적 악화와 미래 전망에 대한 불투명으로 상장가 대비 주가는 6분의 1 정도로 하락했다. 상장 직후 50달러 가까이 치솟았던 주가는 2019년 9월 기준 3~4달러 언저리에서 횡보하고 있다. 추후 더 자세히 살펴보겠지만, 핏빗은 단순히 주가 하락뿐만 아니라 활성 사용자active user의 비율 등 주요 지표가 하락하고 있다는 점이 더 큰 문제다.*

죽음의 계곡

이처럼 초라한 웨어러블의 현재를 우리는 어떻게 바라봐야 할까. 우리가 헬스케어의 미래를 위해서 웨어러블에 걸었던 기대는 모두 헛된 것이었고, 웨어러블은 이미 죽은 것과 다름없을까? 필자는 결론적으로 웨어러블의 장기적인 미래에 대해서는 낙관적이다. 하지만 현재 겪고 있는 웨어러블의 암흑기는 당분간 꽤 오랜 기간 지속될 것으로 본다. 결국은 돌파구를 찾아내겠지만, 단기적으로는 문제가 마땅히 해결될 기미가 보이지 않기 때문이다.

웨어러블은 현재 가트너 하이프 사이클Gartner Hype Cycle에서 이야기하는 전형적인 '환멸의 굴곡기Trough of Disillusionment'를 지나고 있다. 미국의 기술 자문기관인 가트너에서는 매년 신기술 하이프 사이클Hype Cycle for Emerging Technologies을 발표한다.[9] 이 사이클 따르면 새

---

* 이 책의 최종 편집 단계이던 2019년 11월에 구글이 핏빗을 21억 달러에 인수하기로 했다는 소식이 들려왔다.[114] 구글 인수 후에 핏빗이 다른 변화를 겪을 수는 있겠으나, 일단 인수 시점에서 웨어러블로서의 핏빗은 이번 챕터에서 설명된 여러 특징과 문제점들을 여전히 지니고 있다.

신기술 하이프 사이클 (2015)

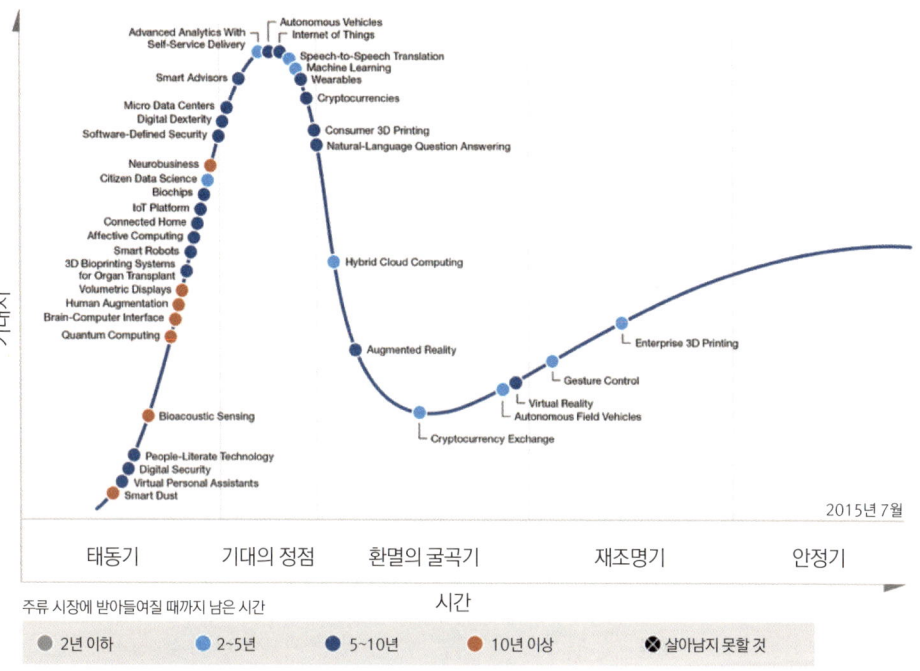

2015년 가트너 신기술 하이프 사이클. 웨어러블은 버블의 정점에서 내려오기 시작하고 있다. (출처: 가트너)[10]

로운 기술은 총 5단계를 거치면서 발전한다. 기술의 잠재성이 점차 드러나는 태동기Innovation Trigger를 거쳐, 기술이 언론의 조명을 받고 기대감이 높아짐에 따라 과도한 기대와 거품이 생기는 시기Peak of Inflated Expectations에 도달하게 된다. 이후 기술의 실제 수준과 한계가 드러나면서 거품이 터지고 기대감이 급락하는 환멸의 굴곡기를 거치게 된다. 하지만 이러한 침체기를 극복한 기술은 돌파구를 찾고 시장의 이해도가 높아지면서 재조명기Slope of Enlightenment를 거쳐 결국 안정기Plateau of Productivity에 접어들게 된다.

이 사이클에 따르면 웨어러블은 2014년에 버블의 정점에 있었

19장 헬스케어 웨어러블 딜레마: 돌파구는 어디에 **433**

으며, 2015년에는 점차 실망의 단계로 내려가는 상황이었다. 앞서 언급했던 2016년과 2017년의 페블, 조본 등의 폐업과 핏빗의 실적 하락을 고려해보면 이 사이클과 대략 맞아떨어진다. 즉, 현재는 웨어러블이라는 새로운 기술에 대해서 막연하게 가졌던 환상이 깨어지고, 현실적인 시각을 가지게 되면서 일종의 죽음의 계곡을 지나고 있다고 보는 것이 옳다.

이러한 가트너 하이프 사이클에 따르면, 이 죽음의 계곡은 언젠가는 끝이 난다. 하지만 그 계곡을 건너기 위해 얼마나 오랜 시간이 걸릴지는 모르는 일이며, 또 모든 기술이 살아남아 그 죽음의 계곡을 무사히 건너는 것도 아닐 것이다.

웨어러블의 돌파구는 어디에

그렇다면 웨어러블은 어떻게 해야 이 죽음의 계곡을 넘을 수 있을까? 우리가 이번에 답하고자 하는 핵심 질문이 바로 이것이다. 현재 웨어러블이 겪고 있는 암흑기를 벗어나기 위한 돌파구는 과연 어디에 있는 것일까. 이 문제는 절대 간단하지 않다. 웨어러블 관련 연구자나 제조사는 모두 그 돌파구를 찾기 위해 노력해왔으나, 적어도 지금까지는 노력이 큰 효과를 보이지 못했다.

'성공적인' 웨어러블을 만들기 위해서는 아주 복잡다단한 요소에 대한 종합적이고 총체적인 고려가 필요하다. 특히 헬스케어 시장의 특수성과 한계에 대한 이해가 필수적이다. 그토록 많은 시도에도 웨어러블이 왜 여전히 성공하지 못하는가에 대한 사람들의 진단은 실로 다양하다. 예를 들어, 정확성이 떨어진다, 디자인이 예쁘지 않다, 배터리 수명이 짧다, 의학적으로 검증되지 않았다, 가격이 비싸다, 사용하기 불편하다 등등이 대표적이다. 모두 맞는 이야기다.

하지만 이러한 단편적인 요소만으로 웨어러블이 죽음의 계곡을 넘기는 역부족이다. 시장에는 이미 정확하고, 디자인이 예쁘며, 배터리 수명이 길고, 의학적으로 검증되었고, 가격도 저렴하며, 사용법도 간편한 웨어러블이 출시되어 있다. 하지만 시장에서 크게 성공한 웨어러블이 없다는 점은 어딘가 부족하다는 것이다. 즉, 이러한 조건은 성공을 위한 필요조건일 수는 있겠으나, 결코 충분조건은 아니다.

웨어러블이 죽음의 계곡을 건너기 위한 돌파구를 마련하기 위해서 우리는 앞으로 다양한 문제와 요소를 차근차근 살펴보게 될 것이다. 여기에는 정확성, 사용자 효용, 지속 사용성, 행동 변화, 사용자 경험, 당뇨병 패러독스와 같은 온갖 이슈가 복잡다단하게 얽혀 있다. 어떤 이슈는 다른 이슈를 해결하기 위한 직접적인, 혹은 간접적인 전제 조건이 되기도 하고, 혹은 닭과 달걀의 관계가 되거나, 또 널리 받아들여지는 것과 달리 아무런 영향을 미치지 못하기도 한다. 더 나아가 우리는 '성공적인' 웨어러블이 과연 무엇인지 그 정의 자체도 다시 살펴보게 될 것이다.

당신은 돌아갈 것인가?

그 모든 복잡한 논의를 진행하기에 앞서, 간단한 질문을 하나 던져보자. 일상생활 속에서 누구나 겪었을 법한 문제이기 때문에 어찌 보면 쉽게 느껴질 수도 있다. 하지만 이 문제를 해결하는 것은 극도로 어렵다. 지금까지 출시된 모든 웨어러블 디바이스 중에 이 질문을 통과한 것은 거의 없었다. 만약 이 질문에 "예."라고 답하는 웨어러블이 나온다면, 죽음의 계곡도 능히 건널 수 있을 것이다.

"어느 월요일 아침, 당신은 여느 날과 마찬가지로 바쁘게 출근

준비를 마쳤다. 지금 출발하면 정시에 회사에 도착할 수 있다. 엘리베이터를 타고 내려와 아파트 현관을 나서려는 순간, 당신은 OOO을 집에 놓고 왔다는 것을 깨달았다. 당신은 이것을 가지러 다시 집에 올라갈 것인가?"

독자들은 한 번 스스로 생각해보자. 만약, 지갑을 놓고 왔다면 다시 집에 올라갈 것인가? 스마트폰을 놓고 왔다면? 아마도 회사에 약간 지각할 것을 감수하고서라도 십중팔구 다시 집으로 돌아갈 것이다. 하지만 만약 핏빗을 집에 놓고 왔다면 어떨까. 다시 엘리베이터를 타고 집으로 올라갈 사람은 그리 많지 않을 것이다. 필자를 포함해서 하는 이야기다. 실제 이러한 상황을 몇 번 겪었지만, 돌아갔던 적은 몇 번 되지 않는다.

이러한 차이는 왜 발생하는가? 깜빡한 스마트폰은 다시 가지러 집으로 돌아가는 사용자가, 왜 웨어러블은 가지러 돌아가지 않을까. 그리고 이러한 상황에서 '기꺼이 다시 집으로 돌아가서 가져오는' 웨어러블은 대체 어떻게 만들 수 있는 것일까. 이는 간단하지만 답을 얻기는 매우 어려운 질문이라는 것을 독자는 눈치챘을 것이다. 웨어러블이 죽음의 계곡을 건너기 위해서는 사용자로부터 이 질문에 "예."를 끌어낼 수 있어야 한다.

헬스케어 웨어러블 딜레마

필자는 헬스케어 웨어러블의 돌파구를 찾기 위해서 해결해야 할 가장 핵심적인 두 가지의 이슈가 있다고 생각한다. 웨어러블과 관련한 다양한 부차적인 문제들이 얽혀 있지만, 그 문제를 하나하나

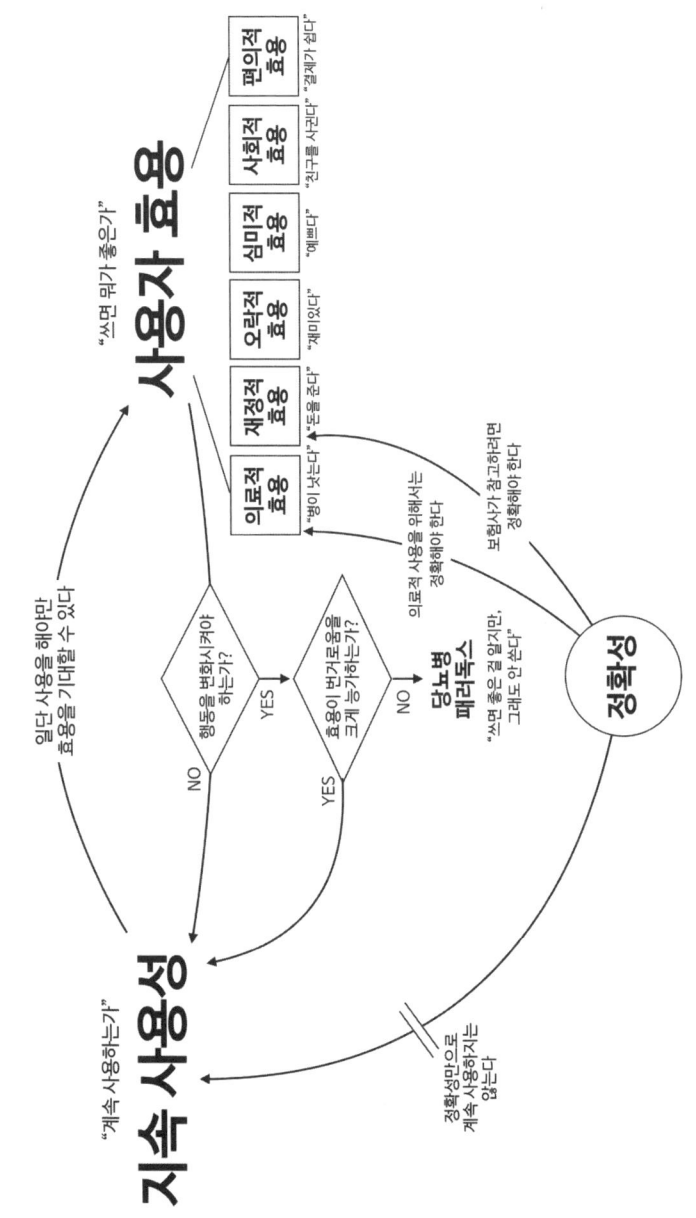

19장 헬스케어 웨어러블 딜레마: 돌파구는 어디에

짚어가다 보면, 결국 이 두 가지 이슈를 중심으로 귀결된다.

- 지속 사용성: 어떻게 사용자가 웨어러블을 지속적으로 사용하게 할 것인가?
- 사용자 효용: 웨어러블을 사용하면 사용자가 어떤 효용을 얼마나 받을 수 있는가?

웨어러블의 모든 문제는 이 두 이슈를 해결하기 위한 전제조건이거나, 반대로 이 이슈의 해결에 동반된다고도 볼 수 있다. 이러한 관계를 그림으로 나타내면 '헬스케어 웨어러블 딜레마' 개념도와 같다. 다소 복잡해 보이는 그림이지만, 웨어러블을 둘러싼 복잡한 이슈들의 상호관계가 간결하게 정리되어 있다. 앞으로 이 장의 모든 논의는 이 개념도를 기반으로 진행할 것이다.

이 개념도를 '헬스케어 웨어러블 딜레마'라고 이름 붙인 이유는 바로, '지속 사용성'과 '사용자 효용'의 두 가지 핵심 이슈가 서로 닭과 달걀의 관계에 있기 때문이다. 하나의 이슈를 해결하려면 다른 이슈의 해결이 전제되어야 하는 관계가 서로 성립하는 것이다.

사용자 효용을 위해서는 지속 사용성이라는 문제를 해결해야 한다. 즉, 일단 웨어러블을 사용하기는 해야 사용자에게 효용도 줄 수 있기 때문이다. 웨어러블을 사용한다는 것만으로 무조건 사용자에게 효용을 줄 수 있는 것은 아니지만, 반대로 웨어러블을 사용하지 않고 서랍 속에 처박아두면 사용자에게 효용을 제공할 기회 자체가 사라진다.

하지만 사용자로 하여금 웨어러블을 지속적으로 사용하게 한다는 것은 매우, 매우, 매우, 매우 어려운 문제이다. 사용자가 웨어러블을 사용하는 것은 많은 경우 심리적, 물리적 행동의 변화behavioral change를 수반한다. 사람의 행동을 변화시키는 것이 어렵다는 것은 누구나 알고 있다. 다이어트를 위해 열량이 높은 음식을 입으로 못 가져가게 하고, 금연을 위해 담배를 입에 물지 못하게 하는 것과 마찬가지로, 아침에 일어나서 충전해두었던 핏빗을 손목 위에 올려놓는 행동을 유도하는 것도 극도로 어려운 일이다(실제로 이 행동 변화 유도는 그 자체로 하나의 독립적인 연구 분야이기도 하다).

반대로 지속 사용성을 위해서는 사용자 효용성 문제를 해결해야 한다. 웨어러블을 지속적으로 사용하게 하려면, 사용자가 어떤 식으로든 웨어러블에서 효용을 충분히 얻어야 하기 때문이다. 사실 꽤 큰 효용이 있어도 웨어러블을 사용하지 않을 수는 있지만, 반대로 아무런 효용이 없는 웨어러블을 구태여 계속 사용할 사람은 없을 것이다.

웨어러블의 사용자 효용에는 여러 가지 유형이 있다. 사용하면 질병을 진단, 예방하거나 치료해줄 수도 있고(의료적 효용), 돈이나 금전적인 인센티브를 줄 수도 있으며(재정적 효용), 재미를 느끼게 해줄 수도(오락적 효용), 예쁘거나 멋있어서 사용자를 돋보이게 만들어줄 수도(심미적 효용), 혹은 친구를 사귀게 해주거나 경쟁에서 이겨 성취감을 느끼게 해줄 수도 있다(사회적 효용).

그런데 사용자 효용의 창출을 통해서 지속적인 사용을 유도하는 것은 단순히 그림에서 보이는 것보다 훨씬 더 복잡한 문제다. 무엇보다, 극도로 파편화되어 있는 헬스케어 혹은 의료 시장의 특수성을 이해해야만 한다. 예를 들어, 어떤 사람에게 큰 효용을 주는 웨어러블이 또 다른 사람에게는 아무런 효용을 주지 못할 수도 있다.

더 나아가, 필자가 전작, 『헬스케어 이노베이션』에서 익히 강조한 바 있는 '당뇨병 패러독스'의 문제가 여기에도 깊이 관여하게 된다. 이 문제를 해결하지 못하면 '사용하면 좋다는 것을 익히 알고 있지만, 그래도 안 쓰는' 현상이 발생하고 만다. 즉, 절대적인 효용이 문제가 아니라, 웨어러블을 사용하기 위해 사용자가 자신의 행동을 변화에 수반되는 '번거로움 대비 효용의 상대적인 크기'가 중요하다는 것이다.

'헬스케어 웨어러블의 딜레마'라는 개념에 대한 전반적인 소개는 이 정도로 하고, 이제는 각각의 요소를 차례대로 하나씩 다양한 실제 사례들과 함께 살펴보도록 하겠다. 지속 사용성과 사용자 효용을 본격적으로 논의하기에 앞서, 헬스케어 웨어러블에서 '정확성'을 짚고 넘어가도록 하겠다. 보통 웨어러블 연구자들이나 개발사들이 가장 먼저 해결하려는 것이 바로 이 부분이기 때문이다. 그런데 헬스케어 웨어러블은 정말로 정확해야 할 필요가 있을까?

웨어러블이 정말 정확해야 하는가?

웨어러블의 기능이나 효용에 대해서 논하다 보면, 항상 빠지지 않는 것이 바로 정확성이다. 보행수, 칼로리, 스트레스, 체온, 심전도, 혈압 등 웨어러블이 측정한 수치가 너무 부정확하면 웨어러블을 사용할 이유가 크게 줄어들기 때문이다. 그렇다면 시중에 나와 있는 웨어러블의 정확도는 과연 얼마나 검증된 것일까? 웨어러블은 어느 정도로 정확해야 할까? 그리고 더 나아가, 웨어러블의 정확성은 과연 얼마나 중요할까.

현재 시장에 출시된 웨어러블 중에 가장 일반적인 것은 손목밴드

한때 필자의 손목. 지금은 애플워치만 남아 있다.

형태의 활동량 측정계activity tracker이다. 핏빗, 애플워치, 미밴드, 미스핏 등이 대표적이다.* 이 종류의 웨어러블은 가속도계 센서를 바탕으로 사용자의 움직임을 인식하여 보행수와 칼로리 소모량을 측정한다. 심지어는 스마트폰의 다양한 애플리케이션으로도 보행수와 칼로리 소모량을 측정할 수 있다.

가장 정확한 웨어러블

그런데 이 중에 어느 것이 가장 정확할지에 대해서는 누구나 한 번쯤 의문을 가져봤을 것이다. 실제로 이들을 모두 함께 사용한 후에 결과를 비교해보면, 측정된 보행수와 칼로리 소모량은 기기마다 조금씩 다르다. 필자가 직접 경험해본 바로도 그렇다. 이 중에 어떤 것이 과연 가장 정확한지를 밝히기 위한 연구는 다수가 있지만, 여기에서는 대표적으로 두 가지 정도만 살펴보려 한다. 둘 다 『미국의

---

* 활동량 측정계와 스마트 워치는 다른 카테고리로 분류하기도 하지만, 여기에서는 편의상 통칭하기로 한다. 양쪽 모두 활동량을 측정하는 기능은 기본적으로 가지고 있다.

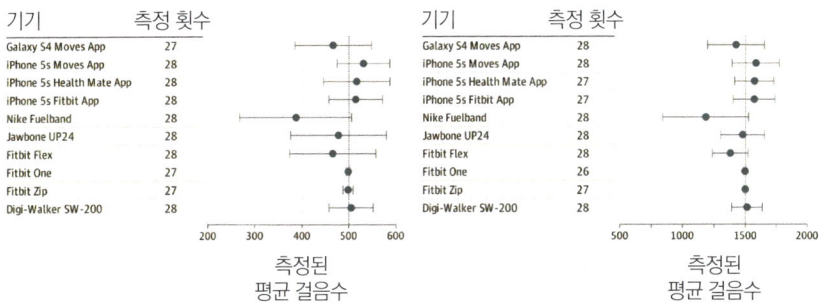

보행수를 가장 정확하게 측정하는 웨어러블은 무엇일까 (출처: 『미국의사협회저널JAMA』, 2015)[11]

사협회저널JAMA』라는 저명한 의학 저널에 소개된 연구이다.

첫 번째 연구는 『미국의사협회저널JAMA』에 2015년 출판된 연구로, 여러 스마트폰 애플리케이션과 여러 웨어러블의 보행수 측정 정확도를 비교하였다.[11] 핏빗 플렉스, 조본업, 나이키 퓨얼밴드 등의 손목밴드형 웨어러블과, 핏빗 원, 핏빗 집 등의 클립 형태의 기기, 그리고 아이폰 5S와 갤럭시 S5의 여러 앱을 사용했다. 14명의 참가자는 이 모든 웨어러블과 스마트폰을 착용하거나 혹은 주머니 속에 넣은 다음, 트레드밀에서 각각 500걸음, 그리고 1,500걸음을 걸었다. 그리고 각각의 기기로 측정한 보행수가 정답과 얼마나 차이가 나는지를 비교해보았다.

그 결과 각 웨어러블 및 스마트폰 앱의 정확도는 약간의 차이를 보여주었다. 손목밴드 형태보다는, 옷에 부착하는 클립 형태의 활동량 측정계가 수치도 정확하며 사용자들 사이의 편차도 적었다. 반면 손목밴드 형태나 스마트폰 앱은 상대적으로 편차가 크고 덜 정확했다. 특히, (지금은 시장에서 철수한) 나이키 퓨얼밴드의 경우에는 실험한 기기 중에 가장 부정확하고, 사용자들 사이에 편차도 컸

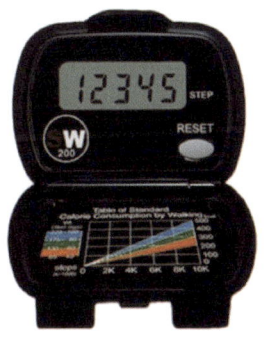

투박한 모양의 디지-워커 SW-200

다. 흥미롭게도 손목에 착용하는 기기 중에 가장 정확한 것은 핏빗, 조본업 등의 잘 알려진 기기가 아니라 야맥스라는 회사의 디지-워커Digi-Walker SW-200이라는 생소한 기기였다.

두 번째 연구는 일본 연구자들이 『미국의사협회저널JAMA』에 2016년 출판한 연구로, 손목밴드나 주머니에 넣고 다니는 웨어러블의 칼로리 소모량의 측정 정확도를 비교하였다.[12] 위딩스, 조본, 가민, 핏빗, 미스핏 등의 잘 알려진 밴드와 기존의 연구에서 증명되었던 생소한 이름의 기기들도 함께 테스트했다. 총 12개의 기기를 테스트하였으며, 19명의 성인이 참가했다.

사실 어떤 사람이 특정 기간 동안 칼로리를 얼마나 실제로 소모하였는지(이 연구에서는 '정답'에 해당하는 수치)를 계산하는 것은 상당히 까다로운 문제로, 이 연구에서는 두 가지 방식을 사용했다. 한 가지는 특수한 방에 들어가서 24시간 동안 일상생활을 흉내낸 표준적인 여러 활동(식사, 수면, 집안일, TV 시청, 트레드밀 걷기 등등)을 하면서 산소 소모량과 이산화탄소 배출량을 측정하여 칼로리 소비를 평가하는 것이다. 다른 방식은 15일간 자유롭게 일상생활을 하되, 소변을 모두 모아 검사함으로써 칼로리 소모량을 측정하는 것이

19명 환자의 총 에너지 소모에 대한 측정

기기명 (착용 부위)	표준화된 하루 (신진대사 측정실(메타볼릭 챔버)를 통해 측정)			일상생활 측정 (소변을 모아서 검사)		
	각 웨어러블 디바이스와 메타볼릭 챔버를 통해 측정한 총 에너지 소모의 차이	각 웨어러블 디바이스로 측정한 총 에너지 소모의 평균 (표준편차)	스피어만 순위 상관 계수	각 웨어러블 디바이스와 소변 분석을 통해 측정한 총 에너지 소모의 차이	각 웨어러블 디바이스로 측정한 총 에너지 소모의 평균 (표준 편차)	스피어만 순위 상관 계수
Withings Pulse O₂ (wrist)		1814.8 (230.3)ᵇ	0.88		1796.6 (246.5)ᵇ	0.82
Jawbone (UP24) (wrist)		1815.8 (206.8)ᵇ	0.89		1724.2 (229.7)ᵇ	0.81
Garmin Vivofit (wrist)		1844.1 (268.3)	0.90		1811.6 (274.8)ᵇ	0.85
ActiGraph GT3X (waist)ᶜ		1919.8 (343.0)	0.88		1789.5 (334.2)ᵇ	0.80
Suzuken Lifecorder EX (waist)		2051.8 (277.7)	0.93		2034.4 (298.3)	0.83
Panasonic Actimarker (waist)		2081.5 (329.9)	0.92		2069.8 (320.3)	0.85
Epson Pulsense (wrist)		2128.9 (206.2)	0.71		2097.4 (292.9)	0.82
Tanita AM-160 (pocket)		2138.0 (363.3)	0.92		2094.4 (402.3)	0.85
Fitbit Flex (wrist)		2219.3 (327.5)	0.90		2142.5 (354.4)	0.84
Misfit Shine (wrist)		2221.5 (312.4)	0.84		2084.1 (330.8)	0.85
Omron Active Style Pro (waist)		2268.3 (367.2)	0.92		2245.2 (359.5)	0.88
Omron CaloriScan (pocket)		2297.5 (345.5)	0.93		2221.3 (384.5)	0.88

칼로리 소모를 가장 정확하게 측정하는 웨어러블은 무엇일까. (출처: 『미국의사협회저널 JAMA』, 2016)[12]

다. 참가자들은 12개의 기기를 착용하고 두 방식의 테스트 모두에 참여하였다.

그 결과 이 연구의 경우에도 기기들 사이에 칼로리 소모 측정 정확도는 다소 차이가 났다. 정답과 근접하게 측정한 기기도 있는가 하면, 칼로리를 더 적거나 많이 계산한 경우도 있었다. 또한 대부분의 기기가 계산한 칼로리와 정답의 상관관계는 0.8 이상으로 높은 편이었다. 즉, 칼로리 소모량의 정답 수치를 절대적으로 정확하게 맞추지는 못하더라도, 정답 수치가 높으면 계산된 수치도 높고, 정답이 낮으면 계산 결과도 낮은 경향은 잘 보였다는 것이다. 흥미로운 것은 과거의 연구에서도 증명되었으나, 우리에게는 여전히 낯선 기기들(파나소닉 엑티메이커, 스즈켄 라이프코더 EX, 엑티그래프 GT3X 등)이 핏빗, 조본, 위딩스 등 시장에 잘 알려진 기기들보다 더 정확한 결과를 보인 경우가 많았다는 것이다.

웨어러블은 과연 정확해야 하는가

그런데 이러한 연구에서 우리는 무엇을 얻어야 할까? 두 연구의 내용을 다소 장황하게 설명하는 것을 보고, 이미 눈치를 챈 독자가 있을지도 모른다. 이 연구결과에서 우리는 웨어러블의 정확도가 과연 얼마나 중요하며, 정확해야 한다면 얼마나 정확해야 할지에 대해 다시 한번 생각해보게 된다. 특히 앞서 설명한 '헬스케어 웨어러블 딜레마' 개념도에 입각하면 더욱 그러하다.

웨어러블에서 가장 중요한 두 축은 지속 사용성과 사용자 효용이라고 강조했다. 특히 지속 사용성과 사용자 효용은 닭과 달걀의 관계로, 일단 둘 중 하나를 크게 높일 수 있으면, 다른 하나도 함께 높일 수 있다. 그렇다면 정확성은 지속 사용성이나 사용자 효용을 높여줄 수 있을까?

일단 정확성은 지속 사용성을 높여주지 못한다. 사람들은 단지 정확하다는 이유 하나만으로 웨어러블의 구매를 선택하거나, 특히 '계속', '꾸준히' 사용하겠다는 동인을 얻지 못하기 때문이다. 단적으로, 웨어러블 기기가 정확할수록 시장에서도 성공적이라면, 앞선 두 연구에서 가장 정확했던 기기들이 먼저 시장에서 대박을 터뜨렸을 것이다. 하지만 디지-워커 SW-200 등 정확도는 높지만, 시장에서는 존재감이 희박한 기기가 많았다.

활동량 측정계 중에 정확도라면, '바디미디어BodyMedia'라는 기기를 빼놓을 수 없다. 이 기기는 활동량 측정계 중에서 거의 유일하게 임상적 정확도를 입증하여 FDA 의료 기기 인허가까지 받은 기기이다. 하지만 독자 중에 바디미디어를 들어본 사람은 별로 없을

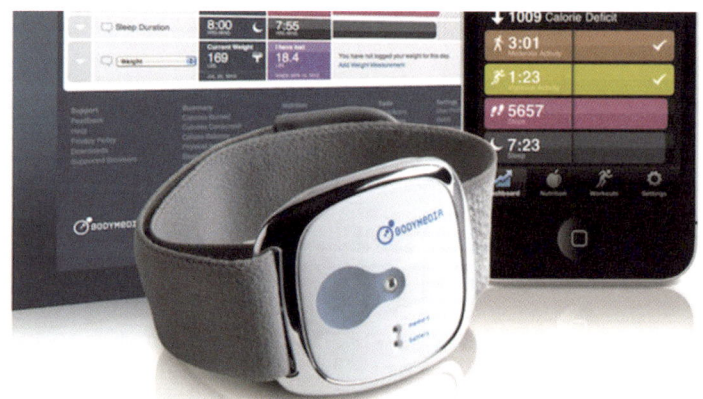

FDA로부터 의료 기기 승인을 받았던 활동량 측정계 바디미디어

것이다. 이 회사는 2013년 조본에 인수된 이후, 2016년 초에 조본 내에서도 명맥이 끊어졌고, 2017년 조본의 피트니스 트래커 시장 철수와 함께 잊힌 이름이 되었다.[13, 14] 즉, 가장 정확한 기기라고 해서, 가장 성공적인 웨어러블 기기가 된다는 보장은 없다.

그럼에도 불구하고 정확성은 중요하다. 웨어러블의 또 다른 한 축인 사용자 효용의 측면에서 그렇다. 무엇보다도 정확성이 너무 낮으면 사용자에게 줄 수 있는 효용이 거의 없다. 사용자 효용이 없다면(닭과 달걀의 관계에 있는) 지속 사용성을 높이는 것도 요원해진다. 반면, 정확도를 통해서 사용자 효용을 높일 수 있다면, 지속 사용성도 높일 가능성이 생긴다. 즉, 정확성은 지속 사용성을 직접 높이지는 못하지만, 사용자 효용의 상승을 통해 간접적으로 지속 사용성을 높일 수는 있다는 것이다.

여기에서 중요한 것은 웨어러블이 사용자에게 어떠한 효용을 제공할 것인지에 따라서 정확성의 중요도, 그리고 '어느 정도까지' 정확해야 할지가 다르다는 것이다. 앞서 언급한 웨어러블의 다섯 가지 사용자 효용 중에서, 매우 높은 절대적 정확성이 필요한 부문은 의료적 효용과 재정적 효용 정도라고 본다. 반면, 오락적 효용, 심미적 효용, 사회적 효용을 위해서는 매우 높은 수준의 정확도가 꼭 필요한 것은 아니다.

추후 사용자 효용을 논할 때 더 자세히 설명하겠지만, 의료적 효용과 재정적 효용을 위해서는 높은 정확도가 반드시 담보되어야 한다. 대표적으로 질병을 예방하거나, 치료하기 위해서는 측정 결과가 매우 정확해야 한다. 특히 웨어러블이 체온, 혈압, 혈당, 심전도 등을 측정하는 의료 기기로 분류될 경우, 시장에 출시하기 위해서는 정확성을 입증하고 규제기관의 인허가를 반드시 받아야 한다 (다만 의료적 효용을 제공하는 웨어러블이 모두 의료 기기로 분류되는 것은 아니다). 또한 하루에 일정 걸음 이상을 걸으면 보험사에서 금전적인 인센티브를 제공하는 보험상품이 있다고 해보자. 실제로 해외에는 이런 보험상품이 활발하게 출시되고 있다. 이런 상품의 경우 보험사는 보행수를 정확하게 측정하고, 조작하기 어려운 웨어러블을 요구할 것이다.

이에 반해, 오락적, 심미적, 사회적 효용의 경우 '절대적 정확성'의 달성보다, 그보다 기술적으로는 덜 어려운 '상대적 정확성'의 달성 정도로도 목적했던 효용을 충분히 만들어낼 수 있다. 예를 들어, '포켓몬GO'와 같이 걷는 것이 동반되는 게임이나, 친구들과 비교해서 누가 더 많이 걸었는지를 경쟁하는 경우에 상대적인 정확도 정도만 확보해도 큰 문제는 없을 것이다. 특히 이 경우에는 사용자 사이에, 그리고 같은 사용자에 대해서도 어제와 오늘을 비교했을 때 일관적인 결과를 주는 것이 중요하다. 즉, 앞선 『미국의사협회저널JAMA』의 두 연구를 비교해보자면, 절대적인 수치의 정확성은 다소 떨어진다고 할지라도, 사용자 사이의 결과에 대한 편차가 낮고, 정답과 측정치의 상관관계가 높은 정도로도 충분할 수 있다는 것이다. 이 경우 절대적인 정확성에 지나치게 목을 매는 것은 불필요할 수 있다.

지속 사용성: 웨어러블 최대의 난제

그러면 이제 본격적으로 정말 중요하지만, 해결하기 어려운 문제를 다뤄보도록 하겠다. 헬스케어 웨어러블 딜레마를 구성하는 양대 축 중 첫 번째인, 지속 사용성의 문제다. 지속 사용성이라는 말은 어렵게 들릴 수도 있겠지만, 사실 웨어러블을 한 번이라도 사용해본 사람이라면 누구나 깨달았을 문제다. 바로 웨어러블을 사용자들이 일정 시간이 지나면 사용하지 않게 된다는 것이다. 핏빗, 미밴드 등의 활동량 측정계의 사용을 시작한 지 얼마 지나지 않아, 이를 서랍 속에 처박아두고 찾지 않은 경험은 많은 독자들도 이미 경험하였을 것이다.

'헬스케어 웨어러블 딜레마' 개념에서도 지적했듯이, 웨어러블의 지속 사용성이 낮다는 것은 웨어러블의 효용성에도 치명적인 영향을 준다. 왜냐하면 일단 착용을 해야만 사용자에게 어떤 식으로든 효용도 제공할 여지가 생기기 때문이다. 이렇게 지속 사용성이 낮다는 것은 헬스케어 웨어러블이 가지고 있는 최대의 난제이며, 웨어러블의 딜레마를 해결하기 위해서 반드시 풀어야 할 숙제이기도 하다. 사실 이 지속 사용성 문제는 웨어러블 분야에서 누구나 알고 있지만, 아직 누구도 완벽히 해결하지는 못한 문제이다.

이번 챕터에서는 웨어러블에 한해서 지속 사용성이 낮다는 것을 주로 다루고 있지만, 사실 이는 다른 디지털 헬스케어, 혹은 일반 헬스케어나 의료 전반에서도 근본적인 문제이다. 단적으로 모바일 헬스케어 앱에도 이 문제는 똑같이 적용된다. 예를 들어, 눔과 같은 식단 기록을 통한 체중 감량과 당뇨 예방을 목적으로 하는 앱의 경우, 사용자가 일단 앱을 계속 사용해야만 의도했던 효과를 제공할 수 있다. 앱 개발사에서는 이를 재방문율retention rate이라는 수치로 측정하여 관리하며, 조금이라도 더 높은 수준으로 유지하기 위해 큰 노력을 한다.

더 나아가서는 의료계에서 잘 알려진 '복약 순응도' 문제도 있다. 환자가 처방받은 약을 빼먹거나 과다 복용하지 않고, 얼마나 제대로 복용하느냐는 것이다. 실제로 상당수의 환자가 단순히 잊어버리거나 자의적인 이유로 약을 처방받은 대로 복용하지 않으며, 이는 불필요한 의료 비용과 입원 등 사회적인 비용을 야기한다.[15] 이러한 복약 순응도 문제 역시 '건강 행동을 계속하게 만드는 것'이므로 지속 사용성과 밀접한 관련이 있다. 의료계에서는 이 문제를 해결하기 위해 환자 교육 등의 전통적 방법뿐만 아니라 최근에는 스마트폰 알람이나 스마트 약통smart pill box과 같은 디지털 헬스케어 측면의 해결책도 많이 시도되었다. 하지만 지난 수십 년간의 노력에도 불구하고 복약 순응도 문제는 여전히 난제로 남아 있다.[16, 17]

웨어러블, 얼마나 오래 사용하나

그렇다면 웨어러블을 얼마나 지속해서 사용하지 못하길래, 이것이 그렇게 심각한 문제라는 것일까? 여기에 대해서는 몇 가지 데이터가 있다. 이 문제에 대해서 가장 많이 인용되는 데이터는 엔드

웨어러블을 얼마나 오래 사용할까 (출처: 록헬스)[19]

에버 파트너스Endeavour Partners라는 미국의 컨설팅 회사의 조사결과이다.[18] 수천 명의 미국인을 대상으로 했다는 이 조사에서는 시간이 지남에 따라서 웨어러블을 계속 사용하는 사용자의 비율이 얼마나 줄어드는지를 조사했다. 그 결과 최초 6개월 동안 가파르게 하락하여, 15개월이 지나면 절반 정도의 사용자만이 웨어러블을 여전히 사용한다.

하지만 필자를 포함한 많은 전문가, 그리고 일반 사용자들도 이 결과에 대해서는 약간 갸우뚱할 것이다. 실제로 주변에서 보거나, 개인적인 경험을 떠올려보더라도 웨어러블을 착용했던 기간이 엔드에버 파트너스의 결과보다는 더 짧은 경우가 많았을 것이기 때문이다. 주변의 지인들이 웨어러블을 6개월 이상 꾸준하게 착용하는 경우를 얼마나 본 적이 있는가?

이에 실리콘밸리의 투자기관이자 연구기관인 록헬스에서는 연구를 인용하면서 자사의 직원들 10명을 대상으로 자체적인 조사를 진행한 결과 6개월 만에 사용율은 무려 20%로 떨어졌다.[19] 조

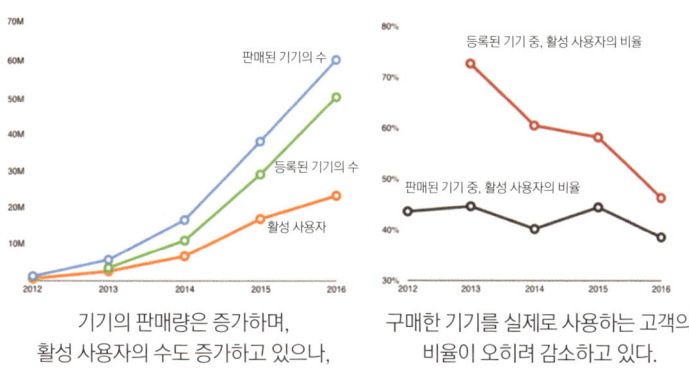

핏빗의 고민

기기의 판매량은 증가하며, 활성 사용자의 수도 증가하고 있으나,

구매한 기기를 실제로 사용하는 고객의 비율이 오히려 감소하고 있다.

핏빗의 낮은 지속 사용성

사 대상이 많지는 않으나, 디지털 헬스케어 업계를 선도하는 회사의 직원이라는 것을 고려하면 꽤 충격적인 결과이기도 하다. 하지만 필자는 개인적으로 이 록헬스의 결과가 현실을 더 잘 반영한다고 생각한다.

핏빗의 활성 사용자

그렇다면 웨어러블의 대명사 핏빗의 경우에는 지속 사용성은 어떨까? 앞서 소개했듯이, 핏빗은 한국계 미국인 제임스 박_{James Park}이 2007년 창업한 이후 2016년까지 전 세계적으로 무려 6,000만여 개를 판매한, 명실상부한 웨어러블 업계의 대명사다. 지속 사용성이 웨어러블의 고질적인 문제라면 분명 핏빗도 이에 대해 많은 고민을 했을 것이다. 더 나아가 핏빗 정도 되는 기업이라면, 이 문제에 대해서 좀 더 나은 결과를 보여주지는 않을까?

하지만 핏빗도 이런 낮은 지속 사용성의 문제에서 예외는 아닐뿐더러, 오히려 이 문제를 적나라하게 보여주고 있다. 핏빗은 지속

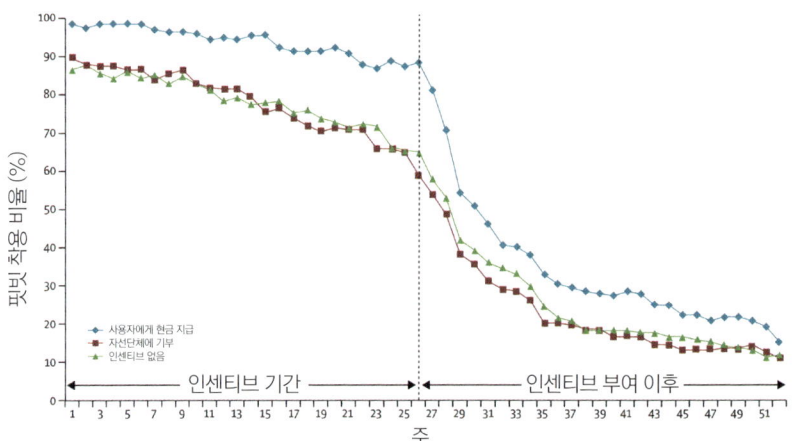

최초 6개월 동안의 인센티브 유무와 상관없이, 이후 6개월 동안 아무런 인센티브가 없으면, 핏빗의 활성 사용자는 10% 내외로 줄어든다. (출처: Lancet Diabetes Endocrinol)[21]

사용성의 문제를 파악하기 위해서 판매된 기기, 혹은 사용 등록된 기기 중에 소위 '활성 사용자active user'의 비율을 계속 측정하고 있다. 활성 사용자는 말 그대로 실제로 기기를 활발하게 사용하는 고객을 의미한다. 핏빗의 입장에서는 활성 사용자의 비율이 높을수록 긍정적일 것이며, 반대로 만약 활성 사용자의 비율이 낮다면 고객이 구매한 이후에 실제 사용을 하지는 않는다는 것이므로 절대 달갑지 않은 이야기가 된다.

핏빗은 이러한 활성 사용자의 비율을 측정하기 위해서, 먼저 활성 사용자가 누구인지를 정의했다. 핏빗의 연간보고서 등에 따르면 활성 사용자는 아래의 조건 중 적어도 하나를 충족시키는 사용자로 정의했다.[20]

- 최근 3개월 동안 핏빗의 활동량 측정계나 스마트 체중계를 핏빗 계정에 연동한 적 있는 사용자

- 최근 3개월 동안 핏빗에 100걸음 이상이 기록되거나, 스마트 체중계로 체중을 측정한 적 있는 사용자
- 핏빗 프리미엄이나 핏스타FitStar 등 부가 유료 서비스 사용자

이처럼 핏빗은 활성 사용자를 상당히 느슨하게 정의하고 있다. 특히, 최근 3개월 동안 단 한 번의 계정 연동이나, 100걸음밖에 되지 않는 수치로 정말 활성 사용자를 가려낼 수 있을 것인지는 이론의 여지가 있어 보인다. 아무튼, 이러한 기준으로 구매자, 혹은 등록한 사용자 중에 활성 사용자의 비율은 얼마나 될까.

놀랍게도 활성 사용자의 비율은 전체 구매 고객이나, 구매 후 기기를 등록한 고객을 기준으로 매년 30~40%대에 머물고 있다. 특히 전체 판매 대비 활성 사용자의 비중은 2012년부터 40%대를 유지하다가, 2016년 들어서는 30%대로 떨어졌다. 등록된 기기 중의 활성 사용자는 해마다 감소해서 2016년에는 40%대로 떨어졌다.

특히 최근 몇 년 동안 핏빗의 판매량은 오히려 꾸준히 늘어났다는 것을 고려한다면(핏빗은 2015년, 2016년에 각각 전 세계적으로 2,000만 개 이상을 팔았다), 이러한 활성 사용자의 감소는 오히려 예전보다 더욱 많은 수의 사용자가 사용을 그만둔다는 것을 의미한다. 더구나 핏빗이 정의한 활성 사용자의 기준 자체가 매우 느슨함을 감안하면, 매일 혹은 거의 매일 핏빗을 장기적으로 꾸준히 사용하는 '진성' 활성 사용자의 비율은 훨씬 더 낮을 가능성이 높다. 실제로 한 연구에서 핏빗을 착용한 지 12개월 이후의 활성 사용자는 10% 정도밖에 되지 않는다(이 연구에서는 6개월 동안 금전적인 인센티브를 주다가, 이후 6개월간 인센티브를 주지 않은 후에 관찰하였다).[21] 특히, 이 연구에서 정의한 활성 사용자는 최근 일주일 동안 하루라도 500

보 이상 걸은 사람으로, 핏빗의 기준보다 더 엄격하다.

즉, 웨어러블의 대명사인 핏빗의 경우에도 이러한 지속 사용성의 문제를 심각하게 겪고 있다. 필자는 적어도 단기적으로는 핏빗의 장래를 그다지 밝게 보지는 않는데, 여러 이유 중의 하나가 바로 이 지속 사용성의 문제를 해결하지 못하고 있기 때문이다. 이렇게 낮은 활성 사용률로는 사업의 가치를 유지하기가 어렵다. 사용자가 구매 후에 기기를 사용하지 않는 것은 너무도 근본적인 문제이다.

사실 현재 웨어러블이 겪고 있는 암흑기의 가장 큰 원인 중의 하나가 바로 이 지속 사용성이 낮기 때문이다. 페블, 조본, 퓨얼밴드 등의 웨어러블이 결국 시장에서 성공하지 못했던 근본적 원인으로도 이 점을 빼놓을 수 없다. 사실 핏빗도 이 문제를 너무도 잘 알고 있다. 그렇기 때문에 사업 전략을 수정하면서 B2B 시장 진출, 의료 분야 진출 등 다방면의 해결책을 강구하고 있으나, 아직 해결은 다소 요원해 보인다.

난제를 푸는 두 가지 방법

이처럼 웨어러블의 지속 사용성 문제는 누구나 알고 있지만, 누구도 해결하지 못한 문제다. 이 문제를 해결하기 위한 답을 필자도 알고 있는 것은 아니지만, 이를 어떻게 접근해야 할지에 대한 몇 가지 방향을 제시해보려고 한다.

필자가 보기에 지속 사용성 문제를 해결하는 방식은 크게 두 가지로 나눌 수 있다. 이를 나누는 기준은 바로 사용자의 행동 양식이나 습관을 바꿀 것인지다. 즉, 첫 번째 방식은 사용자의 기존 행동 양식을 그대로 유지함으로써 웨어러블을 지속해서 사용하도록 유도하는 것이다. 두 번째 방식은 바로 사용자가 새로운 행동을 하도록 만들거나, 기존의 습관을 바꾸도록 하는 것이다. 이는 중요하기 때문에 다음과 같이 한 번 더 강조해보겠다.

- 지속 사용성을 높이는 두 가지 방향
  - 사용자가 기존의 행동을 바꿀 필요가 없는 경우
  - 사용자가 기존의 행동을 바꾸도록 유도하는 경우

확실한 것은 사람의 행동을 바꾸고 새로운 행동을 하게 만드는 것, 더 나아가 이 새로운 행동을 '지속해서' 하게 하는 것은 엄청나게 어려운 일이라는 점이다. 다른 사람이 새로운 행동을 하도록 마음먹게 만들고, 이를 실행에 옮기도록 하는 것은 물리적, 심리적, 재정적 저항을 넘어서야만 가능한 일이다. 더구나 이러한 행동 변화가 단 한 번에 그치지 않고 장기적으로 지속하게 만드는 것은 더욱 어려운 일이다. 이것이 어려운 이유는 작심삼일이라는 말이 왜 생겼는지, 새해만 되면 북적이는 피트니스 센터가 한두 달만 지나도 왜 한산해지는지, 금연과 다이어트는 왜 자꾸 결심만 반복하게 되는지를 생각해보면 쉽게 알 수 있다.

반면 사용자가 기존에 유지해오던 행동이나 습관에 기반을 둔 전략을 세우는 경우, 높은 지속 사용성을 달성하기가 상대적으로 쉽다. 새로운 습관을 만들어야 하거나, 기존의 행동을 바꿀 필요가 없으므로 당사자의 물리적, 심리적 저항도 덜하고, 해당 행동이 앞으로도 유지될 여지가 높아진다. 하지만 이 방향이라고 해서 장점만 있는 것은 아닐 것이다. 우리가 활용 가능한 선택지는 사용자가 기존에 해오던 행동과 습관의 범위로만 제한된다는 한계도 있다.

사실 이 두 가지 방향 중에서 어느 하나가 다른 것보다 모든 경우에 우월하다고 할 수는 없다. 더구나 사용 목적, 기술적 한계, 가격 등의 현실적인 제약 때문에 두 가지 방식 중에서 어쩔 수 없이 하나만 선택 가능한 경우도 많다. 이제부터는 지속 사용성을 높일 방안을 고민하기 위해, 이 두 가지 방향을 차례대로 다양한 사례와 함께 살펴보도록 하겠다.

기존의 습관에 묻어가기

웨어러블의 지속 사용성을 높이기 위한 첫 번째 방법은 사용자의 기존 행동이나 습관에 스며들어 자연스럽게 함께 묻어가는 것이다. 쉽게 이야기해서, 기존에 사람들이 착용하고 다니던 시계, 목걸이, 반지, 안경, 귀걸이, 벨트, 기저귀, 양말, 신발, 깔창 등의 형태로 만든 웨어러블을 생각하면 된다.

범위를 조금 더 넓게 이야기하자면, 특정한 상황에서 정기적, 반복적으로 신체가 접촉하는 주변의 가구, 기기 등도 포함된다. 예를 들어, 침대 매트리스, 자동차 핸들이나 시트, 변기 커버, 욕실 발판 등을 이용할 수 있으며, 사실 스마트폰도 이 범주로 분류할 수도

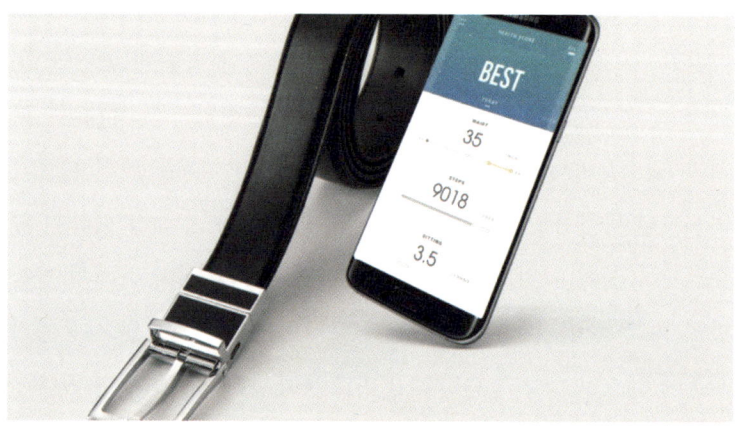

스마트 벨트, 웰트

있다. 이러한 것들을 웨어러블이나 사물인터넷 센서로 활용하는 경우 사용자의 기존 행동에 자연스럽게 녹아들 수 있으므로 물리적, 심리적 거부감도 적고, 장기간 높은 지속 사용성을 기대할 수 있다.

대표적인 사례로 한국의 스타트업 웰트WELT에서 만든 스마트 벨트를 보자. 겉으로 보기에는 평범한 정장 벨트처럼 보이지만, 사실은 활동량을 측정하는 웨어러블이다. 벨트 버클에 내장된 여러 센서를 통해서 활동량, 허리둘레, 식습관 등의 데이터를 측정할 수 있다. 사용자가 이 스마트 벨트를 사용하기 위해서 새로운 습관을 만들거나 기존의 행동을 바꿀 필요는 없다. 단지 원래 하던 것처럼 바지에 벨트를 착용하면 그만이다. 필자도 정장을 입을 때 즐겨 착용하는 웨어러블이다.

필자가 즐겨 사용하는 또 다른 웨어러블 중에 스마트 반지, 오라 링Oura Ring도 있다. 이 웨어러블은 언뜻 보면 일반적인 반지처럼 보이지만(사실은 일반 반지보다는 약간 더 두껍다) 반지 안쪽 면에 여러 센서가 내장되어 있어서 활동량, 심박수, 체온뿐만 아니라 사용

반지 형태의 웨어러블, 오라 링

침대 매트리스에 부착하는 수면 센서, 베딧

자의 수면을 모니터링해준다. 지난밤에 자신이 얼마나 깊이 잤는지에 대해 수면의 양과 질을 점검해볼 수 있다. 반지는 오래전부터 많은 사람이 즐겨 착용하는 액세서리이므로 착용하는 데 거부감이 적고, 익숙해지면 착용하고 있는지조차 잊어버릴 정도로 편하게 사용할 수 있다. 다만 이런 스마트 반지의 경우, 충전을 위해서 3~4일을 주기로 충전을 해줘야 한다는 번거로움은 있다.

또한 침대 매트리스 아래에 깔아두는 수면 모니터링 센서도 있다. 애플이 2017년 5월에 인수한 기업인, 베딧Beddit이 대표적이다.[22] 베딧은 긴 끈 형태의 기기로, 침대 매트리스 위에 좌우로 깔아두기만 하면 매일 밤 수면 시간, 수면의 질, 코골이 등을 측정할 수 있다. 이 역시 사용자가 한 번만 설치해두면 잠을 자는 행동 양식을 크게 바꿔야 할 필요가 없으므로, 지속 사용성을 높이기가 쉽다.

애플워치의 높은 지속 사용성

그런데 조금 의외일 수 있겠으나, 이러한 '기존 습관에 묻어가기'

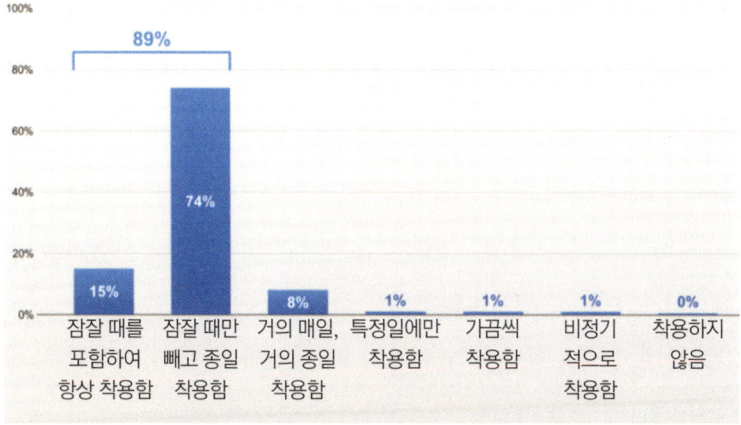

애플워치를 얼마나 자주 착용하는가 (출처: 리스틀리)

전략을 활용해서 높은 지속 사용성을 달성한 대표적인 사례로 애플워치를 빼놓을 수 없다. 앞서 설명한 웰트, 오라 링, 베딧을 들어보지 못한 독자라도 애플워치는 들어보았을 것이다. 2014년 애플이 발표한 스마트 워치인, 애플워치는 2017년 3분기까지 전 세계적으로 약 3,300만 개가 판매되었을 것으로 추정되고 있으며, 출시한 이후로 핏빗, 샤오미 등과 함께 손목에 착용하는 웨어러블의 시장점유율이 가장 높은 브랜드 중 하나이다.[23, 24]

잘 알려지지는 않은 것 같지만, 이러한 메이저 브랜드 중에서 애플워치는 예외적으로 높은 지속 사용성을 보여주고 있다. 그리고 애플워치가 이러한 높은 지속 사용성을 유지하는 중요한 이유 중 하나가 바로 사용자의 기존 행동 양식에 최대한 묻어가는 애플의 치밀한 포지셔닝, 혹은 사용자 인식 전략 때문이라고 생각한다.

통칭 '아이 워치'로 불리며 많은 루머와 기대를 낳던 애플의 첫 번째 스마트 워치는 '애플워치'라는 이름으로 2014년 9월 발표되었다. 그 자체로 시계이기도 한 이 애플워치는 아이폰과 연동되어 전화, 메시지, 메일 등의 알람을 받을 수 있고, 애플 페이를 통한 결제 기능도 가지고 있었다. 특히 헬스케어 측면에서도 가속도계와 심박센서를 활용하여 '액티비티activity'와 '워크아웃workout'이라는 두 개의 활동량 측정 기능을 기본으로 제공하기도 했다. 사실 이 애플워치가 처음 출시되었을 때의 평가는 상당히 엇갈렸다. 특히 스위스 시계 산업계 등에서는 애플워치가 매력이 없고, 일시적인 유행에 그칠 것이라고 평가절하하기도 했다.[25]

그런데 실제로 뚜껑을 열어보자 좀 달랐다. 구매한 고객들은 애플워치를 매우 좋아했다. 2015년 3월 판매가 시작된 지 몇 개월이 지난 2015년 7월 리스틀리Wristly의 조사결과, 애플워치의 고객 만족도는 무려 97%였다.[26] 이는 아이폰과 아이패드의 만족도인 92%, 91%를 능가하는 결과였다. 특히 충격적인 것은 1,030명을 대상으로 애플워치를 얼마나 자주 착용하는지에 대한 조사결과였다. 그 결과 애플워치를 '매일' 착용하는 사람은 86.1%, '거의 매일' 착용하는 사람은 12.3%로, 이를 합하면 무려 98% 이상이었다.[27] 애플 CEO 팀 쿡은 당시 애플의 투자자들에게 "94%의 애플워치 사용자들이 거의 매일 착용한다"는 자체 조사결과를 발표한 바 있는데, 이와 거의 동일한 수치였다.[28]

애플워치의 예외적으로 높은 지속 사용성은 후속 버전인 애플워치2에 대해서도 여전히 유지되었다. 애플워치2가 2016년 11월 판매를 시작한 이후, 리스틀리는 1,020명을 대상으로 애플워치 2의 지속 사용성에 대한 조사결과를 2017년 3월 발표하였다. 구체적인 결과는 아래와 같으며, 거의 매일, 혹은 그 이상의 빈도로 착용하는 사용자의 비율은 무려 96%에 달했다.[29]

- 매일 착용(취침 시까지 착용): 15%
- 매일 착용(취침 시에는 미착용): 74%
- 거의 매일(낮에만) 착용: 8%

애플워치는 스마트 워치인가?

필자는 지속 사용성의 해결을 원하는 웨어러블 산업계 종사자나 연구자라면 이 애플워치의 사례를 반드시 연구해야 한다고 생각한다. 이런 높은 수준의 지속 사용성을 보이는 것은 메이저 웨어러블 브랜드는 물론이고, 웨어러블 산업 전체를 통틀어서도 매우 드문 수준이다. 특히, 앞서 소개한 핏빗의 활성 사용자의 비율이 30~40%대에 머무는 것과 비교해보면 더욱 인상적이다.

애플워치가 이렇게 높은 지속 사용성을 보이는 이유는 상당히 복합적이라고 본다. 애플이라고 하는 브랜드의 고객 충성도, 아이폰과의 연동을 통한 스마트폰의 사용 편리성, 세련된 디자인 등등이 모두 이유가 될 수 있을 것이다. 이 중 일부는 '고객 효용성' 부분에서 다시 거론하게 될 것이다. 다만 여기서는 애플워치에 대해

애플워치

서 '기존 습관에 묻어가기' 전략을 애플이 세심하게 사용했다는 것을 중점적으로 지적하고자 한다. 이는 제품의 속성에 대한 정의, 제품 포지셔닝이나, 고객의 제품 인식, 홍보 전략과도 관련이 된다.

만약 애플워치가 처음 출시되었을 때 팀 쿡이나 조너던 아이브에게 "애플워치는 어떤 종류의 제품인가?" 하고 물었다면, 뭐라고 대답했을까? 아마도 "시계"라는 답이 돌아왔을 것으로 생각한다. '스마트 워치'가 아니라 말이다. 즉, 애플은 '스마트 워치'라는 새로운 카테고리의 제품이라기보다는, 기존에 고객들이 수백 년 동안 착용해오던 '시계'라는 카테고리로 인식되도록 치밀하게 노력한 것으로 보인다. 고객들에게 스마트 밴드나 스마트 워치는 기존에 착용해본 적 없는 새로운 기기라 구매가 망설여질 수도 있다. 하지만 시계는 다르다. 그동안 늘 착용해오던 것이기 때문에 새롭게 구매하고 사용해보는 데 심리적인 저항이 적기 때문이다. 이는 새로운 제품의 포지셔닝이나 카테고리 인식에 있어서 작지만 큰 차이다.

애플워치의 출시와 홍보에 대한 애플의 행보를 보면 이러한 노력이 세심하게 담겨 있다. 일단 제품의 이름부터 '시계'가 들어가 있다. 이는 '핏빗'이나 삼성의 '갤럭시 기어', 구글의 '모토360' 등과 비교해볼 때 아주 밋밋한 이름이다. 스마트 워치 혹은 팬시한 다른 이름이 아니라 그냥 시계였던 것이다. 2014년 팀 쿡이 처음으로 애플워치를 공개할 때 스크린에는 사과 모양의 애플 로고 옆에 이렇게 WATCH라는 글자만 떴다. 애플워치가 출시되기 전, 시장에서는 이미 '아이 워치'라는 이름으로 통칭되고 있었다. 하지만 아이폰, 아이패드에 이어 직관적으로 아이워치로 쉽게 이름을 짓지 않았던 이유도, 고객들이 익숙하지 않은 '스마트 워치'라는 새로운 카테고리의 제품으로의 이미지가 강하게 남을 것을 우려한 것이 아니었을까.

　더구나 팀 쿡이 애플워치를 세상에 처음으로 소개했던 첫 마디는 "우리는 최고의 시계를 만들기 위해 노력했습니다We set out to make the best watch in the world"였다. 특히, 피트니스 등 다른 모든 기능을 소개하기에 앞서서 "오차가 50밀리세컨드도 되지 않는 정확한 시계"라는 것을 가장 먼저 강조한 것도 의미심장하다. 스마트 워치의 장점을 강조하기 위해서 시간의 정확성을 먼저 언급한 것은 상당히 의외다. 하지만 스마트 워치가 아닌 '시계'로서 애플워치를 설명하려 했다면 이해할 수 있는 부분이다.

　또한 이러한 전략은 마케팅에서도 드러난다. 대표적으로 애플워치를 애플숍의 매대에서 진열하는 방식도 기존의 시계 매장의 진열대를 연상시켰다. 시계 매장에서 그러하듯, 투명한 유리로 된 진열대 아래에 다양한 디자인의 애플워치가 세련되게 진열되어 있었다. 애플숍에서 고객들은 이 진열대를 보고, 애플워치가 스마트 밴드나 스마트워치보다는 시계에 가깝다고 자기도 모르게 인식하게 되었을 것이다.

　이러한 노력은 애플워치의 디자인 곳곳에도 녹아 있다. 다양한 디자인의 시곗줄을 갈아 끼울 수 있으며, 마케팅 전면에 노출되는 은색의 금속 시곗줄은 기존의 시계를 떠올리게 했다는 점, 기능상 다른 방식으로 구현할 수 있었음에도 시계의 우측에 달린 용두(태엽 꼭지)를 이용하여 다양한 기능을 구현한 점, 시계 디자인을 고르듯 애플워치 화면을 취향대로 선택할 수 있도록 한 점 등이 그러하다. 특히 기존 시계의 이미지와 연관되는 용두와 은색 금속 시곗줄 등은 팀 쿡의 발표 영상에서도 두드러지게 강조되었다. 다른 스마트 워치도 이러한 전략의 일부를 유사하게 채택하고 있지만, 애플

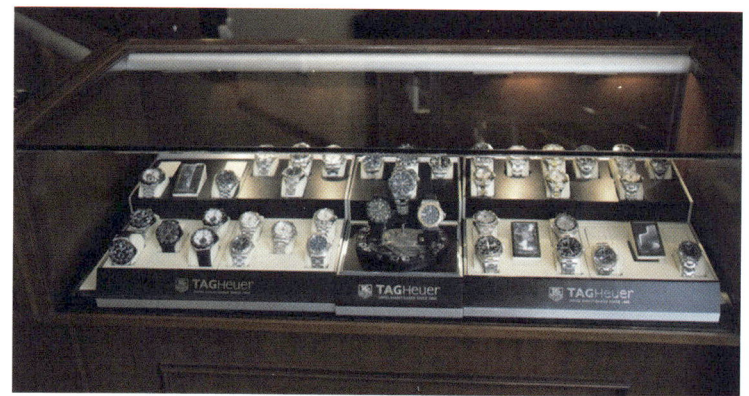

기존 시계 매장의 진열대

애플숍의 애플워치 진열대

워치처럼 제품 인식이나 포지셔닝을 위해서 의도적이고 종합적인 전략이 사용된 경우는 당시 흔하지 않았던 것 같다.

그렇기 때문에 애플워치의 출시 직전, 애플의 디자인 최고 책임자 조너던 아이브가, "스위스 시계 산업이 곤경에 처할 것"이라고 언급했던 것도 허투루 들리지 않는다.[30] 애플이 애플워치를 이미 스마트 워치보다는 일반 시계에 가깝게 포지셔닝하려 했고, 이 때문에 기존 시계 산업과의 경쟁을 예상한 것이다. 2014년 처음 공개된 애플워치를 보고 스위스 시계 산업의 주요 인사들은 애플워치가 스위스 시계의 경쟁자가 되려면 아직 멀었다고 코웃음 쳤다.[25] 하지만 그로부터 불과 몇 년이 지난 2017년 실제로 스위스 시계 산업은 애플워치 때문에 판매량 급감 등의 큰 타격을 입고 있다는 분석이 쏟아졌다.[31-35] 특히 2017년 4분기에는 애플워치의 판매량이 스위스 시계 판매량을 처음으로 앞지르기도 했다.[32]

애플워치가 스위스 시계 산업에 경쟁자가 되었다는 것이 꼭 애플워치가 '시계'로 포지셔닝 되었기 때문이라는 법은 없다. 어차피 손목에 시계나 스마트 밴드를 두 개 이상 차지는 않기 때문에, 애플워치가 굳이 시계로 고객들의 뇌리에 박히지 않았어도 기존 시계 산업의 매출에 영향을 줬을 수도 있다. 하지만 애플워치의 출시가 핏빗의 판매량에는 또 영향을 미치지 않았다는 데이터를 보면,[36] 실제로 시계와 스마트 워치, 활동량 측정계의 시장은 같은 듯하면서도 또 서로 구분되기도 한다는 점을 알 수 있다.

애플워치의 높은 지속 사용성을 단순히 '시계'로서 고객이 인식하도록 포지셔닝했다는 것만으로 설명할 수는 없다. 하지만 고객에게 심리적으로 낯설고 기존에 없던 기기라는 인상을 너무 심어 주지 않도록, '기존의 습관에 묻어가기' 전략을 애플이 세심하게 발휘했다는 점은 결코 무시할 수 없는 부분이라고 생각한다.

기존 행동 활용의 한계

하지만 이렇게 사용자의 기존 행동을 바꾸지 않고 그대로 활용하는 전략이 무조건 장점만 있는 것은 아니다. 지속 사용성을 높이기는 쉽지만, 무엇보다 해당 기기의 유형이나, 활용하려는 기존 행동의 형식, 착용 부위, 측정 빈도와 데이터의 종류 등에 제한되는 한계가 있다. 이는 '헬스케어 웨어러블 딜레마'에서 지속 사용성보다는 사용자 효용을 높이는 데 걸림돌이 될 수 있다.

앞서 설명했던 벨트 형태의 웨어러블, 웰트를 생각해보자. 현재 웰트는 정장 벨트 형태의 웨어러블만 출시한 상태다. 웰트는 정장을 입을 때 벨트를 차는 기존 행동을 전혀 바꾸지 않으므로 지속 사용성을 높이기에 유용하다. 하지만 벨트라는 기기의 형태가 가지는 한계가 있을 수밖에 없다. 예를 들어, 벨트를 풀고 있을 때, 벨트를 착용하지 않는 트레이닝복이나, 캐주얼한 옷을 입고 있을 때는 (청바지에 정장 벨트를 차지 않는 이상) 이 기기를 통해 데이터를 측정할 수 없다. 또한, 여성복의 경우에는 벨트를 착용하지 않는 경우도 많으며, 남성 정장의 경우에도 여러 디자인의 벨트를 번갈아 착용하는 것을 선호하기도 한다.

그뿐만 아니라, 측정 부위나 측정 가능한 항목, 빈도 등이 기존 행동에 제한되는 경우도 많다. 벨트를 포함하여, 자동차 시트, 침대 매트리스 등을 웨어러블이나 사물인터넷 센서로 활용하여 데이터를 측정하는 경우를 생각해보자. 이 경우 사용자의 기존 행동에 맞춰 정기적으로 측정할 수 있다는 장점이 있지만, 측정 방식상 사용자의 피부에 직접 센서가 접촉하지 못한다는 단점이 있다. 즉, 피부에 접촉해야만 측정할 수 있는 심전도, 혈당, 심박, 체온 등의 다양한 의학적인 데이터는 얻기가 쉽지 않다는 한계가 있다(물론 향후 기술이 발전되면 이런 한계점이 개선될 여지는 있다. 예를 들어, 포드는 2011년 자동차 시트에 심박 센서를 붙여서 옷을 입고 있는 운전자의 스트레스를 측정하려는 시도를 한 적이 있다.[37, 38] 다만 기술적 한계 때문인지, 시장성 때문인지 해당 계획은 2015년 공식적으로 철회되었다[39]).

포드가 개발하려 했던 운전석 심박 센서 (출처: IEEE)[38]

다만 여기서 한 가지 짚고 넘어가고 싶은 것은 침대, 자동차 핸들이나 시트, 변기 커버, 욕실 발판 등의 경우에 큰 장점이 한 가지 있다는 것이다. 바로 매일 (혹은 그에 상응하는 일정한 간격으로) 같은 환경에서 사용자의 데이터를 장기적으로 측정할 수 있다는 것이다. 예를 들어, 자동차 운전석에 부착된 센서를 활용하면 '매일 아침 출근할 때'와 같은 동일한 상황에서의 데이터를 장기간 축적할 수 있다. '매일', '같은 조건에서', '장기적인' 데이터의 측정은 의학적으로 큰 의미를 가진다.*

구글 글래스의 실패 원인: 쪽팔림

기존의 기기를 사용하여 사용자 행동을 바꾸지 않는 경우라고

---

* 자동차를 디지털 헬스케어 분야에서 활용하는 방안에 대해서는 23장 '자동차, 헬스케어를 더한다면'에서 더 상세히 살펴본다.

할지라도 사용자의 인식이나, 사용자 경험이 좋지 않은 경우가 있다. 디자인, 충전 등의 요소로 인해 물리적으로 사용이 불편해지거나, 주변 사람의 눈에 너무 쉽게 띄어서 심리적인 부담을 주는 경우다. 이러한 물리적, 심리적 불편함을 통틀어서 부정적인 사용자 경험이라고 통칭할 수 있다.

대표적인 경우가 바로 구글 글래스이다. 안경은 비록 오래전부터 사람들이 착용해오던 대중적인 액세서리다. 하지만 구글 글래스는 기존의 안경에서 조금 더 나갔고, 이는 결과적으로 나쁜 사용자 경험을 초래했다. 물론 구글 글래스의 경우 배터리 수명이 길지 않아서 자주 충전해야 한다는 '물리적인' 불편함도 있었다. 안경의 특성상 배터리의 하중이 고스란히 코 패드에 전달되기 때문에 대용량 배터리를 내장하기 어려웠기 때문이다. 구글 글래스 초창기에 수술 중에 구글 글래스를 통해서 환자의 데이터를 활용하려는 시도들이 있었는데, 두 시간 정도밖에 유지되지 않는 배터리 때문에 장시간 수술에는 별도의 보조 배터리를 연결해야 하는 번거로움이 있었다.[40]

하지만 결정적인 것은 심리적인 불편함이었다. 구글 글래스를 착용하면 지나치게 눈에 띄기 때문에 주변 사람들의 이목을 끌게 된다. 필자도 사실 시험삼아 몇 번 구글 글래스를 쓰고 밖에 나가 본 적이 있지만, 사람들의 이목이 너무 집중되어서 도저히 오래 쓰고 있을 수가 없었다. 구글 글래스는 이렇게 착용자의 심리적 불편함뿐만이 아니라, 상대방의 심리적 불편함도 유발했다. 사생활 침해 우려가 바로 그것이다. 구글 글래스를 착용한다는 것은 항상 카메라를 상대방을 향해 들이대는 형국이 될 수밖에 없었다. 또한 사용자는 안경다리를 몇 번만 터치하면, 혹은 윙크 한 번으로 상대방

구글 글래스는 착용자와 상대방에게 나쁜 사용자 경험을 제공했다.

의 동의 없이 상대의 얼굴을 촬영할 수 있었다. 이러한 이유로 샌프란시스코의 많은 레스토랑과 술집에서는 구글 글래스를 착용한 사람의 출입을 금지하기도 했다.[41]

앞서 언급한 반지 형태의 웨어러블 오라 링도 눈에 띄는 것은 마찬가지다. 2017년 말에 굵기가 가늘고 크기가 작은 새로운 버전의 기기가 출시되면서 조금 나아지긴 했지만, (필자도 사용하는) 첫 번째 버전의 오라 링은 누가 봐도 눈에 띄는 커다란 반지다. 이 반지 웨어러블을 끼고 있으면, 주변 사람들에게 "상당히 특이한 반지를 끼고 계시네요.", "멋 부리기를 좋아하시나 봐요."와 같은 이야기를 듣곤 했다. 이런 경우 이 반지가 웨어러블이며, 이러저러한 종류의 데이터를 측정한다는 설명을 항상 덧붙여야 하는 번거로움이 있었다.

즉, 안경이나 반지와 같은 기존 기기의 포맷을 활용한다고 해서 무조건 지속 사용성을 올릴 수 있는 것은 아니다. 기존 기기의 형식을 빌리는 데 그치는 것이 아니라, 기존 기기와 비슷한 수준의

인텔의 스마트 글래스, '반트' (출처: The Verge)[42]

사용자 경험까지 줄 수 있어야 한다. 구글 글래스가 실패한 원인은 안경이라는 익숙한 포맷에도 불구하고, 안경보다 너무 부정적인 사용자 경험을 제공했기 때문이라고 해석할 수 있다.

그런데 만약 인텔이 내어놓은 이러한 안경이라면 어떨까. 인텔은 2018년 2월 반트Vaunt라는 새로운 스마트 글래스의 시제품을 공개했다.[42] 반트의 가장 큰 특징은 눈에 띄지 않는다는 것이다. 일반 안경과 디자인에 거의 차이가 없기 때문에, 착용하고 있어도 주변 사람들이 스마트 글래스라는 것을 인식하기가 어렵다.

반트 연구팀의 목표는 '온종일' 착용할 수 있는 스마트 글래스를 만드는 것이었다고 한다. 플라스틱 재질로 무게가 50그램에 불과해서 장시간 착용에도 큰 불편함이 없지만, 주변 사람에게 튀지 않는 좋은 사용자 경험을 제공한다는 것이 '온종일' 착용할 수 있는 가장 큰 장점으로 보인다. 이 기기는 구글 글래스와 달리 카메라가 없기 때문에 상대방을 몰래 촬영한다는 오해도 피할 수 있다.

참고로 반트는 다양한 정보를 시야에 띄워주는 기능에만 집중하고 있다. 망막 안쪽에 400x150 해상도로 인체에 무해한 저전력의 레이저를 투사해서, 시야 오른쪽 아래 15도 각도로 간단한 정보를 띄워준다. 내장된 블루투스를 통해 스마트폰과 통신하여 전화, 문자 알림을 주는 것이다. 가속도계와 자이로미터가 내장되어 있어서 머리의 제스처나 어느 방향을 보는지 등을 측정할 수 있으며, 향후 마이크 등이 추가되어 인공지능 비서와 연동이 될 수도 있다.

당뇨병 패러독스

이렇게 웨어러블의 사용자 경험은 너무도 중요하다. 특히 지속 사용성을 높이기 위해서는 이 사용자 경험이라는 개념에 집중할 필요가 있다. 사용자 경험은 개별적인 기능, 성능, 정확성, 효용, 디자인 등의 요소가 모두 통합되어 해당 기기를 사용하는 과정에서 사용자가 겪게 되는 경험의 총합을 말한다. 착용했을 때의 이물감, 충전하는 과정에서의 번거로움, 착용했을 때의 쪽팔린 정도, 상대방에게 주는 불편함 등 물리적, 심리적 편의를 모두 포괄한다고 할 수 있다.

'헬스케어 웨어러블 딜레마' 개념도에서 볼 수 있듯이 지속 사용성을 높이기 위해서 이 사용자 경험은 '당뇨병 패러독스'라는 매우 중요한 개념과 직결된다. 사실 당뇨병 패러독스를 설명하기 위해서는 지속 사용성뿐만 아니라, 사용자 효용에 대해서도 상세한 정리가 필요하다. 여기서는 간단히 설명하고 넘어가자면, 지속 사용성을 위해서는 웨어러블을 사용하는 데 들어가는 번거로움과 귀찮음, 심리적 혹은 물리적 장벽보다, 이를 사용함으로써 얻어지는 효용이 상대적으로 '훨씬' 커야 한다는 것이다.

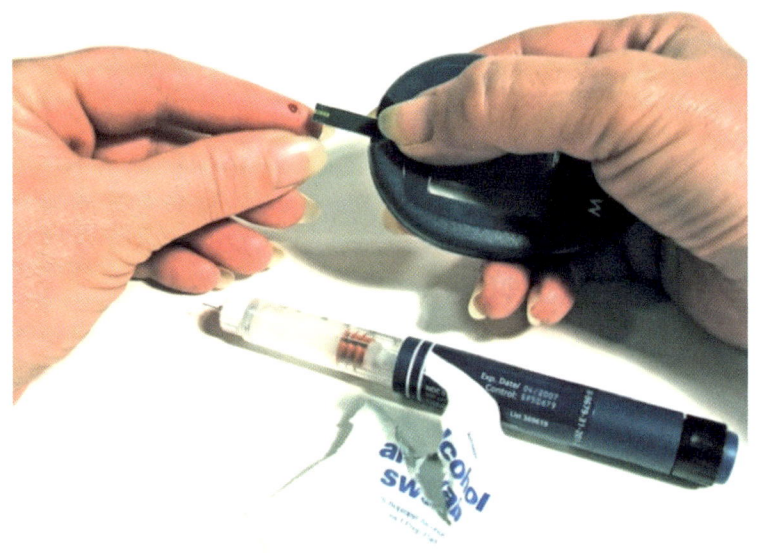

침습적인 혈당 측정은 당뇨병 환자에게 극도로 나쁜 사용자 경험을 제공한다.

사용자에게 실제로 유의미한 효용을 제공할 수 있음에도, 이를 사용하는 과정에서 제공되는 사용자 경험이 너무 좋지 않으면, 고객은 '필요한 것은 알겠지만, 그래도 쓰지는 않겠다'는 역설적인 결정을 내리게 된다. 이것이 바로 필자가 전작 『헬스케어 이노베이션』에서도 한 챕터 전체를 할애하며 강조했던 '당뇨병 패러독스' 현상이다. 당뇨병 환자들이야말로 웨어러블의 슈퍼 얼리어답터이다. 1970년대부터 의사들은 당뇨병 환자들에게 혈당계를 이용해서 혈당을 자주 측정해야 한다고 권고해왔다. 실제로 혈당 측정은 당뇨병 관리와 합병증 예방 등을 위해서 매우 중요하다. 하지만 그럼에도 당뇨병 환자들은 혈당을 잘 측정하지 않으며, 오히려 본인에게 도움이 되는 혈당 측정에 대해 적대적인 감정까지 품는다는 역설적인 현상 즉, '당뇨병 패러독스'가 발생하게 된다.

당뇨병 패러독스도 결국 사용자 경험과 사용자 효용의 상대적인 비교에서 발생한 것이다. 손에 피를 낸다는 물리적인 고통과 번거로움, 더욱이 많은 경우 주변 사람들에게 내가 당뇨병 환자라는 것을 보여줄 수밖에 없는 심리적 거부감에서 오는 부정적 사용자 경험은 너무도 강력하다. 필자도 당뇨병 환자를 이해하기 위해서 몇 주간 혈당 측정을 해본 적이 있는데, 이는 육체적으로, 그리고 심리적으로도 고통스러운 과정이었다.[43] 하물며 이를 평생 해야 하는 당뇨병 환자들의 사용자 경험이야 말할 것도 없다. 이러한 혈당 측정의 부정적 사용자 경험이 혈당 측정의 효용과 비교해서 상대적으로 너무 크기 때문에 결국 많은 경우 사용자는 혈당의 지속적인 측정에 실패하는 것이다.

무엇이 지속 사용성을 결정하는가

이렇게 지속 사용성은 (부정적인) 사용자 경험과 사용자 효용의 상대적인 비교에서 결정된다. 즉, 사용자 경험이 다소 부정적이더라도 그보다 엄청나게 큰 사용자 효용을 줄 수 있다면, 지속 사용성을 개선할 수 있다. 반대로, 사용자 효용이 별로 크지 않더라도 사용자 경험이 좋다면 높은 지속 사용성이 가능하다. 이렇게 지속 사용성이 사용자 효용과 사용자 경험이라는 두 개념의 절대적인 수준에 의해서가 아니라, 상대적인 비교에 의해 결정된다는 점을 이해해야 한다.

$$지속\ 사용성 \propto \frac{사용자\ 효용}{(부정적)\ 사용자\ 경험}$$

앞서 이야기한 애플워치의 경우 '시계'로서의 포지셔닝을 통해 사용자의 기존 행동을 최대한 활용하면서 사용자 경험을 사용자

특정한 상황에서 특정한 고객에게 구글 글래스로 가치를 제공하는 오그메딕스와 같은 기업은 여전히 건재하다.

효용에 대비해서 좋게 만들었기 때문에 높은 지속 사용성을 달성했다고 할 수 있다. 사실 애플워치의 사용자 효용은 크게 유의미하지 않다. 다양한 기능이 애플워치에 내장되어 있음에도, 주로 사용자들이 사용하는 것은 시간 확인, 문자 및 알람 확인에 그친다.[44] 이렇게 낮은 효용에도 불구하고 상대적으로 사용자 경험이 좋았기 때문에 성공적인 지속 사용성을 달성할 수 있었다.

구글 글래스는 반대의 사례다. 사람들의 눈에 너무 띄기 때문에 사용자 경험이 좋지 않아서 일상에서는 도저히 오래 착용할 수가 없다. 일반 사용자 대상의 구글 글래스 활용 시도가 대부분 실패로 끝난 것도 이런 이유로 해석할 수 있다. 하지만 재미있게도 특정한 상황에서 특정한 고객에게 구글 글래스의 효용을 극대화할 수 있다면, 여전히 구글 글래스의 가치는 존재하는 것으로 나타난다. 특히, 구글 글래스를 활용하는 대부분의 스타트업은 실패로 귀결되었지만, 실리콘밸리의 오그메딕스Augmedix와 같은 스타트업은 여전히 건재하다.

오그메딕스는 진료실의 의사에게 구글 글래스를 통하여 전자의

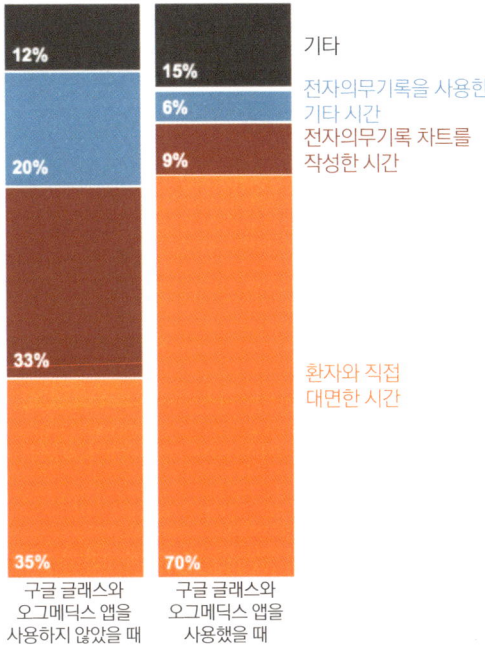

의사가 오그메딕스의 구글 글래스 솔루션을 이용하면 전자의무기록 입력 시간을 대폭 절감할 수 있다.[45]

무기록 입력 과정에서 사용자 효용을 제공하여 문제를 해결하고 있다. 진료실의 의사는 환자를 보는 동시에 컴퓨터의 전자의무기록에 키보드로 진료 데이터를 입력해야 하는 불편함을 가지고 있다. 의사에게 이는 생각보다 큰 문제다. 전자의무기록에 진료 데이터를 입력하기 위해서 스크린을 바라보는 시간이 진료 시간의 3분의 1에 이르기 때문이다.[45] 이렇게 의사가 스크린을 보는 동안 환자와 눈을 맞추고 이야기할 수 없기 때문에, 진료에 대한 환자의 만족도에도 악영향을 주게 된다. 즉, 환자에게 나쁜 경험을 제공하는 것이다.

이러한 의사와 환자 모두의 문제를 오그메딕스는 구글 글래스를 통해서 해결한다. 의사가 구글 글래스를 쓰고 환자를 진료하면, 원격으로 영상과 음성을 통해 실시간으로 지켜보고 있는 전문 의무기록사~scribe~가 의사 대신 전자의무기록에 환자 데이터, 오더 등을 입력해준다. 의사는 환자가 진료실을 나가고 난 뒤에 의무기록사가 입력한 내용을 한번 리뷰하고, 확인 버튼만 눌러주면 되므로 매우 간편하다. 이러한 서비스를 통해서 의사들이 전자의무기록에 데이터를 입력하는 시간을 크게 절감할 수 있다는 소규모 연구 결과가 있다.[45] 캘리포니아 소재의 병원 네트워크인 디그니티 헬스~Dignity Health~에서는 세 명의 의사가 2014년 1월부터 오그메딕스의 구글 글래스 솔루션을 이용하여 2,700건 이상의 진료를 수행했다. 그 결과 전자의무기록에 데이터를 입력하는 시간은 총 근무 시간의 33%에서 9%로 대폭 줄어들었으며, 대신 환자와 직접 대면하는 시간은 기존의 35%에서 70%로 두 배로 증가했다. 이에 따라, 환자의 입장에서도 의사가 자기와 얼굴을 마주하고 이야기하므로, 더 인간적으로 대우받는다는 느낌을 받을 수 있다. 즉, 환자에게 더 좋은 진료 경험을 제공할 수 있다.

이렇게 진료실의 의사라는 특수한 환경과 특정한 고객군의 니즈에 대하여 오그메딕스의 구글 글래스는 좋은 사용자 경험과 유의미한 사용자 효용을 모두 제공하고 있다. 이를 통해 '적어도 진료실에서는 의사가 항상 착용'한다는 높은 지속 사용성을 달성했다. 일상생활 속에서 일반 사용자에게는 별다른 효용을 제공하지 못하고, 오히려 나쁜 사용자 경험을 제공하던 구글 글래스가 진료실의 의사에게는 완전히 반대의 의미를 지니게 된 것이다.

특히 진료실에서 구글 글래스를 착용한 의사의 상대방 즉, 환자가 거부감을 느끼지 않는다는 점도 흥미롭다. 오그메딕스의 조사에 따르면, 환자들이 진료실에 들어가기 전에 의사가 구글 글래스를 착용하는 것에 대한 사전 공지를 받고, 환자가 원하면 착용하지 않겠다는 것을 알려준 경우라면, 200명 중 197명의 환자들이 의사의 구글 글래스 착용에 동의했다.[46] 공공장소에서 상대방이 구글 글래스를 착용하는 것에 불편함을 호소하고 착용한 사람의 출입을 금지하기까지 했지만, 진료실에서 의사가 구글 글래스를 사용하는 것에는 문제가 없다고 판단하는 것이다. 이렇게 같은 웨어러블이라도 사용하는 '맥락'에 따라 사용자 경험이 완전히 달라진다는 측면에서, 오그메딕스의 사례는 우리에게 큰 시사점을 준다.

웨어러블, 어떻게 효용을 제공할 것인가

지금까지 사용자의 행동을 변화시키지 않고 기존의 습관에 묻어가면서 자연스럽게 활용할 수 있는 웨어러블을 살펴보았다. 하지만 웨어러블의 사용법에 대해서 잘 생각해보면, 기존의 행동을 전혀 변화시키지 않는 경우는 거의 없다. 하다못해 정기적으로 충전을 하거나, 기기와 스마트폰을 연동시키거나, 앱을 열어서 측정 결과를 확인하는 등의 추가적인 행동이 필요하다. 사실 앞에서 언급한 벨트, 반지, 스마트 워치와 같은 기기들도 마찬가지다(충전을 해야 하며, 측정 결과나 분석 결과를 확인하려면 연동된 스마트폰의 애플리케이션을 실행해야 한다). 이러한 번거로움이 적게라도 발생하기 때문에, '당뇨병 패러독스'에서 강조했듯이, 그에 대비되는 효용이 중요하다.

'헬스케어 웨어러블 딜레마'의 개념도를 다시 한번 떠올려보자. 닭과 달걀의 문제를 이루는 가장 중요한 두 축은 '지속 사용성'과

'사용자 효용'이다. 지속적으로 웨어러블을 착용하도록 하기 위해서는 어떤 식으로든 사용자에게 효용을 제공해야 한다. 아무런 효용이 없는 기기를 착용할 이유가 없기 때문이다. 또한 효용이 있더라도 그 효용이 사용자 경험에 비해 훨씬 크지 않으면 이를 지속적으로 착용하지 않는다. 이제 이 딜레마를 이루는 또 다른 축인 사용자 효용에 대해서 알아보도록 하자.

측정만으로는 안 된다

사용자 효용에 대한 가장 기본적인 조건은 바로 이것이다. 단순히 데이터를 측정하는 것만으로는 부족하다는 것이다. 어떤 데이터이든 상관없이 데이터를 측정한다는 것 그 자체로는 아무런 효용도 없다. 하지만 시중의 많은 웨어러블, 심지어 글로벌 시장에서 수위를 차지하는 웨어러블의 경우에도 단순히 데이터를 측정하는 것에서 별반 더 나아가지 못하는 경우가 대부분이다. 핏빗으로 대표되는 활동량 측정계의 경우가 대표적이다. 하루 종일 걸은 보행 수를 측정해주거나, 하루 종일 심박수를 측정해주는 것이 일반 사용자에게 과연 어떠한 효용을 주는가?

현재 많은 경우 이러한 질문에 답하는 것은 사용자 자신의 몫으로 남아 있다. 웨어러블이 데이터를 단순 측정해주기만 하거나, 측정한 데이터를 일차원적으로 분석("1만 보 이상 걸었다.", "오늘 1,000칼로리를 소모했다.", "어제보다 많이 걸었다.")해주는 등 여기에서 사용자가 구체적으로 어떤 효용을 얻을 수 있는지가 불명확한 경우가 대부분이다.

이는 결국 "그래서 어쩌라고?So What?"의 문제로 귀결된다. 즉, 데이터를 측정하여 현상을 파악하기는 했지만, 근본적으로 무엇이 문제인지, 더 나아가 내가 어떻게 해야 하는지 알 수 없기 때문이다. 파악한 현상을 개선하고, 문제를 해결할 수 있는 구체적인 방안은 무엇인지, 내가 지금 당장 행동으로 옮겨야 할 것은 무엇인지, 그러한 행동을 취했을 때 내가 어떠한 효용을, 언제, 얼마만큼 얻을 수 있는지를 알 수 없다는 것이다. 다시 말해, 현재의 웨어러블은 "그래서 어쩌라고?"의 질문에 답해주지 못한다.

필자의 수면 모니터링 (1) 오라 링

필자의 사례를 들어보겠다. 필자는 수면의 질이 별로 높은 편이 아니어서, 수면의 측정에 대한 관심이 높다. 필자는 몇 가지 수면 모니터링 기기와 애플리케이션을 사용하여 보았는데 그중에 하나가 바로 앞서 소개했던 반지 형태의 웨어러블, 오라 링이다.

이 반지를 사용하면 내가 지난밤에 잠을 어떻게 잤는지에 대한 데이터를 측정해준다. 내가 총 시간을 잤으며, 언제 깊은 수면deep sleep, 얕은 수면light sleep, 렘 수면을 취하고 있었는지, 몇 번이나 깨었

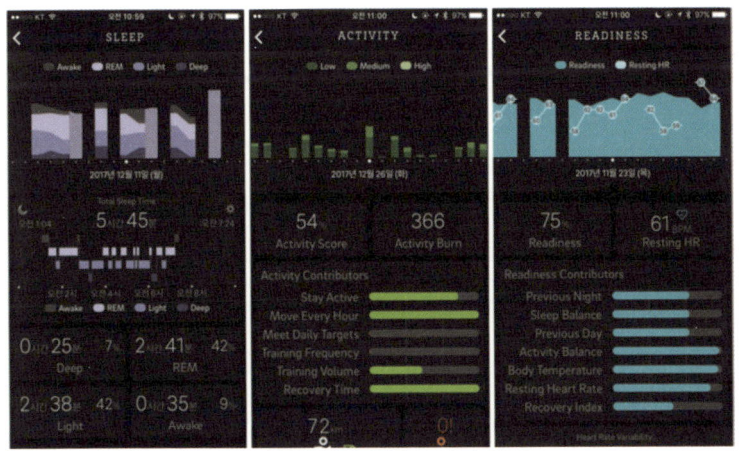

필자의 오라 링 데이터 측정 화면

는지 등을 측정해주고 수면 중 심박수도 측정해준다. 또한 내 수면이 얼마나 효율적이었는지sleep efficiency를 분석하고, 수면에 대한 총점도 매겨준다. 즉, 수면에 대한 여러 데이터를 '측정'해주고, 이를 기반으로 몇 가지 간단한 '분석' 결과도 제시한다.

그렇다면 이 웨어러블을 활용함으로써 나는 어떠한 효용을 얻을 수 있었을까? 결론부터 말하자면 별로 없다. 오라 링을 통해 내가 어젯밤에 얼마나 잠을 잘 잤는지, 렘 수면은 총 몇 시간이었는지, 자다가 몇 번 깼는지 알 수 있었다. 하지만 정작 필자가 궁금한 질문인 "내 수면의 질을 어떻게 하면 개선할 수 있는가?"에 대한 답은 주지 않는다. 만약에 이 웨어러블이 내가 어젯밤에 수면의 질이 낮거나 높았던 이유를 분석해주고, 어떤 경우에 내 수면의 질이 좋아진다는 것을 알려주며, 오늘 밤에 내가 더 잘 자기 위해서 어떠한 행동을 해야 하는지를 말해준다면 분명히 내게 효용이 있을 것이다.

아마도 이러한 답까지 내놓기 위해서는 나의 활동량, 카페인 섭취량, 음주 여부, 최근 며칠 동안 수면의 양과 질, 취침 시간, 기상 시간, 취침 자세, 침실의 온도, 공기의 질, 빛의 양 등과 같은 데이터가 모두 필요할지도 모른다. 이 모든 것을 웨어러블 하나로 해결하기를 기대하는 것은 무리일 수도 있다. 어찌되었건, 오라 링은 나에게 유의미한 효용을 주지 못했고, 그 결과 나는 이 반지를 잠잘 때 잘 착용하지 않게 되었다.

필자의 수면 모니터링 (2) 슬립 사이클

또 다른 수면 모니터링 서비스를 보자. 이번에는 웨어러블이 아니라 스마트폰 애플리케이션이기는 하지만, 필자가 이야기하고자 하는 바는 동일하다. 슬립 사이클SleepCycle은 많은 사용자들이 사용

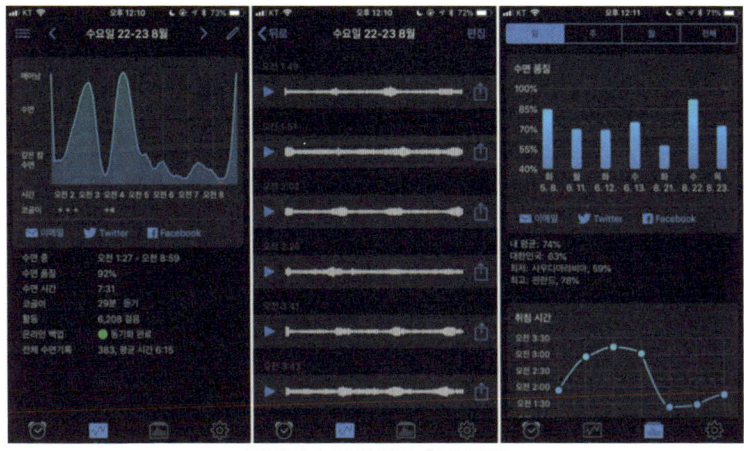
필자의 슬립 사이클 측정 화면

하는 앱으로, 앱스토어 건강관리 분야에서 꽤 높은 등수를 꾸준히 유지하고 있다. 사용자가 침대 머리맡에 스마트폰을 두고 이 앱을 켜놓고 잠을 자면, 수면 중 사용자의 움직임이나 소리를 인식해서 얼마나 깊이 잠들었는지를 측정해준다.

여기까지라면 오라 링과 아무런 차이가 없다(사실 오라 링은 피부에 직접 접촉해서 얻는 심박수 등 다른 데이터에 기반하여 깊은-얕은-렘-깨어남의 4단계로 측정해주지만, 슬립 사이클은 사용자와 직접 접촉하지 않으므로 얻을 수 있는 데이터가 적다. 이 앱은 깨어남-수면-깊은 수면의 3단계로만 측정해준다). 하지만 이 앱은 특이하게도 코골이를 측정해준다. 내가 몇 시부터 몇 시까지 코를 골았는지, 코를 골았던 총 시간, 그리고 더 나아가서 흥미롭게도 코 고는 소리를 녹음까지 해준다.

필자는 이 앱을 처음 썼을 때 꽤나 신선했던 기억이 난다. 그 이유는 필자는 스스로 코를 거의 골지 않는 줄 알았지만, 이 앱을 써보니 실제로는 코를 꽤나 많이 골았기 때문이다. 특히 내가 코를 고는 소리가 녹음되어, 난생처음 들을 때는 상당히 충격적이기까지 했다. 이 경우 데이터의 측정 자체가 특정한 문제의 파악에 도움이 되었다고 볼 수 있다. 코골이는 수면의 질을 떨어뜨릴 뿐만이 아니라, 장기적으로는 당뇨병이나, 심혈관 질환 등의 발병과도 관계가 있기 때문이다. 사실 이런 애플리케이션이 아니라면, 코골이를 측정하기 위해서는 병원에서 하룻밤을 보내면서 수십만 원을 내고 수면다원검사PGS를 받아봐야 한다.* **

하지만 일단 코골이라는 문제를 파악한 이후에, 그 문제를 해결하기 위해서 이 앱은 별다른 도움이 되지 않았다. 왜냐하면 코를 덜 골기 위해서 내가 무엇을 해야 하는지를 알려주지는 않았기 때문이다. 잠을 자는 자세를 바꿔야 하는가? 술을 줄여야 하는가? 살을 더 빼야 하는가? (실제로 잠을 자는 자세, 음주 여부, 체중 등은 코골이 정도와 관계가 있다고 알려져 있다) 하지만 내가 코를 덜 골기 위해서는 구체적으로 무엇을 하면 되는지에 대해서 이 앱은 별다른 해답을 주지 않는다. 원하면 그 답은 내가 스스로 여러 시행착오를 거치면서 답을 찾는 수밖에 없다. 그래서 필자는 결국 이 앱도 별로 쓰지 않게 되었다. 이 앱 덕분에 문제는 파악했지만, 그 이상의 실질적 효용은 얻지 못하기 때문이다.

---

*   참고로 필자는 종합병원에서 진행하는 임상연구에 자원하여 두 번의 수면다원검사를 해보았다. 그런데 두 번 모두 코골이는 거의 측정되지 않았다. 실제로는 거의 매일 코를 고는데도 말이다. 이렇게 차이가 나는 이유는 아마도 수면 환경의 차이 때문일 것이다. 기본적으로 수면다원검사는 낯선 환경에서 다양한 센서를 붙이고 잠을 청하므로 평소의 데이터를 얻기 어렵다. 일례로 필자는 올빼미라서 늦게 자고 늦게 일어나며, 취침 자세는 주로 엎드려서 잔다. 하지만 수면다원검사에서는 저녁 10시 정도면 무조건 잠을 청해야 하고, 여러 센서를 부착해야 하므로 똑바로 누워서 자야 한다. 즉, 평소와 너무 다른 환경이었기 때문에 수면다원검사의 결과가 필자의 실제 수면을 잘 반영하지 못했다고 생각한다. 이런 의미에서 환자가 일상생활 속에서 스스로 측정하는 '환자 유래의 의료 데이터(Patients Generated Health Data)'가 중요하다는 점을 이야기할 수도 있다.

**   수면다원검사는 기존에 보험이 적용되지 않았으나, 국민건강보험의 보장성이 확대되면서 2018년 7월부터는 수면무호흡증, 기면증 또는 특발성 과다수면 등의 수면장애가 의심되는 경우에 한해서 검사비의 20%만 환자가 부담하게 되는 것으로 바뀌었다.

웨어러블, 효용의 세 가지 조건

이처럼 현재 웨어러블이 적절한 효용을 주지 못한다면, 어떻게 바뀌어야 할까? 구체적으로 어떤 효용을 얼마나, 어떻게 줘야 할까? 웨어러블이 갖춰야 할 효용의 조건은 아래와 같이 세 가지 정도를 생각해볼 수 있겠다.

첫째, 효용은 충분히 커야 한다. 앞서 여러 번 언급한 바와 같이 웨어러블의 효용은 사용에 따른 번거로움이나 부정적 사용자 경험과 대비하여 충분히 커야 한다. 그뿐만 아니라, 가격 대비 효용도 생각해야 한다. 사업적인 측면에서 이야기하자면, 웨어러블을 구매하는 비용과 대비해서도 그 효용은 충분히 커야만 한다.

둘째, 효용은 직접적이어야 한다. 사용자에게 직접적으로 와닿는, 직관적이고 이해하기 쉬운 것이어야 한다. 사용자를 교육해야만 얻을 수 있거나, 사용자가 스스로 데이터를 분석해야 하거나, 추가적인 테스트를 통해서 얻을 수 있는 효용이어서는 안 된다.

간혹 사용자 중에는 퀀티파이드 셀프 Quantified Self 운동의 신봉자처럼, 자신의 데이터를 스스로 분석하여 숨겨진 의미를 찾아내는 것을 즐기는 사람도 있다. 이 사람들은 1년 내내 자신의 데이터를 측정하고, 직접 코드를 짜고, 통계 분석을 통해서 데이터 간의 상관 관계를 찾아내어 자신의 건강에 대한 인사이트를 얻는 것을 즐기는 사람들이다. 하지만 이는 극히 예외적인 경우이며 결코 일반적인 사용자에게 이를 기대해서는 안 된다(기술 수용 모델에 따르면 이러한 시장 세그먼트를 혁신가나 얼리어답터로 구분하는데, 전체 시장에서 혁신가는 2.5%, 얼리어답터는 13.5%에 지나지 않는다).

셋째, 효용은 즉각적이어야 한다. 아무리 크고 직접적인 효용이라도 10년 뒤에 효력이 발생하는 것이어서는 안 된다. 웨어러블에

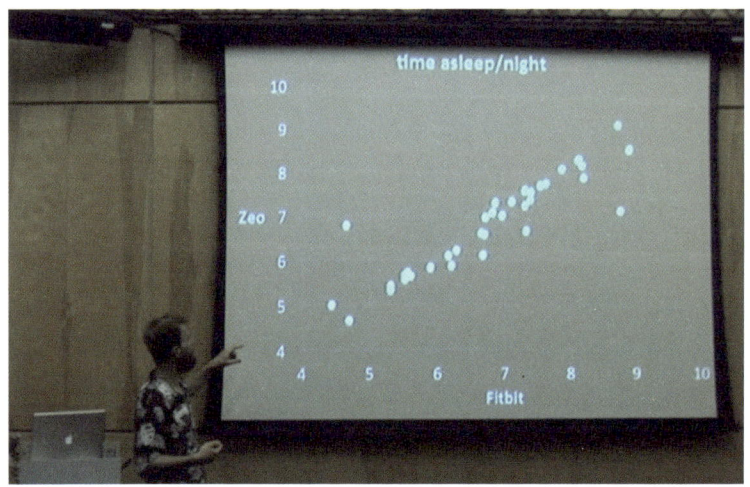

퀀티파이드 셀프 행사에서 웨어러블 제오로 측정한 자신의 수면 데이터를 분석하여 발표하는 한 과학자[47]

서 얻을 수 있는 효용은 지금 당장, 혹은 적어도 너무 머지않은 미래에 나에게 적용되는 것이어야 한다. 효용을 얻게 되는 시기는 빠르면 빠를수록 좋다.

즉, 웨어러블은 사용자에게 충분히 큰 효용을 직접적이며, 즉각적으로 제공할 수 있어야 한다. 그런데 여기서 짚고 넘어가야 할 한 가지 중요하고도 어려운 문제가 있다. 바로 모든 사람에게 이렇게 충분히 크고, 직접적이며, 즉각적으로 작용하는 효용을 제공하기란 매우 어렵다는 것이다. 아니, 매우 어렵다고 표현하기보다는, 그러한 웨어러블은 "존재하지 않는다"고 이야기하는 것이 더 맞겠다.

이는 사실 웨어러블이라기보다는 헬스케어 기기나 서비스 전체에 해당되는 이야기이다. 헬스케어 기기나 서비스의 효용은 사용자가 누구인지, 사용하는 환경이나, 임상적인 맥락에 따라서 크게 영향을 받는다. 예를 들어, 사용자의 건강 상태, 병력, 유전형, 체중, 성별, 인종, 국적, 습관, 취향, 문화, 성향, 건강에 대한 관심도 등에 따라서 동일한 헬스케어 기기나 서비스의 효용이 극과 극으로 달라질 수 있다.

흔히 글로벌 헬스케어 시장을 12조 달러에 달하는 큰 시장이라고 한다. 하지만 실제로는 방금 언급한 다양한 기준에 따라서 수많은 세부 시장으로 나뉘어 있다. 그 시장의 총합은 크지만, 수없이 나뉜 개별적인 세부 시장은 그리 크지 않을 수 있다. 이렇게 나누어진 시장의 고객들은 각자 다른 문제점과 니즈를 가지고 있다. 따라서 하나의 제품으로 서로 다른 시장을 모두 충족시킬 수 없으며, 효용도 시장에 따라 각기 다르게 받아들여질 수 있다. 이 점은 매우 중요하지만, 너무도 많은 사업가와 연구자들이 간과하고 있는 부분이다.

우리는 어쩌면 헬스케어 시장에 대해서 잘못된 가정과 목표를 가지고, 잘못된 질문을 계속해서 던지고 있는지도 모른다. 당연한 이야기지만, 잘못된 질문을 던지면 잘못된 답을 얻게 된다. 현재 암흑기를 지나고 있는 웨어러블의 돌파구를 찾기 위해서는 아예 질문 자체를 바꿔야 한다고 생각한다. 이 부분은 필자가 '웨어러블의 세 가지 축'이라고 부르는 개념을 통해 추후 다시 살펴보기로 하자.

웨어러블의 효용: 여섯 가지 유형

그렇다면 웨어러블은 구체적으로 어떠한 효용을 사용자에게 줄 수 있는가. 어떠한 유형의 효용이 있는지 정리해보면, 웨어러블을 개발하는 입장에서 무엇을 목표로 해야 하며, 사용하는 입장에서 무엇을 기대할 수 있는지를 보다 구체화할 수 있을 것이다. 필자가 보기에 웨어러블이 사용자에게 제공할 수 있는 효용은 다음과 같이 크게 여섯 가지 정도로 구분할 수 있을 것 같다.

- 의료적 효용: 건강관리나 질병의 예방, 진단, 치료에 관한 효용
- 재정적 효용: 보험상품과의 연계 등으로 사용하면 금전적인 인센티브를 받는 효용
- 오락적 효용: 사용하면 게임을 하듯 재미를 느끼는 효용
- 심미적 효용: 명품 가방처럼 착용하는 것 자체로 아름답거나 멋있어지는 효용
- 사회적 효용: 친구를 사귀고, 상호작용하며, 서로 간의 경쟁이나 협력을 유도하는 효용
- 편의적 효용: 스마트 결제나, 스마트폰의 사용 보조 등 편의성을 개선시키는 효용

이러한 여러 효용 중에서 헬스케어 웨어러블은 의학적 효용, 재정적 효용, 오락적 효용 정도와 관련이 있다. 이러한 세 가지 효용을 좀 더 상세하게 설명해보도록 하겠다.

웨어러블의 의료적 효용

웨어러블, 특히 헬스케어 웨어러블의 경우에 가장 핵심적인 효용은 역시 의료적 효용이다. 'OO적 효용'이라는 글자 수를 맞추기 위해서 '의료'라는 용어를 썼지만, 좁은 의미의 의료라기보다는 체중 감량이나, 운동, 스트레스 관리와 같은 넓은 의미의 건강관리를 모두 포함하는 범주로 이해하면 되겠다.

많은 웨어러블은 사용자의 신체나 피부, 혹은 다른 장기와 직접 접촉하여 건강과 관련한 데이터를 측정한다. 시계나 손목밴드, 반지, 패치, 양말, 셔츠, 브래지어, 반창고 등의 웨어러블은 피부와 접촉한다. 더 나아가, 프로테우스 디지털 헬스의 '먹는 센서'와 같이 알약처럼 복용하거나, 연속혈당계나 삽입형 제세동기(ICD)처럼 피하나 체내에 삽입하는 경우도 있다. 이러한 웨어러블의 경우 사용자에게 의료적 효용을 제공하는 것이 주 목적이다.

의료적 효용을 제공하려는 웨어러블은 너무도 다양하기 때문에 이를 모두 소개할 수는 없다. 대표적으로 필자가 좋아하는 사례를 몇 가지 들어보려고 한다.

발작을 측정하는 웨어러블

첫 번째로 엠페티카Empathica라는 회사에서 만든, 간질 발작 측정 웨어러블인 '엠브레이스Embrace'를 살펴보도록 하겠다. 필자가 엠브레이스를 좋아하는 이유는 무엇보다 환자와 보호자의 니즈를 잘 파악했으며, 사용자에게 즉각적이며, 명확한 효용을 제공한다는 것이다.

엠브레이스는 뇌전증(간질) 환자의 발작을 측정하는 스마트 밴드 형태의 기기이다. 뇌전증은 원인을 찾기 어려운 발작이 반복적으로 발생하는 만성적인 신경질환의 하나이다. 뇌신경 세포의 불규칙한 흥분에 따른 뇌에 과도한 전기적 신호 발생이 원인으로 여겨진다.*

발작이 불규칙적으로 발생하기 때문에 뇌전증 환자는 일상생활

---

* 사실 뇌전증은 증상과 원인 등에 따라 다양한 유형으로 나뉜다. 그중에서 엠브레이스는 발작이 대뇌에 전반적으로 발생하는 대발작(grand mal seizure)을 대상으로 한다.

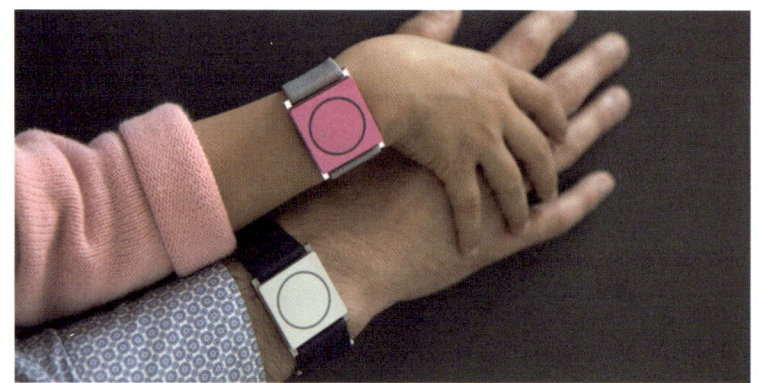

뇌전증 환자의 발작을 측정하는 스마트 밴드, 엠브레이스

을 영위하기에 어려움이 많다. 특히 엠브레이스는 뇌전증을 가진 아이를 둔 부모들을 주 대상 고객으로 하고 있다. 의식을 잃고 발작을 할 때 주변 환경이나, 자세가 좋지 않아서 부상을 입거나, 구토 등으로 기도가 막히는 경우도 있다. 이때 보호자나 주변 사람이 환자의 발작을 조속히 인지하고, 적절한 조치를 취할 수 있다. 하지만 그 발작을 인지 못하는 경우, 예를 들어, 영유아 환자가 수면 중에 혼자 발작을 할 때 목숨을 잃을 수도 있다. 실제로 미국에서만 매년 3,000명 이상의 사람들이 뇌전증 중에 돌연사 SUDEP, Sudden Unexpected Death in Epilepsy 한다.[48]

이렇게 엠브레이스는 뇌전증 환자와 보호자들의 큰 니즈를 잘 포착해내었다. 환자에게 발작이 일어나면, 이를 손목밴드로 측정하여 실시간으로 보호자에게 알려주기 때문이다. 이를 통해 환자는 목숨을 구할 수도 있다. 특히, 아이가 잠을 잘 때 발작으로 목숨을 잃지 않을지 항상 걱정하는 부모의 마음을 헤아려보면, 이러한 기기에 대한 니즈가 얼마나 클지, 또한 얼마나 큰 효용을 줄 수 있는지 짐작해볼 수 있다.

엠브레이스는 다른 일반적인 손목밴드 웨어러블처럼 움직임도 측정하지만, 뇌전증 발작 여부를 정확하게 포착하기 위해서 피부 전기활동EDA, electrodermal activity이라는 수치도 측정한다. 피부 전기활동은 땀의 배출 등에 따라서 피부 전기저항의 변화 및 전위의 변화 등을 나타내는 수치로, 교감 신경의 활성화를 간접적으로 측정할 수 있다. 뇌전증의 경우 뇌의 신경세포들이 과도하게 흥분하면서 발작을 일으키게 되므로, 이러한 현상을 피부 전기활동 수치의 변화로 파악할 수 있는 것이다.

이 기기는 MIT의 로잘린드 피카드Rosalind Picard 교수가 개발을 주도하였다. 피카드 교수는 2012년 발표된 연구를 통해서 가속도계와 피부 전기활동 센서가 내장된 스마트 밴드로 뇌전증 환자에게 대발작generalized tonic-colonic seizure이 일어나는 것을 94%의 정확도로 측정할 수 있다는 것을 밝혔다.[49]

연구진은 피부 전기활동과 팔목의 움직임에서 10초마다 측정한 19개의 피처feature를 기계학습 알고리즘의 일종인 SVMSupport Vector Machine으로 분석했다. 총 80명의 환자들에 대해서 총 4,213시간을 모니터링한 결과, 총 16번의 전신발작 중 15번의 측정에 성공했다. 잘못 울린 알람은 24시간당 0.74번 정도였다. 이 센서가 놓친 한 번의 대발작은 아주 약한 발작이어서 피부 전기활동 수치가 많이 변화하지 않았다고 언급하고 있다. 참고로 이 연구에서는 현재의 엠브레이스가 아니라, 당시 피카드 교수팀이 개발한 초기 버전의 웨어러블인 Q센서라는 것을 활용했다.

엠브레이스를 활용한 더 최근 연구에서는 복수의 병원에서 135명의 환자를 대상으로 272일 동안 6,530시간 동안 시험했다. 이 기간 동안 발생한 총 40번의 대발작을 이 기기는 한번도 놓치지 않고 모두 측정에 성공했다.[48] 이렇게 정확성을 입증한 결과 엠브레이스는 2018년 1월 성인 환자를 대상으로 FDA 승인을 받을 수 있었다.[48, 50, 51] 일반 소비자용 기기는 아니고, 의사의 처방을 받아야만 사용할 수 있는 의료 기기이다. 또한 이 기기는(정확히는 엠브레이스2는) 추가적인 임상연구를 통해서 정확성을 입증한 결과 2019년 1월 6~21세 이상의 소아청소년 환자를 대상으로도 FDA 인허가를 추가적으로 받았다.[52] 역시 의사의 처방을 받아야만 사용할 수 있다.

핏빗은 어떤 효용이 있는가

그렇다면 핏빗으로 대표되는 활동량 측정계activity tracker의 의료적 효용은 과연 무엇일까. 손목에 착용하는 활동량 측정계는 가장 대표적인 웨어러블 기기라고 할 수 있다. 하지만 이러한 활동량 측정계를 활용하는 것이 건강관리나 의학적으로 어떠한 구체적인 효용을 주는지는 대부분 아직 명확하지 않다고 해야겠다.

이러한 효용을 측정하려면 일단 활동량 측정계가 활동량을 증가시키는지와 그렇게 증가된 활동량이 질병 예방이나 건강 증진과 같은 구체적인 효용을 주는지를 별도로 살펴볼 필요가 있다. 하지만 앞서 '지속 사용성'의 문제에서 살펴보았다시피, 핏빗과 같은 기기를 (특히 별도의 인센티브가 없는 경우) 장기간에 걸쳐 지속적으로 사용하지 못하기 때문에[20, 21] 장기간의 활동량 증진 효과는 크지 않다고 봐야 할 것 같다.

또한 연구에 따르면 질병 예방이나 건강에 대한 장기적인 효용도 명확하지 않다. 몇 주 정도의 단기적인 효용에 대해서 언급한 논문은 더러 있기는 하지만,[53, 54] 장기간에 걸친 효용에 대해서 살

펴본 연구는 사실 많지 않다. 그중에서는 2016년 『미국의사협회저널JAMA』에 발표된 활동량 측정계의 장기간에 걸친 체중 감량 효과 연구를 살펴볼 만하다.[55]

18~35세의 젊은 피험자 471명이 24개월 동안 참여한 이 연구에서 참가자들은 처음 6개월 동안 상담 등을 통해서 다이어트 지도를 받았다. 이후 대조군에는 웹사이트 등을 통해서 스스로 체중 감량을 하도록 하였고, 실험군에는 웹사이트와 함께 웨어러블을 제공하였다(이 연구에서는 바디미디어라고 하는 웨어러블을 사용하였다). 총 24개월이 지난 이후 체중을 측정해보았더니, 놀랍게도 웨어러블 기기를 이용한 그룹에서는 3.5킬로그램의 체중 감량이 있었던 반면, 대조군에서는 오히려 5.9킬로그램의 체중 감량이 있었다. 즉, 웨어러블을 사용하지 않은 그룹이 오히려 체중을 2.4킬로그램 더 감량했다는 다소 당혹스러운 결과이다. 웨어러블도 실제 체중 감량 효과가 있기는 했지만, 웨어러블을 사용하지 않은 대조군에 비해서 상대적으로 적었다는 것이다.

그렇다고 이런 연구 하나로 '활동량 측정계의 효과가 없다'고 결론을 내리기도 이르다(노파심에서 다시 한번 강조하자면, 이 연구에서도 활동량 측정계를 활용한 경우도 체중 감량에 유의한 효과가 있었다. 그 효과가 활성 대조군에 비해서 덜했을 뿐이다). 필자는 이런 연구를 보면 오히려 여러 가지 질문이 떠오른다. 이러한 연구 디자인에서 몇 가지 변수를 바꾸면 과연 결론이 달라질지에 대한 것이다.

- 다른 종류의 웨어러블 기기를 활용한다면: 이번 연구에는 바디미디어라는 웨어러블을 활용했다. 앞서 언급했듯이 유일하게 FDA 승인을 받을 정도로 정확했던 기기이지만, 팔뚝에 착용해야 해서 사용성이 떨어지고 디자인도 투박하다. 만약 애플워치나, 핏빗 등의 다른 기기를 활용했다면 어땠을까?
- 실험 참가자를 다르게 한다면: 일반 건강인이 아니라, 특정 질병군에 대해서 실험했다면 결과가 달라졌을까? 특정 질병과 관련된 환자의 경우 활동량을 높이는 것이 특히 중요한 경우가 있다. 혹은 무조건 젊은 층이 아니라, 나이대를 더 다양하게 했더라면 어땠을까. 고령층이 디지털 기기의 활용에는 서툴지만, 이러한 기기의 효용은 더 클 수도 있다.
- 효용의 기준을 다르게 한다면: 단순히 체중 감량이 아니라 특정 질병의 장기적인 발병율 등을 보았다면 어땠을까. 실제 이 연구에서는 주로 살펴본 체중 감량 외에도 체성분body composition, 체력fitness, 식습관diet 등의 지표도 살펴보았으며(그 결과 실험군과 대조군 모두에서 유의한 개선 효과가 있었다), 의학적으로 의미있는 다른 기준도 있을 것이다.

활동량 측정계를 이용한 임상연구

그래서 만약 필자에게 "핏빗이 무슨 효용이 있나요?"라고 물으면 "아직 의학적으로는 그 근거가 명확하지 않습니다." 정도로 답한다.

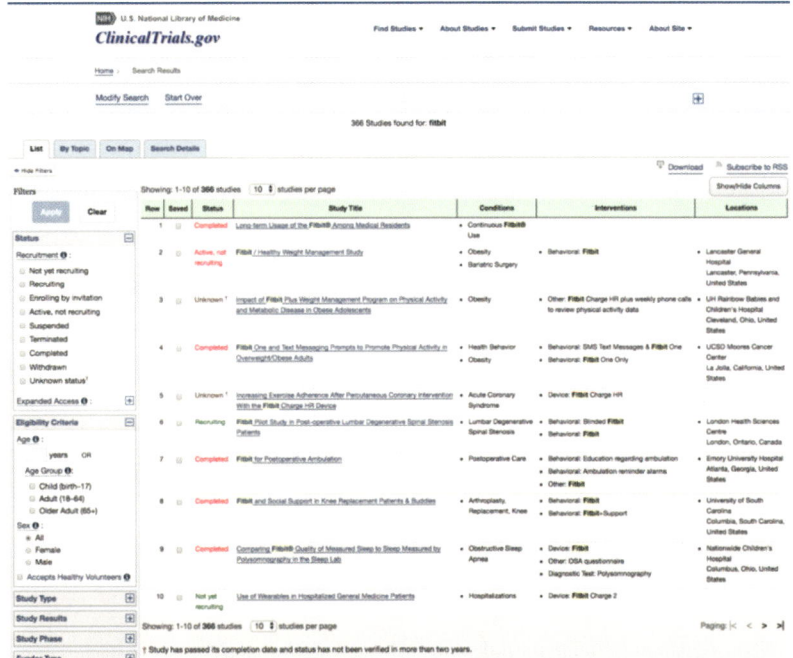

핏빗을 이용한 임상연구는 갈수록 증가하고 있다.

그 효용에 대해서 답하기 위해서는 더 많은 의학연구가 진행되어야 한다. 희망적인 것은 실제로 핏빗을 이용한 임상연구가 크게 증가하고 있으며, 그 종류도 상당히 다양하다는 점이다. 필자가 헬스케어 웨어러블의 미래에 대해서 긍정적인 의견을 제시할 때 근거로 드는 것 중의 하나가 이렇게 임상연구가 활발하다는 것이다.

핏빗과 같은 활동량 측정계는 의료 기기가 아니며, 핏빗에서 의료적 목적으로 기기의 활용을 장려하지도 않았다. 그럼에도 불구하고 의학 연구자들은 핏빗을 상당히 많은 임상연구에서 자발적으로 활용하기 시작하였다(사실 2017년경부터 핏빗의 방향성이 의료적 활용을 장려하는 쪽으로 조금 바뀌었으나, 관련 연구는 더 이전부터 연구자들이 자발적으로 시작한 측면이 강하다).

핏빗을 이용한 연구는 갈수록 크게 증가하고 있다. 미국 국립보건원의 공식 임상시험 사이트 clinicaltrials.gov에 따르면, 핏빗을 이용한 연구는 2016년 3월에는 총 80여 개 정도에 불과하던 것이 8월경에는 100개 이상이 되었으며, 2017년 4월 160여 개, 그리고 2018년 7월 300여 개, 2019년 1월 약 370개에 이를 정도로 증가하고 있다.

이러한 핏빗을 이용한 임상연구는 크게 두 가지로 나눌 수 있다.[56, 57] 첫 번째는 핏빗이 그 자체로 활동량을 증가시키거나 치료 효과를 증진시킬 수 있는지를 보는 것이다. 예를 들면, 다음과 같은 연구들이 있다.

- 핏빗이 소아 비만 환자의 활동량을 증가시키는지 여부를 연구
- 핏빗이 위소매절제술을 받은 환자들의 활동량을 증가시키는지 여부
- 핏빗이 젊은 낭포성 섬유증cystic fibrosis 환자의 활동량을 증가시키는지 여부
- 핏빗이 암 환자의 신체 활동량을 증가시키기 위한 동기부여가 되는지 여부

2016년 6월부터 미국의 다나-파버 암연구소에서 진행하는 연구도 첫 번째 유형에 속한다.[58] 다나-파버의 연구자들은 체중 감량이 유방암 재발에 어떤 영향을 미치는지 알기 위해서 3,200명의 과체중 유방암 환자들을 대상으로 핏빗을 이용하여 임상연구를 시작했다. 기존에도 과체중은 유방암의 위험을 높이며, 비만은 초기 유방암 환자들의 예후를 나쁘게 만든다는 것은 이미 알려져 있다.

하지만, 유방암 환자의 활동량을 높여서 체중을 감량하면 유방암의 재발 위험이 낮아지는지는 아직 밝혀지지 않았다.

이 연구에서는 2년 동안 환자에게 핏빗을 착용하게 하고 코칭을 병행하여 활동량을 높인 경우에 유방암 재발율이 낮아지는지를 검증하고 있다. 핏빗으로는 활동량, 수면, 심박수 등을 측정한다. 만약 이 결과가 긍정적으로 나온다면, 전세계 유방암 환자에게 핏빗의 착용이 권장될지도 모른다.

또 다른 종류는 임상연구에 참여하는 피험자들의 활동량을 정량적으로 측정하기 위한 수단으로 핏빗을 사용하는 것이다. 예를 들어, 임상시험 중인 약의 효능이 있는지를 환자의 활동량 변화를 통해서 간접적으로 평가할 수 있다.

- 항암 치료를 받은 환자들의 건강과 예후를 평가하기 위해
- 현금이 자녀·부모의 활동량을 증가시키는지 파악하기 위해
- 뇌종양 환자의 삶의 질 측정을 위해 설문조사와 함께 사용
- 말초동맥 질환 환자의 활동량을 평가하기 위해

이러한 유형으로는 2014년부터 다국적 제약사 바이오젠 아이덱 Biogen Idec이 다발성 경화증 multiple sclerosis 환자의 증상 모니터링을 위해 핏빗을 사용한 것을 대표적인 사례로 들 수 있다.[59] 다발성 경화증은 뇌와 척수에 영향을 미치는 자가면역질환의 일종이다. 이 질병은 감각 증상과 함께 근력 저하에서부터, 반신 마비, 사지 마비까지의 운동 장애를 동반한다.

바이오젠 아이덱은 다발성 경화증 환자 250명에게 핏빗을 나눠주고 활동량을 측정하여 증상을 정량적으로 측정해보려고 했다. 특

히 다발성 경화증 약을 복용한 그룹과 복용하지 않은 그룹의 활동량을 측정하여 비교하면, 약효가 있는지를 정량적 분석으로 구분할 수 있다. 기존에는 병원에 오지 않으면 일상생활 속에서의 환자 데이터는 버려질 수밖에 없었으나, 핏빗을 이용하면 병원 밖의 환자 데이터도 정량적, 객관적이고 더 높은 빈도로 측정 가능한 것이다.

활동량 측정계의 효용을 이야기하면서 이렇게 다양한 임상연구를 굳이 소개하는 이유는 무엇일까. 이렇게 개별적인 임상연구를 통해 특정한 질병, 환자군, 상황 등에 대해 충분한 근거를 쌓아나가면서 의료적 효용을 만들어낼 수 있기 때문이다. 핏빗과 같은 활동량 측정계의 의료적 효용은 아직 명확하지 않다. 하지만 매우 다양한 임상연구가 현재 활발하게 진행되고 있으며, 그 숫자도 계속 증가하고 있다. 이러한 노력과 근거가 축적되어 임계점을 넘어선다면 활동량 측정계도 충분한 의료적 효용을 줄 수 있을 때가 오리라고 필자는 낙관한다.

심박수 기반의 부정맥 측정

대부분의 활동량 측정계가 측정하는 또 하나의 수치가 있다. 바로 심박수$_{\text{heart rate}}$다. 심박수란 1분 동안의 심장 박동수이다. 이 심박수를 측정하면 어떠한 의료적 효용이 있을까. 활동을 많이 할수록 대체로 심장이 더 빠르게 뛰므로 활동량 측정을 위해 보조할 수 있으며, 달리기 등을 할 때 운동 강도를 조절하기 위해 사용할 수도 있다. 하지만 이 정도의 효용이 충분히 크고, 직접적이며, 즉각적이라고 할 수는 없을 것이다.

하지만 심박수 측정을 통한 의료적 효용을 제공하려는 연구도 활발하다. 그 대표적인 것이 바로 부정맥을 측정하려는 시도이다.

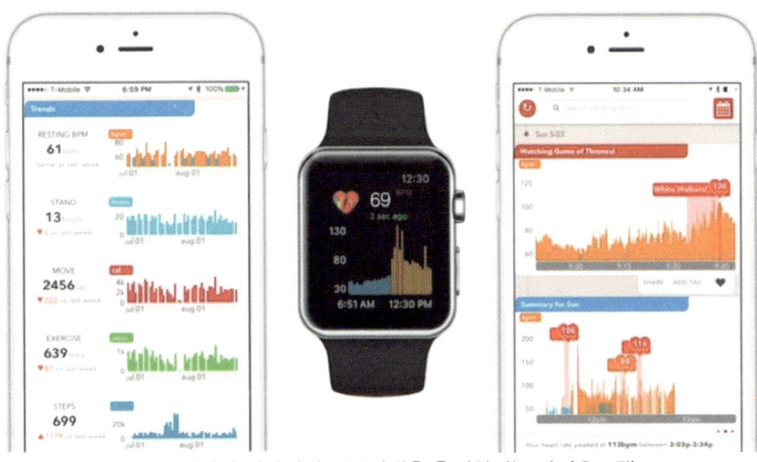

애플워치의 심박센서로 부정맥을 측정하려는 카디오그램

실리콘밸리의 스타트업 카디오그램은 애플워치의 심박센서로 측정한 심박수 데이터로 사용자가 부정맥의 일종인 심방세동atrial fibrillation이나 심방조동atrial flutter을 측정할 수 있다고 주장한다. 사실 심장내과 전문의가 부정맥을 의학적으로 확진하기 위해서는 심전도 검사를 해야 한다. 심장의 근육 세포들은 전류에 반응하여 수축·이완을 반복하는데, 심전도는 심장의 전기적 활동을 분석하여 파장의 형태로 기록한 것이다.

하지만 심박수로는 심장이 뛰는 리듬만 알 수 있을 뿐, 심전도 검사처럼 심장의 자세한 전기적인 활동은 파악할 수 없기 때문에 모든 종류의 부정맥을 파악하기는 어렵다. 다만 심장 박동의 '리듬'이 특정한 유형으로 변화하는 일부 부정맥은 탐지해낼 가능성도 있다. 또한, 심박수는 심전도에 비해서 간편한 손목밴드 형태의 웨어러블로 측정할 수 있으므로 오랜 기간 손쉽게 측정할 수 있다는 장점도 있다. 환자에 따라 부정맥은 며칠, 혹은 몇 주에 한 번 증상이 나타나기도 하는데, 이 경우 심전도 검사로 포착하기가 쉽지

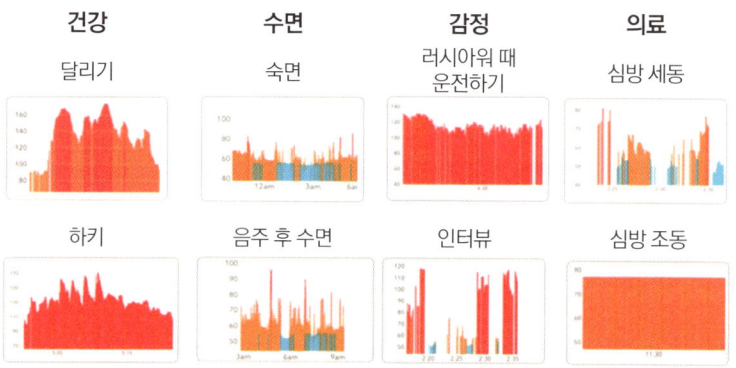

카디오그램은 애플워치의 심박수로 여러 활동과 부정맥도 측정할 수 있다고 주장한다.[60]

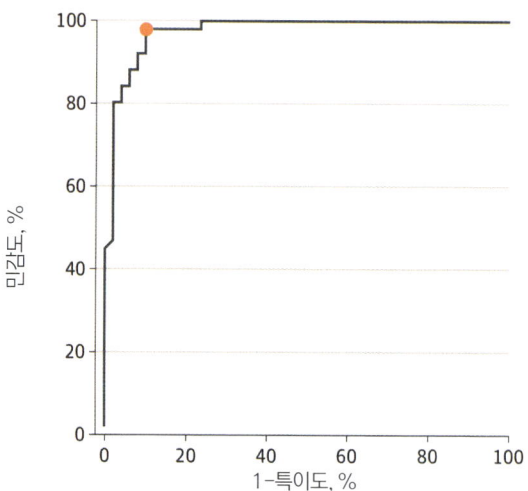

카디오그램은 애플워치로 심방세동을 AUC=0.97의 높은 정확도로 측정했다.
(출처: 『JAMA Cardiology』)[61]

않기 때문이다. 이러한 경우 웨어러블이 부정맥 환자에게 충분히 크고, 직접적이며, 즉각적인 효용을 줄 가능성이 있다.

카디오그램은 애플워치로 얻은 심박수를 딥러닝으로 분석하여, 여러 부정맥 중에서 심방세동과 심방조동을 알아낼 수 있다고 주장한다. 심방세동은 심장의 보조 펌프에 해당하는 심방의 수축과 확장이 규칙적이지 못해서 심장이 가늘게 떨고 있는 (세동) 상태를 말한다. 즉, 맥박이 불규칙적으로 불규칙irregularly irregular하며, 대체로 맥박이 매우 빠르게 된다. 이에 반해, 심방조동은 맥박이 빠르면서도 지나치게 규칙적mechanically regular으로 뛴다는 것이 특징이다. 심방세동과 심방조동은 맥박의 패턴으로 드러나는 변화가 비교적 명확하기 때문에, 심전도 검사 없이 단순히 심박 센서만으로도 검출할 수 있는 가능성이 있다는 것이다.

카디오그램은 2018년 3월 『미국의사협회저널JAMA』 자매지에 출판한 논문을 통해 애플워치로 측정한 심박수를 통해 정상 상태와 심방세동 상태를 정확하게 구분할 수 있다는 것을 증명했다.[61] 딥러닝 기반의 인공지능을 활용하였는데, 정상과 심방세동의 구분이 AUC 0.97로 매우 높았다. 다만 이 연구에서는 심방세동과 그 외 다른 부정맥과의 구분 능력까지 보여준 것은 아니었기 때문에, 어느 정도 가능성 정도를 보여주었다고 평가할 수 있겠다.

사실 카디오그램 이외에도 웨어러블의 심박센서로 측정한 데이터로 심방세동을 측정하겠다는 시도는 상당히 많다. 핏빗은 2017년 8월 역시 심박센서로 얻은 데이터를 통해 심방세동을 측정하는 기능을 개발하고 있다고 발표했다.[62] 애플 역시 애플워치로 심방세동을 측정할 수 있는지를 스탠퍼드 대학 및 원격의료 회사인 아메리칸 웰Americal Well과 함께 연구하고 있다고 알려지기도 했다.[63]

애플워치의 심전도 및 부정맥 측정

그러던 애플이 마침내 애플워치 자체에 심전도 측정, 부정맥(심방세동) 측정 및 낙상을 감지할 수 있는 기능을 추가했다. 2018년 9월에 발표한 애플워치4에 이러한 신규 기능을 추가한 것이다. 특히 심

전도 측정 및 심방세동 측정 기능은 FDA의 의료 기기 승인을 받았다. 애플의 전체 제품 라인업 중에서, FDA의 의료 기기 인허가를 받은 것은 이 애플워치4가 최초이다. 그뿐만 아니라, 특정 질병의 환자군이 아니라, 일반 대중을 대상으로 하는 상용 웨어러블 기기 중에서 의료 기기 인허가를 받은 극히 드문 사례라고 할 수 있다.

참고로 애플워치는 심전도의 측정을 위해서 흥미롭게도 용두(태엽 꼭지)을 전극으로 활용한다. 심장의 전기적인 활성을 나타내는 심전도를 측정하기 위해서는 심장을 대칭으로 최소한 두 개의 전극이 필요하다. 애플워치는 본체 안쪽에 하나의 전극을 부착시켜서 착용한 팔목에 접촉시키고, 다른 하나의 전극은 시계 본체 오른쪽의 용두(태엽 꼭지)를 활용한다. 착용하지 않은 쪽의 손가락을 용두에 갖다대어 심전도를 측정하는 방식이다.

이렇게 사용자는 애플워치로 심방세동 여부를 감지하여 그 결과를 PDF로 변환하여 의사에게 공유할 수 있다(참고로 이 기능은 2019년 10월 기준 미국 계정의 애플워치 사용자에게만 활성화되었다). 하지만

FDA의 허가 범위에 따르면 애플워치4는 엄밀히 말해 심방세동의 존재 유무를 '측정'할 뿐 진단하거나 기존에 심방세동을 진단받은 환자가 질병을 '관리'하는 목적으로 사용되어서는 안 된다(만약 앱에서 '기존에 심방세동을 진단받은 적이 있습니까?'의 항목에 그렇다고 답하면 '이 기능은 당신을 위한 것이 아닙니다.'라는 메시지가 뜬다). 즉, 이 애플워치는 일상에서 심방세동의 위험성이 높은 환자를 가려내어, 병원을 방문하도록 유도하는 일종의 관문 정도의 역할을 하는 것이다.[64]

그렇다면 이러한 애플워치의 심전도 측정과 심방세동 측정 기능은 사용자에게 어떠한 의학적 효용을 준다고 할 수 있을까? 이러한 기능에서 가장 큰 효용을 받을 수 있는 사람은 역시 심방세동이 있지만 아직 진단받지 못한 사람이나, 그 위험군에 속한 사람이라고 할 수 있다. 기존에 맥박의 불규칙함이나, 어지럼증을 느끼는 사람들은 증상이 발생한 순간 적시에 애플워치의 도움을 받을 수도 있다. 실제로 미국에서는 이 기능이 출시된 직후, 애플워치를 통해 자신이 심방세동의 위험이 있음을 처음으로 알게 된 사용자가 응급실에 내원하여 정말로 심방세동 확진을 받은 사례가 보고되기도 했다.[65]

이러한 심방세동 위험군에 대해서는 애플워치4의 의학적 효용이 있을 수 있다. 가톨릭 의과대학 노태호 교수님에 따르면, 특히 부정맥 중에 심방세동은 증가세가 현저하다며, "미국에는 2009년 기준 500~600만 명의 심방세동 환자가 있고 65세 인구의 10%가 심방세동을 가질 정도로 흔하다. 거기에 더해 30년 내에 유병률이 2~3배 증가할 것으로 예측한다. 심방세동 환자는 5배 뇌졸중이 더 잘 생기며 의학의 발달로 상당 부분 예방이 가능하다. 그런데 전체

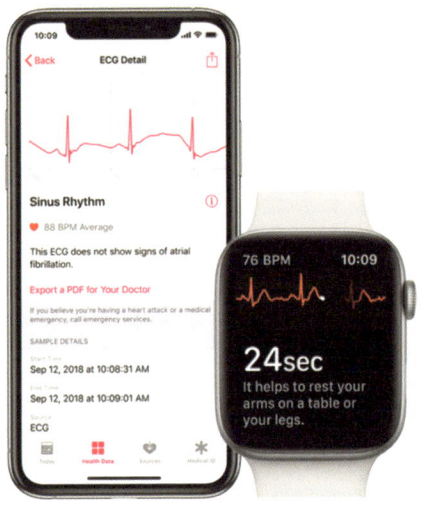

환자의 13%는 진단도 되지 않은 상태라는 데 문제가 있다."라고 언급한 바 있다.66 이런 경우 애플워치를 통해 더 많은 심방세동을 진단할 수 있을 것이다.

 하지만 우려의 목소리도 있다. 이 애플워치의 기능 때문에 사람들에게 불필요한 우려를 안겨주거나, 불필요한 병원 방문, 의학적 검사, 의료비 지출 등으로 이어질 수 있다는 것이다. 사실 애플워치가 진단이 아니라, 병원으로 환자를 연계하는 '관문'의 목적을 갖고 있기 때문에 최대한 심방세동 환자를 놓치지 않기 위해서는 측정 기준을 다소 느슨하게 가져갈 수밖에 없다. 즉, '심방세동이 실제로 있는데도, 없다고 측정되는' 위음성 false negative 을 최소화해야 하므로, 이는 결국 '심방세동이 실제로 없는데도, 있다고 측정되는' 위양성 false positive 이 증가할 수 있다는 것이다. 이에 대해 에릭 토폴 박사는 애플워치가 "최소한 사람들에게 불안감을 줄 것이고, 더 심한 경우 그 정도에서 그치지 않을 수 있다."라고 경고하기도 했다. 46

의학적 효용, 그 이상의 가치?

사실 중요한 또 다른 질문은 "심방세동 위험이 없는 정상 사용자에게 애플워치4가 어떤 효용을 줄 수 있을까?"일 것이다. 현재 수준에서 의학적 효용에 국한한다면, 심혈관 질환의 위험군이 아닌 사용자에게 효용은 미미하다고 할 수 있다. 즉, 일반 정상군이 이러한 기능이 제공하는 의학적 효용 때문에 애플워치를 구매하거나, 더 지속적으로 착용할 가능성은 그리 높지 않다고 생각한다.

그렇다면 이러한 기능이 일반 정상군에게 효용을 제공할 가능성은 없을까? 의학적 효용이 아니라도, 다른 종류의 효용을 제공할 수도 있지 않을까. 앞서 언급했듯이 애플은 애플워치를 사용자들이 지속적으로 사용하게 하는 데 꽤 성공하고 있기 때문에, 심전도나 부정맥 측정 등으로 '다른 무엇인가'를 할 수 있는 가능성이 있다.

지금으로부터 20여 년 전 디지털 카메라가 처음 출시되었을 때 사람들은 왜 사진을 디카로 찍어서 컴퓨터에 저장해야 하는지 이해하지 못했다. 아이폰이 처음 나왔을 때도 왜 핸드폰에 카메라가 결합되어야 하는지에 대한 가치를 알지 못했다. 기존에는 일상적으로 사진이나 영상을 찍을 일도 없었고, 촬영한다고 해도 이를 활용할 수 있는 매체나 서비스가 없었기 때문이다. 하지만 스마트폰에 고화질 카메라가 들어감으로써, 현재의 유튜브, 인스타그램, 스냅챗, 페이스북 등의 완전히 새롭고도 거대한 서비스가 등장하여 일상의 많은 부분을 바꿔놓았다. 이것이 단기간에 된 것도 아니고 스마트폰 카메라 혼자 이뤄낸 것도 아니지만, 이 스마트폰 카메라 기능이 없었다면 이 흐름 자체가 생길 수가 없었을 것이다.

너무 먼 이야기를 하는 것일 수도 있겠지만, 이러한 애플워치의 의료적 기능, 더 나아가서 웨어러블의 의료적 기능이 단순히 1차적인 의학적 효용을 제공하는 것을 넘어서, 또 다른 효용을 제공할 수는 없을까? 예를 들어, 심전도의 일상적인 측정이 완전히 새롭고 전혀 상상하지 못했던 서비스나 플랫폼의 토대가 될 수는 없을까? 이러한 질문에 답을 할 수 있다면, 웨어러블 산업의 돌파구를 마련할 수 있을 뿐만 아니라, 완전히 새로운 패러다임을 제시할 수 있을지도 모른다.

웨어러블의 재정적 효용: 열심히 운동하면 돈을 준다

의료적 효용에 이어서 두 번째로 살펴볼 웨어러블의 효용은 바로 재정적 효용이다. 쉽게 말해서 웨어러블을 사용하면 돈을 받을 수 있다는 것이다. 이러한 효용은 대부분 보험상품과의 연계를 통해서 이루어진다.

보험사는 불확실한 미래에 대한 확률에 근거하여 수익을 올린다. 보험사의 기본적인 모델을 생각해보자. 보험 가입자는 보험상품에 가입하여 정기적으로 보험료를 낸다. 만약 가입자가 질병에 걸리거나, 사고가 난다면 보험사는 가입자에게 보험금을 지불해야 한다. 즉, 보험사는 기본적으로 가입자가 건강을 유지할수록, 그리고 전체 가입자 중에 건강한 사람의 비중이 높을수록 유리해진다. 또한 질병에 걸릴 가능성이 높은 가입자에게는 상대적으로 높은 보험료를 매김으로써 손해율을 낮추려고 한다.

데이터 기반의 보험

이를 위해서 보험사는 결국 데이터가 필요하다. 자동차 보험을

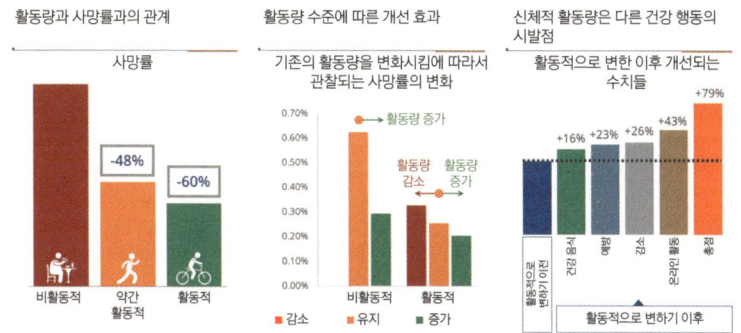

활동량이 많을수록 사망률은 낮아지고, 다른 건강 행동은 더 많이 한다.[71]

생각해보자. 외국의 자동차 보험에서는 이미 나이, 성별, 교육 수준, 주행 거리, 과거 사고 이력뿐만 아니라, 블랙박스의 설치 여부나, 더 나아가 운전 패턴이나 운전 습관 등을 정량적으로 측정하고 분석하여 보험료의 산정과 인센티브·패널티의 부여에 활용하고 있다.[67-70] 예를 들어, 급가속 및 급정거를 하는가, 코너에서 속도를 줄이는가, 평행 주차 중에 충돌한 적이 있는가, 노란불에서 정지하는가 등을 보는 것이다.[67, 69] 이러한 데이터를 활용하여 보험사는 운전자의 사고 가능성을 산정하고, 운전자에게는 보험료를 조정하고 안전 운전 습관을 유도하여 서로 윈-윈할 수 있다.

건강보험이나 생명보험 역시 가입자의 건강에 대한 데이터에 기반하여 향후 이 사람이 얼마나 건강할지를 추정하고, 더 건강한 삶

보험사에서 5,000보, 1만 보를 걸었을 때 포인트를 부여하면 가입자들이 목표를 달성하기 위해 더 걷게 된다.[72]

을 유지하도록 동기를 부여하고 싶어한다. 최근 들어 상당히 다양한 모델이 많이 생겨나고 있는데, 주로 여기에 활용되는 것이 바로 웨어러블이다.

가장 기본적인 모델은 걸음수 즉, 활동량을 기반으로 보험료를 인하해주거나, 금전적인 인센티브를 제공하는 모델이다. 한 보험사의 연구에 따르면, 활동량이 많을수록 사망률mortality rate도 낮아지며, 신체 활동은 건강한 식습관, 질병 예방적 습관 등의 다른 건강 행동을 유도한다는 보고도 있다.[71]

특히 이러한 활동량은 금전적인 인센티브를 통해서 적어도 단기간 유의미한 증가를 유도할 수 있다.[21,72] 따라서 보험사는 가입자에게 활동량에 따른 인센티브를 적절하게 제공함으로써 장기적인 비용 지출을 줄이고, 웨어러블을 착용하고 열심히 활동량을 기록한 사용자는 재정적인 수익을 올리면서, 동시에 건강도 개선하는 구조가 나올 수 있는 것이다.

보험사의 금전적 인센티브

여기에서 바로 웨어러블의 재정적 효용이 등장한다. 즉, 열심히 걸으면 금전적인 인센티브를 받을 수 있다는 것이다. 이 인센티브는 보험료의 인하가 될 수도, 각종 상품권이 될 수도, 혹은 그냥 현금이 될 수도 있다. 이러한 모델 중 가장 시초가 되는 것은 미국의 보험사 스타트업 오스카의 사례로 보인다. 2014년 오스카는 보험 가입자 전원에게 손목밴드 형태의 활동량 측정계 미스핏을 나눠주고, 하루의 목표 걸음수를 달성하면 하루에 1달러를 주겠다고 발표했다.[73, 74] 가입자들은 1년에 최대 240달러까지의 인센티브를 받을 수 있었다.[74]

또한 미국의 대형 보험사 존 행콕John Hancock 역시 2015년에 비슷한 모델을 발표했다.[75] 보험 가입자 본인의 동의를 받아서 활동량 측정계 핏빗을 제공하고, 활동량을 측정하여 보험료를 최대 15%까지 감면하고, 하얏트 호텔 숙박권, 아마존 기프트 카드 등을 제공하겠다고 한 것이다. 존 행콕은 이러한 시범적인 모델을 거쳐서 자사의 '모든' 보험상품에 핏빗 등의 웨어러블 및 스마트폰의 데이터를 이용하여 인센티브를 제공하겠다고 2018년 발표했다.[76]

혹은 웨어러블의 데이터를 제공하면 공짜로 보험에 가입시켜주겠다는 시도도 있다. 앞서 애플워치를 통해 부정맥 등을 측정하는 실리콘밸리 스타트업 카디오그램을 소개한 바 있다. 2018년 카디오그램은 아미카 라이프Amica Life, 그린하우스 생명보험Greenhouse Life Insurance Company 등과 협업하여, 웨어러블의 데이터를 제공해주면 무료로 1,000달러 상당의 돌연사와 관련된 보험에 가입시켜주겠다고 제안했다.[77]

더 나아가 2019년 1월에는 미국의 대형 보험사 애트나는 애플워치를 이용한 건강관리 서비스를 선보였다.[78] 어테인Attain이라고 불리는 이 프로그램은 애플워치를 통해 측정하여 건강 목표치 달성 여부에 따라서 재정적 보상을 부여하는 것이 골자다. 애트나는 2016년부터 애플과 협력하여 이러한 프로그램을 3여 년간 테스트해본 결과 90% 이상의 참가자들이 건강에 대한 효용을 얻은 것으로 판단하고 정식으로 런칭했다. 특히, 이 프로그램은 한 대규모 연구에 기반하고 있다.[79] 이 연구에서 미국, 영국, 남아프리카 등의 40만 명 이상의 사람들이 애플워치를 착용하고 이러한 프로그램에 참여한 결과, 활동량에 대한 보상을 주는 경우, 보상을 받지 않은 그룹보다 34%의 활동량 증가가 있었으며, 활동하는 날이 한 달에 4.8일이 더 많았던 것으로 나타났다.

이러한 모델은 아직 국내에는 흔히 적용되지는 않고 있으나, 과거 교보라이프플래닛과 국내 스타트업인 직토가 유사한 모델을 시도한 적이 있다. 직토(지금은 블록체인 관련으로 사업 모델을 바꾸었으나)는 활동량 측정계 직토워크를 개발하는 스타트업으로, 이 웨어러블을 구매하면 라이프플래닛의 교통상해보험을 1년 동안 무료 가입할 수 있도록 한 것이다.[80] 출퇴근 시간에 발생할 수 있는 교통재해를 집중 보장하는 상품이었다. 앞서 소개한 카디오그램과 직토의 사례는 활동량의 정도와는 상관이 없으나, 일단 웨어러블을 구매하면 추가적인 재정적 효용을 받을 수 있는 모델이라고 할 수 있다.

또한, 개인 보험 가입자가 아닌, 기업이 건강관리에 대한 웨어러블 데이터를 바탕으로 보험료를 할인받은 흥미로운 사례도 있다. 샌프란시스코의 아피리오Appirio라는 회사는 건강관리 프로그램에 자발적으로 참여하는 직원 400명에게 핏빗을 무료로 제공하고, 이렇게 측정한 데이터를 통해서 직원들이 건강관리를 열심히 하는 것을 증명하였다. 이 데이터를 바탕으로 아피리오는 보험사 앤섬Anthem과의 재계약에서 연간 보험료의 5%에 해당하는 28만 달러를 할인받을 수 있었다.[81]

이러한 사례는 웨어러블 등의 디지털 헬스케어가 보험을 근본적으로 혁신할 수 있다는 주장에 근거로 사용되기도 한다. 기존의 보험은 질병이나 사고가 발생한 이후에야 사후적으로, 수동적으로 대응하지만, 이렇게 웨어러블 등에서 측정된 가입자의 데이터를 활용하고, 재정적인 인센티브를 통해서 건강 행동을 유도함으로써 능동적, 선제적인 보험으로 거듭날 수 있기 때문이다.*

다만, 이번 장에서 강조하고 싶은 것은 웨어러블의 사용자 입장에서 얻는 재정적인 효용에 관한 것이다. 웨어러블의 심박수 측정 등의 기능을 통해서 의료적인 효용을 받을 수도 있지만, 이렇게 보험상품과의 연계를 통해서 금전적인 인센티브를 얻는 것도 웨어러블의 또 다른 주요한 효용이라고 할 수 있다.

수령할 수 있는 인센티브의 가치에 대한 사용자의 체감은 다소 다를 수 있으나, 그럼에도 불구하고 무시할 수 없는 효용임에는 분명하다. 2018년에 국내에서 인기를 모았던 애플리케이션 '캐시워크'의 경우에도 걸으면 돈을 준다는 모델로 많은 사용자들의 호응을 얻었다. 캐시워크는 캐시워치라는 스마트 밴드를 출시하며, 웨어러블 영역으로 확장하고 있으며, 이러한 열풍을 이어갈지 귀추가 주목된다.

정확성은 중요하다

마지막으로, 이러한 재정적 효용에 있어서는 웨어러블의 정확성이 중요하다. 앞서 '웨어러블이 정말 정확해야 하는가?'라는 이슈에 대해, 의학적 효용과 함께 재정적 효용을 위해서는 정확성이 중요하다고 언급한 것을 이제 이해할 수 있을 것이다. 보험사의 입장에서는 돈이 걸린 문제이므로, 정확성이 담보된 웨어러블을 활용하고 싶어할 것이다. 예를 들어, 걸음수나 칼로리의 측정이 정확하지 않다거나, 웨어러블의 사용에 대한 조작이 가능하다면 보험사는 그러한 웨어러블을 보험상품에 연계하려 하지 않을 것이기 때문이다.

---

* 이에 대해서는 22장의 '보험사, 근본적인 변화'에서 더 상세하게 다룬다.

실제로 웨어러블을 선풍기에 매달거나 하는 방식을 통해 의도적으로 활동량을 조작할 수도 있기 때문에(인터넷에 찾아보면 이러한 조작법을 알려주는 내용이 적지 않다) 보험사에서는 일반적으로 사용자의 심박수를 측정할 수 있는 웨어러블을 사용하고 있다. 심박수를 함께 측정하기만 해도 적어도 사람이 착용했는지 정도는 알 수 있으므로, 그 데이터가 조작된 것인지에 대해서 최소한의 검증을 할 수 있기 때문이다. 또한 인공지능 등의 방법을 토대로 이상 패턴을 파악하여 데이터의 조작 여부를 판별할 수도 있을 것이다.

웨어러블의 오락적 효용: 포켓몬GO, 그리고 펠로톤

이번에는 웨어러블의 오락적 효용에 대해서 살펴보려고 한다. 이번 장에서 주로 살펴볼 사례는 한때 전세계를 휩쓸었던 스마트폰 게임인 포켓몬GO와 현재 미국에서 가장 유망한 헬스케어 스타트업 중 하나로 손꼽히는 펠로톤$_{\text{Peloton}}$이다.

대부분의 독자들은 아마도 펠로톤이라는 이름은 잘 들어보지 못했어도, 포켓몬GO는 알고 있을 것이다. 헬스케어 웨어러블을 다루는 글에 왜 갑자기 포켓몬GO를 언급하는 것일까. 오락적 효용의 경우, 재미있다는 것 그 자체나 이를 활용하면서 얻게 되는 긍정적인 사용자 경험이 바로 효용이 된다. 특히 '너무 재미있어서 사용하지 않을 수가 없다.' 혹은 '사용하는 경험이 너무도 즐거워서 또 하고 싶다.' 정도가 된다면 이러한 효용을 통해서 웨어러블의 고질적인 지속 사용성 문제도 자연스럽게 해결할 수 있을 것이다.

하지만 적어도 필자가 아는 범위에서는 웨어러블이 이런 오락적 효용을 유의미하게 주는 경우를 찾아보기는 어렵다. 추후 소개할 펠로톤의 사례는 인터넷에 연결된 고정 자전거이므로 커넥티드 디바이스connected device라고 할 수는 있지만, 엄밀히 말해 웨어러블 기기는 아니다. 하지만 이러한 포켓몬GO와 펠로톤은 재미와 사용자 경험을 통해서 결과적으로 헬스케어 분야의 고객들에게 가치를 전달한 바 있다. 이러한 사례가 궁극적으로 웨어러블이 어떻게 오락적 효용을 제공해야 하는지에 대해서 시사하는 바는 적지 않다고 본다.

전 세계를 강타한 포켓몬GO

지난 2016년 갑자기 포켓몬GO는 전 세계적으로 선풍적인 인기를 끌며 혜성처럼 등장했다. 포켓몬GO는 구글의 사내 벤처였다가 독립한 나이언틱 랩스Niantic Labs가 개발한 증강현실 게임이다.

'피카츄' 등 귀여운 몬스터 캐릭터로 잘 알려진 포켓몬스터의 역사는 1990년까지 거슬러 올라간다. 포켓몬스터의 시초는 '몬스터볼'이라는 가상의 휴대용 기기로 몬스터를 포획하여 육성시키면서 서로 대결을 벌이는 게임 시리즈로, 1996년 일본에서 처음 발매되었다. 이 게임이 이후 애니메이션 등으로 제작되며 세계적인 인기를 끌게 된 것이다. 초창기에는 150가지 몬스터로 시작했으나, 새로운 시리즈가 나올 때마다 캐릭터가 추가되어, 2016년 포켓몬GO의 열풍이 불 당시 몬스터의 종류는 총 720여 가지나 되었다.[82]

포켓몬GO는 이 포켓몬 게임 시리즈의 스핀오프로, 증강현실AR, Augmented Reality 기술을 활용한 것이다. 가상현실VR, Virtual Reality이 컴퓨터 안에 완전히 별도의 현실을 구축하는 것이라면, 증강현실은 현실 세계를 보완하는 것이라고 할 수 있다. 「아이언맨」이나 「터미

증강현실 게임 포켓몬GO

네이터」 등의 영화에서 주인공이 안경이나 특수한 렌즈를 통해 사람이나 사물을 바라보면, 그 대상의 정보가 시야에 디스플레이되는 것이 증강현실의 대표적인 사례이다.

이와 같이 포켓몬GO는 게이머들이 스마트폰 화면을 통해서 세상을 바라보면서, 특정 장소로 이동하여 포켓몬을 포획하고, 알을 부화시키고, 진화시키며, 전투에도 참여할 수 있다. 게임 속의 '포켓스탑' '체육관' 등 주요 장소들은 실제로 특정 장소로 게이머가 이동해야만 방문할 수 있는 '장소'이다. 즉, 체육관이 우리 주변의 카페, 편의점, 혹은 바닷가에 있을 수도 있다. 지도를 보고 이런 장소로 이동해야만 포켓몬을 포획하고, 경험치를 얻을 수 있는 것이다.

포켓몬GO는 출시 직후, 그야말로 폭발적인 반응을 일으켰다. 초기에 이 게임은 호주, 뉴질랜드, 미국, 독일, 영국 5개국만 출시되었음에도, 하루 만에 미주 지역 앱스토어 다운로드·매출 1위에 올랐으며, 나이언틱 랩스의 지분을 가진 닌텐도의 주가가 보름 만에 120%나 상승했다. 또한 출시 후 닷새 만에 하루 사용자 수 기준으

대만 신터베이우 공원에 희귀 포켓몬을 잡기 위해 모여든 수천 명의 인파[84, 85]

로 트위터를 초과했으며,[83] 하루 평균 매출이 100만 달러를 넘고 있다. 또한 하루 평균 사용 시간 기준이 페이스북, 스냅챗, 트위터, 인스타그램을 모두 능가하기도 했다.[83] 단기간에 그치기는 했으나, 미국에서 포켓몬GO는 명실상부한 대표적인 모바일 애플리케이션

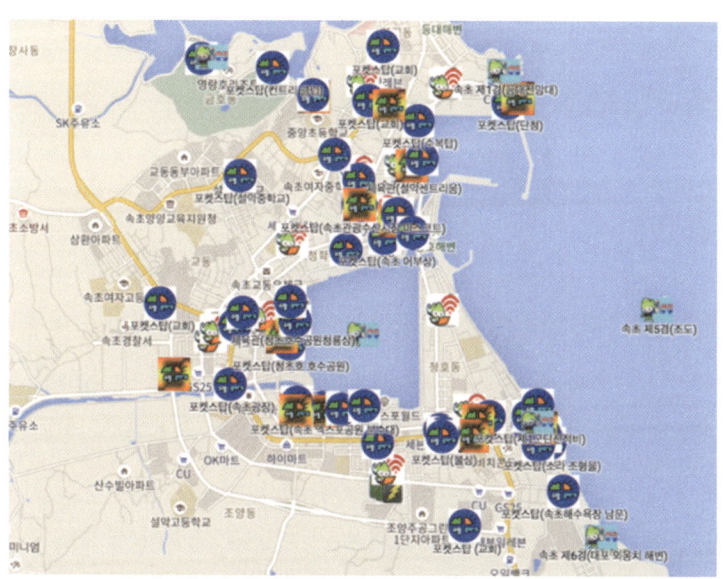

속초시청이 제공한 '포켓몬GO' 지도

이었다. 희귀 포켓몬이 나온다는 지역에는 수천 명의 사람들이 운집하는 사태가 벌어지며, 각종 안전사고가 발생하기도 했다.[84]

또한 독자들 중에서는 포켓몬GO를 하기 위해서 속초로 달려갔던 분이 계실지도 모른다. 한국에서 포켓몬GO가 아직 정식으로 출시되지 않았던 때에도, 구글 지도의 지역 구분 원리 때문인지 속초에서는 게임이 가능하다는 것이 알려지며 많은 사람들이 속초로 몰려드는 기현상이 벌어지기도 했다. 속초행 버스가 매진되고, 속초시는 아예 SNS에 보조 배터리 지도, 공공 와이파이 지도 및 '포켓스탑' 및 '체육관'의 위치까지 제공했을 정도였다.

'의도치 않은' 최고의 헬스케어 앱

이쯤 되면 헬스케어 웨어러블의 오락적 효용을 이야기하는 글에서 왜 포켓몬GO의 사례를 다루는지 짐작이 갈 수도 있겠다. 포켓몬GO 게임을 하기 위해서는 사용자들이 실제로 걷거나 뛰어야 한다. 증강현실을 이용한 포켓몬GO는 지도를 보고 실제 장소로 이동해야 했으므로, 결과적으로 사용자들의 활동량이 자연스럽게 증가할 수밖에 없다.

흥미로운 것은 게임을 진행하는 방식이다. 더 많이 걸어서 이동할수록 더 큰 인센티브를 준다. 바로 더 강한 몬스터이다. 포켓몬 알을 부화시키기 위한 기준이 이동 거리인데, 더 먼 거리를 이동할수록 더 희귀하고 강한 몬스터를 부화시킬 수 있다.[86] 더 강한 몬스터를 얻으면 게임을 더 재미있게 즐길 수 있게 되니, '오락적 효용'이 증가한다. 또한 사용자가 시속 30마일(시속 약 50킬로미터) 이상의 빠른 속도로 움직이면 게임의 여러 기능에 제한이 생기도록 설계되어 있다. 이 때문에 걷지 않고 자동차를 타고 움직이는 등의

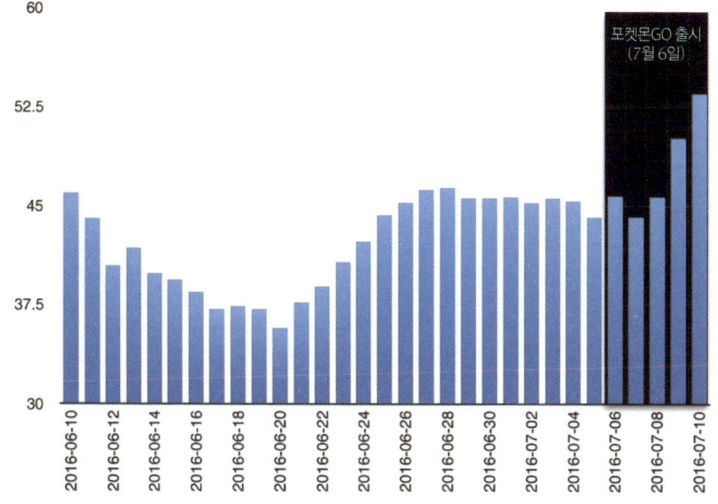

카디오그램으로 측정한 포켓몬GO 출시 이후 하루 30분 이상 운동하는 사람의 비중이 증가했다.[88]

꼼수를 쓰기도 어렵다.

본래 포켓몬GO는 재미를 느끼는 것 그 자체가 목적인 게임이며, 헬스케어 솔루션으로 분류되지는 않는다. 다만 게임을 하기 위한 방식으로 사용자가 직접 움직이는 형식을 택했을 뿐이다. 그런데 그 게임이 너무 재미있다 보니 사람들이 TV 앞을 떠나고, 집을 나와 거리에서 더 많이 걷지 않을 수 없게 된 것이다. 미국의 디지털 헬스케어 전문 매체인 『모비헬스뉴스』는 포켓몬GO를 '가장 빠르게 성장하고 있는 의도치 않은 헬스케어 앱the fastest-growing unintentional health app'으로 지칭하기도 했다.[87]

더 나아가 『워싱턴포스트』는 '포켓몬GO'가 인구 전체의 활동량을 크게 증가시키고 있다고 보고하기에 이르렀다.[88] 미국의 조본업, 카디오그램 등 피트니스 트래커의 데이터를 보면 '포켓몬GO'의 출시 이후 사용자 전체 활동량이 폭발적으로 증가한 것을 알 수

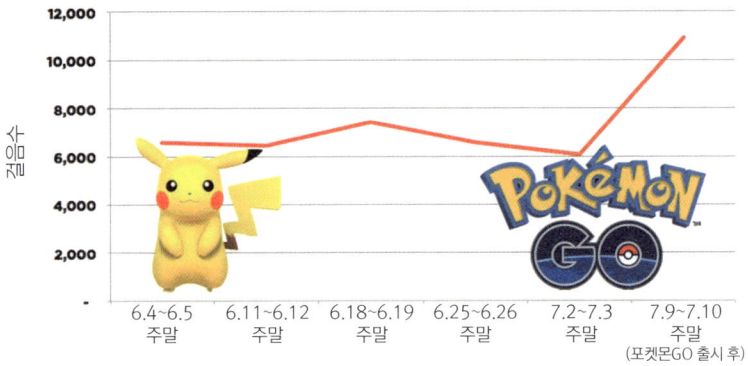

포켓몬GO에 대한 글을 쓴 조본업 사용자들의 경우, 포켓몬GO 전보다 출시 후에 62.5% 더 많이 걸었다.[88]

있다. 애플워치 애플리케이션 카디오그램이 측정한 바에 따르면, 포켓몬GO의 출시일에는 30분 이상 운동하는 사용자는 45% 정도였으나, 출시 후 3일 만에 수치는 53%가 되었다. 피트니스 트래커 조본업이 측정한 결과도 비슷하다. 조본 앱 내에서 포켓몬GO를 언급한 유저들의 경우, 포켓몬GO를 출시한 첫주에는 전주 대비 62.5% 더 걸었다.[88] 일각에서는 "미국의 영부인 미셸 오바마가 아동 비만을 퇴치하기 위해서 지난 5년간 노력해왔으나, '포켓몬GO'는 이를 5일 만에 풀었다."라는 우스갯소리가 나올 정도였다.[89, 90]

너무 재미있어서 쓰지 않을 수 없었으나

포켓몬GO는 '재미'라는 오락적 효용이 충분히 클 때 발생할 수 있는 사례를 잘 보여준다. '헬스케어 웨어러블 패러독스'에서 충분한 효용을 제공해야만 사용자의 행동을 바꿀 수 있다고 강조한 것을 기억할 것이다.

바로 이 포켓몬GO는 '오락적 효용'을 강하게 제공함으로써, 사용자들의 행동을 변화시켜서 활동량을 유의미하게 증가시키는 데 성공했던 드문 사례라고 할 수 있다. 특히, 전체 인구 수준의 활동량을 증가시켰던 경우는 이 포켓몬GO가 유일한 사례라고 해도 과언이 아니다. 필자는 어떤 헬스케어 앱이나 기기 중에서도 (최소한 단기간이라도) 포켓몬GO 외에는 전체 인구 수준의 활동량 증가를 유도한 경우를 본 적은 없다.

다만, 포켓몬GO의 폭발적인 인기도, 이를 통한 활동량의 증가도 장기간 지속되지는 못했다. 2016년의 돌풍 이후 3년 정도가 지난 지금은 주변에서 포켓몬GO 게임을 하는 사람을 예전만큼 찾아보기가 어려운 것이 사실이다. 그만큼 오락적 효용을 지속적으로 제공하는 것은 어려운 일이라고 해석할 수도 있다.

더 나아가, 포켓몬GO 열풍에 따라 국내외 기업들이 비슷한 증강현실 게임을 만들기도 했고, 국내 대기업에서 이미 포켓몬GO 이전에 비슷한 형식의 게임을 만들었다가 실패했던 사례가 언급되기도 했다.[91] 사실 일반적으로 모든 게임은 선풍적인 인기와 높은 중독성을 추구하지만, 모든 게임이 이 목표를 달성하는 것은 아니다. 이를 보면 같은 형식이라도 그 속에 어떠한 콘텐츠가 담기는지, 이를 어떤 사용자 경험과 문화를 통해 전달하는지 등의 디테일이 큰 차이를 낳기도 한다는 것을 알 수 있다.[92, 93] 이어서 살펴볼 펠로톤의 사례가 이러한 디테일의 위력을 보여줄지도 모르겠다.

헬스케어의 넷플릭스, 펠로톤

현재 미국에서 디지털 헬스케어 분야로 분류되는 비상장 스타트업 중에 기업가치가 가장 높은 곳 중의 하나가 바로 펠로톤이다. 2019년 초를 기준으로 기업가치는 40억 달러(약 4.5조 원)가 넘

스크린이 달린 고정 자전거와 스피닝 클래스 콘텐츠를 제공하는 펠로톤

고 지금까지 펀딩 규모만 10억 달러에 달하는 유니콘 기업이다.[94] 2017년 매출은 약 4,000만 달러, 2019년 매출은 9,000만 달러에 달한다.[95, 96]

펠로톤의 모델은 아주 간단하다. 스크린이 달린 가정용 고정 자전거를 판매하고, 이 고정 자전거를 타면서 볼 수 있는 콘텐츠를 정기구독 모델로 제공한다. 스크린에 강사가 등장해서 원격으로 스피닝 클래스를 진행하는 콘텐츠를 구독하는 것이다. 고정 자전거는 2,000달러가 넘는 고가이고, 매달 40달러 정도의 구독료를 받는다.

이러한 사업 모델 자체만 놓고 보면 너무도 간단해서 어디가 특별한지 알기가 어렵다. 오히려 대부분의 사람들은 제공하는 서비스와 제품에 비해 가격이 지나치게 비싸다는 인상을 받을 것이다. 그럼에도 불구하고, 펠로톤이 2014년 자전거를 처음 내어놓은 이후 55만 개의 고정 자전거를 판매했다.[97] 또한, 로그인을 기준으로 미국에서 140만 명 이상이 펠로톤의 고객이다.[96] 회원들의 평균 가입 기간은 무려 13개월, 신규 등록자 가운데 3개월 이상 구독료를 지불하는 가입자는 96%에 달하며, 12개월 회원 재방문율 retention

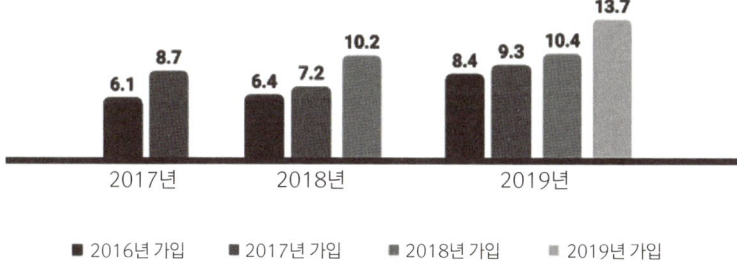

펠로톤 고객의 가입 시기별 연간 월평균 운동 횟수[96, 97]

rate은 무려 95%이다.[96, 98]

 더 놀라운 것은 펠로톤의 고객들이 보여주는 지속 사용성이다. 2019년 펠로톤이 상장을 준비하면서 공개한 S-1 문서에는 펠로톤의 가입자들이 시간이 흐를수록 더 많이 운동을 한다는 것이 드러났다.[97, 100] 오른쪽의 그래프는 펠로톤의 고객을 가입 시기별로 나눠서, 한 달 평균 몇 번 펠로톤의 서비스를 이용하여 운동하는지를 분석해본 것이다. 분석 결과 놀랍게도 전반적으로 고객들이 가입 이후에 시간이 흐르면서 운동하는 횟수가 증가하고 있다. 예를 들어, 2016년에 가입한 고객들은 월 평균 운동 횟수가 2017년 6.1회, 2018년 6.4회, 그리고 2019년 8.4회로 증가하고 있다. 이는 앞서 살펴보았듯이, 핏빗의 경우 활성 사용자의 비율이 증가하지 않고 있으며, 구매 후 사용하는 고객의 비율이 오히려 감소하고 있는 현상과 극명하게 대비된다. 대체 펠로톤에는 무엇이 특별한 것일까?

 펠로톤의 성공 요인을 분석한 기사들을 찾아보면 자주 등장하는 것이 '컬트$_{cult}$'라는 표현이다.[95, 99, 100] 컬트는 특정한 사람이나 사상이나 대상에 대해서 엄청난, 혹은 지나칠 정도의 열의를 보이는 것을 의미한다. 그만큼 펠로톤이 고객들의 열정과 충성심을 이끌어내고, 특유의 문화를 만들어내는 데 성공하고 있다는 것이다. 펠로톤의 고객들이 가지는 이러한 열성적인 반응은 결국 스타 사이클 강사와 이들이 만들어내는 콘텐츠, 그리고 그런 콘텐츠를 소비하는 사용자 경험이라고 할 수 있다.

컬트 문화를 통한 사용자 경험

펠로톤에는 스타 사이클 강사들이 포진해 있다. 이들은 각자 매주 8~12번씩 뉴욕에 위치한 사이클 스튜디오에서 회원들과 함께 사이클 클래스를 진행하며, 이것이 전국으로 실시간 중계된다. 이 클래스는 마치 라이브 공연이나 TV 프로그램처럼 정교하게 제작된다.[98] 정교한 리허설을 거치며, 수백 개의 조명과 음향 장비, 영화 촬영용 카메라 등을 활용하여 공연 실황 중계를 보는 듯하다. 미국 전역에서 수천 명이 이 생중계를 보면서 각자 집에서 동시에 고정 자전거를 타는 것이다(물론 녹화된 과거의 콘텐츠를 이용할 수도 있다).

뉴욕에 위치한 펠로톤 스튜디오에서 스타 강사들에 의해 진행되는 스피닝 클래스는 공연 실황처럼 미국 전역에 생중계된다. 이 스튜디오는 회원들이 뉴욕에 간다면 꼭 한 번 방문하고 싶은 곳이기도 하다.

이 강사들은 서로 각기 다른 특징과 장점을 지니고 있으며, 펠로톤은 이들 사이의 특징이나 이미지가 겹치지 않도록 유의한다. 예를 들어, 레크리에이션 강사 출신인 맷 윌퍼스는 유머러스한 클래스 진행으로 유명하고, 린 헤인스비는 테일러 스위프트 등의 백댄서 출신으로 사이클링을 하면서 댄스까지 가르친다. 코디 릭스비는 좋은 음악을 선곡하는 것으로 잘 알려져 있다.[98, 99]

뉴욕의 펠로톤 스튜디오에서 스타 강사들에 의해 진행되는 스피닝 클래스는 공연 실황처럼 미국 전역에 생중계된다. 이 스튜디오는 회원들이 꼭 한 번 방문하고 싶은 곳이기도 하다.

이렇게 강사들은 펠로톤 콘텐츠의 주연 배우이자 일종의 1인 방송 진행자라고 봐도 무방하다. 사이클 클래스 중에 목표를 달성하는 회원의 이름을 불러주기도 하고, 적절한 음악 리스트를 선곡하거나, 유머, 댄스를 준비해서 회원들에게 동기부여를 한다. 또한 이들은 수십만 명 이상의 팔로어를 지닌 SNS 스타이며, 개인 SNS나 페이스북 그룹 등 여러 경로를 통해 회원들과 활발하게 소통한다. 이를 통해 회원들은 온라인으로 만나는 펠로톤 강사에게 오프라인 클래스보다도 더 큰 개인적인 교감을 느낀다고 말한다.[95]

이렇게 소통하는 것은 회원들 사이에서도 마찬가지다. 내부 SNS를 통해 서로 팔로우하고, 수업 도중에 서로 하이파이브(일종의 '좋아요')를 보낸다.[95, 98] 회사 홈페이지, 페이스북 그룹 등을 통해서 일종의 커뮤니티를 형성하여, 경험과 문화를 공유한다. 서로 다른 도시에 사는, 실제로는 만나본 적도 없는 사람들이지만, 이 커뮤니티에 들어가면 따뜻하게 환대받고 소속감을 느낀다는 이야기를 한다.[95] 이 회원들 사이에서는 뉴욕에 있는 펠로톤 스튜디오는 일종의 '성지'로, 뉴욕을 방문하면 꼭 한 번 들러서 자기가 좋아하는 강사의 수업을 실제로 들어보기를 원하는 곳이다.[98] 심지어 펠로톤의 로고를 몸에 문신으로 새기는 열성 팬도 있다고 한다.[95]

펠로톤의 성공에 따라서, 고정 자전거, 트레드밀, 로잉 머신, 헬스 기기, 유산소 운동 등등을 비슷한 모델로 사업화하는 곳들이 생기고 있다.[99] 하지만 이들이 펠로톤과 같은 성공을 재현할 수 있을지는 지켜볼 일이다. 지금까지 살펴본 것처럼, 펠로톤이 고객에게 제공하는 것은 눈으로 보이는 제품이라기보다는 콘텐츠에서 오는 재미, 소속감, 유대감 등의 문화 혹은 사용자 경험이라고 할 수 있기 때문이다.

우리는 웨어러블의 '오락적 효용'에 대해서 이야기하고 있다. 포켓몬GO에서 보였던 사용자들의 열광적 호응이나, 펠로톤의 회원들이 공유하는 '컬트'와 같은 문화도 이러한 오락적 효용 때문이라고 해석할 수도 있다. 열심히 걷거나 고정 자전거를 열심히 탄다면 건강이 좋아지는 효과도 있겠지만(의학적 효용), 단순이 이런 이유만으로는 포켓몬GO에서 보였던 인구 수준의 활동량 변화나, 펠로톤 회원의 컬트와 같은 문화와 높은 충성심을 설명하기는 어렵다.

이렇게 고객에게 제공하는 재미, 사용자 경험과 같은 무형의 가치는 아주 미묘하고도 세부적인 디테일에서 결정난다. 그렇기 때문에 만들어내기도 어렵고, 다른 분야에서도 똑같이 따라하기도 쉽지 않다. 웨어러블이 이러한 오락적 효용을 당장 어떻게 제공할지 방안을 찾는 것은 어려울 수도 있다. 하지만 웨어러블이 사용자에게 포켓몬GO나 펠로톤의 사용자들이 느끼는 수준의 오락적 효용을 제공할 수 있다면, 오히려 앞서 설명한 의학적 효용이나, 재정적 효용보다도 더 큰 변화를 만들어낼 수 있을지도 모른다.

웨어러블의 돌파구, 어디에 있는가

지금까지 우리는 헬스케어 웨어러블이 어떠한 어려움을 겪고 있으며, 웨어러블 분야에 해결하기 어려운 어떤 딜레마가 있는지, 이 딜레마를 해결하기 위한 방법에는 무엇이 있는지를 살펴보았다.

하지만 아직 고려해야 할 것들이 더 남아 있다. 이 챕터를 마무리하기 전에, 웨어러블의 돌파구를 만들기 위해 추가적으로 고려해야 할 몇 가지 포인트를 더 짚어보려고 한다. 웨어러블의 목표 자체를 재설정하는 것부터 사용자 효용에 대한 역설, 그리고 웨어러블의 돌파구는 사실 웨어러블이 아닐 수도 있다는 부분까지 설명하려고 한다. 웨어러블 정말 쉽지 않다.

웨어러블의 세 가지 축

과연 '성공적인' 웨어러블이라는 것은 무엇일까? 웨어러블이라는 분야에서는 어떤 수준의 목표를 달성하기 위해서 노력해야 할까? 어쩌면 우리는 지금까지 웨어러블에 대해서 잘못된 질문을 던지고 있는지도 모른다. 잘못된 질문은 필연적으로 잘못된 답을 이끌어낸다. 웨어러블의 돌파구를 만들어내기 위해서, 혹은 성공적인 웨어러블을 만들기 위해서는 어쩌면 문제 자체를 다시 정의해야 할 수도 있다.

성공적인 웨어러블을 재정의하기 위해, 필자는 '웨어러블의 세 가지 축'이라는 개념을 즐겨 쓴다. 웨어러블의 활용도에 관한 세

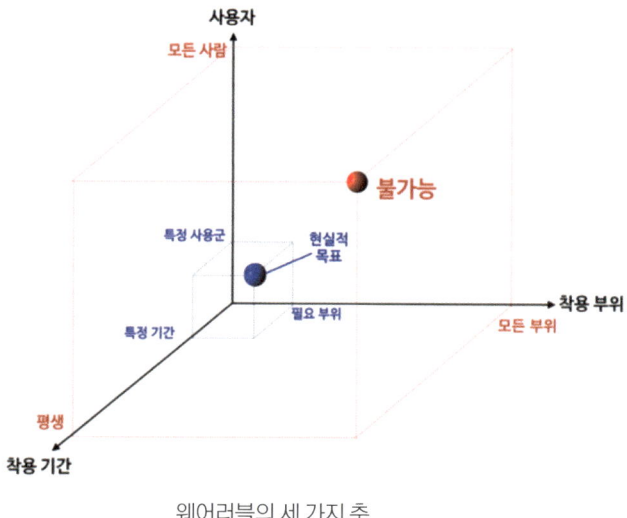

웨어러블의 세 가지 축

가지 개념을 개별적으로 바라보면, 웨어러블 분야에서 바라는 (현실적으로는 이루기 거의 불가능한) 이상향과 현실적으로 추구해야 하는 목표의 수준을 생각해볼 수 있다. 그 세 가지 축은 다음과 같다.

- 사용자
- 착용 기간
- 착용 부위

그림으로 표시해보면 더 쉽게 알 수 있다. 이를 기준으로 웨어러블 업계에서 '이상적인' 목표는 무엇일까? 세 가지 축 모두 극대화하는 것이다. 즉, 모든 사람이, 모든 신체 부위에, 평생 동안 웨어러블을 착용하고 다니는 것이다. 길게 설명할 것도 없이 이것은 불가능에 가깝다. 하지만 초창기 웨어러블 업계를 보면 이런 불가능한 목표를 좇는 듯한 경우가 많았다.

우리가 웨어러블의 돌파구를 찾기 위해서는 세 가지 축 모두를 극대화하는 것은 극히 어렵다는 것을 인정하고, 현실적으로 도달 가능한 수준의 목표를 세우는 것이 우선일 것이다. 만약 세 가지 축 중의 하나, 혹은 두 개라도 목표치를 현실적으로 잡는다면 문제를 다른 시각에서 볼 수 있다. 예를 들어, 특정 질병관리라는 명확한 목적을 가진 일부 사용자들이, 꼭 필요한 부위에 착용하는 의학적인 목적을 이룰 수 있을 정도의 기간 동안은 최소한 사용할 수 있도록 목표를 설정하는 것이다. 이렇게 문제를 재정의할 수 있으면 일단 적게라도 명확한 효용을 가지는 사례를 도출할 수 있으며, 고질적인 '지속 사용성' 문제를 해결하기도 용이해진다. 목표 자체를 현실적으로 잡았기 때문이다.

맥락을 고려해야 한다

웨어러블도 맥락이 중요하다. 똑같은 웨어러블이라도 누구에게, 어떤 상황에서, 어떤 목적으로 사용되는가에 따라서 그 의미와 가치가 완전히 달라지기 때문이다. 앞서 우리는 구글 글래스의 착용이 레스토랑 같은 공공 장소에서는 상대방에게 큰 거부감을 주었지만, 진료실에서 의사가 착용하는 것이 환자에게는 문제가 되지 않았다는 사례를 언급한 바 있다.[41, 46] '웨어러블의 세 가지 축'의 목표를 어떻게 결정할 것인지에 대해서도 결국 이러한 맥락이 세심하게 고려되어야 한다.

대표적인 사례로 필자가 좋아하는 리프 헬스케어Leaf Healthcare의 웨어러블을 보자. 이 센서는 가슴에 부착하여, 사용자가 누워 있는 자세를 알려준다. 바로 누워 있는지, 엎드려 있는지, 오른쪽 혹은 왼쪽으로 누워 있는지를 알려주는 것이다. 대체 이 웨어러블이 무

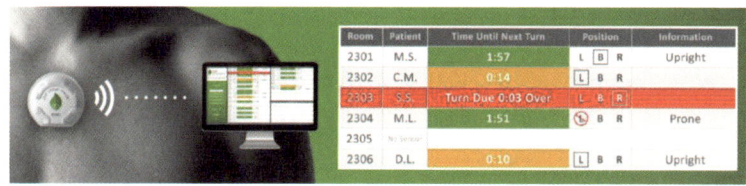
환자의 자세를 측정하여 욕창을 방지하는 리프 헬스케어

슨 의미가 있을까? 일상생활 속의 일반 사용자라면 아무런 효용이 없을 것이다.

하지만 병원에서 거동이 불편한 환자와 이 환자를 돌보는 간호사라면 문제가 완전히 달라진다. 오랫동안 한 자세로 누워 있으면 욕창$_{ulcer}$이 생긴다. 미국에서는 매년 100만 명의 환자가 병원에서 욕창을 얻으며, 이 때문에 110억 달러의 의료 비용이 낭비된다고 한다.[101] 욕창을 방지하기 위해서는 각 환자를 두 시간에 한 번씩 간호사가 누워 있는 자세를 바꿔주는 것이 원칙이다. 하지만 간호사가 워낙 바쁘기도 하고, 여러 환자의 자세를 언제 바꿨는지 모두 기억하기 어려우므로 이 원칙을 제대로 지키지 못하는 경우가 많다.

리프 헬스케어의 센서는 현재 개별 환자가 어떤 자세로 누워 있으며, 마지막으로 자세를 변경한 지 얼마나 시간이 흘렀는지, 지금 당장 자세를 바꿔야 하는지 여부를 간호사의 모니터에 띄워준다. 캘리포니아의 한 병원에서 이 센서를 사용해본 결과, 환자의 자세를 바꿔주는 원칙을 64%밖에 지키지 못하던 것을 98%로 개선할 수 있었다.[101] 또 다른 연구에 따르면, 기존 병원에서는 이 원칙의 준수율이 38~51% 정도에 그쳤으나, 이 센서를 활용하면 90% 이상의 수치를 달성할 수 있었다.[102]

이러한 센서를 활용하면 정말로 병원 내 욕창의 발생을 크게 줄일 수 있었다. 이 리프 헬스케어를 활용하는 5,000명의 환자를 분

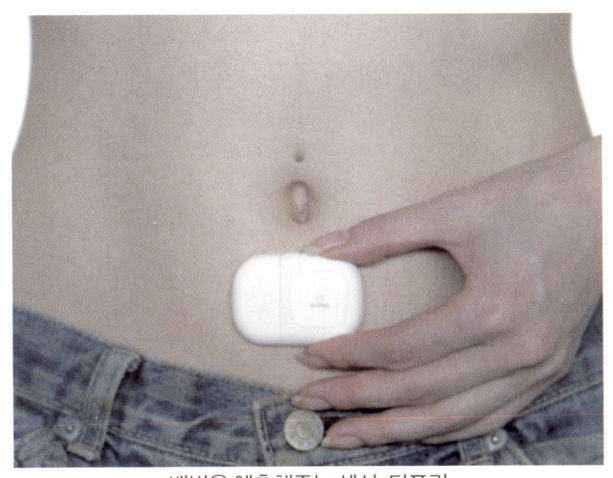

배변을 예측해주는 센서, 디프리

석해본 결과, 욕창이 생기는 환자의 비율은 0.5%로, 미국 평균인 3.6%에 비해서 약 7배 낮았던 것이다.[103] 즉, 일반적인 상황에서는 평범하기 그지없는 센서가 특정한 환경의 특정한 사용자에 대해서는 큰 효용을 제공할 수 있는 것이다.

또 한 가지 흥미로운 웨어러블은 배변 신호 즉, 내가 조만간 대변을 누고 싶을지를 예측해주는 웨어러블이다.[104, 105] 2015년 트리플 W 재팬Triple W Japan이라는 일본 회사에서 만든 디프리D Free라는 웨어러블은 3×5센티미터 크기의 작은 센서로, 이를 배꼽 아래 복부에 부착하면, 초음파 센서가 대장이나 직장, 방광 등의 미세한 움직임을 감지해서 배변 신호를 스마트폰 앱으로 알려준다. 이 회사의 대표 나카니시 아쓰시는 본인이 과거 변의를 참지 못하고 길에서 바지에 실례를 했던 경험 때문에 이런 웨어러블을 만들었다고 한다.

솔직히 필자는 이 센서를 처음 접했을 때, '이런 쓸모없는 웨어러블을 왜 만들지?' 하고 생각했다. 이런 웨어러블은 효용이 별로 없을 것이라고 생각했기 때문이다. 하지만 이 웨어러블이 제대로 동작하기만 한다면, 과민성 대장염, 거동이 불편한 환자, 고령의 환자, 장애인 등에게는 효용을 제공할 수 있다는 것을 알게 되었다. 자신이 변의를 느끼기 전에 이를 미리 측정해준다면 특정한 상황에서 환자 본인뿐만 아니라 간병인에게 도움을 줄 가능성도 있다. 실제로 디프리라는 센서의 이름이 바로 디아퍼 프리Diaper Free로 기저귀로부터 자유롭다는 의미이다. 2015년 당시 일본에서 이 센서는 크라우드펀딩을 통해서 1,200만 엔, 약 1억 3,000만 원 정도를 모금하는 데 성공했다.[106]

효용의 간접 수혜자

앞서 언급한 리프 헬스케어와 디프리의 사례에서 우리가 주목해야 할 또 한 가지 측면은 이런 웨어러블의 효용을 가장 크게 얻는 사람이 사용자 본인이 아닐 수 있다는 점이다. 두 경우 모두 웨어러블의 수혜자는 환자를 간호하는 간호사나 간병인이 될 수도 있다. 혹은 더 나아가서 이를 통해 불필요한 의료 비용을 막을 수 있는 병원이나, 더 넓게는 건강보험재정이 수혜자가 될 수도 있다. 이러한 경우 웨어러블의 구매를 결정하고, 대가를 지불하는 사람도 사용자 본인이 아니라, 간접 수혜자가 될 수도 있다는 점을 이해해야 한다.

이렇게 사용자 외에 효용을 제공하는 대표적인 사례로 해피스트 베이비Happiest Baby라는 회사에서 만든 스누SNOO라는 스마트 요람을 들 수 있다(요람이므로 웨어러블이라고 하기는 어렵긴 하다). 필자는 이 회사를 미국에서 참석한 '헬스 2.0'이라는 콘퍼런스에서 열린 헬스케어 스타트업 경진대회에서 처음 접했다. 그 대회에서는 이 회사

아기뿐만 아니라 부모의 수면도 도와주는 스마트 요람, 스누

가 우승을 차지했다.

수면 과학자들이 만든 이 스마트 요람은 화이트 노이즈, 부드럽게 흔들어주기, 강보로 감싸기 등을 통해서 엄마의 자궁과 비슷한 환경을 만들어줌으로써 아기의 수면을 유도한다. 그런데 이 스누의 효용을 크게 얻는 사람은 사용자인 아기뿐만이 아니라, 그 아기를 돌보는 부모도 포함된다. 이 회사는 아기 때문에 잠을 자지 못하는 부모들을 대상으로, 아기의 수면을 유도해서 궁극적으로 부모의 수면 시간을 더 확보해줄 수 있다는 가치를 제안한다.

즉, 이 경우에도 효용을 얻는 사람은 아기뿐만 아니라 부모까지 확대되며, 오히려 아기의 니즈보다는 부모의 니즈를 해결해준다고도 볼 수 있다. 회사가 이렇게 가치제안을 하는 이유도 기기의 구매를 결정하고 비용을 지불하는 사람은 사용자(아기)가 아니라, 간접 수혜자(부모)이기 때문이다.

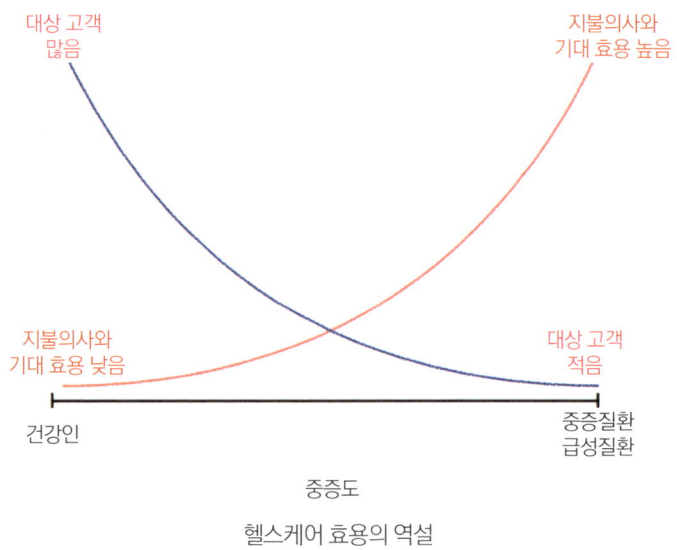

헬스케어 효용의 역설

헬스케어 효용의 역설

또 한 가지는 고려할 점은 웨어러블이 줄 수 있는 효용과 시장 크기의 역설이다. 이 역설은 사실 웨어러블뿐만이 아니라 헬스케어 서비스 전반으로 확대해도 유효하다. 바로 고객이 기대할 수 있는 효용이 커질수록(즉, 구매 의사가 클수록), 해당 시장의 크기는 작아지는 경향이 있다는 것이다.

고객이 얼마나 건강한 사람인지를 기준으로 이 반비례 관계를 살펴보자. 큰 문제 없이 건강을 잘 유지하고 있는 사람의 수는 많다. 하지만 이들은 당장 건강을 관리하거나 질병을 치료할 필요가 없으므로 웨어러블(혹은 기타 헬스케어 서비스)에 대해 기대하는 효용이 적다. 그러므로 돈을 잘 지불하려고 하지 않는다. 반면 중증질환, 급성질환 등 건강에 문제가 있는 사람일수록 웨어러블(혹은 기타 헬스케어 서비스)로부터 얻을 수 있는 효용은 상대적으로 크다. 하지만 질병이 심각할수록 대체로 해당 고객의 수는 줄어든다.

즉, 헬스케어에서 더 많은 사람을 대상으로 할수록, 기대하는 효용과 지불 의사는 줄어든다. 반대로 기대 효용과 지불 의사가 큰 시장을 공략하려면, 대상 고객의 수가 줄어든다. 이것이 헬스케어 시장의 역설적인 특징이라고 할 수 있다. 물론 여기에서 예외적인 경우도 있지만(미용 시장, 예방주사 등), 일반적으로는 이러한 경향을 보인다고 할 수 있다. 이러한 특징을 앞서 언급한 '웨어러블의 세 가지 축' 개념과 더해서 살펴본다면 웨어러블 시장에 소위 대박을 만들어내는 것 자체가 근본적으로 어려울 수 있다는 의미이다.

하지만 그렇다고 해서 사업적으로 웨어러블이 의미가 없다는 것은 아니다. 신약개발 산업에서도 블록버스터blockbuster 신약뿐만 아니라 틈새 시장을 공략해서 의미 있는 사업적 성과를 노리는 소위 니치버스터Nichebuster 신약을 전략적으로 노리는 경우도 많다. 마찬가지로 웨어러블에서도 애당초 블록버스터가 아니라 이러한 니치버스터를 노리는 것이 더 나은 전략일 수 있다. 필자가 계속 강조한 바대로 우리는 잘못된 질문을 던지고 있는지도 모른다. 잘못된 질문은 잘못된 답을 만들어낸다.

돌파구는 웨어러블이 아닐 수도

이번 장에서는 웨어러블 분야 내부에 해당되는 내용을 중심으로 웨어러블 분야를 바라보았다. 하지만 웨어러블의 진정한 돌파구는 웨어러블이 아닐 수도 있다. 즉, 그 돌파구는 웨어러블 '외부에서' 올 수도 있다는 점이다.

우리가 앞서 '디지털 헬스케어 구현의 3단계'에서도 보았듯이 웨어러블은 데이터 측정-통합-분석의 큰 그림 내에서 하나의 구성요소로 의미를 가진다. 이는 다시 말해, 웨어러블이 단독으로 가치를 지니기보다는 다른 방면의 기술, 제품 및 데이터와 어우러져 생태계를 이룸으로써 가치가 극대화될 수도 있다는 의미이다. 웨어러블의 효용이 높아지고, 지속 사용성이 높아지기 위해서는 사용하고 측정한 데이터를 분석하고 활용하는 과정에 관여하는 인접 분야의 발전이 동반되어야 한다는 것이다.

현재 암흑기를 거치고 있는 웨어러블의 미래를 필자는 장기적으로 밝게 보는 이유 중의 하나가 바로 이렇게 웨어러블 인접 분야가 계속해서 발전하고 있다는 점이다. '디지털 헬스케어 구현의 3단계'에서 보았던, 데이터를 측정할 수 있는 다른 수단의 발전, 데이터 플랫폼의 발전, 데이터를 해석할 수 있는 원격의료나 인공지능의 발전 등이 모두 직간접적으로 웨어러블의 가치를 상승시킬 수 있다.

인공지능이 대표적이다. 다양한 웨어러블을 통해서 우리는 방대한 헬스케어 데이터를 지속적으로 얻을 수 있다. 하지만 이 웨어러블의 효용을 결정하는 것은 웨어러블 그 자체보다도 측정한 데이터를 실시간으로 모니터링하여 사용자의 상태를 파악할 수 있는 인공지능의 유무일 수도 있다.

예를 들어, 우리는 앞서 17장에서 IBM 왓슨과 메드트로닉의 연속혈당계가 연계된 슈거아이큐라는 서비스를 살펴보았다. 연속혈당계로 측정한 혈당 등을 분석하여 인공지능이 사용자에게 저혈당증의 예측이나, 식습관 변화와 같은 조언을 제공하면, 이를 통해서 당뇨병 환자가 더 나은 혈당관리를 할 수 있다는 것이었다. 메드트로닉은 이런 인공지능을 통해 실제로 환자들의 혈당관리가 개선된다는 임상적 근거를 보여주기도 했다.[107-110] 이러한 경우 단순히 연속혈당계라는 웨어러블만 있을 때보다, 인공지능 서비스와 연계

될 때 사용자 효용이 커진다고 할 수 있다.

　보험의 경우도 마찬가지다. 앞서 '웨어러블의 재정적 효용'을 논의하며 우리는 보험상품과 웨어러블의 결합에 대해서 논의했다. 핏빗과 같은 활동량 측정계 웨어러블을 통해서 운동을 열심히 하는 사람에게 보험료 인하 등의 금전적인 혜택을 주는 상품에 관한 것이다. 더 나아가서 미국에서는 아예 웨어러블 회사가 보험상품을 만드는 등의 파격적인 모델까지도 생겨나고 있다. 스마트 칫솔을 만드는 미국의 빔 테크놀러지Beam Technology는 이 스마트 칫솔과 이 기기에서 얻은 양치질 데이터를 바탕으로 치과 보험을 출시한 것이다.*[111-113] 이러한 시도는 아직 제한적이지만, 보험사 입장에서의 웨어러블과 그 데이터의 유용성이 입증되면 향후 더 확대될 수 있다. 이 역시 웨어러블 분야 밖에서 시작되는 웨어러블의 돌파구라고 볼 수 있다.

　웨어러블의 많은 인접 분야에서는 이러한 변화가 정중동으로 일어나고 있다. 더 나아가, 헬스케어 이외의 인접 분야도 살펴볼 필요가 있다. 이 책의 주제가 헬스케어이기 때문에, 이번 챕터에서도 헬스케어 분야에 한정하여 웨어러블을 분석하였으나, 사실 웨어러블 그 자체는 헬스케어 분야에만 국한되지 않는다. 그 효용은 헬스케어와 다른 기술, 혹은 다른 사업 영역에서 올 수 있기 때문이다. 예를 들어, 아마존의 알렉사, 구글의 구글홈과 같은 음성 인식 스피커, 스마트홈, 자율주행차, 핀테크 등이 헬스케어 이외의 분야에서도 웨어러블의 효용을 만들어낼 가능성이 있다는 점도 간과해서는 안 된다.

---

*　이 사례는 22장 '보험사, 근본적인 변화'에서 더 자세히 알아본다.

웨어러블은 미래가 될 수 있을까

이번 장에서 우리는 헬스케어 웨어러블의 다양한 측면에 대해서 살펴보았다. 웨어러블은 한때 촉망받던 기술이었음에도 불구하고, 현재는 어려운 시기를 지나고 있다. 또한 그러한 암흑기가 '지속 사용성'과 '사용자 효용'이라는 닭과 달걀의 딜레마를 해결하지 못했기 때문이라는 점을 지적했다. 그리고 이러한 '지속 사용성'이 얼마나 근본적인 문제인지 살펴보았고, 이를 어떻게 해결할 수 있을지 실마리를 찾으려 했다. 한편, '사용자 효용'은 의료적 효용, 재정적 효용, 오락적 효용이라는 세 가지 측면에서 분석하여, 사용자에게 유의미한 효용을 제공할 수 있는 방안을 모색해보았다. 마지막으로는 '웨어러블의 세 가지 축', '헬스케어 효용의 역설', 맥락의 중요성, 간접적 수혜자 등의 추가로 고려해야 할 주요 개념에 대해서 살펴보았다.

웨어러블 정말 쉽지 않다. 이렇게 살펴본 문제를 모두 해결한다고 해서, 성공적인 웨어러블을 만들 수 있다는 보장은 없을지도 모른다. 하지만 앞서 지적한 지속 사용성, 사용자 효용 등의 근본적인 문제를 해결하지 않는다면 그 웨어러블은 실패할 수밖에 없을 것이라고 확언할 수 있다. 지금까지 대부분의 웨어러블이 그랬던 것처럼 말이다.

어쩌면 이 장에서 다루었던 내용은 단순히 웨어러블뿐만 아니라 디지털 헬스케어 영역 전반으로 확대하더라도 적용될 수 있을지도 모른다. 그만큼 사람의 건강을 다룬다는 문제는 복잡다단하다. 더 나아가, 이를 새로운 기술을 통해서 가치를 전달하고, 사용자의 행동 변화까지 수반되어야 하는 경우 더욱 어렵다고 할 수 있다.

필자는 웨어러블이 디지털 헬스케어, 더 나아가 미래 의료에서 분명히 중요한 역할을 담당할 것이라고 생각한다. 하지만 웨어러블을 둘러싼 여러 산적한 문제들로 인해 돌파구를 만들 방법은 잘 보이지 않는다. 그것이 필자가 이 분야에 대해서 오랫동안 고민에 고민을 거듭한 이유였다.

이번 장에서는 필자 나름의 시각으로 웨어러블의 문제점을 분석 및 진단하고 가능한 해결책을 모색해보았다. 필자의 분석이 완전하다고 볼 수는 없을 것이고, 또 다른 시각에서 접근하는 주장도 있을 수 있다. 그럼에도 불구하고 필자는 웨어러블 분야에서 고민해야 할 근본적으로 중요한 질문 몇 가지는 던졌다고 확신한다. 이러한 분석이 이 분야가 장기적으로 돌파구를 마련하는 데 조금이라도 도움이 되면 좋겠다.

미래로 가는 길

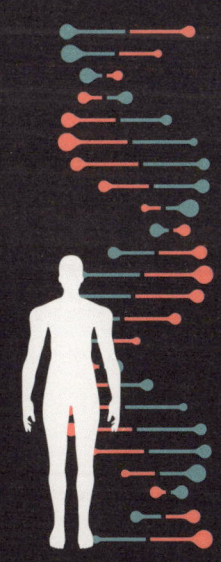

대기업, 어디서 시작해야 하나

디지털 헬스케어가 전세계적으로 주목을 받으면서, 최근 들어 국내 대기업들도 이 분야에 뛰어들지, 혹은 어떻게 뛰어들지를 고민하고 있다. 필자도 지금까지 여러 대기업의 경영진들, 실무자들을 자문해드리면서 이러한 방향성을 함께 잡아가려고 노력해왔고, 이 책에 소개된 내용을 비롯하여 디지털 헬스케어 분야의 글로벌 동향과 혁신 사례들을 전달해드리기도 했다. 하지만 그럼에도 아직 국내 대기업 중에 디지털 헬스케어 분야에서 유의미한 성과를 보인 경우는 많지 않다. 이번에는 필자가 여러 국내 대기업과 일하면서 공통적으로 느꼈던 점들과 국내 대기업이 이 분야에서 어떻게 미래를 준비해야 할지를 제안해보려고 한다.

미래는 예측 가능한가

대개 한국의 대기업에서는 디지털 헬스케어와 같은 새로운 분야에 뛰어들면서, '무엇'을 할지를 사장님이나 경영진에게 보고할 '하나'의 문장으로 뽑고 싶어한다. 이번 책을 충실히 읽은 독자라면 느끼겠지만, 디지털 헬스케어 분야는 너무도 넓다. 이 폭넓은 분야 중에서 유망한 '하나'의 사업 분야를 구체적으로 특정하거나 우선순위를 매김으로써, 향후 나아가야 할 방향을 좁히려는 것이다. 사실 이렇게 해야만 실무자보다 특정 분야에 대한 이해도가 낮을 수밖에 없는 의사결정권자들이 이해하고, 의사결정을 받아낼 수 있다. 필자도 대기업에서 일하던 시절, 임원 보고, CEO 보고 등을 준비해봤기 때문에 이를 잘 이해하고 있다.

하지만 문제는 디지털 헬스케어, 혹은 미래 의료라는 분야가 그렇게 쉽고 간단한 분야가 아니라는 것에 있다. 새롭게 태동하고 빠르게 발전하는 다른 모든 신기술 분야와 마찬가지로, 이 디지털 헬스케어 분야도 앞으로 어떻게 바뀔지는 아무도 모른다. 필자의 역량이 부족해서인지 모르겠지만, 이 분야가 5년 뒤, 10년 뒤에 어떻게 바뀔 것이며, 어디에서 기회가 있을지를 매우 세부적이고 구체적으로 '미리' 잡는 것은 극히 위험하다고 생각한다. 아니, 그것 자체가 가능하지 않다고 본다. 특히 새로운 기술을 다루는 다른 분야와는 달리 디지털 헬스케어는 기술뿐만 아니라, 규제, 보험 및 수많은 이해관계자와의 특수한 관계까지 고려해야 하므로 앞날을 가늠하기가 더욱 어렵다.

사실 필자는 몇 년 후까지 갈 것도 없이, 앞으로 1, 2년 후에 이 시장이 어떻게 전개될지도 매우 불확실하다고 생각한다. 현재 글로벌 시장뿐만 아니라, 한국 시장도 격동의 시기를 거치고 있다. 구글, 애플, 아마존, IBM과 같은 글로벌 IT 기업이나, 다국적 제약사 등은 하루가 다르게 새로운 제품, 서비스, 연구결과를 내놓고 있으며, FDA의 규제는 여전히 바뀌는 과정에 있다. 몇 년 전만 하더라도, 새로운 시장에 대한 막연한 환상과 기대감으로 채워졌다면, 이제 글로벌 시장에서는 이러한 기대를 실질적인 성과로 증명해야 하는 시기가 되고 있다.

불확실한 것은 국내 시장도 마찬가지다. 국내에서도 각종 규제 변화, 혁신형 의료 기기, 수가 체계의 변화 등이 예상되며, 선도적인 스타트업을 중심으로 인공지능 의료 기기 등 새로운 기술과 연구결과, 인허가 성과 등이 속속 등장하고 있다. 사실 현재 한국의 디지털 헬스케어 시장은 '존재한다.'라고도 보기 어려울 정도이며, 글로벌 수준에서는 이미 골든타임을 놓친 상황으로, 단기간 내에 어떤 돌파구를 마련해내지 못하면 근본적으로 상당한 난관에 봉착하게 될 수 있다. 지금도 이미 많은 회사는 국내 시장을 버리고 해외로 가야만 살아남을 수 있다는 결정을 고육지책으로 내리고 있다.

국내 대기업이 간만 보는 이유

이러한 여건에서 산업화 시대 때 하던 것처럼, 대기업이 이 분야에 뛰어들기 위해서 좁고 세부적인 방향을 미리 설정하고 가는 것은 실패할 확률이 높은 방법이다. 혁신적인 분야일수록 어디에서 기회가 있을지, 위험이 도사리고 있을지를 사전에 알기 어렵기 때문이다(같은 이유로 필자는 '대통령 직속 4차 산업혁명 위원회'와 같은 활동의 효과를 회의적으로 본다). 하지만 대기업이라는 큰 범선과 같은 존재는 처음부터 그렇게 방향을 정해놓지 않으면 출발 자체를 할 수가 없다. 특히 관료적이고 모든 결정이 톱다운으로 이뤄지는 한국의 대기업은 더더욱 그러하다.

필자는 한국의 대기업이 지난 몇 년 동안 디지털 헬스케어 분야에 과감하게 뛰어들지 못하고, (업계에서 흔히 이야기하듯) 소위 '간'만 보고 있는 이유가 여기에 있다고 생각한다. 시장에 대한 이해나, 이해관계자들의 관계 조율에 대한 부담도 큰 요소이겠지만, 필자가 만나본 대기업은 전자, 제조, 제약, 보험, 상거래, 식자재 등을 막론하고 '무엇을 해야 할지' 자체를 오랫동안 고민하면서도 아무런 실마리를 찾지 못하고 있었다. 이는 잘못된 가정하에서 잘못된 질문을 던지기 때문이다.

구글이 닥치는 대로 잡다하게 하는 이유

한국의 대기업이 정말 디지털 헬스케어를 하려는 의지가 있다면, 구글처럼 해보면 좋으리라 생각한다. 구글 즉, 알파벳은 현재 자회사인 버릴리, 칼리코, 구글X, 딥마인드, 구글벤처스 등을 통해서 헬스케어 분야에 전방위적으로 다양한 시도를 하고 있다. 이 시도는 전자의무기록 분석 인공지능,[1] 유방암·전립선암 병리 인공지능,[2-4] 안과 인공지능부터,[5-8] 스마트 콘택트렌즈,[9] 자동 수술 로봇 개발,[10] 베이스라인 프로젝트,[11-13] 노화 연구[14]에 이르기까지 극히 다양하다. 또한 실리콘밸리에서 구글벤처스는 디지털 헬스케어 스타트업에 가장 활발하게 투자하는 벤처캐피털 중의 하나이다. 구글 벤처스가 투자한 회사는 암유전체 분석 회사(파운데이션 메디슨)나 유전정보 분석 스타트업(23andMe)에서, 원격진료 스타트업(닥터 온 디맨드), 보험사 스타트업(레모네이드, 오스카)에 이르기까지 무척 다양하다.[15]

어떻게 본다면 구글이 디지털 헬스케어 분야에서 이것저것 마구잡이로 닥치는 대로 해보는 것처럼 보일 수도 있다. 하지만 과연 구글이 돈과 시간, 리소스가 남아돌아서 그렇게 하는 것일까. 필자는 그렇지 않다고 생각한다. 그냥 디지털 헬스케어라는 분야가 그렇게 접근하는 것 외에는 다른 선택지가 없기 때문에, 그렇게 할 수밖에 없는 것이다. 디지털 헬스케어가 언제 어떻게 변화해서, 어떤 기회를 만들어낼지는 아무도 알 수 없기 때문에, 그저 이 분야가 미래에 의료가 나아갈 수밖에 없다는 방향성에 대한 믿음을 가지고 일단은 다양한 시도를 해보는 것 외에는 답이 없는 것이다. 특정한 주제를 미리 선별해서 회장님 지시사항으로 톱다운으로 내려보내는 방식은 이 분야에서는 통하지 않는다. 아니, 유일하게 가능성 있는 회장님 지시사항은 "내가 책임질 테니, 다양하게 시도해보라."는 것인지도 모르겠다.

이런 다양한 시도에서는 구글도 포기를 선언한 혈당 측정용 스마트 콘택트렌즈 같은 실패 사례가 나올 수도 있지만[16] 또 다른 프로젝트에서 예기치 못했던 더 큰 기회가 나올 수도 있다. 물론 아직 구글도(비록 연구 성과는 잘 나오고 있지만) 상업적으로 크게 성공한 사례를 찾지는 못했다. 하지만 그 와중에 시장에 대한 이해가 생기며, 뛰어들기 전에는 보이지 않던 온갖 이해관계가 눈에 들어올 것이다. 그러한 과정을 거쳐야만 비로소 새로운 기회에 눈을 뜨게 될 수 있다.

대기업의 선택지

당연히 여기에는 시간이 들고, 리소스가 들어간다. 산업화 시대의 시각으로는 여기에 들어가는 시간과 리소스는 그저 '낭비'로 보여질 것이다. 또한 과감하게 시도했다가 프로젝트가 실패하면 누군가는 책임을 져야 할 것이다. 한국의 대기업이 이렇게 구글처럼 시간과 리소스의 '낭비'를 감수하고, 실패에 대한 리스크를 무릅쓰면서, 방향성만 믿고 불확실성에 투자하는 것을 필자는 여전히 상상하기가 어렵다. 돈과 리소스가 없는 것이 아니라, 새로운 산업에 대한 이해와 통찰, 그리고 의지가 없는 것이다. 그러니까 지금까지 계속 반복적으로 고민만 계속하고 있는 것이다. 하지만 백날 고민해봐야 어차피 답이 없는 질문을 던지고 있는 것이다.

만약 좋은 질문을 던지기가 어렵고, 디지털 헬스케어라는 새로운 산업의 본질에 맞는 방향으로 사업을 이끄는 것이 어려우며, 스스로 보기에 이 산업에 대한 전문성과 통찰이 충분하지 않다는 자각이 있다면, 굳이 대기업이 직접 할 필요가 없을 수도 있다. 구글 벤처스처럼 스타트업에 투자해서 오픈 이노베이션을 하는 것이 더 낮은 리스크와 투자 대비 더 큰 효과를 기대할 수도 있다. 혹은 벤처 펀드나 엑셀러레이터 펀드에 출자할 수도 있다. 빠르게 변화하는 이런 분야에는 스타트업만큼 기민하고 유연하게, 때로는 과감한 피봇을 하면서 대응할 수 있는 조직은 없다. 대기업에서 내부적으로 한다면 이러한 대처가 절대 가능하지 않다.

하지만 국내 대기업이 과연 이러한 결정을 할 수 있을까. '자체적으로 직접 할 수 있는 일인가?' 하는 질문에 답을 내리는 것도 자신의 역량에 대한 냉철한 판단이 필요한데, 아이러니하게도 이것 자체가 전문성과 통찰이 필요한 일이다. 전문성이 없다는 것 자체가, 자신이 얼마나 전문성이 있는지, 다른 파트너가 얼마나 전문성이 있는지에 관한 판단을 내리기 어렵게 만들기 때문이다. 그러므로 대부분의 국내 대기업은 '우리가 내부적으로 직접 모두 한다.'라는 그다지 현명하지 않은 선택지를 고르곤 한다.

글로벌 시장과는 달리, 한국 시장에서 대기업은 지금까지 디지털 헬스케어 분야에서 유의미한 움직임을 거의 보여주지 못했다. 향후 시장의 변화는 그 속도와 폭이 더욱 커질 것이다. 더욱이 한국은 단일건강보험, 의료보험 당연지정제, 무너진 의료전달체계, 저수가, 특유의 규제 등으로 아주 특수한 시장이며, 글로벌과 괴리는 계속 커지고 있다. 부디 한국에서도 대기업이 이러한 격동의 시기에 좋은 기회를 포착하고, 유의미한 변화를 만들어낼 수 있기를 바란다.

21장

제약사, 디지털이 날개를 달아줘요

    여러 산업 중에 제약 회사는 디지털 헬스케어의 수혜를 가장 많이 받는다고 할 수 있다. 앞서 언급한, 스마트폰, 웨어러블, 유전정보 분석, 디지털 표현형, 인공지능 등의 디지털 헬스케어 기술이 신약개발 프로세스의 모든 단계에 적용될 수 있기 때문이다. 이를 활용하면 신약개발의 시간을 단축시키고, 비용을 줄이며, 성공 확률까지 높일 수 있다. 더 나아가 18장에서 살펴본 바와 같이 디지털 치료제는 약의 개념 자체를 더 확장시키고 있다. 이 과정에서 큰 변화를 겪을 수밖에 없는 곳이 바로 제약사이다.

    이러한 이유로 머크, 존슨앤존슨, GSK(글락소스미스클라인) 등의 글로벌 제약사는 최근 몇 년 동안 디지털 헬스케어 분야의 투자를 크게 늘리고 있다.[1, 2] 하지만 아직 국내 제약사들은 신약개발 과정에 디지털 헬스케어 기술을 접목시키는 등의 시도는 아주 드문 편이다. 필자가 국내 제약사 자문이나 강의 등에서 이러한 내용들을 수년 전부터 강조해왔지만, 여전히 디지털 헬스케어의 가능성에

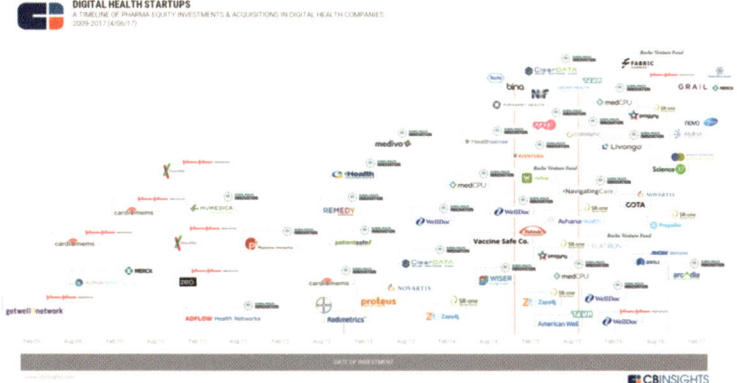

최근 몇 년 동안 글로벌 제약사는 디지털 헬스케어에 활발하게 투자하고 있다.
(출처: CB Insights)[1]

대한 제약사의 관심과 활용은 낮은 편이라 안타깝다.

제약사는 신약을 개발하기 위해서 연구와 임상시험에 막대한 자금뿐만 아니라, 때로는 10년 이상의 긴 시간을 투자한다. 특히 최근의 데이터를 보면 제약사들이 투입하는 연구개발 비용은 더 늘어나고 있지만, 새롭게 인허가 받는 신약의 수는 줄어들고 있다.[3, 4] 이는 결국 제약사의 수익성 하락을 뜻한다. 그렇다면 제약사로서는 신약개발 과정의 효율성을 높이고, 비용을 줄이며, 성공 확률을 높일 수 있는 방법이 절실할 것이다.

그렇기 때문에 디지털 헬스케어가 제약사에게 각광을 받고 있다. 언급했듯이 디지털 헬스케어는 신약개발의 모든 단계에 적용될 수 있다. 이번 장에서는 표적 발굴 target discovery, 선도 물질 발굴 lead discovery, 임상시험, 그리고 출시 후 모니터링 post market surveillance 등의 각 단계에서 디지털 헬스케어 기술이 어떻게 활용될 수 있는지를 몇 가지 사례와 함께 알아보려고 한다.

23andMe의 유전정보 데이터베이스

세계 최대의 개인유전정보 분석 회사인 23andMe에 대해서는 앞서 8장에서 상세하게 설명한 바가 있다. 실리콘밸리의 23andMe는 병원을 거치지 않고 개인 고객의 타액을 직접 우편으로 받아 건강, 질병 발병 가능성, 조상 분석 등에 대한 유전정보를 분석해주는 서비스를 제공한다. 2019년 3월을 기준으로 23andMe의 고객 숫자는 1,000만 명을 돌파했다.[5]

사실 유전정보를 분석한 고객 숫자로 따지면 23andMe보다 엔세스트리닷컴Ancestry.com이 더 많다. 엔세스트리닷컴은 조상 분석이나 친척 찾기를 목적으로 한 유전정보 분석을 제공하는 회사이다. 하지만 23andMe의 위력은 고객의 유전정보 즉, 유전형뿐만 아니라, 병력, 약물 부작용 등의 건강에 대한 특징 즉, 표현형까지 보유하고 있다는 점이다.

23andMe는 고객이 타액을 보내고 유전정보 분석 결과를 볼 때, 자신의 건강에 대한 특징을 인류를 위한 연구용으로 '기부'할 것을 요청받는다. 여기에는 과거에 어떤 질병을 앓은 적이 있다거나, 약에 대한 부작용이 있다거나, 카페인에 민감한지, 대머리인지 등의 일반적인 건강 상태에 대한 질문도 있다. 이러한 데이터 기부 요청에 대해서, 자신의 데이터를 기꺼이 기부하는 사람이 80%나 된다고 한다(사실 필자도 그중의 한 명이다).[6]

즉, 이 회사는 (추정해보면) 약 800만 명 내외의 유전형-표현형 데이터베이스를 보유하고 있다. 이는 전 세계 최대의 규모의 데이터베이스로 어느 회사, 대학, 연구기관보다도 크다. 더 나아가 이 정보는 비식별화되어 있기는 하지만, 회사에서는 개별 소비자들의 메일 주소까지 알고 있으므로, 해당 유전형을 가진 특정 고객군에게(고객의 동의하에) 접근할 수 있을 것이다. 이러한 의미에서 23andMe는 데이터 회사라고 할 수도 있다.

개인유전정보 기반의 신약개발

23andMe의 대규모 유전형-표현형 데이터는 신약개발과 임상시험에 큰 도움을 줄 수 있다. 글로벌 제약사는 이미 2015년부터 이 데이터의 활용에 관심을 가지기 시작했다. 2015년 제넨텍과 화이자는 이 데이터를 신약개발 목적으로 구매하기도 했다.[7, 8] 제넨텍의 경우 이 데이터를 무려 6,000만 달러에 구매했다.[7] 23andMe가 상장기업이 아닌지라 정확한 비교는 어렵지만, 이렇게 제약사에 B2B로 데이터를 판매해서 벌어들인 수익이 B2C로 유전정보를 분석한 것 못지않게 크다는 분석도 있었다.[9]

더 나아가 23andMe는 이런 데이터에 기반하여 자체적으로 신약을 개발하겠다는 계획을 발표했다.[10] 개인유전정보 분석 회사에서 출발하여, 축적한 데이터를 바탕으로 새로운 방식의 제약사가 되겠다는 포부를 밝힌 것이다. 2015년 23andMe는 제넨텍의 최고 과학 책임자이던 스타 과학자, 리차드 스켈러Richard Scheller 등 제약사 출신 전문가들을 영입하여 자체적 신약개발을 본격적으로 시작했다.[10-12]

2018년에는 23andMe와 글로벌 제약사 GSK 사이에서 또 하나의 큰 계약이 성사되었다. 23andMe가 GSK에게 향후 4년 동안 유전정보 DB에 대한 독점적 접근권을 주고, 3억 달러의 투자를 받은 것이다.[13, 14] 참고로 23andMe는 2017년 투자 유치에서 이미 기업가치가 170억 달러로 평가받는 유니콘 기업이었으며, GSK의 투자로 기업가치는 250억 달러로 또 다시 상승한 것으로 추정된다.[14]

유전정보를 이용한 파킨슨병 신약개발

23andMe와 GSK는 유전형-표현형 데이터베이스를 크게 세 가지 측면에서 신약개발에 활용할 수 있을 것이라고 언급하고 있다.[15]

- 신약 표적 발굴을 더 안전하고 효과적으로 할 수 있다. 유전정보는 질병의 메커니즘이나 발병 경로에 대한 이해를 높여주기 때문이다. 유전정보에 기반한 표적물질의 선택은 신약개발의 성공률을 높여줌과 동시에, 리스크도 줄여줄 수 있다.
- 표적 치료제에 효능을 보일 만한 특정 환자 집단을 파악하는 데 도움을 준다. 더 나아가, 이러한 데이터를 바탕으로 특정 질병에 대한 새로운 환자군을 정의할 수도 있다.
- 임상시험의 환자 모집에 활용할 수 있다. 23andMe는 특정 질병에 걸린 환자군 및 환자군의 유전형까지 파악하고 있기 때문에, 임상시험에 참여할 수 있는 환자를 쉽고 빠르게 모집할 수 있다.

특히, GSK는 파킨슨 병의 신약개발에 23andMe의 데이터를 활용할 계획이다. GSK는 파킨슨 병의 발병에 관여한다고 알려진 LRRK2 유전자의 변이에 관련된 신약을 개발하는 것으로 알려져 있다. 그런데 현재 미국의 파킨슨병 환자 100만 명 중, LRRK2 변이를 가진 사람은 1만 명 정도로 추정된다. 즉, GSK에서는 이 신약 후보물질의 임상시험을 하기 위해서는 파킨슨 환자 중에 LRRK2 변이를 가진 사람을 골라내어야 하는데, 100명의 파킨슨 환자의 유전정보를 검사해야만 1명의 LRRK2 변이를 보유한 환자를 찾을 수 있는 것이다.

하지만 23andMe는 기존에 축적해둔 데이터베이스에서, 이미 임상시험에 참여하기로 동의한 250여 명의 LRRK2 변이를 보유한 파킨슨 환자의 정보를 가지고 있다. 이러한 23andMe의 데이터가 없었다면 GSK는 최소한 파킨슨 환자 2만 5,000명의 유전정보를 검사해야 했을 것이다. GSK는 23andMe의 데이터 덕분에 신약개발을 더욱 가속화할 수 있게 되었다.

인공지능 기반의 신약개발

인공지능은 헬스케어의 다양한 분야에 접목되고 있지만, 신약개발도 예외는 아니다. 최근 인공지능 기술은 다국적 제약사의 뜨거운 관심을 받고 있다. 최근 몇 년 동안 딥러닝 등 인공지능 기술을 신약개발에 접목하는 아톰와이즈Atomewise, 투자아twoXar, 베네볼란트AIBenevolentAI 등의 다양한 스타트업이 머크, 존슨앤존슨, 사노피, 제넨텍 등 다국적 제약사와 계약을 맺으면서 화제가 되고 있다.[16-18]

사실 컴퓨터를 이용해서 신약 후보물질을 발굴하려는 연구는 수십 년의 역사를 가지고 있다. 저분자 화합물small molecule의 구조를 디자인하기도 하고, 단백질이나 리간드ligand의 구조를 기반으로 시뮬레이션을 하기도 했다. 하지만 최근에 딥러닝 등의 인공지능 기술이 발전하면서 과거와는 다른 방식으로 선도 물질을 찾기 위한 시도들이 가능해졌다.

아쉬운 점은 이러한 기술의 개발이 대부분 비공개로 이뤄진다는 점이다. 기술의 원리가 외부에 공개되면 회사로서는 득이 될 것이 없기 때문에, 기술에 대한 상세한 내역은 내부 투자자들이나 계약하는 제약사에게만 공개가 된다. 따라서 외부에서는 이러한 기술의 원리나 정확성을 상세하게 알기 어려운 경우가 많다. 관련 기업이 발표하는 내용을 봐도, 특정 질병에 대한 신약 후보물질을 결과적으로 잘 발굴할 수 있었다는 정도만 공개된다.

실리콘밸리의 대표적인 신약개발 인공지능 스타트업인 투자아의 사례를 보자.* 이 회사는 2015, 2018년 두 번에 걸쳐 실리콘밸리의 유명 투자사인 안드레센 호로위츠의 투자를 유치했다. 이 안드레센 호로위츠에서 투자를 이끈 사람은 비제이 판데Vijay Pande로, 이 분은 동시에 스탠퍼드 대학에서 컴퓨터 시뮬레이션에 기반한 생화학, 신약개발 등의 분야를 연구하는 교수이기도 하다. 투자아의 기술은 외부에 공개되어 있지 않지만, 비제이 판데 교수가 안드레센 호로위츠의 블로그에 쓴 글을 보면 아래와 같은 성과를 확인하고 투자를 진행했다고 언급되어 있다.[19]

- 간세포암종hepatocellular carcinoma: 스탠퍼드 아시안 간 센터와 연구한 지 3개월 만에 투자아는 후보물질 TXR-311을 발굴함. 이 후보물질은 다양한 종류의 간세포암종 세포주HCC cell line에

---

* 회사의 이름이 특이하다. 앤드류 라딘(Andrew Radin)이라는 같은 이름을 가진 두 명의 창업가가 공동으로 창업했다고 해서 two X AR로 작명을 했다고 한다.

서 강한 효과를 보였을 뿐만 아니라 환자 유래의 이종 이식 모델에서 표준치료인 소라페닙Sorafenib과 함께 종양 크기를 효과적으로 줄이는 것을 증명하였음. 더 나아가 TXR-311은 기존의 약과는 다른 새로운 작용 기전을 가지는 것으로 추정.

- 제2형 당뇨병: 후보물질 TXR-411가 제2형 당뇨병 생쥐 모델에서 혈당을 유의미하게 낮추고 경구 당부하oral glucose tolerance 결과를 개선시키는데, 그 정도가 표준치료제인 로시글리타존rosiglitazone과 비슷한 정도. 더구나 TXR-411은 로시글리타존과 같은 체중 증가 부작용도 없었음. 이 파이프라인의 경우 질병을 선택하고 전임상 결과를 볼 때까지 3개월밖에 걸리지 않음.
- 류머티스 관절염: 류머티즘에서도 TXR-112라는 물질을 발견. 이 후보물질 역시 발목, 갈비뼈 등의 염증, 가동성 등 류머티스 관절염과 관련된 여러 수치에 대해서 유의미한 효과를 보이며, 기존의 약과는 다른 표적을 공격하는 것으로 보임.

참고로 이 투자아는 2018년 한국의 바이오 벤처인 퍼스트바이오와 악성뇌종양의 일종인 교모세포종GBM, Glioblastoma multiforme 치료제 공동 개발을 시작했는가 하면, 2019년에는 SK바이오팜과는 폐암 신약개발을 위해서 계약하여 화제가 되기도 했다.[20, 21]

아톰와이즈, 딥러닝 기반의 신약개발

또 다른 실리콘밸리의 유명 인공지능 신약개발 스타트업인 아톰와이즈Atomwise의 경우에는 다행히 2015년에 출판한 논문이 있어

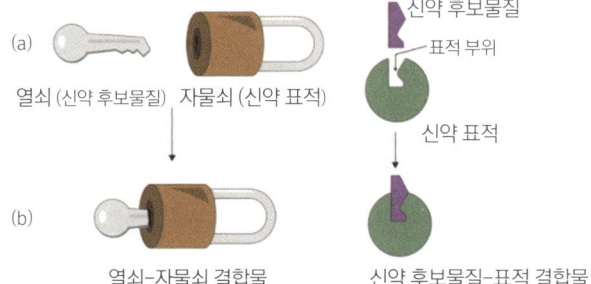

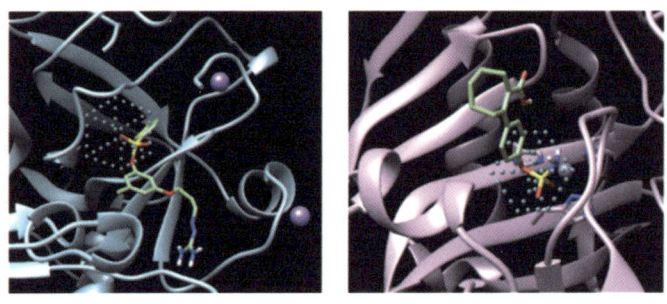

신약 표적물질과 신약 후보물질의 결합은 자물쇠-열쇠의 결합에 비유되는데, 실제로는 아래와 같은 구조로 결합한다.

서, 어떤 방식으로 신약 후보물질을 발굴하는지를 대략적으로 알 수 있다.[3, 22] 이 연구는 딥러닝의 컨볼루션 신경망CNN, Covolutional Neural Network을 신약 후보물질 스크리닝에 활용한 최초의 논문이라고 밝히고 있다.

사실 아톰와이즈는 논문을 출판한 2015년 이후로 많은 발전이 있었다. 2015년 머크와 함께 말라리아 등의 신약 발굴을 위해 협업하는 것으로 알려졌으며, 2018년에 발표된 바에 따르면 머크를 포함한 10개의 다국적 제약사, 하버드 등 40개 연구 기관과 알츠하이머, 박테리아 감염, 항생제, 신장병, 면역항암제 등에 대한 신약을 개발하기 위해서 협업하고 있다고 한다.[18, 23] 당시 하루에 1,000만 개의 저분자 화합물을 스크리닝할 수 있으며, 이는 기존 실험보다 1만 배 빠른 속도라고 언급했다.

또한 2019년에는 다국적 제약사 일라이 릴리Eli Lilly와도 신약 후보물질 발굴 관련 계약을 성사시켰다.[24, 25] 해당 기사에는 폭넓은 범위의 연구를 통해 60% 이상의 프로젝트에서 후보물질hit을 찾을 수 있었다는 것을 증명했다고도 언급하고 있다. 이러한 소식들을 통해 당연히 지금은 2015년 논문에 발표된 것보다 더 개선된 방법을 사용할 것으로 짐작해볼 수 있지만, 적어도 이 회사 인공지능의 대략적인 원리를 파악할 수 있는 드문 자료라는 것에 의미가 있다.

신약 표적과 신약 후보물질이 물리적으로 '결합'하는지를 밝히는 것은 신약 후보물질 발굴의 가장 기본적인 단계라고 할 수 있다. 여기에서 신약개발의 개념을 모두 설명하기는 어렵지만, 표적물질의 특정 부위에 신약 후보물질이 서로 상보적인 구조를 가지고 강하게 결합하는 것을 확인하는 것이 중요하다는 것 정도만 언급하기로 하자(자물쇠를 열기 위해서는 먼저 자물쇠의 중요 부위에 딱 들어맞는 모양의 열쇠를 찾아야 하는 것과 유사하다).

이렇게 표적물질에 강하게 결합하는 후보물질을 찾았다면(우리가 찾은 열쇠가 자물쇠 구멍에 딱 들어맞으면), 그 물질이 우리가 바라는 약효를 가졌는지(자물쇠가 실제로 열리는지를) 추가적으로 테스트해볼 수 있다. 하지만 표적에 후보물질이 결합하지조차 않으면(열쇠가 자물쇠 구멍에 들어가지조차 않으면) 그다음 실험은 할 필요조차 없게 된다(사실 이 과정은 매우 복잡하고 세부적인 종류도 다양하지만, 이 정도만 설명하고 넘어가기로 하자).

과거에는 표적과 후보물질이 결합할지 여부, 혹은 얼마나 강하게 결합할지를 알기 위해서 두 물질 사이의 결합력을 화학적, 물리적 지식에 기반한 복잡한 수식으로 계산하려고 했다. 두 물질의 분자 수준에서 각종 화학 결합, 전기적, 구조적 특성을 계산한 것이다. 이런 계산을 수행하는 방법이나 이론도 다양하고, 여기에는 시간도 오래 걸리는 경우가 많았다.

하지만 아톰와이즈는 딥러닝의 일종인 컨볼루션 신경망이라는 방법을 활용해서 완전히 새로운 방식으로 이 문제에 접근한다. 컨볼루션 신경망은 이미 이미지에서 사물을 인식하는 컴퓨터 비전 분야에서 널리 활용되며 혁신적인 성과를 거두고 있다. 예를 들어, 사람 얼굴과 고양이 사진을 구분하고, 서로 다른 사람의 얼굴을 구분하거나, 폐 엑스레이 사진에서 결절을 찾아내거나, 피부 사진에서 점과 피부암을 구분하고, 병리 사진에서 암을 찾아내는 일 등을 하는 것이다.[26-30]

특히 컨볼루션 신경망의 장점 중의 한 가지는 해당 데이터에 대한 특징을 사람이 알려줄 필요가 없다는 (혹은 적다는) 것이다. 예를 들어서, 개와 고양이 사진을 구분하는 문제라면, 사람이 개의 특징과 고양이의 특징을 미리 정해서 알려줄 필요가 없다. 대신 대량의 개와 고양이의 사진을 '개', '고양이'라는 정답과 함께 딥러닝으로 학습하면 특징을 스스로 파악해서 구별법을 배우게 된다.

이렇게 컨볼루션 신경망이 개와 고양이의 사진을 아무런 배경지식 없이 잘 구분하는 것처럼, 아톰와이즈는 신약 표적과 후보물질의 관계 역시 '결합하는 구조'와 '결합하지 않는 구조'를 아무런 배경지식 없이 컨볼루션 신경망으로 학습시켰다. 즉, 이미 결합하는 것이 실험적으로 증명된 단백질-리간드의 3차원 구조를 1옹스트롬 (0.1 나노미터) 단위로 아주 잘게 쪼개어서 벡터화한 다음 컨볼루션 신경망으로 학습한 것이다. 쉽게 말해, 그냥 단백질-리간드 구조를 아무런 화학적, 물리적 배경지식 없이 그냥 '결합하는 그림', '결합하지 않는 그림'으로 배웠던 것이다.

이러한 원리를 적용했더니 놀랍게도 새로운 신약표적과 후보물질의 결합물이 주어졌을 때 이 두 쌍의 물질이 실제로 결합할지, 결합하지 않을지를 매우 정확하게 파악할 수 있었다. 심지어는 기존의 방식 즉, 화학 결합에 대한 배경지식을 바탕으로 에너지 함수를 복잡하게 계산하는 방식보다, 딥러닝의 컨볼루션 신경망을 활용한 방식의 정확도가 더 높게 나온 것이다. 이것이 아톰와이즈가 2015년 발표한 아톰넷AtomNet이라는 인공지능 논문의 골자이다.

잘 알려져 있다시피, 딥러닝의 경우 양질의 학습 데이터가 많을수록 더 좋은 성과를 낸다. 하지만 이렇게 표적물질과 후보물질의 결합에 대한 데이터를 만들기 위해서는 많은 돈과 시간이 들어간다. 제한된 자원을 가진 일개 스타트업이 이 데이터를 직접 만들기란 쉽지 않다. 하지만 다국적 제약사에서는 이미 실험적으로 증명된 결합 데이터를 엄청나게 보유하고 있다. 사실 2015년 아톰넷 논문에서는 단 72개의 결합구조만을 학습하여 좋은 결과를 냈다. 만약 아톰와이즈가 머크 등의 제약사 및 연구기관과 공동연구를 진행하면서 더 많은 양의 데이터를 학습할 수 있었다면, 현재의 정확성은 논문보다 비약적으로 향상되었을 것이다.

IBM 왓슨을 통한 임상시험 환자 모집

이번에는 앞서 살펴본 표적 발굴, 선도물질 발굴에 이어서, 디지털 헬스케어 기술을 활용하여 임상시험을 더욱 효율적으로 진행해볼 수 있는 방법을 살펴보자. 바로 IBM 왓슨을 활용하여 임상시험

에 참여할 자격이 되는 환자를 모집하는 방법이다.[31, 32]

IBM 왓슨은 2011년 미국의 유명 퀴즈쇼, 〈제퍼디!〉에서 인간 챔피언에게 승리하며 화려하게 데뷔한 이후로, 현재 다양한 분야에 진출해 있으며, 그중 대표적인 것이 의료 분야이다. 의료 분야의 왓슨 중에 대표적인 것은 암 환자의 진료를 도와주는 왓슨 포 온콜로지Watson for Oncology로, 필자의 전작, 『의료 인공지능』(클라우드나인, 2018)에서는 이에 대해 한 챕터 전체를 할애하여 상세하게 분석한 바 있다. 하지만 왓슨은 이러한 암 환자의 진료뿐만 아니라, 유전체 분석, 신약개발 등에도 적용되고 있을 뿐만 아니라, 신약개발 임상시험을 도와주는 역할도 하고 있다.

먼저 기존의 임상시험의 문제점에 대해서 설명해보겠다. 모든 신약은 정해진 절차의 임상시험을 거침으로써 그 약효와 안전성, 부작용, 적정 투여 용량 등을 증명하여 FDA 혹은 식약처와 같은 규제기관으로부터 인허가를 받게 된다. 신약 후보물질은 일반적으로 먼저 동물에게 투여하여 안전성을 검증하는 전임상시험을 거치고, 이후 임상 1상~3상까지 실제 사람에게 투여하는 임상시험을 거치게 된다.

이 임상시험은 약을 개발하는 제약회사와 질병으로 고통받는 환자에게 모두 중요한 프로세스이다. 제약사의 입장에서 신약을 성공적으로 개발하는 것은 때로 회사의 명운이 달린 문제이다. 신약 개발에는 보통 10년 이상의 오랜 시간과 막대한 투자가 필요하기 때문에, 이 프로세스를 효율화할 수 있다면 제약사 입장에서는 크게 도움이 된다.

환자의 입장에서도 임상시험은 아주 중요하다. 임상시험이 성공적이고 효율적으로 진행되어야만 새로운 약이 시장에 출시되어 혜

환자를 모집하고 있는 한 임상연구의 '참여 자격(Eligibility)' (출처: ClinicalTrial.gov)

택을 받을 수 있다. 더 나아가, 기존의 치료법에 차도가 없는 환자들은 직접 임상시험에 참여하여 (약효와 안전성이 완전히 검증되지는 않았지만) 새롭게 개발되고 있는 치료법을 다른 환자보다 먼저 접하면서 질병치료의 마지막 지푸라기를 잡아보게 된다.

만약 어떤 암 환자에게 기존의 약제가 모두 효과가 없어서, 임상시험에 등록해서 실험적인 치료를 받기로 한 상황을 생각해보자. 하지만 이 특정 환자가 현재 진행되는 수많은 임상시험 중에서 어떤 것에 등록할 자격 요건이 되는지, 자격 요건이 되는 것 중에 어느 임상이 가장 적합한지를 결정하는 것이 임상연구에서 가장 큰 병목bottleneck 중의 하나이다. 임상시험에는 아무 환자나 등록할 수 없다. 환자의 나이부터, 질병 세부 분류, 병기, 기존에 시행한 치료법, 유전형 등의 엄격한 자격 요건을 모두 충족시키는 환자만이 참여 가능하다.

문제는 환자가 등록할 수 있는 임상연구는 무엇이 있으며, 각 임상시험의 등록 요건 및 프로토콜은 어떠한지 알기 위해서는 누군가 임상시험 문서를 일일이 읽어보고 판단을 내릴 수밖에 없다는 것이다. 임상시험 요건은 보통 매우 긴 문서로 설명되어 있으며, 특정 환자가 등록 가능한 요건이 되는지는 환자의 의학적 상태를 아는 전문가가 그 문서를 꼼꼼하게 읽어서 판단을 내리는 방법밖에는 없다.

예를 들어, 미국의 유명 대형 병원인 메이요 클리닉Mayo Clinic에서는 8,000개 이상의 임상시험이 진행 중이며, 전세계적으로는 17만 건 이상의 임상연구가 진행되고 있다고 한다.[31] 이 숫자를 고려한다면 사람이 일일이 문서를 검토해서 이 중에 최적의 연구를 찾는 것은 거의 불가능에 가깝다. 더구나 바쁜 의사와 간호사가 이런 문서를 일일이 찾아보는 것도 현실적으로 어렵다.

이렇게 적합한 환자들과 적합한 임상시험을 서로 매칭하기가 어렵다는 점은 여러 문제를 야기한다. 제약사의 입장에서는 참여 환자의 부족이 임상시험을 계획대로 완료하지 못하는 가장 큰 요인 중의 하나라고 한다. 2017년 터프츠 신약개발 연구센터Tufts Center for the Study of Drug Development가 150개의 임상시험을 조사한 바에 따르면 37%의 임상시험이 임상시험 참여자를 충분히 모집하지 못했으며, 심지어 11%는 단 한 명의 참여자도 모집하지 못한다고 한다.[33] 또한 환자의 입장에서는, 임상시험에 참여했더라면 의학적 효용을 보았을 환자들이 그러한 신약이 개발되고 있는지조차 알지 못하는 경우가 발생한다.

신약 임상시험을 위한 IBM 왓슨

이러한 문제를 왓슨 포 클리니컬 트라이얼 매칭Watson for Clinical Trial Matching이 해결하려고 한다. 왓슨의 가장 기본적인 기능 중의 하나는 자연어 처리 즉, 인간의 언어를 읽고 분석할 수 있다는 것이다. 〈제퍼디!〉 퀴즈쇼에서 텍스트로 된 퀴즈 문제를 풀고 우승할 수 있었던 것이 이러한 기능 덕분이었다. 그렇다면 현재 진행 중인 임상시험 데이터베이스를 모두 검토한 후, 특정 환자에게 가장 적합한 임상시험을 매칭해줄 수도 있을 것이다.

메이요 클리닉은 신약 임상연구에 이 왓슨 포 클리니컬 트라이얼 매칭을 도입하겠다고 2014년 9월 발표했다.[31, 32] 이 발표에서 메이요 클리닉은 임상시험에 참여하는 환자의 비율이 기존의 5%에서 10%까지 증가할 것을 기대한다고 언급했다. 미국 전체에서 임상시험에 참여하는 환자의 비율이 3%에 불과한 것을 고려하면 10%는 매우 높은 수치이다. 이후 몇 년이 지나, 2018년 3월 메이요 클리닉은 왓슨 포 클리니컬 트라이얼 매칭을 활용한 결과 유방암 신약 임상시험에 참여자의 수가 기존 대비 80% 증가하였다는 결과를 발표했다.[34]

또한 2017년 미국 임상 종양학회ASCO에서는 왓슨 포 클리니컬 트라이얼 매칭의 보다 상세한 효과가 발표되었다.[35] 암 전문 병원 하이랜드 온콜로지 그룹Highlands Oncology Group과 다국적 제약사 노바티스, IBM이 함께 진행한 이 연구에서는 16주 동안 폐암과 유방암 환자 2,620명을 대상으로 진행되었다. 그 결과 병원의 임상시험 코디네이터가 90명의 유방암 환자를 3개의 임상시험에 대해 등록 여부를 결정하는 데는 총 1시간 50분이 걸렸으나, 왓슨 포 클리니컬 트라이얼 매칭을 활용하게 되면 24분밖에 걸리지 않아서, 78%의 시간을 절감할 수 있었다. 더 나아가 왓슨은 임상시험 요건에 맞지 않는 94%의 환자를 자동으로 걸러줌으로써 임상시험 등록을 더 효율적으로 수행할 수 있었다.

이 연구에서는 3개 임상시험만을 대상으로 했지만, 수백, 수천 가지로 확대한다면 그 효과는 더욱 큰 차이를 보일 것이다. 이렇게 인공지능을 활용하여 임상시험에 더 많은 환자들이 등록할 수 있다면, 신약개발이 더 효율적으로 진행될 수 있다. 이는 환자에게도, 제약사에게도, 임상 연구자에게도 좋은 일이다.

병원 밖 임상 참여자의 데이터 측정

임상시험 등록 요건에 맞는 환자를 잘 찾아서, 임상시험을 시작했다고 생각해보자. 임상시험을 진행하는 과정에서도 디지털 헬스케어가 기여할 수 있는 매우 중요한 부분이 있다. 바로 환자의 데이터를 측정하는 것이다. 일반 환자와 마찬가지로 임상시험 참여자들도 신약 후보물질을 복용하면서 증상 변화나 약효, 부작용이 어떻게 나타나는지를 모니터링하는 것이 중요하다.

보통 임상시험 참여자들은 한 달에 한 번 등 일정 간격으로 병원을 방문하여 신약 후보물질을 수령하고, 증상 변화, 부작용 등 신체 상태를 체크하게 된다. 또한 지난 방문 이후의 기간 동안 어떠한 변화가 있었는지를 환자 스스로의 리포트를 통해서 임상 연구자에게 전달하기도 한다. 하지만 현재의 방식으로는 병원을 방문하지 않았을 때의 증상 변화 등 대부분의 데이터는 측정하지 못하고 놓치고 만다.

가능하면 더 높은 빈도로, 정량적이고, 객관적으로 측정할 수 있다면 좋을 것이다. 만약 이렇게 데이터를 측정할 수 있다면 임상 연구자나 제약사는 약효나 부작용을 더 정확하게 파악할 수 있고, 용량 및 용법의 결정도 보다 정밀하게 할 수 있을 것이다.

눈치챈 독자들도 있겠지만, 이 부분은 앞서 '디지털 헬스케어의 3단계'의 '데이터 측정'에 관한 부분이 그대로 적용된다. 스마트폰, 웨어러블 디바이스, 디지털 표현형 등을 활용하여 병원 밖의 환경에서 환자 본인이 스스로 측정하는, '환자 유래의 의료 데이터 PGHD'를 이용하면 임상시험에서도 귀중한 데이터가 된다. 사실 이 부분은 이미 앞서 모두 언급했던 내용이다. 환자의 질병 진단, 증상 모니터링에 활용했던 내용들을 임상연구에 활용하는 것이라고 보면 된다. 여기서는 몇 가지 중요한 부분들만 언급하고, 상세한 내용은 앞선 부분들을 다시 찾아보기로 하자.

- **로슈가 개발한 파킨슨병 데이터 측정용 애플리케이션, pRED**: 스마트폰에 내장된 다양한 센서를 활용하여 파킨슨병의 증상과 관련되는 여러 증상을 매일 모니터링할 수 있다. 마이크를 이용한 목소리 테스트, 가속도계 등을 이용한 균형 테스트, 걸음 테스트, 민첩성 테스트 등을 수행하여, 파킨슨병 증상을 정량적, 객관적으로 측정 가능하다. 다국적 제약사 로슈에서 이 애플리케이션을 파킨슨병 신약 임상시험에 활용한

다는 보고가 있었다(6장).

- **바이오젠 아이덱의 핏빗을 이용한 다발성 경화증 데이터 측정**: 활동량 측정계인 핏빗을 활용해서 다국적 제약사 바이오젠 아이덱이 다발성 경화증 약의 효과를 입증하려 했던 연구이다. 다발성 경화증은 뇌와 척수에 영향을 미치는 질환으로 운동 장애를 동반하는 질병이다. 이 제약사는 다발성 경화증 약을 복용하는 환자군과 대조군에게 모두 핏빗을 나눠주고 활동량을 측정했다. 만약 약의 효과가 있다면 두 환자군의 활동량에 차이가 나타날 것이다(19장).

- **스마트폰과 SNS를 이용한 디지털 표현형**: 사용자의 건강 상태가 스마트폰 사용 패턴이나, 트위터 등 SNS 사용 패턴에 자기도 모르게 반영되어 나타나는 것이 바로 디지털 표현형이다(9장). 보스턴 아동병원과 다국적 제약사 머크에서는 SNS 데이터를 바탕으로 불면증 환자의 행동 양상을 연구하고 있다.[36] 이 연구의 책임자 존 브라운스테인John Brownstein 박사에 따르면 트위터 데이터(트윗의 내용, 빈도 등) 및 페이스북 데이터('좋아요' 누르기, 로그인·로그아웃 시간, 사이트에 머문 시간 등)를 이해하는 것이 환자의 불면증 증상을 파악하고 진단을 내리는 데 도움이 될 것으로 기대하고 있다.

SNS를 통한 신약 부작용 발견

이번에는 제약사가 새로운 약에 대한 임상시험을 끝마치고, 규제기관의 인허가를 얻고 시장에 출시한 이후를 살펴보자. 이렇게 신약을 출시했다고 해서 제약사의 역할이 끝난 것은 아니다. 혹시 이 약이 시중에 유통되어 환자들이 실제로 복용하는 과정에서, 임상시험에서 발견되지 않은 부작용이 나타나지는 않을지 모니터링해야 하기 때문이다. 이를 시판 후 안전성 조사PMS, Post-Market Surveillance라고 한다.

신약 후보물질이 임상시험 과정에서 철저한 검증을 거치기는 하지만, 시장 출시 이후에 새로운 부작용이 발견되는 경우도 있다. 임상시험에서 수천 명 규모의 환자를 대상으로 안전하다고 결론 내렸던 것이, 출시 후 수십만 수백만 규모의 환자들에게 투약되는 경우 미처 발견하지 못한 부작용이 나타나는 경우가 있기 때문이다. 예를 들어, 0.1%의 환자에게서 심각한 부작용이 나타나는 경우라면, 수천 명 규모의 임상 3상에서도 부작용이 드러나지 않았을 가능성이 있다.

하지만 기존의 방식으로는 제약사뿐만 아니라 FDA, 식약처 등의 규제기관도 시판 중인 약의 부작용에 대한 데이터를 수집하기 위한 방법이 마땅치 않았다. 이때 위력을 발휘하는 것이, 페이션츠라이크미PatientsLikeMe와 같은 대규모 온라인 환자 커뮤니티이다. '환자들의 페이스북'으로도 불리는 페이션츠라이크미는 2,800가지 질환에 대해서 60만 명 이상의 환자들이 모여 있는 대규모 SNS이다.[37]

소셜 네트워크 형식의 커뮤니티에서 환자들은 자신이 업로드한 질병 증상, 복약 등의 데이터를 바탕으로 비슷한 질병을 가진 다른 환자들과 교류할 수 있다. 그런데 익명의 환자들이 이렇게 투병 과정에서 자발적으로 업로드한 데이터가 바로 제약사와 규제기관에 귀중한 '리얼 월드 데이터'가 된다. 즉, 수많은 환자들이 직접 약을 복용하면서 경험한 증상 변화나 부작용 데이터가 이 커뮤니티에 축적되어 있으므로, 이를 통하여 시판 중인 약의 부작용을 모니터링할 수 있기 때문이다.

2019년 5월 기준으로 페이션츠라이크미에는 4,300만 개 이상의 데이터가 축적되어 있으며,[37] 이 중의 상당수는 약에 대한 부작용 데이터라고 할 수 있다. 한 보고에 따르면, 이 온라인 커뮤니티에는 1,000여 개의 약에 대해서 11만 개 이상의 부작용에 대한 데이터가 축적되어 있다고 한다.[38]

이러한 데이터는 다른 경로를 통해서는 얻기 어렵기 때문에 제약사와 규제기관에는 큰 가치를 지닌다. 사실 페이션츠라이크미의 주요 사업 모델이 이렇게 익명으로 모은 부작용 데이터를 제약사 등에 B2B로 판매하는 것이다. 다국적 제약사인 사노피, 머크 등이 이 데이터를 구매하기도 했으며, 지난 2014년에는 제넨텍이 페이션츠라이크미의 모든 데이터를 5년 동안 공유한다는 계약을 맺기도 했다.[39] 더 나아가, 2015년에는 FDA 역시 부작용을 모니터링하기 위한 통로 중의 하나로 페이션츠라이크미를 활용하겠다고 결정했다.[38] 이를 통해 규제기관도 기존처럼 제약사 혹은 의사가 약의 부작용을 보고할 때까지 기다리는 것이 아니라, 실시간으로 축적되는 환자들의 자료를 이용할 수 있다.

페이션츠라이크미를 통한 항우울제 부작용 발견

페이션츠라이크미가 시판약의 부작용 조사 목적으로 사용된 사례로 항우울제 렉사프로Lexapro를 들 수 있다. 시판 후 실제로 이 약을 복용한 환자들 중에 무려 24%가 성욕 감퇴 등 성기능 관련 부

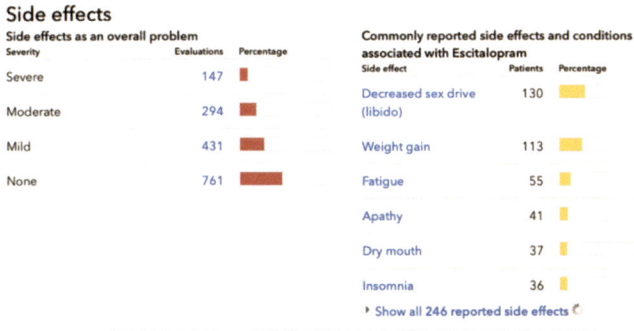

페이션츠라이크미에 환자들이 보고한 렉사프로의 부작용

작용을 경험했다고 페이션츠라이크미에 보고한 것이다. 반면 715명의 환자군을 대상으로 한 기존의 임상시험에서 성기능 관련 부작용은 3%의 환자에서만 보고되었을 뿐이었다.[40]

이후 추가적인 연구가 진행된 바에 따르면, 렉사프로의 성기능 관련 부작용은 기존 임상연구 결과보다 시판 후 이 약을 실제로 복용했던 페이션츠라이크미 환자들의 보고와 더욱 일치하는 것으로 나타났다. 119명의 우울증 환자를 대상으로 성기능 관련 부작용을 연구한 결과, 41%에 달하는 환자들에게서 문제가 나타난 것이다.[41] 이 연구에 따르면 제약사의 기존 렉사프로 임상시험에서는 부작용에 대해 환자들에게 '열린 질문'을 던졌기 때문에 제약사가 성기능 관련 부작용을 제대로 포착할 수 없었다고 지적하고 있다.

이러한 사례는 페이션츠라이크미의 개방형 온라인 플랫폼이 신약 시판 후에 실제로 환자들이 복용한 경험을 토대로 기존 임상시험에서 발견하지 못했던 부작용을 발견하기 위해서 효과적으로 사용될 수 있음을 보여준다.

한편 국내에서는 페이션츠라이크미를 이용한 시판 후 모니터링 플랫폼을 블록체인 기술에 기반하여 구현해보겠다는 시도가 있다.

페이션츠라이크미의 단점 중 하나는 데이터를 입력하는 환자들은 정작 이후의 데이터 판매나 부작용 모니터링에 대한 보상을 전혀 받지 못한다는 것이다. 환자들에게 별다른 동기를 부여하지 못하므로, 커뮤니티의 활동이나 데이터의 입력이 생각보다 활발하지 못하다는 것이 페이션츠라이크미의 고민이기도 하다. 국내 스타트업 휴먼스케이프는 비슷한 환자 커뮤니티 및 데이터 플랫폼을 블록체인 기반으로 구축하여, 데이터의 입력에 대해서 암호화폐로 보상하겠다는 계획을 가지고 있기도 하다.* **

디지털 치료제, '약'이라는 개념의 확장

지금까지 제약사가 신약개발에 디지털 기술을 활용할 수 있는 방안을 표적 발굴, 선도 물질 발굴, 임상시험, 시판 후 모니터링 등의 각단계로 나눠서 알아보았다. 하지만 이 '기존의 신약개발' 과정만으로는 설명하기 어려운 중요한 개념이 있다. 바로 디지털 치료제digital therapeutics이다. 디지털 기술의 혁신은 약의 개념까지 확장하고 있는 것이다.

애플리케이션, 게임, VR 등을 약으로 사용하는 디지털 치료제에 대해서는 앞서 18장에서 상세히 소개하였으므로, 여기에서는 굳이 반복할 필요는 없을 것이다. 하지만 제약사, 특히 국내 제약사의 입장에서는 이 디지털 치료제에 대한 관심이 필요하다는 점은

---

* 필자는 휴먼스케이프의 자문을 맡고 있으며, 이러한 모델을 구상하는 과정에도 함께 참여했다.

** 현재 휴먼스케이프는 실명을 초래하는 희귀질환인 망막색소변성증(retinitis pigmentosa) 등을 시작으로 점차 다른 희귀질환으로 적용 범위를 넓혀가고 있다.

다시 짚고 넘어가고 싶다. 현재 약의 개념이 근본적으로 확장되고 있는 시점으로, 유수의 글로벌 제약사뿐만 아니라, 규제기관, 보험사, 의료계 등까지 반향을 일으키고 있다. 앞서 지적한 대로 규제, 보험 적용 등의 측면에서 넘어야 할 장벽이 있기는 하지만, 다양한 시도들에 대한 임상연구 결과, 인허가, 사업적 성과 등의 뉴스는 지금도 계속 쏟아지고 있다.

향후 디지털 치료제가 새로운 약의 한 카테고리로서 자리매김할 것은 결국 시간 문제로 본다. 아직은 이 개념이 낯설지만, 머지않아 의사와 환자의 일상에 자연스럽게 녹아들어서, 병원에서 애플리케이션, VR, 게임을 처방하고, 보험 적용을 받으며, 의과대학이나 약대에서도 이 분야를 가르치는 것이 당연하게 될 것이다.

글로벌 제약사는 이미 디지털 치료제 분야에서 발빠르게 움직이고 있음에도, 한국에서는 아직 디지털 치료제에 대한 관심이나 인식이 부족하다. 필자는 수년 전부터 기회가 될 때마다 국내 제약사에서도 이 개념을 소개하고 있으나, 아직까지 큰 반향은 없을 뿐만 아니라, 오히려 이런 분야가 존재한다는 것조차 여전히 잘 알려져 있지 않다. 국내 제약사도 이러한 미래의 흐름에 적극적으로 동참할 필요가 있다.

전통적인 신약개발에서라면 국내 제약사가 다국적 제약사와 직접 경쟁하기는 힘들겠지만, 디지털 치료제에 대해서라면 다국적 제약사도 출발선을 나선 지 얼마 되지 않았다. 아직은 우리에게도 그 주도권을 잡을 기회가 있다. 하지만 그 시간이 그리 많이 남은 것 같지는 않다.

보험사, 근본적인 변화

디지털 헬스케어의 발전은 보험도 혁신하고 있다. 현재 디지털 헬스케어의 혁신은 결국 데이터에 기반한 것이다. 한 사람의 건강, 질병, 생활습관에 대한 데이터가 양적, 질적 측면 모두에서 극적으로 개선될 뿐만 아니라 이를 분석할 수 있는 인공지능도 발전하고 있다. 또한 이에 기반하여 건강을 유지하고, 질병을 관리할 수 있는 수단도 늘어나고 있다.

이 모든 것이 결국 보험을 근본적으로 바꿔놓을 수 있는 중요한 요인이 된다. 기존에 보험은 사후적, 수동적이었다. 가입자가 사고가 나거나, 병에 걸리거나, 치료를 받은 이후에야 보험사가 개입한다. 하지만 디지털 헬스케어를 활용하면 선제적, 능동적 보험으로 변모할 수 있다. 이는 실로 근본적인 변화라고 할 수 있다.

자동차 보험에서는 이미 나이, 성별, 교육 수준, 주행 거리, 사고 이력뿐만 아니라, 블랙박스의 설치 여부나, 더 나아가 운전 패턴이나 운전 습관 등을 정량적으로 측정하고 분석하여 보험료의 산정과 인센티브 혹은 패널티 부여에 활용하고 있다(예를 들면 급가속과 급정거를 하는가, 코너에서 속도를 줄이는가, 평행 주차 중에 충돌한 적이 있는가, 노란불에서 정지하는가 등등).[1-4] 보험사의 비용 관리나 리스크 산정뿐만 아니라, 운전자의 안전 운전 습관을 유도하여 서로 윈윈 할 수 있다. 디지털 헬스케어를 활용하면 이러한 방식을 건강보험이나 생명보험에도 적용할 수 있다.

활동량 기반의 건강관리 서비스

이와 관련해 가장 기본적인 모델은 걸음수 즉, 활동량을 기반으로 보험료를 인하해주는 등 금전적인 인센티브를 제공하는 것이다. 이는 앞서 19장에서 '웨어러블의 재정적 효용'으로도 언급한 바 있다. 하지만 이러한 인센티브는 사용자뿐만 아니라, 보험사에게도 도움이 될 수 있다.*

한 보험사의 연구에 따르면, 활동량이 많을수록 사망률도 낮아지며, 신체 활동은 건강한 식습관, 질병 예방적 습관 등의 다른 건강 행동을 유도한다는 보고도 있다.[5] 또한 보험사의 웰니스 프로그램에 적극적으로 참여한 사람은 의료 비용도 낮다는 연구결과도 있다.[6] 특히 이러한 활동량은 금전적인 인센티브를 통해서 적어도 단기간 유의미한 증가를 유도할 수 있다.[7, 8] 따라서 보험사는 가입자에게 활동량에 따른 인센티브를 적절히 제공함으로써 장기적인

---

* 이번 소챕터 '활동량 기반의 건강관리 서비스'는 19장에서 '웨어러블의 재정적 효용' 파트의 내용과 동일하다. 이 부분은 웨어러블의 분야에서 효용을 주기 위해서도 중요하며, 보험업계에서 데이터를 활용해 보험을 혁신하기 위해서도 중요하기 때문에 다시 한 번 언급한다.

비용을 줄이고, 보험 가입자는 재정적인 수익을 올리면서 건강도 개선하는 구조가 나올 수 있다.

이러한 보험사의 건강관리 서비스는 해외에서 이미 다양한 모델이 나오고 있다. 뉴욕의 보험사 스타트업인 오스카에서는 지난 2014년 이렇게 활동량에 기반한 금전적인 인센티브를 제공한 바 있다.[9, 10] 보험 가입자 전원에게 손목밴드 형태의 활동량 측정 웨어러블 기기인 미스핏을 나눠주고, 하루의 목표 걸음수를 달성하면 하루에 1달러씩 금전적인 인센티브를 제공하였다. 가입자들은 1년에 최대 240달러까지의 인센티브를 받을 수 있었다.[10]

또한 미국의 대형 보험사 존 핸콕 역시 2015년 동의한 가입자에게 활동량 측정계 핏빗을 제공하고 활동량을 측정하여 보험료를 최대 15%까지 감면해주고, 하얏트 호텔 숙박권, 아마존 기프트 카드를 제공한 적도 있다.[11] 존 핸콕은 이러한 시범적인 모델을 거쳐서 2018년, 자사의 '모든' 보험상품에 핏빗 등의 웨어러블 및 스마트폰의 데이터를 이용하여 인센티브를 제공하겠다고 발표했다.[12]

혹은 웨어러블의 데이터를 제공하면 공짜로 보험에 가입시켜주겠다는 시도도 있다. 앞서 애플워치를 통해 부정맥 등을 측정하는 스타트업 카디오그램을 소개한 바 있다. 2018년 카디오그램은 아미카 라이프Amica Life, 그린하우스 생명보험Greenhouse Life Insurance Company 등과 협업하여, 웨어러블의 데이터를 제공해주면 무료로 1,000달러 상당의 돌연사와 관련된 보험에 가입시켜주겠다고 제안했다.[13]

더 나아가, 2019년 1월에는 미국의 대형 보험사 애트나는 애플워치를 이용한 건강관리 서비스를 선보였다.[14] 어테인Attain이라고 불리는 이 프로그램은 애플워치를 통해 측정하여 건강 목표치 달성 여부에 따라서 재정적 보상을 부여하는 것이 골자다. 애트나는 2016년부터 애플과 협력하여 이러한 프로그램을 3여 년간 테스트해본 결과 90% 이상의 참가자들이 건강에 대한 효용을 얻은 것으로 판단하고 이 프로그램을 정식으로 런칭했다.

특히, 이 프로그램은 40만 명 이상의 참가자를 대상으로 한 대규모 연구에 기반하고 있다.[15] 이 연구에서 미국, 영국, 남아프리카 등의 참가자들이 애플워치를 착용하고 프로그램에 참여한 결과 활동량에 대한 보상을 주는 경우, 보상을 받지 않은 그룹보다 34%의 활동량 증가가 있었으며, 활동하는 날이 한 달에 4.8일이 더 많았던 것으로 나타났다.

또한, 개인 보험 가입자가 아닌, 기업이 건강관리에 대한 웨어러블 데이터를 바탕으로 보험료를 할인받은 흥미로운 사례도 있다. 샌프란시스코의 아피리오Appirio라는 회사는 건강관리 프로그램에 자발적으로 참여하는 직원 400명에게 핏빗을 무료로 제공하고, 이렇게 측정한 데이터를 통해서 직원들이 건강관리를 열심히 하는 것을 증명하였다. 이 데이터를 바탕으로 아피리오는 보험사 앤섬과의 재계약에서 연간 보험료의 5%에 해당하는 28만 달러를 할인받을 수 있었다.[16] 이 역시 데이터를 기반으로 보험사와 보험 가입자가 서로 윈윈한 사례라고 할 수 있다.

데이터 기반의 새로운 보험사

그런가 하면 이러한 데이터를 바탕으로 새로운 방식의 보험사가 만들어지기도 한다. 앞서 언급한 오스카, 존 핸콕 등의 사례들은 기존의 보험사에서 웨어러블과 웨어러블에서 측정한 데이터를 바탕으로 새로운 보험상품을 만드는 사례들이었다. 하지만 거꾸로 웨어러블이나 사물인터넷 제조사에서 보험을 만드는 사례도 존재한다.

미국의 빔 덴탈Beam Dental이라는 치과 보험이 대표적이다.[17-19] 빔 테크놀러지는 원래 스마트 칫솔을 만드는 스타트업으로 시작했다. 이 스마트 칫솔은 스마트폰과 연동되어 사용자가 얼마나 자주, 몇 분 동안 양치질을 하는지 등 치아관리에 대한 정량적인 데이터를 얻을 수 있다. 스마트 칫솔만 따지면 주변에 수없이 보이는 별 반 특별할 것이 없는 또 하나의 사물인터넷 상품이지만, 이것이 보험과 연계되면 문제가 달라진다. 이러한 데이터는 치과 보험사에서 보험 가입자들이 얼마나 치아관리를 잘하는지를 판단할 수 있는 데이터가 되기 때문이다.

빔 테크놀러지는 이러한 스마트 칫솔을 바탕으로 빔 덴탈이라는 새로운 형태의 치과 보험을 출시했다.[17-19] 이 보험에 가입한 사람은 정기적으로 스마트 칫솔, 치약, 치실 등을 제공받게 된다. 빔 덴탈은 가입자가 이 스마트 칫솔을 사용하여 치아 관리하는 데이터를 분석하여 보험료 산정에 활용한다. 즉, 이러한 모델에서도 보험 가입자는 스마트 칫솔을 통해서 치아를 관리할 수 있어서 좋고 보험사는 가입자의 건강 행동에 따라 더 효과적으로 계리가 가능하므로 윈윈할 수 있다.

참고로 이 서비스는 2018년 클라이너 퍼킨스 등 실리콘밸리의 유명 벤처캐피털로부터 2,000만 달러 이상의 투자를 받았다.[19] 2018년 중순을 기준으로 미국의 16개 주에서 서비스되고 있는데, 이러한 투자를 바탕으로 2018년 말까지 35개 주로 확대하는 것이

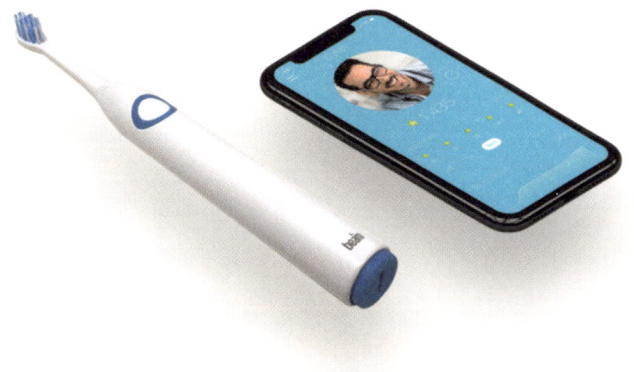

사물인터넷과 데이터 기반의 새로운 보험, 빔 덴탈

목표라고 밝혔다.

사후적, 수동적 보험 vs. 선제적, 능동적 보험

하지만 최근의 디지털 헬스케어의 발전은 건강 상태나 질병관리 등에 대한 더 직접적이고 방대하며, 더 가치 있는 데이터를 얻을 수 있게 해준다. 이를 기반으로 보험사는 더 선도적이고 능동적인 대처를 할 수 있으며, 보험료의 책정이나 계리에도 활용할 수 있다.

대표적인 것이 최근 삼성화재나 KB생명 등에서 출시한 당뇨병 환자 대상 보험이다. 특히 삼성화재가 출시한 당뇨 환자 보험에는 휴레이포지티브라는 국내 스타트업에서 개발한 마이헬스노트라는 스마트폰 애플리케이션이 함께 제공된다.

이 스타트업은 스마트폰 애플리케이션만 사용하더라도 효과적인 혈당관리가 가능하다는 것을 강북삼성병원과의 임상연구를 통해서 증명하였다. 이 결과는 2018년 2월 『사이언티픽 리포트』에 발표되었는데, 제2형 당뇨병 환자가 6개월 동안 모바일 앱을 사용하면 당화혈색소 수치가 0.6% 감소한다.[20] 대표적인 당뇨약인 메트포르민Metformin이 당화혈색소를 1~1.5% 감소시키는 것을 고려하면, 이는 결코 적지 않은 수치이다. 이렇게 당뇨약과 같은 효능을 보이는 앱을 당뇨 보험에 가입한 환자들에게 제공하는 방식이다. 이러한 경우 당뇨 환자는 보험을 통해 본인의 건강을 관리할 수 있어서 좋고, 보험사는 가입자의 유병률을 낮춤으로써 장기적 비용을 절감할 수 있어서 좋다.

이렇게 전통적인 약은 아니지만, 스마트폰 애플리케이션, 게임, 챗봇, VR 등의 소프트웨어를 활용하여 질병을 치료, 예방, 관리하는 것을 통틀어 '디지털 치료제'라고 한다. 이러한 디지털 치료제는 2017년 9월 미국 FDA가 페어 테라퓨틱스의 스마트폰 앱을 대마, 알코올, 코카인 등의 중독 치료 효과를 바탕으로 '디지털 약'으로 인허가한 것이 시초라고 할 수 있다.[21] 새로운 디지털 치료제의 사례, 연구결과, 인허가는 하루가 다르게 쏟아져 나오고 있다. 디지털 치료제의 개념과 사례들에 대해서는 앞서 18장에서 상세히 설명하였으므로 여기에서 다시 반복할 필요는 없을 것이다.

다만, 이 장에서는 디지털 치료제의 보험사 연계 가능성에 대해서 주목하려고 한다. 디지털 치료제는 시간과 장소에 구애받지 않으므로, 효과적인 건강관리 서비스를 저렴한 가격에 환자, 질병 위험군, 혹은 보험 가입자에게 제공할 수 있다. 특히, 디지털 치료제는 소프트웨어에 기반하여 확장성이 높기 때문에, 대규모 보험 가입자에게 제공하기에도 용이하다.

특히 가입자가 이러한 솔루션을 얼마나 어떻게 활용하고, 건강이 얼마나 개선되는지에 대한 데이터를(가입자의 동의하에) 분석해 볼 수 있다. 이를 통해 향후 디지털 치료제는 보험상품과 결합되어 보험 가입자의 건강 상태를 파악하며, 보다 선제적이고 능동적으로 건강을 관리하거나 질병을 예방, 치료하는 데 활용할 수 있도록 도움을 줄 것이다.

디지털 치료제의 활용

이러한 디지털 치료제는 앞서 언급한 휴레이포지티브 외에 눔이나 오마다 헬스 등의 사례도 주목할 만하다. 이 회사들의 스마트폰 앱은 기본적으로 어떤 음식을 먹었는지 식단을 기록하고 칼로리를 관리하여 체중 감량을 유도하는 것이 기본 목적이다. 하지만 더 나아가, 이러한 기능이 휴먼 코칭과 결합되었을 경우 체중 감량을 통해 전당뇨 단계에 있는 당뇨 위험군의 당뇨병을 예방하는 효과가 있다는 것도 증명한 것이다.

눔이 2016년에 『사이언티픽 리포트』에 발표한 논문을 보면 6개월 이상 앱을 사용한 3만 5,921명의 데이터를 바탕으로 77.9%의 사용자에게서 체중 감량 효과를 확인했다.[22] 특히 23%의 사용자는 본인 체중의 10% 이상 감량했으며, 이는 약물치료 등 다른 비만관리 기법과 비슷한 체중 감량 효과이다. 이 앱은 미국질병통제센터CDC로부터 체중 감량을 통한 당뇨병 예방 효과를 인정받아 미국의 메디케어 의료보험 적용까지 고려되고 있다.[23, 24]

눔과 함께 대표적인 앱 기반의 당뇨병 예방 솔루션인 미국의 오마다 헬스는 최근 전당뇨 단계 환자의 예방 효과 검증을 위한 대규모 임상연구도 시작했다.[25] 이 연구의 이름은 'The Preventing Diabetes With Digital Health and Coaching_{PREDICTS}'인데, 2019년 9월까지 성인 484명을 대상으로 하는 대조군을 갖춘 무작위_{randomized controlled} 임상연구이다. 이 연구는 1년 동안의 당화혈색소가 얼마나 감소되는지를 보는 상당히 도전적인 목표를 가지고 있다. 만약 이 결과가 긍정적으로 나온다면 당뇨병 예방에 대한 새로운 전기가 마련될 수도 있으며, 보험사가 당뇨병 위험군에 제공할 수 있는 건강관리 서비스의 주요한 옵션도 늘어나게 될 것이다.

눔이나 오마다와 같은 앱이 아니라 챗봇의 형태를 가지는 디지털 치료제도 있다. 스탠퍼드 대학의 전문가들이 만든 실리콘밸리 스타트업 워봇_{Woebot}은 인공지능 기반의 우울증 치료용 챗봇을 개발하고 있다.[26-28] 페이스북 메신저 혹은 전용 챗봇 앱을 통해서 우울증 환자에게 상담 프로그램을 제공한다. 2017년에 보고된 논문에서는 우울증이 있는 대학생 70명을 대상으로 총 2주간 하루에 한 번씩 워봇을 사용하는 임상연구를 진행해보았다.[29] 그 결과 실험군의 우울증 정도_{PHQ-9}가 대조군에 비해서 유의미하게 감소되었다. 기존의 대면 상담 프로그램과 달리 챗봇은 시간과 장소의 구애를 받지 않으므로, 우울증 위험군에게 더 높은 접근성과 편의성으로 새로운 가치를 제공할 수 있다.

이렇게 당뇨, 비만, 우울증, 불면증, 알츠하이머, 외상 후 스트레스 장애 등 만성질환을 관리하고 치료하기 위한 디지털 치료제는 활발하게 개발 및 검증되고 있다.* 이러한 디지털 치료제는 보험사로 하여금 가입자들의 건강을 관리하고, 질병을 치료할 수 있도록

---

* 이와 관련한 상세한 사례들에 대해서는 18장을 참고하도록 하자.

해주어, 기존의 사후적, 수동적 보험에서, 선제적이고 능동적인 보험으로 변모할 수 있는 기술적 토대가 된다.

디지털 표현형, 더 과감한 기술

사실은 보험사가 이용할 수 있는 좀 더 과감한 기술도 있다. 예를 들어, 통화 빈도, 통화 길이 등 스마트폰 사용 패턴에서 우울증 여부를 파악하거나, 트위터 등 소셜 네트워크의 내용과 사용 패턴에서 우울증, 조현병 등의 정신건강 상태를 파악할 수 있다. 이를 '디지털 표현형'이라고 한다.[30, 31]

우리는 언제 어디서든 스마트폰을 사용하며, 페이스북과 트위터에 글을 쓰고, 인스타그램에 사진을 올린다. 새로운 장소에 가면 GPS로 자신의 위치를 검색하여 체크인을 하고, 친구의 글과 사진에 '좋아요'를 누른다. 이러한 디지털 기기나 온라인 서비스의 사용 패턴에 자기도 모르게 건강 상태나 질병의 징후가 반영되는 것이다. 디지털 표현형의 개념 역시 앞서 9장에서 상세히 살펴본 바 있으나, 여기에서는 보험과의 연계를 설명하기 위해 다시 간단히 복기해보도록 하겠다.

미국 노스웨스턴 대학에서는 스마트폰을 분석함으로써 사용자가 우울증을 가졌는지를 86.5%의 정확도로 파악할 수 있다는 결과를 발표한 바 있다. 우울증에 걸리면 흔히 말수가 적어지고 생활이 불규칙해지는 등의 증상을 보이게 된다. 이러한 증상이 스마트폰의 사용 패턴에 고스란히 반영된다는 것이다. 연구진은 스마트폰의 사용 패턴 중에 통화 시간, 통화 빈도, 머무르는 장소의 다

양성, 생활의 규칙성, 집에 머무는 시간 등이 우울증과 상관관계가 높다는 결과를 얻었다.[32]

더 나아가, 트위터에 작성하는 내용과 작성한 시간을 보면 불면증 진단에 도움을 줄 수 있다는 것이 『네이처』 논문에서 제시되기도 했다.[30] 예를 들어, '잠이 오지 않는다.' 등의 내용을 트위터에 올리거나, 불면증 관련 단어에 해시태그를 달거나, 새벽 서너 시에 글을 올리는 빈도가 늘어난다는 것이다. 이는 모두 불면증이라는 질병의 증상이 디지털화된 행동양식으로 표현된 것이다.

또한 트위터에 쓴 내용과 트윗을 올리는 패턴을 인공지능으로 분석하여 양극성 장애 환자와 정상인을 정확하게 구분한 연구도 있다.[33, 34] 양극성 장애는 대표적인 기분 장애의 일종으로 기분이 들뜨는 조증이 나타나기도 하고, 기분이 가라앉는 우울증이 나타나기도 하여 조울증이라고 부르기도 한다.

대만의 연구진은 양극성 장애 환자들의 증상이 트윗에 반영된다고 보았다. 이에 연구진은 환자의 트위터의 내용이나 패턴(밤늦게 트윗하는 빈도, 멘션의 빈도, 날마다 트윗 빈도의 격차 등) 및 기분, 사회적인 관계 등을 분석하였다. 이를 바탕으로 양극성 장애 진단을 받은 환자 406명의 트윗과 대조군의 트윗을 구분해보았다. 양극성 장애를 진단받기 1년 전의 트윗부터 모아서 기계학습으로 대조군과 얼마나 잘 구분할 수 있는지를 본 것이다. 그 결과 90% 이상의 정확도로 양극성 장애 진단을 받기 이전에 미리 환자(위험군)를 구분해 낼 수 있었다. 연구진은 양극성 장애 환자의 트윗에 증상이 무의식 중에 반영되기 때문에 이를 인공지능으로 분석하면 증상을 이른 시기에 파악할 수 있다고 해석했다.

당연한 이야기지만, 이런 스마트폰이나 SNS 데이터의 활용은 프라이버시 침해의 소지가 있고, 남용될 위험도 있다. 여기에 대해서는, 곧 논의할 내용처럼 제도적인 정비가 함께 이뤄져야 할 것이다. 하지만 이미 기술은 이러한 수준까지 발전해 있으며, 기술의 발전에 따른 영향을 막기는 불가능할 것이라는 점을 인식할 필요가 있다.

해결해야 할 숙제들

기술의 눈부신 발전은 양날의 검과 같아서 더 많은 가능성을 열어주지만, 또 한편으로는 세심한 주의도 필요하다. 앞서 디지털 헬스케어를 잘 이용하면 보험의 선제적, 능동적인 변화가 가능하다고 강조하였으나, 깊은 고민 없는 기술의 적용은 큰 부작용을 낳을 수도 있다. 보험의 긍정적인 변화를 유도하고, 동시에 부작용은 줄이려면 어떠한 과제를 해결해야 하는지 알아보자.

1. 임상적으로 증명된 기술만 이용해야 한다

먼저 보험사의 입장에서는 건강보험 서비스를 이용할 때에는 과학적, 임상적으로 증명된 기술을 활용해야 한다. 가입자의 건강, 활동, 질병, 생활습관 데이터의 측정, 분석, 활용 및 관리를 위해서는 과학적, 임상적으로 정확성, 안전성, 임상적 유효성 등에 명확한 근거를 가진 기술을 이용해야 한다는 것이다. 이 부분은 의료 분야에서 통용되는 '근거 중심 의학'의 개념을 가져와도 좋을 것이다. 이번 장뿐만 아니라, 이 책 전체에서 필자가 기술에 대해서 명확한 연구결과와 참고문헌까지 함께 서술한 것도 이러한 이유이다.

현재 디지털 헬스케어 분야에서는 많은 임상연구들이 진행되고 있으며, 유망한 결과들이 도출되고 있다. 하지만 여전히 이러한 제품과 서비스 중에서 임상적 증명이 부족한 것들도 많다.[35, 36] 아무리 기발하고, 새로운 콘셉트의 제품과 서비스라고 하더라도 사람의 건강과 질병을 관리하는 경우 철저한 임상연구를 통한 검증이 필요하다. 특히 연구 디자인에서 충분한 기간 동안 연구가 이뤄졌는지, 충분한 수의 피험자를 대상으로, 대조군은 제대로 갖췄는지, 무작위 배정은 잘 이뤄졌는지, 그리고 대조군에 비해서 실험군이 통계적으로 유의미한 결과를 보였는지를 살펴보아야 한다.

더 나아가 근거의 수준 level of evidence 에 대해서도 논의가 필요하다. '근거 중심 의료'에서도 어떤 종류의 연구를 통해서 도출되었는지에 따라 근거의 수준도 여러 단계로 나뉜다. 보험사에서 활용하기 위한 기술이 정확성과 효용에 대한 어느 수준의 근거를 갖춰야 할지에 대해서는 더 논의가 필요할 것이다.

2. 데이터의 소유권, 보안 및 프라이버시 문제

또한 데이터의 소유권, 데이터 보안, 프라이버시 문제가 철저하고 사려 깊은 원칙하에 해결되어야 한다. 특히 건강과 질병에 관한 정보는 극히 민감한 정보다. 특히, 보험 가입자에게 소유권과 권한이 주어져야 하며, 특히 데이터 활용에 대한 동의도 충분한 사전 고지와 정보와 함께 가입자가 이해할 수 있는 수준에서 이뤄져야 한다.

사실 의료 데이터 및 개인정보 등에 대한 국내 법은 여전히 모호하다. 현재 개인정보보호법, 의료법 등 관련법에 따르면, 건강정보의 범위, 의료정보와 일반 건강정보의 구분, 개인식별정보의 정의가 상당 부분 불명확하다. 이 부분에 대해서는 이해관계자들마다,

혹은 심지어 연구자들 사이에서도 주장이 엇갈린다.

더 나아가, 익명화의 정의 및 범위도 모호하며, 관련 가이드라인에는 의료 데이터의 특수성이 반영되어 있지 않다. 때문에 보험사나 의료 기기 회사, 건강관리 서비스 회사, 심지어는 병원의 연구자들이 빅데이터 연구를 할 때도 불확실성이 큰 상황이다. 이는 미국의 의료정보보호법인 HIPAA Health Insurance Portability and Accountability Act 등 해외 관련 법규와 비교하면 명확성이 크게 떨어진다. 심지어 최근에서는 HIPAA마저도 기술의 발전을 제대로 반영하지 못하고 있다는 지적도 나온다.[37] HIPAA가 처음 제정된 것은 1996년으로, 당시만 하더라도 스마트폰은 물론, 구글도 존재하지 않았을 때였다.

한국 정부가 4차 산업혁명을 장려한다고 하면서도, 이런 규제와 법적 정의가 불확실하면 빅데이터 연구나 관련 서비스가 시행되기 어렵다. 하루빨리 의료 데이터 및 개인정보 등에 대한 법적인 정의와 기준이 명확하게 정의되어야 하며, 특별법 제정 등을 통해서 여러 관련 규제 사이에 충돌하는 부분 및 불확실한 부분을 해소해야 한다.

3. 의료 행위 해당 여부에 대한 해석

그뿐만 아니라, 보험이 선제적, 능동적으로 발전하려면 그러한 새로운 보험 모델이 의료 행위에 해당하는지 여부에 대한 법적 해석도 필요하다. 질병의 관리와 관련된 서비스는 의료법상 의사만이 할 수 있는 의료 행위의 범주에 해당될 수 있으므로, 이 부분에 대한 명확한 해석이 필요하다. 보험사의 건강관리 서비스는 특히 의료계가 민감하게 반응하는 이슈이기도 하다.

보험사의 건강관리 서비스의 의료 행위 여부에 대한 논란은

2019년 5월 보건복지부에서 가이드라인을 내어놓으면서 일단 기준은 마련되었다.[37, 38] 다만 여기에 대한 의료계와 산업계 등 이해관계자들의 시각은 여전히 엇갈리고 있으며, 추가적인 해석의 여지 또한 남아 있는 것으로 보인다.[39]

여기에서 더 나아가, 이번 챕터에서 언급한 디지털 신약이나, 디지털 표현형과 같은 완전히 새로운 개념은 기존과는 다른 방식으로 보험 가입자에게 가치를 전달하므로 향후 문제는 더 복잡해질 것이다. 이 경우에 아래와 같이, 각 사례를 측정-분석-예측-관리-계리 등의 세부적 단계로 구분지어 생각해보자. 어디까지가 의료 행위이고, 어디부터가 의료 행위가 아닐까(물론 가입자의 충분한 동의를 받고 진행한다고 가정한다)?

- **스마트 칫솔**
  - 측정: 스마트 칫솔로 가입자의 치아 관리 데이터 측정
  - 분석: 이 데이터로 가입자의 치아 건강 상태 분석
  - 예측: 보험 가입자의 향후 치아 건강 상태 예측
  - 계리: 양치질 습관, 향후 치아 건강 등을 바탕으로 보험료 재산정 및 인센티브 부여

- **당뇨병 예방 디지털 치료제**
  - 측정: 환자의 체중 및 정기 검진 데이터 등을 수집
  - 분석: 환자가 당뇨 발병 위험군에 속하는지 분석
  - 판단: 환자에게 당뇨 예방 솔루션의 필요 여부 판단
  - 관리: 눔이나 오마다헬스 등의 앱을 무료로 제공하여 식단 관리, 체중 감량 서비스 제공

· 계리: 체중 변화, 공복 혈당, 앱의 활용 정도를 기반으로 보험료 재산정 및 인센티브 부여

• **우울증 관련 디지털 표현형 및 디지털 치료제**
  · 측정: 스마트폰 사용 패턴과 SNS 사용 패턴 수집
  · 분석: 이 데이터를 바탕으로 가입자의 우울한 정도 분석
  · 판단: 우울한 정도가 관리가 필요한 정도인지를 판단
  · 관리: 인공지능 챗봇을 통해 우울함 관리 수단을 제공
  · 계리: 우울함의 정도, 변화, 챗봇의 활용 등을 기반으로 보험료 재산정 및 인센티브 부여

위와 같은 사례들은 한국에서는 아직 시도되고 있지 않지만, 이미 해외에서는 보험사가 이미 활용하고 있거나 활용을 고려하고 있다.[41] 그렇다면 어디까지가 의료 행위인 것이며, 어디까지 보험사가 서비스해줄 수 있을까? 이러한 새로운 방식의 서비스를 미리 법으로 규정하기란 쉽지 않으므로, 기술과 관련 법규에 대한 이해를 바탕으로 명확한 유권해석을 내려줄 수 있는 주체가 필요하다 (가이드라인이 도출되기는 하였으나, 가이드라인은 말 그대로 법적 구속력이 없는 가이드라인이다). 사실 이러한 유권해석을 위한, 복지부 산하 민관 합동 법령해석팀이 2018년 초 출범했지만, 1년이 지난 지금도 여전히 활동은 미미한 것으로 보인다.[42, 43]

윈윈 모델을 위해

디지털 헬스케어 기술이 폭발적으로 발전함에 따라서, 이를 보험에서도 이용할 수 있는 가능성은 더욱 커지고 있다. 기존의 보험은 사후적, 수동적 대처를 하는 것에 그쳤지만, 디지털 헬스케어를 적극적으로 활용한다면 능동적, 사전적 보험으로 변모할 수 있다. 단순히 활동량에 따라서 인센티브를 제공하는 모델에서 그치지 않고, 디지털 신약이나, 디지털 표현형과 같은 새로운 기술을 더욱 적극적으로 활용할 수도 있다.

하지만 디지털 헬스케어를 보험에 적용하여 새로운 모델을 만들기 위해서는 넘어야 할 산도 많고, 조정해야 할 이해관계도 많다. 특히 악마는 디테일에 있으므로, 신중하게 고려해야 하는 문제들이 산적해 있다. 가장 대표적으로 건강관리 서비스의 임상적 검증, 데이터의 보안과 프라이버시, 그리고 의료 행위 해당 여부 판별 등이 대표적인 숙제라고 할 수 있다.

하지만 이러한 어려움을 해결하고 좋은 모델을 만들 수 있다면 보험 가입자, 보험사, 건강관리 서비스, 의료계 모두 만족할 수 있는 윈윈 모델이 만들어질 수 있다. 기술 혁신이 모든 것을 해결하는 것은 아니지만, 더 효과적이고, 더 저렴하며, 더 접근성 높고, 기존과는 완전히 다른 새로운 가치를 제공할 수 있는 기술은 오랫동안 해결하지 못했던 문제의 돌파구를 마련할 수도 있다. 이미 준비는 곳곳에서 시작되고 있다.

자동차, 헬스케어를 더한다면

　디지털 헬스케어 관련 기술과 시장이 성장하면서, 자동차 제조사들도 이 분야에 진출하려는 움직임을 보이고 있다. 기본적으로 디지털 기술의 발전이 자동차에도 접목됨에 따라서 커넥티드 자동차Connected Car의 개념으로 발전하고 있는 것이다.

　굳이 헬스케어의 측면이 아니더라도 자동차는 점점 더 개인 운전자의 데이터를 바탕으로 맞춤형으로 발전되어갈 것이다. 좌석이나 백미러의 위치를 자동으로 조절뿐만 아니라, 선호하는 음악, 자주 방문하는 주유소, 식사 장소 등을 파악할 것이다. 시간대와 요일별 이동을 측정해 운전자가 평소 다니는 길도 알아차리게 될 것이다. 더 나아가, 인공지능 기술이 접목된 자율주행 자동차는 기술적으로는 상당 부분 구현이 되었을 뿐만 아니라 이제는 관련 법규 정비와 교통 인프라, 보험체계, 더 나아가 윤리적 고민이 필요한 시기라는 지적이 제기되고 있다.[1-6]

　헬스케어 측면에서 이러한 커넥티드 자동차는 운전자의 생체 신호를 읽음으로써 건강을 관리하거나 교통사고 예방 등 주행을 보조하기 위한 목적으로 쓰일 수 있다. 앞서 언급한 각종 센서들의 발달은 운전자나 동승자가 자동차에 탑승했을 때 좌석이나 안전벨트, 핸들 등을 통해서 사용자의 신체 상태에 대한 데이터를 측정하게끔 한다.

이제 자동차는 그 자체로 센서들의 집합체이며, 사용자가 그 다양한 센서들과 접하게 되는 인터페이스로 간주되어야 한다. 앞서 언급한 다양한 웨어러블 센서들과 함께 자동차에서 측정된 데이터들도 역시 클라우드에서 통합되고, 인공지능에 의해 분석되어 실시간으로 사용자에게 조언이나 경고 메시지를 제공할 것이다.

헬스케어 플랫폼으로서의 자동차

하지만 자동차가 과연 헬스케어 측면에서 볼 때 유용한 플랫폼인지에 대해서는 재고의 여지가 있다. 즉, 헬스케어 기술을 자동차에 적용하는 것이 반드시 필요한지, 적용한다면 어떻게 적용해야 할지, 그러한 적용이 사용자에게 큰 가치를 제공할 수 있는지에 대해서는 고민이 필요하다는 것이다.

다른 종류의 데이터가 아닌, 운전자의 헬스케어 데이터에 국한되어서 설명한다면, 자동차라는 인터페이스는 큰 약점이 있다. 바로 항시적이며 지속적인 데이터의 측정이 자동차라는 센서만으로는 충분하지 않다는 것이다. 생체는 고정된 것이 아니라 항상 변화하므로 시간의 흐름에 따라서 연속적인 데이터를 지속적으로 얻는 것이 중요하다. 하지만 자동차는 다른 웨어러블 센서와는 달리 24

포드가 개발을 중단한 자동차 좌석의 심박 센서

시간 착용하며 데이터를 얻을 수는 없다. 아무리 자동차에서 시간을 오래 보내는 운전자라고 할지라도 24시간 자동차에 앉아 있지는 않기 때문이다.

포드가 자동차 시트에 심박 센서를 내장하겠다던 계획을 끝내 철회한 것도 이러한 이유라고 볼 수 있다.[7] 포드는 2011년 일찍이 운전자의 스트레스 레벨 측정을 위해서 6개의 심박 센서를 운전자 시트 등받이 표면에 내장시키는 기술을 개발하겠다고 발표했다.[8] 운전자가 옷을 입고 있더라도 심박수를 측정할 수 있는 센서를 개발하겠다는 것이었다. 하지만, 2015년 5월 포드는 "새로운 센서 기술과 웨어러블들은 더 정확한 측정을 통해 우리보다 더 나은 경험을 제공할 것이다."라며 개발을 공식적으로 중단했다.

일반적인 웨어러블의 관점에서 볼 때에도 자동차는 웨어러블, 사물인터넷 센서들의 중심이 되기에는 매력도가 떨어진다. 가장 큰 이유는 '스마트폰'이라는 핵심 허브를 사용자들이 이미 사용하고 있기 때문이다. 이러한 허브는 두 가지 이상이 되기는 어려우며, 자동차보다는 스마트폰이 이미 사용자 인터페이스나 사용 지속성, 보급률 등 여러 측면에서 더 매력적인 옵션이 될 수밖에 없다. 이미 하루 종일 스마트폰을 들고 다니면서 각종 앱을 사용하고, 데이터를 관리하는 사람들에게 자동차라는 두 번째 허브를 갖는 것은 복잡하고 불필요하다는 것이다. 적어도 일반적인 소비자에 대해서는 그러하다.

사물인터넷의 여러 측면을 다룬 『콘텍스트의 시대Age of Context』에서 저자들은 '자동차가 아닌 휴대폰이 운전자의 콘텍스트 기반 네트워크의 허브 역할을 한다'는 것이 자동차 제조사들에게 가장 어려운 현실이라고 지적한다.

커넥티드 자동차, 헬스케어 적용 방안

하지만, 이러한 커넥티드 자동차의 근본적인 한계점은 반대로 헬스케어와 관련한 기능을 자동차에 추가하기 위한 몇 가지 힌트를 줄 수도 있다.

먼저 자동차 내의 센서를 활용하여 운전자의 주행과 관련한 부분을 센싱하는 것에 집중하는 것이다. 스마트폰, 웨어러블 등 기존의 헬스케어 센서들은 운전에 특화된 수치나 요소들을 측정하는 경우는 아직 많지 않다. 예를 들어, 운전자의 호흡을 측정하여 음주 여부를 측정하거나, 핸들에 부착한 센서로 심박수, 카메라를 통한 동공이나 눈꺼풀의 움직임 등을 확인하여 졸음 운전 여부를 파악할 수 있을 것이다.

특히 이러한 기능은 일반적인 운전자보다는 자동차에서 오랜 시간을 보내는 택시 기사, 고속 버스 기사, 산업용 트럭 기사 등에 더욱 큰 가치를 지닐 수 있다. 일반적인 운전자들은 일상생활에서 자동차에서 보내는 시간이 길지 않기 때문에 센서로서의 자동차의 매력은 줄어든다. 하지만 반대로, 자동차에서 오랜 시간을 보내는 일부 운전자에서는 오히려 그러한 센서로서의 자동차라는 가치가 크게 증가할 수 있다.

간단한 센서를 통해 사용자의 호흡에서 혈중 알코올 농도를 측정하거나, 안면 인식이나 심박수 등을 기반으로 졸음 여부를 측정하고, 혹은 스트레스 수치, 피로도 등을 측정하는 것도 현재의 기술로 충분히 가능하다. 이를 통해서 교통사고를 예방하고 직업 운전자의 운전 습관을 개선할 수 있다면 운전자뿐만 아니라, 사회적인 가치도 있을 것이라고 생각한다.

자동차에 탑승하기 이전의 데이터

필자가 또 한 가지 강조하고 싶은 중요한 부분은 커넥티드 자동차에 헬스케어 관련 기능을 추가한다고 해서, 반드시 자동차 내부의 센서를 활용하여 운전 중에 데이터를 측정해야 한다는 고정관념을 버려야 한다는 것이다. 사실 운전자의 상태는 자동차를 탑승한 이후가 아니라, 자동차에 탑승하기 전에 이미 결정되어 있는 경우가 많다. 그렇다면 자동차는 데이터를 측정하는 역할보다, 자동차 외부의 센서를 통해서 일상생활에서 얻은 데이터를 '활용'하는 역할이 훨씬 더 중요할 수 있다고 생각한다.

많은 경우 운전석에 앉은 운전자의 건강 상태는 자동차에 탑승하기 수시간 전, 혹은 수일 전부터 지속된 상태와 관련이 있다. 운전자가 일상생활 속에서 측정하여 자동차에 탑승하기 이전부터 헬스케어 플랫폼과 클라우드에 저장한 데이터를 활용한다면 더욱 효과적일 것이다.

예를 들어, 수면 모니터링 웨어러블로, 운전자가 최근 며칠 간 수면이 충분했는지를 파악할 수 있으며, 심장질환 위험이 있는 운전자의 경우 최근 심전도, 심박수, 복약 여부 등의 데이터를 참고할 수 있다. 최근 연속혈당측정계와 인공지능을 결합하면 당뇨병 환자가 운전 중에 저혈당 쇼크가 올지 예측할 수 있으며, 더 나아가 최근의 활동량, 스마트폰 사용 패턴, 목소리 분석 등을 통해 우울증 등 운전자의 정신건강에 대한 분석을 해볼 수도 있다.

자동차만의 강점을 활용하라

마지막으로 헬스케어 측면에서도 자동차만의 장점이 있다는 것도 강조하고 싶다. 현재 헬스케어 웨어러블의 가장 큰 한계점 중의 하나는 바로 '지속 사용성'이다. 바로 사용자들이 일정 시간이 지나면 웨어러블을 잘 사용하지 않게 된다는 것이다.*

예를 들어, 대표적인 웨어러블 브랜드인 핏빗의 경우에도 지속 사용성 측면에서 고전을 면치 못하고 있다. 이 회사는 2016년 창업 이후 전 세계적으로 무려 6,000만여 개 이상의 기기를 판매한 웨어러블 업계의 대명사라고 할 수 있다. 하지만 핏빗의 경우 활성

---

*   지속 사용성 문제에 대해서는 앞서 19장에서 상세히 살펴본 바 있다.

사용자active user의 비율은 어떻게 될까. 핏빗은 활성 사용자의 정의를 아래와 같이 정의했다.[20]

- 최근 3개월 동안 핏빗의 활동량 측정계나 스마트 체중계를 핏빗 계정에 연동한 적 있는 사용자
- 최근 3개월 동안 핏빗에 100걸음 이상이 기록되거나, 스마트 체중계로 체중을 측정한 적 있는 사용자
- 핏빗 프리미엄이나 핏스타FitStar 등 유료 서비스를 구독하는 사용자

이렇게 느슨한 정의에도 불구하고 핏빗의 활성 사용자는 매년 30~40%대에 머물고 있다. 2016년 보고된 한 연구에서 핏빗을 착용한 지 12개월 이후의 활성 사용자는 10% 정도밖에 되지 않는다. 이러한 지속 사용성 문제는 디지털 헬스케어 업계의 누구나 알고 있지만, 아직 누구도 속시원히 해결하지 못한 문제이다.

하지만 자동차라면 이러한 문제를 손쉽게 해결할 수 있다. 핏빗의 활성 사용자의 정의를 따르자면, 자동차의 경우 3개월에 한 번이라도 운전을 하면 활성 사용자가 된다. 그리고 대부분의 자가 운전자의 경우 이보다는 더 높은 빈도로 운전을 할 것이다.

지속 사용성을 높이기 위한 몇 가지 방법 중의 하나는 사용자의 기존 행동이나 습관에 스며들어 자연스럽게 묻어가는 것이다. 쉽게 이야기해서, 웨어러블로 치자면, 기존에 사람들이 착용하고 다니던 시계, 목걸이, 안경, 반지, 벨트, 기저귀 등의 형태로 만들면 된다. 이러한 것들을 웨어러블이나 사물인터넷 센서로 활용하는 경우 사용자의 기존 행동에 자연스럽게 녹아들 수 있으므로 물리적, 심리

적 거부감도 적고, 장기간 높은 지속 사용성을 기대할 수 있다.

범위를 조금 더 넓게 이야기하자면, 특정한 상황에서 정기적, 반복적으로 신체가 접촉하는 주변의 가구, 기기 등도 포함된다. 예를 들어, 침대 매트리스, 변기 커버, 욕실 발판 등을 이용할 수 있으며 여기에 바로 자동차 핸들이나 시트도 포함된다.

특히, 이러한 침대, 변기 커버, 욕실 발판과 같이, 자동차 핸들 및 시트의 경우에 큰 장점이 한 가지 있다. 바로 매일 (혹은 그에 상응하는 일정한 간격으로) 같은 환경에서 사용자의 데이터를 장기적으로 측정할 수 있다는 것이다. 예를 들어, 자동차 운전석에 부착된 센서를 활용하면 '매일 아침 출근할 때'와 같은 동일한 상황에서의 운전자의 데이터를 장기간 축적할 수 있다. '매일', '같은 조건에서', '장기적인' 데이터의 측정은 운전자의 건강 상태를 파악하고 질병을 예방, 예측하기 위해서 의학적으로 큰 의미를 가질 수 있다. 이러한 데이터는 사실 의학의 역사를 통틀어서도 얻어본 적이 없는 새로운 종류의 데이터가 될 것이다.

자동차와 헬스케어의 미래

자동차 산업도 디지털 헬스케어를 잘 활용한다면 운전자에게 새로운 가치를 제공할 가능성이 있다. 앞서 살펴보았듯이 자동차가 스마트폰을 제치고 헬스케어의 중심 플랫폼이 되기는 어려울 것이다. 하지만 기존의 디지털 헬스케어 서비스와 이를 통해 얻는 데이터를 활용하여 운전자의 안전과 건강에 의미 있는 가치를 제공할 충분한 가능성이 있다. 여기에 대해서는 자동차에 탑승하기 전에 일상에서 측정한 데이터를 활용하는 방법과 주행 중에 운전자의 안전에 특화된 데이터에 대해서 설명했다.

더 나아가 자동차만이 가지는 강점을 활용한다면, 지속 사용성 등 기존의 디지털 헬스케어가 가지는 난제를 해결할 수 있을 뿐만 아니라, 기존에 의료에서 얻지 못했던 완전히 새로운 종류의 데이터를 통해서 운전자의 건강에 기여할 수도 있다. 커넥티드 자동차에 이러한 헬스케어 기능이 추가되어 운전자의 건강을 지켜줄 뿐만 아니라, 마음까지 사로잡는 자동차가 나오길 기대해본다.

스타트업, 변화의 동력이 되려면

    필자는 아마도 한국에서는 초기 디지털 헬스케어 스타트업의 사업계획서를 가장 많이 검토하는 사람 중의 한 명일 것이다. 다른 의료 전문가들과 함께 필자가 공동 창업하고, 대표를 맡아서 운영하고 있는 엑셀러레이터, '디지털 헬스케어 파트너스$_{DHP}$'에도 많은 사업계획서를 받으며, 자문하고 있는 몇몇 벤처캐피털을 통해서도 사업계획서를 접하기도 한다. 참고로 필자는 개인적으로 혹은 DHP를 통해서 지금까지 20여 개의 디지털 헬스케어 스타트업에 투자하였는데, 적어도 최근 몇 년 동안은 횟수를 기준으로 국내에서는 이 분야 스타트업에 투자를 가장 활발하게 한 사람 중의 하나라고 알고 있다.

    다른 분야와 마찬가지로, 디지털 헬스케어에서도 결국 과감한 시도와 새로운 혁신은 스타트업에서 나온다. 해외에서 새로운 변화를 만들어내는 주체는 대부분 스타트업이라는 점을 여러 번 언급한 바 있다. 앞선 챕터에서 언급한 제약사, 보험사, 자동차 회사

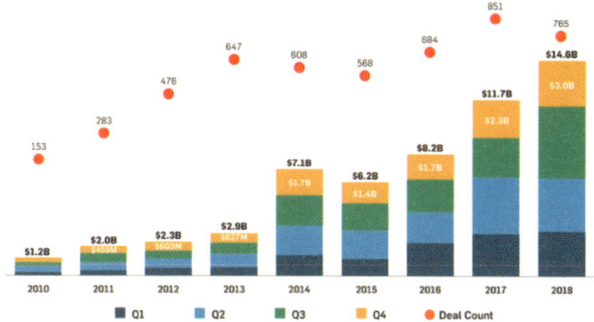

글로벌 디지털 헬스케어 스타트업 투자는 폭발적으로 증가하고 있다.
(출처: Startup Health)[1]

등도 자체적으로 변화를 만들어내는 경우도 있지만, 또한 스타트업과 협업을 통해서 추진할 수도 있다. 또 한편으로는 스타트업이 만들어낸 파괴적 혁신에 의해서 기존 기업들의 지위가 흔들리기도 한다.

하지만 한국에서는 미국, 유럽, 중국 등에 비해서 디지털 헬스케어 분야의 스타트업이 활발하다고 하기 어렵고, 성공적인 사례도 아직까지 충분하지 않다. 사실 전세계적으로도 디지털 헬스케어는 새로운 분야이기 때문에, 이 '성공적인 스타트업'의 정의를 무엇으로 잡느냐에 따라서 그 목록은 달라질 수 있을 것이다. 하지만 안타깝게도 한국에서는 사실 그 기준을 매출, IPO, 고객수, 제공하는 가치, 인허가 등 어떻게 잡더라도, 기준을 충족시키는 스타트업이 많지 않다.

그렇다면 과연 한국에서도 스타트업이 디지털 헬스케어 분야에 새로운 변화를 만들어내려면 과연 무엇이 필요할까? 이번 장에서는 필자가 평소에 스타트업 행사나, 해커톤 등에서 익히 강조하는 내용을 한 번 정리해보려고 한다. 어떠한 부분은 스타트업 창업자가 고민해야 하는 것이고, 어떤 부분은 투자자의 입장에서, 또 다른 부분은 스타트업이 아닌 산자부, 중기부, 복지부 등 관련 정부 부처나 식약처 등의 규제기관, 더 나아가 생태계 전체의 입장에서 고려해야 하는 부분도 있다. 이러한 조건들은 물론 충분조건이라기보다는 필요조건이다. 이 조건을 모두 만족시킨다고 해서 성공적인 스타트업이 나온다는 보장은 없지만, 이를 만족시키지 못한다면 혁신적인 스타트업의 출현은 어렵다고 본다.

헬스케어 시장은 정말 큰가

먼저 헬스케어 시장을 살펴보자. 흔히 헬스케어 산업을 육성해야 한다는 근거 중의 하나로 드는 것이 글로벌 헬스케어 시장의 규모가 매우 크다는 것이다. 통계에 따라 다르지만, 흔히 글로벌 헬스케어 시장은 2020년까지 약 12조 달러 즉, 한화 1경 3,000조 원에 달할 것이라고도 한다.[2] 그런데 스타트업의 입장에서도 정말 그러할까? 답은 '그렇다'와 '그렇지 않다'가 모두 될 수 있다.

글로벌 헬스케어 시장의 총합은 매우 크다. 이를 부인하는 사람은 아무도 없다. 하지만 스타트업의 입장에서 중요한 사실은 헬스케어 시장은 극도로 세분화되어 있는 시장이라는 것이다. 헬스케어 시장의 고객들은 모두 건강 상태 등에 따라, 모두 다른 관심사, 다른 니즈, 다른 지불의사를 지닌다.

예를 들어, 건강한 사람과 병에 걸린 환자는 서로 완전히 다른 시장이다. 나이에 따라서, 성별에 따라서, 과체중 여부에 따라서, 가족력의 유무에 따라서도 니즈는 달라진다. 단순히 환자에 대한 시장이라고 하더라도 시장은 경증질환·중증질환·급성질환·만성질환 등으로 나눌 수 있고, 혹은 질병마다 다른 시장으로 분류할 수 있다. 조금 더 깊이 들어가면 질병에서도 세부 유형별로 완전히 다른 시장이다. 제1형 당뇨병 환자와 제2형 당뇨병 환자의 니즈는 다르다. 암환자의 경우, 유전자 변이 하나의 차이 때문에 니즈가 달라지기도 한다.

이러한 세부적인 시장은 완전히 다른 니즈를 지닌다. 자금과 인력 등의 리소스가 충분하지 않은 스타트업의 입장에서는 이 세분화된 시장의 극히 일부분을 목표 시장으로 삼아야 한다. 하나의 세부 시장을 거점으로 삼아서 먼저 충분히 공략한 다음, 인접한 또 다른 세부 시장으로 하나씩 확장해나가야 하는 것이다. 따라서 '헬스케어 시장의 총합은 크다'는 명제가 스타트업에게는 그리 도움이 되지 않는 경우가 많다. 하지만 헬스케어 스타트업을 시작하는 입장에서나, 이를 투자하고 육성하는 입장에서 이 부분을 간과하는 경우가 많다.

더구나, 한국의 헬스케어 스타트업의 입장에서는 추가적으로 고려해야 할 것이 있다. 국내에는 그렇게 세분화된 특정 시장의 크기가 스타트업의 지속적인 생존과 향후 성장이 가능할 정도로 충분한 규모인지 고민해봐야 한다는 것이다. 예를 들어, 세분화된 타깃 시장으로 분류되는 사람이 전체 인구의 1%라고 생각해보자. 같은 1%라고 하더라도 중국과 한국에서 그 1%가 의미하는 바는 다를 것이다. 비율은 동일하더라도, 시장 전체의 크기에 너무도 큰 차이가 있기 때문에, 실제로는 그 세부 시장의 절대적인 크기 역시 매우 다를 수 있다. 즉, 한국에서는 이 세부 시장을 공략했을 경우에 스타트업이 유의미한 매출을 올리고, 사업이 지속가능한지가 관건이다. 헬스케어는 세부 시장을 한 번에 하나씩만 공략할 수 있기 때문에, 명심해야 하는 부분이다.

꼭 필요한 것을 만들어야 한다

이 부분은 이번 챕터의 여러 기준 중에서 가장 중요하다고 볼 수 있다. 바로, 꼭 필요한 것을 만들어야 한다는 것이다. 결국 실제로 존재하는 니즈needs를 포착했는지의 여부다. 분야를 막론하고 스타트업이 실패하는 가장 큰 이유로 꼽히는 것이 결국 아무도 필요하지 않은 상품·서비스를 만들기 때문이다.[3]

특히 사업의 구상을 시장의 니즈가 아니라, 자신이 개발한 기술에서 시작한 경우에 이러한 실수가 많다. 자신이 개발한 기술이 너무도 좋아 보이기 때문에, 이러한 기술로 개발한 서비스나 상품이라면 시장에서 당연히 필요로 할 것이라고 착각하는 것이다. 하지만 현실은 그렇지 않다. 업계에서 흔히 이를 '예쁜 쓰레기'라고 한다.

니즈 파악이라는 것은 결국 '문제'의 파악이다. 명확히 존재하는 문제, 실제로 존재하는 문제, 해결했을 때 충분한 경제적인 효용이나 의학적 효용이 발생하는 문제를 골라야 한다. 이를 위해서는 의료 현장, 환자, 소비자 등의 시장의 문제, 의학적 문제뿐만 아니라, 의료전달체계, 건강보험체계 등의 의료 시스템의 구조적 문제를 파악해야 한다.

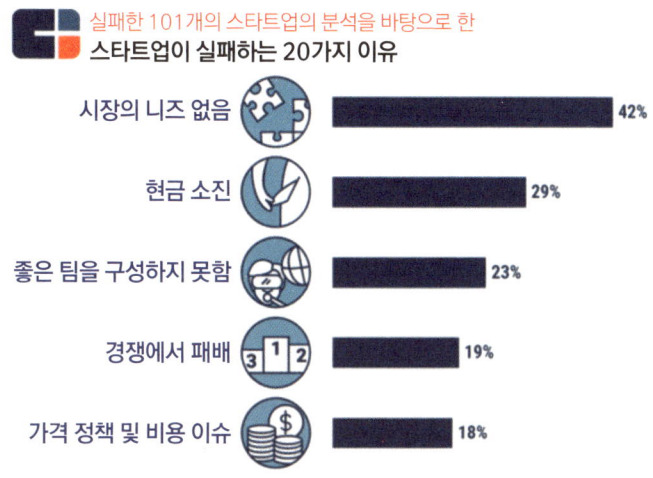

스타트업이 실패하는 가장 큰 이유는 니즈가 없는 것을 만들기 때문이다.
(출처: CB Insights)[3]

　물론 완전히 무용한 사업 아이템도 없을 것이고, 창업자 본인이 '나는 필요하지 않은 제품을 만들겠다'고 시작하는 경우는 없을 것이다. 여기에 조금 더 부연 설명을 하자면, '누군가가 돈을 낼 만큼 충분히 필요한' 것이어야 한다. 하지만 안타깝게도 대부분의 스타트업이 이 조건에 대한 답을 찾는 것부터 이미 실패한다. 필자는 국내 스타트업 중에서도 여기에 해당하는 예시를 여럿 댈 수 있다. 하지만 이는 해당 사업에 대한 직접적인 비판에 해당되기 때문에 그렇게 하지 못함을 독자들께서 이해해주시면 좋겠다.

　하지만 반대로, 충분한 니즈를 찾았다고 생각되는 사례들은 언급할 수 있다. 필자가 투자한 회사들의 경우 이러한 기준을 필자의 기준에서는 통과한 것이다. 아래의 목록 중에 어떤 사례들은 이 책에서 앞서 언급된 외국 사례들이고, 또 일부는 필자가 직접 투자한 회사들이기도 하다.

- 엠페티카Empatica: 영유아용 뇌전증 발작을 측정하는 웨어러블. 발작이 일어나면 보호자에게 알려주기 때문에 부모의 입장에서 아기가 잠자다가 갑자기 사망하는 사태를 방지할 수 있다.
- 텔라닥: 원격진료 회사. 미국에서는 의사를 만나기 위해 예약 후 평균 2~3주를 기다려야 한다. 하지만 텔라닥을 통하면 10분 내에 화상 대화 혹은 전화 통화로 진료를 받을 수 있다.
- 카운실: 가족계획을 세울 때 엄마와 아빠의 타액을 받아서, 향후 자녀에게 유전질환의 발병 가능성이 있는지를 미리 계산해준다(카운실은 2018년 미리어드 제네틱스라는 다른 회사에 인수되었다).
- 서지컬 마인드*: VR 기반의 수술 훈련 시뮬레이터. 전공의 특별법 등 의료계의 구조적인 문제로 의사들이 수련 과정에서 수술 술기 훈련을 충분히 하지 못하는 경우가 한국을 포함하여, 전 세계적으로 발생하고 있다. 이 경우 VR 수술 시뮬레이터를 통해서 술기 훈련을 할 수 있다.
- 열나요*: 의료 전문가들이 개발한 영유아 발열 관련 앱. 영유아의 경우에는 갑자기 열이 나는 경우가 잦다. 새벽 3시에 아기가 갑자기 열이 날 때, 열나요 앱을 활용하면 부모가 어떻게 해야 할지를 알려준다.
- 쓰리빌리언3billion*: 한 번의 유전체 분석을 통해서 7,000종의 유전질환을 진단한다. 흔히 '괴질'로 분류되며 아무런 진단도 받지 못하던 희귀질환 환자들이 자신이 왜 아픈지 진단을 받을 수 있다.
- 뮨*: 사용한 주사기를 자동으로 간편하게 폐기하는 기기를 만든다. 간호사의 입장에서 사용한 주사기의 바늘을 손으로 분

리해서 폐기하는 과정에서 자상사고로 2차 감염을 입는 경우가 잦다. 뮨의 기기에 주사기를 던져 넣으면, 자동으로 폐기되기 때문에 감염을 원천적으로 차단할 수 있다.

일반적으로 헬스케어 시장에서 목숨이 위험할수록, 불편함이 클수록, 위급할수록, 두려움이 클수록 니즈와 지불의사는 커진다고 할 수 있다. 하지만 해당 스타트업이 이렇게 충분한 니즈를 찾았는가에 대한 판단이 투자자들 사이에서 달라지기도 한다. 어떤 투자사에서는 투자하지 않기로 한 회사에, 또 다른 투자사는 투자를 집행한 것만 봐도 알 수 있다.

스타트업에게 문제의 정의, 니즈 파악은 아무리 강조해도 지나치지 않다. 이러한 니즈의 파악과 사업의 성공 사이의 관계는 필요조건과 충분조건으로 설명할 수 있다. 즉, 니즈를 제대로 포착했다고 해서, 반드시 성공할 수 있는 것은 아니다. 하지만 니즈부터 제대로 포착하지 못한다면, 그 사업은 반드시 실패한다.

한국 의료 시스템의 특수성을 이해하라

앞서 충분히 지불의사를 가진 니즈를 파악해야 한다는 것을 강조했다. 하지만 다른 분야와 달리, 헬스케어 분야에서는 단순히 '지불의사'와 '니즈'에 더해서, 반드시 추가적으로 고려해야 할 것이 있다. 바로 의료 시스템의 특수성, 특히 한국 의료 시스템의 특수

---

* 필자가 직간접적으로 투자한 스타트업들로 이해관계가 있음을 밝힌다.

성을 고려해야 한다는 것이다.

조금 더 현실적인 이야기를 하자면, 무척 아이러니하게도 사실 헬스케어 분야에서는 꼭 필요한 것을 만들어도 (특히 한국에서는 더더욱) 구조적으로 돈을 벌 수 없는 경우가 적지 않다. 필요하더라도 돈을 지불할 주체가 없거나, 혹은 누군가 지불의사가 있더라도 시스템상 지불할 수 없는 경우가 있다. 혹은 필요하지만 규제에 걸리거나, 보험 적용이 안 되거나, 보험 적용이 되어도 제조 원가도 나오지 않는 경우가 발생하는 것이 헬스케어 분야이다. 이러한 요인들이 성공적인 헬스케어 스타트업이 배출되는 것을 더욱 어렵게 만든다.

다른 많은 나라와 마찬가지로, 한국도 한국만의 고유한 의료 시스템과 규제, 보험, 지불제도 등을 갖추고 있다. 예를 들어서, 한국의 의료전달체계나, 단일 건강보험, 당연지정제, 신의료기술평가, 보수적 수가체계, 문재인 케어 등은 다른 나라에서 찾아보기 어려운 특수한 여건이다. 또 어떠한 경우, 이러한 의료 시스템의 특징은 명문화된 규정이라기보다, 이해관계자들 사이의 복잡 미묘한 역학관계로 나타나기도 한다. 사실 이것들을 상세히 설명하려면 그것만으로 책 한 권이 따로 필요하다(의료 시스템에 대한 설명은 이 글의 범위를 넘어서는 것으로, 혹시 관심이 있는 독자라면 『청년의사』 박재영 주간의 『개념 의료』라는 책을 추천한다).

다만, 여기서는 이것만은 확실하게 이야기할 수 있다. 이러한 한국의 고유한 의료 시스템, 예를 들어, 의료전달체계, 단일 건강보험, 당연지정제, 신의료기술평가, 문재인 케어, 3분 진료 등이 당신의 사업에 영향을 주는지의 여부, 혹은 영향을 어떻게 얼마나 미칠지의 여부를 명확하게 이해하지 못하고 있다면, 당신은 준비가 덜 되어도 한참 덜 된 것이다. 사업의 성공 여부 정도가 아니라, 사업의 존폐 여부가 여기에 달려 있기 때문이다. 그럼에도 이 부분에 대한 고려가 충분하지 못한 창업자들이 의외로 적지 않다. 단적으로 의료 기기 사업을 준비하면서 '심평원'이라는 이름을 들어보지 못한 창업자도 필자는 종종 만난다.

만약 처음부터 한국 시장이 아닌 해외 시장을 목표로 한다면, 한국 특유의 의료 시스템을 이해하지 않아도 된다. 하지만 그 경우에도 진출하려는 해당 국가 의료제도의 특수성에 대해서 이해해야 할 것이다.

한국만의 규제를 이해해야 한다

한국 의료 분야의 특수성 중에 규제는 특히 중요하기 때문에 조금 더 부연 설명을 하려고 한다. 헬스케어 혹은 의료는 근본적으로 규제 산업이다. 사람의 생명과 건강을 다루기 때문에 지켜야 할 규제들이 도처에 있다. 그리고 해당 국가 의료 산업의 수준은 결국 규제의 수준에 수렴할 수밖에 없다. 규제를 넘어서는 의료 산업은 존재할 수 없기 때문이다.

스타트업을 하는 입장에서 자신의 사업이 어떠한 규제의 영향을 받는지를 이해하는 것은 기본 중의 기본이다. 규제 산업인 헬스케어 분야라면 더 강조할 필요조차 없다. 규제를 제대로 고려하지 않으면, 앞서 말했듯 사업의 존폐 여부에 영향을 받을 뿐만 아니라, 더 나아가 대표자 본인이 법적인 처벌까지 받을 수도 있다.[4, 5]

디지털 헬스케어의 급속한 변화와 혁신 때문에, 최근 몇 년 동안 미국을 비롯한 선진국들의 규제기관에서는 관련 부서를 신규 설립하고, 완전히 새로운 규제 방식을 고안하는 등 의료 기기를 규제하는 방식 자체가 발 빠르게 변화되고 있다. FDA가 내놓은 '디지털 헬스 이노베이션 액션 플랜'에 따른 사전 인증 제도Pre-Cert와 같은 변화가 대표적인 사례이다.*6, 7 디지털 헬스케어 때문에 듣지도, 보지도 못한 새로운 기술이 쏟아져 나오기 때문에, 이를 합리적으로 규제하기 위해서는 규제기관 역시 과감히 혁신하지 않으면 안 되기 때문이다.

하지만 안타깝게도, 많은 경우에 이는 그저 외국의 이야기일 뿐이다. 한국은 아직 헬스케어 분야의 규제 개선이나 국제 규제와의 동조화가 미진한 국가이다.** 식약처, 심평원 등 규제기관에 근무하시는 분은 다른 의견일 수도 있으나, 산업계의 입장에서 볼 때에는 그 속도나 변화 정도가 충분하지 않은 것이 중론이다. 소위 '한국형' Pre-Cert을 만들기 위한 논의가 이뤄지기도 하지만, FDA와 같은 디지털 헬스케어의 혁신이나 방향성에 대한 심도 깊은 이해와 근본적인 고민은 부족해 보인다.

더 단적으로 언급하자면, 해외의 많은 혁신 사례들이 한국에서는 그저 불법이다. 이 책에서 앞서 이야기했던 원격진료, 원격 환자 모니터링, 의약품 배송, 유전자 DTC 검사 등이 그러하다. 필자도 함께 참여했던 2018년 KPMG의 조사결과, 상위 100개의 글로벌 헬스케어 스타트업 중 63개(투자액을 기준으로 보자면 75%의 경우)가 한국에 진출할 경우, 전면 불법이거나 최소한 부분적으로는 불

---

* FDA의 Pre-Cert에 대해서는 25장에서 상세히 설명한다.

** 참고로 필자는 규제 '완화'라는 표현은 적절하지 않다고 본다. 필요한 규제는 당연히 해야 하고, 불필요한 규제는 줄여야 한다. 꼭 필요하다면 규제를 더 강화해야 하는 경우도 있다. 때문에 규제 합리화, 규제 개선이라는 표현이 적합하다.

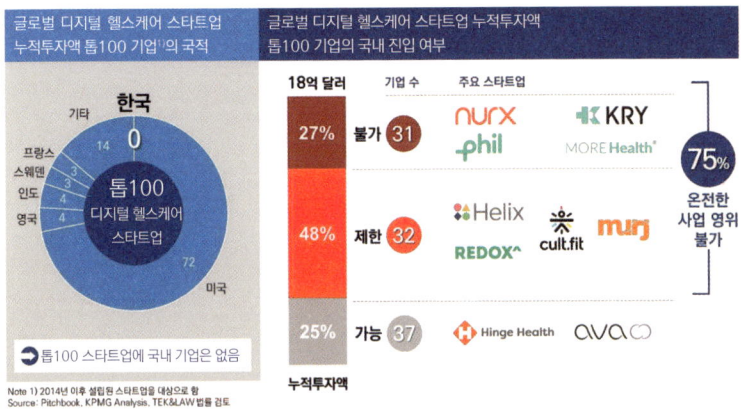

글로벌 상위 헬스케어 스타트업 중, 대부분이 한국에서는 불법이다. (출처: 아산나눔재단)[8]

법으로 드러났다.[8, 9] 한마디로 헬스케어 분야에서는 미국에서 잘 되는 사업이라고, 한국에서 그대로 들여오면 대부분 불법이라는 것이다. 안타깝지만 그것이 현실이다. 다른 분야에서는 해외의 유망 사업 모델을 그대로 국내로 옮겨와서 성공하는 경우도 있으나, 헬스케어는 이러한 전략이 대부분 유효하지 않다.

이러한 규제를 개선하는 것도 필요하지만, 일개 스타트업과 창업자의 입장에서는 규제를 바꿀 힘도, 리소스도 없다. 기존 시스템의 틀을 깨뜨리는 것이 창업자의 조건이라고 할 수도 있지만, 또 한편으로는 주어진 여건하에서 최선의 결과를 만들어내는 것 역시 창업자의 조건이기도 하다. 필자와 같은 업계 전문가들은 비합리적인 규제나, 기술 혁신에 따른 규제 개혁의 필요성을 계속 강조하면서 변화를 만들어내려고 노력하고 있다.[10-13] 필자도 식약처와 심평원의 협의체에 속해서도 열심히 의견을 내고 있다.

하지만 일선 창업자의 입장은 달라야 한다. 창업자는 리스크를 무릅쓰고 규제를 자신이 혁파하겠다거나, 규제가 조만간 바뀔 것이라고 무작정 낙관적인 기대감을 갖는 것보다, 오히려 적지 않은 기간 동안은 규제가 바뀌지 않는다고 가정하고 사업을 구상하는 것이 바람직할 것이다.

해커톤 아이템을 사전 심사하는 이유

사실 규제 개선의 이슈는 일선 창업자보다는 규제기관과 관련 당국의 문제이다. 여담이지만, 이 부분에 대해서 흥미로운 스토리가 하나 있다. 필자가 운영하는 헬스케어 스타트업 엑셀러레이터, 디지털 헬스케어 파트너스는 성균관대학교와 함께 삼성서울병원에서 지난 몇 년 동안 헬스케어 해커톤을 공동 개최하고 있다. 의료인, 개발자, 디자이너 등이 모여서 1박 2일로 밤을 새우면서 헬스케어 관련 아이디어를 도출하고, 가능하면 프로토타입까지 만드는 행사이다. 필자와 다른 전문가들이 밤늦게까지 참가자들과 함께 고민하고, 조언하며, 마지막에는 심사를 통해서 우수팀을 선정한다.

그런데 처음 몇 년 동안은 해커톤을 1박 2일 일정으로만 진행하다가, 2018년부터는 팀을 한 달 전에 미리 구성해서 아이디어를 '사전에' 제출하고, 이를 멘토들이 온라인으로 미리 검토해주는 방식으로 바뀌었다. 그 이유는 2016, 2017년 해커톤에서 참가자들의 자유로운 상상에 의해서 제안된 아이디어를 심사하려고 보니, 대부분 '한국에서는 불법'이었기 때문이다. 참가팀 상당수가 원격진료, 의약품 배송 등 해외에서는 합법이지만, 한국에서는 불법인 아이템을 가져오니 심사가 제대로 이뤄질 수 없었다. 그래서 어쩔 수 없이, 행사 한 달 전에 아이디어를 미리 제출하여 사전 점검을 받도록 해서, 불법의 소지가 있는 경우 피드백을 주고 다른 아이템을 찾도

디지털 헬스 해커톤 2019 포스터. 역시 불법 아이템을 사전에 걸러주기 위해서 행사 한 달 전에 미리 팀 빌딩을 한다.

록 했다. 개탄스러우나, 그것이 어쩔 수 없는 우리의 현실이다.

의학적으로 타당한 문제와 해결책

또 다른 기본적인 조건은 헬스케어 스타트업이라면 진행하는 사업이 최소한 과학적으로, 의학적으로 타당해야 한다는 것이다. 필자가 사업계획서를 검토하거나 초기 팀과 이야기를 하다 보면 종종 과학적으로 '틀린' 문제를 풀려고 하거나, 의학적으로 타당하지 않은 근거에 기반한 해결책을 제시하는 경우가 있다. 이런 곳은 사

근거 중심 의학에서 근거의 여러 레벨

업성이 없고, 투자를 받기 어렵다는 정도의 문제가 아니라, 윤리적으로도 해서는 안 될 일을 하고 있는 것이다.

헬스케어 분야에서 의학적으로 '틀린' 일을 하는 것은 고객이나 환자에게 심각한 위해를 가할 수도 있는 위험한 일이다. 여기에 해당되는 사례도 지금 필자의 머릿속에 떠오르는 것들을 당장 몇 가지 이야기하고 싶지만, 여러 이유로 그렇게 하지 못함을 독자들께서 이해해주시기 바란다. 비유하자면 자기는 영구기관을 만들 수 있다고 주장하는 창업자들이 있다고 보면 된다. 투자자의 입장에서는 이러한 주장의 과학적, 의학적 타당성을 평가할 수 있는 전문성을 갖춰야 한다. 하지만 안타깝게도 그렇지 못한 경우를 주변에서 더러 본다. 안타깝게도 시장에서 꽤 유명한 벤처캐피털 사이에서도 이러한 사례가 적지 않다. 스타트업뿐만 아니라 투자자들도 전문적인 역량을 더 키워야 한다.

근거, 근거, 근거!

더 나아가, 헬스케어 분야에서 모든 주장은 결국 근거로 뒷받침되어야 한다. 현대 의학의 핵심적인 기조 중의 하나는 근거 중심 의학evidence-based medicine이다. 의사들은 진료를 하고, 치료법을 선택할 때 모든 행위를 가능하면 과학적 근거에 기반하려고 노력한다. 마찬가지로 스타트업이 자신이 개발한 제품 혹은 서비스가 어떠한 효용이 있고, 안전하며, 비용 대비 효용이 있다고 주장하려면 이는 모두 근거가 필요하다. 더욱이 만약 규제적으로 (일반 공산품이 아니라) 의료 기기로 분류되는 경우라면, 그러한 주장을 하기 위해서는 규제기관의 인허가가 필요하다.

근거라고 해도 여러 수준으로 나눌 수 있다. 근거 중심 의학의 근거 수준도 여러 단계로 나뉜다. 스타트업 입장에서 가장 좋은 근거는 역시 임상연구 결과이다. 모든 스타트업이 창업 초기부터 대규모 임상연구를 시행할 수는 없겠으나, 주장하려는 바에 따라서 결국 이러한 임상연구가 필요함을 인지할 필요가 있다. 또한 연구를 통해 도출된 근거에 따라서 주장하는 바의 수준도 달라져야 한다.

그뿐만 아니라, 임상연구도 모두 같은 임상연구가 아니다. 얼마나 철저한 조건을 따르느냐에 따라 설득력이 달라진다. 제대로 된 대조군을 갖추고 있는가, 실험군과 대조군에 무작위로 배정되었는가randomized, 이중맹검double-blinded인가, 참여자는 충분히 많고, 충분한 기간 동안 시행되었으며, 판단 기준outcome은 적절한가, 이것이 학계가 인정하는 공신력 있는 저널에 출판되었는가 등의 조건을 잘 갖춰야만 제대로 된 근거가 될 수 있다.

이러한 근거는 대부분 병원 등 의료기관과의 협업을 통해서 만들어지게 된다. 하지만 일개 스타트업의 입장에서 병원과 함께 일하는 것은 결코 쉬운 일이 아니다. 의료계 외부 출신의 창업자일수록 이 부분에 대해서 많은 노력이 필요하다. 의료계와 협업할 때에는 크고 유명한 좋은 병원과 일하는 것도 중요하지만, 그 특정 주제의 연구를 수행할 역량과 리소스, 그리고 무엇보다 그 연구를 진행할 의지가 있는 의학 연구자와 함께하는 것이 중요하다.

병원과 스타트업의 공통점 중의 하나는 리소스가 항상 턱없이 부족하다는 것이다. 그렇기 때문에 결과를 만들어내기 위해서는 스타트업과 협력하는 연구자 본인의 의지가 무엇보다 중요하다. 이렇게 협업할 적합한 병원, 적합한 학과, 적합한 사람을 찾는 것이 매우 중요하지만, 이것이 말처럼 항상 쉬운 일은 아니다.

테라노스 사태의 본질

아무런 근거가 없는데도 자신의 기술이 어떤 기능과 파급 효과가 있는지 주장하였으며, 이러한 주장에 전문성이 없는 투자자들이 설득당해 일어난 것이 결국 테라노스Theranos 사태의 본질이라고 할 수 있다. 테라노스는 엘리자베스 홈즈라는 여성 CEO가 창업한 스타트업으로 내부적으로 비밀리에 개발한 고유의 기술로 '피 한 방울로 250가지의 진단을 할 수 있다'고 주장했다. 홈즈는 이 혁신적인 기술의 개발을 위해 스탠퍼드 대학을 중퇴하고, 수년 동안 스텔스 모드로 이 사업을 준비해왔다고 했다.

남성 창업자로 가득한 실리콘밸리에, 스티브 잡스처럼 검은색 터틀넥 셔츠만 입는 금발의 백인 여성 CEO가 비밀리에 개발한 기

엘리자베스 홈즈

술이라는 스토리는 사람들의 이목을 끌기에 충분했다. 혹자는 이 기술에 의문을 표했지만, 홈즈는 극비 기술이라서 외부에 공개할 수 없다는 입장을 고수했다. 실험결과나 논문은 하나도 발표하지 않았다.* 결국 이 회사는 총 1조 5,000억 원에 달하는 어마어마한 규모의 투자를 유치했고, 2015년 기업가치는 무려 90억 달러까지 치솟았다.[14] 이는 전 세계 헬스케어 스타트업 중 가장 높은 기업가치였고, 엘리자베스 홈즈는 온갖 미디어의 주목을 받으며 세계에서 가장 부유한 자수성가형 여성이 되었다.

하지만 결국 이는 모두 거짓이었다는 것이 드러났다. 2015년 『월스트리트저널』의 탐사 전문 기자 존 커레이루John Carreyrou의 집요한 취재 결과 테라노스가 개발했다는 기술이 거짓이라고 밝혀진 것이다.[15] 테라노스가 개발한 '에디슨'으로 250가지의 항목을 검사할 수 있다고 주장했으나, 실제로 진단할 수 있었던 것은 10여 가지에 지나지 않았으며, 나머지 항목은 모두 다른 회사들의 진단기

---

* 사실 논문이 하나 있기는 했으나, 전문가가 작성했다고 믿기 어려울 정도로 매우 허술하고, 기술에 대한 상세 내용도 포함되어 있지 않은 논문이었다.

기를 몰래 내부적으로 이용해서 진단한 것이었다. 에디슨의 실험 결과는 조작되었으며, 많은 사람들 앞에서 공개적으로 시연했던 기기는 가짜였다(진단이 되는 것처럼 녹화된 영상을 스크린에 보여줬다고 한다). 이외에도 회사는 직원들을 지나치게 통제하고, 홈즈는 최고운영책임자COO였던 라메쉬 발와니와 연인 관계였다는 것이 밝혀지는 등 온갖 내부적인 문제들이 많았다.*

결국 이 기업의 가치는 0원으로 추락했으며, 엘리자베스 홈즈는 향후 2년간 실험실 운영 및 설립 자격이 박탈되고, 10년 동안 기업 임원으로 취임하는 것이 금지되었다.[17, 18] 더 나아가 홈즈는 기소되어 재판을 받고 있는데, 홈즈는 증언 과정에서 "나는 아는 것이 없다 don't know."라는 표현을 무려 600번 이상 반복했다고 한다.[19]

이러한 테라노스의 사례는 의도적으로 사실을 은폐하고 거짓 주장을 일삼은 엘리자베스 홈즈 개인의 윤리성도 지적해야 하지만, 근거가 없는 주장을 별다른 의심 없이 믿은 투자자의 잘못도 있다고 할 수 있다. '테라노스가 거짓말로 실리콘밸리의 그 스타 전문 투자사들을 모두 속였단 말이야?'라고 의아하게 생각할 수도 있지만, 사실 테라노스에 투자한 개인 혹은 투자사 중에서 헬스케어 전문 투자자나 벤처캐피털은 없었다. 전설적인 벤처투자자 팀 드레이퍼, 언론계의 제왕 루퍼트 머독이나 멕시코 통신 재벌 카를로스 슬림, 월마트 창업자의 가족 등이 테라노스에 투자했지만, 이들은 이 기술의 존재 유무나 구현 가능성을 판단할 의학적 전문성이나 식견은 없는 비전문가들이었다.[20] 다시 한 번 강조하지만 스타트업뿐만 아니라, 투자자도 전문성을 키워야 한다. 전문성을 가지지 못

---

* 테라노스와 엘리자베스 홈즈의 사기극을 폭로한 『월스트리트저널』의 탐사 기자 존 커레이루가 쓴 저서 『배드 블러드』에 사건의 전말에 관한 상세한 이야기가 나온다.[16]

한 분야에 대한 무분별한 투자는 결국 모두에게 좋지 않은 결과를 낳는다.

큰 아이디어가 필요하다

이 부분은 창업가에게 아쉬운 부분이다. 스타트업이 진정으로 변화의 동력이 되려면, 보다 '큰 문제'에 도전하는 팀이 많아져야 한다. 하지만 한국에서는 큰 아이디어를 추구하는 헬스케어 스타트업이 그리 많지 않다. 고만고만한 아이디어, 어디서 많이 본 듯한 아이디어는 많이 있지만, 시장의 판도를 통째로 바꾸려고 하거나, 의학을 근본적으로 혁신하려고 하거나, 완전히 새로운 것을 만들어내려는 경우는 찾아보기 힘들다.

시장 여건에서 여러 차이가 있기는 하지만, 미국에서는 소위 큰 아이디어를 추구하는 도전적인 스타트업이 계속 등장한다. 필자는 실리콘밸리의 한 콘퍼런스에 참석했을 때 "당신은 어떤 스타트업을 찾는가?"라는 질문에 KPCB 등 유명 벤처투자가들이 "우리는 새로운 시대new-age의 보험사, 새로운 시대의 제약사를 찾고 있다."라고 답하는 것을 보고 깊은 인상을 받은 적이 있다. 기존의 산업 분류로는 어느 하나로 분류하기 어렵거나, 그 경계를 뛰어넘거나, 허물어버리는 파괴적인 혁신을 추구하는 스타트업을 찾는다는 것이다. 아마도 아래와 같은 회사가 예시가 될 수 있을 것 같다. 일부 회사는 앞서 이미 상세히 설명한 곳이다.

- 23andMe: 1,000만 명 이상의 유전정보를 바탕으로 DTC 개

인유전정보 분석 회사에서 신약개발 회사로 변모 중이다. 구글 벤처스 등의 투자를 받았으며, 기업가치 2조 원이 넘는 유니콘 스타트업이다.[21]

- 진저아이오: 스마트폰 사용 패턴에서 우울증을 측정하는 기술을 바탕으로 페이스북, 스냅챗과 같은 회사에 B2B로 정신건강 관리 서비스를 제공한다. 이러한 서비스를 효과적으로 제공하기 위해서 병원까지 설립했다.
- 페어 테라퓨틱스: 소프트웨어 기반의 중독 치료제를 개발하여 '디지털 치료제'라는 약의 새로운 카테고리를 개척했다. 치료 목적의 소프트웨어로는 2017년 최초로 FDA 인허가를 받았다.[22] FDA 규제 혁신에도 적극적으로 참여한다.
- 빔 덴탈: 스마트 칫솔을 만드는 IoT 회사에서 시작하여, 이 기기에서 얻은 치아 관리 데이터를 기반으로 치과 보험상품까지 출시했다.[23, 24] 클라이너 퍼킨스 등 유명 벤처캐피털의 투자를 받았다.[25]
- 오스카: 보험사 스타트업으로 시작하여, 각종 웨어러블 및 애플리케이션의 데이터를 적극적으로 활용한 보험을 출시하고 있다. 구글 벤처스 등의 투자를 받았으며, 2018년 기준 기업가치 3조 원이 넘는 유니콘 스타트업이다.[25]
- 플랫아이론: 대량의 암환자 진료기록 및 리얼 월드 데이터$_{real\text{-}world\ data}$를 바탕으로 항암 신약 임상시험 프로세스를 근본적으로 혁신하고 있다. 대부분의 다국적 제약사뿐만 아니라, FDA도 이 회사의 고객이다. 2018년 다국적 제약사 로슈에 약 2조 원에 인수되었다.[26]

빔 덴탈은 IoT 기기를 기반으로 치과 보험까지 출시했다.[23, 24]

여기에는 사실 애플과 아마존, 리프트와 같은 기업도 포함되어야 할지도 모른다. 애플은 2018년 애플워치4에 FDA 인허가를 받은 부정맥 측정 등의 기능을 추가하면서 의료 기기 제조사가 되었고, 아마존은 2018년 의약품 배송 스타트업 필팩을 1조 원에 인수하면서 이 시장에 뛰어들었다. 차량 공유 서비스 리프트는 2019년 IPO에서 사업 목적에 환자를 집에서 병원으로 운송하는 것을 포함하였다.

한국에는 이와 같은 도전적인 스타트업을 찾아보기가 힘들다. 이미 눈치챈 독자들도 있겠으나, 방금 언급한 기업들 중 대부분이 한국에서 불법이거나 규제적으로 회색 지대에 있기는 하다.*

하지만 이를 고려한다고 하더라도, 한국에서도 보다 근본적인 문제의 해결, 큰 아이디어를 추구하는 회사, 기존의 경계를 허물거

---

* 23andMe: DTC 유전정보 분석으로 불법, 진저아이오: 영리법인 병원으로 불법, 페어 테라퓨틱스: 디지털 치료제 관련 인허가 기준 미비, 빔 덴탈: 보험사 건강관리 서비스로 회색지대, 오스카: 원격의료 포함으로 불법, 플랫아이언: 개인정보보호법에 저촉, 애플: 원격의료 논란, 아마존: 의약품 배송으로 불법, 리프트: 차량 공유 서비스로 불법이며, 환자 유인 알선행위로 불법이다.

나 넘나드는 회사가 더 많아졌으면 하는 바람이 있다(앞서 언급했듯이 주어진 상황에서 최선의 결과를 만들어내는 것이 창업가의 조건이기도 하다). 그래야만 혁신적인 헬스케어 스타트업이 나올 수 있다고 생각한다. 남들과 비슷한, 고만고만한 아이디어를 추구해서는 결국 그 정도의 파급력을 가지는 회사가 될 수밖에 없다.

더 많은 스타트업이 필요하다

앞서 언급한 '큰 아이디어'를 추구하는 스타트업은, 어쩌면 이 부분의 해결이 선행된다면 자연스럽게 해결될 수도 있겠다. 바로 헬스케어 스타트업의 수가 더 많아져야 한다는 것이다. 전체 스타트업의 풀이 커져야만 그중에서 '큰 아이디어'를 추구하는 도전적인 스타트업도 나오고, 큰 성공을 거두는 스타트업도 나올 수 있다.

한국에는 디지털 헬스케어 스타트업의 전체 숫자가 상대적으로든, 절대적으로든 그리 많지 않다. 필자는 이를 미국의 한 행사에서 절감했던 적이 있다. 실리콘밸리에는 이 책에도 여러 번 언급되었던, 록헬스라는 초기 디지털 헬스케어 스타트업 전문 투자회사가 있다. 필자는 이 회사가 샌프란시스코에서 매년 가을에 개최하는 행사, '록헬스 서밋Rock Health Summit'에 종종 참석하는데, 2017년 참석했을 때 들었던 이야기가 여전히 잊히지 않는다.

바로, 록헬스에서는 매년 '800여 개'의 초기 디지털 헬스케어 스타트업의 사업계획서를 검토한다는 것이었다. 매년 800개. 당시 한국에서 가장 활발하게 투자한다는 필자가 매년 검토하는 회사의 수는 10분의 1에도 못 미치는 수준이었고, 사실은 지금도 크게 다

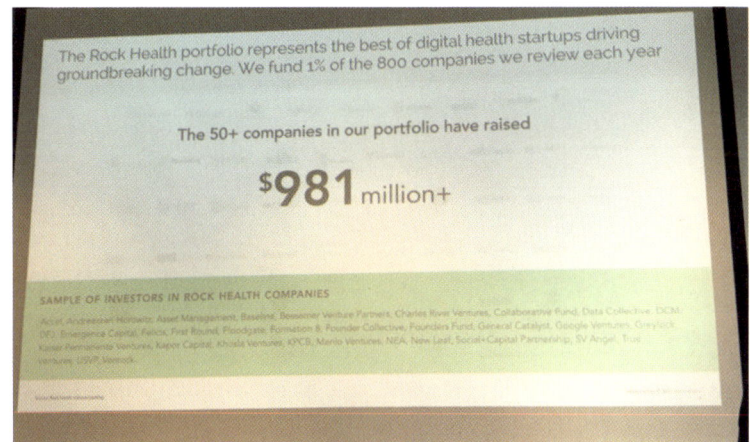

록헬스는 1년에 800개의 디지털 헬스케어 스타트업을 검토한다. (필자 촬영)

르지 않다. 미국과 한국의 시장 크기 등을 비교하더라도 큰 차이라고 하지 않을 수 없다. 아마도 한국에서는 디지털 헬스케어 스타트업이 총 100개를 넘지 않을 것이며, '유의미한 매출이 발생한다'는 기준을 덧붙이면 그 숫자는 더 줄어들 것이다.

2018년 식약처가 개최한 한 행사의 패널토의에서 "한국의 디지털 헬스케어 산업의 성장에 필요한 한 가지만 꼽아달라."는 질문에 필자는 "더 많은 씨앗이 필요하다."라고 답했다.[27] 일정한 숫자 이상의 스타트업이 있어야만 그중에서도 혁신적인 사례가 나올 수 있다. 숫자가 늘어나면 그중에서 시장의 니즈를 정확히 읽고, 이를 효과적으로 공략하는 창업자가 자연스럽게 늘어날 수 있다. 하지만 한국에서는 아직 그 숫자가 너무 적다.

이를 위한 정부의 역할

사실 씨앗을 늘리는 것만으로는 부족하다. 비도 충분히 내려야 하며(투자금), 토양도 비옥하게 바뀌어야 한다(규제 개선). 그래야만 씨앗이 꽃을 피울 수 있다. 어찌 보면 씨앗, 비, 토양이 모두 연결되어 있는 것인지도 모른다. 충분한 비가 내리고, 토양이 비옥한 곳에 더 좋은, 더 많은 씨앗이 뿌려지기 때문이다.

이렇게 비를 내리고, 토양을 가꾸는 일은 개별 스타트업 수준이 아니라 시장 생태계, 혹은 관련 당국의 역할이 필요한 일이다. 다만 '스타트업의 숫자가 늘어나야 한다'는 주장을 하면 또 관련 기관에서 무작정 숫자를 채우려고 할까 봐 걱정이다. 1년에 스타트업 '한국형 헬스케어 스타트업 1,000개를 배출하겠다'는 식으로. 국가 주도의 10만 군 양병설과 같은 정책이 통하던 산업화 시대는 이미 끝나도 예전에 끝났다.

실리콘밸리의 유니콘들도, 미국의 '새로운 시대의 스타트업'도 결코 정부 주도로 탄생하지 않았다. 민간이 투자하고, 민간이 창업했으며, 정부는 그저 토양을 가꾸었을 뿐이다. 한국의 관련 부처도 토양만 가꿔주면 된다. 규제를 혁신하여, 합리화, 명확화, 일관화하고, 국제 규제와 너무 동떨어지지 않은, '동조화된' 규제를 만들어주면 된다. 또한 복잡하게 얽힌 이해관계를 앞장서서 조율해주는 역할도 해야 한다. 혁신은 어디서 무엇이 나올지 모르기 때문에 혁신이다. 그 혁신을 정부가 주도하겠다는 것 자체가 오만이며 무지이다.

최근 정부는 한국에서 유니콘 스타트업을 20개까지 키우겠다는 목표를 제시했다.[28] 정말 한국에서 혁신적인 스타트업, 유니콘 스타트업이 배출되기를 원한다면, 정부는 이런 무의미한 수치를 앞세우기보다, 앞서 언급한 해외의 '새로운 시대의 스타트업'이 왜 한국에서는 대부분 불법인지부터 고민해봐야 할 것이다.

경기장에서 직접 선수로 뛰는 것은 민간에게 맡기고, 정부는 심판의 역할만 충실히 해주면 된다. 자신도 경기장에 뛰어들어서 직접 뛰려고 하는 것이 아니라, 디지털 헬스케어와 같은 혁신 분야에서 정부는 '무엇을 더 할지'를 고민할 것이 아니라, '무엇을 덜 할지'를 고민해야 한다.

혁신을 어떻게 규제할 것인가

의료 및 헬스케어는 근본적으로 규제와 떼려야 뗄 수 없는 분야이다. 사람의 건강과 생명을 다루기 때문에 제품이나 서비스의 효과뿐만 아니라, 절대적인 안전성까지 담보되어야 한다. 하지만 새로운 혁신 의료 기술을 어떻게 심사하고 규제할 것인지는 항상 어렵고도 까다로운 문제다.

규제가 지나치게 엄격하면 혁신을 위한 노력이나 기술과 산업 발전의 동인이 줄어들고, 환자들이 혁신의 수혜를 적시에 받아보지 못하게 된다. 반대로 규제가 지나치게 완화되면 상용화되는 기술의 안전성과 유효성이 보장되지 못할 수도 있다. 이 역시 궁극적으로는 환자에게 피해가 돌아갈 수 있다.

규제기관의 딜레마

혁신을 어떻게 균형 있게 규제할 것인지는 규제기관이 태생적으로 직면해온 딜레마다. 기술이 먼저 발전하고, 규제가 뒤따라 바뀌는 것은 비단 어제오늘의 일만이 아니다. 하지만 기술 혁신이 폭발적으로 일어나는 오늘날 이 딜레마는 더욱 커지고 있다. 특히 디지털 헬스케어의 발전은 이러한 문제를 더욱 심화시키는 핵심 요인 중의 하나이다. 이 책에서 지금까지 살펴본 바와 같이 기술의 발전이 너무도 빠를 뿐만 아니라 기존의 의료 기기 범주에 속하지 않거나, 분류가 어려운 서비스나 기기가 끊임없이 등장하고 있기 때문이다.

대표적인 것이 SaMD이다. SaMD는 Software as a Medical Device의 줄임말로, 직역하자면 '의료 기기로서의 소프트웨어' 정도가 되겠다. 즉, 하드웨어 없이 소프트웨어만으로 구성된 의료 기기가 쏟아져 나오기 시작하면서, 이를 별도의 개념으로 정의하게 된 것이다(흔히 미국에서는 SaMD를 '쌤디'라는 발음으로 읽는다).

과거에는 전통적으로 의료 기기는 CT, MRI 기기나 체온계, 혈압계 같은 하드웨어를 의미했다. 하지만 이제 의료 기기의 범주는 스마트폰 애플리케이션, 인공지능, 게임, 챗봇, VR, 클라우드 컴퓨터, 3D 프린터 등으로 확대되고 있다. 한국에서 2018년 손 엑스레이 사진으로 골연령을 판독해주는 인공지능 소프트웨어, 흉부 엑스레이 사진으로 폐 결절을 판독하는 인공지능 등이 식약처의 의료 기기 인허가를 받았다.[1, 2] 이러한 인공지능의 경우 하드웨어 없이 소프트웨어로만 존재하므로 SaMD의 대표적인 사례라고 할 수 있다.

또한 18장의 '디지털 치료제'의 개념에서 살펴보았던 것처럼, 아예 약의 개념까지 디지털 헬스케어는 확장시키고 있다. 스마트폰 애플리케이션, 게임, VR과 같은 소프트웨어가 치료제로 사용하도록 개발되고 있으며, FDA의 인허가를 받는 사례도 나오고 있다.[3, 4] 현재 FDA 심사 중인 것들까지 고려한다면, 규제기관의 인허가를 받고 조만간 시장에 출시되는 디지털 치료제는 더욱 증가할 전망이다.[5-7]

이렇게 의료 기기를 새롭게 규정하고 규제 방안을 마련하기 위하여, 미국, 호주, 중국, 일본 등의 규제기관 국제 협의체인 IMDRF International Medical Device Regulators Forum에서는 2016년 SaMD의 가이드라인을 확정짓기도 했다(한국은 IMDRF에 2017년에 회원국으로 가입하였다[10]).[8, 9]

하지만 더 큰 문제는 앞으로 어떤 형태와 형식의 새로운 의료 기기가 등장할지 알 수 없다는 것이다. 이처럼 혁신은 근본적으로 예측이 불가능하다. 무엇이 어디에서 어떻게 튀어나올지, 어떻게 변화할지 모르기 때문에 그것이 혁신인 것이다. 이러한 혁신을 합리적으로 규제하기 위해서는 규제의 프레임워크 자체가 근본적으로 변화해야 한다. 이것이 최근 FDA 등 선진국의 규제기관이 규제를 혁신하고 있는 이유이다.

한국은 과연 디지털 헬스케어 혁신에 대비해서 규제적인 대비를 어떻게 하고 있을까. 안전성과 효과성을 보장하는 동시에, 기술 발전과 혁신을 장려하여 환자에게 혁신의 수혜를 제대로 전달할 수 있도록 시스템을 정비하고 있을까. 그 나라의 의료 수준은 결국 규제의 수준에 수렴할 수밖에 없다. 규제가 제대로 갖춰지지 않으면 아무리 기술이 혁신적으로 발전해도, 그것이 의료 현장이나 환자에게 전달되지 못한다.

포지티브 규제 vs. 네거티브 규제

결론부터 이야기하면 안타깝게도 미국 등의 선진국에 비하여 한국의 규제는 아직까지 이러한 혁신에 제대로 대처하지 못하고 있다. 아니, 오히려 규제가 혁신을 저해하는 측면이 강하다고 하는 것이 맞을지도 모르겠다. 미국과 한국 규제의 가장 큰 차이점이라면 역시 네거티브-포지티브 규제의 차이다. 미국 등의 국가에서 채택한 네거티브 규제는 '법으로 금지한 사항 외에는' 모두 허용한다는 철학이다. 반면 한국의 포지티브 규제는 '법으로 허용한 사항 외에는' 모두 금지한다는 것이다.

이는 사소한 것 같지만 그 결과는 너무도 다르다. 네거티브 규제하에서는 새로운 것을 과감하게 시도할 수 있지만, 한국과 같은 포지티브 규제하에서는 기존에 허용된 것 이외의 시도가 원천적으로 금지되어 있기 때문이다. 이렇게 무엇이 허용되는지를 미리 규정해두는 시스템하에서는 혁신가들의 자유로운 발상과 과감한 시도, 분야를 넘나드는 융합은 시작조차 불가능하다.

현재의 포지티브 규제는 기술이나 산업의 변화가 빠르지 않던 과거에는 효과적이었을지 모르나, 사회의 변화가 빨라지고 기술의 발전이 폭발적으로 일어나는 현재에는 근본적으로 적합하지 않은 규제 방식이다. 다시 강조하자면, 혁신은 근본적으로 예측이 불가능하기 때문에 혁신이다. 이러한 혁신과 국내 포지티브 규제 방식의 괴리는 앞으로 더욱 커질 수밖에 없을 것이다.

필자는 기자들에게 "한국에서 규제 때문에 헬스케어 분야에서 피해를 입었던 기업의 사례를 들어보라."는 질문을 종종 받는다. 이에 대해서는 규제 때문에 기술을 개발해놓고도 해외에서 먼저 서비스를 해야 하는 스타트업이나, 불합리한 규제 때문에 사업을 접어야 했던 사례를 들 수도 있다. 하지만 필자가 생각하는 국내 규제의 가장 큰 피해는 보이지 않는 곳에 있다. 바로 혁신이 '시도되지조차 못하는' 점이기 때문이다. 아예 시작을 할 수가 없으니 사례를 들 수가 없는 것이다.

앞서 24장, '스타트업, 변화의 동력이 되려면'에서는 해외에서 혁신적인 헬스케어 스타트업들이 대부분 한국에서는 불법이라는 점을 지적한 바가 있다. 이러한 상황에서 정부의 주요 국가 전략 중 하나로 4차 산업혁명을 내세우고 있고, 관련 지원법을 제정해서 헬스케어 산업을 육성하려 하고,[12] 중기부에서 기업가치 1조 원 이상의 유니콘 스타트업을 여러 개 배출하겠다고 공표하는 것은[13] 매우 공허하게 느껴진다.

물론 국내 규제의 전반적인 기조를 한순간에 바꿔서, 모든 것을 네거티브 규제로 전환하는 것은 현실적으로 어렵다는 것도 잘 알고 있다. 규제 방식의 전환을 위해서는 규제 전반의 인프라가 뒷받침되어야만 한다. 미국에서 네거티브 규제가 가능한 이유 중의 하나는 징벌적 손해배상 제도가 있기 때문이다. 네거티브 규제하에서 새로운 시도를 마음껏 할 수 있게 해주지만, 그러한 시도가 문제를 일으키는 경우에 어마어마한 징벌적 손해배상을 청구하는 무거운 법적 책임을 지우는 것이다. 하지만 한국에서는 이러한 징벌적 손해배상 제도를 포함한 규제 인프라가 제대로 갖춰져 있지 않다.

모든 것을 네거티브 규제로 일시에 전환하는 것이 어렵다면, 혁신이 활발하게 일어나고 있는 몇몇 분야만이라도 네거티브 규제를 시범적으로 적용해보는 것은 어떨까. 예를 들어, 의료 인공지능, 개인유전정보 검사, 디지털 치료제 등의 몇 가지 세부적인 분야에 대해서는 시도해볼 만한 가치가 있다고 생각한다. 특히 소프트웨어로만 구성되는 SaMD는 근본적으로 비침습적이기 때문에 환자에게 미치는 위해도가 상대적으로 제한적이므로, 좋은 고려 대상이 될 수 있다. 이 부분은 '규제 샌드박스'와 같은 눈 가리고 아웅 하는 식의 제도보다는 보다 전면적인 변화가 필요하다.

2019년 한국에서는 소위 '규제 샌드박스'라는 제도가 시행되었다. 네거티브 규제의 제한적 적용을 표방하고 있지만, 그 허용 범위가 매우 제한적일 뿐만 아니라 분야별 소수의 기업에만 적용되고, 관련 부처 간의 조율도 제대로 되지 않았던 것으로 알려져 있다.[13-18] DTC 개인유전정보 분석의 경우, 규제 샌드박스가 적용된 지 수개월이 지났지만 아직 여러 이유로 아직 사업을 시작하지조차 못하고 있다.[18] 더구나 2년 동안의 샌드박스 시행 이후에는 어떻게 될 것인지에 대한 논의도 부족하다. 예를 들어, 샌드박스 시행 결과의 성패는 어떠한 기준으로 누가 판단할 것인가? 시행 이후에 관련 법의 개정까지 정말 이어질 수 있을까? 만약 정권이 바뀌어도 이 제도가 여전히 유효할 것인가? 등의 질문에 대해서는 여전히 답이 불투명하다. 결과는 지켜봐야 하겠지만, 필자 개인적으로 규제 샌드박스와 같은 제도는 그저 문제의 근본적인 해결을 몇 년 더 늦추는 결과만 가져올 가능성이 높다고 본다.

기술 혁신을 위한, FDA의 규제 혁신

이러한 정책은 최근 FDA가 보여주는 파격적인 규제 혁신 움직임과 비교해보면 괴리가 더욱 커진다. FDA는 공개적으로 '우리가 혁신의 걸림돌이 되지 않겠다'고 천명하며,[19] 디지털 헬스케어 분야에서 지난 몇 년 동안 파격적인 규제 개선 방안을 내어놓고 있다 (무조건 적인 '완화'가 아님에 유의하자).[19-29] 이러한 FDA의 발 빠른 움직임에는 실리콘밸리조차 혀를 내두르고 있다.

FDA는 '디지털 헬스 유닛'이라는 부서를 따로 만들고 전문 인력 및 예산을 확충하고 있을 뿐만 아니라[30-32] 기술 혁신에 맞도록 규제의 근본 방식 자체를 바꿔나가고 있다. 그 화룡점정은 2017년 중순에 내어놓은 '디지털 헬스 이노베이션 액션 플랜'이다.[21-25] 이 규제 안에서 FDA는 환자의 안전을 보장하면서도 디지털 헬스케어의 독특한 특성에 맞는 양질의 혁신을 효율적으로 장려하고, 그 혁신의 수혜를 환자에게 적시에 제공하기 위한 여러 안을 내놓았다.

그중에 가장 파격적인 것은 바로 개별 제품에 대해서 의료 기기 여부 및 안전성, 유효성을 심사하는 것이 아니라, 개별 개발사를 기준으로 규제하겠다는 Pre-Cert 제도이다. 앞서 언급했듯이, 현재 쏟아져 나오는 디지털 헬스케어 분야의 제품은 주로 SaMD인 경우가 많다. 이러한 소프트웨어 의료 기기는 하드웨어 의료 기기와는 차별화되는 특징을 많이 가진다. 일단 소프트웨어는 침습적이지 않으므로 환자에 미치는 위해도가 상대적으로 낮다. 그뿐만 아니라, 소프트웨어는 하드웨어에 비해서 업데이트가 자주, 혹은 실시간으로 이뤄지기도 한다는 것이다. 기존의 규제 방식대로라면 의료 기기는 변경될 때마다 새롭게 인허가를 다시 받아야 한다. 하지만 SaMD에는 이를 적용하는 것이 위험에 비해서 과도하며, SaMD에 특화된 새로운 방식의 규제 프레임워크가 필요하다는 것을 인지하고 있다.

그래서 FDA는 제품이 아닌 회사를 먼저 심사해서, 그 회사의 양질의 SaMD를 책임지고 제조할 수 있으며, 제품을 출시한 이후에도 지속적으로 안전성 및 유효성을 관리할 역량이 있는지를 미리 평가하겠다는 것이다. 이러한 Pre-Cert, 즉 사전 승인을 받은 회사는 SaMD 제품에 대해서 인허가 과정을 아예 면제받거나, 훨씬 간소화된 인허가 과정을 거치게 된다. 이러한 규제 방식이 제대로 작동하기만 한다면, 제조사는 보다 더 큰 자율권을 가지고, 혁신적인 기술을 바탕으로 시장에 제품을 더욱 빠르고 효율적으로 출시할 수 있다. 이를 통해 환자들은 기술 혁신의 수혜를 좀 더 빠르게 받을 수 있게 된다.

이러한 변화는 제품 중심의 규제라는 근간을 제조사 중심으로 바꾸는 실로 파격적인 변화이다. 이는 혁신을 예측할 수 없고, 많은 경우 이를 심사할 기준조차 갖춰져 있지 않다는 것을 FDA가 고심한 끝에, 결국 기업에 대한 자율성을 최대한 보장해주는 대신, 그 기업의 요건을 엄격하게 관리하기로 한 것으로 보인다.

Pre-Cert, 악마는 디테일에

물론 이 Pre-Cert은 완벽한 제도가 아니며, 역시 악마는 디테일에 있다. 이 디테일이 어떻게 결정되느냐에 따라서 이 제도의 성패가 판가름날 수도 있다. 더구나 이 제도는 2019년 12월 기준으로 아직도 완성되지 않았다. '디지털 헬스 이노베이션 액션 플랜'에 의해 2017년 7월 이 제도가 제안되었을 때부터 지금까지 FDA는 단계적으로 파일럿 테스트를 진행해오고 있다.

2017년 9월 FDA는 Pre-Cert의 파일럿 테스트에 참여할 9개 기업을 선정했다. 여기에는 애플, 삼성, 버릴리(구글)와 같은 대형 IT 기업뿐만이 아니라, 존슨앤존슨, 로슈와 같은 의료 기기 및 제약사, 그리고 핏빗, 페어 테라퓨틱스, 포스포러스Phosphorus와 같은 스타트업, 심지어는 타이드풀Tidepool과 같은 비영리 조직까지 포함되어 있었다.[23, 24] FDA에 따르면 총 103개의 지원 기업 중에서 다양한 위험도의 의료 기기를 개발하는, 다양한 규모의 조직을 균형 있게 선정했다고 한다.[23, 24] 이 기업들과 함께 몇 번의 수정을 거쳐서, 2019년 1월에 1차 버전의 모델Working Model 1.0이 발표되었으나, FDA는 이 모델을 바탕으로 또다시 2019년 한 해 동안 추가적인 파일럿 테스트를 진행하겠다고 밝혔다.[33, 34]

따라서 Pre-Cert가 어떠한 모습을 최종적으로 갖추게 될지는 더 지켜봐야 한다. 사실 너무도 급격한 규제적 변화이기 때문에 우려를 표명하는 의견도 많다. 실제로 2018년 10월에는 미국의 민주당 상원의원 세 명이 FDA에 Pre-Cert에 대한 공개 질의서를 보내기도 했다.[35] 여기에는 심사기준에서 FDA의 역량, 재정적인 이슈들까지 무려 12장에 걸친 50개의 질문들이 포함되어 있다(이를 보면서 한편으로는 한국의 국회의원들이 헬스케어 분야의 규제 혁신에 이렇게 세부적인 질문을 제기할 전문성이나, 관심이 있을지도 자연스럽게 궁금해진다).

앞으로 Pre-Cert가 어떻게 확립될지는 미지수이지만, '악마의 디테일' 중에 크게 두 가지 정도만 짚어보려고 한다. 한 가지는 무엇을 기준으로 Pre-Cert를 부여할지 여부를 결정할 것인가다.

FDA는 SaMD를 개발할 역량이 있으며, 이를 시장에 출시한 이후에도 기기를 잘 모니터링하고, 관리, 수정 및 업데이트할 역량이 있는 회사에게 Pre-Cert를 부여하겠다고 한다.

이를 판단하기 위해, FDA는 '양질의 문화와 탁월한 조직a culture of quality and organizational excellence'을 갖춘 회사를 찾겠다고 한다. 보다 구체적으로는 제품의 질Product Quality, 환자의 안전성Patient Safety, 의학적 책임Clinical Responsibility, 사이버 보안 책임Cybersecurity Responsibility, 적극적인 문화Proactive Culture 등의 5가지 원칙을 기준으로 판단한다. 하지만 이러한 원칙은 다분히 정성적인 것으로 코에 걸면 코걸이, 귀에 걸면 귀걸이 식이 될 수도 있다. 이를 어떻게 정량적이며 객관적으로 평가할 수 있을지가 관건이 될 것이다.

또 한 가지는 출시 이후에 어떻게 모니터링을 할 것인지에 대해서다. FDA는 SaMD가 환자들에 의해서 사용되는 과정에서 도출되는 '리얼 월드 퍼포먼스 데이터RWPD, Real World Performance Data'를 바탕으로, 출시된 기기가 제조사에 의해서 제대로 관리되고 있는지를 모니터링하겠다고 했다. 즉, 과거의 방식은 인허가받을 때 한 번 검증받던 것을, Pre-Cert 시스템하에서는 영원히(?) 모니터링받아야 하는 것이다. 이러한 출시 후 모니터링을 어떻게 진행할지에 따라서 기업의 입장에서는 기존 규제 시스템에 비해서 부담이 오히려 더 커질 수도 있다. 이 부분 역시 어떻게 구현될지를 지켜봐야 한다.

FDA의 규제 혁신에서 배울 것들

사실 Pre-Cert는 최근에 FDA가 보여준 여러 규제 혁신 사례의 하나에 불과하다. 이러한 일련의 변화는 한국의 규제 변화에 대해서도 여러 시사점을 준다.

가장 큰 차이점은 미국의 규제기관은 기술이 어떻게 변화하는지를 근본적으로 이해하고 있으며, 이에 대한 많은 고민을 바탕으로 규제를 바꾸고 있다는 점이다. 최근 FDA의 문서를 보면, 왜 이런 방식으로 규제를 바꾸기로 결정했는지에 대한 상세한 배경이 설명되어 있다. 이를 보면 모든 변화의 시도에 대한 기저에는 최근 일어나는 혁신에 대한 심도 깊은 이해가 바탕을 이루고 있다는 점을 알 수 있다.

하지만 안타깝게도 한국의 규제기관과 공무원들은 이러한 기술 혁신에 대한 이해나 고민이 부족하다. 일례로, 필자가 최근 관계 부처의 실무자들을 사석, 공석에서 만나서 이야기해보았을 때, SaMD나 디지털 치료제에 대해서 들어보지 못한 분도 많았다. 심지어 한 관계 부처의 고위 공무원은 '디지털 헬스케어'라는 분야 자체를 알지 못하고 있어서 실망스러웠던 적이 있다. 이는 사실 개인의 문제이기도 하거니와 시스템의 문제이기도 하다(이에 대해서는 다음 섹션에서 더 자세히 이야기하도록 하자).

또 다른 시사점은 모든 규제 변화가 충분한 기간에 걸쳐 투명하게 진행되며, 그 과정에는 일선 기업이나 현업 전문가들의 의견이 적극적으로 반영된다는 점이다. FDA의 문서를 보면 빠지지 않고 언급되는 것이 피드백을 기다린다는 이야기다. 특히 그러한 변화가 결코 급하게 진행되지 않는다. 단적인 사례로, Pre-Cert는 2017년 7월에 공표되었지만, 2년 가까이 지난 2019년에도 아직 확정되지 않고 파일럿 테스트를 거듭하며 신중하게 진행하고 있다. 이러한 규제 변화는 기술 발전, 산업뿐만 아니라 결국 환자에게도 영향을 주기 때문에 투명하고, 신중하게 진행할 필요가 있다. 한국 규제기관도 전문가 협의체를 운영하는 등 변화를 보이고 있지만, 소위 '한국형 ㅇㅇㅇ'이라는 규제는 대부분 이러한 과정에서 부족함을 보이는 경우가 많다.

또 하나는 과학적인 규제 변화다. FDA는 2019년 1월 Pre-Cert의 1차 모델을 소개하면서, 새롭게 제안한 Pre-Cert 모델과 기존의 규제 방식을 향후 1년 동안 비교해서 검증하겠다는 계획을 밝혔다.[33] 필자는 이 부분을 읽고 신선한 충격을 받았다. 이는 마치 신약을 개발하는 과정에서 신약 후보물질의 효능을 검증하기 위해서 기존 표준 치료를 대조군으로 놓고 임상시험을 진행하는 것과 마찬가지였기 때문이다. 즉, 새로운 규제가 과거 규제보다 나은지를 일종의 비교 임상연구를 거쳐서 검증하겠다는 것이다(참고로 이 모든 과정은 FDA 내부에서 병렬적으로 진행되기 때문에 인허가를 신청하는 일선 기업의 입장에서는 기존의 규제 프로세스 대비 변화가 있거나 더 부담이 되는 부분은 전혀 없다). 최근 규제 분야에서는 '규제 과학regulatory science'이라는 용어가 대두되고 있는데, 이런 방식이야말로 과학적인 규제의 개선이라고 할 만하다.

한국, 어디부터 시작할 것인가

그렇다면 한국의 식약처와 심평원 등 한국의 규제기관은 과연 어디서부터 시작해야 하는가. 결국은 사람이다. 규제 혁신도 결국은 사람이 하는 것이기 때문이다. 하지만 한국의 규제기관은 안타깝게도 디지털 헬스케어와 관련된 전문성이 질적, 양적으로 매우 부족하다. 필자는 칼럼, 관계 기관과의 미팅, 패널 토의, 사석 등에서도 이 의견을 여러 번 피력했지만, 여기서도 한 번 더 강조하려고 한다. 한국의 규제기관은 전문성을 질적, 양적으로 확충하기 위해 투자해야 한다. 더 나아가, FDA와 같이 디지털 헬스케어 관련 전담 부서를 신설하는 등 조직 구조상에서의 변화도 필요하다. 이는 매우 시급하면서도 중요한 일이다.

필자가 FDA의 '디지털 헬스 이노베이션 액션 플랜'의 발표 과정에서 가장 놀랐던 점 중의 하나는 FDA가 현재 디지털 헬스케어의 기술 발전 속도를 따라가지 못하고 있다는 점을 인정했던 것이다. FDA의 당시 국장이었던 스콧 고틀립Scott Gottlieb이 FDA의 전통적인 의료 기기 심사 기준이나 새로운 종류의 의료 기기 심사에 적합하지 않다며, "규제의 개선을 통해 혁신을 방해하는 것이 아니라, 혁신을 장려해야 한다."라고 밝히기까지 했다.[19]

여기에는 디지털 헬스케어를 전담하는 독립 부서를 만들고, 새로운 전문가를 확충하며, 더 많은 재원을 투입하여 전문성을 더욱 강화하겠다는 계획이 포함되었다. 심지어는 산업계의 전문가를 FDA 내부로 초빙하는 초빙 기업가EIR, Entrepreneurs in Residence 프로그램까지 운영하여 규제 개선의 예측가능성, 일관성, 적시성, 효율성을 높이겠다는 의지를 천명했다.[21] 원래 초빙 기업가 제도는 초기 스타트업에서나 운영하는 제도인데, 한 국가의 규제기관이 이러한 제도를 시행한다는 것이 놀라울 뿐이었다.

필자가 2017년 한 콘퍼런스에서 디지털 헬스 유닛을 책임지는 바쿨 파텔Bakul Patel을 직접 만나서 물어봤더니, 실리콘밸리 등의 현업 전문가 중에서 이해상충이 적으면서 FDA에 일주일에 최소 이틀은 근무할 수 있는 전문가를 초빙 기업가로 초빙하기 위해 찾고 있다고 이야기해주었다. 바쿨 파텔은 2018년 11월에도 FDA의 디지털 헬스 유닛에 전문적인 자문을 할 수 있는 소프트웨어 엔지니어, 헬스케어 과학자, 의사를 구인하는 공고를 상세한 조건과 함께 링크드인에 올리기도 했다.[32]

식약처의 디지털 헬스케어 담당 인력은 몇 명?

이러한 부분은 우리 규제기관에도 시사하는 바가 매우 크다. 복지부나 식약처, 심평원 등에도 의료 혁신을 규제 및 관리하기 위한 전문성의 양적, 질적인 강화 및 조직 구조의 변화가 시급하기 때문이다. 사실 이 문제는 개별 실무자의 역량 문제보다는 해당 부처의 시스템 문제로 접근하는 것이 맞다. 산업계에서는 식약처 등 규제기관의 느린 변화를 비판하는 목소리가 높지만, 정작 식약처의 개별 심사관, 인허가 담당자들은 또 엄청난 격무에 시달리고 있다. 이를 보면 근본적인 문제는 현재의 식약처가 기술 혁신에 발 맞추는 변화를 이끌어내기에 인력과 예산이 절대적으로 부족하다는 점으로 보인다.

여기서 잠깐 퀴즈. 혹시 식약처에서 디지털 헬스케어의 규제를 담당하는 인력이 몇 명인지 아는가? 필자가 이 글을 쓰고 있는 2019년 9월을 기준으로 식약처 의료 기기심사부 첨단의료 기기과에서 디지털 헬스케어 심사 관련 업무를 맡은 담당자는 '두 명'이다. 이 책에서 나온 모든 내용을 단 두 명이 담당하고 있는 것이다. 더 나아가, 관계자에 따르면 의료 기기 심사부의 인력 자체가 지난 20년간 30여 명에서 10명밖에 충원되지 않았다.[36] 그 기간 동안 휴먼 게놈 프로젝트가 끝나고, 차세대 서열 분석 기술이 등장하고, 정밀의료가 대두했으며, 스마트폰이 개발되고, 3D 프린터가 나오고, 클라우드 컴퓨팅이 도입되며, 인공지능 의료 기기가 개발되고, 디지털 치료제라는 개념이 등장하는 상전벽해와 같은 변화가 일어났다. 이 인력으로 기술 발전을 이해하고, 혁신을 제대로 규제한다는 것 자체가 어불성설로 느껴질 정도다. 필자가 보기에는 디지털 헬스케어 관련 인력이 현행보다 최소한 10배는 더 늘어나야 현재의 기술 혁신에 발맞춘 규제 혁신이 가능해질 것이다.

전문성은 양적으로 확대되어야 할 뿐만 아니라, 질적으로도 보강되어야 한다. FDA가 Pre-Cert 등을 내놓으며 규제를 변화시키는 근본적인 고민은 의료 기기의 범주가 과거와는 달라지고 있기 때문이다. 특히 인공지능, 디지털 치료제 등 SaMD가 이러한 변화를 주도하고 있다. 하지만 기존 FDA와 마찬가지로 현재 식약처의 의료 기기 심사관들도 대부분 하드웨어 전공자들이다. 즉, 새로운 SaMD를 심사하려면 전문성의 질적인 확대도 필요하다.

더 나아가, FDA의 '디지털 헬스 유닛'과 같이 식약처와 심평원에 디지털 헬스케어를 전담하는 새로운 부서를 신설하는 것도 필요하다. 앞서 설명했듯이 디지털 헬스케어는 기존 의료 기기와 여러 측면에서 다른 특성을 가지며, 인허가에 대해서도 새로운 평가 기준과 과정과 전문성이 필요하다. 이를 제대로 수행하려면 기존과는 별도의 조직이 이러한 과업을 수행하는 것이 적절해 보인다. 예를 들어, 식약처의 의료 기기심사부 아래에 기존의 첨단의료기기과, 심혈관기기과, 체외진단기기과와 같이, '디지털헬스기기과'와 같은 전담 부서를 만드는 것을 강력하게 권고하고 싶다.

누구의 결정이 필요한가

사실 FDA도 최근까지 전문성의 부족이라는 비판에서 자유롭지 않았다. 하지만 2016년부터 의료 기기 심사부서Center for Device and Radiologic Device 내에 디지털 헬스를 담당하는 인력이 따로 생긴 것을 시작으로, 2017년에는 디지털 헬스케어를 담당하는 독립적인 부서인, '디지털 헬스 유닛'까지 만들었다는 점에 주목해야 한다. 이렇게 관련 전문가를 더욱 선발하고 예산을 투입하겠다는 계획에, 규제까지 개혁하고 있으니, 미국의 산업계에서는 'FDA가 실리콘밸리보다 더 빠르게 움직이고 있다'는 놀라움을 표하는 것도 무리가 아니다.

하지만 이는 단순히 식약처와 같은 규제기관 내부의 문제가 아니라, 관계부서, 혹은 더 '윗선'의 결정이 필요한 문제이다. 식약처 등 규제기관도 전문성의 양적, 질적 보완, 예산의 확충에 대한 필요성을 인지하고 해결을 위해 노력하고 있으나, 이는 사실 해당 기관이 자체적으로 결정할 수 있는 문제가 아니다. 공무원의 수를 더 늘리고, 예산을 확충하기 위해서는 행정안전부(인력 선발), 기획재정부(인건비 등 예산 지원) 등 다른 부처, 혹은 더 상부의 문제 인식과 결정이 필요하기 때문이다. 이 책을 관련 부처에서 얼마나 높은 분까지 보실지 모르겠으나, 이런 의견이 어떻게라도 전달되어서 조금이라도 변화를 만들어낼 수 있는 계기가 되면 좋겠다. 솔직히, 이 책에 나오는 모든 분야의 규제를 별도의 전담 부서도 없이, 단 두 명이 맡는 것은 너무하지 않은가?

한 나라의 산업은 결국 규제의 수준에 수렴한다. 의료 기술 역시 발전의 상한선은 결국 규제에 의해서 결정된다. 현재는 헬스케어 분야에서 전방위적으로 혁신이 일어나고 있는 변혁의 시대이다. 하지만 규제가 개선되지 않으면 이러한 혁신은 결국 남의 나라 이야기가 될 수밖에 없다. 해외 대비 국내 의료 기술과 산업의 격차는, 그 근간을 이루는 규제 시스템부터 계속해서 벌어지고 있다.

우리는 이 변혁의 시대에 혁신에서 더 이상 뒤처질 만한 여력이 없다. 이 기회를 놓치면 국내 기술의 발전이 더뎌지고, 산업이 고사하는 것도 문제지만, 결국 최종적인 피해는 그 혁신의 수혜를 적시에 받지 못하는 환자에게 돌아간다. 혁신을 위한 규제의 혁신이 중요한 가장 큰 이유다.

나가는 말:
한국 디지털 헬스케어의 미래를 위한 10가지 제언

이 책에서 우리는 디지털 헬스케어의 기초적인 개념부터, 인공지능, 원격의료, 디지털 치료제 등 다양한 세부 분야들의 사례, 그리고 이 분야에 남겨진 과제들까지도 살펴보았다.

마지막으로 필자는 한국의 디지털 헬스케어가 발전하기 위한 몇 가지 제언을 제시하면서 이 책을 마무리할까 한다. 이 챕터는 일반 독자분들보다, 관련 분야의 종사자들, 특히 정책 입안자, 관련 부처의 의사결정권자 및 실무자를 대상으로 드리고 싶은 고언이다.

본문에서 여러 번 언급했듯이 한국의 디지털 헬스케어 분야는 여전히 갈 길이 멀다. 현재 한국의 헬스케어는 여러 근본적인, 구조적인 한계에 직면해 있다. 이러한 여건에서 디지털 헬스케어 분야의 여러 이슈가 몇 년째 한 발 자국도 나아가지 못하고 공회전만 반복하고 있으며, 향후 개선될 기미도 별로 보이지 않는다. 그래서 혹자는 '한국의 디지털 헬스케어에는 희망이 없다'고 자조하기도 한다.

우리가 진정으로 미래로 나아가려고 한다면, 이러한 근본적인 이슈들에 대한 근본적인 해결책이 필요하다. 이러한 근본적인 해결책은 구상하기도 어렵고, 실행하기도 어렵다. 하지만 현실에서 쉽게 실행 가능한 임시방편의 미봉책만으로는 지금까지 그러했듯 근본적인 변화를 일으키는 데는 실패할 것이다. 아래의 제언들은 진행하기가 매우 어렵거나, 어쩌면 실행 불가능한 것처럼 보일 수도 있다. 하지만 미래를 만들고 개척하는 일이 어디 쉬운 일이기만 하겠는가. 어려운 과제이지만, 그럼에도 불구하고 고언을 하는 것이 전문가의 역할이다.

사실 필자는 이 제언을 별도 챕터로 언급해야 할지를 이 책의 편집 마지막 순간까지 고민했다. 그리고 출간 직전에야 새로 집필해서 이 챕터를 추가했다. 이렇게 제언을 따로 언급하는 목적은 정책 입안자, 관련 부처의 의사 결정권자 및 실무자에게 이런 의견을 더욱 선명하고 명확하게 전달하기 위함이다.

필자가 칼럼, 자문, 패널 토의나 사석에서 이러한 제언을 (대부분의 경우, 이러한 제언의 일부를) 제시한 적은 여러 번 있다. 하지만 지면이나 시간적 제약 등으로 충분한 배경 설명과 함께 여러 제언을 종합적으로 제시할 수 있었던 기회는 없었던 것 같다. 그래서인지 그 제언들은 지금까지 거의 받아들여지지 않았거나, 실효가 없었다. 처장급, 장관급 혹은 그 이상에 드렸던 제언들도 말이다.

이 제언들은 각각의 소제목을 달고 개별적으로 제시되지만, 결코 별개의 것들이 아니다. 헬스케어 분야의 많은 이슈가 그러하듯이, 이 제언들 역시 서로 연결되어 있다. 어떤 제언이 다른 제언의 선결 과제가 되기도 하고, 한 제언의 달성이 자연스럽게 다른 제언의 구현으로 이어지기도 한다. 즉, 어느 하나만 단독으로 이뤄져서는 별다른 의미나 효과가 없을 수 있다. 이 제언들 역시 나무도 보아야 하지만, 숲도 함께 보아주시기를 부탁드린다.

이 제언은 필자 개인의 저서에 포함되는 내용이지만, 이러한 제언을 도출하기 위해서 그동안 많은 유관 분야 전문가들과의 활발한 교류와 토론의 과정을 거쳤다. 물론 다른 전문가들의 의견이 모두 필자와 궤를 같이하는 것은 아니지만, 아래에 나오는 필자의 제언에 동감하는 많은 전문가도 있음을 밝힌다. 또한 정책 입안자와 의사결정권자, 실무자들은 필자와 다른 의견과 그러한 의견의 근거에도 충분히 귀를 기울이는 절차적 정의가 필요하다는 점 역시 충분히 숙지하고 계시리라 믿는다.

제언 1. 변화하기 위한 출발점은, 변화를 이해하는 것

디지털 헬스케어 분야의 미래를 준비하는 것은 이 분야의 개념, 범위, 세부적인 분류, 글로벌 동향을 이해하는 것에서 시작한다. 디지털 헬스케어가 어떤 분야이며, 세부적인 부문에서 어떤 기술이 얼마만큼 발전했고, 산업계에서 어떤 혁신적인 일이 일어나고 있는지를 이해하면, 우리가 무엇을 해야 할지 논의를 시작할 수 있다.

필자는 그동안 많은 기업의 경영자, 실무자, 국회의원, 정부 관계부처 장관과 처장을 비롯한 고위 공무원, 실무자, 의료계 인사, 시민단체 인사를 강의, 자문, 패널 토의, 사석에서 만나서 의견을 나누었지만, 아직 디지털 헬스케어의 발전 현황에 대해서 피상적으로만 이해하고 있는 경우가 많았다. 혹은 같은 용어를 다르게 이해하고 있는 경우도 적지 않았다.

디지털 헬스케어의 발전은 외부에서 일반적으로 생각하고 있는 것보다 더욱 진전되어 있으며, 기술 및 산업계의 발전은 기대했던 것보다 더 빠르다. 과거에 기술적으로, 경제적으로 불가능했던 것 중에 이제는 쉽게 가능한 것들이 많다. 디지털 헬스케어에 대한 이해관계자들의 이해는 이 분야의 여러 이슈를 해결할 수 있는 출발점이다.

제언 2. 글로벌 동조화: 귤을 탱자로 만들지 마라

디지털 헬스케어와 같은 새로운 분야를 이해하고 발전을 도모하면서 명심해야 할 것은 기술, 산업, 규제, 정책 등에서 글로벌과 너무 동떨어진 기준을 세우면 안 된다는 것이다. 디지털 헬스케어 분야에 있어서 한국은 명백한 후발 주자이고, (패스트 팔로어가 아닌) 슬로우 팔로어다. 글로벌 기술, 산업, 규제, 정책을 무작정 따라하는 것은 문제가 있겠지만, 이들이 왜 그렇게 발전하였으며, 어떠한 근거를 바탕으로, 어떠한 과정을 거쳐서 그러한 결론에 이르게 되었는지를 이해할 필요가 있다.

한국 특유의 여건을 반영해서 받아들이는 것은 필요하지만, 그렇다고 글로벌과 동떨어진 한국만의 정책, 규제, 갈라파고스와 같은 자체적인 독자 생태계를 만들어서는 절대 안 된다. 이에 대해서 필자는 '귤이 회수를 건너서 탱자가 된다'는 고사에 빗대어, '귤을 한국에 들여왔다고 탱자를 만들면 안 된다'고 이야기하곤 한다. 하지만 안타깝게도 이미 곳곳에서 이러한 일들의 징후가 보인다.

디지털 치료제의 정의에 하드웨어 의료 기기의 개념을 멋대로 넣어서 재단하려고 하거나, '스마트 헬스케어', '유헬스케어'와 같은 한국에서만 활용되는 정체불명의 용어를 만들어내거나, 규제 샌드박스와 같은 미봉책 규제 개선책을 만들어서 근본적인 해결을 오히려 늦추거나, 유전자 DTC의 규제를 완화한답시고 글로벌과는 전혀 다른 기준을 만들어내거나, 소위 '한국형 ○○○'를 만들어서 껍데기는 그럴듯하게 따라하지만 정작 속을 들여다보면 디테일은 전혀 다른 엉뚱한 한국만의 제도를 만들고는 한다. 이러한 일은 단순한 무지 때문에 일어나기도 하고, 혹은 부처나 관계자들, 기존 이해관계자들의 적극적인 이기주의가 영향을 미칠 때도 있다.

이렇게 귤을 탱자로 만들어놓으면, 한국이 글로벌로 갈 수도, 글로벌이 한국에 들어올 수도 없다. 새로운 분야가 시작될 때에는 첫 단추를 잘 끼는 것이 중요하다. 여기서 첫 단추를 잘 끼우는 것은 첫 번째 제언에서 강조한, 디지털 헬스케어 분야의 정의, 범위, 세부적 분류, 글로벌 동향을 잘 이해하는 것에서 시작한다. 첫 단추를 잘못 끼워놓으면 나중에 이를 바로잡기 위해서 더 많은 시간과 노력, 리소스를 써야 한다. 패스트 팔로어로서라도 한국이 이 분야에서 발전을 이뤄내고자 하는 의지가 있다면, 혹은 흥선대원군 같은 쇄국 정책을 다시 시행할 것이 아니라면, 글로벌 동조화에 노력을 기울여야 한다.

제언 3. 규제의 지속적 개선이 필요하다

규제는 지속적으로 더 개선되어야 한다. 규제는 필연적으로 기술의 발전을 뒤따를 수밖에 없다. 하지만 기술의 발전, 산업 현장의 니즈를 기민하게 반영하여, 규제를 개선함으로써 혁신을 장려할 수 있어야 한다. 특히 이러한 혁신의 장려는 결과적으로 환자에게 기술 발전의 수혜를 적시에 전달하기 위함이라는 것을 잊어서는 안 되겠다.

특히, 규제의 개선은 일방적인 규제 완화가 아님에 주의하자. 규제는 일관화, 합리화, 명확화되어야 하며, 환자의 안전을 위해서 필요한 경우라면 당연히 더 강화될 수도 있어야 한다. 반대로 필요하지 않다면 해당 규제는 완화되거나 없어져야 한다. 또한 혁신을 장려하기 위해서는 포지티브 규제에서 네거티브 규제로의 전환이 필요하며, 네거티브 규제의 부작용을 최소화하기 위해서는 징벌적 손해배상과 같은 규제 인프라도 갖춰져야 한다.

결국 합리적이고 균형적인 규제가 중요하다. 미국에서는 이를 위해서 FDA가 추진하고 있는 것이 Pre-Cert 등의 새로운 규제 방식이다. 미국의 방식이 반드시 정답이라고 할 수는 없으나, 그들이 왜 그러한 전면적인 규제 개혁을 진행하고 있는지에 대한 배경과 논리를 이해하는 것이 매우 중요하며, 이를 한국에 어떻게 적용할 것인지 논의할 필요가 있다.

제언 4. 혁신에 발맞춘 지불 구조의 개선이 필요하다

혁신적인 새로운 기술에 대한 가치 평가 체계와 이러한 기술에 대한 지불 구조 또한 개선되어야 한다. 이 부분은 디지털 헬스케어 혁신을 위해서 인허가 규제의 개선보다 더 시급하지만, 아직 실질적으로 거의 개선되지 않고 있다.

한국은 국민건강보험이라는 세계적으로도 유래를 찾기 어려운 독특한 의료보험제도를 보유하고 있다. 이러한 의료보험은 많은 장점이 있지만, 반대로 많은 모순과 개선의 필요 또한 가지고 있다. 특히, 현재 한국의 건강보험 시스템과 신의료기술평가 등의 제도는 혁신적인 기술의 발전을 받아들이기 위해서는 지나치게 보수적이다. 물론 충분히 증명되지 않은 기술에 대해서 무분별하게 급여를 제정함으로써 건보 재정을 낭비해서는 안 된다. 하지만 또 한편으로 혁신적인 기술은 환자에게 큰 의학적인 효용을 제공할 뿐만 아니라, 장기적으로 의료 비용을 낮출 수 있다는 잠재력이 있다는 것도 부인하기는 어려울 것이다.

중요한 것은 이러한 기술의 가치를 어디까지, 얼마나, 어떻게 증명해야만 급여 체계로 편입할 것인지에 대한 합리적인 기준을 찾는 것이다. 여기에는 몇 가지 고려할 측면이 있다.

첫째, 의료 기기 및 치료제, 의료 행위의 정의, 범주, 파급 효과가 디지털 기술의 발전 때문에 근본적으로 변화하고 있다는 것을 고려해야 한다. 본문에서 소개한 SaMD, 인공지능, 디지털 치료제, 디지털 표현형과 같은 기술이 이러한 변화를 이미 만들어내고 있으며, 이는 기존의 평가 및 분류 방식으로는 합리적인 가치 산정과 평가 및 보상이 어려울 수 있다.

특히 인공지능, 디지털 치료제와 같은 SaMD의 경우, 하드웨어 중심으로 구성된 전통적인 의미의 의료 기기와는 여러 부문에서 차이가 있다. 예를 들어, 소프트웨어는 확장성scalability이 높으므로 낮은 한계 비용으로 전체 인구 수준에서 적용도 가능할 수 있다. 또한, 이를 통한 질병에 대한 치료, 치료 이후의 관리 및 질병 위험군을 대상으로 한 예방 프로그램까지 선제적으로 제공할 수 있다. 이에 따라서 지불 구조와 평가 체계에 대해 더욱 근본적인 개선과 변화가 이뤄져야 할 것이다.

둘째, 인공지능, 디지털 치료제와 같은 SaMD의 경우에는 현장에서 사용하면서 얻어지는 실세계 데이터real-world data와 이를 통해서 진행되는 적응형 학습adaptive learning을 통해 기술의 효용과 가치가 개선될 가능성이 있다. 즉, 이러한 새로운 기술의 가치는 기존의 의료 기기처럼 시장 도입 이전에 모두 결정되어 고정되어버리는 것이 아니라, 시장 진입 이후에도, 그리고 지속적으로 변화될 수 있는 것이다(실제로 FDA와 식약처는 이러한 가능성에 대비하여 인허가 단계에서 합리적인 규제 방안을 구상하고 있다[1-3]).

이러한 기술의 특징을 반영한다면, 지불 구조에 대해서도 선 진입 후 평가와 같은 제도의 도입을 통해서 시장에서 일정 기간 활용하면서 가치를 평가, 혹은 재평가할 수 있도록 제도가 보완되어야 한다. 이러한 선 진입 기간 동안에 국민건강보험의 재원을 사용하는 것이 어렵다면, 기술의 발전을 장려하기 위해서 별도의 재원을 마련하는 것도 고려해봐야 할 것이다. 또한 본격적인 시장 도입 이후에도 이러한 가치 평가를 지속하는 소위 제품의 전주기적인 Total Product Life Cycle 평가 체계에 대한 고려가 필요할 수도 있다.

제언 5. 식약처와 심평원의 전문 인력 확충 및 전담 부서 신설

규제 및 지불구조를 개선하기 위해서는 전문 인력, 예산, 그리고 시스템적인 뒷받침이 필요하다. 새로운 분야가 태동하고 빠르게 발전한다면, 이 분야를 합리적으로 규제하기 위해서는 전문성의 양적, 질적 확대가 필요하다. 식약처와 심평원에는 해당 분야의 전문가들을 더 확충해야 하며, 이 분야를 전담하기 위한 부서도 새롭게 생겨나야 한다. 당연한 이야기지만 규제와 제도의 개선도 결국에는 사람이 한다. 따라서 이 부분은 앞서 나온 두 가지 제언(규제의 개선, 지불 구조의 개선)을 구체적으로 실행하기 위해서 선행되어야 할 조건이다.

현재 이러한 부처에 디지털 헬스케어 혁신을 이해하는 사람이 없다고는 할 수 없으나, 그 수는 현재 매우 제한적이다. 또한 전담 부서 없이, 기존의 관련 부서들에 업무가 산재되어 업무의 효율이나 일관성이 떨어질 수밖에 없는 구조이다. 이러한 상황의 개선을 위해서는 관련 부처들의 문제 인식과 지원이 필요하다. 새로운 전문 인력을 선발하고 부서를 만들기 위해서는 행안부, 여기에 필요한 예산을 확충하기 위해서는 기재부의 협력이 필요하다.

제언 6. 사회적 합의를 위한 정부의 적극적인 역할이 필요하다

사회적 합의는 중요하다. 하지만 그 사회적 합의가 그냥 저절로 이뤄지는 것이 아니라는 점은 더욱 중요하다. 정부는 헬스케어와 관련된 민감하고 복잡한 이슈들에 대해서 사회적 합의가 이뤄질 수 있도록 능동적이고, 적극적으로 노력하는 것이 필요하다.

흔히 어려운 이슈를 해결하기 위해서는 '사회적 합의'가 중요하다고 이야기한다. 헬스케어 분야에서도 사회적 합의가 필요한 이슈들이 많다. 하지만 안타깝게도 정치인들이나 공무원, 관계 부처 사이에서 이 '사회적 합의가 필요하다'는 발언은 많은 맥락에서, 문제를 당장 해결하는 것이 어려우므로, 그 해결을 나중으로 미루거나 그 자리에서의 질문을 회피하기 위한 목적으로 사용된다.

사회적 합의는 결코 저절로 이뤄지지 않는다. 모두가 만족할 수 있는 답이 저절로 찾아지기를 기다린다면, 문제의 해결은 요원하다. 여기에 정부나 관계부처의 의견 수렴을 통한 명확한 방향 설정과 추진 의지가 필요하며, 이러한 방향을 반대하거나 피해를 보는 이해관계자들에게는 설득뿐만 아니라 인센티브와 보상을 제시하는 것까지도 필요하다. 변화와 혁신이 만들어지면 수혜자도 있지만, 그 이면에는 피해자가 생기는 것이 불가피하다. 그러한 선의의 피해자까지 사회적 안전망과 보상으로 설득할 수 있어야 진정한 혁신이 가능하다.

하지만 적어도 헬스케어와 관련된 이슈들에 대한 지금까지의 정부나 관련 부처는 이러한 사회적 합의를 적극적으로 이끌어내려는 노력이나 의지가 전혀 보이지 않는다. 거버넌스는커녕 부처 간의 불협화음이나 엇박자는 오히려 잦다. 한국 정부가 정말로 혁신을 만들어내려는 의지가 있다면, 사회적 합의를 적극적으로 이끌어내어야 한다. 이 역할을 정부가 아니면 누가 하겠는가.

제언 7. 부처 간 거버넌스를 위해 다부처 협의체가 필요하다

정부에서는 디지털 헬스케어 분야의 혁신을 관장하기 위한 다부처 협의체와 같은 조직이 필요하다. 헬스케어는 정부 부처 내에서도 이해관계자가 많고 업무 자체가 여러 부처에 걸쳐 있을 수밖에 없다. 복지부, 과기부, 산자부, 중기부, 식약처, 심평원이 직접적으로 관계된다. 이 분야에서는 어느 한 부처가 할 수 있는 일이 별로 없다. 기술을 발전시키는 것을 과기부 혼자 할 수 없고, 관련 산업을 육성하는 것을 산자부나 중기부 혼자 할 수 없다.

그럼에도 불구하고 필자가 지금까지 여러 부처에 자문, 강의, 과제 기획, 패널토론 등에 참석해보면 이런 부처들이 정말 각자 따로 일한다. 심지어는 서로 이니셔티브를 쥐기 위해서 경쟁한다. 커뮤니케이션은 잘 일어나지 않으며, 일이 진척되지 않는 것에 대해 상대 유관 부처를 탓한다. 정책들 사이에서도 계속 엇박자가 나므로, 기업 등 정책 대상자는 어느 장단에 춤을 춰야 할지 모르니 이러지도, 저러지도 못한다. 해당 부처 단독으로는 할 수 없는 일인데도 무작정 진행하다가 세금만 낭비한다. 헬스케어에서는 부처 단독으로 혼자 할 수 있는 일이 별로 없다. 그저 장님 코끼리 만지기를 각자 더 열심히 하려고 경쟁하는 것만 같다.

이를 위해서는 정부 부처 내에서도 결국 거버넌스가 필요하다. 관계되는 부처를 아우르는 협의체와 같은 컨트롤 타워가 필요하다. 필자는 우리 사회 각종 분야에서 소위 컨트롤 타워가 남용되며 제대로 작동하지 못하는 경우를 보았지만, 디지털 헬스케어 분야와 같은 융합적, 복합적, 다부처적 성격이 짙은 분야에는 이러한 협의체 시스템이 필요할 수도 있다고 생각한다. 앞서 언급한 규제의 개선, 지불 구조의 개선, 사회적 합의를 위한 정부의 역할 등이 제대로 구현되기 위해서는 부처 간의 엇박자와 불협화음을 줄이고, 정책의 방향성을 수립하고 일관성을 높일 수 있는 시스템의 개선이 필요할 수 있다.

제언 8. 투자자들의 전문성이 높아져야 한다

벤처캐피털을 포함한 투자자들의 전문성이 높아져야 한다. 디지털 헬스케어 분야의 스타트업을 평가하기 위해서는 IT, 헬스케어 및 비즈니스에 대한 전문성이 모두 필요하다. 최근 벤처캐피털 업계에 의사, 제약회사 연구원, 생명공학 전문가 등이 유입되고 있는 것은 긍정적인 현상이다.

하지만 한편으로는 여전히 의학적으로 설득력이 부족하거나, 의료 현장의 시스템과 니즈와는 동떨어진 주장을 하는 스타트업이 큰 투자를 받는 경우들이 있다. 이것이 무조건 잘못된 투자라거나, 투자자의 입장에서 결과적으로 수익을 올릴 수 없는 것은 아니다.

하지만 도전적인 기술 스타트업("지금보다 에너지 효율을 100배 높이겠다")에 대한 투자와 과학적으로 틀린 주장을 하는 스타트업("영구기관을 만들겠다")에 대한 투자는 엄격히 구분되어야 한다. 이를 구분할 수 있는 전문성이 없거나, 충분한 검증 없이 투자하는 경우, 테라노스와 같은 사태가 벌어진다는 점을 앞서 지적한 바 있다. 건강한 디지털 헬스케어 스타트업 생태계를 만들기 위해서는 투자자들의 이 분야에 대한 전문성과 이해가 더 높아져야 한다.

제언 9. 스타트업의 숫자가 더 많아져야 한다

스타트업 생태계도 많은 개선이 필요하다. 본문에서 한국에서는 도전적이고 근본적인 문제를 해결하려고 하는 헬스케어 스타트업이 부족하다고 언급한 바 있다. 이러한 문제를 해결하기 위해서 가장 현실적인 해결책은 스타트업의 숫자, 즉 모수가 늘어나는 것이다. 혁신을 위해서는 소수정예보다는 양적인 개선을 추구하여서, 질적인 개선이 자연스럽게 따라오도록 하는 방법이 좋다고 본다. 스타트업도 그러하다.

그렇다고 몇몇 유관 부처가 현재 진행하고 있듯이, "202X년까지 유니콘 ○○개를 만들겠다", "헬스케어 스타트업 ○○ 개 배출"과 같은 정부 주도의 방식으로 창업을 장려해서는 그저 좀비 스타트업, 혹은 어용 스타트업만 육성되거나, "스타트업 진흥 정책은 성공했으나, 스타트업은 성공하지 못했다"는 결과를 낳을 가능성이 높다.

제언 10. 기업이 자생할 수 있는 여건 조성이 필요하다

그렇다면 어떻게 해야 하는가? 기업이 사업을 할 수 있는 여건을 만들어주면 된다. 즉, 기업이 기업다운 역할을 하면 '돈'을 벌 수 있어야 한다. 스타트업이 고객을 위한 가치를 만들어내고, 혁신적인 아이디어를 구현하며, 기존에 없던 가치 있는 서비스를 만들어내면 이 기업이 돈을 벌 수 있도록 해주면 된다. 이를 통해 성공 사례가 나오면, 자연스럽게 더 많은 창업자와 능력 있는 인재들이 헬스케어 분야에 뛰어들 것이며, 그 결과 스타트업의 양도, 질도 늘어날 것이다. 하지만 안타깝게도 현재의 한국에는 이러한 구조가 갖춰져 있지 않다. 그러니 산업 진흥 정책이 밑 빠진 독에 물 붓는 꼴

이 될 수밖에 없다.

그렇다면 이렇게 '기업이 사업을 할 수 있는 여건'은 어떻게 만드는가? 결국 앞서 언급한 모든 제언이 여기에 대한 답이다. 이해관계자들이 이 분야에 대한 이해를 높이고, 규제와 지불 구조가 개선되며, 정부가 앞장서서 이해관계자들 간의 사회적 합의를 도출하고, 다부처 협의체를 통해 엇박자를 줄이고 정책의 일관성을 높이며, 투자자들이 잠재 가치가 높은 스타트업을 발굴해서 투자한다. 이렇게 되면 이 분야의 산업이 성장하고 기술 혁신이 일어나지 않을 수가 없을 것이다.

이렇게 자연스럽게 만들어진 산업 생태계는, 정부 주도로 만들어진 인위적인 생태계보다 더 건강하고, 자체적인 경쟁력과 성장성을 갖출 것이다. 결국 우리는 기업이 자생할 수 있는 여건을 조정함으로써, 혁신을 지속할 수 있는 선순환 구조를 만들어야 한다.

이 책이 부디 한국의 디지털 헬스케어의 발전, 더 나아가서는 의료의 미래를 열어가기 위해 작은 도움이라도 되기를 바라며.

2019년 12월
서초동 서재에서.

참고 문헌

본 참고 문헌은 '디지털 헬스케어: 의료의 미래'의 1쇄 본문에 실린 참고 문헌을 표기한 것입니다. 독자들이 참고 문헌을 쉽게 찾아볼 수 있도록 저자의 블로그에서 PDF 파일로도 다운 받으실 수 있습니다.

http://www.yoonsupchoi.com/digital-healthcare-reference

1장 변혁의 쓰나미 앞에서

1. 위키피디아, 'Wheat and chessboard problem'

2. "Rice production may touch 100 mn tonnes in 2010-11", ZEENEWS, 2010 https://zeenews.india.com/business/news/economy/rice-production-may-touch-100-mn-tonnes-in-2010-11_10626.html

3. L.S. "The end of Moore's law" The Economist, 2015 https://www.economist.com/the-economist-explains/2015/04/19/the-end-of-moores-law

4. Erik Brynjolfsson and Andrew McAfee, "The Second Machine Age", 2014

5. Steven R. Steinhubl & Eric J. Topol, "Digital medicine, on its way to being just plain medicine" npj Digital Medicine, 2018 https://www.nature.com/articles/s41746-017-0005-1

6. Hood L, Friend SH. "Predictive, personalized, preventive, participatory (P4) cancer medicine", Nat Rev Clin Oncol. 2011 https://www.ncbi.nlm.nih.gov/pubmed/21364692

2장 누가 디지털 헬스케어를 이끄는가

1. Alistair Barr, "Google Ventures Shifts Focus to Health Care", WSJ, 2014 https://blogs.wsj.com/digits/2014/12/15/google-ventures-shifts-focus-to-healthcare/

2. Google Ventures, "2015 Year in Review" https://library.gv.com/gv-2015-year-in-review-5a6b61e37b5b

3. Anna Wilde Mathews and Aisha Al-Muslim, "CVS Completes $70 Billion

Acquisition of Aetna", WSJ, 2018 https://www.wsj.com/articles/cvs-completes-70-billion-acquisition-of-aetna-1543423322

4. Brian Heater, Sarah Buhr, "Alphabet invests $375 million in Oscar Health" TechCrunch, 2018 https://techcrunch.com/2018/08/14/alphabet-invests-375-million-in-oscar-health/

5. Novartis, "Sandoz and Pear Therapeutics announce launch of reSET® for treatment of patients with Substance Use Disorder", 2018 https://www.novartis.com/news/media-releases/sandoz-and-pear-therapeutics-announce-launch-reset-treatment-patients-substance-use-disorder

6. Ayla Ellison, "Amazon, JPMorgan and Berkshire Hathaway launch new healthcare company: 6 things to know", Becker's Hospital CFO Report, 2018, https://www.beckershospitalreview.com/finance/amazon-jpmorgan-and-berkshire-hathaway-to-launch-healthcare-company-6-things-to-know.html

7. John Tozzi, "Amazon-JPMorgan-Berkshire Health-Care Venture to Be Called Haven", 2019 https://www.bloomberg.com/news/articles/2019-03-06/amazon-jpmorgan-berkshire-health-care-venture-to-be-called-haven

8. Angelica LaVito and Lauren Hirsch, "Amazon shakes up drugstore business with deal to buy online pharmacy PillPack", CNBC, 2018 https://www.cnbc.com/2018/06/28/amazon-to-acquire-online-pharmacy-pillpack.html

9. Chris Weber, "Introducing Uber Health, Removing Transportation as a Barrier to Care", Uber, 2018, https://www.uber.com/newsroom/uber-health/

10. Jack O'Brien, "Lyft Details Healthcare Risks and Opportunities Ahead of IPO", HealthLeaders, 2018 https://www.healthleadersmedia.com/finance/lyft-details-healthcare-risks-and-opportunities-ahead-ipo

11. Sean Day, Megan Zweig, "2018 Year End Funding Report: Is digital health in a bubble?", Rock Health, 2018 https://rockhealth.com/reports/2018-year-end-funding-report-is-digital-health-in-a-bubble/

12. 아산나눔재단, "스타트업 코리아: 디지털 헬스케어", 2018, http://asan-nanum.org/category/media-pds/material/

13. CB Insights, "Global Healthcare Trends Q2 2019", 2019 https://www.

cbinsights.com/research/briefing/healthcare-trends-q2-2019/

3장 데이터, 데이터, 데이터!

1. Laura McGovern, "The Relative Contribution of Multiple Determinants to Health", Health Affairs, 2014 https://www.healthaffairs.org/do/10.1377/hpb20140821.404487/full/

2. IBM Cúram Software Health and Social Programs, "IBM Health and Social Programs Summit: IBM Commitment & investment in health and social programs", 2014 https://www.slideshare.net/curamroundtable/day-1-gs1-2-steve-mills-ibm-sr-vice-pres-group-exec-software-systems

3. 이병문, "환자 맞춤형치료 눈앞…정밀의료 가속도 붙는다", 매일경제신문, 2017 https://www.mk.co.kr/news/it/view/2017/04/279152/

4. 이지현, "건보혜택 받는 'NGS검사'…돌연변이 유전자 찾아내 유방·난소암 억제", 한국경제, 2018 https://www.hankyung.com/society/article/2018121491291

5. Matthew Herper, "The Power Of Digitizing Human Beings", Forbes, 2012 https://www.forbes.com/sites/matthewherper/2012/02/17/the-power-of-digitizing-human-beings/

6. Joshua J. Goldman and Tiffany L. Shih, "The Limitations of Evidence-Based Medicine: Applying Population-Based Recommendations to Individual Patients", AMA Journal of Ethics, 2011 https://journalofethics.ama-assn.org/article/limitations-evidence-based-medicine-applying-population-based-recommendations-individual-patients/2011-01

7. Desmond J.Sheridan and Desmond G.Julian, "Achievements and Limitations of Evidence-Based Medicine", Journal of the American College of Cardiology, 2016 https://www.sciencedirect.com/science/article/pii/S0735109716331370

8. Jennifer Frankovich, Christopher A. Longhurst, and Scott M. Sutherland, "Evidence-Based Medicine in the EMR Era", NEJM, 2011 https://www.nejm.org/doi/full/10.1056/NEJMp1108726

4장 4P 의료의 구현

1. David Zeevi et al, "Personalized Nutrition by Prediction of Glycemic Responses", Cell, 2015 https://linkinghub.elsevier.com/retrieve/pii/S0092-8674(15)01481-6

2. Eric J. Topol, "Individualized Medicine from Prewomb to Tomb", Cell, 2014 https://www.cell.com/abstract/S0092-8674(14)00204-9

3. Nathan D Price et al., "A wellness study of 108 individuals using personal, dense, dynamic data clouds", Nat Biotechnol. 2017 https://www.nature.com/articles/nbt.3870

4. Angelina Jolie, "My Medical Choice", New York Times, 2013 https://www.nytimes.com/2013/05/14/opinion/my-medical-choice.html

5. Angelina Jolie Pitt, "Angelina Jolie Pitt: Diary of a Surgery", New York Times, 2015 https://www.nytimes.com/2015/03/24/opinion/angelina-jolie-pitt-diary-of-a-surgery.html

6. Kory W Jasperson et al., "APC-Associated Polyposis Conditions", Gene Reviews, 2017 https://www.ncbi.nlm.nih.gov/books/NBK1345/

7. Julian Maller, et. al. "Common variation in three genes, including a noncoding variant in CFH, strongly influences risk of age-related macular degeneration." Nat Genet. 2006 https://www.nature.com/articles/ng1873

8. Strittmatter WJ et al., "Apolipoprotein E: high-avidity binding to beta-amyloid and increased frequency of type 4 allele in late-onset familial Alzheimer disease." Proc Natl Acad Sci U S A. 1993 http://www.pnas.org/cgi/pmidlookup?view=long&pmid=8446617

9. Jim Lipman, "OPTIMIZING SENSOR PERFORMANCE WITH 1T-OTP TRIMMING", Electronic Systems Design Engineering, 2013 http://chipdesignmag.com/display.php?articleId=5323

10. Peter Kelly-Detwiler, "Machine To Machine Connections – The Internet Of Things – And Energy", Forbes, 2013 https://www.forbes.com/sites/peterdetwiler/2013/08/06/machine-to-machine-connections-the-internet-of-things-and-energy/

11. "Health Monitoring Systems, Big Data and the Aftermarket – Implications for Airlines and MRO at Pratt & Whitney", AirInsight, 2015 https://airinsight.com/health-monitoring-systems-big-data-and-the-aftermarket-implications-for-airlines-and-mro-at-pratt-whitney/

12. The location of the EHM sensors on the Rolls-Royce Trent 900 engine schematic https://www.researchgate.net/figure/The-location-of-the-EHM-sensors-on-the-Rolls-Royce-Trent-900-engine-schematic_fig2_328769067

13. Eric Elenko, Lindsay Underwood & Daphne Zohar, "Defining digital medicine", Nat Biotech, 2015 https://www.nature.com/articles/nbt.3222

14. 에릭 토폴, "청진기가 사라진 이후", 청년의사, 2015

15. 문상훈, 김영진, 김봉조, "미국 정밀의료 프로젝트 소개", 주간 건강과 질병, 2016 http://www.cdc.go.kr/CDC/cms/content/mobile/72/66872_view.html

16. "What is the Precision Medicine Initiative?" Genetic Home Reference, NIH, https://ghr.nlm.nih.gov/primer/precisionmedicine/initiative

17. "All of Us Research Program Backgrounder", NIH https://allofus.nih.gov/news-events-media/media-toolkit/all-us-research-program-backgrounder

18. Jonah Comstock, "NIH seeks feedback on how to collect clinical data via smartphones, wearables" Mobihealthnews, 2015 https://www.mobihealthnews.com/45087/nih-seeks-feedback-on-how-to-collect-clinical-data-via-smartphones-wearables/

19. The All of Us Research Program Investigators, "The 'All of Us' Research Program", The New England Journal of Medicine, 2019 https://www.nejm.org/doi/full/10.1056/NEJMsr1809937

20. "What is precision medicine?" Genetic Home Reference, NIH https://ghr.nlm.nih.gov/primer/precisionmedicine/definition

6장 스마트폰: 의료 혁신의 핵심 기기

1. Eric J. Topol, "The Future of Medicine Is in Your Smartphone" The Wall Street Journal, 2015 https://www.wsj.com/articles/the-future-of-medicine-is-in-your-smartphone-1420828632

2. TodayShow, Instagram, https://www.instagram.com/p/W2BuMLQLRB/

3. Jamie Turner, "Are there Really More Mobile Phone Owners than Toothbrush Owners?", LinkedIn, 2016 https://www.linkedin.com/pulse/

really-more-mobile-phone-owners-than-toothbrush-jamie-turner/

4. Zenith, "Smartphone penetration to reach 66% in 2018", Zenith, 2017 https://www.zenithmedia.com/smartphone-penetration-reach-66-2018/

5. Jelle Kooistra, "Newzoo's 2018 Global Mobile Market Report: Insights into the World's 3 Billion Smartphone Users", new zoo, 2018 https://newzoo.com/insights/articles/newzoos-2018-global-mobile-market-report-insights-into-the-worlds-3-billion-smartphone-users/

6. Wikipedia, "List of countries by smartphone penetration" https://en.wikipedia.org/wiki/List_of_countries_by_smartphone_penetration

7. "South Korea No. 1 worldwide in smartphone ownership, internet penetration" The Korea Herald, 2018 https://technology.inquirer.net/76870/south-korea-no-1-worldwide-smartphone-ownership-internet-penetration

8. Emily Anthes, "Mental health: There's an app for that", Nature, 2016 https://www.nature.com/news/mental-health-there-s-an-app-for-that-1.19694

9. Wikipedia, "Apple-designed processors" https://en.wikipedia.org/wiki/Apple-designed_processors

10. "Special Feature: Throwback Thursdays Celebrate Scientific Supercomputing", Berkeley Lab Computing Sciences, 2013 https://cs.lbl.gov/news-media/news/2013/nostalgia-and-fun-facts/

11. Brian S Hall, "Shazam! Why iPhone Integration With Shazam Really Is A Big Deal.", Tech.pinions, 2014 https://techpinions.com/shazam-apple-iphone-ambient-app/29563

12. Jan Dawson on Twitter, 2014 https://twitter.com/jandawson/status/456478650594914305/photo/1

13. Lars Rehm, "Disruptive technologies in mobile imaging: Taking smartphone cameras to the next level", DXOMARK, 2018 https://www.dxomark.com/disruptive-technologies-mobile-imaging-taking-smartphone-cameras-next-level/

14. Brian Dolan, "CellScope's iPhone-enabled otoscope, remote consultation service launches for CA parents", Mobihealthnews, 2014 https://www.mobihealthnews.com/38969/cellscopes-iphone-enabled-otoscope-remote-consultation-service-launches-for-ca-parents

15. Peek Vision, https://www.peekvision.org

16. Andrew Bastawrous, "Peek Retina: Help Fight Avoidable Blindness" Indiegogo, 2015 https://www.indiegogo.com/projects/peek-retina-help-fight-avoidable-blindness#/

17. Andrew Bastawrous, "Get your next eye exam on a smartphone", Youtube https://www.youtube.com/watch?v=xPTmHKlH7s4

18. Joel A. Wolf et al, "Diagnostic Inaccuracy of Smartphone Applications for Melanoma Detection", JAMA Dermatology 2013 https://jamanetwork.com/journals/jamadermatology/fullarticle/1557488

19. Jonah Comstock, "In-Depth: Advances and challenges in digital dermatology", Mobihealthnews, 2018 https://www.mobihealthnews.com/content/depth-advances-and-challenges-digital-dermatology

20. Brian Dolan, "FTC fines two melanoma risk detection apps, MelApp and Mole Detective", Mobihealthnews, 2015 http://www.mobihealthnews.com/40770/ftc-fines-two-melanoma-risk-detection-apps-melapp-and-mole-detective/

21. "Suspicious Skin Moles? Rashes? There's Now An App For That" WBUR, 2019 https://www.wbur.org/hereandnow/2019/05/06/first-derm-app

22. Taylor Kubota, "Deep learning algorithm does as well as dermatologists in identifying skin cancer", Stanford News, 2017, https://news.stanford.edu/2017/01/25/artificial-intelligence-used-identify-skin-cancer/

23. Taylor Kubota, "Deep learning algorithm does as well as dermatologists in identifying skin cancer", Stanford News, 2017, https://news.stanford.edu/2017/01/25/artificial-intelligence-used-identify-skin-cancer/

24. Skin Cancer Image Classification (TensorFlow Dev Summit 2017) https://www.youtube.com/watch?v=toK1OSLep3s

25. Lenny Bernstein, "Heart doctors are listening for clues to the future of their stethoscopes", The Washington Post, 2016 https://www.washingtonpost.com/national/health-science/heart-doctors-are-listening-for-clues-to-the-future-of-their-stethoscopes/2016/01/02/bd73b000-a98d-11e5-8058-480b572b4aae_story.html

26. DAILY MAIL REPORTER, "iStethoscope: The iPhone app which is already replacing the real thing in hospitals", MailOnline, 2010 https://www.dailymail.co.uk/sciencetech/article-1307646/iStethoscope-The-

iPhone-app-replacing-real-thing-hospitals.html

27. "Teaching old microphones new tricks", The Economist, 2013 https://www.economist.com/technology-quarterly/2013/06/01/teaching-old-microphones-new-tricks

28. Eric Larson et al. "SpiroSmart: Using a Microphone to Measure Lung Function on a Mobile Phone", Ubicomplab, 2012

29. Jonah Comstock, "Alphabet acquires Senosis, a stealthy health app from serial entrepreneur Shwetak Patel", Mobiehealthnews, 2017 https://www.mobihealthnews.com/content/alphabet-acquires-senosis-stealthy-health-app-serial-entrepreneur-shwetak-patel

30. Amir Mizroch, "App Tells You How You Feel", The Wall Street Journal, 2014 http://www.wsj.com/articles/SB10001424052702303824204579421242295627138

31. "Introducing ResearchKit", Apple http://researchkit.org/

32. MHN Staff, "Apple: ResearchKit is a pipeline for future diagnostic medical apps (1/4)", Mobiehealthnews, 2015 https://www.mobihealthnews.com/47611/apple-researchkit-is-a-pipeline-for-future-diagnostic-medical-apps/

33. Caitlin McGarry, "ResearchKit at 6 months: 100,000 people now using medical apps", MacWorld, 2015 https://www.macworld.com/article/2993838/researchkit-at-6-months-100-000-people-now-using-medical-apps.html

34. Kate Sheridan, "Two years in, what has Apple ResearchKit accomplished?", STAT, 2017 https://finance.yahoo.com/news/two-years-apple-researchkit-accomplished-083040931.html

35. Charles Wallace, "Smartphones Open a New World for Medical Researchers", The Wall Street Journal, 2017 https://www.wsj.com/articles/smartphones-open-a-new-world-for-medical-researchers-1498442821

36. Vincent Tourraine, "List of all ResearchKit apps" Shazino, 2016 http://blog.shazino.com/articles/science/researchkit-list-apps/

37. Michelle Fay Cortez and Caroline Chen, "Thousands Have Already Signed Up for Apple's ResearchKit", Bloomberg, 2015 https://www.bloomberg.com/news/articles/2015-03-11/apple-researchkit-sees-thousands-sign-up-amid-bias-criticism

38. "More than 75,000 People have Enrolled in Health Studies using Apple's HealthKit", Patently Apple, 2015 https://www.patentlyapple.com/patently-apple/2015/07/more-than-75000-people-have-enrolled-in-health-studies-using-apples-healthkit.html

39. Brian M. Bot et. al., "The mPower study, Parkinson disease mobile data collected using ResearchKit", Scientific Data, 2016 https://www.nature.com/articles/sdata201611

40. "Roche technology measures Parkinson's disease fluctuations", Roche https://www.roche.com/media/store/roche_stories/roche-stories-2015-08-10.htm

41. 최윤섭, "스마트폰 심전도 모니터 AliveCor의 세 가지 혁신: 원격 진단, OTC 판매, 그리고 EMR과의 결합", 최윤섭의 Healthcare Innovation, 2014 http://www.yoonsupchoi.com/2014/03/09/alivecor_three_innovations/

42. Brian Dolan, "FDA clears AliveCor heart monitor, doctors can pre-order", Mobihealthnews, 2012 https://www.mobihealthnews.com/19306/fda-clears-alivecor-heart-monitor-doctors-can-pre-order/

43. Tom Fowler, "AliveCor Heart Monitor Now Available Over The Counter: Interview with CEO Euan Thomson", Medgadget, 2014 https://www.medgadget.com/2014/02/fda-over-the-counter-approval-for-alivecor-heart-monitor-interview-with-ceo-euan-thomson.html

44. Jamie Shelly, Stefanie Ferreri, "iBGStar: The 'iPhone blood glucose meter'", Pharmacy Today, 2012 https://www.pharmacist.com/ibgstar-%E2%80%98iphone-blood-glucose-meter%E2%80%99

45. Aliya Barnwell, "This phone case contains an entire glucose testing kit for people with diabetes", Digital Trends 2015 https://www.digitaltrends.com/mobile/glucase-glucose-meter-phone-case/#/6

46. "GluCase: World's First Smartphone Case Glucometer", Indiegogo https://www.indiegogo.com/projects/glucase-world-s-first-smartphone-case-glucometer#/

47. Wikipedia, "White coat hypertension" https://en.wikipedia.org/wiki/White_coat_hypertension

7장 웨어러블 디바이스: 입는 기기로 연결되는 인간

1. Elizabeth Gibney, "The inside story on wearable electronics", Nature, 2015 https://www.nature.com/news/the-inside-story-on-wearable-electronics-1.18906

2. Eric Elenko, Lindsay Underwood & Daphne Zohar, "Defining digital medicine", Nat Biotech, 2015 https://www.nature.com/articles/nbt.3222

3. Lukasz Piwek et. al., "The Rise of Consumer Health Wearables: Promises and Barriers", PloS Medicine, 2016 https://journals.plos.org/plosmedicine/article?id=10.1371/journal.pmed.1001953

4. Tony Danova, "THE WEARABLE COMPUTING MARKET REPORT: Growth Trends, Consumer Attitudes, And Why Smartwatches Will Dominate", Business Insider, 2014 https://finance.yahoo.com/news/wearable-computing-market-report-growth-192528241.html

5. "Health wearable: Early days", PwC, 2014 https://www.pwc.com/us/en/health-industries/top-health-industry-issues/assets/pwc-hri-wearable-devices.pdf

6. "The wearable life 2.0: Connected living in a wearable world", PwC, 2016 https://www.pwc.com/us/en/services/consulting/library/consumer-intelligence-series/wearables.html

7. Eric J. Topol et. al., "Digital Medical Tools and Sensors" JAMA, 2015 https://jamanetwork.com/journals/jama/article-abstract/2091997

8. Heather Mack, "Round-up: FDA clearances so far in 2016", Mobihealthnews, 2016 https://www.mobihealthnews.com/content/round-fda-clearances-so-far-2016

9. Mobihealthnews, "Roundup: FDA digital health clearances and news in Q3 2017", Mobihealthnews, 2017 https://www.mobihealthnews.com/content/roundup-fda-digital-health-clearances-and-news-q3-2017

10. Dave Muoio, "FDA roundup: The major device, app, and algorithm approvals of 2018 (so far)", Mobihealthnews, 2018, https://www.mobihealthnews.com/content/fda-roundup-major-device-app-and-algorithm-approvals-2018-so-far

11. Dave Muoio, "Roundup: 12 healthcare algorithms cleared by the FDA", Mobihealthnews, 2018 https://www.mobihealthnews.com/content/roundup-12-healthcare-algorithms-cleared-fda

12. Sophie Charara, "Health insurer will pay you to get fit with a Misfit Flash", Ware-able, 2014 https://www.wareable.com/fitness-trackers/health-insurer-pay-you-to-get-fit-with-misfit-flash-563

13. Tara Siegel Bernard, "Giving Out Private Data for Discount in Insurance", The New York Times, 2015 https://www.nytimes.com/2015/04/08/your-money/giving-out-private-data-for-discount-in-insurance.html

14. Jared Newman, "애플 워치의 심박동 센서가 작동하는 법", ITWORLD, 2015 http://www.itworld.co.kr/news/93039#csidx1vQZqq

15. Jonah Comstock, "iRhythm goes public with $107M IPO", Mobihealthnews, 2016 https://www.mobihealthnews.com/content/irhythm-goes-public-107m-ipo

16. Lily Prasuethsut, "Nymi Band first look: the wearable heartbeat authenticator for enterprise", Wareable, 2016 https://www.wareable.com/wearable-tech/nymi-band-review

17. Yael Grauer, "This Heartwave-Sensing Wristband Unlocks Your Laptop--But Some Say It Falls Short", Forbes, 2016 https://www.forbes.com/sites/ygrauer/2016/02/29/this-heartwave-sensing-wristband-unlocks-your-laptop-but-some-say-it-falls-short/#2300b5fa4a32

18. 최윤섭, "이제 애플워치로 심전도를 측정한다" 최윤섭의 Healthcare Innovation, 2016 http://www.yoonsupchoi.com/2016/03/17/cardia/

19. 최윤섭, "이제 애플워치로 심전도를 측정한다: FDA 승인", 최윤섭의 Healthcare Innovation, 2017 http://www.yoonsupchoi.com/2017/12/10/kardia-band-fda-approval/

20. 최윤섭, "애플워치4의 심전도 측정에 관한 이모저모", 최윤섭의 Healthcare Innovation, 2018 http://www.yoonsupchoi.com/2018/09/21/apple-watch4-ecg/

21. Jonah Comstock, "Apple Watch Series 4 will have FDA-cleared ECG, fall detection", Mobihealthnews, 2018 https://www.mobihealthnews.com/content/apple-watch-series-4-will-have-fda-cleared-ecg-fall-detection

22. Jonah Comstock, "AliveCor previews next product: A 6-lead smartphone ECG", Mobihealthnews, 2018 https://www.mobihealthnews.com/content/alivecor-previews-next-product-6-lead-smartphone-ecg

23. Dave Muoio, "FDA clears AliveCor's six-lead smartphone ECG", Mobihealthnews, 2019 https://www.mobihealthnews.com/content/north-

america/fda-clears-alivecors-six-lead-smartphone-ecg

24. Dave Muoio, "AliveCor ends sales of KardiaBand, its ECG accessory for Apple Watches", Mobihealthnews, 2019 https://www.mobihealthnews.com/news/north-america/alivecor-ends-sales-kardiaband-its-ecg-accessory-apple-watches

25. "심박변이도 검사", 아주대학교병원, http://hosp.ajoumc.or.kr/HealthInfo/ExamView.aspx?ai=215&cp=1&sid=

26. Becky Ham, "Temporary Tattoo Offers Needle-Free Way to Monitor Glucose Levels", UC San Diego News Center, 2015 https://ucsdnews.ucsd.edu/index.php/pressrelease/temporary_tattoo_offers_needle_free_way_to_monitor_glucose_levels

27. Amay J. Bandodkar et. al. "Tattoo-Based Noninvasive Glucose Monitoring: A Proof-of-Concept Study", Anal. Chem., 2015 https://pubs.acs.org/doi/abs/10.1021/ac504300n

28. Diabetes Research in Children Network (DirecNet) Study Group., "Accuracy of the GlucoWatch G2 Biographer and the continuous glucose monitoring system during hypoglycemia: experience of the Diabetes Research in Children Network.", Diabetes Care. 2004 https://www.ncbi.nlm.nih.gov/pubmed/14988292

29. Laura Isaacs, "What happened to the GlucoWatch Biographer?", Biabetes Monitor, 2012 http://www.diabetesmonitor.com/glucose-meters/what-happened-to-the-glucowatch.htm

30. Susan Young Rojahn, "Blood Sugar Crash", MIT Tech Review, 2014 https://www.technologyreview.com/s/529026/blood-sugar-crash/

31. Christina Farr, "Apple has a secret team working on the holy grail for treating diabetes", CNBC, 2017 https://www.cnbc.com/2017/04/12/apple-working-on-glucose-sensors-diabetes-treatment.html

32. Mikey Campbell, "Apple patent hints at non-invasive glucose monitoring tech for Apple Watch", AppleInsider, 2018 https://appleinsider.com/articles/18/08/23/apple-patent-suggests-work-on-non-invasive-glucose-monitoring-tech

33. Brian Otis, "Update on our Smart Lens program with Alcon" Verily Newsroom, 2018 https://blog.verily.com/2018/11/update-on-our-smart-lens-program-with.html

34. Jihun Park, "Soft, smart contact lenses with integrations of wireless circuits, glucose sensors, and displays", Science Advances, 2018 https://advances.sciencemag.org/content/4/1/eaap9841

35. 강진구, "포스텍 한세광 교수, 70억원 규모 투자 유치", 중앙일보, 2018 https://news.joins.com/article/22698767

36. 길영준, "혈압을 실시간으로 모니터링하기 위한 시스템", https://patents.google.com/patent/WO2015047015A1/ko

37. Jonah Comstock, "Stealthy MIT wearable startup Quanttus gets $19M", Mobihealthnews, 2014, https://www.mobihealthnews.com/30225/stealthy-mit-wearable-startup-quanttus-gets-19m

38. Jonah Comstock, "Quanttus: Why continuous blood pressure monitoring is a game-changer", Mobihealthnews, 2015 https://www.mobihealthnews.com/42156/quanttus-why-continuous-blood-pressure-monitoring-is-a-game-changer/

39. Rachel Metz, "Health-Tracking Startup Fails to Deliver on Its Ambitions", MIT Tech Review, 2016 https://www.technologyreview.com/s/601029/health-tracking-startup-fails-to-deliver-on-its-ambitions/

40. Dave Muoio, "Cuffless blood pressure, oxygenation, heart rate monitor receives 510(k) clearance", Mobihealthnews, 2019 https://www.mobihealthnews.com/news/north-america/cuffless-blood-pressure-oxygenation-heart-rate-monitor-receives-510k-clearance

41. Mike Orcutt, "New Wearable Device Can Measure Your Blood Flow", MIT Tech Review, 2015 https://www.technologyreview.com/s/542931/new-wearable-device-can-measure-your-blood-flow/

42. R. Chad Webb, "Epidermal devices for noninvasive, precise, and continuous mapping of macrovascular and microvascular blood flow", Science Advances, 2015 https://advances.sciencemag.org/content/1/9/e1500701

43. ZEPHYR™ PERFORMANCE SYSTEMS https://www.zephyranywhere.com/system/components

44. Lauren Goode, "OmSignal has made a biometric-tracking smart bra", The Verge, 2016 https://www.theverge.com/2016/1/4/10706994/omsignal-ces-2016-new-biometric-fitness-tracking-smart-bra

45. Jonah Comstock, "Empatica's consumer-facing epileptic seizure-detecting

wearable gets FDA clearance", Mobihealthnews, 2018 https://www.mobihealthnews.com/content/empaticas-consumer-facing-epileptic-seizure-detecting-wearable-gets-fda-clearance

46. "Embrace2 Receives FDA Clearance for Children ages 6 and up", Empatica, 2019 https://www.empatica.com/blog/embrace2-receives-fda-clearance-for-children-ages-6-and-up-edce647ef610.html

47. Aditi Pai, "Sensimed receives FDA clearance for Triggerfish, connected contact lens that tracks glaucoma progression", Mobihealthnews, 2016 https://www.mobihealthnews.com/content/sensimed-receives-fda-clearance-triggerfish-connected-contact-lens-tracks-glaucoma

48. Neil Versel, "Proteus gains de novo FDA clearance for ingestible biomedical sensor", Mobihelathnews, 2012 https://www.mobihealthnews.com/18075/proteus-gains-de-novo-fda-clearance-for-ingestible-biomedical-sensor/

49. FDA News Release, "FDA approves pill with sensor that digitally tracks if patients have ingested their medication", FDA, 2017 https://www.fda.gov/news-events/press-announcements/fda-approves-pill-sensor-digitally-tracks-if-patients-have-ingested-their-medication

50. "LOONCUP-The world's first SMART menstrual cup.", Kickstarter, https://www.kickstarter.com/projects/700989404/looncup-the-worlds-first-smart-menstrual-cup/description

51. 최윤섭, "스마트 공기 측정기 '어웨어': 사물 인터넷이 빅데이터 의료를 구현하려면", 최윤섭의 Healthcare Innovation, 2016 http://www.yoonsupchoi.com/2016/01/24/awair_big_data_medicine/

52. Dean Takahashi, "AlerSense shows off smart sensor for allergy and asthma alerts", VentureBeat, 2016 https://venturebeat.com/2016/01/19/alersense-shows-smart-sensor-for-allergy-and-asthma-alerts/

8장 개인유전정보 분석의 모든 것

1. Leena Rao, "All In the Family: Sergey Brin Loans 23andme $10 Million And Google Ponies Up $2.6 Million", TechCrunch, 2009 https://techcrunch.com/2009/06/18/all-in-the-family-sergey-brin-loans-23andme-10-million-and-google-ponies-up-26-million/

2. Paul Sawers, "23andMe raises $115M to grow its DNA health test technology globally", VentureBeat, 2015 https://venturebeat.com/2015/10/14/23andme-raises-115m-to-grow-its-dna-health-test-technology-globally/

3. IBM News Room, "IBM Watson Group Invests in Pathway Genomics to Help Personalize Consumer Health", 2014, https://www-03.ibm.com/press/us/en/pressrelease/45376.wss

4. IBM News Room, "Pathway Genomics Debuts First Genomic Wellness App Powered by IBM Watson", 2016 https://www-03.ibm.com/press/us/en/pressrelease/48766.wss

5. 손요한, "개인 유전자정보 서비스 회사 제노플랜, 50억원 투자 유치", 플래텀, 2016, http://platum.kr/archives/54175

6. "Sequencing Technologies The Next Generation Nature" http://yousense.info/73657175656e63696e67/sequencing-technologies-the-next-generation-nature.html

7. Wikipedia, "Coverage (genetics)" https://en.wikipedia.org/wiki/Coverage_(genetics)

8. Jacqueline Vanacek, "How Cloud and Big Data are Impacting the Human Genome – Touching 7 Billion Lives", Forbes, 2012 https://www.forbes.com/sites/sap/2012/04/16/how-cloud-and-big-data-are-impacting-the-human-genome-touching-7-billion-lives/#8ff156156091

9. Antonio Regalado, "Google Wants to Store Your Genome", MIT Tech Review, 2014 https://www.technologyreview.com/s/532266/google-wants-to-store-your-genome/

10. Zachary D. Stephens et. al., "Big Data: Astronomical or Genomical?", PLoS Biology, 2015 https://journals.plos.org/plosbiology/article?id=10.1371/journal.pbio.1002195

11. "Integrative Genomics Viewer (IGV) tutorial" https://wikis.utexas.edu/spaces/flyingpdf/pdfpageexport.action?pageId=33949640

12. Susan Young Rojahn, "A Decade of Advances Since the Human Genome Project", MIT Tech Review, 2013 https://www.technologyreview.com/s/513666/a-decade-of-advances-since-the-human-genome-project/

13. Erika Check Hayden, "Technology: The $1,000 genome", Nature, 2014 https://www.nature.com/news/technology-the-1-000-genome-1.14901

14. Erika Check Hayden, "Is the $1,000 genome for real?", Nature, 2014 https://www.nature.com/news/is-the-1-000-genome-for-real-1.14530

15. Susan Young Rojahn, "Does Illumina Have the First $1,000 Genome?", MIT Tech Review, 2014 https://www.technologyreview.com/s/523601/does-illumina-have-the-first-1000-genome/

16. Matthew Herper, "The $1,000 Genome Arrives -- For Real, This Time", Forbes, 2014 https://www.forbes.com/sites/matthewherper/2014/01/14/the-1000-genome-arrives-for-real-this-time/#420898aa5796

17. Michael Eisenstein, "Big data: The power of petabytes", Nature, 2015 https://www.nature.com/articles/527S2a

18. David Cyranoski, "China's bid to be a DNA superpower", Nature, 2016 https://www.nature.com/news/china-s-bid-to-be-a-dna-superpower-1.20121

19. Meghana Keshavan, "Illumina says it can deliver a $100 genome — soon", STAT, 2017 https://www.statnews.com/2017/01/09/illumina-ushering-in-the-100-genome/

20. Lauren Devos, Teresa Wang, Sandya Iyer, "The Genomics Inflection Point: Implications for Healthcare", Rock Health, 2016 https://rockhealth.com/reports/the-genomics-inflection-point-implications-for-healthcare/

21. 최윤섭, "23andMe의 개인 유전정보 분석 결과는 얼마나 정확한가?", 최윤섭의 Healthcare Innovation, 2014 http://www.yoonsupchoi.com/2014/01/13/23andme_vs_pathway_genomics_vs_gtl/

22. Kira Peikoff, "I Had My DNA Picture Taken, With Varying Results", The New York Times, 2013 https://www.nytimes.com/2013/12/31/science/i-had-my-dna-picture-taken-with-varying-results.html

23. Pauline C. Ng, Sarah S. Murray, Samuel Levy & J. Craig Venter, "An agenda for personalized medicine", Nature, 2009 https://www.nature.com/articles/461724a

24. Melanie Swan, "Multigenic condition risk assessment in direct-to-consumer genomic services", Genetics in Medicine, 2010 https://www.nature.com/articles/gim201047

25. Sollip Kim, Ki-Won Eom, Chong-Rae Cho, and Tae Hyun Um, "Comparison of Commercial Genetic-Testing Services in Korea with 23andMe Service", BioMed Research International, 2014 https://www.

hindawi.com/journals/bmri/2014/539151/

26. Eric J. Topol, "Individualized Medicine from Prewomb to Tomb", Cell, 2014 https://www.cell.com/abstract/S0092-8674(14)00204-9

27. Angelina Jolie, "My Medical Choice", New York Times, 2013 https://www.nytimes.com/2013/05/14/opinion/my-medical-choice.html

28. Angelina Jolie Pitt, "Angelina Jolie Pitt: Diary of a Surgery", New York Times, 2015 https://www.nytimes.com/2015/03/24/opinion/angelina-jolie-pitt-diary-of-a-surgery.html

29. Charlotte Bath, "'Reasonable but Not Required' for Women With BRCA Mutations to Have Hysterectomy Concurrent With Salpingo-Oophorectomy", The ASCO Post, 2013 https://www.ascopost.com/issues/december-1-2013/reasonable-but-not-required-for-women-with-brca-mutations-to-have-hysterectomy-concurrent-with-salpingo-oophorectomy/

30. Honor Whiteman, "For women with BRCA gene mutation, 'double mastectomy better'", MedicalNewsToday, 2014 https://www.medicalnewstoday.com/articles/272454.php

31. Mike Smith, "Preventative Breast Cancer Mastectomy Is Not a Panacea", Huffpost, 2014 https://www.huffpost.com/entry/preventative-breast-cance_b_5792734

32. Heather Mack, "In-Depth: Consumer genomics and the road to legitimacy", Mobihealthnews, 2016 https://www.mobihealthnews.com/content/depth-consumer-genomics-and-road-legitimacy

33. 장종원, "제노플랜의 DTC 확산 전략..'유전자검사·보험 연계'", 바이오스펙테이터, 2018 http://www.biospectator.com/view/news_view.php?varAtcId=6357

34. Erika Check Hayden, "The rise and fall and rise again of 23andMe", Nature, 2017 https://www.nature.com/news/the-rise-and-fall-and-rise-again-of-23andme-1.22801

35. Keith Winstein, "How many paying customers does 23andMe have?", Quora, https://www.quora.com/How-many-paying-customers-does-23andMe-have

36. TheDNAGeek, "23andMe Has More Than 10 Million Customers", The DNA Geek, 2019 https://thednageek.com/23andme-has-more-than-10-

million-customers/

37. Heidi Ledford, "AstraZeneca launches project to sequence 2 million genomes", Nature, 2016 https://www.nature.com/news/astrazeneca-launches-project-to-sequence-2-million-genomes-1.19797

38. Amalio Telenti et. al., "Deep sequencing of 10,000 human genomes", PNAS, 2016 https://www.pnas.org/content/113/42/11901.abstract

39. Sara Reardon, "Giant study poses DNA data-sharing dilemma", Nature, 2015 https://www.nature.com/news/giant-study-poses-dna-data-sharing-dilemma-1.18275

40. Brian Wang, "China's $9.2 billion precision medicine initiative could see about 100 million whole human genomes sequenced by 2030 and more if sequencing costs drop", next BIG Future, 2016 http://www.nextbigfuture.com/2016/06/chinas-92-billion-precision-medicine.html

41. "What now for 100,000 Genomes Project participants?", Genomics England, 2019 https://www.genomicsengland.co.uk/what-now-for-100000-genomes-project-participants/

42. Geoff Watts, "Research Focus: beyond the 100 000 genomes", The Lancet, 2019 https://www.thelancet.com/journals/lancet/article/PIIS0140-6736(18)33252-5/fulltext

43. 김태형, "[김태형의 게놈이야기]유전체산업 '5가지 키워드'", 바이오스펙테이터, 2019 http://www.biospectator.com/view/news_view.php?varAtcId=6874

44. Genome Asia http://www.genomeasia100k.com/

45. Nick Paul Taylor, "France plans $745M investment to build 235,000-genome-a-year sequencing operation", FierceBiotech, 2016 https://www.fiercebiotech.com/it/france-plans-745m-investment-to-build-235-000-genome-a-year-sequencing-operation

46. 구미현, "국내 최대 규모 '울산 1만 명 게놈 프로젝트' 선언", 중앙일보, 2015 https://news.joins.com/article/19134000

47. 송경은, "수만 명의 유전체 정보를 한곳에… '게놈 클라우드'가 뜬다", 동아일보, 2018 http://news.donga.com/BestClick/3/all/20180812/91488091/1

48. 김잔디, "민간 유전자검사 허용에 상품출시 봇물…오남용 우려(종합)", 연합뉴스, 2016 https://www.yna.co.kr/view/AKR20160628108051017

49. 최윤섭, "FDA가 23andMe에게 내린 판매 중지 명령의 배경과 의미", 최윤섭의 Healthcare Innovation, 2013 http://www.yoonsupchoi.com/2013/12/12/fda_banned_dna_test_of_23andme/

50. "WARNING LETTER", FDA, 2013 https://www.fda.gov/inspections-compliance-enforcement-and-criminal-investigations/warning-letters/23andme-inc-11222013

51. Andrew Pollack, "F.D.A. Faults Companies on Unapproved Genetic Tests", The New York Times, 2010 https://www.nytimes.com/2010/06/12/health/12genome.html

52. 최윤섭, "23andMe, FDA의 판매 금지 명령 그 이후: 심사 요청, B2B 그리고 해외 진출", 최윤섭의 Healthcare Innovation, 2014 http://www.yoonsupchoi.com/2014/12/08/23andme-enters-uk-market/

53. Kathy Hibbs, "Update On The Regulatory Review Process With The FDA", 23andMe Blog, 2014 https://blog.23andme.com/news/update-on-the-regulatory-review-process-with-the-fda/

54. Aaron Krol, "23andMe Seeks FDA Approval for Health Report on Single Condition", BioIT World, 2014 http://www.bio-itworld.com/2014/6/20/23andme-seeks-fda-approval-health-report-single-condition.html

55. Chris Gayomali, "23andMe Expands Into Canada", Fast Company, 2014 https://www.fastcompany.com/3036513/23andme-expands-into-canada

56. Elizabeth Lopatto, "23andMe expands to the UK despite US restrictions", The Verge, 2014 https://www.theverge.com/science/2014/12/1/7316089/23andme-expands-to-the-uk-despite-us-restrictions

57. "FDA Authorizes Marketing for 23andMe Bloom Syndrome Carrier Status Test", Genetic Engineering & Biotechnology News, 2015 https://www.genengnews.com/news/fda-authorizes-marketing-for-23andme-bloom-syndrome-carrier-status-test/81250948/

58. Andrew Pollack, "23andMe Will Resume Giving Users Health Data", The New York Times, 2015 https://www.nytimes.com/2015/10/21/business/23andme-will-resume-giving-users-health-data.html?_r=0

59. Beth Mole, "23andMe reboots genetic health testing, now with FDA approval", ARS Technica, 2015 https://arstechnica.com/science/2015/10/23andme-reboots-genetic-health-testing-now-with-

fda-approval/

60. Lydia Ramsey, "23andMe is now offering a $99 genetics test again — but it's very different from the original", Business Insider, 2016 https://www.businessinsider.com/23andme-99-ancestry-test-2016-9

61. "FDA allows marketing of first direct-to-consumer tests that provide genetic risk information for certain conditions", FDA, 2017 https://www.fda.gov/news-events/press-announcements/fda-allows-marketing-first-direct-consumer-tests-provide-genetic-risk-information-certain-conditions

62. 최윤섭, "FDA의 23andMe 질병 위험도 예측 DTC 서비스 허가와 의의", 최윤섭의 Healthcare Innovation, 2017 http://www.yoonsupchoi.com/2017/04/10/23andme-disease-risk-fda/

63. Sharon Begley, "FDA approves first direct-to-consumer test for breast cancer risk", STAT, 2018 https://www.statnews.com/2018/03/06/fda-approves-test-breast-cancer/

64. 최윤섭, "FDA, 23andMe의 유방암 유전자 DTC 서비스 최초 허가", 최윤섭의 Healthcare Innovation, 2018 http://www.yoonsupchoi.com/2017/04/10/23andme-disease-risk-fda/

65. FDA, "Digital Health Innovation Action Plan - FDA" https://www.fda.gov/media/106331/download

66. 최윤섭, "디지털 헬스케어 혁신을 위한 FDA의 혁신", 최윤섭의 Healthcare Innovation, 2017 http://www.yoonsupchoi.com/2017/08/10/digital-health-innovation-action-plan-2/

67. FDA, "FDA selects participants for new digital health software precertification pilot program", 2017 https://www.fda.gov/news-events/press-announcements/fda-selects-participants-new-digital-health-software-precertification-pilot-program

68. 최윤섭, "FDA의 디지털 헬스케어 Pre-Cert 파일럿에 삼성, 애플, 구글, 핏빗 등 선정", 최윤섭의 Healthcare Innovation, 2017 http://www.yoonsupchoi.com/2017/09/27/fda-pre-cert-pilot/

69. FDA, "Statement from FDA Commissioner Scott Gottlieb, M.D., on the agency's new actions under the Pre-Cert Pilot Program to promote a more efficient framework for the review of safe and effective digital health innovations", 2019 https://www.fda.gov/news-events/press-

announcements/statement-fda-commissioner-scott-gottlieb-md-agencys-new-actions-under-pre-cert-pilot-program

70. 최윤섭, "FDA, 질병 위험도 유전자 DTC 검사 버전의 Pre-Cert 발의", 최윤섭의 Healthcare Innovation, 2017 http://www.yoonsupchoi.com/2017/11/17/ghr-pre-cert/

71. FDA, "Medical Devices; Exemptions From Premarket Notification: Class II Devices", Federal Register, 2018 https://www.federalregister.gov/documents/2018/06/05/2018-11879/medical-devices-exemptions-from-premarket-notification-class-ii-devices

72. FDA Statement, "Statement from FDA Commissioner Scott Gottlieb, M.D., on implementation of agency's streamlined development and review pathway for consumer tests that evaluate genetic health risks" https://www.fda.gov/news-events/press-announcements/statement-fda-commissioner-scott-gottlieb-md-implementation-agencys-streamlined-development-and

73. Ronald Bailey, "FDA Shuts Down 23andMe: Outrageously Banning Consumer Access to Personal Genome Information", reason, 2013 https://reason.com/2013/11/25/fda-shuts-down-23andme-outrageously-bann

74. Timothy B. Lee, "The FDA should leave 23andMe alone", The Washington Post, 2013 https://www.washingtonpost.com/news/the-switch/wp/2013/11/25/the-fda-should-leave-23andme-alone/

75. Robert C Green & Nita A Farahany, "Regulation: The FDA is overcautious on consumer genomics", Nature, 2014 https://www.nature.com/news/regulation-the-fda-is-overcautious-on-consumer-genomics-1.14527

76. Cinnamon S Bloss, "Consumer perceptions of direct-to-consumer personalized genomic risk assessments", Genetics in Medicine, 2010 https://www.nature.com/articles/gim201092

77. Cinnamon S. Bloss, Nicholas J. Schork, and Eric J. Topol,, "Effect of Direct-to-Consumer Genomewide Profiling to Assess Disease Risk", The New England Journal of Medicine, 2011 https://www.nejm.org/doi/full/10.1056/NEJMoa1011893

78. David J. Kaufman et. al., "Risky Business: Risk Perception and the Use of Medical Services among Customers of DTC Personal Genetic Testing", Journal of Genetic Counseling, 2012 https://link.springer.com/article/10.1

007%2Fs10897-012-9483-0

79. Richard A. Epstein, "The FDA Strikes Again: Its ban on home testing kits is, as usual, likely to do more harm than good", Bill of Health http://blog.petrieflom.law.harvard.edu/2013/12/09/the-fda-strikes-again-its-ban-on-home-testing-kits-is-as-usual-likely-to-do-more-harm-than-good-2/

80. FDA News Release, "FDA allows marketing of first direct-to-consumer tests that provide genetic risk information for certain conditions", https://www.fda.gov/NewsEvents/Newsroom/PressAnnouncements/ucm551185.htm

81. 복지부 보도자료, "민간업체에서 직접 유전자검사 가능해진다", 복지부, 2016 http://www.mohw.go.kr/react/al/sal0301vw.jsp?PAR_MENU_ID=04&MENU_ID=0403&page=1&CONT_SEQ=333112

82. 신찬옥, "뜨거운 유전자 진단시장 韓만 갈라파고스 규제", 매일경제, 2018 https://www.mk.co.kr/news/it/view/2018/03/158820/

83. 양병훈, "규제완화 시늉만 낸 복지부에 반기 든 바이오업계…DTC 시범사업 보이콧", 한경헬스, 2019 https://www.hankyung.com/it/article/2019022144891

84. 박도영, "DTC 유전자 검사 미국처럼 검사기관 인증제 검토", 메디게이트, 2018 http://www.medigatenews.com/news/2128657323

85. 보건복지부, "제5기 국가생명윤리심의위원회(대통령 소속) 제1차 회의 개최", 대한민국 정책브리핑, 2018 http://www.korea.kr/policy/pressReleaseView.do?newsId=156291395

86. 정새임, "DTC 유전자 검사 인증 시범 사업 실시…검사 항목 57개로 확대", 바이오워치, 2019 https://biowatch.co.kr/8512/dtc-유전자-검사-인증-시범-사업-실시-검사-항목-57개로-확/,

87. 김근희, "테라젠이텍스·EDGC, DTC 분야 '최다기업' 우뚝", 머니투데이, 2019, https://news.mt.co.kr/mtview.php?no=2019121815110173963

88. 김병호, "유전체분석 규제 풀어줬지만…업계는 '부글부글'", 매일경제신문, 2019 https://www.mk.co.kr/news/economy/view/2019/02/86473/

89. 허지윤, '120개 풀어달랬더니 13개만 유전자검사 허용'…'규제 샌드박스' 해도 규제는 여전", 조선비즈, 2019 http://biz.chosun.com/site/data/html_dir/2019/02/12/2019021202605.html

90. 황정원, "대못 없애니 또 다른 못…'도루묵' 규제샌드박스", 서울경제, 2019

https://www.sedaily.com/NewsView/1VHYRMXFWU

91. 강동철, "기업들 맘껏 놀아보라며 홍보한 '규제 샌드박스', 정작 블록체인·車 공유 등은 심사대상서도 제외", 조선비즈, 2019 http://biz.chosun.com/site/data/html_dir/2019/06/17/2019061700034.html?utm_source=naver&utm_medium=original&utm_campaign=biz

92. 강광우, "빗장 푸니 또 빗장…규제에 갇힌 '샌드박스'", 서울경제, 2019 https://www.sedaily.com/NewsView/1VLPUR6KG0

93. 조문술, "푼다더니…DTC유전자검사 대체 언제…", 헤럴드경제, 2019 http://news.heraldcorp.com/view.php?ud=20190814000474

94. 김새미, "서정선 마크로젠 회장 뚝심에 '규제 샌드박스 1호' DTC 유전자검사 선정", 뉴데일리경제, 2019 http://biz.newdaily.co.kr/site/data/html/2019/02/12/2019021200124.html

95. 최은석, "'규제 샌드박스'에도 냉랭한 유전체 분석업계", 한경비즈니스, 2019 http://magazine.hankyung.com/business/apps/news?popup=0&nid=01&c1=1003&nkey=2019022501213000031&mode=sub_view

96. 정용철, "[이슈분석]'규제개선 2년' 개인유전자검사 시장, 왜 못 크나", 전자신문, 2018 http://www.etnews.com/20180709000184

97. Leonard J Kish & Eric J Topol, "Unpatients—why patients should own their medical data", Nature Biotechnology, 2015 https://www.nature.com/articles/nbt.3340

98. Jonah Comstock, "What does it mean to own your health data?", Mobihealthnews, 2015 https://www.mobihealthnews.com/46638/what-does-it-mean-to-own-your-health-data/

99. John T. Wilbanks & Eric J. Topol, "Stop the privatization of health data", Nature, 2016 https://www.nature.com/news/stop-the-privatization-of-health-data-1.20268

100. 최윤섭, "스티브 잡스가 맞춤 의료에 남기고 간 것들", 최윤섭의 Healthcare Innovation, 2013 http://www.yoonsupchoi.com/2013/11/24/jobs_legacy_on_personalized_medicine/

101. 최윤섭, "Foundation Medicine, 점차 확대되는 암 유전체 의학", 최윤섭의 Healthcare Innovation, 2014 http://www.yoonsupchoi.com/2014/11/08/foundation-medicine-precision-oncology/

102. Vogelstein, B, "Cancer genome landscapes", Science, 2013 https://science.

sciencemag.org/content/339/6127/1546

103. Frampton G.M et. al., "Development and validation of a clinical cancer genomic profiling test based on massively parallel DNA sequencing.", Nat. Biotechnol, 2013 https://www.nature.com/articles/nbt.2696

104. Ali Torkamani et. al., "Molecular Autopsy for Sudden Unexpected Death", JAMA, 2017 https://www.ncbi.nlm.nih.gov/pmc/articles/PMC5482418/

105. Manuel Rueda et. al., "Molecular Autopsy for Sudden Death in the Young: Is Data Aggregation the Key?" Front Cardiovasc Med. 2017 https://www.ncbi.nlm.nih.gov/pmc/articles/PMC5694161/

106. Jeanne Erdmann, "Telltale hearts", Nature Medicine, 2013 https://www.nature.com/articles/nm1113-1361

9장 디지털 표현형, 스마트폰은 당신이 우울한지 알고 있다

1. Sachin H Jain, Brian W Powers, Jared B Hawkins & John S Brownstein, "The digital phenotype", Nature Biotechnology, 2015 https://www.nature.com/articles/nbt.3223

2. Thomas R. Insel, "Digital Phenotyping: Technology for a New Science of Behavior", JAMA, 2017 https://jamanetwork.com/journals/jama/article-abstract/2654782

3. Leah Yamshon, "Nerd, interrupted: Inside a smartphone addiction treatment center", PCWorld, 2013 https://www.pcworld.com/article/2047477/nerd-interrupted-inside-a-smartphone-addiction-treatment-center.html

4. "HOW TO GET OVER THE ADDICTION TO YOUR SCREEN", SmartphoneOveruse https://smartphoneoveruse.weebly.com/solutions.html

5. Sohrab Saeb et. al., "Mobile Phone Sensor Correlates of Depressive Symptom Severity in Daily-Life Behavior: An Exploratory Study", JMIR, 2015 https://www.jmir.org/2015/7/e175/

6. Sohrab Saeb et. al., "The relationship between mobile phone location sensor data and depressive symptom severity", PeerJ, 2016 https://peerj.com/articles/2537/

7. Stephanie M. Lee, "This Startup Wants To Track Your Smartphone — To Improve Your Mental Health", BuzzFeedNews, 2017 https://www.buzzfeednews.com/article/stephaniemlee/mindstrong-health-launch

8. "Bezos Backs Mindstrong Health In $15M Funding", Northwest Innovation, 2018 https://www.nwinnovation.com/bezos_backs_mindstrong_health_in___m_funding/s-0075112.html

9. Rachel Metz, "The smartphone app that can tell you're depressed before you know it yourself", MIT Tech Review, 2018 https://www.technologyreview.com/s/612266/the-smartphone-app-that-can-tell-youre-depressed-before-you-know-it-yourself/

10. Paul Dagum, "Digital biomarkers of cognitive function", npj Digital Medicine, 2018 https://www.nature.com/articles/s41746-018-0018-4

11. Kate Sheridan, "A startup's bold plan for a mood-predicting smartphone app is shadowed by questions over evidence", STAT, 2018 https://www.statnews.com/2018/10/04/mindstrong-questions-over-evidence/?mc_cid=f7c67890d1&mc_eid=ea6f4a2940

12. "글을 써야만 하는 '하이퍼그라피아'", 사이언스타임즈, 2012 https://www.sciencetimes.co.kr/?news=글을-써야만-하는-039하이퍼그라피아039

13. Munmun De Choudhury Scott Counts Eric Horvitz, "Predicting Postpartum Changes in Emotion and Behavior via Social Media", In Proceedings of the SIGCHI Conference on Human Factors in Computing Systems, Paris, France. CHI 2013 https://www.microsoft.com/en-us/research/publication/predicting-postpartum-changes-emotion-behavior-via-social-media/

14. Munmun De Choudhury Scott Counts Eric Horvitz Aaron Hoff, "Characterizing and Predicting Postpartum Depression from Shared Facebook Data", CSCW, 2014 https://www.microsoft.com/en-us/research/publication/characterizing-predicting-postpartum-depression-shared-facebook-data/

15. Emerging Technology from the arXiv, "Your Tweets Could Show If You Need Help for Bipolar Disorder", MIT Tech Review, 2018 https://www.technologyreview.com/s/609900/your-tweets-could-show-if-you-need-help-for-bipolar-disorder/

16. Yen-Hao Huang, Lin-Hung Wei, Yi-Shin Chen, "Detection of the Prodromal Phase of Bipolar Disorder from Psychological and Phonological

Aspects in Social Media", arXiv, 2017 https://arxiv.org/abs/1712.09183

17. Andrew G Reece and Christopher M Danforth, "Instagram photos reveal predictive markers of depression", EPJ Data Science, 2017 https://epjdatascience.springeropen.com/articles/10.1140/epjds/s13688-017-0110-z

18. Boyatzis CJ, Varghese R, "Children's emotional associations with colors", J Genet Psychol, 1994 https://www.ncbi.nlm.nih.gov/pubmed/8021626

19. Carruthers HR, Morris J, Tarrier N, Whorwell PJ, "The Manchester Color Wheel: development of a novel way of identifying color choice and its validation in healthy, anxious and depressed individuals.", BMC Med Res Methodol, 2010 https://bmcmedresmethodol.biomedcentral.com/articles/10.1186/1471-2288-10-12

20. Hemphill M, "A note on adults' color-emotion associations." J Genet Psychol, 1996, https://psycnet.apa.org/record/1996-01791-004

21. Barrick CB, Taylor D, Correa EI, "Color sensitivity and mood disorders: biology or metaphor?", J Affect Disord, 2002 https://www.ncbi.nlm.nih.gov/pubmed/11869784

22. Mitchell AJ, Vaze A, Rao S, "Clinical diagnosis of depression in primary care: a meta-analysis.", Lancet, 2009 https://linkinghub.elsevier.com/retrieve/pii/S0140-6736(09)60879-5

10장 환자 유래의 의료 데이터

1. "Patient-Generated Health Data", HealthIT.gov https://www.healthit.gov/topic/scientific-initiatives/patient-generated-health-data

2. Michael Shapiro et. al. "Patient-Generated Health Data", RTI International, 2012 https://www.healthit.gov/sites/default/files/rti_pghd_whitepaper_april_2012.pdf

3. Mary Jo Deering, "Issue Brief: Patient-Generated Health Data and Health IT", The Office of the National Coordinator for Health Information Technology https://www.healthit.gov/sites/default/files/pghd_brief_final122013.pdf

4. Brian Dolan, "A coming of age for patient generated health data",

Mobihealthnews, 2016 https://www.mobihealthnews.com/content/coming-age-patient-generated-health-data

5. Brian Dolan, "In-Depth: How patient generated health data is evolving into one of healthcare's biggest trends", Mobihealthnews, 2014 https://www.mobihealthnews.com/33645/in-depth-how-patient-generated-health-data-is-evolving-into-one-of-healthcares-biggest-trends/

6. 임솔, "'개인 건강기록, 병원 소유에서 환자 소유로'", 메디게이트, 2017 https://www.medigatenews.com/news/1335602465

7. "질문: 환자의 의료 데이터는 누구의 소유인가? 환자? 병원?", 최윤섭 페이스북, 2016, https://www.facebook.com/yoonsup.choi/posts/1317390581634236

8. 곽성순, "진료 후 생성된 정보, 주인은 의사일까 환자일까?", 청년의사, 2015 http://www.docdocdoc.co.kr/news/articleView.html?idxno=184923

9. "진료기록은 의사의 소유?", 청년의사, 2008 http://www.docdocdoc.co.kr/news/articleView.html?idxno=56883

10. Paul Sisson, "Should you own all your medical records?", The San Diego Union-Tribune, 2016 https://www.sandiegouniontribune.com/news/health/sdut-mobile-health-la-jolla-2016mar26-story.html

11. "Who Owns Medical Records: 50 State Comparison", Health Information & the Law, 2015 http://www.healthinfolaw.org/comparative-analysis/who-owns-medical-records-50-state-comparison

12. Eric J. Topol, "Topol: Why Are Doctors and Hospitals the Owners of Patient Records?", Medscape, 2014 https://www.medscape.com/viewarticle/834947

13. Neil Chesanow, "Who Should Own a Medical Record -- The Doctor or the Patient?", Medscape, 2015 https://www.medscape.com/viewarticle/837193

14. Leonard J Kish & Eric J Topol, "Unpatients—why patients should own their medical data", Nature Biotechnology, 2015 https://www.nature.com/articles/nbt.3340

15. Jonah Comstock, "Topol: Challenges around data hold up the democratization of medicine", Mobihealthnews, 2015 https://www.mobihealthnews.com/44471/topol-challenges-around-data-hold-up-the-democratization-of-medicine/

16. John T. Wilbanks & Eric J. Topol, "Stop the privatization of health data", Nature, 2016 https://www.nature.com/news/stop-the-privatization-of-health-data-1.20268

17. Jonathan Bush , "Liberate Medical Data—Now", Scientific American, 2014 https://www.scientificamerican.com/article/liberate-medical-datanow/

18. David Blumenthal, "A Big Step Toward Giving Patients Control Over Their Health Care Data", Havard Business Review, 2019 https://hbr.org/2019/03/a-big-step-toward-giving-patients-control-over-their-health-care-data

19. 최윤섭, "당뇨병 환자들이 직접 만든 DIY 인공췌장, OpenAPS", 최윤섭의 Healthcare Innovation, 2016 http://www.yoonsupchoi.com/2016/05/06/diy-artificial-pancreas/

20. Peter Andrey Smith, "A Do-It-Yourself Revolution in Diabetes Care", The New York Times, 2016 https://www.nytimes.com/2016/02/23/health/a-do-it-yourself-revolution-in-diabetes-care.html

21. Aaron Neinstein, "Diabetes Patients Design Their Own 'Artificial Pancreas'", Medscape, 2016 https://www.medscape.com/viewarticle/862064

22. OpenAPS, https://openaps.org/

11장 헬스케어 데이터의 통합

1. Eric J. Topol, "Individualized Medicine from Prewomb to Tomb", Cell, 2014 https://www.cell.com/abstract/S0092-8674(14)00204-9

2. Eric J. Topol, "High-performance medicine: the convergence of human and artificial intelligence", Nature Medicine, 2019 https://www.nature.com/articles/s41591-018-0300-7

3. "What is Interoperability?", HIMSS https://www.himss.org/library/interoperability-standards/what-is-interoperability

4. Christina Farr, "Exclusive: Apple's health tech takes early lead among top hospitals", Reuters, 2015 https://www.reuters.com/article/us-apple-hospitals-exclusive-idUSKBN0L90G920150205

12장 헬스케어 데이터 플랫폼: 애플과 발리딕

1. Ryan Lawler, "Apple Introduces HealthKit For Tracking Health And Fitness Data", TechCrunch, 2014 https://techcrunch.com/2014/06/02/apple-ios-health/

2. Kevin Loria, "Apple is ushering in a 'new era' of medical research", Business Insider, 2015 https://www.businessinsider.com/apple-researchkit-could-transform-medical-research-2015-3

3. MHN Staff, "Apple: ResearchKit is a pipeline for future diagnostic medical apps (1/4)", Mobihealthnews, 2015 https://www.mobihealthnews.com/47611/apple-researchkit-is-a-pipeline-for-future-diagnostic-medical-apps/

4. Apple, "Apple Announces Advancements to ResearchKit", 2016 https://www.apple.com/newsroom/2016/03/21Apple-Announces-Advancements-to-ResearchKit/

5. Apple, F "Apple Advances Health Apps with CareKit", 2016 https://www.apple.com/newsroom/2016/03/21Apple-Advances-Health-Apps-with-CareKit/

6. Jonah Comstock, "Apple will launch Health Records feature at 12 hospitals with iOS 11.3", Mobihealthnews, 2018 https://www.mobihealthnews.com/content/apple-will-launch-health-records-feature-12-hospitals-ios-113

7. 최윤섭, "애플의 디지털 헬스케어 생태계 심층 분석", 최윤섭의 Healthcare Innovation, 2017 http://www.yoonsupchoi.com/2015/06/03/apple_healthcare_ecology/

8. 최윤섭, "애플워치4의 심전도 측정에 관한 이모저모", 최윤섭의 Healthcare Innovation, 2018 http://www.yoonsupchoi.com/2018/09/21/apple-watch4-ecg/

9. Jonah Comstock, "Apple Watch Series 4 will have FDA-cleared ECG, fall detection", Mobihealthnews, 2018 https://www.mobihealthnews.com/content/apple-watch-series-4-will-have-fda-cleared-ecg-fall-detection

10. 최윤섭, "애플, iOS8에 HealthKit 탑재를 통해, 의료 생태계를 구축한다! (1)", 최윤섭의 Healthcare Innovation, 2014 http://www.yoonsupchoi.com/2014/06/08/ios8_healthkit_1/

11. Brian Dolan, "Apple announces medical app research platform, ResearchKit", Mobihealthnews, 2015 https://www.mobihealthnews.

com/41162/apple-announces-medical-app-research-platform-researchkit

12. Brian Dolan, "Why Apple's HealthKit launch is important for digital health", Mobihealthnews, 2014 https://www.mobihealthnews.com/33765/why-apples-healthkit-launch-is-important-for-digital-health

13. Christina Farr, "Exclusive: Two Apple medical trials shed light on how HealthKit will work", Reuters, 2014 https://uk.reuters.com/article/us-apple-health-idUKKBN0HA0Y720140915

14. 최윤섭, "스탠퍼드와 듀크 대학병원, 애플 HealthKit 시범 활용 시작!", 최윤섭의 Healthcare Innovation, 2014 http://www.yoonsupchoi.com/2014/09/30/healthkit_pilots/

15. Christina Farr, "Exclusive: Apple's health tech takes early lead among top hospitals", Reuters, 2015 https://www.reuters.com/article/us-apple-hospitals-exclusive-idUSKBN0L90G920150205

16. Chris Welch, "Major Los Angeles hospital enables Apple's HealthKit for 80,000 patients", The Verge, 2015 https://www.theverge.com/2015/4/27/8502929/apple-healthkit-cedars-sinai-hospital

17. Judy Newman, "Epic Systems shows off its new Deep Space auditorium as customers gather for annual meeting", madison.com, 2013 https://madison.com/business/epic-systems-shows-off-its-new-deep-space-auditorium-as/article_2e9e8e01-02cc-53c5-9e5c-bb2a9e05a6a4.html

18. "The Top-5 Electronic Medical Record (EMR) Companies", Nanalyze, 2016 https://www.nanalyze.com/2016/01/the-top-5-electronic-medical-record-emr-companies/

19. Christina Farr, "Cerner and Athenahealth say integrating with Apple's mobile health service", Reuters, 2014 https://www.reuters.com/article/us-cerner-athenahealth-apple-idUSKBN0HD2TV20140919

20. Jonah Comstock, "Apple will launch Health Records feature at 12 hospitals with iOS 11.3", Mobihealthnews, 2018 https://www.mobihealthnews.com/content/apple-will-launch-health-records-feature-12-hospitals-ios-113

21. Jonah Comstock, "Apple Health Records launches out of beta with 39 health systems", Mobihealthnews, 2018 https://www.mobihealthnews.com/content/apple-health-records-launches-out-beta-39-health-systems

22. Jeremy Horwitz, "Apple says iOS Health Records has over 75 backers, uses open standards", VentureBeat, 2018 https://venturebeat.com/2018/08/08/

apple-says-ios-health-records-has-over-75-backers-uses-open-standards/

23. "Institutions that support health records on iPhone (beta)", Apple, https://support.apple.com/en-us/HT208647

24. Apple, "Apple announces Health Records feature coming to veterans", Apple, 2019 https://www.apple.com/newsroom/2019/02/apple-announces-health-records-feature-coming-to-veterans/

25. Dave Muoio, "Apple Health Records now available to all US providers with compatible EHRs", Mobihealthnews, 2019 https://www.mobihealthnews.com/news/north-america/apple-health-records-now-available-all-us-providers-compatible-ehrs

26. David P. Hamilton, "Microsoft's HealthVault puts your medical records online and in your hands — sort of", VentureBeat, 2007, https://venturebeat.com/2007/10/04/microsofts-healthvault-puts-your-medical-records-online-and-in-your-hands-sort-of/

27. Steve Lohr, "Google to End Health Records Service After It Fails to Attract Users", The New York Times, 2011 https://www.nytimes.com/2011/06/25/technology/25health.html?_r=1

28. Christian Dameff, Brian Clay, Christopher A. Longhurst, "Personal Health Records: More Promising in the Smartphone Era?", JAMA Network, 2019 https://jamanetwork.com/journals/jama/article-abstract/2721088#jvp180166r4

29. Nicole Wetsman, "Accessing health records on your iPhone is a dream and a nightmare", Popular Science, 2019 https://www.popsci.com/apple-iphone-personal-health-record

30. Dave Muoio, "House call tech company Heal introduces Apple Health Record support", Mobihealthnews, 2018 https://www.mobihealthnews.com/content/house-call-tech-company-heal-introduces-apple-health-record-support

31. Mark Sullivan, "EHR giant Epic explains how it will bring Apple HealthKit data to doctors", VentureBeat, 2014 https://venturebeat.com/2014/09/17/ehr-giant-epic-explains-how-it-will-bring-apple-healthkit-data-to-doctors/

32. Rock Health, "Announcing the 2017 Top 50 in Digital Health" Rock

Health, 2016 https://rockhealth.com/announcing-the-2017-top-50-in-digital-health/

33. Patty Enrado, "Validic's Digital Health Platform Realizes the Promise of Digital Health Innovation through Connectivity", Mobihealthnews, 2014 https://www.mobihealthnews.com/news/realizing-promise-digital-health-innovation-connectivity-key

34. Jonah Comstock, "Validic's VitalSnap captures data from non-connected health devices' screens using a smartphone camera", Mobihealthnews, 2016 https://www.mobihealthnews.com/content/validics-vitalsnap-captures-data-non-connected-health-devices-screens-using-smartphone

35. Jonah Comstock, "Cerner taps Validic to bring patient-generated data into portal", Mobihealthnews, 2015 https://www.mobihealthnews.com/41269/cerner-taps-validic-to-bring-patient-generated-data-into-portal

36. Jonah Comstock, "Meditech taps Validic to bring patient generated data into its EHR", Mobihealthnews, 2015 https://www.mobihealthnews.com/42200/meditech-taps-validic-to-bring-patient-generated-data-into-its-ehr

37. "Validic, Sutter Health Lead Innovative Pilot Demonstration to Capture, Share and Use Patient-Generated Health Data", PR Newswire, 2016 https://www.prnewswire.com/news-releases/validic-sutter-health-lead-innovative-pilot-demonstration-to-capture-share-and-use-patient-generated-health-data-300347486.html

38. Jonah Comstock, "iGetBetter gets $1.1 million for post-discharge patient monitoring via apps, connected devices", Mobihealthnews, 2015 https://www.mobihealthnews.com/40672/igetbetter-gets-1-1-million-for-post-discharge-patient-monitoring-via-apps-connected-devices

39. "VALIDIC ANNOUNCES MAJOR FIRST QUARTER GROWTH – DIGITAL HEALTH MARKETPLACE GROWS 20%, CLIENT POPULATION EXPANDS TO 160 MILLION", Validic, 2015 https://validic.com/connect-release/

40. Antonio Regalado, "Apple Has Plans for Your DNA", MIT Tech Review, 2015 https://www.technologyreview.com/s/537081/apple-has-plans-for-your-dna/

41. 최윤섭, "애플, 이제는 유전 정보까지 모으려 한다", 최윤섭의 Healthcare Innovation, 2015 http://www.yoonsupchoi.com/2015/05/27/apple_wants_

dna/

13장 모든 사람의, 모든 데이터를 모은다면

1. Amy Maxmen, "Google spin-off deploys wearable electronics for huge health study", Nature, 2017 https://www.nature.com/news/google-spin-off-deploys-wearable-electronics-for-huge-health-study-1.22246

2. Alistair Marr, "Google's New Moonshot Project: the Human Body", The Wall Street Journal, 2014 https://www.wsj.com/articles/google-to-collect-data-to-define-healthy-human-1406246214

3. "The Project Baseline Study", Stanford Medicine, 2018 https://medicine.stanford.edu/annual-report-2018/the-project-baseline-study.html

4. 최윤섭, "프로젝트 베이스라인: 미래 의료를 향한 구글의 야심", 최윤섭의 Healthcare Innovation, 2017 http://www.yoonsupchoi.com/2017/07/26/proejct-baseline/

5. 최윤섭, "구글의 새로운 X 프로젝트: 인간 신체의 비밀을 밝히겠다!", 최윤섭의 Healthcare Innovation, 2014 http://www.yoonsupchoi.com/2014/08/05/gogle_baseline_study/

6. Heather Mack, "Verily introduces health-tracking Study Watch for use in clinical research", Mobihealthnews, 2017 https://www.mobihealthnews.com/content/verily-introduces-health-tracking-study-watch-use-clinical-research

7. Larry Husten, "Prominent Harvard Cardiologist Moves To Google X To Head Large Study", Forbes, 2015 https://www.forbes.com/sites/larryhusten/2015/05/11/prominent-harvard-cardiologist-moves-to-google-x-to-head-large-study/

8. 문상훈, 김영진, 김봉조, "미국 정밀의료 프로젝트 소개", 주간 건강과 질병, 2016 http://www.cdc.go.kr/CDC/cms/content/mobile/72/66872_view.html

9. "What is the Precision Medicine Initiative?" Genetic Home Reference, NIH, https://ghr.nlm.nih.gov/primer/precisionmedicine/initiative

10. "All of Us Research Program Backgrounder", NIH https://allofus.nih.gov/news-events-media/media-toolkit/all-us-research-program-

backgrounder

11. Jonah Comstock, "NIH seeks feedback on how to collect clinical data via smartphones, wearables" Mobihealthnews, 2015 https://www.mobihealthnews.com/45087/nih-seeks-feedback-on-how-to-collect-clinical-data-via-smartphones-wearables/

12. Conor Hale, "Fitbit launches bring-your-own-device program for the NIH's All of Us megastudy", FierceBiotech, 2019 https://www.fiercebiotech.com/medtech/fitbit-launches-bring-your-own-device-program-for-nih-s-all-us-megastudy

13. The All of Us Research Program Investigators, "The "All of Us" Research Program", The New England Journal of Medicine, 2019 https://www.nejm.org/doi/full/10.1056/NEJMsr1809937

14. Nathan D Price at. al., "A wellness study of 108 individuals using personal, dense, dynamic data clouds", Nature Biotechnology, 2017 https://www.nature.com/articles/nbt.3870

15. David Ewing Duncan, "Can AI Keep You Healthy?", MIT Technology Review, 2017 https://www.technologyreview.com/s/608987/how-ai-will-keep-you-healthy/

16. Xiao Li et. al. "Digital Health: Tracking Physiomes and Activity Using Wearable Biosensors Reveals Useful Health-Related Information", Plos One, 2017 https://journals.plos.org/plosbiology/article/comments?id=10.1371/journal.pbio.2001402

17. 정성수, "웨어러블로 질병 예측 가능할까?", 메디게이트뉴스, 2017 https://www.medigatenews.com/news/1860992649

18. Alexandra Sifferlin, "Wearables Can Tell When You're Getting Sick", TIME, 2017 http://time.com/4598194/wearable-fitness-tracker-cold-flu/

14장 빅데이터 의료를 위해

1. "Data, data everywhere", The Economist, 2010 https://www.economist.com/special-report/2010/02/27/data-data-everywhere

2. Daniel Zeichner, "The big data explosion sets us profound challenges –

how can we keep up?", The Guardian, 2016 https://www.theguardian.com/science/political-science/2016/jul/02/the-big-data-explosion-sets-us-unprecedented-challenges-how-can-we-keep-up

3. "The Top 20 Valuable Facebook Statistics – Updated May 2019", Zephoria, https://zephoria.com/top-15-valuable-facebook-statistics/

4. David Sayce, "Number of tweets per day?", https://www.dsayce.com/social-media/tweets-day/

5. Kit Smith, "48 Fascinating and Incredible YouTube Statistics", Brandwatch, 2019 https://www.brandwatch.com/blog/youtube-stats/

6. Bree Brouwer, "YouTube Now Gets Over 400 Hours Of Content Uploaded Every Minute", tube filter, 2015 https://www.tubefilter.com/2015/07/26/youtube-400-hours-content-every-minute/

7. "You know what's cool? A billion hours", Youtube Official Blog, 2017 https://youtube.googleblog.com/2017/02/you-know-whats-cool-billion-hours.html

8. Zachary D. Stephens et. al., "Big Data: Astronomical or Genomical?", PLoS Biology, 2015 https://journals.plos.org/plosbiology/article?id=10.1371/journal.pbio.1002195

9. Sharon Begley, "Sequencing a genome for less than the cost of an X-ray? Not quite yet", STAT, 2017 https://www.statnews.com/2017/01/11/genome-sequencing-100-dollars/

10. Meghana Keshavan, "Illumina says it can deliver a $100 genome — soon", STAT, 2017 https://www.statnews.com/2017/01/09/illumina-ushering-in-the-100-genome/

11. Keith Darce, "'Moneyball' Comes to Medicine", Scripps, 2015 https://www.scripps.org/news_items/5588-moneyball-comes-to-medicine

12. 최윤섭, "데이터 중심 의학과 '머니볼'", 최윤섭의 Healthcare Innovation, 2015 http://www.yoonsupchoi.com/2015/12/25/medicine_moneyball/

13. Michael Schrage, "How the Big Data Explosion Has Changed Decision Making", Havard Business Review, 2016 https://hbr.org/2016/08/how-the-big-data-explosion-has-changed-decision-making

14. Charles Duhigg, "How Companies Learn Your Secrets", The New York Times Magazine, 2012 https://www.nytimes.com/2012/02/19/magazine/

shopping-habits.html?pagewanted=1&_r=1&hp

15. 찰스 두히그, "습관의 힘", 갤리온, 2012

16. Natasha Singer, "When a Health Plan Knows How You Shop", The New York Times, 2014 https://www.nytimes.com/2014/06/29/technology/when-a-health-plan-knows-how-you-shop.html

17. Shannon Pettypiece and Jordan Robertson, "Hospitals Are Mining Patients' Credit Card Data to Predict Who Will Get Sick", Bloomberg, 2014 https://www.bloomberg.com/news/articles/2014-07-03/hospitals-are-mining-patients-credit-card-data-to-predict-who-will-get-sick

18. 최윤섭, "스마트 공기 측정기 '어웨어': 사물 인터넷이 빅데이터 의료를 구현하려면'", 최윤섭의 Healthcare Innovation, 2016 http://www.yoonsupchoi.com/2016/01/24/awair_big_data_medicine/

19. Rajan K. Merchant, Rubina Inamdar, Robert C. Quade, "Effectiveness of Population Health Management Using the Propeller Health Asthma Platform: A Randomized Clinical Trial.", J Allergy Clin Immunol Pract. 2016 https://linkinghub.elsevier.com/retrieve/pii/S2213-2198(15)00665-0

20. Jonah Comstock, "Study: Propeller, Dignity Health find sensors can curb rescue inhaler use", Mobihealthnews, 2016 https://www.mobihealthnews.com/content/study-propeller-dignity-health-find-sensors-can-curb-rescue-inhaler-use

21. "Teva Pharmaceuticals and IBM Expand Global Partnership to Enable Drug Development and Chronic Disease Management with Watson", BusinessWire, 2016 https://www.businesswire.com/news/home/20161026005557/en/

22. Jonah Comstock, "Teva Pharmaceuticals buys smart inhaler company Gecko Health Innovations", Mobihealthnews, 2015 https://www.mobihealthnews.com/47039/teva-pharmaceuticals-buys-smart-inhaler-company-gecko-health-innovations

15장 원격의료: 원격 환자 모니터링

1. Ashlee Adams, Mark Shankar, Halle Tecco, "50 things we now know about digital health consumers", Rock Health, 2016 https://rockhealth.

com/reports/digital-health-consumer-adoption-2016/

2. Ashok Vegesna et. al., "Remote Patient Monitoring via Non-Invasive Digital Technologies: A Systematic Review", Telemedicine Journal and e-Health, 2017 https://www.ncbi.nlm.nih.gov/pmc/articles/PMC5240011/

3. Bernie Monegain, "CMS Administrator Seema Verma presses for remote monitoring of patients", HealthcareITNews, 2018 https://www.healthcareitnews.com/news/cms-administrator-seema-verma-presses-remote-monitoring-patients

4. "Medicare and Medicaid Programs; CY 2019 Home Health Prospective Payment System Rate Update and CY 2020 Case-Mix Adjustment Methodology Refinements; Home Health Value-Based Purchasing Model; Home Health Quality Reporting Requirements; Home Infusion Therapy Requirements; and Training Requirements for Surveyors of National Accrediting Organizations", Centers for Medicare & Medicaid Services https://s3.amazonaws.com/public-inspection.federalregister.gov/2018-14443.pdf

5. Rajiv B Kumar, "Automated integration of continuous glucose monitor data in the electronic health record using consumer technology", JAMIA, 2016 https://academic.oup.com/jamia/article/23/3/532/2909019

6. GluVue, A real-time clinical support tool for interpreting blood glucose data, Stanfrod Children's Health https://gluvue.stanfordchildrens.org/

7. Benjamin Noah, "Impact of remote patient monitoring on clinical outcomes: an updated meta-analysis of randomized controlled trials", npj Digital Medicine, 2018 https://www.nature.com/articles/s41746-017-0002-4

8. Yuxiang Zhong, "Real-World Assessment of Sugar.IQ with Watson—A Cognitive Computing-Based Diabetes Management Solution", American Diabetes Association, 2018 https://plan.core-apps.com/tristar_ada18/abstract/807d2f9885450670bb994661e35f8126

16장 원격의료: 원격진료

1. Ashlee Adams, Mark Shankar, Halle Tecco, "50 things we now know about digital health consumers", Rock Health, 2016 https://rockhealth.

com/reports/digital-health-consumer-adoption-2016/

2. 임솔, "원격의료 허용 입법예고.. 산업계 '환호'", 메디컬옵저버, 2013 http://www.monews.co.kr/news/articleView.html?idxno=60837

3. 이에스더, "복지부, 19대 때 폐기된 원격의료 법안 다시 입법예고", 중앙일보, 2016 https://news.joins.com/article/20079300

4. 안무업, 최기훈, "원격진료, 이헬스 및 유헬스로의 발전과정", 대한의사협회지, 2009 https://synapse.koreamed.org/Synapse/Data/PDFData/0119JKMA/jkma-52-1131.pdf

5. "보건산업 융합 新산업 발굴 및 정책 지원", 한국보건산업진흥원, 2014

6. "2017년 디지털헬스케어 진출 지원사업 보고서", 한국보건산업진흥원, 2019

7. 김진숙, 오수현, 최재욱, 김석영, "미국 원격의료 주별 정책 현황과 한국에의 시사점", J Korean Med Assoc 2015 https://synapse.koreamed.org/Synapse/Data/PDFData/0119JKMA/jkma-58-923.pdf

8. Latoya Thomas and Gary Capistrant, "By State comparison of improved coverage and reimbursement of telemedicine adoption", mTeleHealth, 2016 http://www.mtelehealth.com/state-telemedicine-gaps-analysis-coverage-reimbursement/

9. "What Retail Telemedicine Means For Healthcare Providers", HealthPoPuli https://www.healthpopuli.com/2015/09/24/what-retail-telemedicine-means-for-healthcare-providers/

10. Lucas Mearian, "Almost one in six doctor visits will be virtual this year", ComputerWorld, 2014 https://www.computerworld.com/article/2490959/healthcare-it-almost-one-in-six-doctor-visits-will-be-virtual-this-year.html

11. Bruce Japsen, "Doctors' Virtual Consults With Patients To Double By 2020", Forbes, 2015 https://www.forbes.com/sites/brucejapsen/2015/08/09/as-telehealth-booms-doctor-video-consults-to-double-by-2020/#5cbf43a14f9b

12. Jack S. Resneck Jr, Michael Abrouk, Meredith Steuer, "Choice, Transparency, Coordination, and Quality Among Direct-to-Consumer Telemedicine Websites and Apps Treating Skin Disease", JAMA Dermatology, 2016 https://jamanetwork.com/journals/jamadermatology/fullarticle/2522336

13. Teladoc, "Teladoc Completes Record Visit Volume in 2017; Provides Preliminary Unaudited 2017 Results and 2018 Financial Outlook", GlobalNewsWire, 2018 https://www.globenewswire.com/news-release/2018/01/08/1284986/0/en/Teladoc-Completes-Record-Visit-Volume-in-2017-Provides-Preliminary-Unaudited-2017-Results-and-2018-Financial-Outlook.html

14. Teladoc, "37th Annual JP Morgan Healthcare Conference", 2019 https://s21.q4cdn.com/672268105/files/doc_presentations/2019/Teladoc-Health_JPM-2019.pdf

15. Kia Kokalitcheva, "More Than Half of Kaiser Permanente's Patient Visits Are Done Virtually", Fortune, 2016 http://fortune.com/2016/10/06/kaiser-permanente-virtual-doctor-visits/

16. "Current Telemedicine Technology Could Mean Big Savings", Willis Towers Watson, 2014 https://www.towerswatson.com/en/Press/2014/08/current-telemedicine-technology-could-mean-big-savings

17. Anita Hamilton, "Could ePatient Networks Become the Superdoctors of the Future?", Fast Company, 2012 https://www.fastcompany.com/1680617/could-epatient-networks-become-the-superdoctors-of-the-future

18. National Association of Community Health Centers, "Access Is the Answer: Community Health Centers, Primary Care & the Future of American Health Care", 2014 http://www.nachc.org/wp-content/uploads/2019/05/Access-is-the-Answer-Brief-March-2014.pdf

19. John Commins, "SUPPORT YOUR LOCAL COMMUNITY HEALTH CENTER", HealthLeaders, 2014 https://www.healthleadersmedia.com/strategy/support-your-local-community-health-center

20. "NYC's doctor-patient ratio is highest of any US city", Metro, 2014 https://www.metro.us/lifestyle/nyc-s-doctor-patient-ratio-is-highest-of-any-us-city/tmWniq---57475pFT9STHU

21. Samuel Weigley, Alexander E.M. Hess and Michael B. Sauter, "Doctor shortage could take turn for the worse", USA Today, 2012 https://www.usatoday.com/story/money/business/2012/10/20/doctors-shortage-least-most/1644837/

22. "Survey of Physician Appointment Wait Times", Merritt Hawkins, 2017 https://www.merritthawkins.com/uploadedFiles/MerrittHawkins/Content/Pdf/mha2017waittimesurveyPDF.pdf

23. "America Healthcare", CNN Money, 2013 http://economy.money.cnn.com/2013/11/14/america-healthcare/

24. "HEALTH INSURANCE COVERAGE AND THE AFFORDABLE CARE ACT", US Department of Health & Human Services, ASPE, 2015 https://aspe.hhs.gov/pdf-report/health-insurance-coverage-and-affordable-care-act

25. FORM S-1, Teladoc, Inc, 2015 https://www.sec.gov/Archives/edgar/data/1477449/000104746915005538/a2225135zs-1a.htm

26. Teladoc Press Release, "Teladoc blazes a trail in the emerging virtual telehealth services industry", Teladoc, 2016 https://ir.teladochealth.com/news-and-events/investor-news/press-release-details/2016/Teladoc-blazes-a-trail-in-the-emerging-virtual-telehealth-services-industry/default.aspx

27. News Release, "Cisco Study Reveals 74 Percent of Consumers Open to Virtual Doctor Visit", CISCO, 2013 https://newsroom.cisco.com/press-release-content?type=webcontent&articleId=1148539

28. Ann Carrns, "Visiting the Doctor, Virtually", The New York Times, 2013 https://bucks.blogs.nytimes.com/2013/02/13/visiting-the-doctor-virtually/

29. Avalere, "Estimated Federal Impact of Proposed Policies Changes to Expand Medicare Reimbursement of Telehealth and Remote Patient Monitoring", 2015 http://static.politico.com/2d/b5/7715952c4cc7815e7048b91c6c5c/avalere-health-study-of-the-connect-for-health-act.pdf

30. 정용철, "원격의료, 인류 보편가치·산업육성 '씨앗'", 전자신문, 2018 http://www.etnews.com/20180911000411

31. Michael L. Barnett, Kristin N. Ray, Jeff Souza, "Trends in Telemedicine Use in a Large Commercially Insured Population, 2005-2017", JAMA, 2018 https://jamanetwork.com/journals/jama/article-abstract/2716547

32. Aditi Pai, "Teladoc raises $157M in first IPO for mobile-enabled video visits", Mobihealthnews, 2015 https://www.mobihealthnews.com/44902/teladoc-raises-157m-in-first-ipo-for-mobile-enabled-video-visits

33. 최윤섭, "Teladoc, 원격 의료 회사 최초의 IPO 성공: 그 의미와 배경", 최윤섭의 Healthcare Innovation, 2015 http://www.yoonsupchoi.com/2015/07/16/

teladoc_ipo/

34. Teladoc, "Teladoc Health Reports Fourth-Quarter and Full-Year 2018 Results", 2019 https://ir.teladochealth.com/news-and-events/investor-news/press-release-details/2019/Teladoc-Health-Reports-Fourth-Quarterand-Full-Year-2018-Results/default.aspx

35. Neil Versel, "Seven things we learned from the Teladoc IPO registration", MedCity News, 2015 https://medcitynews.com/2015/05/seven-things-we-learned-from-the-teladoc-ipo-registration/

36. "Doctor On Demand Surpasses One Million Video Visits", BusinessWire, 2018 https://www.businesswire.com/news/home/20180522005863/en/Doctor-Demand-Surpasses-Million-Video-Visits

37. "Doctor On Demand Signs 400th Employer Customer", BusinessWire, 2016 https://www.businesswire.com/news/home/20160114005946/en/Doctor-Demand-Signs-400th-Employer-Customer

38. Jonah Comstock, "In-Depth: Advances and challenges in digital dermatology", Mobihealthnews, 2018 https://www.mobihealthnews.com/content/depth-advances-and-challenges-digital-dermatology

39. First Derm, "Ask a Board-Certified Dermatologist" https://www.firstderm.com/send-case/

40. Sumathi Reddy, "New Ways for Patients to Get a Second Opinion", The Wall Street Journal, 2015 https://www.wsj.com/articles/new-ways-to-get-a-second-opinion-1440437584

41. Ashley N.D. Meyer, Hardeep Singh, Mark L. Graber, "Evaluation of Outcomes From a National Patient-initiated Second-opinion Program", The American Journal of Medicine, 2015 http://www.amjmed.com/article/S0002-9343(15)00369-1/abstract

42. Tara Jain, Richard J. Lu, Ateev Mehrotra, "Prescriptions on Demand: The Growth of Direct-to-Consumer Telemedicine Companies", JAMA, 2019 https://jamanetwork.com/journals/jama/fullarticle/2740743

43. Dave Muoio, "Online wellness, prescription service Hims expands to women's health with Hers", Mobihealthnews, 2018 https://www.mobihealthnews.com/content/online-wellness-prescription-service-hims-expands-womens-health-hers

44. Kate Clark, "Birth control delivery startup Nurx approaches $300M

valuation", TechCrunch, 2019 https://techcrunch.com/2019/08/15/birth-control-delivery-startup-nurx-approaches-300m-valuation/

45. Rebecca Robbins, "A startup promised to make health care 'refreshingly simple.' Building the business has been anything but", STAT, 2018 https://www.statnews.com/2018/04/26/lemonaid-health-telemedicine/

46. Kate Clark, Birth control delivery startup Nurx introduces STI home-testing kits, TechCrunch, 2019 https://techcrunch.com/2019/07/10/birth-control-delivery-startup-nurx-introduces-sti-home-testing-kits/

47. Adam J. Schoenfeld, Jason M. Davies, Ben J. Marafino et al. "Variation in Quality of Urgent Health Care Provided During Commercial Virtual Visits", JAMA Internal Medicine, 2016 https://jamanetwork.com/journals/jamainternalmedicine/article-abstract/2511324

48. Jack S. Resneck Jr, Michael Abrouk, Meredith Steuer et. al., "Choice, Transparency, Coordination, and Quality Among Direct-to-Consumer Telemedicine Websites and Apps Treating Skin Disease", JAMA Dermatology, 2016 https://jamanetwork.com/journals/jamadermatology/fullarticle/2522336

49. Robbie Gonzalez, "Telemedicine is forcing doctors to learn 'webside' manner", Wired, 2017 https://www.wired.com/story/telemedicine-is-forcing-doctors-to-learn-webside-manner/

50. Michael Nochomovitz, Rahul Sharma, "Is It Time for a New Medical Specialty? The Medical Virtualist", JAMA, 2018 https://jamanetwork.com/journals/jama/article-abstract/2664528

51. Evan Sweeney, "Does healthcare need a virtual medicine specialty? Experts aren't so sure", FierceHealthcare, 2017 https://www.fiercehealthcare.com/mobile/medical-virtualist-specialty-care-telehealth-jama-virtual-medicine-technology

52. 문선희, "부정맥 사망, 원격진료로 줄일 수 있다'", e-의료정보, 2018 http://www.kmedinfo.co.kr/news/articleView.html?idxno=49745

53. 박선혜, "ICD 이식 후 원격 모니터링이 필요한 이유", 메디컬옵저버, 2017 http://www.monews.co.kr/news/articleView.html?idxno=106453

54. 전예진, "유아·청소년 투석 환자들만이라도 원격 모니터링 도입돼야", 한경헬스, 2018 https://www.hankyung.com/it/article/2018091848951

55. 노재영, "원격 복막투석시대 활짝 여리나…'환자가 집에서 투석하면, 의

료진은 병원에서 치료 결과 모니터링'", 메디팜헬스, 2019 http://www.medipharmhealth.co.kr/news/article.html?no=54941ㄴ

56. 김철중, "일본은 안방서 쿨쿨 자며 원격 투석관리… 한국선 불법", 조선일보, 2018 http://news.chosun.com/site/data/html_dir/2018/11/23/2018112300244.html

57. 곽성순, "'원격진료' 반대하는 그는 왜 '손목시계형 심전도기'에 찬성하나", 청년의사, 2019 http://www.docdocdoc.co.kr/news/articleView.html?idxno=1065583

58. 최진주, "건강수명 불평등, 지자체 의료·복지서비스가 해법", 한국일보, 2018 https://www.hankookilbo.com/News/Read/201807121559096051

59. Angelica LaVito and Lauren Hirsch, "Amazon shakes up drugstore business with deal to buy online pharmacy PillPack", CNBC, 2018 https://www.cnbc.com/2018/06/28/amazon-to-acquire-online-pharmacy-pillpack.html

60. Sharon Terlep and Laura Stevens, "Amazon Buys Online Pharmacy PillPack for $1 Billion", The Wall Street Journal, 2018 https://www.wsj.com/articles/amazon-to-buy-online-pharmacy-pillpack-1530191443

17장 인공지능

1. Wikipedia, "Artificial intelligence" https://en.wikipedia.org/wiki/Artificial_intelligence

2. Daniel Faggella, "AI is So Hot, We've Forgotten All About the AI Winter" Singularity web blog, 2015 https://www.singularityweblog.com/ai-is-so-hot-weve-forgotten-all-about-the-ai-winter/

3. 신정규, 최예림, "AI, 긴 겨울을 보내고 꽃을 피우다", 카카오AI리포트, 2017 https://brunch.co.kr/@kakao-it/51

4. 김민구, "PART I 인공지능연구, 어디까지 왔나?", 과학동아, 1990 http://dl.dongascience.com/magazine/view/S199006N027

5. 유석인, "PART III 전문가시스템의 성공사례", 과학동아, 1990 http://dl.dongascience.com/magazine/view/S199006N029

6. Yves Frégnac & Gilles Laurent, "Neuroscience: Where is the brain in

the Human Brain Project?", Nature, 2014 https://www.nature.com/news/neuroscience-where-is-the-brain-in-the-human-brain-project-1.15803

7. David E. Rumelhart, Geoffrey E. Hinton & Ronald J. Williams, "Learning representations by back-propagating errors", Nature, 1986 https://www.nature.com/articles/323533a0

8. Y LeCun et. al., "Backpropagation Applied to Handwritten Zip Code Recognition", IEEE Xplore, 1989 https://ieeexplore.ieee.org/document/6795724?reload=true

9. Sven Behnke, "Hierarchical Neural Networks for Image Interpretation", 2003, Draft submitted to Springer-Verlag https://www.ais.uni-bonn.de/books/LNCS2766.pdf

10. Patrice Y. Simard Dave Steinkraus John Platt, "Best Practices for Convolutional Neural Networks Applied to Visual Document Analysis", Microsoft Research, 2003 https://www.microsoft.com/en-us/research/publication/best-practices-for-convolutional-neural-networks-applied-to-visual-document-analysis/

11. Geoffrey E. Hinton and Simon Osindero, "A fast learning algorithm for deep belief nets", Neural Computation, 2006 https://www.cs.toronto.edu/~hinton/absps/fastnc.pdf

12. Varun Gulshan et. al., "Development and Validation of a Deep Learning Algorithm for Detection of Diabetic Retinopathy in Retinal Fundus Photographs", JAMA, 2016 https://jamanetwork.com/journals/jama/fullarticle/2588763

13. Esteva A et al, "Dermatologist-level classification of skin cancer with deep neural networks" Nature, 2017 https://www.ncbi.nlm.nih.gov/pubmed/28117445

14. Martin Stumpe, "Assisting Pathologists in Detecting Cancer with Deep Learning", Google Research Blog, 2017 https://research.googleblog.com/2017/03/assisting-pathologists-in-detecting.html

15. Joon-myoung Kwon et. al. "An Algorithm Based on Deep Learning for Predicting In-Hospital Cardiac Arrest", J Am Heart Assoc. 2018 https://www.ncbi.nlm.nih.gov/pmc/articles/PMC6064911/

16. Awni Y. Hannun, et. al. "Cardiologist-level arrhythmia detection and classification in ambulatory electrocardiograms using a deep neural

network", Nature Medicine, 2019 https://www.nature.com/articles/s41591-018-0268-3?WT.feed_name=subjects_cardiovascular-diseases

17. Ju Gang Nam et. al. "Development and Validation of Deep Learning-based Automatic Detection Algorithm for Malignant Pulmonary Nodules on Chest Radiographs", Radiology, 2018 https://pubs.rsna.org/doi/10.1148/radiol.2018180237

18. Neil Versel, "AliveCor gets FDA clearance for Android-compatible version", Mobihealthnews, 2013 https://www.mobihealthnews.com/26086/alivecor-gets-fda-clearance-for-android-compatible-version/

19. Brian Dolan, "AliveCor launches smartphone-enabled heart monitor, analysis services direct-to-consumer", Mobihealthnews, 2014 https://www.mobihealthnews.com/29801/alivecor-launches-smartphone-enabled-heart-monitor-analysis-services-direct-to-consumer/

20. Jonah Comstock, "AliveCor gets FDA clearance for atrial fibrillation algorithm", Mobihealthnews, 2014 https://www.mobihealthnews.com/35973/alivecor-gets-fda-clearance-for-atrial-fibrillation-algorithm/

21. 임광명, "'죽음의 리듬' 심방세동, 아직도 방치하세요?", 부산일보 http://www.busan.com/view/busan/view.php?code=20131209000021

22. 박지유, "심방세동에 관한 8가지 오해와 진실", 세브란스병원 소식지, 2012 http://blog.iseverance.com/cby6908/entry/94

23. AliveCor, "FDA Clears First Medical Device Accessory for Apple Watch®", 2017 https://www.alivecor.com/press/press_release/fda-clears-first-medical-device-for-apple-watch/

24. Awni Y. Hannun et. al., "Cardiologist-level arrhythmia detection and classification in ambulatory electrocardiograms using a deep neural network", Nature Medicine, 2019 https://www.nature.com/articles/s41591-018-0268-3

25. 정용철, "'골든타임 사수하라' AI가 응급상황 발생까지 미리 알려준다", 전자신문, 2016 http:// www.etnews.com/20161110000433

26. Joon-myoung Kwon et. al. "An Algorithm Based on Deep Learning for Predicting In-Hospital Cardiac Arrest", J Am Heart Assoc. 2018 https://www.ncbi.nlm.nih.gov/pmc/articles/PMC6064911/

27. 조동찬, "인공지능, 심정지도 미리 알아낸다…하루 전 예측 가능", SBS 뉴스, 2017, https://news.sbs.co.kr/news/endPage.do?news_id=N1004375268&plin

k=ORI&cooper=NAVER

28. Ariana Eunjung Cha, "Medtronic, IBM team up on diabetes app to predict possibly dangerous events hours earlier", The Washington Post, 2016 https://www.washingtonpost.com/news/to-your-health/wp/2016/01/07/medtronic-ibm-team-up-on-diabetes-app-to-predict-possibly-dangerous-events-hours-earlier/?noredirect=on

29. Amanda Griswold, "Smarter Insights with the Sugar.IQ Diabetes Assistant", Medtronic, 2018 https://www.medtronicdiabetes.com/loop-blog/smarter-insights-with-the-sugar-iq-diabetes-assistant/

30. Laura Lovett, "Medtronic, IBM Watson launch Sugar.IQ diabetes assistant", Mobihealthnews, 2018 https://www.mobihealthnews.com/content/medtronic-ibm-watson-launch-sugariq-diabetes-assistant

31. Dave Muoio, "Medtronic, IBM Watson diabetes app gains hypoglycemia prediction feature", Mobihealthnews, 2019 https://www.mobihealthnews.com/content/medtronic-ibm-watson-diabetes-app-gains-hypoglycemia-prediction-feature

32. Yuxiang Zhong, et. al., "Real-World Assessment of Sugar.IQ with Watson—A Cognitive Computing-Based Diabetes Management Solution", Diabetes, 2018 https://diabetes.diabetesjournals.org/content/67/Supplement_1/16-OR

33. David Zeevi, "Personalized Nutrition by Prediction of Glycemic Responses", Cell, 2015, http://www.cell.com/cell/fulltext/S0092-8674(15)01481-6

34. Interleukin Genetics, Inc., "Interleukin Genetics, Inc. and Stanford University Report Genetic Test Improves Weight Loss Success With Diets", CISION, 2010 https://www.prnewswire.com/news-releases/interleukin-genetics-inc-and-stanford-university-report-genetic-test-improves-weight-loss-success-with-diets-86252902.html

35. Brian Marckx, "PST Launch, A New Inflection Point For Interleukin Genetics", Seeking alpha, 2013 https://seekingalpha.com/article/1515692-pst-launch-a-new-inflection-point-for-interleukin-genetics

36. "Interleukin Genetics Inc. (ILGN) Announces Positive Results from Clinical Study Evaluating Genetic Test's Impact on Weight Loss", FierceBiotech, 2009 https://www.fiercebiotech.com/biotech/interleukin-genetics-inc-ilgn-announces-positive-results-from-clinical-study-

evaluating

37. IBM News Room, "Pathway Genomics Debuts First Genomic Wellness App Powered by IBM Watson", IBM, 2016 https://www-03.ibm.com/press/us/en/pressrelease/48766.wss

38. Natalie Gagliordi, "IBM's Watson-powered wellness app with Pathway Genomics enters alpha release", ZDNet, 2016 https://www.zdnet.com/article/ibms-watson-powered-wellness-app-with-pathway-genomics-enters-alpha-release/

18장 디지털 치료제, 또 하나의 신약

1. Christina Farr, "Can 'Digital Therapeutics' Be as Good as Drugs?", MIT Tech Review https://www.technologyreview.com/s/604053/can-digital-therapeutics-be-as-good-as-drugs/

2. "The Birth of Prescription Digital Therapeutics," Pear Therapeutics and InCrowd, IIeX 2018 https://www.youtube.com/watch?v=0-pNhcMTtw4

3. Digital Therapeutics Alliance, "Digital Therapeutics: Combining Technology and Evidence-based Medicine to Transform Personalized Patient Care", 2018 https://www.dtxalliance.org/wp-content/uploads/2018/09/DTA-Report_DTx-Industry-Foundations.pdf

4. Jonah Comstock, "Digital Therapeutics Alliance releases definition, best practices for burgeoning space", Mobihealthnews, 2018 https://www.mobihealthnews.com/content/digital-therapeutics-alliance-releases-definition-best-practices-burgeoning-space

5. Dave Muoio, "In-Depth: Defining the burgeoning field of digital therapeutics", Mobihealthnews, 2018 https://www.mobihealthnews.com/content/depth-defining-burgeoning-field-digital-therapeutics

6. Mike Joyce, Olivier Leclerc, Kirsten Westhues, and Hui Xue, "Digital therapeutics: Preparing for takeoff", McKinsey&Company, 2018 https://www.mckinsey.com/industries/pharmaceuticals-and-medical-products/our-insights/digital-therapeutics-preparing-for-takeoff

7. PWC, "Digital therapeutics and connected care reshape the life sciences industry", PWC, 2019 https://www.pwc.com/us/en/industries/health-

industries/top-health-industry-issues/digital-therapeutics-and-connected-care.html

8. Nick Paul Taylor, "Pear raises $50M to market digital substance abuse therapy", FierceBiotech, 2018 https://www.fiercebiotech.com/medtech/pear-raises-50m-to-market-digital-substance-abuse-therapy

9. Pear Therapeutics, "PEAR THERAPEUTICS COMPLETES $64M SERIES C FINANCING", Pear Therapeutics, 2019 https://peartherapeutics.com/pear-therapeutics-completes-64m-series-c-financing/

10. Novartis, "Sandoz signs agreement with Pear Therapeutics to develop and commercialize prescription digital therapeutics for patients with substance use disorder and opioid use disorders", Novartis, 2018 https://www.novartis.com/news/media-releases/sandoz-signs-agreement-pear-therapeutics-develop-and-commercialize-prescription-digital-therapeutics-patients-substance-use-disorder-and-opioid-use-disorders

11. Novartis, "Sandoz and Pear Therapeutics announce launch of reSET® for treatment of patients with Substance Use Disorder", Novartis, 2018 https://www.novartis.com/news/media-releases/sandoz-and-pear-therapeutics-announce-launch-reset-treatment-patients-substance-use-disorder

12. Novartis, "Sandoz and Pear Therapeutics Announce US Launch of reSET-OTM to Help Treat Opioid Use Disorder", Novartis, 2019 https://www.novartis.com/news/media-releases/sandoz-and-pear-therapeutics-announce-us-launch-reset-otm-help-treat-opioid-use-disorder

13. Joseph Keenan, "Merck, Amgen bump up Series B to $42.4M for Akili", FierceBiotech, 2016 https://www.fiercebiotech.com/medical-devices/akili-adds-11-9m-from-merck-and-amgen-to-push-its-series-b-total-42-4m

14. Jeff Bauter Engel, "Akili Grabs $55M, Seeking FDA Approval of First Video Game Therapy", Xconomy, 2018 https://xconomy.com/boston/2018/05/09/akili-grabs-55m-seeking-fda-approval-of-first-video-game-therapy/

15. Laura Lovett, "Click Therapeutics lands $17M in funding round led by Sanofi", Mobihealthnews, 2018 https://www.mobihealthnews.com/content/click-therapeutics-lands-17m-funding-round-led-sanofi

16. Laura Lovett, "Click Therapeutics teams up with Otsuka on digital

therapeutic for major depressive disorder", Mobihealthnews, 2018 https://www.mobihealthnews.com/content/click-therapeutics-teams-otsuka-digital-therapeutic-major-depressive-disorder

17. IMDRF, "Software as a Medical Device (SaMD)" http://www.imdrf.org/workitems/wi-samd.asp

18. IMDRF, "Software as a Medical Device (SaMD): Application of Quality Management System", 2015 http://www.imdrf.org/docs/imdrf/final/consultations/imdrf-cons-samd-aqms-150326.pdf

19. 장종원, "뷰노, 국내 첫 'AI 기반 진단보조 의료기기' 허가", 바이오스펙테이터, 2018 http://www.biospectator.com/view/news_view.php?varAtcId=5485

20. 장종원, "루닛-제이엘케이인스펙션, 'AI 의료기기' 식약처 허가", 바이오스펙테이터, 2018 http://www.biospectator.com/view/news_view.php?varAtcId=6031

21. Jonah Comstock, "Pear Therapeutics gets de novo FDA clearance for reSET, a digital therapeutic for substance abuse", Mobihealthnews, 2017 https://www.mobihealthnews.com/content/pear-therapeutics-gets-de-novo-fda-clearance-reset-digital-therapeutic-substance-abuse

22. Nick Haluck, "Who's Really First in FDA Cleared Digital Therapeutics?", Health Advances Blog, 2017 https://healthadvancesblog.com/2017/11/13/whos-really-first-in-fda-cleared-digital-therapeutics/

23. "DE NOVO CLASSIFICATION REQUEST FOR RESET", 2016 https://www.accessdata.fda.gov/cdrh_docs/reviews/DEN160018.pdf

24. Laura Lovett, "Pear's digital therapeutic reSET-O FDA cleared to treat opioid use disorder", Mobihealthnews, 2018 https://www.mobihealthnews.com/content/pears-digital-therapeutic-reset-o-fda-cleared-treat-opioid-use-disorder

25. Dave Muoio, "Novartis is cutting off its digital therapeutics commercialization partnership with Pear Therapeutics", Mobihealthnews, 2019 https://www.mobihealthnews.com/news/north-america/novartis-cutting-its-digital-therapeutics-commercialization-partnership-pear

26. Dave Muoio, "Pear Therapeutics' digital insomnia therapeutic will put FDA's PreCert framework through its paces", Mobihealthnews, 2019 https://www.mobihealthnews.com/news/north-america/pear-therapeutics-digital-insomnia-therapeutic-will-put-fdas-precert-

framework

27. Pear Therapeutics, "PEAR THERAPEUTICS ANNOUNCES INITIATION OF PROOF OF CONCEPT STUDY FOR PRESCRIPTION DIGITAL THERAPEUTIC IN DEVELOPMENT FOR THE TREATMENT OF SCHIZOPHRENIA", Pear Therapeutics, 2018 https://peartherapeutics.com/pear-therapeutics-announces-initiation-of-proof-of-concept-study-for-prescription-digital-therapeutic-in-development-for-the-treatment-of-schizophrenia/

28. J. A. Anguera et. al., "Video game training enhances cognitive control in older adults", Nature, 2013 https://www.nature.com/articles/nature12486

29. Joaquin A. Anguera et. al. "A pilot study to determine the feasibility of enhancing cognitive abilities in children with sensory processing dysfunction." PLoS ONE, 2017 https://journals.plos.org/plosone/article?id=10.1371/journal.pone.0172616

30. Vincent Hennemand의 DTxDM West 2018 발표자료

31. Ben Fidler, "First Video Game Therapy Heads to FDA as Akili Touts ADHD Study Win", Xconomy, 2017 https://xconomy.com/boston/2017/12/04/first-video-game-therapy-heads-to-fda-as-akili-touts-win-in-adhd-study/

32. CDC, "About Prediabetes & Type 2 Diabetes" https://www.cdc.gov/diabetes/prevention/lifestyle-program/about-prediabetes.html

33. The White House, "Presidential Proclamation -- National Diabetes Month, 2016", 2016 https://obamawhitehouse.archives.gov/the-press-office/2016/10/28/presidential-proclamation-national-diabetes-month-2016

34. Darius Tahir, "Medicare's diabetes prevention program slows to crawl", Politico, 2018 https://www.politico.com/story/2018/07/19/medicare-diabetes-prevention-program-slows-645509

35. Omada Health, "PRESS RELEASE: Omada Health Achieves Full CDC Recognition", 2018 https://www.omadahealth.com/press/press-release-omada-health-achieves-full-cdc-approval

36. Sepah SC, Jiang L, Peters AL, "Long-term outcomes of a Web-based diabetes prevention program: 2-year results of a single-arm longitudinal study.", J Med Internet Res. 2015 https://www.ncbi.nlm.nih.gov/

pubmed/25863515

37. 신용문, "혈당강하제 약료 (4) Metformin 제제와 경구 혈당강하제 병용요법", 약학정보원 http://www.health.kr/Menu/PharmReview/_uploadfiles/3(0).pdf

38. Tannaz Moin et. al. "Results From a Trial of an Online Diabetes Prevention Program Intervention", AJPM, 2018 https://www.ajpmonline.org/article/S0749-3797(18)32104-4/abstract

39. Dave Muoio, "Omada Health to launch largest clinical trial of digital DPP", Mobihealthnews, 2018 https://www.mobihealthnews.com/content/omada-health-launch-largest-clinical-trial-digital-dpp

40. 오마다 헬스 홈페이지 https://www.omadahealth.com/

41. Omada Health, "PRESS RELEASE: Omada Health Achieves Full CDC Recognition", 2018 https://www.omadahealth.com/press/press-release-omada-health-achieves-full-cdc-approval

42. Omada Health, "PRESS RELEASE: Omada Health Expanding to Serve Individuals with Depression and Anxiety", 2019 https://www.omadahealth.com/press/press-release-omada-health-expanding-to-serve-individuals-with-depression-and-anxiety

43. Andreas Michaelides et. al., "Weight loss efficacy of a novel mobile Diabetes Prevention Program delivery platform with human coaching", BMJ Open Diabetes Research & Care, 2016 https://drc.bmj.com/content/4/1/e000264

44. Sang Ouk Chin et. al., "Successful weight reduction and maintenance by using a smartphone application in those with overweight and obesity", Sci Rep, 2016 https://www.nature.com/articles/srep34563

45. Noom, "Noom's Diabetes Prevention Program is the First Fully Mobile Program to Receive Official Recognition by the CDC", NewsWire, 2017 https://www.newswire.com/news/nooms-diabetes-prevention-program-is-the-first-fully-mobile-program-to-19089202

46. Gabriel Beltrone, "Samsung VR Headsets Help Millennials Overcome Their Fears in Persuasive New Ads", Adweek4, 2016 https://www.adweek.com/creativity/samsung-vr-headsets-help-millennials-overcome-their-fears-persuasive-new-ads-169949/

47. 김아영, "VR 기술, 의료 영역까지 지평을 넓히다", 메가트렌드랩, 2017 http://www.megatrendlab.com/bbs/board.php?bo_table=Bio_healthcare_1&wr_

id=46&page=6&wr_1=2017-05-17+23%3A33%3A54

48. Yeon-Ju Hong et. al., "Usefulness of the Mobile Virtual Reality Self-Training for Overcoming a Fear of Heights", Cyberpsychology, Behavior, and Social Networking, 2017 https://www.liebertpub.com/doi/pdf/10.1089/cyber.2017.0085

49. Charles W. Hoge et. al., "Combat Duty in Iraq and Afghanistan, Mental Health Problems, and Barriers to Care", The New England Journal of Medicine, 2004 https://www.nejm.org/doi/full/10.1056/NEJMoa040603

50. Sue Halpern, "Virtual Iraq", The New Yorker, 2008 https://www.newyorker.com/magazine/2008/05/19/virtual-iraq

51. Geoff Ziezulewicz, "Military uses virtual therapy to help troops heal wounds", Stars and Stripes, 2009 http://www.stripes.com/news/military-uses-virtual-therapy-to-help-troops-heal-wounds-1.92986

52. Wikipedia, "Prolonged exposure therapy", https://en.wikipedia.org/wiki/Prolonged_exposure_therapy

53. Jaycox LH, Foa EB, Morral AR., "Influence of emotional engagement and habituation on exposure therapy for PTSD", J Consult Clin Psychol. 1998 https://www.ncbi.nlm.nih.gov/pubmed/9489273

54. Rizzo A et. al., "Development of a VR therapy application for Iraq war military personnel with PTSD", Stud Health Technol Inform. 2005 https://www.ncbi.nlm.nih.gov/pubmed/15718769

55. Albert Rizzo et. al., "A Virtual Reality Exposure Therapy Application for Iraq War Military Personnel with Post Traumatic Stress Disorder: From Training to Toy to Treatment", Novel approaches to the diagnosis and treatment of posttraumatic stress disorder, 2006 https://pdfs.semanticscholar.org/82da/c7798ebc7aca40e95e51854939a610fa1f54.pdf

56. Albert "Skip" Rizzo et. al., "Development and early evaluation of the Virtual Iraq/Afghanistan exposure therapy system for combat-related PTSD", Annals of the New York Academy of Sciences, 2010 https://nyaspubs.onlinelibrary.wiley.com/doi/abs/10.1111/j.1749-6632.2010.05755.x

57. USC Institute for Creative Technologies, "Bravemind: Virtual Reality Exposure Therapy", http://ict.usc.edu/prototypes/pts/

58. USC Institute for Creative Technologies, "Bravemind", http://medvr.ict.usc.edu/projects/bravemind/

59. "BRAVEMIND 2.0 by USC Institute for Creative Technologies, Dell, Intel – A VR PTSD Exposure Therapy System", VR First, 2018 https://www.auggieaward.com/en/custom/project/view/1334

60. Ilene MacDonald, Joanne Finnegan, "Trump declares opioid crisis is a national emergency", FierceHealthcare, 2017 https://www.fiercehealthcare.com/healthcare/trump-declares-opioid-crisis-a-national-emergency

61. Applied VR의 DTxDM West 2018 발표자료

62. Rachel Metz, "Better Than Opioids? Virtual Reality Could Be Your Next Painkiller", MIT Tech Review, 2016 https://www.technologyreview.com/s/601911/better-than-opioids-virtual-reality-could-be-your-next-painkiller/

63. Hoffman HG et. al., "Virtual reality as an adjunctive pain control during burn wound care in adolescent patients", Pain, 2000 https://www.ncbi.nlm.nih.gov/pubmed/10692634?dopt=Abstract

64. Laura Panjwani, "Virtual "SnowWorld" Helps Burn Victims Cope with Extreme Pain", 2017 https://www.rdmag.com/article/2017/08/virtual-snowworld-helps-burn-victims-cope-extreme-pain

65. Carrougher GJ et. al., "The effect of virtual reality on pain and range of motion in adults with burn injuries." J Burn Care Res. 2009 https://www.ncbi.nlm.nih.gov/pubmed/19692911?dopt=Abstract

66. Tashjian VC et. al., "Virtual Reality for Management of Pain in Hospitalized Patients: Results of a Controlled Trial", JMIR Ment Health. 2017 https://www.ncbi.nlm.nih.gov/pubmed/28356241

67. Brennan Spiegel et. al., "Virtual reality for management of pain in hospitalized patients: A randomized comparative effectiveness trial", PLoS One, 2019 https://journals.plos.org/plosone/article?id=10.1371/journal.pone.0219115

68. Dave Muoio, "FDA grants digital therapeutic for Alzheimer's symptoms Breakthrough Device designation", Mobihealthnews, 2018 https://www.mobihealthnews.com/content/fda-grants-digital-therapeutic-alzheimers-symptoms-breakthrough-device-designation

69. Dthera Science, "Dthera Sciences Receives FDA Breakthrough Device Designation For Its Alzheimer's Focused Development-Stage Product "DTHR-ALZ"", PRNewsWire, 2018 https://www.prnewswire.com/news-

releases/dthera-sciences-receives-fda-breakthrough-device-designation-for-its-alzheimers-focused-development-stage-product-dthr-alz-300701487.html

70. Clive THompson, "May A.I. Help You?", The New York Times, 2018, https://www.nytimes.com/interactive/2018/11/14/magazine/tech-design-ai-chatbot.html

71. Blair Hanley Frank, "Woebot raises $8 million for its AI therapist", VentureBeat, 2018 https://venturebeat.com/2018/03/01/woebot-raises-8-million-for-its-ai-therapist/

72. Andrew Ng, "Woebot: AI for mental health", Medium, 2017 https://medium.com/@andrewng/woebot-ai-for-mental-health-d0e8632b82ba

73. Fitzpatrick KK, Darcy A, Vierhile M, "Delivering Cognitive Behavior Therapy to Young Adults With Symptoms of Depression and Anxiety Using a Fully Automated Conversational Agent (Woebot): A Randomized Controlled Trial", JMIR mental health, 2017 https://mental.jmir.org/2017/2/e19/

74. Big Health 홈페이지, Outcomes 섹션 https://www.bighealth.com/outcomes

75. Espie CA et. al., "A randomized, placebo-controlled trial of online cognitive behavioral therapy for chronic insomnia disorder delivered via an automated media-rich web application.", Sleep, 2012 https://www.ncbi.nlm.nih.gov/pubmed/22654196

76. Colin A. Espie, Richard Emsley, Simon D. Kyle, "Effect of Digital Cognitive Behavioral Therapy for Insomnia on Health, Psychological Well-being, and Sleep-Related Quality of Life: A Randomized Clinical Trial", JAMA Psychiatry, 2019 https://jamanetwork.com/journals/jamapsychiatry/fullarticle/2704019

77. Bill Evans, "The future of virtual medicine: what the CMS MDPP ruling means for patients and digital health", Rock Health, 2017 https://rockhealth.com/the-future-of-virtual-medicine-what-the-cms-mdpp-ruling-means-for-patients-and-digital-health/

78. Centers for Medicare & Medicaid Services, "Medicare Program; Revisions to Payment Policies Under the Physician Fee Schedule and Other Revisions to Part B for CY 2018; Medicare Shared Savings Program Requirements; and Medicare Diabetes Prevention Program", Federal Register, 2017 https://www.federalregister.gov/documents/2017/07/21/2017-14639/

medicare-program-revisions-to-payment-policies-under-the-physician-fee-schedule-and-other-revisions

79. Ian M. Kronish, Nathalie Moise, "In Search of a 'Magic Pill' for Medication Nonadherence", JAMA Internal Medicine, 2017 https://jamanetwork.com/journals/jamainternalmedicine/article-abstract/2605523

80. Brian Dolan, "Poor medication adherence costs $290 billion a year", Mobihealthnews, 2009 https://www.mobihealthnews.com/3901/poor-medication-adherence-costs-290-billion-a-year/

81. Rebecca Robbins, Damian Garde, Adam Feuerstein, "How sound in a video game 'helps the medicine go down' for kids with ADHD", STAT, 2019 https://www.statnews.com/2019/01/18/how-sound-in-a-video-game-helps-the-medicine-go-down-for-kids-with-adhd/

82. Dave Muoio, "Akili is building its own digital therapeutic distribution platform, foregoing pharma partnerships", Mobihealthnews, 2019 https://www.mobihealthnews.com/content/akili-building-its-own-digital-therapeutic-distribution-platform-foregoing-pharma

83. 최윤섭, [디지털 헬스케어 혁명] '디지털 신약'이 온다", 매일경제, 2018 https://www.mk.co.kr/news/it/view/2018/03/164907/

84. 최윤섭, "디지털 신약, 누구도 가보지 않은 길 (DTxDM 컨퍼런스 리뷰)", 최윤섭의 Healthcare Innovation, 2018 http://www.yoonsupchoi.com/2018/09/29/dtxdm-2018/

85. 최윤섭, "[발표자료] 디지털 신약, 누구도 가보지 않은 길", 최윤섭의 Healthcare Innovation, 2018 http://www.yoonsupchoi.com/2018/11/22/digital-therapeutics-slide/

86. 박선혜, "'디지털 치료제', 시장진출에 앞서 고려될 점은", 약업신문, 2019 http://www.yakup.com/news/index.html?mode=view&cat=14&nid=237417

87. 오인규, "뉴냅스, 식약처 임상시험계획 승인 획득", 의학신문, 2019 http://www.bosa.co.kr/news/articleView.html?idxno=2108151

88. 이승덕, "국내도 '디지털 치료제' 출격준비…뉴냅스·웰트·라이프시맨틱스", 2019 http://www.yakup.com/news/index.html?mode=view&cat=11&nid=237465

19장 헬스케어 웨어러블 딜레마: 돌파구는 어디에

1. Jonah Comstock, "Fitbit is only acquiring Pebble's software IP, less than half of team", Mobihealthnews, 2016 https://www.mobihealthnews.com/content/fitbit-only-acquiring-pebbles-software-ip-less-half-team

2. Halle Tecco, "2016 Year End Funding Report: A reality check for digital health", Rock Health, 2017 https://rockhealth.com/reports/2016-year-end-funding-report-a-reality-check-for-digital-health/

3. Jonah Comstock, "Jawbone adds $165M but loses new president and half its valuation", Mobihealthnews, 2016 https://www.mobihealthnews.com/content/jawbone-adds-165m-loses-new-president-and-half-its-valuation

4. Jonah Comstock, "Report: Jawbone is finally dead, but may rise from the ashes as Jawbone Health Hub", Mobihealthnews, 2017 https://www.mobihealthnews.com/content/report-jawbone-finally-dead-may-rise-ashes-jawbone-health-hub

5. Jonah Comstock, "The long road that led Nike to put the brakes on FuelBand", Mobihealthnews, 2014 https://www.mobihealthnews.com/32320/the-long-road-that-led-nike-to-put-the-brakes-on-fuelband

6. Chaim Gartenberg, "Adidas will quit making wearable fitness devices", The Verge, 2017 https://www.theverge.com/circuitbreaker/2017/12/18/16792684/adidas-wearable-fitness-devices-gps-watch-business-shut-down

7. Malay Gandhi, "Deconstructing the Fitbit IPO and S-1", Rock Health, 2015 https://rockhealth.com/deconstructing-fitbit-s-1/

8. Jonah Comstock, "Eight years of Fitbit news leading up to its planned IPO", Mobihealthnews, 2015 https://www.mobihealthnews.com/43423/eight-years-of-fitbit-news-leading-up-to-its-planned-ipo

9. "Gartner Hype Cycle", Gartner https://www.gartner.com/en/research/methodologies/gartner-hype-cycle

10. Heather Pemberton Levy, "What's New in Gartner's Hype Cycle for Emerging Technologies, 2015", Gartner, 2015 https://www.gartner.com/smarterwithgartner/whats-new-in-gartners-hype-cycle-for-emerging-technologies-2015/

11. Case MA, Burwick HA, Volpp KG, Patel MS, "Accuracy of smartphone

applications and wearable devices for tracking physical activity data.", JAMA 2015 https://www.ncbi.nlm.nih.gov/pubmed/25668268

12. Murakami H et. al., "Accuracy of Wearable Devices for Estimating Total Energy Expenditure: Comparison With Metabolic Chamber and Doubly Labeled Water Method.", JAMA Intern Med. 2016, https://www.ncbi.nlm.nih.gov/pubmed/26999758

13. Peter Ha, "Jawbone's Acquisition of BodyMedia Is (Sadly) All About Patents", GIZMODO, 2013 https://gizmodo.com/jawbones-acquisition-of-bodymedia-is-sadly-all-about-486108983

14. Jonah Comstock, "Jawbone finally kills support for BodyMedia devices", Mobihealthnews, 2016 https://www.mobihealthnews.com/content/jawbone-finally-kills-support-bodymedia-devices

15. Brian Dolan, "Poor medication adherence costs $290 billion a year", Mobihealthnews, 2009 https://www.mobihealthnews.com/3901/poor-medication-adherence-costs-290-billion-a-year/

16. Kronish IM, Moise N, "In Search of a "Magic Pill" for Medication Nonadherence", JAMA Intern Med. 2017 https://www.ncbi.nlm.nih.gov/pubmed/28241306

17. Choudhry NK et. al., "Effect of Reminder Devices on Medication Adherence: The REMIND Randomized Clinical Trial", JAMA Intern Med. 2017 https://www.ncbi.nlm.nih.gov/pubmed/28241271

18. Endeavour Partners, "Inside Wearables Part 2", Medium, 2017 https://medium.com/@endeavourprtnrs/inside-wearables-part-2-july-2014-ef301d425cdd

19. Malay Gandhi, Teresa Wang, "The Future of Biosensing Wearables", Rock Health, 2014 https://rockhealth.com/reports/the-future-of-biosensing-wearables/

20. Fitbit, "SEC Filings", https://investor.fitbit.com/financials/sec-filings/default.aspx

21. Finkelstein EA et. al., "Effectiveness of activity trackers with and without incentives to increase physical activity (TRIPPA): a randomised controlled trial.", Lancet Diabetes Endocrinol. 2016 https://www.ncbi.nlm.nih.gov/pubmed/27717766

22. Lucas Matney, Matthew Panzarino, "Apple acquires sleep tracking

company Beddit, but its site will stay live", TechCrunch, 2017 https://techcrunch.com/2017/05/09/apple-acquires-sleep-tracking-company-beddit/

23. Ben Lovejoy, "Asymco estimates Apple Watch sales at 33M total, predicts much more to come", 9to5MAC, 2017 https://9to5mac.com/2017/09/26/apple-watch-sales-4/

24. "Market share of wearables unit shipments worldwide by vendor from 1Q'14 to 4Q'18", Statista, 2019 https://www.statista.com/statistics/435944/quarterly-wearables-shipments-worldwide-market-share-by-vendor/

25. 임일곤, "패션 입힌 애플워치.. 시계산업 위협할까", 비즈니스워치, 2014 http://news.bizwatch.co.kr/article/mobile/2014/09/12/0014/prev_ver

26. Wristly, "First large scale Apple Watch customer satisfaction study", Medium, 2015 https://medium.com/wristly-thoughts/wristly-apple-watch-insider-s-report-12-35463dc919b2

27. Bernard Desarnauts, "Bravo to a healthier lifestyle", Medium, 2015 https://medium.com/wristly-thoughts/wristly-apple-watch-insider-s-report-13-a61eb7ce9a89

28. Yoni Heisler, "Sorry, haters – Tim Cook confirms Apple Watch sales are much better than you think", BGR, 2015 https://bgr.com/2015/07/22/apple-watch-sales-tim-cook/

29. Bernard Desarnauts, "Watch Series 2 — Satisfaction & Usage", Medium, 2017 https://medium.com/@bdesarnauts/watch-series-2-satisfaction-usage-23cea5e1b240

30. Nick Bilton, "Tech, Meet Fashion", The New York Times, 2014 https://www.nytimes.com/2014/09/04/fashion/intel-and-opening-ceremony-collaborate-on-mica-a-stylish-tech-bracelet.html

31. "Apple is crushing the Swiss watch industry — and one brand is particularly vulnerable", Century, https://www.centurybusinessfinance.co.uk/insight/apple-crushing-swiss-watch-industry-one-brand-particularly-vulnerable/

32. John Biggs, "Apple and Android are destroying the Swiss Watch industry", Techcrunch, 2018 https://techcrunch.com/2018/02/13/apple-and-android-are-destroying-the-swiss-watch-industry/?ncid=mobilenavtrend

33. James Shotter and Tim Bradshaw, "Apple Watch starts countdown on face

off with Swiss industry", CNBC, 2014 https://www.cnbc.com/2014/10/31/apple-watch-starts-countdown-on-face-off-with-swiss-industry.html

34. Thomas Mulier, "Swatch Shares Bruised by New Apple Watch", Bloomberg, 2017 https://www.bloomberg.com/news/articles/2017-09-13/swatch-shares-drop-on-concern-new-apple-watch-may-be-bigger-hit

35. Ben Lovejoy, "Swatch lost $1B in value on Apple Watch Series 3 launch, investors expect further falls", 9to5Mac, 2017 https://9to5mac.com/2017/09/14/swatch-stock-apple-watch-series-3/

36. Aditi Pai, "Apple Watch launch hasn't significantly affected Fitbit sales", Mobihealthnews, 2015 https://www.mobihealthnews.com/44864/apple-watch-launch-hasnt-significantly-affected-fitbit-sales

37. Brian Dolan, "Ford Research unveils heart rate monitor seats", Mobihealthnews, 2011 https://www.mobihealthnews.com/11014/ford-research-unveils-heart-rate-monitor-seats/

38. Eliza Strickland, "3 Ways Ford Cars Could Monitor Your Health", IEEE Spectrum, 2017 https://spectrum.ieee.org/the-human-os/biomedical/diagnostics/3-ways-ford-cars-could-monitor-your-health

39. Aditi Pai, "Ford puts the brakes on its heart rate sensing car seat project", Mobihealthnews, 2015 https://www.mobihealthnews.com/43191/ford-puts-the-brakes-on-its-heart-rate-sensing-car-seat-project/

40. Susan Young Rojahn, "Why Some Doctors Like Google Glass So Much", MIT Technology Review, 2014 https://www.technologyreview.com/s/526230/why-some-doctors-like-google-glass-so-much/

41. Karyne Levy, "A Surprising Number Of Places Have Banned Google Glass In San Francisco", Business Insider, 2014 https://www.businessinsider.com/google-glass-ban-san-francisco-2014-3

42. Dieter Bohn, "Intel Made Smart Glasses That Look Normal", The Verge, 2018 https://www.theverge.com/2018/2/5/16966530/intel-vaunt-smart-glasses-announced-ar-video

43. 최윤섭, "당뇨환자 고통 덜어줄 혈당측정법은 없을까", 매일경제신문, 2017 https://www.mk.co.kr/news/it/view/2016/11/796096/

44. Tim Bajarin, "Apple Watch's Killer App Is Already Here", PC Mag, 2016 https://www.pcmag.com/commentary/341348/apple-watchs-killer-app-is-already-here

45. Jonah Comstock, "Google Glass startup partners with Dignity Health, raises $4.1M more", Mobihealthnews, 2014 https://www.mobihealthnews.com/34189/google-glass-startup-partners-with-dignity-health-raises-4-1m-more

46. Rachel Metz, "Patients Don't Mind If the Doc Wears Google Glass", MIT Tech Reivew, 2013 https://www.technologyreview.com/s/518041/patients-dont-mind-if-the-doc-wears-google-glass/

47. John Amschler, "Joe Betts-LaCroix on Fitbit vs. Zeo", Quantified Self, 2011 https://quantifiedself.com/blog/fitbit-vs-zeo/

48. Empatica, "Embrace by Empatica is the world's first smart watch to be cleared by FDA for use in Neurology", PR Newswire, 2018 https://www.prnewswire.com/news-releases/embrace-by-empatica-is-the-worlds-first-smart-watch-to-be-cleared-by-fda-for-use-in-neurology-300593398.html

49. Poh MZ, Loddenkemper T, Reinsberger C et. al. "Convulsive seizure detection using a wrist-worn electrodermal activity and accelerometry biosensor.", Epilepsia. 2012 https://www.ncbi.nlm.nih.gov/pubmed/22432935

50. Nick Paul Taylor, "FDA clears seizure-detecting wearable for epilepsy patients", FierceBiotech, 2018 https://www.fiercebiotech.com/medtech/fda-clears-seizure-detecting-wearable-for-epilepsy-patients

51. Jonah Comstock, "Empatica's consumer-facing epileptic seizure-detecting wearable gets FDA clearance", Mobihealthnews, 2018 https://www.mobihealthnews.com/content/empaticas-consumer-facing-epileptic-seizure-detecting-wearable-gets-fda-clearance

52. Empatica, "Embrace2 Receives FDA Clearance for Children ages 6 and up", Empatica Blog, 2019 https://www.empatica.com/blog/embrace2-receives-fda-clearance-for-children-ages-6-and-up-edce647ef610.html

53. Pellegrini CA, Verba SD, Otto AD et. al. "The comparison of a technology-based system and an in-person behavioral weight loss intervention", Obesity (Silver Spring), 2012 https://www.ncbi.nlm.nih.gov/pubmed/21311506

54. Polzien KM, Jakicic JM, Tate DF, Otto AD., "The efficacy of a technology-based system in a short-term behavioral weight loss intervention.", Obesity (Silver Spring). 2007 https://www.ncbi.nlm.nih.

gov/pubmed/17426316

55. John M. Jakicic, Kelliann K. Davis, PhD, Renee J. Rogers, et. al. "Effect of Wearable Technology Combined With a Lifestyle Intervention on Long-term Weight Loss: The IDEA Randomized Clinical Trial", JAMA, 2016

56. Jonah Comstock, "21 clinical trials that are using Fitbit activity trackers right now", Mobihealthnews, 2016 https://www.mobihealthnews.com/content/21-clinical-trials-are-using-fitbit-activity-trackers-right-now

57. Jonah Comstock, "18 more clinical trials using Fitbit activity trackers right now", Mobihealthnews, 2016 https://www.mobihealthnews.com/content/18-more-clinical-trials-using-fitbit-activity-trackers-right-now

58. Jennifer A. Ligibel, "Dana-Farber and Fitbit partner to test if weight loss can prevent breast cancer recurrence", Dana-Farber Cancer Institute, 2016, https://www.dana-farber.org/newsroom/news-releases/2016/dana-farber-and-fitbit-partner-to-test-if-weight-loss-can-prevent-breast-cancer-recurrence/

59. Caroline Chen, "Biogen Straps Fitbits Onto MS Patients' Wrists", Bloomberg, 2014 https://www.bloomberg.com/news/articles/2014-12-23/biogen-straps-fitbits-onto-ms-patients-wrists

60. Brandon Ballinger, "What do normal and abnormal heart rhythms look like on Apple Watch?", Cardiogrem, 2016 https://blog.cardiogr.am/what-do-normal-and-abnormal-heart-rhythms-look-like-on-apple-watch-7b33b4a8ecfa

61. Geoffrey H. Tison, José M. Sanchez, Brandon Ballinger, et al, "Passive Detection of Atrial Fibrillation Using a Commercially Available Smartwatch", JAMA Cardiology, 2018 https://jamanetwork.com/journals/jamacardiology/article-abstract/2675364

62. Lisa Eadicicco, "Fitbit May Have a New Way To Detect an Irregular Heartbeat", Time, 2017 http://time.com/4907284/fitbit-detect-atrial-fibrillation/

63. Christina Farr, "Apple is working with Stanford and American Well to test whether its watch can detect heart problems", CNBC, 2017 https://www.cnbc.com/2017/09/11/apple-watch-caridac-arrhythmia-tests-stanford-american-well.html

64. Christopher Rowland, "Apple now says its smartwatch tech to detect atrial fibrillation is not for those with atrial fibrillation", The Washington Post, 2018 https://www.washingtonpost.com/business/economy/apple-now-says-its-smartwatch-app-to-detect-atrial-fibrillation-is-not-for-those-with-atrial-fibrillation/2018/12/06/cb5c46bc-f978-11e8-8c9a-860ce2a8148f_story.html

65. "Heading to a cardiologist…..", Reddit, 2019 https://www.reddit.com/r/AppleWatch/comments/a40qm5/heading_to_a_cardiologist/

66. 노태호 교수님 페이스북, 2018 https://www.facebook.com/tairhomd/posts/2353071051432515

67. Kylie Jane Wakefield, "Driving behavior data can determine personalized insurance policy rates and terms", IBM Big Data & Analytics Hub, 2015 https://www.ibmbigdatahub.com/blog/driving-behavior-data-can-determine-personalized-insurance-policy-rates-and-terms

68. John M. Vincent and Cherise Threewitt, "How Do Those Car Insurance Tracking Devices Work?", US News, 2018 https://cars.usnews.com/cars-trucks/car-insurance/how-do-those-car-insurance-tracking-devices-work

69. Leo MiraniJuly , "Car insurance companies want to track your every move—and you're going to let them", Quartz, 2014 https://qz.com/230055/car-insurance-companies-want-to-track-your-every-move-and-youre-going-to-let-them/

70. Mike Juang, "A new kind of auto insurance technology can lead to lower premiums, but it tracks your every move", CNBC, 2018 https://www.cnbc.com/2018/10/05/new-kind-of-auto-insurance-can-be-cheaper-but-tracks-your-every-move.html

71. Adrian Gore, "Annual results for the year ending 30 June 2015", Discovery, 2015

72. Vitality, "Wearables at Work", Vitality, 2014

73. Kif Leswing, "Insurance provider Oscar will reward you if you hit your step goal", Gigaom, 2014 https://gigaom.com/2014/12/08/insurance-provider-oscar-will-reward-you-if-you-hit-your-step-goal/

74. Jonah Comstock, "Insurance startup Oscar pays members for using Misfit Flash activity trackers", Mobihealthnews, 2014 https://www.

mobihealthnews.com/38839/insurance-startup-oscar-pays-members-for-using-misfit-flash-activity-trackers/

75. Tara Siegel Bernard, "Giving Out Private Data for Discount in Insurance", The New York Times, 2015 https://www.nytimes.com/2015/04/08/your-money/giving-out-private-data-for-discount-in-insurance.html

76. Reuters, "John Hancock will include fitness tracking in all life insurance policies", VentureBeat, 2018 https://venturebeat.com/2018/09/19/john-hancock-will-require-fitness-tracking-for-all-life-insurance-policies/

77. Laura Lovett, "Cardiogram, insurers offer $1,000 of free life insurance in exchange for wearable data", Mobihealthnews, 2018 https://www.mobihealthnews.com/content/cardiogram-insurers-offer-1000-free-life-insurance-exchange-wearable-data

78. Aetna, "Aetna Announces Attain, a Personalized Well-being Experience Combining Health History with the Apple Watch", Aetna, 2019 https://news.aetna.com/news-releases/2019/01/aetna-announces-attain-a-personalized-well-being-experience-that-combines-health-history-with-apple-watch-information-to-empower-better-health/

79. RAND, "Assessing the role of incentives in promoting physical activity"

80. 고동욱, "라이프플래닛, 스마트밴드 구매하면 출퇴근 상해보험 제공", 연합뉴스, 2016 https://www.yna.co.kr/view/AKR20160415077200002

81. Jonah Comstock, "Employer gets $280K insurance discount for using Fitbits", Mobihealthnews, 2014 https://www.mobihealthnews.com/34847/employer-gets-280k-insurance-discount-for-using-fitbits

82. "포켓몬스터", 나무위키 https://namu.wiki/w/%ED%8F%AC%EC%BC%93%EB%AA%AC%EC%8A%A4%ED%84%B0

83. "포켓몬고 활동사용자수, 美서 트위터 추월…게임 최고기록 경신", 연합뉴스, 2016 https://www.yna.co.kr/view/AKR20160714003900091

84. 김형원, "'포켓몬 고' 열풍 대만 강타…신베이터우 매일 1000명 인파 모여", IT조선, 2016 http://it.chosun.com/site/data/html_dir/2016/08/24/2016082485002.html

85. "[Pokemon go] Snorlax Gotcha! 一場與卡比獸的戰鬥", 유튜브, 2016 https://www.youtube.com/watch?v=MoYjVTbLWyo

86. Jake Davis, "'Pokémon Go' Tips and Tricks to Make You the Very Best,

Like No One Ever Was", VICE, 2016 https://www.vice.com/en_us/article/8q8m5x/pokemon-go-tips-and-tricks-to-make-you-the-very-best-like-no-one-ever-was

87. Heather Mack, "Pokémon Go might be the fastest-growing unintentional health app", Mobihealthnews, 2016 https://www.mobihealthnews.com/content/pok%c3%a9mon-go-might-be-fastest-growing-unintentional-health-app

88. Kate Silver, "Pokemon Go leading to a 'population-level' surge in fitness tracker step counts", The Washington Post, 2016 https://www.washingtonpost.com/news/to-your-health/wp/2016/07/15/pokemon-go-leading-to-a-population-level-surge-in-fitness-tracker-step-counts/

89. Chris Weller, "'Pokémon GO' may have gotten kids more active in a week than the White House has in years", Business Insider, 2016 https://www.businessinsider.com/pokmon-go-may-fight-childhood-obesity-better-than-the-white-house-2016-7

90. MEME, https://me.me/i/5-years-of-michelle-obamas-fightonobesity-t5-days-of-pokemon-8783226

91. 진현진, "증강현실 열풍 '포켓몬고', 5년전 KT가 앞서 출시… 차이점은?", 머니S, 2016 http://moneys.mt.co.kr/news/mwView.php?no=2016071315588075630&code=w0403

92. 남은주, "5년 전에 나왔던 KT '캐치캐치'의 실패는 '한국판 포켓몬 고'가 왜 터무니 없는 얘기인지를 증명한다", 허핑턴포스트, 2016 https://www.huffingtonpost.kr/2016/07/18/story_n_11051970.html

93. 강희종, "5년 먼저 나온 '올레 캐치캐치'는 왜 망했나", 아시아경제, 2016 https://www.asiae.co.kr/article/2016072916390876277

94. Matt Burns, "Peloton raises $550M at a valuation of $4 billion", Techcrunch, 2018 https://techcrunch.com/2018/08/03/peloton-raises-550m-at-a-valuation-of-4-billion/

95. Tom Huddleston Jr., "How Peloton exercise bikes became a $4 billion fitness start-up with a cult following", CNBC, 2019 https://www.cnbc.com/2019/02/12/how-peloton-exercise-bikes-and-streaming-gained-a-cult-following.html

96. Peloton Interactive, Inc, FORM S-1 REGISTRATION STATEMENT, https://www.sec.gov/Archives/edgar/data/1639825/000119312519230923/

d738839ds1.htm

97. 김치원, "Peloton의 S-1 읽어보기", Healthcare Business, 2019 http://www.chiweon.com/peloton의-s-1-읽어보기

98. 김지현, "넷플릭스보다 재미있다는 헬스클럽", TTimes, 2019 http://www.ttimes.co.kr/view.html?no=2019021417297757808&fbclid=IwAR2zhXQW55EZwsbQ9duWOql7NZ1mveG-DNyp5-KRe2qEdIst8RVZLUVrtvQ

99. Cheryl Wischhover, "Peloton's $2,000 stationary bike has totally disrupted working out at home", VOX, 2018 https://www.vox.com/the-goods/2018/11/14/18088390/peloton-hugh-jackman-spin-bikes-hydrow-tonal

100. Laura Entis, "How Peloton Created a Cult Workout in Your Living Room", Fortune, 2018 https://fortune.com/2018/07/26/how-peloton-created-a-cult-workout-in-your-living-room/

101. Jonah Comstock, "California hospital's patient safety protocols now require a wearable", Mobihealthnews, 2014 https://www.mobihealthnews.com/38725/california-hospitals-patient-safety-protocols-now-require-a-wearable

102. Bernadette Walters et. al., "TRANSFORMING PRESSURE ULCER PREVENTION IN THE ICU WITH PATIENT WEARABLE TECHNOLOGY AND NURSING LEADERSHIP", Centered in Care, 2016 http://www.leafhealthcare.com/pdfs/JPS_TexasOrgNurseExecutives_Poster_2016.pdf

103. Leaf Healthcare, "New Patient Mobility Monitoring Technology Significantly Reduces Rates of Hospital-Acquired Pressure Injuries" http://www.leafhealthcare.com/pdfs/LH_WP_10,000-Patients_1946AA_030817.pdf

104. 신언재, "배변 신호를 알려주는 신개념 웨어러블 기기", 얼리어답터, 2015 http://www.earlyadopter.co.kr/15233

105. 키스세븐, "배변 신호 잡는 웨어러블 기기 '디 프리'", 키스세븐, 2017 https://kiss7.tistory.com/756

106. "世界初！排泄予知ウェアラブル「DFree」先行予約受付開始！", Readfor, 2015 https://readyfor.jp/projects/DFree

107. Amanda Griswold, "Smarter Insights with the Sugar.IQ Diabetes Assistant", Medtronic, 2018 https://www.medtronicdiabetes.com/loop-

blog/smarter-insights-with-the-sugar-iq-diabetes-assistant/

108. Laura Lovett, "Medtronic, IBM Watson launch Sugar.IQ diabetes assistant", Mobihealthnews, 2018 https://www.mobihealthnews.com/content/medtronic-ibm-watson-launch-sugariq-diabetes-assistant

109. Dave Muoio, "Medtronic, IBM Watson diabetes app gains hypoglycemia prediction feature", Mobihealthnews, 2019 https://www.mobihealthnews.com/content/medtronic-ibm-watson-diabetes-app-gains-hypoglycemia-prediction-feature

110. Yuxiang Zhong, et. al., "Real-World Assessment of Sugar.IQ with Watson—A Cognitive Computing-Based Diabetes Management Solution", Diabetes, 2018 https://diabetes.diabetesjournals.org/content/67/Supplement_1/16-OR

111. Stacey Higginbotham, "Meet a startup building an insurance business around a connected toothbrush", Fortune, 2015 https://fortune.com/2015/06/26/connected-toothbrush-insurance/

112. Alexander Howard, "This 'Smart' Toothbrush Could Save You Money On Dental Insurance. But At What Risk?", Huffington Post, 2015 https://www.huffpost.com/entry/smart-gadgets-insurance_n_55e5c6ffe4b0c818f6192558

113. Aditi Pai, "As planned, connected toothbrush company Beam expands into dental insurance, launches in California", Mobihealthnews, 2016 https://www.mobihealthnews.com/content/planned-connected-toothbrush-company-beam-expands-dental-insurance-launches-california

114. Lauren Feiner, Alex Sherman, "Google parent Alphabet makes offer to buy Fitbit, sending stock soaring", CNBC, 2019 https://www.cnbc.com/2019/10/28/google-parent-alphabet-is-in-talks-to-buy-smartwatch-maker-fitbit-reuters-reports.html

20장 대기업, 어디에서 시작해야 하나

1. Alvin Rajkomar et. al., "Scalable and accurate deep learning for electronic health records", npj Digital Medicine, 2018 https://www.nature.com/articles/s41746-018-0029-1

2. Liu Y et. al. "Artificial Intelligence-Based Breast Cancer Nodal Metastasis Detection: Insights Into the Black Box for Pathologists", Arch Pathol Lab Med. 2019 https://www.ncbi.nlm.nih.gov/pubmed/30295070

3. Steiner DF et. al., "Impact of Deep Learning Assistance on the Histopathologic Review of Lymph Nodes for Metastatic Breast Cancer", Am J Surg Pathol. 2018 https://www.ncbi.nlm.nih.gov/pubmed/30312179

4. Martin Stumpe, "Improved Grading of Prostate Cancer Using Deep Learning", Google AI Blog, 2018 https://ai.googleblog.com/2018/11/improved-grading-of-prostate-cancer.html

5. Varun Gulshan et. al., "Development and Validation of a Deep Learning Algorithm for Detection of Diabetic Retinopathy in Retinal Fundus Photographs", JAMA, 2016 https://jamanetwork.com/journals/jama/fullarticle/2588763

6. Jeffrey De Fauw et. al., "Clinically applicable deep learning for diagnosis and referral in retinal disease", Nature Medicine, 2018 https://www.nature.com/articles/s41591-018-0107-6

7. Krause J et. al., "Grader Variability and the Importance of Reference Standards for Evaluating Machine Learning Models for Diabetic Retinopathy", Ophthalmology. 2018 https://linkinghub.elsevier.com/retrieve/pii/S0161-6420(17)32698-2

8. Paisan Ruamviboonsuk et. al., "Deep learning versus human graders for classifying diabetic retinopathy severity in a nationwide screening program", npj Digital Medicine, 2019 https://www.nature.com/articles/s41746-019-0099-8

9. Brian Otis, "Introducing our smart contact lens project", Google Official Blog, 2014 https://googleblog.blogspot.com/2014/01/introducing-our-smart-contact-lens.html

10. Evan Ackerman, "Google and Johnson & Johnson Conjugate to Create Verb Surgical, Promise Fancy Medical Robots", IEEE Spectrum, 2015 https://spectrum.ieee.org/automaton/robotics/medical-robots/google-verily-johnson-johnson-verb-surgical-medical-robots

11. "The Project Baseline Study", Stanford Medicine, 2018 https://medicine.stanford.edu/annual-report-2018/the-project-baseline-study.html

12. 최윤섭, "프로젝트 베이스라인: 미래 의료를 향한 구글의 야심", 최윤섭의

Healthcare Innovation, 2017 http://www.yoonsupchoi.com/2017/07/26/proejct-baseline/

13. 최윤섭, "구글의 새로운 X 프로젝트: 인간 신체의 비밀을 밝히겠다!", 최윤섭의 Healthcare Innovation, 2014 http://www.yoonsupchoi.com/2014/08/05/gogle_baseline_study/

14. Sy Mukherjee, "We're Finally Learning More Details About Alphabet's Secretive Anti-Aging Startup Calico", Fortune, 2017 https://fortune.com/2017/12/14/google-alphabet-anti-aging-calico/

15. Google Ventures Portfolio: Life Science https://www.gv.com/portfolio/

16. Brian Otis, "Update on our Smart Lens program with Alcon", Verily, 2018 https://blog.verily.com/2018/11/update-on-our-smart-lens-program-with.html

21장 제약사, 디지털이 날개를 달아줘요

1. "Strong Medicine: Where Big Pharma Is Placing Bets In Digital Health In One Timeline", CBInsights, 2017 https://www.cbinsights.com/research/pharma-digital-health-startup-investments-timeline/

2. "Timeline: Big Pharma Bets On Digital Health Startups", CBInsights, 2017 https://app.cbinsights.com/research/timeline-pharma-deals-digital-health-expert-research/

3. Atomwise, "Introducing AtomNet-Drug design with convolutional neural networks", 2015 http://www.atomwise.com/2015/12/02/introducing-atomnet-drug-design-with-convolutional-neural-networks/

4. "Pharmaceutical Research and Manufacturers of America, Industry Profile", 2011 https://www.atomwise.com/wp-content/uploads/2015/11/phrma_profile_2011_final-1.pdf

5. Keith Winstein, "How many paying customers does 23andMe have?", Quora, https://www.quora.com/How-many-paying-customers-does-23andMe-have

6. 23andMe, "23andMe Research Innovation Collaborations Program", https://research.23andme.com/research-innovation-collaborations/

7. Matthew Herper, "Surprise! With $60 Million Genentech Deal, 23andMe Has A Business Plan", Forbes, 2015 https://www.forbes.com/sites/matthewherper/2015/01/06/surprise-with-60-million-genentech-deal-23andme-has-a-business-plan/#118868772be9

8. Caroline Chen, "23andMe Turns Spit Into Dollars in Deal With Pfizer", Bloomberg, 2015 https://www.bloomberg.com/news/articles/2015-01-12/23andme-gives-pfizer-dna-data-as-startup-seeks-growth

9. Sarah Zhang, "Of Course 23andMe's Plan Has Been to Sell Your Genetic Data All Along", Gizmodo, 2015 https://gizmodo.com/of-course-23andmes-business-plan-has-been-to-sell-your-1677810999

10. Justin Petrone, "23andMe wades further into drug discovery", Nature Biotechnology, 2017 https://www.nature.com/articles/nbt1017-897

11. Damian Garde, "23andMe dives into biotech with Genentech R&D star Richard Scheller on board", FierceBiotech, 2015 https://www.fiercebiotech.com/r-d/23andme-dives-into-biotech-genentech-r-d-star-richard-scheller-on-board

12. Ron Winslow, "23andMe to Mine Genetic Database for Drug Discovery", The Wall Street Journal, 2015 https://www.wsj.com/articles/23andme-to-use-genetic-database-for-drug-discovery-1426161601

13. Bernie Monegain, "23andMe lands $300M investment from GSK", Mobihealthnews, 2018 http://www.mobihealthnews.com/content/23andme-lands-300m-investment-gsk

14. Kate Clark, "Scoop: 23andMe is raising up to $300M", PitchBook, 2018 https://pitchbook.com/news/articles/scoop-23andme-is-raising-up-to-300m

15. 23andMe, "GSK and 23andMe sign agreement to leverage genetic insights for the development of novel medicines", 2018 https://mediacenter.23andme.com/press-releases/gsk-and-23andme-sign-agreement-to-leverage-genetic-insights-for-the-development-of-novel-medicines/

16. Daniela Hernandez, "How AI Is Transforming Drug Creation", The Wall Street Journal, 2017 https://www.wsj.com/articles/how-ai-is-transforming-drug-creation-1498442760

17. Andrii Buvailo, "Artificial Intelligence In Drug Discovery: A Bubble Or

A Revolutionary Transformation?", Forbes, 2017 https://www.forbes.com/sites/forbestechcouncil/2017/08/03/artificial-intelligence-in-drug-discovery-a-bubble-or-a-revolutionary-transformation/#798474354494

18. Eric Smalley, "AI-powered drug discovery captures pharma interest", Nature Biotechnology, 2017 https://www.nature.com/articles/nbt0717-604

19. Vijay Pande, "TwoXAR", Andreessen Horowitz, 2018 https://a16z.com/2018/03/19/twoxar/?fbclid=IwAR1nppI9jx1izmQeQwJnzTQ-Py05ZyEeXG4KSplP8GqL0GWtLJFk0bKtu68

20. 배진건, "인공지능으로 신약개발하기", 메디게이트뉴스, 2019 https://www.medigatenews.com/news/1418599624%0A

21. 한경우, "SK바이오팜, 美 AI 기반 바이오텍과 함께 폐암치료제 개발키로", 매일경제, 2019 https://www.mk.co.kr/news/it/view/2019/04/240623/

22. Izhar Wallach, Michael Dzamba, Abraham Heifets, "AtomNet: A Deep Convolutional Neural Network for Bioactivity Prediction in Structure-based Drug Discovery", arXiv, 2015 https://arxiv.org/abs/1510.02855

23. Angus Liu, "AI-driven drug discovery startup Atomwise raises $45M series A", FierceBiotech, 2018 https://www.fiercebiotech.com/cro/ai-driven-drug-discovery-startup-atomwise-raises-45m-series-a

24. Atomwise, "Atomwise Announces Multi-year, Multi-target Agreement with Lilly for AI-Driven Drug Discovery Program", 2019 https://www.atomwise.com/2019/06/03/atomwise-lilly-agreement/

25. Melissa Fassbender, "'AI is the industry standard in drug discovery': Atomwise signs multi-year agreement with Eli Lilly", Outsourcing Pharma, 2019 https://www.outsourcing-pharma.com/Article/2019/06/04/Eli-Lilly-signs-on-Atomwise-for-AI-driven-drug-discovery-program

26. Jeff Dean, Andrew Ng, "Using large-scale brain simulations for machine learning and A.I." Google Official Blog, 2012, https://googleblog.blogspot.kr/2012/06/using-large-scale-brain-simulations-for.html

27. Jingtuo Liu et. al., "Targeting Ultimate Accuracy: Face Recognition via Deep Embedding", arXiv, 2015 https://arxiv.org/abs/1506.07310

28. Esteva A et al, "Dermatologist-level classification of skin cancer with deep neural networks" Nature, 2017 https://www.ncbi.nlm.nih.gov/pubmed/28117445

29. Ju Gang Nam et. al., "Development and Validation of Deep Learning-based Automatic Detection Algorithm for Malignant Pulmonary Nodules on Chest Radiographs", Radiology, 2018 https://pubs.rsna.org/doi/10.1148/radiol.2018180237

30. Martin Stumpe, "Assisting Pathologists in Detecting Cancer with Deep Learning", Google Research Blog, 2017 https://research.googleblog.com/2017/03/assisting-pathologists-in-detecting.html

31. IBM News Room, "Mayo Clinic and IBM Task Watson to Improve Clinical Trial Research", 2014 https://www-03.ibm.com/press/us/en/pressrelease/44754.wss

32. Eliza Strickland, "At the Mayo Clinic, IBM Watson Takes Charge of Clinical Trials", IEEE Spectrum, 2014 https://spectrum.ieee.org/tech-talk/robotics/artificial-intelligence/at-the-mayo-clinic-ibm-watson-takes-charge-of-clinical-trials

33. Dan McDoland, "The Facts on Patient Enrollment Delays", Imperial Blog, 2017 http://www.imperialcrs.com/blog/2017/03/the-facts-on-patient-enrollment-delays/

34. Laura Lovett, "Mayo Clinic finds IBM Watson increases enrollment of clinical trials", Mobihealthnews, 2018 https://www.mobihealthnews.com/content/mayo-clinic-finds-ibm-watson-increases-enrollment-clinical-trials

35. J. Thaddeus Beck et. al., "Cognitive technology addressing optimal cancer clinical trial matching and protocol feasibility in a community cancer practice.", Journal of Clinical Oncology, 2017 https://ascopubs.org/doi/abs/10.1200/JCO.2017.35.15_suppl.6501

36. Boston Children's Hospital, "Boston Children's Hospital and Merck to Study Social Media Behavior to Characterize Insomnia", CISION PR Newswire, 2014 https://www.prnewswire.com/news-releases/boston-childrens-hospital-and-merck-to-study-social-media-behavior-to-characterize-insomnia-247258231.html

37. PatientsLikeMe 홈페이지 https://www.patientslikeme.com

38. Jonah Comstock, "FDA taps PatientsLikeMe to test the waters of social media adverse event reporting", Mobihealthnews, 2015 https://www.mobihealthnews.com/44366/fda-taps-patientslikeme-to-test-the-waters-of-social-media-adverse-event-reporting

39. Susan Young Rojahn, "PatientsLikeMe Gives Genentech Full Access", MIT Tech Review, 2014 https://www.technologyreview.com/s/526266/patientslikeme-gives-genentech-full-access/

40. Catherine A Brownstein et. al., "The power of social networking in medicine", Nature Biotech, 2009 https://www.nature.com/articles/nbt1009-888#close

41. Landén M, Högberg P, Thase ME., "Incidence of sexual side effects in refractory depression during treatment with citalopram or paroxetine." J Clin Psychiatry. 2005 https://www.ncbi.nlm.nih.gov/pubmed/15669895

22장 보험사, 근본적인 변화

1. Kylie Jane Wakefield, "Driving behavior data can determine personalized insurance policy rates and terms", IBM Big Data & Analytics Hub, 2015 https://www.ibmbigdatahub.com/blog/driving-behavior-data-can-determine-personalized-insurance-policy-rates-and-terms

2. John M. Vincent and Cherise Threewitt, "How Do Those Car Insurance Tracking Devices Work?", US News, 2018 https://cars.usnews.com/cars-trucks/car-insurance/how-do-those-car-insurance-tracking-devices-work

3. Leo MiraniJuly, "Car insurance companies want to track your every move—and you're going to let them", Quartz, 2014 https://qz.com/230055/car-insurance-companies-want-to-track-your-every-move-and-youre-going-to-let-them/

4. Mike Juang, "A new kind of auto insurance technology can lead to lower premiums, but it tracks your every move", CNBC, 2018 https://www.cnbc.com/2018/10/05/new-kind-of-auto-insurance-can-be-cheaper-but-tracks-your-every-move.html

5. Adrian Gore, "Annual results for the year ending 30 June 2015", Discovery, 2015

6. Estelle V. Lambert, et. al., "Fitness-Related Activities and Medical Claims Related to Hospital Admissions — South Africa, 2006", Preventing Chronic Disease, 2009 https://www.ncbi.nlm.nih.gov/pmc/articles/PMC2774634/pdf/PCD64A120.pdf

7. Finkelstein EA et. al., "Effectiveness of activity trackers with and without incentives to increase physical activity (TRIPPA): a randomised controlled trial.", Lancet Diabetes Endocrinol. 2016 https://www.ncbi.nlm.nih.gov/pubmed/27717766

8. Vitality, "Wearables at Work", Vitality, 2014

9. Kif Leswing, "Insurance provider Oscar will reward you if you hit your step goal", Gigaom, 2014 https://gigaom.com/2014/12/08/insurance-provider-oscar-will-reward-you-if-you-hit-your-step-goal/

10. Jonah Comstock, "Insurance startup Oscar pays members for using Misfit Flash activity trackers", Mobihealthnews, 2014 https://www.mobihealthnews.com/38839/insurance-startup-oscar-pays-members-for-using-misfit-flash-activity-trackers/

11. Tara Siegel Bernard, "Giving Out Private Data for Discount in Insurance", The New York Times, 2015 https://www.nytimes.com/2015/04/08/your-money/giving-out-private-data-for-discount-in-insurance.html

12. Reuters, "John Hancock will include fitness tracking in all life insurance policies", VentureBeat, 2018 https://venturebeat.com/2018/09/19/john-hancock-will-require-fitness-tracking-for-all-life-insurance-policies/

13. Laura Lovett, "Cardiogram, insurers offer $1,000 of free life insurance in exchange for wearable data", Mobihealthnews, 2018 https://www.mobihealthnews.com/content/cardiogram-insurers-offer-1000-free-life-insurance-exchange-wearable-data

14. Aetna, "Aetna Announces Attain, a Personalized Well-being Experience Combining Health History with the Apple Watch", Aetna, 2019 https://news.aetna.com/news-releases/2019/01/aetna-announces-attain-a-personalized-well-being-experience-that-combines-health-history-with-apple-watch-information-to-empower-better-health/

15. RAND, "Assessing the role of incentives in promoting physical activity"

16. Jonah Comstock, "Employer gets $280K insurance discount for using Fitbits", Mobihealthnews, 2014 https://www.mobihealthnews.com/34847/employer-gets-280k-insurance-discount-for-using-fitbits

17. Aditi Pai, "As planned, connected toothbrush company Beam expands into dental insurance, launches in California", Mobihealthnews, 2016 https://www.mobihealthnews.com/content/planned-connected-toothbrush-

company-beam-expands-dental-insurance-launches-california

18. Enrique Dans, "How Much Should Insurance Companies Know About The Things They Insure?", Forbes, 2018 https://www.forbes.com/sites/enriquedans/2018/04/16/how-much-should-insurance-companies-know-about-the-things-they-insure/#a6d48d5789c8

19. Christina Farr, "This start-up made connected toothbrushes -- now it aims to overthrow the 'primitive' dental insurance industry", CNBC, 2018 https://www.cnbc.com/2018/05/15/beam-dental-raises-22-million-from-kleiner-to-change-dental-insurance.html

20. Lee DY, "The effectiveness, reproducibility, and durability of tailored mobile coaching on diabetes management in policyholders: A randomized, controlled, open-label study", Sci Rep, 2018 https://www.ncbi.nlm.nih.gov/pubmed/29483559

21. Jonah Comstock, "Pear Therapeutics gets de novo FDA clearance for reSET, a digital therapeutic for substance abuse", Mobihealthnews, 2017 https://www.mobihealthnews.com/content/pear-therapeutics-gets-de-novo-fda-clearance-reset-digital-therapeutic-substance-abuse

22. Sang Ouk Chin et. al., "Successful weight reduction and maintenance by using a smartphone application in those with overweight and obesity", Sci Rep, 2016 https://www.nature.com/articles/srep34563

23. Noom, "Noom's Diabetes Prevention Program is the First Fully Mobile Program to Receive Official Recognition by the CDC", NewsWire, 2017 https://www.newswire.com/news/nooms-diabetes-prevention-program-is-the-first-fully-mobile-program-to-19089202

24. Darius Tahir, "Medicare's diabetes prevention program slows to crawl", Politico, 2018 https://www.politico.com/story/2018/07/19/medicare-diabetes-prevention-program-slows-645509

25. Dave Muoio, "Omada Health to launch largest clinical trial of digital DPP", Mobihealthnews, 2018 https://www.mobihealthnews.com/content/omada-health-launch-largest-clinical-trial-digital-dpp

26. Clive THompson, "May A.I. Help You?", The New York Times, 2018, https://www.nytimes.com/interactive/2018/11/14/magazine/tech-design-ai-chatbot.html

27. Blair Hanley Frank, "Woebot raises $8 million for its AI therapist",

VentureBeat, 2018 https://venturebeat.com/2018/03/01/woebot-raises-8-million-for-its-ai-therapist/

28. Andrew Ng, "Woebot: AI for mental health", Medium, 2017 https://medium.com/@andrewng/woebot-ai-for-mental-health-d0e8632b82ba

29. Fitzpatrick KK, Darcy A, Vierhile M, "Delivering Cognitive Behavior Therapy to Young Adults With Symptoms of Depression and Anxiety Using a Fully Automated Conversational Agent (Woebot): A Randomized Controlled Trial", JMIR mental health, 2017 https://mental.jmir.org/2017/2/e19/

30. Sachin H Jain, Brian W Powers, Jared B Hawkins & John S Brownstein, "The digital phenotype", Nature Biotechnology, 2015 https://www.nature.com/articles/nbt.3223

31. Thomas R. Insel, "Digital Phenotyping: Technology for a New Science of Behavior", JAMA, 2017 https://jamanetwork.com/journals/jama/article-abstract/2654782

32. Sohrab Saeb et. al., "Mobile Phone Sensor Correlates of Depressive Symptom Severity in Daily-Life Behavior: An Exploratory Study", JMIR, 2015 https://www.jmir.org/2015/7/e175/

33. Emerging Technology from the arXiv, "Your Tweets Could Show If You Need Help for Bipolar Disorder", MIT Tech Review, 2018 https://www.technologyreview.com/s/609900/your-tweets-could-show-if-you-need-help-for-bipolar-disorder/

34. Yen-Hao Huang, Lin-Hung Wei, Yi-Shin Chen, "Detection of the Prodromal Phase of Bipolar Disorder from Psychological and Phonological Aspects in Social Media", arXiv, 2017 https://arxiv.org/abs/1712.09183

35. Emily Anthes, "Mental health: There's an app for that", Nature, 2016 https://www.nature.com/news/mental-health-there-s-an-app-for-that-1.19694

36. Megan Thielking, "5 burning questions about mental health technology", STAT, 2019 https://www.statnews.com/2019/08/07/5-questions-mental-health-tech/

37. 보건복지부, "비의료 건강관리서비스 가이드라인 및 사례집(1차)", 의료기기 산업 종합정보시스템, 2019 https://www.khidi.or.kr/board/view?pageNum=1&rowCnt=20&no1=110&linkId=48770539&menuId=MENU01522&maxI

ndex=00487710709998&minIndex=00002087629998&schType=0&schText=&schStartDate=&schEndDate=&boardStyle=&categoryId=&continent=&country=

38. 신재우, "'건강관리서비스 어디까지 개발할 수 있나' … 가이드라인 마련", 연합뉴스, 2019 https://www.yna.co.kr/view/AKR20190520074200017

39. 곽성순, "건강관리서비스 가이드라인 때문에 '포털사이트 의료상담'이 불법?", 청년의사, 2019 http://www.docdocdoc.co.kr/news/articleView.html?idxno=1068946

40. 연희진, "디지털 헬스케어 시대 열리나, 복지부 지침 이후 엇갈린 시선", 코메디닷컴, 2019 http://kormedi.com/1293612/디지털-헬스케어-시대-열리나-복지부-지침-이후-엇갈/

41. Dave Muoio, "New PBM programs offer road to validity, adoption for digital therapeutics", Mobihealthnews, 2019 https://www.mobihealthnews.com/news/north-america/new-pbm-programs-offer-road-validity-adoption-digital-therapeutics

42. 조시영, "헬스케어 서비스 '의료법 굴레' 벗는다", 매일경제신문, 2018, https://www.mk.co.kr/news/economy/view/2018/02/89636/

43. 홍석근, "건강증진형 보험개발… 유권해석 언제쯤", 파이낸셜뉴스, 2019 https://www.msn.com/ko-kr/news/opinion/현장클릭-건강증진형-보험개발…유권해석-언제쯤/ar-AAAYgwY

23장 자동차, 헬스케어를 더한다면

1. 황장석, "자율주행차 보험료는 누가 내야 하나", 머니투데이, 2015 https://news.mt.co.kr/mtview.php?no=2015060916344330571

2. 곽노필, "자율주행시대, 문제는 기술 아닌 도로인프라", 한겨레, 2017 http://www.hani.co.kr/arti/economy/car/819760.html#csidx01455b1c4cdcccca0f90198f89b4617

3. Sang-Tae Kim, "Legal Issues Related to Autonomous Vehicles", Journal of Law & Economic Regulation, 2016 http://www.dbpia.co.kr/Journal/ArticleDetail/NODE07157997

4. 구정모, "자율주행차 사고 나면 책임주체는 운전자? 제조사?", 연합뉴스,

2017 http://www.yonhapnews.co.kr/bulletin/2017/11/02/0200000000AKR20171102055300002.HTML

5. 강진규, "자율주행 인공지능도 운전면허를 따야할까?", 테크엠, 2017 http://techm.kr/bbs/board.php?bo_table=article&wr_id=4067

6. David Shepardson, Paul Liener, "Exclusive: In boost to self-driving cars, U.S. tells Google computers can qualify as drivers", Reuters, 2016 https://www.reuters.com/article/us-alphabet-autos-selfdriving-exclusive/exclusive-in-boost-to-self-driving-cars-u-s-tells-google-computers-can-qualify-as-drivers-idUSKCN0VJ00H

7. Aditi Pai, "Ford puts the brakes on its heart rate sensing car seat project", Mobihealthnews, 2015 https://www.mobihealthnews.com/43191/ford-puts-the-brakes-on-its-heart-rate-sensing-car-seat-project/

8. Brian Dolan, "Ford Research unveils heart rate monitor seats", Mobihealthnews, 2011 https://www.mobihealthnews.com/11014/ford-research-unveils-heart-rate-monitor-seats/

9. Fitbit, "SEC Filings", https://investor.fitbit.com/financials/sec-filings/default.aspx

24장 스타트업, 변화의 동력이 되려면

1. Startup Health, "StartUp Health's 2018 Insights Funding Report: A Record Year for Digital Health", 2019 https://hq.startuphealth.com/posts/startup-healths-2018-insights-funding-report-a-record-year-for-digital-health

2. 오동현, "세계 헬스케어 시장 11조 5000억 달러…韓, 미래 주도산업으로 키운다", 뉴시스, 2018 https://www.msn.com/ko-kr/money/topstories/세계-헬스케어-시장-11조5000억-달러…韓-미래-주도산업으로-키운다/ar-BBR0HW0

3. CB Insights, "The Top 20 Reasons Startups Fail", 2018 https://www.cbinsights.com/research/startup-failure-reasons-top/

4. 김진원, "헬스케어 스타트업 하려면 전과자 될 각오해야 합니다", 헤럴드경제, 2018 http://news.heraldcorp.com/view.php?ud=20181126000379

5. 임유, "'규제 심해 못해먹겠다'…헬스케어 CEO의 좌절", 한국경제신문, 2019 https://www.hankyung.com/it/article/2019031736501

6. FDA, "Digital Health Innovation Action Plan", 2017 https://www.fda.gov/media/106331/download

7. 최윤섭, "디지털 헬스케어 혁신을 위한 FDA의 혁신", 최윤섭의 Healthcare Innovation, 2017 http://www.yoonsupchoi.com/2017/08/10/digital-health-innovation-action-plan-2/

8. 아산나눔재단, "2018 스타트업코리아! 결과 리포트", http://asan-nanum.org/category/media-pds/material/

9. 백봉삼, "헬스케어 스타트업 상위 100개 중 韓 '0'", 지디넷코리아, 2018 http://www.zdnet.co.kr/view/?no=20181122100749

10. 최윤섭, "FDA의 최근 규제 혁신에서 무엇을 배워야 하는가", 최윤섭의 Healthcare Innovation, 2018 http://www.yoonsupchoi.com/2018/05/13/innovation-of-regulation-to-regulate-innovation/

11. 최윤섭, "대통령의 의료 규제 혁신이 성공하려면", 최윤섭의 Healthcare Innovation, 2018 http://www.yoonsupchoi.com/2018/07/22/president-regulation/

12. 최윤섭, "의료규제 '프리 패스' 늘린 美식품의약국…입지 좁아지는 국내기업", 매일경제신문, 2017 https://www.mk.co.kr/news/it/view/2017/11/789650/

13. 최윤섭, "인허가 이후에도 변화하는 AI/ML 기반 SaMD를 어떻게 규제할 것인가", 최윤섭의 Healthcare Innovation, 2019 http://www.yoonsupchoi.com/2019/07/17/fda-aiml-based-samd/

14. Lydia Ramsey, "The rise and fall of Theranos, the blood-testing startup that went from Silicon Valley darling to facing fraud charges", Business Insider, 2019 https://www.businessinsider.com/the-history-of-silicon-valley-unicorn-theranos-and-ceo-elizabeth-holmes-2018-5%0A

15. John Carreyrou, "Hot Startup Theranos Has Struggled With Its Blood-Test Technology", The Wall Street Journal, 2015 https://www.wsj.com/articles/theranos-has-struggled-with-blood-tests-1444881901

16. 최윤섭, "[서평] 배드 블러드: 실리콘밸리를 뒤흔든 희대의 사기극, 테라노스 사태의 전말", 최윤섭의 Healthcare Innovation, 2019 http://www.yoonsupchoi.com/2019/07/31/bad-blood/

17. Matthew Herper, "From $4.5 Billion To Nothing: Forbes Revises

Estimated Net Worth Of Theranos Founder Elizabeth Holmes", Forbes, 2016 https://www.forbes.com/sites/matthewherper/2016/06/01/from-4-5-billion-to-nothing-forbes-revises-estimated-net-worth-of-theranos-founder-elizabeth-holmes/#166419bc3633

18. Jana Kasperkevic, Sam Thielman, "Theranos CEO Elizabeth Holmes banned from running lab for 2 years", The Guardian, 2016 https://www.theguardian.com/technology/2016/jul/08/theranos-elizabeth-holmes-banned-medical-lab

19. ABC News, "Ex-Theranos CEO Elizabeth Holmes says 'I don't know' 600+ times in depo tapes: Nightline Part 2/2" https://www.youtube.com/watch?v=PvznWSEKoEE

20. Ludmila Leiva, "Here Are The Theranos Investors Who Lost Millions", Refinery29, 2019 https://www.refinery29.com/en-us/2019/03/225707/theranos-investors-list-elizabeth-holmes

21. Kate Clark, "Scoop: 23andMe is raising up to $300M", PitchBook, 2018 https://pitchbook.com/news/articles/scoop-23andme-is-raising-up-to-300m

22. Jonah Comstock, "Pear Therapeutics gets de novo FDA clearance for reSET, a digital therapeutic for substance abuse", Mobihealthnews, 2017 https://www.mobihealthnews.com/content/pear-therapeutics-gets-de-novo-fda-clearance-reset-digital-therapeutic-substance-abuse

23. Aditi Pai, "As planned, connected toothbrush company Beam expands into dental insurance, launches in California", Mobihealthnews, 2016 https://www.mobihealthnews.com/content/planned-connected-toothbrush-company-beam-expands-dental-insurance-launches-california

24. Christina Farr, "This start-up made connected toothbrushes -- now it aims to overthrow the 'primitive' dental insurance industry", CNBC, 2018 https://www.cnbc.com/2018/05/15/beam-dental-raises-22-million-from-kleiner-to-change-dental-insurance.html

25. Darrell Etherington, "Oscar Health raises $165 million at reported $3B valuation", Techcrunch, 2018 https://techcrunch.com/2018/03/27/oscar-health-raises-165-million-at-reported-3b-valuation/

26. Sy Mukherjee, "Why Drug Giant Roche's $1.9 Billion Deal to Buy Data Startup Flatiron Health Matters", Fortune, 2018 https://fortune.com/2018/02/16/roche-flatiron-health-deal-why-it-matters/

27. 최윤섭, "[칼럼] 한국의 헬스케어 산업, 사막에도 꽃은 피는가", 최윤섭의 Healthcare Innovation, 2018 http://www.yoonsupchoi.com/2018/12/19/flower-in-desert/

28. 김호준, "벤처업계 만난 박영선 장관…'유니콘 20개까지 키우자'", 이데일리, 2019 https://www.edaily.co.kr/news/read?newsId=02922486622494496&mediaCodeNo=257&OutLnkChk=Y

25장 혁신을 어떻게 규제할 것인가

1. 장종원, "뷰노, 국내 첫 'AI 기반 진단보조 의료기기' 허가", 바이오스펙테이터, 2018 http://www.biospectator.com/view/news_view.php?varAtcId=5485

2. 장종원, "루닛-제이엘케이인스펙션, 'AI 의료기기' 식약처 허가", 바이오스펙테이터, 2018 http://www.biospectator.com/view/news_view.php?varAtcId=6031

3. Jonah Comstock, "Pear Therapeutics gets de novo FDA clearance for reSET, a digital therapeutic for substance abuse", Mobihealthnews, 2017 https://www.mobihealthnews.com/content/pear-therapeutics-gets-de-novo-fda-clearance-reset-digital-therapeutic-substance-abuse

4. Laura Lovett, "Pear's digital therapeutic reSET-O FDA cleared to treat opioid use disorder", Mobihealthnews, 2018 https://www.mobihealthnews.com/content/pears-digital-therapeutic-reset-o-fda-cleared-treat-opioid-use-disorder

5. Dave Muoio, "Pear Therapeutics' digital insomnia therapeutic will put FDA's PreCert framework through its paces", Mobihealthnews, 2019 https://www.mobihealthnews.com/news/north-america/pear-therapeutics-digital-insomnia-therapeutic-will-put-fdas-precert-framework

6. Pear Therapeutics, "PEAR THERAPEUTICS ANNOUNCES INITIATION OF PROOF OF CONCEPT STUDY FOR PRESCRIPTION DIGITAL THERAPEUTIC IN DEVELOPMENT FOR THE TREATMENT OF SCHIZOPHRENIA", Pear Therapeutics, 2018 https://peartherapeutics.com/pear-therapeutics-announces-initiation-of-proof-of-concept-study-for-prescription-digital-therapeutic-in-development-for-the-treatment-of-schizophrenia/

7. Ben Fidler, "First Video Game Therapy Heads to FDA as Akili Touts ADHD Study Win", Xconomy, 2017 https://xconomy.com/boston/2017/12/04/first-video-game-therapy-heads-to-fda-as-akili-touts-win-in-adhd-study/

8. IMDRF, "Software as a Medical Device (SaMD)" http://www.imdrf.org/workitems/wi-samd.asp

9. IMDRF, "Software as a Medical Device (SaMD): Application of Quality Management System", 2015 http://www.imdrf.org/docs/imdrf/final/consultations/imdrf-cons-samd-aqms-150326.pdf

10. 식품의약품안전처, "IMDRF 정식 회원국 가입으로 의료기기분야 국제 위상 높아져", 의료기기산업 종합정보시스템, 2017 https://www.khidi.or.kr/board/view?pageNum=24&rowCnt=20&no1=1965&linkId=222353&refMenuId=MENU01502&menuId=MENU01498&maxIndex=00473989099998&minIndex=00002194719998&schType=0&schText=&schStartDate=&schEndDate=&boardStyle=&categoryId=&continent=&country=

11. 식품의약품안전처, "'의료기기산업 육성 및 혁신의료기기 지원법' 제정으로 산업 육성 및 새로운 치료기회를 제공합니다!', 의료기기산업 종합정보시스템, 2019 https://www.khidi.or.kr/board/view?pageNum=1&rowCnt=20&menuId=MENU01498&maxIndex=00487606669998&minIndex=00487434629998&schType=0&schText=&categoryId=&continent=&country=&upDown=0&boardStyle=&no1=2669&linkId=48760665&refMenuId=MENU01502

12. 김호준, "벤처업계 만난 박영선 장관…'유니콘 20개까지 키우자'", 이데일리, 2019 https://www.edaily.co.kr/news/read?newsId=02922486622494496&mediaCodeNo=257&OutLnkChk=Y

13. 김병호, "유전체분석 규제 풀어줬지만…업계는 '부글부글'", 매일경제신문, 2019 https://www.mk.co.kr/news/economy/view/2019/02/86473/

14. 허지윤, "'120개 풀어달랬더니 13개만 유전자검사 허용'…'규제 샌드박스' 해도 규제는 여전", 조선비즈, 2019 http://biz.chosun.com/site/data/html_dir/2019/02/12/2019021202605.html

15. 황정원, "대못 없애니 또 다른 못…'도루묵' 규제샌드박스", 서울경제, 2019 https://www.sedaily.com/NewsView/1VHYRMXFWU

16. 강동철, "기업들 맘껏 놀아보라며 홍보한 '규제 샌드박스', 정작 블록체인·車 공유 등은 심사대상서도 제외", 조선비즈, 2019 http://biz.chosun.com/site/data/html_dir/2019/06/17/2019061700034.html?utm_source=naver&utm_

medium=original&utm_campaign=biz

17. 강광우, "빗장 푸니 또 빗장…규제에 갇힌 '샌드박스'", 서울경제, 2019 https://www.sedaily.com/NewsView/1VLPUR6KG0

18. 조문술, "푼다더니…DTC유전자검사 대체 언제…", 헤럴드경제, 2019 http://news.heraldcorp.com/view.php?ud=20190814000474

19. Scott Gottlieb, "FDA Announces New Steps to Empower Consumers and Advance Digital Healthcare", FDA, 2017 https://www.fda.gov/news-events/fda-voices-perspectives-fda-leadership-and-experts/fda-announces-new-steps-empower-consumers-and-advance-digital-healthcare

20. Bakul Patel, "The FDA's Bakul Patel-Software as a Medical Device", Exponential Medicine, 2017 https://www.youtube.com/watch?v=UR5t09mS8vk

21. FDA, "Digital Health Innovation Action Plan - FDA" https://www.fda.gov/media/106331/download

22. 최윤섭, "디지털 헬스케어 혁신을 위한 FDA의 혁신", 최윤섭의 Healthcare Innovation, 2017 http://www.yoonsupchoi.com/2017/08/10/digital-health-innovation-action-plan-2/

23. FDA, "FDA selects participants for new digital health software precertification pilot program", 2017 https://www.fda.gov/news-events/press-announcements/fda-selects-participants-new-digital-health-software-precertification-pilot-program

24. 최윤섭, "FDA의 디지털 헬스케어 Pre-Cert 파일럿에 삼성, 애플, 구글, 핏빗 등 선정", 최윤섭의 Healthcare Innovation, 2017 http://www.yoonsupchoi.com/2017/09/27/fda-pre-cert-pilot/

25. FDA, "Statement from FDA Commissioner Scott Gottlieb, M.D., on the agency's new actions under the Pre-Cert Pilot Program to promote a more efficient framework for the review of safe and effective digital health innovations", 2019 https://www.fda.gov/news-events/press-announcements/statement-fda-commissioner-scott-gottlieb-md-agencys-new-actions-under-pre-cert-pilot-program

26. 최윤섭, "FDA, 질병 위험도 유전자 DTC 검사 버전의 Pre-Cert 발의", 최윤섭의 Healthcare Innovation, 2017 http://www.yoonsupchoi.com/2017/11/17/ghr-pre-cert/

27. FDA, "Proposed Regulatory Framework for Modifications to Artificial Intelligence Machine Learning (AI/ML)-Based Software as a Medical Device (SaMD): Discussion Paper and Request for Feedback", 2019 https://www.fda.gov/media/122535/download

28. 최윤섭, "지속적으로 바뀌는 의료 인공지능을 어떻게 규제할 것인가", 최윤섭의 Healthcare Innovation, 2019 http://www.yoonsupchoi.com/2019/04/12/adaptive-learning/

29. 최윤섭, "[발표자료] 인허가 이후에도 변화하는 AI/ML 기반 SaMD를 어떻게 규제할 것인가", 최윤섭의 Healthcare Innovation, 2019 http://www.yoonsupchoi.com/2019/07/17/fda-aiml-based-samd/

30. Zachary Brennan, "FDA to Create Digital Health Unit", RAPS, 2017 https://www.raps.org/regulatory-focusTM/news-articles/2017/5/fda-to-create-digital-health-unit

31. Laura Lovett, "FDA's 2019 budget request cites digital health; agency rolls out medical device initiative", Mobihealthnews, 2018 https://www.mobihealthnews.com/content/fdas-2019-budget-request-cites-digital-health-agency-rolls-out-medical-device-initiative

32. Bakul Patel, "FDA Seeking Digital Health Advisor for the Digital Health Team", LinkedIn, 2018 https://www.linkedin.com/pulse/fda-seeking-digital-health-advisor-team-bakul-patel/

33. FDA, "Statement from FDA Commissioner Scott Gottlieb, M.D., on the agency's new actions under the Pre-Cert Pilot Program to promote a more efficient framework for the review of safe and effective digital health innovations", 2019 https://www.fda.gov/news-events/press-announcements/statement-fda-commissioner-scott-gottlieb-md-agencys-new-actions-under-pre-cert-pilot-program

34. FDA, "Developing a Software Precertification Program: A Working Model", 2019 https://www.fda.gov/media/119722/download

35. Jonah Comstock, "Elizabeth Warren, colleagues pen critical letter on FDA Pre-Cert", Mobihealthnews, 2018 https://www.mobihealthnews.com/content/elizabeth-warren-colleagues-pen-critical-letter-fda-pre-cert

36. 최윤섭, "[디지털 헬스케어 혁명] 혁신을 어떻게 규제할 것인가", 매일경제신문, 2017 https://www.mk.co.kr/news/it/view/2017/08/563640/

한국 디지털 헬스케어의 미래를 위한 10가지 제언

1. FDA, "Proposed Regulatory Framework for Modifications to Artificial Intelligence/Machine Learning (AI/ML)-Based Software as a Medical Device (SaMD) - Discussion Paper and Request for Feedback", 2019 https://www.regulations.gov/document?D=FDA-2019-N-1185-0001

2. 최윤섭, "지속적으로 바뀌는 의료 인공지능을 어떻게 규제할 것인가", 최윤섭의 Healthcare Innovation, 2019 http://www.yoonsupchoi.com/2019/04/12/adaptive-learning/

3. 최윤섭, "[발표자료] 인허가 이후에도 변화하는 AI/ML 기반 SaMD를 어떻게 규제할 것인가", 최윤섭의 Healthcare Innovation, 2019 http://www.yoonsupchoi.com/2019/07/17/fda-aiml-based-samd/

디지털 헬스케어: 의료의 미래

초판 1쇄 발행 2020년 1월 10일
초판 12쇄 발행 2025년 4월 1일

지은이 최윤섭
펴낸이 안현주

기획 류재운 **편집** 안선영 김재열 **브랜드마케팅** 이민규 **영업** 안현영
디자인 표지 정태성 본문 장덕종

펴낸곳 클라우드나인 **출판등록** 2013년 12월 12일(제2013-101호)
주소 우) 03993 서울시 마포구 월드컵북로 4길 82(동교동) 신흥빌딩 3층
전화 02-332-8939 **팩스** 02-6008-8938
이메일 c9book@naver.com

값 35,000원
ISBN 979-11-89430-55-9 03320

* 잘못 만들어진 책은 구입하신 곳에서 교환해드립니다.
* 이 책의 전부 또는 일부 내용을 재사용하려면 사전에 저작권자와 클라우드나인의 동의를 받아야 합니다.

* 클라우드나인에서는 독자 여러분의 원고를 기다리고 있습니다.
  출간을 원하시는 분은 원고를 bookmuseum@naver.com으로 보내주세요.

* 클라우드나인은 구름 중 가장 높은 구름인 9번 구름을 뜻합니다. 새들이 깃털로 하늘을 나는 것처럼 인간은 깃펜으로 쓴 글자에 의해 천상에 오를 것입니다.